한국세무사회 국가공인 자격시험

KcLep 프로그램 반영

마스터 전산회계

2025년 완벽대비

1급

> 업계 최대판매 / 최고의 적중률
> 한권으로 이론 + 실기 완벽대비!
> 최신 기출문제 2년 수록 (12회)
> 최신 개정세법 완벽 반영

www.daumbbook.net

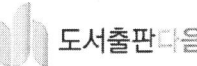

머리말

현대의 사회에서 "회계와 세법"은 이제는 상식에 속하는 세상이 되었습니다. 그렇기 때문에 우리는 기본적으로 회계와 세법에 대해서는 어쩔 수 없이 공부를 해야만 한다. 특히 회계와 세무 관련 자격증을 취득해야 하는 수험생들은 회계와 세법을 필연적으로 열심히 공부를 해야 하는데, 그러나 처음 회계와 세법을 공부하기란 결코 만만치가 않은 과목에 속합니다.

본 저자는 "왜? 학생들은 회계와 세법이 어렵다고 생각할까?"하며 많은 물음을 한 적이 있습니다. 저자는 과거 회계보다는 부기라는 학문으로 회계를 배웠습니다. 이렇게 저자가 회계와 세법을 처음 접할 때를 생각해보고, 강단에서 30여 년 동안 강의를 하면서 학생들의 학습 방법을 분석하면서 그 해답은 다음과 같이 찾을 수 있었습니다.

학생들이 어렵게 공부하는 이유는

첫째, 학습자들이 이해하지 아니하고, 무조건 외워서 학문에 접근한다는 것입니다. 외우고 암기하는 것에는 한계가 있습니다.

둘째, 학습자들이 기본이 되는 이론이 부족한 상태에서 실습위주로 학습한다는 것입니다. 전문용어에 대한 생소함과 이해부족으로 아무리 실습을 하여도 항상 실력이 항상 답보된 상태라는 것입니다.

셋째, 어려운 내용일수록 기본적인 이론을 바탕으로 계속적인 반복학습이 필요한데도 학습자들이 집중력과 반복학습효과의 효율성과의 차이를 잘 모르고 있습니다.

저자는 수험생에게 필요한 부분을 잘 알기에 위와 같은 부분을 감안하여 교재집필에 심혈을 기울였습니다. 수험생들께서는 조금 어렵고 시간이 걸리더라도 회계원리의 기초부터 차근차근 접근하시는 것이 시간과 금전적인 부분을 절약하시는 것입니다.

본 도서는 이러한 이해중심적인 부분부터 해결하고자, 재무회계원리, 원가회계, 부가가치세 이론의 순으로 교재를 집필하였습니다. 수험생들께서는 앞에서 제시한 순서대로 학습하시길 기대합니다. 실무실습은 이론이 바탕이 된다면 자동으로 자격이 갖추어지는 부수적인 부분으로 이해하시면 조금 더 설명이 되겠죠!!

이런관계로 좀 더 쉽게 공부하면서 이해를 바탕으로 하는 반복적인 학습에 의한 수준 높은 공부가 되는 교재의 저술과 수험생들이 짧은 학습투여 시간에서도 목적하는 자격증을 무난히 취득할 수 있는 교재의 출간을 위해 부단히 노력하였습니다. 두말 할 필요 없이 자격증 대비 공부의 최종목표는 자격증을 취득하는 데 있으며, 특히 본 교재는 전산회계1급 자격증 시험에 합격할 수 있는 교재가 되도록 아래와 같은 내용에 중점을 두어 집필하였습니다.

본 교재의 특징은 다음과 같습니다.

첫째, 기본 개념을 이해하기 위하여 이론을 충분히 할 수 있도록 이론부분에 매우 많은 부분을 할애 하였습니다. 회계학과 세법은 기본내용의 이해와 체계적인 학습이 선행되어야만 다음 공부를 할 수가 있으며 응용력이 증대가 됩니다. 따라서 본 교재는 수험생들이 이해와 체계적인 학습을 할 수 있도록 노력을 기울여 집필하였습니다.

둘째, 중요한 내용은 반복 학습을 통해 학습효과를 극대화하였습니다. "공부를 했다는 것"은 해당 내용을 이해하고 있어야 한다는 뜻입니다. 특히 시험공부를 하는 수험생은 어렴풋이 기억하는 학습수준으로는 높은 점수를 기대 할 수도 없고, 또한 원하는 시험합격은 어려울 것입니다. 따라서 본 교재의 특징은 중요한 내용은 반복적인 내용과 많은 문제풀이를 통해 학습자의 학습에 대한 효율성을 중대되도록 노력하였습니다.

셋째, 고득점 합격에 심혈을 기울여 집필하였습니다. 자격증 취득을 위해 공부하는 수험생은 반드시 목표로 하는 자격증을 취득해야 합니다. 따라서 본 교재는 수험생목적에 충실하여 집필되었습니다. 최신기출문제의 성향은 출제하시는 출제위원들의 교체로 인하여 많은 부분이 계속적으로 변화하고 있기 때문에 최근에 출제된 기출문제를 많은 양으로 제공하였습니다.

넷째, 최신 개정세법 등 개정된 내용을 모두 반영하였습니다. 회계학과 세법은 사회과학분야이기 때문에 회계기준과 세법은 사회적 상황을 고려하여 자주 개정이 됩니다. 따라서 수험생은 개정된 내용으로 공부를 해야만 하는데, 그 이유는 당연히 시험문제는 개정된 회계기준과 세법이 반영되기 때문입니다. 본 교재는 가장 최근에 개정된 내용을 반영하여 집필을 했기 때문에 학습하는 데 어려움이 없을 것이며, 출간 후 개정된 내용은 출판사의 홈페이지를 통해 업데이트된 정보를 제공하고 있으므로 반드시 홈페이지를 방문하여 정보를 찾아보길 권합니다.

수험생입장에서는 결코 쉽지 않은 공부이기 때문에 시작을 하지 않거나 중도에 포기하는 수험생이 많으며, 이런 학생들을 볼 때마다 저자는 참 가슴이 아픕니다. 그러나 이 글을 본 수험생만큼은 절대 중도에 시험을 포기하지 말고 끝까지 공부할 것을 염원합니다. 그래서 원하는 자격증을 꼭 취득하기 바라고, 사람은 자신의 생각의 크기만큼 세상을 보는 혜안이 있기 때문에 계속 지식과 상식을 쌓기 바랍니다.

이 교재가 출간되기 전까지 많은 분들의 도움이 있었지만, 가장 수고를 많이 한 도서출판 다음의 구교필 대표, 노승후 선생님, 전희 교수, 윤경옥 교수, 안창기 원장, 송병국 선생님께 감사드리며, 끝으로 본 교재로 공부하는 수험생들에게 합격의 영광이 함께하기를 기대합니다.

2024년 12월 공동 대표저자 이대우, 정종구

- 머리말 / 2

실무이론편

Part 1 재무회계이론 • 11

제 1 장 재무회계의 이해 —————————————— 13
1. 회계원리의 이해 ……………………………………… 14
2. 재무제표 …………………………………………… 20
3. 회계의 순환과정 ……………………………………… 26
4. 기업의 장부조직 및 시산표 ………………………… 31
5. 기업의 결산 ………………………………………… 37

제 2 장 유동자산에 관한 거래 —————————————— 55
1. 당좌자산에 관한 거래 ………………………………… 56
2. 채권 및 채무에 관한 거래 …………………………… 70
3. 재고자산에 관한 거래 ………………………………… 93

제 3 장 비유동자산에 관한 거래 ————————————— 111
1. 투자자산에 관한 거래 ………………………………… 112
2. 유형자산 …………………………………………… 118
3. 무형자산 …………………………………………… 129

제 4 장 부채와 자본에 관한 거래 ─────────────── **137**

　　1 부채에 관한 거래 ·· 138
　　2. 주식회사의 자본 ·· 144

제 5 장 수익 및 비용의 인식 ───────────────── **159**

　　1. 수익의 인식기준 ·· 160
　　2. 비용의 인식기준 ·· 162
　　3. 결산정리사항 ·· 163

Part 2 원가회계이론 • 171

제 1 장 원가회계의 이해 ──────────────────── **173**

　　11. 원가회계의 의의 ·· 174
　　2. 원가의 흐름 ·· 184
　　3. 요소별 원가의 흐름 ·· 196

제 2 장 원가의 배분 ─────────────────────── **207**

　　1. 원가의 배분 ·· 208
　　2. 제조간접원가의 배부 ·· 210
　　3. 부문별 원가계산 ·· 218

제 3 장 제품별 원가계산 ──────────────────── **225**

　　1. 개별원가계산 및 종합원가계산 ······························ 226

제 4 장 제조기업의 결산 ──────────────────── **243**

　　1. 제조기업의 결산 ·· 244

Part 3 부가가치세이론 • 249

제 1 장 부가가치세 총칙 및 과세거래 —————————————— **251**

    1. 부가가치세 총칙 ·· 252
    2. 부가가치세의 과세거래 ·· 262
    3. 영세율과 면세 ·· 273

제 2 장 과세표준과 매입세액계산 ——————————————————— **281**

    1. 과세표준의 계산 ·· 282
    2. 거래징수와 세금계산서 ·· 291
    3. 매입세액 및 납부세액 계산 ·· 300

제 3 장 부가가치세 신고와 납부 ———————————————————— **305**

    1. 부가가치세 신고와 납부 ·· 306
    2. 간이과세제도 ·· 309

실무연습편

Part 4 회계정보시스템 • 315

제 1 장 회계관련 DB마스터 관리하기 ──────── 317
    1. 기초정보관리 (0203020105_20v4.1) ·············· 321
    2. 전기분 재무제표 등록 (0203020105_20v4.1) ·············· 338

제 2 장 전표 관리 ──────── 359
    1. 일반전표관리 (0203020101_20v4.1) ·············· 360
    2. 매입매출전표관리 (0203020101_20v4.1) ·············· 386

제 3 장 결산 관리 ──────── 427
    1. 결산준비하기 (0203020101_20v4.1) ·············· 428
    2. 결산분개하기 (0203020104_20v4.2) ·············· 430
    3. 재무제표작성 및 조회 (0203020104_20v4.3) ·············· 442

Part 5 최신 기출문제 연습 • 453

    제106회 기출문제 ·············· 455
    제107회 기출문제 ·············· 463
    제108회 기출문제 ·············· 473
    제109회 기출문제 ·············· 482
    제110회 기출문제 ·············· 492
    제111회 기출문제 ·············· 501

Contents

제112회 기출문제 ·· 509
제113회 기출문제 ·· 518
제114회 기출문제 ·· 528
제115회 기출문제 ·· 538
제116회 기출문제 ·· 548
제117회 기출문제 ·· 558

Part 6 | 최신 기출문제 해답 • 567

[2025년 전산세무회계 자격시험(국가공인) 일정공고]

1. 시험일자

종목 및 등급	회차	원서접수	시험일자	합격자발표
전산회계 1, 2급 전산세무 1, 2급	제118회	01.02 ~ 01.08	02.09(일)	02.27(목)
	제119회	03.06 ~ 03.12	04.05(토)	04.24(목)
	제120회	05.02 ~ 05.08	06.07(토)	06.26(목)
	제121회	07.03 ~ 07.09	08.02(토)	08.21(목)
	제122회	08.28 ~ 09.03	09.28(일)	10.23(목)
	제123회	10.30 ~ 11.05	12.06(토)	12.24(수)

2. 시험시간(특별시험 진행시 시험시간 변경확인)

등급	전산세무1급	전산세무2급	전산회계1급	전산회계2급
시험시간	15:00~16:30	12:30~14:00	15:00~16:00	12:30~13:30
	90분	90분	60분	60분

3. 시험종목 및 평가범위

등급	시험방법	평가범위	평가비율
전산회계1급	이론시험	·회계원리(15%), 원가회계(10%), 세무회계(5%)	30%
	실무시험	·기초정보 등록·수정(15%) ·거래자료 입력(30%) ·부가가치세(15%) ·입력자료 및 제장부 조회(10%)	70%

4. 시험방법 및 합격자 결정기준

(1) 시험방법 : 이론(30%)은 객관식 4지 선다형 필기시험으로, 실무(70%)는 PC에 설치된 전산세무회계 프로그램(케이렙 : KcLep)을 이용한 실기시험으로 함.

(2) 응시자격 : 제한 없음(신분증 미소지자는 응시할 수 없음)

(3) 합격자 결정기준 : 100점 만점에 70점 이상 득점.

5. 원서접수 및 합격자 발표

(1) 접수기간 : 각 회별 원서접수기간내 접수

(2) 접수방법 : 한국세무사회 자격시험사이트(http://license.kacpta.or.kr)로 접속하여 단체 및 개인별 접수(회원가입 및 사진등록)

(3) 접수수수료 납부방법 : 원서접수시 금융기관을 통한 온라인 계좌이체 및 신용카드결제

(4) 합격자발표 : 한국세무사회 홈페이지

PART 01

재무회계 이론

제1장 재무회계의 이해
제2장 유동자산에 관한 거래
제3장 비유동자산에 관한 거래
제4장 부채와 자본에 관한 거래
제5장 수익 및 비용의 인식

제 1 장
재무회계의 이해

제1절 회계원리의 이해

1. 회계의 정의

회계란 기업의 경제적 활동을 식별하여 화폐가치로 측정한 후 이것을 장부에 기록·계산·정리 한 후 기업의 이해관계자들이 경제적 의사결정을 합리적으로 할 수 있도록 유용한 정보를 전달하는 과정을 말한다.

■ 회계의 과정

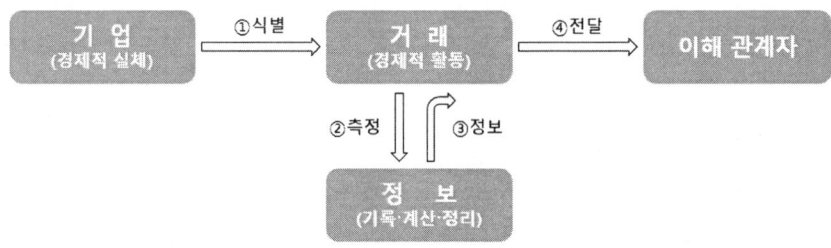

(1) 회계과정

회계는 **식별과정**을 거쳐 **전달과정**으로 이루어진다. 이 중에서 제일 먼저 시작하는 과정은 **식별과정**이다.

1) 식별(인식)과정

기업실체가 기업의 경제활동에서 일어나는 경제적 사건을 회계 상의 거래로 식별하는 과정을 말한다. 이러한 **식별과정**은 **인식과정**이라 부르기도 하며 이러한 과정에서 얻어지는 경제활동을 화폐가치로 측정할 수 있는 것이다.

2) 전달과정

기업의 경제적 사건을 회계거래로 인식되었다면 이것을 화폐가치로 측정하여 회계정보로 기록(부기)하게 된다. 이러한 회계상의 정보를 이해관계자들의 의사결정에 사용되게 전달하는 과정을 **전달과정**이라 한다.

(2) 정보이용자의 종류

① **내부정보이용자** : 관리회계의 목적을 가지고 기업을 경영하는 경영진을 말한다.
② **외부정보이용자** : 주주·채권자·예비투자자·세무당국과 같이 경제실체의 경제활동에 관련된 정보를 제공을 받아 이용하는 이해관계자를 말한다.

(3) 회계의 분류

1) 재무회계

재무회계는 출자주주(투자자), 채권자, 정부 등 외부이해관계자들의 경제적 의사결정에 유용한 정보 제공을 목적으로 하는 회계이다. 주로 기업 외부의 투자자 등에게 정보를 제공하기 위하여 기업회계기준을 적용하며, 재무제표를 작성하여 보고하게 된다.

2) 관리회계

관리회계는 기업내부의 경영진이 합리적으로 경영의사결정을 할 수 있도록 유용한 정보를 제공하는 것을 목적으로 하는 회계이다. 재무회계와는 달리 일반적으로 인정된 회계원칙에 구애를 받지 않고 다양한 특수보고서로 정보를 제공된다.

[재무회계와 관리회계의 비교]

	재무회계	관리회계
목 적	외부보고목적	경영관리목적
정 보 이 용 자	외부 이해관계자 (투자자, 채권자 등)	내부 경영진
정 보 전 달 수 단	재무제표	특수목적보고서
준 거 기 준	일반적으로 인정된 회계원칙	일반적인 기준이 없음
보 고 주 기	정기적	수시

(4) 회계의 목적

회계의 주된 목적은 각종 이해관계자들의 경제적 의사결정에 필요한 유용한 자료의 제공을 목적으로 하고 있다. 회계의 종류에 따라 다음과 같이 목적을 구분할 수 있다.

① **재무회계 목적** : 재무회계의 목적이란 기업의 외부정보이용자인 투자자 및 채권자 등의 투자의사결정에 필요한 유용한 정보의 제공이다.
② **관리회계 목적** : 관리회계의 목적이란 기업의 내부정보이용자인 경영진의 경영의사결정에 필요한 유용한 정보의 제공이다.

PART 1 재무회계이론

2. 재무회계의 개념체계

재무회계의 개념체계란 기업실체의 재무보고 목적을 명확히 하고, 이를 달성하는데 유용한 재무회계의 기초개념을 제공하는 것을 목적으로 한다.

(1) 재무보고의 목적

재무보고의 목적은 재무제표작성 목적이라고도 하는데 재무보고는 정보이용자들이 의사결정을 할 때 갖는 주된 관심사인 「**미래현금흐름을 예측하는 데 유용한 정보**」를 제공해야 한다. 이는 재무제표 정보를 제공함으로써 달성될 수 있으며, 다음과 같이 4가지 목적으로 구성되어 있다.

① 투자 및 신용의사결정에 유용한 정보의 제공
② 미래현금흐름의 예측에 유용한 정보의 제공
③ 재무제표정보의 제공(재무상태, 경영성과, 자본변동, 현금흐름의 제공 등)
④ 경영자의 수탁책임 평가에 유용한 정보의 제공

(2) 재무(회계)정보의 질적특성

재무정보의 질적특성(재무제표의 질적특성)이란 정보이용자의 의사결정에 유용하기 위하여 재무정보(회계정보)가 갖추고 있어야 할 주요 속성을 말한다. 이런 질적특성은 **[본질적 특성]**과 **[부차적 특성]**으로 구분할 수 있다.

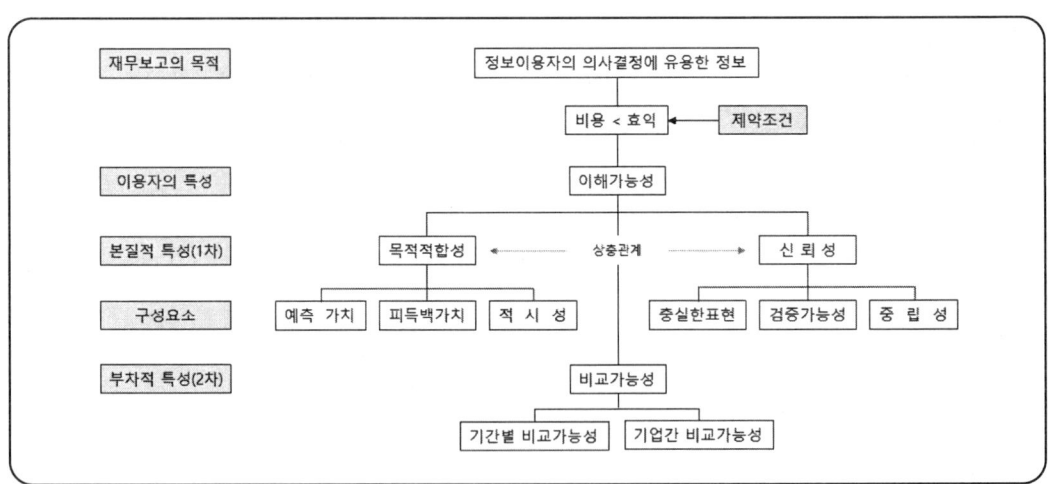

1) 1차적 질적특성(근본적 특성)

1차적 질적특성(근본적 특성)은 **목적적합성**과 **신뢰성**으로 구성되며, 각 특성 간에는 상충관계가 존재한다.

① **목적적합성** : 목적적합성이란 정보이용자의 의사결정 시점에서 과거 및 현재 사건의 평가 또는 미래 사건의 예측에 도움을 주거나, 과거의 평가를 확인 또는 수정함으로써 정보이용자의 의사결정에 영향을 미치는 질적특성을 말한다.

구 분	내 용
예 측 가 치	예측가치란 정보이용자가 기업실체의 미래 재무상태, 경영성과, 순현금흐름 등을 예측하는 데에 그 정보가 활용될 수 있는 능력을 의미한다.
피 드 백 가 치	피드백가치는 제공되는 재무정보가 기업실체의 재무상태, 경영성과, 순현금흐름, 자본변동 등에 대한 정보이용자의 당초 기대치(예측치)를 확인 또는 수정되게 함으로써 의사결정에 영향을 미칠 수 있는 능력을 말한다.
적 시 성	무정보가 정보이용자에게 유용하기 위해서는 그 정보가 의사결정에 반영될 수 있도록 적시에 제공되어야 한다.

② **신뢰성** : 신뢰성이란 기업이 제공하는 회계정보가 표현하려고 하는 경제적 실질 또는 거래를 충실하게 표현하고, 중대한 오류나 편의가 없이 중립성을 갖고, 중요한 정보가 누락 되지 않도록 보고하여야 한다는 특성을 말한다.

구 분	내 용
표 현 의 충 실 성	재무정보가 신뢰성을 갖기 위해서는 그 정보가 나타내고자 하는 대상 즉, 기업실체의 경제적 자원과 의무, 그리고 이들의 변동을 초래하는 거래나 사건을 충실하게 표현하여야 한다.
검 증 가 능 성	검증가능성이란 동일한 경제적 사건이나 거래에 대하여 동일한 측정방법을 적용할 경우 다수의 독립적인 측정자가 유사한 결론에 도달할 수 있어야 함을 의미한다.
중 립 성	의도된 결과를 유도할 목적으로 회계기준을 제정하거나 재무제표에 특정 정보를 표시함으로써 정보이용자의 의사결정이나 판단에 영향을 미치지 않아야 하는 정보적 특성을 말한다.

> ▣ 질적특성간의 상충관계
>
> 　재무정보의 질적특성은 서로 절충이 필요할 수 있다. 예를 들어, 유형자산을 역사적원가로 평가하면 일반적으로 검증가능성이 높으므로 측정의 신뢰성은 제고되나 목적적합성은 저하될 수 있으며, 시장성 없는 유가증권에 대해 역사적 원가를 적용하면 자산가액 측정치의 검증가능성은 높으나 유가증권의 실제 가치를 나타내지 못하여 표현의 충실성과 목적적합성이 저하될 수 있다.
>
> | 구 분 | 목적적합성 | 신 뢰 성 |
> |---|---|---|
> | ① 자산의 평가 | 공정가치법(시가법) | 원가법 |
> | ② 수익의 인식 | 진행 기준 | 완성기준 |
> | ③ 손익의 인식 | 발생주의 | 현금주의 |
> | ④ 재무제표 보고 | 반기(분기) 재무제표 | 연차 재무제표 |

2) 2차적 특성(부차적특성)

　기업실체의 재무상태, 경영성과, 현금흐름 및 자본변동의 추세분석과 기업실체 간의 상대적 평가를 위하여 재무정보는 기간별비교가 가능해야 하고 기업실체 간의 비교가능성도 있어야 한다.

구 분	내 용
기 간 별 비 교 가 능 성	동일한 기업이 동일한 조건의 회계사건에 대하여 계속 같은 회계처리방법을 사용하여야 한다는 질적 특성을 말한다.(계속성)
기 업 간 비 교 가 능 성	상이한 기업들의 회계 처리방법이 유사할 때 회계정보의 비교가능성이 제고 된다는 질적특성을 말한다.(통일성)

3) 재무정보의 제약요인

① **비용과 효익** : 질적특성을 갖춘 정보라 하더라도 정보 제공 및 이용에 소요될 사회적 비용이 정보 제공 및 이용에 따른 사회적 효익을 초과한다면 그러한 정보의 제공은 정당화될 수 없다. (비용〈효익)

② **중요성** : 목적적합성과 신뢰성을 갖춘 모든 항목이라도 중요하지 않다면, 반드시 재무제표에 표시되는 것은 아니다.(중요성은 회계항목이 정보로 제공되기 위한 최소한의 요건) 특정 정보가 생략되거나 잘못 표시된 재무제표가 정보이용자의 판단이나 의사결정에 영향을 미칠 수 있다면 개념적으로 볼 때 그러한 정보는 중요한 정보이다.

(3) 재무제표의 기본가정

재무제표의 기본가정이란 재무제표는 다음의 세 가지 기본가정에 근거하여 작성된다고 보는 것을 의미한다.

가정의 종류	내 용
① 기업실체의 가정	■ 기업을 소유주와는 독립적으로 존재하는 회계단위로 간주 ■ 하나의 기업을 하나의 회계단위로 간주하여 재무정보를 측정 ■ 소유주와 별도의 회계단위로 기업실체를 인정하는 것 ■ 회계단위 : 회계단위란 재산과 자본의 증감변화를 기록 및 계산을 하는 범위를 말한다. 예를 들어 보면 한 기업의 본점과 지점은 서로 다른 각각의 회계단위를 구성하는 것이다.
② 계속기업의 가정	■ 일반적으로 기업이 예상 가능한 기간 동안 영업을 계속할 것이라는 가정을 말한다. ■ 기업은 그 경영활동을 청산하거나 중요하게 축소할 의도나 필요성을 갖고 있지 않다는 가정을 말한다.
③ 기간별 보고의 가정	■ 기업실체의 존속기간을 일정한 기간 단위로 분할하여 각 기간별로 재무제표를 작성 하는 것을 말한다. ■ 기업의 경영활동을 영업이 시작되는 날부터 폐업하는 날까지 전체적으로 파악하기는 어려우므로, 인위적으로 6개월 또는 1년 등으로 구분하여 재무제표를 작성하는 것을 말한다. ■ 회계연도 : 일정한 기간동안의 경영성과를 명백히 계산하기 위하여 사용되는 기간으로 6개월, 1년 등으로 구분한 기간을 회계연도 또는 회계기간이라 한다.

(4) 발생주의 회계

발생주의 회계의 기본적인 논리는 **발생기준에 따라 수익과 비용을 인식하는 것**을 말한다. 여기서 발생기준이란 기업실체의 경제적 거래나 사건에 대해 관련된 수익과 비용을 그 현금의 유·출입이 있는 기간이 아니라 당해 거래나 사건이 발생한 기간에 인식하는 것을 말한다.

① 발생주의 회계	거래나 사건이 발생한 기간에 수익과 비용을 인식하는 것
② 현금주의 회계	현금의 유입되거나 유출될 때 수익과 비용을 인식하는 것

제2절 재무제표

1 재무상태표

재무상태표(F/P, Financial Position)는 일정 시점 현재 기업이 보유하고 있는 재무상태를 제공하는 재무보고서를 의미한다. 재무상태표는 정보이용자들이 **기업의 유동성, 재무적 탄력성, 수익성과 위험** 등을 평가하는데 유용한 정보를 제공한다.

재무상태란 기업이 영업활동 등을 위해서 보유하는 자산과 이러한 자산을 취득하기 위한 자기자본(자본) 또는 타인자본(부채)의 원천과 현황을 의미한다.

(1) 재무상태표 작성원칙

원 칙	작성 내용
(1) 1년 기준원칙	자산과 부채는 1년을 기준으로 유동과 비유동으로 분류 함.
(2) 유동성 배열의 원칙	자산과 부채는 유동성이 큰 것부터 배열함을 원칙으로 함.
(3) 총액주의 원칙	자산과 부채는 서로 상계하지 아니하고, 총액으로 표시함을 원칙으로 함.
(4) 구분표시원칙	자본은 주주와의 거래로 발생하는 자본잉여금과 영업활동에서 발생하는 이익잉여금으로 구분표시 함.

(2) 자산

자산(Asset)이란, 과거사건의 결과로 발생되었으며, 현재 기업이 통제하고 있으며, 미래 경제적 효익이 기업에 유입될 것으로 기대되는 자원을 말한다. 자산은 현금화의 기간에 따라 **유동자산**과 **비유동자산**으로 구분하여 표시한다.

1) 유동자산

유동자산은 보유기간이 1년 이하의 자산으로 현금으로 전환이 빠른 자산을 의미한다. 목적에 따라 당좌자산과 재고자산으로 다시 분류한다.

구 분	자산의 종류
당 좌 자 산	현금 및 현금성자산, 단기투자자산(단기금융상품, 단기매매증권, 단기대여금), 매출채권(외상매출금, 받을어음), 선급금, 미수금, 선급비용, 미수수익 등
재 고 자 산	상품, 제품, 재공품, 반제품, 저장품 등

2) 비유동자산

1년을 초과하여 투자된 후 현금화의 목적으로 보유하는 화폐성자산인 투자자산과 장기적으로 영업활동에 직접 사용하기 위하여 취득한 자산으로 전매의 목적이 없이 기업의 주된 영업활동을 위하여 장기간 지속적이며 감가상각의 대상이 되는 자산으로 **투자자산·유형자산·무형자산·기타 비유동자산**으로 구분한다.

구 분	자산의 종류
투 자 자 산	투자부동산, 장기투자자산(매도가능증권, 만기보유증권), 장기금융상품, 장기대여금 등
유 형 자 산	토지, 건물, 건설중인자산, 기계장치, 차량운반구, 시설장치, 비품 등
무 형 자 산	영업권, 산업재산권(특허권, 디자인권, 실용신안권, 상표권 등), 개발비, 프랜차이즈 등
기타비유동자산	임차보증금, 장기미수금, 이연법인세자산 등

(3) 부채

부채(Liability)란 과거사건의 결과로 발생되었으며, 기업의 현재의무이며, 미래 경제적 효익이 기업으로부터 유출될 것으로 기대되는 자원을 말한다.

1) 유동부채

유동부채는 재무상태표일로부터 1년 이내에 만기가 도래하는 부채를 말한다.

구 분	부채의 종류
유 동 부 채	매입채무(외상매입금, 지급어음), 단기차입금, 미지급금, 선수금, 예수금, 미지급비용, 선수수익 등

2) 비유동부채

비유동부채는 재무상태표일로부터 1년 이후에 만기가 도래하는 부채를 말한다.

구 분	부채의 종류
비 유 동 부 채	장기매입채무, 사채, 장기차입금, 퇴직급여충당부채 등

(4) 자본(資本, Capital)

자본(Capital)이란 기업의 자산총액에서 부채총액을 차감한 후의 **잔여청구권** 또는 **잔여지분**으로 **주주지분** 또는 **순자산**(순재산)이라고 한다.

자산(A) - 부채(L) = 자본(C)

PART 1 재무회계이론

일반적으로 자본은 개인기업의 자본과 법인기업의 자본은 근본적으로는 같은 개념이나, 법인기업의 경우에는 주주의 지분을 법원에 등기한 법정자본금과 잉여금으로 구분한다.

구 분	부채의 종류
자 본 금	보통주자본금, 우선주자본금
자 본 잉 여 금	주식발행초과금, 감자차익, 기타자본잉여금(자기주식처분이익, 신주인수권계정)
자 본 조 정	주식할인발행차금, 감자차손, 자기주식, 자기주식처분손실, 미교부주식배당금
기타포괄손익누계액	매도가능증권평가손익, 해외사업환산손익, 위험회피파생상품손익, 재평가잉여금
이 익 잉 여 금	법정적립금(이익준비금 등), 임의적립금, 미처분이익잉여금

(5) 재무상태표의 기능

자 본 등 식	자산 총액 - 부채 총액 = 자본 총액
재 무 상 태 표 등 식	자산 총액 = 부채 총액 + 자본 총액
재 산 법(자본유지접근법)	당기순손익 = 기말자본 - 기초자본

〈재무상태표를 이용한 공식〉

(기초) 재무상태표		(기말) 재무상태표		
자산총액 (기초자산)	부채총액 (기초부채)	자산총액 (기말자산)	부채총액 (기말부채)	
	자본총액 (기초자본)		자본총액 (기말자본)	기초자본
				당기순이익

2 손익계산서

손익계산서(I/S, Income Statement)는 기업의 영업성적(경영성과)을 일정한 기간 동안 측정하여 보고하는 재무제표를 말한다. 해당 회계기간의 재무성과를 나타낼 뿐만 아니라 **기업의 미래현금과 수익창출능력** 등의 예측에 유용한 정보를 제공한다.

(1) 손익계산서 작성원칙

원 칙	작성 내용
(1) 발생주의 원칙	수익과 비용은 그것이 발생한 기간에 정당하게 배분되도록 처리하여야 한다.
(2) 수익·비용 대응의 원칙	수익과 비용은 그 발생 원천에 따라 명확하게 분류하고, 수익항목과 이에 대응되는 비용항목을 대응표시 하여야 한다.
(3) 총액주의 원칙	수익과 비용은 서로 상계하여 표시하지 않고 총액으로 표시함을 원칙으로 한다.
(4) 구분계산의 원칙	손익계산서는 매출총이익, 영업이익, 법인세차감전순이익, 당기순이익으로 구분하여 계산함을 원칙으로 한다.

(2) 손익계산서 구성요소

1) 수익

수익(Revenue : R)이란 **기업의 영업활동 결과로 자본이 증가되는 원인**을 말하며, 자본거래에 해당하는 자본의 출자 및 납입은 제외한다. 수익은 대부분 비용의 희생으로 인하여 얻은 경제적 가치이다.

구 분	수익의 종류
영 업 수 익	매출액(상품매출액, 제품매출액)
영 업 외 수 익	(기업의 목적 이외의 거래에서 발생된 수익) 이자수익, 임대료, 수수료수익, 배당금수익, 잡이익, 단기매매증권처분이익, 단기매매증권평가이익, 유형자산처분이익, 보험금수익, 외환차익, 외화환산이익 등

2) 비용

비용(Expense : E)이란 **기업의 영업활동 결과 자본의 감소를 가져오는 원인**을 말하며, 자본거래에 해당하는 자본의 인출 및 감자는 제외한다. 비용은 수익을 창출할 목적으로 희생된 경제적 가치이기도 하다.

PART 1 재무회계이론

구 분	수익의 종류
영업비용	매출원가(상품매출원가, 제품매출원가 등)
판매비와관리비	소모품비(사무용품비), 통신비, 수도광열비, 광고선전비, 접대비, 복리후생비, 운반비, 보험료, 수수료비용, 임차료, 급여, 상여, 퇴직급여, 세금과공과, 대손상각비, 감가상각비 등
영업외비용	이자비용, 기부금, 잡손실, 단기매매증권처분손실, 단기매매증권평가손실, 유형자산처분손실, 외환차손, 외화환산손실 등

(3) 손익계산서의 기능

1) 자본유지접근법(재산법)

 기업의 자본 중 기초자본과 기말자본의 증감변화를 비교하여 기업의 순손익을 계산할 수 있는데, 이러한 계산 방법을 **자본유지접근법** 또는 **재산법**이라 한다. 자본유지접근법이란 기초자본은 항상 기말자본 속에 포함되어 있다는 개념으로 기말자본에서 기초자본을 제거하면 남는 차이는 당기순이익이 된다는 개념이다.

자본유지접근법 (재산법)	① 기말자본-기초자본=당기순이익
	② 기초자본-기말자본=당기순손실

2) 손익법(거래 접근법)

 기업이 일정기간의 경영성과인 수익의 발생과 비용의 발생액을 비교하여 기업의 순손익을 계산 할 수 있는데, 이런 방법을 **손익법**이라 하며, 재산법과 손익법에서 계산된 당기순손익은 반드시 일치하여야 한다.(거래 접근법)

거래접근법 (손익법)	① 총수익 - 총비용 = 당기순이익
	② 총비용 - 총수익 = 당기순손실

<u>손 익 계 산 서</u>
20×1. 1.1부터 20×1. 12.31까지

㈜○○상사 (단위 : 원)

비 용	금 액	수 익	금 액
⋮	×××	⋮	×××
당기순이익	×××		
	×××		×××

Chapter 1 재무회계의 이해

3 현금흐름표, 자본변동표, 주석

종류	작성 내용
현금흐름표	기업의 현금흐름을 나타내는 보고서이며, 현금흐름표는 현금주의에 의하여 작성된다는 특징을 갖고 있다. 현금흐름의 종류에는 영업활동에 의한 현금흐름, 투자활동에 의한 현금흐름, 재무활동에 의한 현금흐름으로 구분하여 현금활동을 표시한다.
자본변동표	기업이 보유한 자본의 크기와 변동을 표시한다. 자본변동표에는 자본(주식)의 발행내용 및 주주의 변동내용 등이 모두 표시된다.
주 석	각 재무제표의 본문 내용을 자세하게 설명하는(충분성의 원칙) 별지를 말한다.

4 재무제표 작성 및 표시의 일반원칙

구 분	내 용
계 속 기 업	<u>경영진은 재무제표를 작성할 때 기업의 존속가능성을 평가하여야 한다.</u> 기업이 경영활동을 청산 또는 중단할 의도가 있거나, 경영활동을 계속할 수 없는 상황에 놓인 경우를 제외하고는 계속기업을 전제로 재무제표를 작성한다.
재무제표의 작성책임과 공정한 표시	<u>재무제표의 작성과 표시에 대한 책임은 경영진에게 있다.</u> 재무제표는 경제적 사실과 거래의 실질을 반영하여 기업의 재무상태, 경영성과, 현금흐름 및 자본변동을 공정하게 표시하여야 하며, 일반기업회계기준에 따라 적정하게 작성된 재무제표는 공정하게 표시된 재무제표로 본다.
재무제표 항목의 구분과 통합 표시	중요한 항목은 재무제표의 본문이나 주석에 그 내용을 가장 잘 나타낼 수 있도록 구분하여 표시하며, <u>중요하지 않은 항목은 성격이나 기능이 유사한 항목과 통합하여 표시할 수 있다.</u>
비교재무제표의 작성	<u>재무제표의 기간별 비교가능성을 제고하기 위하여 전기 재무제표의 모든 계량정보를 당기와 비교하는 형식으로 표시한다.</u> 또, 전기 재무제표의 비계량정보가 당기 재무제표를 이해하는 데 필요한 경우에는 이를 당기의 정보와 비교하여 주석에 기재한다.
재무제표 항목의 표시와 분류의 계속성	재무제표의 <u>기간별 비교가능성을 제고하기 위하여 재무제표 항목의 표시와 분류는 매기 동일하여야 한다.</u>
재무제표의 보고양식	재무제표는 이해하기 쉽도록 간단하고 명료하게 표시하여야 하며, 일반기업회계기준에 예시된 재무제표의 양식을 참조하여 작성한다. 예시된 명칭보다 내용을 잘 나타내는 계정과목명이 있을 때는 그 계정과목명을 사용할 수 있다. 재무제표는 재무상태표, 손익계산서, 자본변동표, 현금흐름표, 주석으로 구분하여 작성하며, 다음의 사항을 각 재무제표의 명칭과 함께 기재한다. ① 기업명 ② 보고기간 종료일 또는 회계기간 ③ 보고통화 및 금액단위

PART 1 재무회계이론

제3절　회계의 순환과정

1 거래의 정의

기업이 영업활동의 결과 자산과 부채의 증감변화를 일으키는 모든 원인을 「**거래(去來)**」라고 한다. 이러한 거래는 회계상의 거래와 일반적인 거래로 구분하며, 이 중 회계상의 거래만을 인식한다.

(1) 회계상의 거래

회계상의 거래란 자산·부채의 증감변화가 뚜렷한 거래로서 반드시 회계처리를 해야 하는 거래를 말한다. 예를 들어 본다면 다음과 같은 것들이 있다.

① 상품의 매입과 매출 거래
② 현금의 대여 및 차입 거래
③ 재산의 도난 및 분실
④ 화재 및 재해로 인하여 재산의 소실
⑤ 건물 등의 감가상각 등

(2) 일반적인 거래

일반적인 거래란 자산·부채의 증감변화가 일어나지 않는 거래로서 일상적인 것들인데 다음과 같은 것들을 말한다.

① 상품 등의 주문이나 매매계약을 체결하는 것
② 부동산의 임대차 계약을 맺는 것
③ 부동산의 담보제공
④ 신입사원의 채용
⑤ 상품 등의 보관 및 이웃 상점 등에서 손님 접대용 의자 등을 잠시 빌려오는 행위

	회계상 거래	
화재 또는 도난에 의한 자산의 감소	상품 매매·채권 및 채무의 발생·소멸 각종 대금의 수금·각종 손익의 발생 등	상품의 주문·토지 및 건물의 매매계약 및 임대차 계약 등
일반적으로 거래는 아님		일반적인 거래이나 회계상의 거래는 아님

Chapter 1 재무회계의 이해

2 거래의 결합관계와 거래의 이중성

(1) 거래의 8요소

거래 요소별 결합관계는 자산·부채·자본의 증가와 감소, 수익·비용의 발생과 소멸에 따라 차변요소 4가지와 대변요소 4가지로 구분되는데, 이들은 서로 결합되며 이와 같은 요소의 결합을 **거래의 8요소**라 한다.

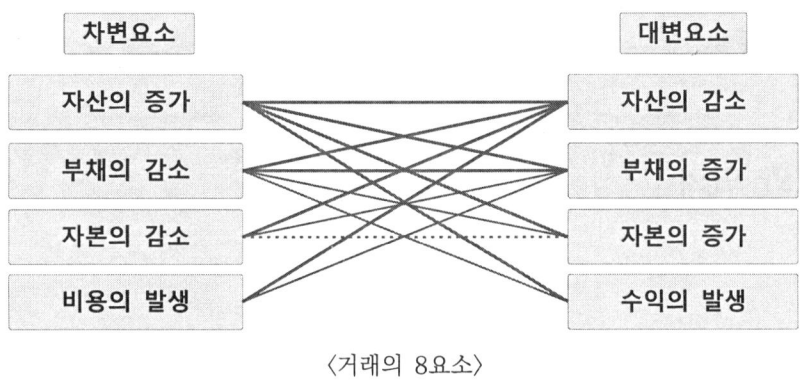

〈거래의 8요소〉

(2) 거래의 이중성(二重星)

거래는 반드시 차변요소와 대변요소의 결합으로 나타나게 되는데, 차변의 요소가 발생하면 반드시 대변에도 다른 요소가 나타난다는 원리를 「**거래의 이중성**」이라 한다. 여기서 차변과 대변이란 회계의 기록장소를 반으로 구분하여 왼쪽을 차변(借邊)이라 하며, 오른쪽을 대변(對邊)이라고 한다. 이러한 거래의 이중성은 반드시 거래의 결합관계를 이용해야 하는데 이것을 **거래의 8요소**라 한다.

(3) 거래의 종류

거래는 기업의 자산·부채·자본 및 수익·비용 중 어디에 어떤 증감변화가 일어나는지에 따라 [**교환거래·손익거래·혼합거래**]로 나눈다.

① **교환거래** : 거래의 내용 중 자산·부채·자본은 증감하지만, 수익과 비용은 발생하지 않아 기업의 이익계산에 영향을 주지 않는 거래를 말한다.

② **손익거래** : 손익거래는 거래의 총액이 비용이나 수익으로 인해서 발생하였다면 이것을 손익거래라 한다. 손익거래에서 유의할 점은 반드시 자산 또는 부채의 증감변화가 수익과 비용에 대응되어서 일어난다.

③ **혼합거래** : 혼합거래는 하나의 거래에 교환거래와 손익거래가 동시에 발생하는 거래를 말한다.

(4) 대차평균의 원리

모든 회계 상의 거래는 반드시 어떤 계정의 차변과 다른 계정의 대변에 같은 금액을 기입하므로, 아무리 많은 거래가 기입되더라도 계정 전체를 보면 차변의 합계와 대변의 합계는 반드시 일치하게 된다. 이러한 원리를 「**대차평균의 원리**」라 한다. 대차평균의 원리는 「**복식부기원리**」 또는 「**자기검증기능**」으로 부르기도 한다.

3 계정의 의의

(1) 계정

거래가 발생하면 자산, 부채, 자본 및 수익, 비용의 변동이 생기게 되는데, 이러한 변동사항을 명확하게 계산하기 위하여 구체적으로 설정하는 기록, 계산의 단위를 **계정**(a/c account)이라고 한다.

(2) 계정의 형식

계정의 형식에는 **표준식·잔액식·병립식** 등이 있으나, 회계원리를 이해하기 위해서는 약식 T자 **계정**을 사용하기로 한다. 계정에 부여된 명칭을 **계정과목**이라고 하며, 계정에 기록되는 장소적 범위를 **계정계좌**라 한다.

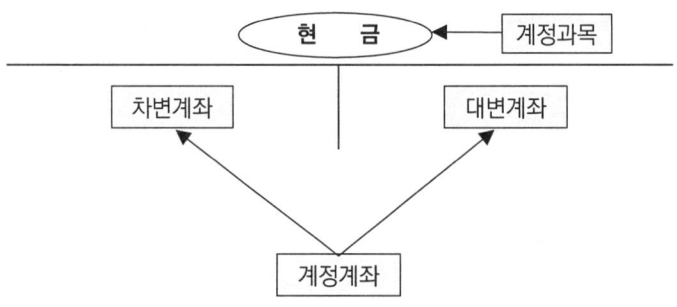

Chapter 1 재무회계의 이해

(2) 계정의 분류

계정은 재무상태표 계정과 손익계산서 계정으로 분류한다.

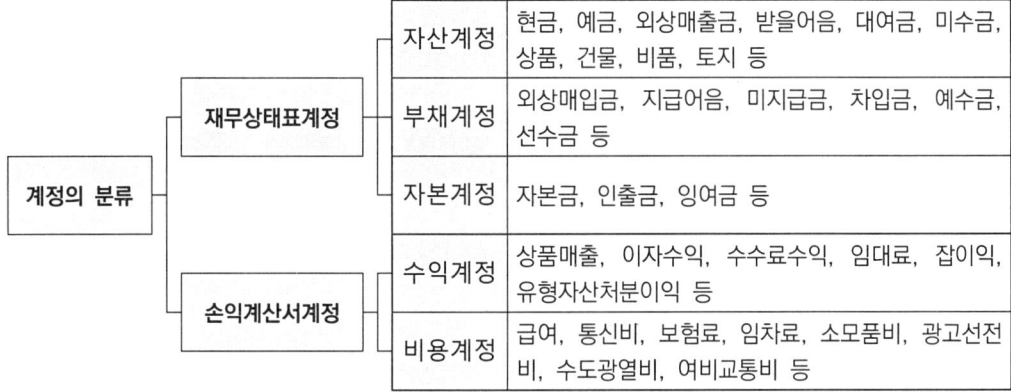

계정의 분류		
재무상태표계정	자산계정	현금, 예금, 외상매출금, 받을어음, 대여금, 미수금, 상품, 건물, 비품, 토지 등
	부채계정	외상매입금, 지급어음, 미지급금, 차입금, 예수금, 선수금 등
	자본계정	자본금, 인출금, 잉여금 등
손익계산서계정	수익계정	상품매출, 이자수익, 수수료수익, 임대료, 잡이익, 유형자산처분이익 등
	비용계정	급여, 통신비, 보험료, 임차료, 소모품비, 광고선전비, 수도광열비, 여비교통비 등

4 분개와 전기

(1) 분개

분개란 거래를 계정계좌에 기록하기 전에 기록의 오류나 누락을 막기 위하여 어느 계정, 어떤 변(邊)에 얼마의 금액으로 기록할 것인가를 결정하는 절차를 말한다. 분개를 하기 위해서는 다음의 순서에 의한다.

① 거래가 회계상의 거래인지, 일상적인 거래인지부터 확인한다. 회계상의 거래만 선택하여 분개하며, 일상적인 거래는 분개하지 아니한다.
② 회계상의 거래가 맞다면 거래를 정리하여 계정과목을 결정한다.
③ 계정과목에 따라 증감변화가 달라지므로 거래의 8요소에 따라 차변항목과 대변항목을 결정한다.
④ 대차평균의 원리에 따라 차변과목과 대변과목에 거래금액을 기록한다.

다음의 거래는 회계 상의 거래이다. 해당거래를 분개한다면 다음과 같은 순서로 한다.

> 1월 5일 거래처에서 상품 50,000원을 외상으로 매입하다.

1. 거래에서 분개에 사용될 계정과목을 결정한다.
2. 위의 거래에서 상품을 매입하였으므로, 상품이라는 자산계정을 결정하고 자산의 매입은 차변에 기록한다. 해당 거래금액 50,000원을 기록한다.
3. 차변이 결정되면 대변에 기록될 계정과목을 결정한다. 위의 거래에서 재고자산을 외상으로 매입하였으므로 외상매입금이라는 계정과목을 설정하고, 해당 거래금액 50,000원을 기록한다.

(2) 전기

거래를 분개한 후 분개 된 거래를 각 계정에 옮겨 적는 절차를 「**전기**」라 한다. 그러므로 거래는 모두 분개를 통해서 각 계정에 전기가 되는 것이다.

계정의 전기하는 요령은 다음과 같은 방법으로 한다. 다음과 같은 사례를 가지고 설명하기로 한다.

> 1월 5일 상품 50,000원을 외상으로 매입하다.

위의 거래를 분개하면 다음과 같다.

    1월 5일   (차)상품 50,000원   (대)외상매입금 50,000원

1. 분개의 차변과목을 전기하는 방법은 다음과 같다.
   ① 차변의 상품계정을 확인한다.
   ② 상품계정을 찾아 차변에 날짜를 기록한다. ⇨ 1월 5일
   ③ 상대방 계정과목을 기록한다. ⇨ 외상매입금
   ④ 거래 금액을 기록한다. ⇨ 금액은 상품의 자기금액으로 기록한다.

상　품

1/5 외 상 매 입 금	50,000원	

2. 분개의 대변과목을 전기하는 방법은 다음과 같다.
   ① 대변의 외상매입금계정을 확인한다.
   ② 외상매입금계정을 찾아 대변에 날짜를 기록한다. ⇨ 1월 5일
   ③ 상대방 계정과목을 기록한다. ⇨ 상품
   ④ 거래 금액을 기록한다. ⇨ 금액은 상품의 자기금액으로 기록한다.

외상매입금

	1/5 상　　품	50,000원

Chapter 1 재무회계의 이해

제4절　기업의 장부조직 및 시산표

1 장부 조직

회계에서 장부(帳簿)라는 것은 거래가 발생하면 요약하여 정리하는 장소적 범위를 말하며, 「**주요부**」와 「**보조부**」로 구분한다.

(1) 주요부

주요부는 기업에서 반드시 보유해야하는 장부조직을 말한다. 주요부에는 「**분개장**」과 「**총계정원장**」이 있다.

1) 분개장(分介帳)

모든 거래가 발생하면 거래의 발생 순서별로 분개를 기록하는 주요장부이며 기업은 반드시 보관해야 할 의무를 가진다. 하지만 분개장은 낱권으로 이루어져 있어 기록방법의 단순성이 단점이다. 그러므로 기업에서는 분개장을 대신하여 **전표**(傳票)**제도**를 사용한다.

2) 총계정원장(總計定元帳)

분개장에 분개 기입이 완료되면 계정계좌에 옮겨 적어야 하는데, 이들 계정이 설정되어 있는 장부를 「**총계정원장**(總計定元帳)」 또는 「**원장**(元帳)」이라고 한다.

(2) 보조부

장부조직 중 주요부는 기업에서 반드시 보유해야 한다. 하지만 주요부에 모든 거래내용을 자세하게 표시할 수 없다. 그러므로 주요부의 한계를 보충적으로 기입하는 장부조직이 필요하게 되는데 이때 사용되는 장부조직을 보조부라 하며, 보조부는 다시 「**보조원장**」과 「**보조기입장**」으로 분류한다.

1) 보조원장

보조원장이란 주요부의 총계정원장 중 통제계정에 해당하는 계정을 내용별로 자세하게 구분하여 기입하는 장부조직을 말한다. 예를 들어 통제계정의 [외상매출금]과 [받을어음] 등을 거래처별로 채권금액을 정리하여 기입하는 [매출처원장(거래처원장)] 또는 [매입처원장] 등이 보조원장에 해당한다.

2) 보조기입장

보조기입장이란 보조원장에서 거래의 개별적 정리를 하지 아니하는 항목에 대하여 이를 마련하며 회계전표 또는 그 증빙서류에 의하여 보충적으로 기재하는 장부조직을 말한다.

❷ 전표회계

지금까지 회사의 거래와 이러한 거래를 파악하여 분개한 후 총계정원장에 전기하는 과정까지 공부하였다. 하지만 기업에서는 분개장보다 사용이 편리한 전표를 이용하고 있으므로 전표의 의의와 기표방법 등도 함께 알아보도록 하자.

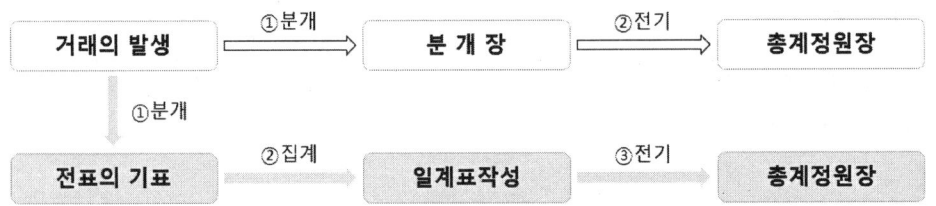

(1) 전 표

거래의 내용을 기입하기 위하여 일정한 양식을 갖춘 지표(紙票)를 **전표(傳票)**라 한다. 이 전표는 거래의 요점을 기입하여 기장의 기초가 될 뿐만 아니라, 분과제도 하의 각부 및 각과의 업무 연락 및 책임 소재를 명확히 파악할 수 있다.

(2) 전표의 종류

일반적으로 3전표제에 의하여 입금전표, 출금전표, 대체전표로 이루어지며, 여기에 부가가치세 거래를 별도로 관리하기 위하여 매입전표 및 매입전표를 추가하여 5전표제를 이용하기도 한다.

1) 입금전표

입금전표는 붉은색으로 인쇄되어 있는 지표(紙票)로 현금의 수입거래를 기입하는 용지이다. 입금전표는 현금계정의 차변을 표시하므로 과목 란은 상대 계정인 대변 과목만을 표시한다.

2) 출금전표

출금전표는 파란색으로 인쇄되어 있는 지표(紙票)를 이용하며, 현금의 지급거래를 기입하는 전표이다. 출금전표는 현금계정의 대변을 표시하므로 과목란에는 상대 계정인 차변 과목만을 표시한다.

3) 대체전표

대체전표는 검정색으로 인쇄되어 있다. 현금 수수가 수반되지 않은 대체 거래를 기입하는 전표이다. 대체 거래에는 전부대체거래와 현금의 수지를 일부 수반하는 일부대체거래가 있는데, 이중 현금거래 부분은 입금전표 또는 출금전표에 기입하고 대체거래 부분만 대체 전표에 기입한다.

4) 매출전표

매출전표는 붉은색으로 인쇄되어 있는 지표(紙票)를 이용하며, 부가가치세법에 의하여 세금계산서 또는 계산서를 발급하고 재화 및 용역을 판매하는 경우 작성되는 전표이다.

5) 매입전표

매입전표는 파란색으로 인쇄되어 있다. 매입전표도 매출전표와 마찬가지로 부가가치세법에 의하여 세금계산서 또는 계산서를 발급받고 재화 및 용역을 매입하는 경우 작성되는 전표이다.

(3) 분과제도

기업의 규모가 크고 거래가 빈번한 경우 **분과(分課)제도**를 채택하는 것이 보통이다. 분과 제도에서는 기장 사무의 분담으로 능률적인 회계처리를 할 수 있는데, 이에 분개장 대신 전표가 이용된다.

(4) 전표의 집계와 원장의 전기

각 거래마다 작성한 전표를 집계하는 방법에는 전표별로 집계하는 방법과 대차별 또는 계정과목별로 집계하는 방법의 두 가지가 있다.

1) 전표별 집계방법

이 집계 방법은 전표 집계표를 입금 전표 집계표, 출금전표 집계표, 대체전표 집계표로 분류하여 전표집계표를 작성한다. 이와 같은 집계표를 사용하는 경우 전표 집계표에서 직접 총계정 원장에 전기한다.

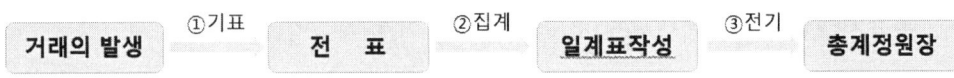

① **입금전표 집계표**: 입금전표를 집계하는 장부조직이다. 입금전표에 기입된 계정과목은 상대 계정과목인 대변계정이므로 전표 집계표에는 대변계정 과목, 전표매수, 원면, 금액을 기입하여 총계정원장에 개별 전기하고, 합계 금액은 현금계정의 차변에 기입한다.

② **출금전표 집계표** : 출금전표를 집계하는 장부조직으로 출금전표에 기입된 계정과목은 상대 계정과목인 차변계정이 되며, 입금전표 집계표와 같은 방법으로 전기한다.

③ **대체전표 집계표** : 차변 대체전표 집계표와 대변 대체전표 집계표를 각각 작성하여 해당 계정의 차변 또는 대변에 개별 전기한다.

2) 대차별·과목별 집계방법

정기적으로 전표를 대차별·과목별로 분류하여 전표 집계표를 작성하고, 전표 집계표에 의하여 다시 [일계표]와 [월계표]에 집계하여 총계정원장으로 대체 입력한다.

3) 전표회계의 장점

전표를 이용함으로써 여러 가지 기장의 간소화를 가져올 수 있는데, 다음과 같은 장점을 가지고 있다.

① 분과별(부, 과, 제)로 기장 사무를 분담할 수 있다.
② 전기(傳記)의 횟수를 줄일 수 있다.
③ 분개장의 대용이 되어 장부 조직을 간소화 할 수 있다.
④ 거래를 다른 부서에 쉽게 전달할 수 있다.
⑤ 책임의 소재를 명확히 할 수 있다.
⑥ 장부 검사의 수단으로 이용할 수 있다.

3 시산표

(1) 시산표(試算表)

「시산표(T/B, Trial Balance)」란 거래가 발생하면 분개장에 분개한 뒤 총계정원장에 전기되는데 이 일련의 과정이 정확하게 이루어졌는지 확인하는 계정집계표를 말한다.

1) 시산표의 작성 목적

① 분개장에서 총계정원장의 전기가 정확하게 이루어졌는가를 검산한다.
② 회계기간 중에 발생한 거래의 총액을 파악할 수 있다.
③ 재무상태표와 손익계산서를 작성하기 위한 기초 자료가 된다.

2) 시산표의 종류

시산표는 작성목적과 방법에 따라 다음과 같이 분류한다.

합계시산표	총계정원장의 각 계정별 차변합계와 대변합계를 집계하여 작성하는 시산표로 분개장의 합계액과 일치한다. ① 영업기간의 거래 총액을 알 수 있다. ② 분개장에서 원장으로의 전기된 내용의 오류를 검증한다.
잔액시산표	총계정원장의 각 계정의 차변합계와 대변합계를 비교하여 나머지 잔액만을 집계하여 작성하는 시산표이다. ① 기업의 대체적인 재무상태와 경영성과를 알 수 있다. ② 시산표 등식을 도출할 수 있다. 시산표 등식 : 기말자산 + 총비용 = 기말부채 + 기초자본 + 총수익
합계잔액시산표	총계정원장의 각 계정의 차변합계와 대변합계 그리고 잔액을 모두 집계하여 작성하는 시산표이다.

3) 시산표의 한계

시산표는 모든 것을 전부 확인할 수 없는 몇 가지 요인이 있는데, 이러한 요인을 시산표의 한계라 한다. 예를 들어 분개를 이중으로 하거나, 분개의 대차를 바꿔서 처리하거나, 아예 분개를 누락하는 경우, 분개에서 계정으로 전기하는 과정상의 오류 등은 시산표(試算表)에서 찾아내기가 매우 어렵다. 이러한 오류를 시산표에서 검산하는 방법은 다음과 같이 찾을 수 있다.

① 시산표의 차변과 대변의 합계액을 검산한다.
② 총계정원장의 각 계정 합계액이 시산표에 올바르게 전기되었는가를 확인한다.
③ 총계정원장의 각 계정의 대변합계액과 차변합계액 또는 잔액을 검산 한다.
④ 분개장에서 총계정원장으로 전기가 정확하게 이루어졌는가를 확인한다.
⑤ 분개장의 기입에 오류가 있는지 확인한다.

그런데 위의 절차에 의해서도 발견할 수 없는 오류가 있을 수 있는데 이것을 **시산표의 한계**라 한다.

① 거래 전체의 분개가 누락 되었거나 전기가 누락 된 경우
② 거래를 이중으로 분개하였거나 대변과 차변 양쪽에 이중으로 전기한 경우
③ 대변과 차변 양쪽에 같은 금액을 틀리게 분개하거나 전기한 경우
④ 다른 계정과목을 사용하였거나 해당 계정에 전기한 경우
⑤ 오류가 우연히 상계된 경우

4) 시산표의 양식

시산표는 기중에 총계정원장을 검토하기 위하여 작성하기도 하지만 보통은 결산 시점에 작성하는 것이 일반적이다. 또한, 시산표는 결산 시점의 작성 방법에 따라 「**결산 전 잔액시산표**」와 「**결산 후 잔액시산표**」로 구분된다.

합 계 시 산 표

○○상사

차변합계	원면	계정과목	대변합계
2,000,000	1	현금 및 현금성자산	1,500,000
⋮	⋮	⋮	⋮
1,5000,00	17	매입채무	2,5000,000
		⋮	
35,000,000			35,000,000

잔 액 시 산 표

○○상사

차변합계	원면	계정과목	대변합계
500,000	1	현금 및 현금성자산	-
⋮	⋮		⋮
-	17	매입채무	1,000,000
12,000,000			12,000,000

합계·잔액시산표

○○상사

차 변		원면	계정과목	대 변	
잔액	합계			합계	잔액
500,000	2,000,000	1	현금 및 현금성자산	1,500,000	
	⋮			⋮	
	1,500,000	17	매입채무	2,500,000	1,000,000
			⋮		
12,000,000	35,000,000			35,000,000	12,000,000

Chapter 1 재무회계의 이해

제5절 기업의 결산

1 결산

기업은 회계 기말에 모든 장부를 마감하여 재무상태와 그 기간에 생긴 경영성적을 정확하게 파악하게 되는데 이러한 절차를 **결산**(決算)이라 한다. 결산은 ①예비절차 ②본 절차 ③후속절차의 순서로 진행한다.

결산 예비절차	결산 본 절차	결산 후속 절차
① 결산 전 시산표 작성	① 손익계산서 계정 마감	① 손익계산서 작성
② 재고조사표 작성	② 재무상태표 계정 마감	② 재무상태표 작성
③ 기말정리사항 분개	③ 이월시산표 작성	③ 현금흐름표 작성
④ 수정 후 시산표 작성	④ 기타 장부의 마감	④ 자본변동표 작성
⑤ 정산표 작성		⑤ 주석 작성

2 결산의 예비절차

결산의 **예비절차**는 본격적인 결산을 시작하기 전에 거래를 분개하여 총계정원장에 전기하는 일련의 과정이 적정하게 처리되었는지를 확인하는 절차이다. 또한, 기말 현재 누락사항을 확인하여 추가로 정리하는 절차이기도 하다. 앞 장에서 이미 학습한 바와 같이 예비절차는 다음과 같은 순서로 처리하여야 한다.

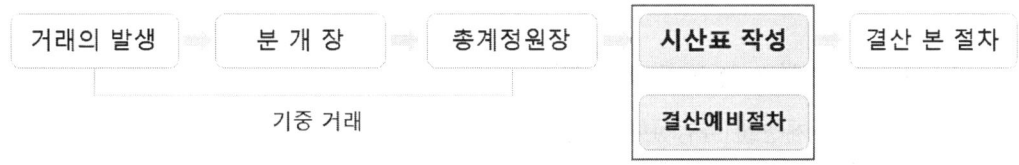

1) 결산 전 시산표의 작성

거래가 발생하면 분개장에 분개한 후 총계정원장에 전기 되는데, 이런 일련의 모든 과정이 정확히 처리되었는지를 확인하는 절차이다.

2) 재고조사표 작성

회계 기말에 정확한 재무상태와 경영성과를 파악하기 위하여 「결산 전 잔액시산표」를 기초로 원장의 각 계정 잔액을 수정하는 결산상의 절차를 결산정리라 하고, 이러한 결산정리사항을 모아서 작성한 일람표를 재고조사표라 한다.

3) 결산(기말)정리 분개

재고조사표의 내용을 수정하여 분개하는 것으로 [기말정리분개] 또는 [결산정리분개]라 한다. 기말정리분개를 할 때에는 「수익과 비용」은 반드시 발생주의 회계기준에 의하여 정리를 하며, 「자산과 부채」는 현금의 교환가능성을 측정하여 평가과정을 적용하여야 한다.

4) 수정 후 잔액시산표 작성

「결산 전 잔액시산표」와 「결산정리분개」를 기초로 재계산된 수정 후 계정잔액을 기초로 작성된 시산표를 말한다.

③ 결산의 본 절차

본 절차는 예비절차에 의하여 완전하게 준비된 자료를 가지고 총계정원장을 마감하는 절차이다. 결산 본 절차는 다음의 순서에 의한다.

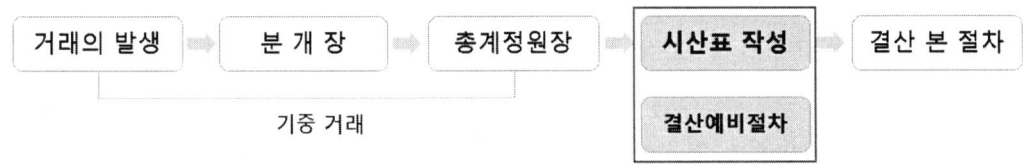

1) 손익계산서 계정의 마감 및 대체분개

수익계정과 비용계정을 마감하여 [집합손익]계정에 대체한다. 집합손익계정에 대체한 후에는 반드시 [손익계정대체분개]를 표시하여야 한다.

2) 손익계정의 마감

[집합손익]계정을 마감하여 순손익을 계산한 후 개인기업은 「자본금」계정으로 대체하며, 법인기업은 주주총회까지 이익처분을 보류하여야 하므로 「미처분이익잉여금」계정으로 대체한다.

3) 재무상태표 계정의 마감(영미식 결산법)

자산·부채·자본계정을 「**차기이월**」로 마감기입 한 후 「**전기이월**」로 개시 기입한다.

4) 이월시산표 작성

결산이 완료되면 예비절차와 결산정리분개 등에 의하여 정리된 총계정원장을 마감(본절차)하여 결산 된 내용이 적절하게 이루어졌는지를 확인하기 위하여 작성되는 절차이다.

4 결산의 후속 절차

모든 결산이 끝난 후 재무제표를 작성하는 절차를 [**결산 후 절차**]라 한다. 일반기업회계기준(K-GAAP)에 제시된 재무제표의 종류는 다음과 같다.

① 재무상태표 ② 손익계산서 ③ 현금흐름표 ④ 자본변동표 ⑤ 주석

단/원/학/습/문/제

01. 일반기업회계기준상 재무상태표의 설명에 적합하지 않는 것은?
① 재무상태표는 기업의 재무상태를 명확히 보고하기 위하여 재무상태표일 현재의 기업의 자산·부채·자본을 나타내는 정태적 보고서를 말한다.
② 재무상태표에서 자산·부채·자본은 총액표시를 원칙으로 한다.
③ 재무상태표는 유동성배열법에 따라 유동성이 적은 항목부터 나열한다.
④ 일반기업회계기준상 재무상태표의 작성방법에는 보고식과 계정식이 있다.

02. 회계상 거래가 발생하면 차변과 대변에 동시에 영향을 미치게 되는데, 이는 회계의 어떤 특성 때문인가?
① 거래의 이중성　　　　　　② 중요성
③ 신뢰성　　　　　　　　　④ 유동성

03. 다음 중 재무상태표가 제공할 수 있는 정보로서 가장 적합하지 않는 것은?
① 경제적 자원에 관한 정보　② 경영성과에 관한 정보
③ 유동성에 관한 정보　　　 ④ 지급능력에 관한 정보

04. 일반기업회계기준에 의한 손익계산서 작성기준 중 틀린 것은?
① 모든 수익과 비용은 그것이 발생한 기간에 정당하게 배분되도록 처리하여야 한다.
② 수익과 비용은 직접 상계함으로써 전부 또는 일부를 제외할 수 있다.
③ 수익은 실현시기를 기준으로 계상한다.
④ 수익과 비용은 발생원천에 따라 분류하고 각 수익항목과 이에 관련되는 비용항목을 대응 표시하여야 한다.

05. 다음 중 일반기업회계기준에 의한 재무제표에 해당하지 않는 것은?
① 재무상태표　　　　　　　② 손익계산서
③ 이익잉여금처분계산서　　④ 현금흐름표

Chapter 1 재무회계의 이해

06. 시산표의 작성목적으로 가장 바른 것은?

① 일정기간의 경영성과를 파악하기 위하여
② 총계정원장에서 각 계정에 전기 된 내용의 오류검증을 위하여
③ 일정시점의 재무상태를 파악하기 위하여
④ 일정기간 거래 내용을 확인하기 위하여

07. 다음 중 시산표의 등식은?

① 기말자산+총비용 = 기말부채+기말자본+총수익
② 기말자산+총비용 = 기말부채+기초자본+총수익
③ 기말자산+총비용+총수익 = 기말부채+기초자본
④ 기말자산+총비용+총수익 = 기말부채+기말자본

08. 회계의 순환과정에 있어 기말결산정리를 하게 되는 근거가 되는 가정으로 가장 적절한 것은?

① 기업실체의 가정　　② 기간별보고의 가정
③ 화폐단위의 가정　　④ 계속기업의 가정

09. 재무제표를 통해 제공되는 정보에 관한 내용 중 올바르지 않은 것은?

① 화폐단위로 측정된 정보를 주로 제공한다.
② 특정기업실체에 관한 정보를 제공하며, 산업 또는 경제 전반에 관한 정보를 제공하지는 않는다.
③ 대부분 과거에 발생한 거래나 사건에 대한 정보를 나타낸다.
④ 추정에 의한 측정치는 포함하지 않는다.

10. 다음은 재무제표의 질적특성에 관련된 내용이다. 성격이 다른 하나는?

① 표현의 충실성　　② 검증가능성
③ 중립성　　　　　④ 적시성

11. 주식시장에 상장되어 있는 두 회사 중 한 회사에 투자하기 위해 두 회사의 회계정보를 비교하고자 하는 경우 회계정보가 갖추어야 할 속성으로 가장 적합한 것은?

① 비교가능성　　② 신뢰성
③ 목적적합성　　④ 중립성

12. 기업은 미래에도 계속적으로 정상적인 영업활동을 영위할 것이라는 전제하에 역사적 원가원칙의 근간이 되는 회계의 기본가정은?

    ① 기업실체의 가정   ② 계속기업의 가정
    ③ 기간별보고의 가정   ④ 발생주의

13. 다음 중 재무제표 작성시 미지급비용이나, 선급비용, 각종 충당금설정 등에 대한 수정분개를 정당화 시키는 회계개념과 가장 가까운 개념은?

    ① 계속기업의 가정   ② 회계기간의 가정
    ③ 비교가능성   ④ 기업실체의 가정

14. 다음 중 역사적원가주의와 가장 관련성이 적은 것은?

    ① 회계정보의 목적적합성과 신뢰성을 모두 높일 수 있다.
    ② 기업이 계속하여 존재할 것이라는 가정 하에 정당화되고 있다.
    ③ 취득 후에 그 가치가 변동하더라도 역사적원가는 그대로 유지된다.
    ④ 객관적이고 검증 가능한 회계정보를 생산하는데 도움이 된다.

15. 재무제표의 질적 특성간 균형에 대한 설명 중 잘못된 것은?

    ① 신뢰성과 목적적합성은 서로 상충관계가 발생될 수 있다.
    ② 수익 인식과 관련하여 완성기준을 적용하면 목적적합성은 향상되는 반면 신뢰성은 저하 될 수 있다.
    ③ 자산 평가와 관련하여 현행원가를 적용하면 목적적합성은 향상되는 반면 신뢰성은 저하 될 수 있다.
    ④ 회계정보의 보고와 관련하여 중간보고의 경우 목적적합성은 향상되는 반면 신뢰성은 저하 될 수 있다.

Chapter 1 재무회계의 이해

단원학습문제 해답

01 ③ 재무상태표의 작성기준에는 ①1년기준 원칙 ②총액주의 원칙 ③유동성배열 원칙 ④구분표시 원칙 등이 있으며, 유동성배열 원칙은 유동성이 큰 것부터 서술하는 것을 말한다.

02 ① 거래의 이중성이란 거래가 발생하면, 반드시 서로 다른 변에 다른 거래가 같이 발생하는 것을 말한다.

03 ② 재무상태표는 기업의 재무상태를 표시하는 정태적 보고서로 ①기업의 경제적 자원 ②유동성 ③기업의 지급능력 등을 표시하고 있다. 경영성과에 관한 내용은 손익계산서의 정보에 해당한다.

04 ② 손익계산서 작성기준에는 ①수익비용대응원칙 ②총액표시원칙 ③구분계산의원칙 ④발생주의 원칙이 있으며 ⑤총액표시원칙이란 수익과 비용은 서로 상계하지 않고 총액을 표시하는 것을 말한다.

05 ③ 일반기업회계기준(K-GAAP)에 의한 재무제표의 종류에는 ①재무상태표 ②손익계산서 ③현금흐름표 ④자본변동표 ⑤주석이 있다. 이익잉여금처분계산서는 자본변동표에 표시되는 부속명세이다.

06 ② 시산표의 작성목적은 거래가 발생하면 거래를 분개한 후 계정에 전기하게 되는데 이러한 일련의 절차를 검증하기 위하여 작성하는 장부조직 중의 하나이다.

07 ② 시산표 등식이란 시산표의 차변과 대변에 기록되는 정보를 등식으로 표시한 것을 말한다. 모든 정보는 기말정보가 인식 되지만 자본금은 기초자본금이 표시된다.

08 ② 기간별 보고의 가정 : 기업실체의 존속기간을 일정한 기간 단위로 구분하여 각 기간별로 재무제표에 보고하는 것을 말한다. 또한 해당기간에 발생한 사건을 정리하기 위함도 있다.

09 ④ 재무제표는 정보이용자들의 요구에 의하여 추정에 의한 정보를 포함하여 표시한다. 예를 대손충당금의 설정비율 및 감가상각비의 계상액이 여기에 있다.

10 ④ 재무제표의 질적특성 중 목적적합성은 ①예측가치 ②피드백가치 ③적시성이 있으며, 신뢰성의 속성에는 ①표현의 충실성 ②검증가능성 ③중립성이 있다.

11 ① 비교가능성은 회계정보가 특정기업의 회계정보를 일정기간과 다른 기간 간에 비교할 수 있어야 하고, 특정기업의 회계정보를 다른 기업과 비교가능하게 작성하는 속성을 말한다.

12 ② 기업은 반증이 없는 한 경영활동을 영구적으로 수행하므로 취득시의 금액으로 재무제표에 계상하고, 회계기간에 걸쳐 배분해야 한다.

13 ② 한 기간의 존속기간을 인위적으로 분할하여 각 기간별로 재무제표를 작성하기 위하여 해당 기간에 발생된 수익이나 비용에 대한 부분은 발생액을 계산하고 자산 및 부채에 대해서는 평가과정을 거쳐야 하는 것이다. 이러한 조건을 [회계기간의 가정]이라 한다.

14 ① 역사적원가주의는 일반적으로 신뢰성은 제고되나 목적적합성은 저하 될 수 있다.

15 ② 완성기준을 적용하면 신뢰성은 향상되나, 목적적합성은 저하될 수 있다.

분개연습문제 100선

다음의 거래를 분개하시오.(상품거래는 총액법에 의하며, 매입 시 "상품", 매출 시 "상품매출"로 처리하여 원가가 있는 경우 상품매출원가를 인식할 것)

1 현금 1,000,000원과 상품 500,000원 비품 200,000원을 출자하여 영업을 개시하다.

2 현금 300,000원을 미래은행에 당좌예금하다.

3 도원상회에서 상품 500,000원을 매입하고, 대금은 외상으로 하다.

4 업무용 책상과 의자 100,000원을 구입하고, 대금은 수표를 발행하여 지급하다.

5 본사로 사용할 건물을 4,000,000원에 구입하고, 대금은 1개월 후에 지급하기로 하다.

6 외상매출금 300,000원을 현금으로 받다.

7 사무용으로 사용할 소모품 15,000원을 구입하고, 대금은 현금으로 지급하다.(비용처리법)

8 이달분 전기요금 40,000원과 수도요금 15,000원을 현금으로 지급하다.

9 도원상사로부터 상품 400,000원을 매입하고, 대금은 수표를 발행하여 지급하다.

10 이달분 신문구독료 5,000원을 현금으로 지급하다.

11 거래처 관악상사에 상품 400,000원을 매출하고, 대금은 전액 현금으로 받다.

12 직원휴게실에서 사용할 응접셋트 1조를 180,000원에 구입하고, 대금은 10일 후 지급하기로 하였다.

13 구미상회에 원가 500,000원의 상품을 600,000원에 매출하고, 대금은 전액 외상으로 하였다.

14 거래처 미림상사의 외상매입금 400,000원을 현금으로 지급하다.

15 외상매입금 250,000원을 국민은행 앞 당좌수표를 발행하여 지급하다.

16 사용 중이던 책상과 의자 350,000원을 처분하고, 대금은 모두 현금으로 받다.(책상과 의자는 불용품으로 장부잔액은 존재하지 않는다.)

17 사용 중이던 불용비품 150,000원(장부가액 없음)을 처분하고, 대금은 외상으로 하다.

18 상공상회에서 상품 500,000원을 매입하고, 대금 중 200,000원은 현금으로 지급하고, 잔액은 3개월 후 지급의 약속어음을 발행하여 지급하다.

19 과림산업에 대여하였던 단기대여금 100,000원과 이자 15,000원을 현금으로 받다.

20 영천산업에서 차입한 단기차입금 300,000원과 이자 30,000원을 수표를 발행하여 지급하다.

21 제주산업에서 상품 400,000원을 매입하고, 대금 중 300,000원은 수표를 발행하여 지급하고, 잔액은 외상으로 하였다.

22 용산 선인상사에서 영업용 컴퓨터 2,000,000원을 구입하고, 대금 중 1,200,000원은 현금으로 지급하고, 잔액은 월말에 지급하기로 하였다.

23 미래산업에 상품 중개수수료 40,000원을 현금으로 지급하다.

24 전주상회에 상품 700,000원을 판매하고, 대금 중 400,000원을 현금으로 받고, 잔액은 외상으로 하다.

25 군산상회에 상품 500,000원을 매출하고, 대금은 만기 3개월 후 지급의 약속어음으로 수령하다.

26 서산상회로부터 상품 300,000원을 매입하고, 대금 중 200,000원은 약속어음을 발행하여 지급하고, 잔액은 1개월 후에 지급하기로 하다.

27 영등포상사에서 사무용품 40,000원을 구입하고, 대금 중 30,000원은 현금으로 지급하고, 잔액은 1주일 후에 지급하기로 하다.(자산처리법에 의할 것)

28 신정상회의 외상매출금 500,000원을 현금으로 받아 즉시 은행에 당좌예금하였다.

29 화곡산업에 상품 450,000원을 매출하고, 대금은 전액 현금으로 받아 그 중 300,000원은 은행에 당좌예금하다.

30 인천상회로부터 수령하였던 약속어음 100,000원이 금일 만기가 되어 현금으로 수취하였다.

31 강원산업에 발행하였던 약속어음 400,000원이 금일 만기가 되어 당점의 당좌예금에서 인출되었다는 통지를 거래은행으로부터 받았다.

32 건물을 구입하고 미지급하였던 건물대금 4,000,000원을 현금으로 지급하였다.

33 대우상회의 대여금 500,000과 이자 30,000원을 현금으로 받아 은행에 당좌예금하였다.

34 업무용 승용차에 대한 자동차 보험료(1년분) 250,000원을 현금으로 지급하다.(비용으로 처리할 것)

35 상공회의소 회비 100,000원을 현금으로 납부하다.(상공회의소는 법정 기부단체이다.)

36 영업부에서 참고할 무역도서를 8,000원에 현금을 지급하고, 구입하였다.

37 은행의 정기예금에 대한 정기분 이자 20,000원을 현금으로 인출하다.

38 한샘가구로부터 업무용 책상과 의자 1조를 500,000원에 구입하고, 대금 중 300,000원은 당좌수표를 발행하여 지급하고, 잔액은 1주일 후에 지급하기로 하다.

39 미래상점에서 상품 700,000원을 매입하고, 대금 중 500,000원은 3개월 후 지급의 약속어음을 발행하여 지급하고, 잔액은 월말에 지급하기로 하였다.

40 주식회사 행복이 발행한 주식 1,000주를 1주당 6,000원(액면 5,000원)에 구입하고, 대금은 수표를 발행하여 지급하다.

41 우리은행과 당좌거래 계약을 체결하고, 현금 800,000을 첫 예금으로 예치하였다.

42 신입사원 업무용 책상과 컴퓨터 1,000,000원을 구입하고 대금은 현금으로 지급하다.

43 거래처 구미산업에서 상품 500,000원을 매입하고, 대금 중 300,000원은 수표를 발행하여 지급하고, 잔액은 외상으로 하다.

44 신도산업으로부터 복사기에 필요한 토너와 잉크 그리고 복사용지를 100,000원에 구입하고, 대금은 현금으로 지급하다.(비용으로 처리 할 것)

45 대원상회에 상품 150,000원을 매출하고, 대금은 현금으로 받다.

Chapter 1 재무회계의 이해

46 영창상회에서 현금 800,000원을 1년간 사용하기로 하고 빌려오다.

47 미림상회에서 상품 300,000원을 매입하고, 대금은 1개월 후 지급의 약속어음을 발행하여 지급하다.

48 거래처 시흥상회에 상품매매를 알선하고 중개수수료 30,000원을 현금으로 받다.

49 신성상점에 상품 1,000,000원을 매출(공급)하기로 계약을 맺고, 계약금 300,000원을 현금으로 받다.

50 영남상회에 상품 350,000원(원가 300,000원)을 매출하고, 대금은 3개월 만기의 약속어음으로 수취하다.(본 문제에 한하여 순액법으로 처리할 것)

51 강원상회에 대여한 단기대여금에 대한 이자 5,000원을 현금으로 수령하다.

52 단기 보유 중이던 서울산업 발행의 주식을 50,000원(장부가액 50,000원)에 처분하고, 대금은 1주일 후에 받기로 하다.

53 이달 분 전화요금 15,000원과 전기요금 30,000원을 현금으로 지급하다.

54 서산상회의 외상매입금 상환을 청구받고 200,000원을 수표를 발행하여 지급하다.

55 일시적인 보유를 목적으로 한강산업이 발행한 주식 300,000원을 구입하고, 대금은 1주일 후에 지급하기로 하다.

56 세무상사로부터 상품 400,000원을 매입하고, 대금 중 300,000원은 수표를 발행하여 지급하고, 잔액은 외상으로 하다.

57 한세산업에서 받아 두었던 약속어음 200,000원이 만기가 되어 상환청구를 하였던 바, 오늘 전액 현금으로 상환받았다.

58 한양상점에 상품 2,000,000원을 주문하고, 물품 대금 250,000원을 수표를 발행하여 지급하다.

59 남양상사에 상품 300,000원을 매출하고, 대금 중 200,000원은 현금으로 받고, 잔액은 외상으로 하다.

60 거래처 방문을 위한 택시요금 45,000원을 현금으로 지급하다.

61 영등포상회로부터 상품 500,000원을 매입하고, 대금 중 300,000원은 약속어음을 발행하고, 잔액은 외상으로 하였다.

62 대방산업에서 차입한 장기차입금 200,000과 그에 대한 이자 10,000원을 수표를 발행하여 지급하다.

63 남양상사로부터 외상대금 600,000원을 현금으로 회수하여 즉시 은행에 당좌예금하였다.

64 영등포상회에 발행하였던 약속어음 200,000이 기일이 되어 당좌수표를 발행하여 지급하였다.

65 은행예금에 대한 이자 5,000원이 보통예금계좌에 입금되어 있음을 확인하였다.

66 1개월 전에 구입한 비품대금의 미지급분 50,000원을 현금으로 지급하다.

67 거래은행의 당좌예금 중 150,000원을 당좌수표를 발행하여 현금으로 인출하다.

68 소유하고 있던 한강상사 발행의 단기매매증권(장부가액 85,000원)을 100,000원에 처분하고, 대금은 20일 후에 받기로 하다.

69 건물의 화재보험료 20,000원을 현금으로 납부하다.

70 국민상회로부터 외상매입금 500,000원의 상환을 청구 받고, 3개월 지급의 약속어음을 발행하여 지급하다.

71 직원 구인광고를 서울신문사에 의뢰하고, 광고료 100,000과 신문구독료 8,000원을 현금으로 지급하다.

72 이달 분 종업원 월급 70,000원을 현금으로 지급하다.

73 거래처 한국상회로부터 상품 1,000,000원을 주문을 받았다.

74 경북상회의 장기대여금 200,000과 그 이자 10,000원을 현금으로 받아 즉시 당좌예금하다.

75 소유하고 있던 주식을 2,000,000원(장부가액 2,200,000원)에 매각하고, 대금은 3일 후에 받기로 하다.

76 회사가 보유하고 있던 현금 중 500,000원을 분실하였다.

Chapter 1 재무회계의 이해

77 회사가 보유하고 있던 건물을 임대하고, 월세 500,000원을 현금으로 받다.

78 민족상점에 상품 450,000원을 매출하고, 대금 중 50%는 현금으로 받고, 잔액은 외상으로 하다.

79 현금 500,000원, 상품 150,000원, 비품 300,000원, 단기차입금 150,000원을 출자하여 영업을 시작하였다.

80 1년 만기 정기예금 200,000원이 만기일이 되어 이자 20,000원과 함께 보통예금에 입금하였다.

81 호반건설로부터 사업에 사용할 건물 5,000,000원을 구입하고, 3,000,000원은 수표를 발행하여 지급하고, 잔액은 외상으로 하였다.

82 우리은행에 3년 만기 정기예금 계약을 체결하고 현금 200,000원을 예치하다.

83 우리은행의 보통예금에서 현금 50,000원을 인출하다.

84 종업원을 연봉 30,000,000원의 조건을 채용하였다.

85 기아자동차로부터 업무용 승용차를 3,000,000원에 구입하고, 대금은 수표를 발행하여 지급하다.

86 당해년도 건물분 재산세 60,000원과 상반기 자동차세 30,000원을 현금으로 지급하다.

87 상품을 판매하면서 배달비 15,000원을 현금으로 지급하다.

88 건물을 임대하고 이달분 월세 300,0000원을 현금으로 받아 즉시 당좌예금하다.

89 거래처 직원과 식사를 하고 식사비용 등 300,000원을 현금으로 지급하다.

90 당점발행 약속어음 500,000원이 금일 만기가 되어 수표를 발행하여 지급하다.

91 강원상점에 상품 1,000,000원을 매출하고, 대금 중 600,000원은 약속어음으로 받고, 잔액은 월말에 받기로 하다.

92 성우상점에 대한 외상매입금 200,000원을 보통예금에서 계좌이체 지급하였다.

93 한경상점에 대한 외상매출금 400,000원을 현금으로 받아 즉시 당좌예금하다.

2025 전산회계 1급

94 3개월 전에 차입한 180,000원과 이자 20,000원을 수표를 발행하여 지급하다.

95 3개월 전에 대여한 단기대여금 450,000원과 이자 30,000원을 회수하여 보통예금에 입금하였다.

96 우리은행의 보통예금에서 현금 800,000원을 인출하였다.

97 사명상점에 상품 480,000원을 매출하고, 대금은 외상으로 하다.

98 보유하고 있던 강원산업발행의 약속어음 600,000원이 오늘 만기가 되어 현금으로 추심하다.

99 차량에 대한 엔진오일을 교체하고 차량유지비용 150,000원을 현금으로 지급하다.

100 서울대학교에 시설비 1,000,000원을 현금으로 기부하다.

분개해설

NO	차변과목	금액	대변과목	금액
1	현 금 상 품 비 품	1,000,000 500,000 200,000	자 본 금	1,700,000
2	당 좌 예 금	300,000	현 금	300,000
3	상 품	500,000	외 상 매 입 금	500,000
4	비 품	100,000	당 좌 예 금	100,000
5	건 물	4,000,000	미 지 급 금	4,000,000
6	현 금	300,000	외 상 매 출 금	300,000
7	소 모 품 비	15,000	현 금	15,000
8	수 도 광 열 비	55,000	현 금	55,000
9	상 품	400,000	당 좌 예 금	400,000
10	도 서 인 쇄 비	5,000	현 금	5,000
11	현 금	400,000	상 품 매 출	400,000
12	비 품	180,000	미 지 급 금	180,000
13	외 상 매 출 금 상 품 매 출 원 가	600,000 500,000	상 품 매 출 상 품	600,000 500,000
14	외 상 매 입 금	400,000	현 금	400,000
15	외 상 매 입 금	250,000	당 좌 예 금	250,000
16	현 금	350,000	잡 이 익	350,000
17	미 수 금	150,000	잡 이 익	150,000
18	상 품	500,000	현 금 지 급 어 음	200,000 300,000
19	현 금	115,000	단 기 대 여 금 이 자 수 익	100,000 15,000
20	단 기 차 입 금 이 자 비 용	300,000 30,000	당 좌 예 금	330,000
21	상 품	400,000	당 좌 예 금 외 상 매 입 금	300.000 100,000
22	비 품	2,000,000	현 금 미 지 급 금	1,200,000 800,000
23	수 수 료 비 용	40,000	현 금	40,000
24	현 금 외 상 매 출 금	400,000 300,000	상 품 매 출	700.000
25	받 을 어 음	500,000	상 품 매 출	500,000

NO	차변과목	금액	대변과목	금액
26	상　　　　품	300,000	지　급　어　음 외　상　매　입　금	200,000 100,000
27	소　　모　　품	40,000	현　　　　금 미　지　급　금	30,000 10,000
28	당　좌　예　금	500,000	외　상　매　출　금	500,000
29	당　좌　예　금 현　　　　금	300,000 150,000	상　품　매　출	450,000
30	현　　　　금	100,000	받　을　어　음	100,000
31	지　급　어　음	400,000	당　좌　예　금	400,000
32	미　지　급　금	4,000,000	현　　　　금	4,000,000
33	당　좌　예　금	530,000	단　기　대　여　금 이　자　수　익	500,000 30,000
34	보　　험　　료	250,000	현　　　　금	250,000
35	세　금　과　공　과	100,000	현　　　　금	100,000
36	도　서　인　쇄　비	8,000	현　　　　금	8,000
37	현　　　　금	20,000	이　자　수　익	20,000
38	비　　　　품	500,000	당　좌　예　금 미　지　급　금	300,000 200,000
39	상　　　　품	700,000	지　급　어　음 외　상　매　입　금	500,000 200,000
40	단　기　매　매　증　권	6,000,000	당　좌　예　금	6,000,000
41	당　좌　예　금	800,000	현　　　　금	800,000
42	비　　　　품	1,300,000	현　　　　금	1,300,000
43	상　　　　품	500,000	당　좌　예　금 외　상　매　입　금	300,000 200,000
44	소　모　품　비	100,000	현　　　　금	100,000
45	현　　　　금	150,000	상　품　매　출	150,000
46	현　　　　금	800,000	단　기　차　입　금	800,000
47	상　　　　품	300,000	지　급　어　음	300,000
48	현　　　　금	30,000	수　수　료　수　익	30,000
49	현　　　　금	300,000	선　　수　　금	300,000
50	받　을　어　음	350,000	상　　　　품 상품매출이익	300,000 50,000
51	현　　　　금	5,000	이　자　수　익	5,000
52	미　수　금	50,000	단　기　매　매　증　권	50,000

NO	차변과목	금액	대변과목	금액
53	통 신 비 수 도 광 열 비	15,000 30,000	현 금	45,000
54	외 상 매 입 금	200,000	당 좌 예 금	200,000
55	단 기 매 매 증 권	300,000	미 지 급 금	300,000
56	상 품	400,000	당 좌 예 금 외 상 매 입 금	300,000 100,000
57	현 금	200,000	받 을 어 음	200,000
58	선 급 금	250,000	당 좌 예 금	250,000
59	현 금 외 상 매 출 금	200,000 100,000	상 품 매 출	300,000
60	여 비 교 통 비	45,000	현 금	45,000
61	상 품	500,000	지 급 어 음 외 상 매 입 금	300,000 200,000
62	장 기 차 입 금 이 자 비 용	200,000 10,000	당 좌 예 금	210,000
63	당 좌 예 금	600,000	외 상 매 출 금	600,000
64	지 급 어 음	200,000	당 좌 예 금	200,000
65	보 통 예 금	5,000	이 자 수 익	5,000
66	미 지 급 금	50,000	현 금	50,000
67	현 금	150,000	당 좌 예 금	150,000
68	미 수 금	100,000	단 기 매 매 증 권 단기매매증권처분이익	85,000 15,000
69	보 험 료	20,000	현 금	20,000
70	외 상 매 입 금	500,000	지 급 어 음	500,000
71	광 고 선 전 비 도 서 인 쇄 비	100,000 8,000	현 금	108,000
72	급 여	70,000	현 금	70,000
73	분 개 없 음			
74	당 좌 예 금	210,000	장 기 대 여 금 이 자 수 익	200,000 10,000
75	미 수 금 단기매매증권처분손실	2,000,000 200,000	단 기 매 매 증 권	2,200,000
76	잡 손 실	500,000	현 금	500,000
77	현 금	500,000	임 대 료	500,000
78	현 금 외 상 매 출 금	225,000 225,000	상 품 매 출	450,000

NO	차변과목	금액	대변과목	금액
79	현 금 상 품 비 품	500,000 150,000 300,000	단 기 차 입 금 자 본 금	150,000 800,000
80	보 통 예 금	220,000	정 기 예 금 이 자 수 익	200,000 20,000
81	건 물	5,000,000	당 좌 예 금 미 지 급 금	3,000,000 2,000,000
82	정 기 예 금	200,000	현 금	200,000
83	현 금	50,000	보 통 예 금	50,000
84	분 개 없 음			
85	차 량 운 반 구	3,000.000	당 좌 예 금	3,000,000
86	세 금 과 공 과	90,000	현 금	90,000
87	운 반 비	15,000	현 금	15,000
88	당 좌 예 금	300,000	임 대 료	300,000
89	기 업 업 무 추 진 비	300,000	현 금	300,000
90	지 급 어 음	500.000	당 좌 예 금	500,000
91	받 을 어 음 외 상 매 출 금	600,000 400,000	상 품 매 출	1,000,000
92	외 상 매 입 금	200,000	보 통 예 금	200,000
93	당 좌 예 금	400,000	외 상 매 출 금	400,000
94	단 기 차 입 금 이 자 비 용	180,000 20,000	당 좌 예 금	200,000
95	보 통 예 금	480,000	단 기 대 여 금 이 자 수 익	450,000 30,000
96	현 금	800,000	보 통 예 금	800,000
97	외 상 매 출 금 상 품 매 출 원 가	480,000 500.000	상 품 매 출 상 품	480,000 500,000
98	현 금	600,000	받 을 어 음	600,000
99	차 량 유 지 비	150,000	현 금	150,000
100	기 부 금	1,000,000	현 금	1,000,000

제 2 장
유동자산에 관한 거래

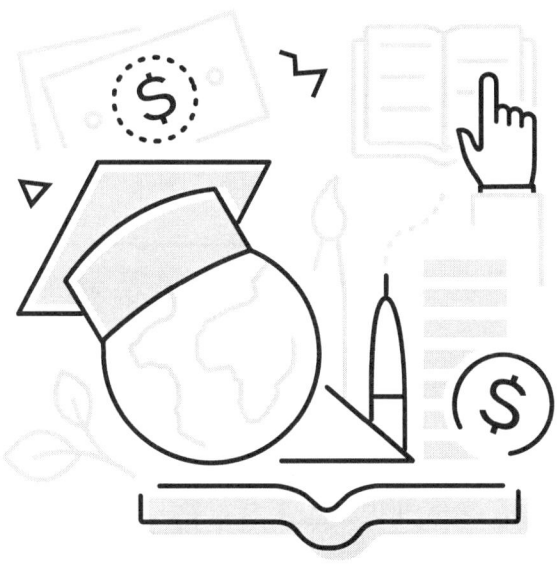

PART 1 재무회계이론

제1절 당좌자산에 관한 거래

1 현금 및 현금성자산

현금 및 현금성자산은 기업의 유동성 판단에 중요한 정보이므로 별도 항목으로 구분하여 표시한다. 「**현금 및 현금성자산**」은 통화 및 타인발행수표 등 통화대용증권과 당좌예금, 보통예금 및 큰 거래비용 없이 현금으로 전환이 용이하고 이자율 변동에 따른 가치변동의 위험이 중요하지 않은 금융상품으로서 취득 당시 만기일(또는 상환일)이 3개월 이내인 것을 말한다.

(1) 현금(現金)

현금이란 통화와 통화대용증권으로 구분하게 되는데 「**통화**」란 통상적으로 사용되는 화폐란 뜻으로 보통 "**지폐와 주화**(동전)"를 말한다. 그리고 거래의 편의상 통화를 대신해 수표 등을 이용하기도 하는데 이러한 현금을 「**통화대용증권**」이라고 한다.

구 분	종 류
통 화	주화(동전)·지폐
통 화 대 용 증 권	타인발행수표, 자기앞수표, 가계수표, 여행자수표, 송금수표, 우편환증서, 국고송금통지서, 대체저금환금증서, 외화, 만기도래 공사채이자표, 배당금통지서, 일람출급어음 등

※선일자수표는 어음으로 구분하며, 수입인지, 엽서 우표 등은 제외한다.

다음의 자료에 의하여 재무상태표에 표시되는 현금 및 현금성자산은 얼마인가?

당 좌 예 금	550,000원	보 통 예 금	450,000원
자 기 앞 수 표	400,000원	당 좌 차 월	50,000원
선 일 자 수 표	200,000원	회사채(만기2개월)	400,000원

【이해】
- 현금 및 현금성자산 : 1,800,000원
  당좌예금 550,000원+보통예금 450,000원+자기앞수표 400,000원+회사채 400,000원
- 선일자수표는 어음으로 인식하며, 당좌차월은 단기차입금으로 인식한다.
- 만기까지 3개월 이내인 회사채는 현금성자산으로 인식한다.

(2) 현금과부족

현금은 항상 현금출납장의 장부상 잔액과 금고 속의 실제 잔액이 항상 일치해야 한다. 그러나 기록의 착오나 실수·도난·분실 등에 의하여 차액이 발생하는 경우가 있는데, 이때 원인은 반드시 추적하여 회계처리 되어야 한다. 이때 내용이 밝혀지기 전까지 차액을 일시적으로 처리하는 임시계정(가계정)을 「**현금과부족**」으로 하여 처리한다. [**현금과부족**]계정은 임시계정으로 외부에 공시하는 재무상태표에 표시되지 않는다. 그러므로 기말 결산에는 [**잡이익**] 또는 [**잡손실**]로 임시계정의 정리를 해야 한다.

1) 현금의 실제잔액이 장부잔액보다 부족한 경우(실제잔액 〈 장부잔액)

현금과부족계정의 차변과 현금계정 대변에 기입하였다가 원인이 밝혀지면 해당계정에 대체하고 결산일까지 원인이 밝혀지지 않으면 「**잡손실**」계정에 대체한다.

	차 변 과 목	대 변 과 목
현금실제액 〈 장부잔액	현 금 과 부 족 ×××	현 금 ×××
통신비 지급판명	통 신 비 ×××	현 금 과 부 족 ×××
결산시 회계처리	잡 손 실 ×××	현 금 과 부 족 ×××

2) 현금의 실제잔액이 장부잔액보다 큰 경우(실제잔액 〉 장부잔액)

현금과부족계정의 대변과 현금계정 차변에 기입하였다가 원인이 밝혀지면 해당계정에 대체하고 결산일까지 원인이 밝혀지지 않으면 「**잡이익**」계정에 대체한다.

	차 변 과 목	대 변 과 목
현금실제액 〉 장부잔액	현 금 ×××	현 금 과 부 족 ×××
임대료 수입 판명	현 금 과 부 족 ×××	임 대 료 ×××
결산시 회계처리	현 금 과 부 족 ×××	잡 이 익 ×××

예제 1 - 1 현금에 관한 거래

다음은 현금에 관한 거래이다. 해당 거래를 분개하시오.

⑴ 안양상점으로부터 사업자금을 1년 후 상환하기로 약속하고 현금 10,000,000원을 단기 차입하였다.

⑵ 화곡상사에 상품 2,500,000원을 판매하고 대금은 서울은행 발행, 서울은행 지급의 자기앞수표 100,000원권 25매를 배서 후 수령하였다.

⑶ 신월상점에서 상품 2,000,000원을 매입하고, 대금 중 1,500,000원은 화곡상사에서 받아 두었던 서울은행발행의 자기앞수표로 지급하고, 잔액은 나중에 지급하기로 하였다.

⑷ 목동상점에 외상매출금 5,000,000원을 청구하여 당일 동점이 발행한 당좌수표로 전액 회수하였다.

⑸ 동해상사에 상품 850,000원을 매출하고 대금 중 350,000원은 우편환증서로 받고, 잔액은 송금수표로 받았다.

⑹ 현금출납장의 현금 장부잔액은 315,000원이며, 현금의 실제잔액은 300,000원으로 확인되어 부족액의 원인은 판명 중에 있다.

⑺ 위의 부족액 중 10,000원은 공동 전기요금 지급액의 기장 누락으로 판명되었다.

⑻ 결산 때까지 부족액 5,000원은 원인이 판명되지 않았다.

⑼ 회계부서는 현금실사를 진행하였으며, 금전(현금)출납장을 검토한 결과 장부잔액은 1,500,000원이고, 현금의 시재액은 1,520,000원으로 확인하였다. 실사액과의 차이 내용은 조사 중이다.

⑽ 위의 초과액 중 15,000원은 정기예금의 이자를 수령 한 것이 누락 되었음을 확인하였다.

⑾ 결산 때까지 초과액 5,000원은 원인이 전혀 판명되지 않았다.

예제해설

	차변과목	금액	대변과목	금액
⑴	현　　　　　금	10,000,000	단 기 차 입 금	10,000,000
⑵	현　　　　　금	2,500,000	상　품　매　출	2,500,000
⑶	상　　　　　품	2,000,000	현　　　　　금 외　상　매　입　금	1,500,000 500,000
⑷	현　　　　　금	5,000,000	외　상　매　출　금	5,000,000
⑸	현　　　　　금	850,000	상　품　매　출	850,000
⑹	현 금 과 부 족	15,000	현　　　　　금	15,000
⑺	수 도 광 열 비	10,000	현 금 과 부 족	10,000
⑻	잡　　손　　실	5,000	현 금 과 부 족	5,000
⑼	현　　　　　금	20,000	현 금 과 부 족	20,000
⑽	현 금 과 부 족	15,000	이　자　수　익	15,000
⑾	현 금 과 부 족	5,000	잡　　이　　익	5,000

(3) 당좌예금과 당좌차월

1) 당좌예금

당좌예금은 은행과 당좌예금 계약을 맺고 수표를 발행하여 현금을 인출할 수 있는 무이자·무통장 은행예금이다. 기업이 은행과 당좌계약을 맺으면 은행으로부터 예금을 입금할 때 사용하는 당좌예금 입금표와 예금을 인출할 때 사용하는 수표용지를 받게 된다.

① 당좌예금은 무통장·무(無)이자부 예금이다.
② 당좌예금 인출을 위하여 수표를 발행한다.(수표는 지급수단이므로 현금과 같이 취급된다)

2) 당좌 2계정(개별계정제도)

일반적인 회계기준에서 많이 사용되는 방법으로 자산계정인 **당좌예금**계정과 부채계정인 **당좌차월**(단기차입금)계정을 이용하는 방법이다. 예금의 한도 내에서는 당좌예금 계정을 사용하고, 예금 부족 시에는 당좌차월 계정을 사용하여 회계 처리하는 방법을 말한다.

당좌차월계정은 회계처리 시 개별계정으로 처리한 후, 재무상태표에 보고하는 경우 **단기차입금계정에 포함**하여 보고한다.

> [당좌차월]
> 당좌수표의 발행은 당좌예금 잔액의 범위 내에서 가능하나 거래은행과 담보물건 등의 제공을 하고 일정한도 내에서 수표발행 초과액을 은행으로부터 지급의 보장을 받는 것을 당좌차월이라 한다.

당좌 2계정	차변과목	대변과목
상품을 매입하고 수표를 발행하면(예금부족시)	상 품 XXX	당 좌 예 금 XXX 당 좌 차 월 XXX
은행에 예입하면 (당좌차월이 있는 경우)	당 좌 차 월 XXX 당 좌 예 금 XXX	현 금 XXX

(4) 보통예금

요구불예금의 한 종류로 예금과 인출을 자유롭게 할 수 있는 통장식 은행예금을 말한다. 통장잔고가 부족한 경우에는 인출이 제한되며, 마이너스대출 계약이 된 경우에는 대출한도까지 인출이 가능한 예금이다.

회계상 거래	차변과목	대변과목
상품을 매출하고 대금을 보통예금하다.	보 통 예 금 XXX	상 품 매 출 XXX
상품을 매입하고 대금은 보통예금에서 인출하여 지급하다.	상 품 XXX	보 통 예 금 XXX

예제 1-2 당좌예금 거래

다음은 당좌예금과 보통예금에 관한 연속된 거래이다. 해당 거래를 분개하시오.

(1) 국민은행에 당좌거래를 개설하고 첫 예금으로 현금 5,000,000원을 예입하였다.
(2) 국민은행과 한도 20,000,000원의 당좌차월 계약을 체결하고, 50,000,000원의 회사 건물에 대하여 저당권을 설정해주었다.
(3) 중곡상사에서 상품 3,000,000원을 매입하고, 대금은 당점발행 국민은행(앞) 당좌수표를 발행하였다.
(4) 창원상사로부터 외상대금 4,200,000원의 상환청구를 받고, 전액 당점발행 국민은행 앞의 당좌수표를 발행하여 지급하였다.
(5) ㈜상문상사에 상품 8,000,000원을 매출하고 대금 중 5,000,000원은 현금으로 받아 즉시 하나은행에 당좌예금하고, 잔액은 1개월 후에 결제받기로 하였다.
(6) 강남산업의 외상대금 5,000,000원 청구하였던 바 오늘 국민은행 당좌예금 계좌로 이체시켰다는 통지를 받고 은행에 입금되어 있음을 계좌 확인하였다.
(7) 하나은행에 보통예금 계좌를 개설하고 첫 예금으로 현금 5,000,000원을 입금하였다.
(8) 거래처 하남상사의 외상매입금 1,000,000원을 하나은행의 보통예금에서 인출하여 지급하다.

예제해설

	차변과목	금액	대변과목	금액
(1)	당 좌 예 금	5,000,000	현 금	5,000,000
(2)	분 개 없 음			
(3)	상 품	3,000,000	당 좌 예 금	3,000,000
(4)	외 상 매 입 금	4,200,000	당 좌 예 금 당 좌 차 월	2,000,000 2,200,000
(5)	당 좌 차 월 당 좌 예 금 외 상 매 출 금	2,200,000 2,800,000 3,000,000	상 품 매 출	8,000,000
(6)	당 좌 예 금	5,000,000	외 상 매 출 금	5,000,000
(7)	보 통 예 금	5,000,000	현 금	5,000,000
(8)	외 상 매 입 금	1,000,000	보 통 예 금	1,000,000

(5) 현금성 자산

현금성자산은 유동성이 매우 높은 단기투자자산으로서 확정된 금액의 현금으로 전환이 용이하고, 가치변동의 위험이 중요하지 않은 자산을 말한다. 현금성자산은 **취득일로부터 만기일이 3개월 이내인 경우**에만 현금성자산으로 분류된다.

여기서 주의할 점은 지분상품은 현금성자산에서 제외한다는 것인데, 지분상품은 단기적인 가치변동 위험이 중요해 질 수도 있기 때문이다. 다만, 지분상품 중 상환일이 정해져 있고 취득일로부터 상환일까지 기간이 단기인 상환우선주와 같이 실질적인 현금성자산인 경우에는 예외로 한다.

> ① 취득당시 만기가 3개월 이내에 도래하는 단기 채무상품
> ② 취득당시 상환기일이 3개월 이내에 도래하는 상환우선주
> ③ 취득당시 3개월 이내의 환매조건인 환매채

여기서 주의할 점은 취득당시 만기가 아닌 잔여 만기가 재무상태표일로부터 3개월 이내에 도래하는 금융자산은 현금 및 현금성자산으로 분류될 수 없다는 것이다.

(6) 단기금융상품

단기금융상품은 금융기관이 취급하는 저축성상품인 정기예금 및 정기적금 그리고 사용이 제한되어 있는 예금 및 기타 정형화된 상품 등으로 단기적 자금운용목적으로 소유하거나 기한이 1년 내에 도래하는 것을 말한다. 단기금융상품은 재무상태표에 표시하는 경우 현금 및 현금성자산과는 구분하여 별도로 표시함에 유의하여야 한다.

① 은행예금 중 요구불이 아닌 저축성 예금 : 예치기간이 3개월 이상 1년 미만의 정기예금 및 정기적금 등
② 사용이 제한되어 있는 예금 : 감채기금 등
③ 기타 정형화된 금융상품 : 양도성예금증서, 금전신탁, 어음관리구좌, MMF, 환매채 등

PART 1 재무회계이론

2 유가증권에 관한 거래

「유가증권」은 기업이 여유자금의 증식을 목적으로 다른 기업이 발행한 주식(지분증권)과 공·사채(채무증권)에 투자 한 경우 사용하는 계정과목이다. 이러한 유가증권은 발행목적과 보유목적에 따라 분류하여 당좌자산 및 투자자산으로 분류한다.

(1) 유가증권의 분류

1) 발행목적에 따른 유가증권의 분류

① **지분증권** : 주식회사의 자본금을 조달할 목적으로 발행하는 유가증권들 「주식」이라하며, 주식을 발행한 기업은 법원의 상업등기소에 해당 발행주식의 액면금액을 등록하여야 하므로 법정자본금이라 하며, 재무상태표에 「**자본금**」으로 표시한다.

② **채무증권** : 기업이 사업자금을 조달할 목적으로 발행하는 유가증권을 「사채」라 하며, 국가 또는 공기업이 공공사업자금을 조달할 목적으로 발행하는 유가증권은 「국·공채」라 한다. 기업이 발행한 회사채는 재무상태표에 비유동부채 항목인 「**사채**」로 표시한다.

2) 보유목적(회계처리)에 따른 유가증권의 분류

① **단기매매증권** : 기업이 단기간(일시적)내에 매매차익을 목적으로 시장성이 있는 지분증권 또는 채무증권을 매입하는 경우 단기매매증권으로 처리한다. 기업회계기준에서는 단기간보유목적 보다는 적극적 매매의사로 표현하고 있다.

② **매도가능증권** : 기업이 장기적인 자금의 운용을 목적으로 지분증권이나 채무증권을 매입하여 보유하는 경우 매도가능증권으로 처리한다. 기업회계기준에서는 단기매매증권 및 만기보유증권으로 분류되지 아니한 유가증권으로 표시하고 있다.

③ **만기보유증권** : 기업이 자금을 투자하여 채무증권(국·공채 및 사채)을 만기까지 보유할 목적으로 매입하는 경우 만기보유증권으로 분류하여 처리한다.

(2) 유가증권거래의 구분

1) 단기매매증권의 취득

단기매매증권은 **시장성** 있는 유가증권을 여유자금의 **일시적인 투자**를 목적으로 취득한 것을 말한다. 여기서 시장성이란 증권거래시장(증권거래소, 협회등록시장)에 상장 되어 있는 것을 의미한다.

① **취득원가** : 단기매매증권의 취득원가는 유가증권의 구입대금을 의미하며 취득수수료(증권거래수수료 등)는 포함하지 않는다.

② **매입수수료** : 단기매매증권을 매입하는 경우 증권매매수수료 등은 매입원가에 포함하지 아니하고 별도의 「수수료비용」으로 처리한다.(영업외비용으로 분류) 단기매매증권에 취득수수료가 포함되지 않는 이유는 수익·비용 대응의 원칙에 따라 당기손익계산에 반영되기 때문이다.

회계상 거래	차변과목	대변과목
단기매매증권 취득시	단 기 매 매 증 권 ×××	현 금 등 ×××
단기매매증권 취득비용	수 수 료 비 용 (영 업 외 비 용) ×××	현 금 등 ×××

㈜명문은 단기투자를 목적으로 ㈜삼성이 발행한 주식 500주(액면 @₩500)를 1주당 @₩700에 매입하고, 대금은 거래수수료 20,000원과 함께 현금으로 지급하였다.

【이해】
- 취득원가 : 500주 × 700원 = 350,000원
- 단기매매증권의 취득부대비용은 취득원가에 포함하지 아니하고, 별도의 영업외비용으로 처리한다.
- 회계처리

  (차) 단 기 매 매 증 권 350,000원 (대) 현 금 370,000원
    수 수 료 비 용   20,000원

2) 단기매매증권의 평가

① **평가** : 자산 또는 부채를 현금으로 **교환할 수 있는 가치**로 계산(측정)하는 것을 평가라 한다.
② 자산 및 부채의 평가는 기말결산에 행한다.
③ 단기매매증권의 평가는 원칙적으로 공정가치법에 의한다.

회계상 거래	차변과목	대변과목
취득원가 < 공정가치	단 기 매 매 증 권 ×××	단기매매증권평가이익 ×××
취득원가 > 공정가치	단기매매증권평가손실 ×××	단 기 매 매 증 권 ×××

㈜명문은 기말결산시 보유하고 있는 ㈜삼성의 주식 500주(액면 @₩500)를 1주당 @₩800에 평가하였다.(취득원가는 주식 1주당 @₩700이었다.)

【이해】
- 취득원가 : 500주 × 700원 = 350,000원 ■ 공정가치 : 500주 × 800원 = 400,000원
- 취득원가 350,000원 < 공정가치 400,000원 ⇨ 단기매매증권평가이익 50,000원
- 회계처리

  (차) 단 기 매 매 증 권 50,000원 (대) 단기매매증권평가이익 50,000원

3) 단기매매증권의 투자이익

주식에 대한 배당금을 수령하면 「**배당금수익**」으로 처리하게 되며, 회사채 또는 국·공채에 대한 이자를 수령하게 되면 「**이자수익**」계정으로 처리한다.

회계상 거래	차변과목		대변과목	
주식에 대한 배당금을 수령하면	현 금	×××	배 당 금 수 익	×××
공사채의 이자를 수령하면	현 금	×××	이 자 수 익	×××

㈜명문은 투자회사인 ㈜삼성으로부터 배당금 50,000원의 지급통보를 받고 해당금액을 현금으로 수령하였다.

【이해】
- 회계처리

    (차) 현   금   50,000원   (대) 배 당 금 수 익   50,000원

4) 단기매매증권의 처분

유가증권의 처분이란 유가증권을 매도하여 현금화 하는 과정을 말하며, 처분가격은 처분 당시의 시장에서 거래되는 「**공정가치**」로 측정한다. 유가증권증권의 장부가액은 취득일자와 처분일자가 동일한 회계 연도에 발생한다면 취득원가가 장부가액이 되며, 취득일 이후 다음 연도에 처분하는 경우 직전연도 말에 평가되었던 공정가치가 장부가액이 된다. 또한 유가증권을 처분하는 경우에도 증권회사의 증권매매수수료가 발생하는데, 유가증권의 처분가격에서 이러한 처분비용을 차감한 금액을 「**처분대가**」라고 한다.

회계상 거래	차변과목		대변과목	
장부가액 〈 공정가치	현 금	×××	단 기 매 매 증 권 단기매매증권처분이익	××× ×××
장부가액 〉 공정가치	현 금 단기매매증권처분손실	××× ×××	단 기 매 매 증 권	×××

㈜명문은 단기투자목적으로 보유하고 있던 ㈜삼성이 발행한 주식 500주(장부가액 @₩700)를 1주당 @₩900에 처분하고, 거래수수료 20,000원을 차감한 금액은 현금으로 받았다.

【이해】
- 장부가액 : 500주 × 700원 = 350,000원   ■ 공정가치 : 500주 × 900 = 450,000원
- 단기매매증권의 처분 시 발생한 거래수수료 등은 처분가액에서 차감하여 단기매매증권의 처분손익을 계상한다.(처분가액 450,000원 − 거래비용 20,000원 = 처분대가 430,000원)
- 회계처리

    (차) 현   금   430,000원   (대) 단 기 매 매 증 권   350,000원
                                    단기매매증권처분이익   80,000원

예제 1-4 단기매매증권(유가증권)의 매매거래

다음은 유가증권에 관한 연속된 거래이다. 해당 거래를 분개하시오.

(1) 일시투자를 목적으로 ㈜목원산업이 발행 한 주식 500주(액면 @₩5,000)를 1주당 6,200원에 매입하고, 매매대금과 매매수수료 50,000원을 함께 현금으로 지급하다.

(2) 위의 주식이 공정가치가 상승하여 200주를 1주당 6,500원에 처분하고, 대금은 전액 현금으로 받아 거래 은행에 보통예금에 입금하였다.

(3) 기말 결산일에 위의 주식의 가치가 1주당 5,900원에 평가가 되었다.(시장이 있는 경우 : 시장가치=공정가치)

(4) 위의 나머지 주식 모두를 공정가치 1주당 5,800원에 처분하고 대금은 증권수수료 20,000원을 공제한 후 잔액을 현금으로 받다.

(5) 기말 현재 단기매매차익을 목적으로 보유하고 있는 주식현황과 기말 현재의 공정가치는 다음과 같다. 결산시의 회계처리를 하시오.(회계처리는 총액처리법에 의할 것)

	보유주식수	주당 취득원가	기말 공정가치(주당)
㈜장원산업	3,000주	900원	800원
㈜명문산업	2,000주	800원	850원
㈜진양산업	1,000주	700원	1,000원

예제해설

(1) 500주×6,200원 = 3,100,000원 증권관련비용은 취득가액에 포함하지 않으며, 별도의 수수료비용(영업외비용)으로 처리한다.

(2) 유가증권 처분 시에는 장부가액과 공정가치를 비교하여 처분손익을 계산하며, 증권수수료 등이 있는 경우 관련수수료는 처분손익에 가감하여 계산한다.
   ※ 장부가액 : 200주×6,200원=1,240,000원, 공정가치 : 200주×6,500=1,300,000원

(3) 기말 결산시에는 시장성이 있는 유가증권은 공정가치법에 의하여 평가하여야 하며, 평가손익은 영업외손익으로 처리한다.
   ※ 장부가액 : 300주×6,200원=1,860,000원, 공정가치 : 300주×5,900원=1,770,000원

(4) 직전연도에 취득한 유가증권의 장부가액은 직전연도의 기말평가액이 장부가액이 되며, 해당 장부가액과 처분 시 처분대가와 비교하여 처분손익을 계산하여야 한다.
   ※ 장부가액 : 1,770,000원, 공정가치 : 300주 × 5,800원 = 1,740,000원 - 처분비용 20,000원

(5) 여러 개의 기업에 투자한 유가증권의 평가방법에는 개별평가법과 총액평가법이 있다. 현행 기업회계기준에서는 총액평가법에 의하여 평가하는 것을 원칙으로 하고 있다.
   ※ 장부가액 : 3,000주×900원 + 2,000주×800원 + 1,000주×700원 = 5,000,000원
   ※ 공정가치 : 3,000주×800원 + 2,000주×850원 + 1,000주×1,000원 = 5,100,000원

	차변과목	금액	대변과목	금액
(1)	단 기 매 매 증 권 수수료비용(영업외비용)	3,100,000원 50,000원	현　　　　　금	3,150,000원
(2)	보 통 예 금	1,300,000원	단 기 매 매 증 권 단기매매증권처분이익	1,240,000원 60,000원
(3)	단기매매증권평가손실	90,000원	단 기 매 매 증 권	90,000원
(4)	현　　　　　금 단기매매증권처분손실	1,720,000원 50,000원	단 기 매 매 증 권	1,770,000원
(5)	단 기 매 매 증 권	100,000원	단기매매증권평가이익	100,000원

단/원/학/습/문/제

01. 다음 현금과부족에 대한 설명 중 잘못된 것을 고르시오?

① 현금실제액이 장부잔액과 일치하지 않을 때 사용한다.
② 기말 재무제표에는 표시되지 않는 가계정에 해당한다.
③ 결산시 현금과부족의 원인을 알지 못하는 경우에는 잡손실 또는 잡이익으로 처리한다.
④ 기중 실제 잔액이 장부금액보다 적은경우에는 (차)현금 (대)현금과부족으로 분개한다.

02. 결산시점에 현금의 시재가 장부상 금액보다 4,000원이 많음을 발견하였다. 적절한 회계처리는?

	(차 변)		(대 변)	
①	현 금	4,000원	현 금 과 부 족	4,000원
②	현 금 과 부 족	4,000원	현 금	4,000원
③	현 금	4,000원	잡 이 익	4,000원
④	잡 손 실	4,000원	현 금	4,000원

03. 회계기간 중 현금의 실제 잔액이 장부잔액보다 15,000원이 많음을 발견하고 회계 처리한 내용의 대변계정과목으로 올바른 것은?

① 잡이익   ② 현금과부족   ③ 현금   ④ 잡손실

04. 다음 중 은행과의 약정에 의해 당좌예금잔액을 초과하여 당좌수표를 발행하였을 때 대변에 기입하여야 하는 계정과목으로 가장 적절한 것은?

① 선수금   ② 단기대여금
③ 당좌차월(단기차입금)   ④ 지급어음

05. 당좌예금 잔액을 초과하여 수표를 발행하여도 일정한 한도까지는 은행이 부도처리 하지 않고 정상적으로 수표를 발행되는 경우에 처리하는 계정과목은?

① 당좌차월   ② 당좌이월   ③ 당좌예금   ④ 당좌차입

06. 은행과 사전계약을 체결하고 당좌예금 잔액을 초과하여 발행한 수표금액에 대해 결산시에 재무제표에는 표시되는 계정과목은?

① 단기차입금　　② 당좌예금　　③ 단기매매증권　　④ 현금성자산

07. 기업회계기준상 유가증권의 분류내용에 해당되지 않는 것은?

① 단기매매증권　　② 단기보유증권　　③ 매도가능증권　　④ 만기보유증권

08. 다음은 ㈜중앙의 2024년 거래 중 단기매매증권과 관련된 것이다. 2024년 ㈜중앙의 재무제표에 표시될 단기매매증권 및 영업외수익은 각각 얼마인가?

> ❖ 4월8일 ㈜오메가전자의 보통주 100주를 5,000,000원에 취득하였다.
> ❖ 8월1일 ㈜오메가전자로부터 200,000원의 중간배당금을 수령하였다.
> ❖ 12월31일 ㈜오메가전자의 보통주 공정가치는 5,450,000원이다.

① 5,000,000원 / 200,000원　　② 5,000,000원 / 450,000원
③ 5,450,000원 / 650,000원　　④ 5,450,000원 / 450,000원

09. 기말 현재 단기매매증권 보유상황은 다음과 같다. 현행 기업회계기준에 의하여 기말 평가하는 경우 올바른 분개는?

	취득원가	공정가액
A사 주식	300,000원	250,000원
B사 주식	180,000원	200,000원

	(차　변)		(대　변)	
①	단 기 매 매 증 권	20,000원	단기매매증권평가이익	20,000
②	단기매매증권평가손실	30,000원	단 기 매 매 증 권	30,000
③	단 기 매 매 증 권	30,000원	단기매매증권평가이익	30,000
④	단기매매증권평가손실	50,000원	단 기 매 매 증 권	50,000

10. 다음 사항 중 유동자산인 단기매매증권계정에 기입되지 않는 것은?

① 장기간 자금운용을 목적으로 취득한 주식
② 단기간 자금운용을 목적으로 취득한 주식
③ 시장성 있는 1년 이내에 처분하려는 주식
④ 재무상태표 작성일 현재의 기준으로 1년 이내에 처분하려는 공채

단원학습문제 해답

01 ④ 기중 실제잔액이 장부금액보다 적은 경우에는 (차)현금과부족 (대)현금으로 장부상의 현금을 수정하여 실제액과 똑같은 금액으로 수정하여야 한다.

02 ③ 결산 시점에는 현금과부족계정을 사용하지 않고 즉시 잡이익 또는 잡손실로 정리한다.

03 ② 현금의 실제잔액이 많으므로 장부상 현금을 증가시켜야 하므로 대변에는 현금과부족을 사용한다.

04 ③ 당좌수표를 발행하는 경우 본래 은행의 예금 잔액 내에서 발행하여야 하지만, 잔액을 초과하여 발행하는 경우에는 은행과 당좌차월 계약이 맺어져 있어야 하며, 이때 예금초과액은 당좌차월로 처리한다.

05 ① 위 4번 설명 참조

06 ① 일반적으로 당좌차월은 개별계정으로 회계처리시 사용하며, 단기차입금은 외부에 보고하는 재무제표를 작성할 때 통합표시원칙에 따라 단기차입금으로 처리하는 것이다.

07 ② 유가증권은 보유목적에 따라 단기매매증권, 매도가능증권, 만기보유증권으로 구분한다.

08 ③ 기말에 표시되는 유가증권의 장부가액은 기말현재의 공정가치(시가)이다. 그러므로 배당금과 단기매매증권 평가이익이 영업외수익이 된다.

09 ② 유가증권의 장부가액 300,000원+180,000원=480,000원
    기말현재의 공정가치 250,000원+200,000원=450,000원이므로 평가손실 30,000원이 발생된다.

10 ① 단기매매증권의 조건은 시장성과 일시보유(1년) 조건을 충족하는 유가증권이다. 그러므로 장기간 자금조달을 목적으로 취득한 주식은 매도가능증권으로 분류한다.

제2절 채권 및 채무에 관한 거래

1 매출채권 및 매입채무의 처리

(1) 외상매출금 및 외상매입금

재고자산을 매출하고 발생한 채권을 [**외상매출금**]이라 한다. 채권이 발생하면 외상매출금 계정 차변에 기입하고 채권이 회수되면 외상매출금 계정 대변에 기입한다. 또한, 재고자산을 매입하고 발생한 채무를 [**외상매입금**]이라 하며, 채무가 발생하면 외상매입금 계정 대변에 기입하고 채무를 상환하면 외상매입금계정 차변에 기입한다.

(2) 통제계정과 인명계정

1) 통제계정

거래처 수가 많아지면 총계정원장에 일일이 인명(人名)계정을 다 설정할 수 없으므로 총계정원장에 외상매출금과 외상매입금계정을 설정하여 일괄처리(통제)하는 방법을 **통제계정**이라 한다. 이때 보조원장(매출처원장과 매입처원장)에 기입하여 각 거래처별로 명세를 기록한다.

① 금강개발에 상품을 300,000원에 외상으로 매출하다.(2분법)

통제계정		인명계정	
차변	대변	차변	대변
외상매출금 300,000	상품매출 300,000	**금강개발** 300,000	상품매출 300,000

② 서울산업에서 상품 200,000원을 외상으로 매입하다.(2분법)

통제계정		인명계정	
차변	대변	차변	대변
상품 200,000	**외상매입금** 200,000	상품 200,000	**서울산업** 200,000

```
      총계정원장(통제계정)                    거래처원장(인명계정)
          외상매출금                          서울산업(매출처원장)
  상 품 매 출 300,000                     상 품 매 출 300,000

          외상매입금                          금강개발(매입처원장)
                  상      200,000                  상  품   200,000
```

2) 인명계정

외상매출금과 외상매입금과 같은 통제계정의 거래처를 자세하게 기록하기 위하여 거래처 상호 또는 거래처의 대표자의 이름으로 관리되는 「**거래처원장**」을 인명계정이라 한다. 외상매출금에 대한 거래처를 기록하는 인명계정을 「**매출처원장**」이라 하며, 외상매입금에 대한 거래처를 기록하는 인명계정을 「**매입처원장**」이라 한다.

② 어음에 관한 회계처리

(1) 어음의 의의

어음이란 상거래에서 대금의 결제수단으로 사용되는 것으로 어음의 종류는 구분에 따라 **상법상의 어음, 발행목적상 어음, 회계상의 어음**으로 구분한다.

분류방법에 따른 어음의 종류		
상법상의 어음	발행목적상 어음	회계 상 어음
약속어음 환 어 음	상업어음 금융어음 화환어음	받을어음 지급어음

(2) 어음의 분류

1) 상법상의 어음

① **약속어음**(promissory notes) : 일반적인 상품매매 거래에서 어음의 발행인(채무자)이 어음의 소지인(채권자, 수취인)에게 일정한 금액을, 일정한시기에, 일정한 장소에서 무조건 지급할 것을 약속한 증서를 약속어음이라 한다.

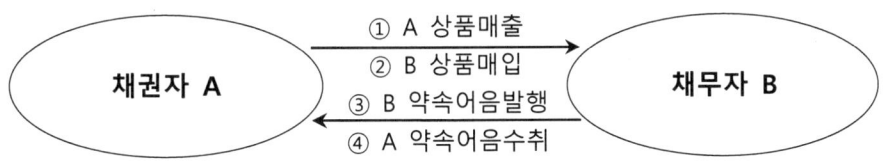

② **환어음**(bill of exchange) : 환어음은 주로 무역거래에서 대금의 조기추심을 목적으로 거래되며, 어음 발행인이 지명인(지급인)에게 일정한 기일에, 일정한 장소에서, 일정한 금액을 무조건 지급해 줄 것을 위탁하는 증서이다.

2) 회계거래의 어음

① **받을어음** : 어음에 대한 채권의 발생과 소멸을 기입하는 자산계정이다. 어음발행인으로부터 약속어음 또는 환어음을 수취하면 받을어음계정 차변에 기입하며, 어음의 대금이 추심되면 받을어음계정 대변에 기입한다.

② **지급어음** : 어음에 대한 채무의 발생과 소멸을 기입하는 부채계정이다. 약속어음을 발행하거나 환어음을 제시받고 인수하는 경우 지급어음계정 대변에 기입하고, 어음대금을 상환하는 경우 지급어음계정 차변에 기입한다.

회계상 거래	차변과목	대변과목
약속어음을 수령하면	받 을 어 음 XXX	상 품 매 출 XXX
약속어음을 발행하면	상 품 등 XXX	지 급 어 음 XXX

㈜명문은 거래처 ㈜장원에 상품 5,000,000원을 매출하고 대금은 동점이 발행한 3개월 후 만기의 약속어음을 수취하였다.

【이해】
- 약속어음은 상품매매 및 외상대금의 결제를 목적으로 발행하거나 수취하는 약속증서이다.
- 어음수취인의 회계처리-㈜명문
  (차) 받 을 어 음   5,000,000원   (대) 상 품 매 출   5,000,000원
- 어음발행인의 회계처리-㈜장원
  (차) 상   품   5,000,000원   (대) 지 급 어 음   5,000,000원

받 을 어 음		지 급 어 음	
(어음채권의 발생)	(어음채권의 소멸)	(어음채무의 소멸)	(어음채무의 발생)
① 약속어음 수취 ② 환어음 수취	① 어음대금 회수 ② 어음의 배서양도 ③ 어음의 할인 ④ 어음의 부도	① 어음금액의 지급	① 약속어음의 발행 ② 환어음의 인수
	어음채권 잔액	어음채무 잔액	

(3) 어음의 배서와 할인

1) 어음의 배서

어음의 소지인은 만기일 전에 어음상의 권리를 타인에게 자유롭게 양도할 수 있다. 양도하는 방법은 어음의 뒷면에 양도 의사를 표시하고, 기명(記名)날인하여 양수인에게 교부하면 되는데 이것을 **어음의 배서(背書)** 라고 한다.

Chapter 2 유동자산에 관한 거래

① **어음의 추심 위임을 위한 배서**: 보유하고 있는 어음대금은 일반적으로 은행에 위임하여 결제를 받는다. 그러므로 기업들은 소유하고 있는 어음을 은행에 추심하여 줄 것을 위탁하게 되는데, 이때 어음의 뒷면에 배서 후 은행에 넘겨주는 것을 「추심위임배서」라고 한다.

회계상 거래	차변과목	대변과목
어음대금의 추심을 거래은행에 위임하는 경우	결제를 위임한 경우에는 자산 및 부채의 증감이 없으므로 회계처리가 발생하지 않는다.	
추심을 의뢰한 어음의 대금이 결제가 된 경우	보　통　예　금　××× 수수료비용(판매비와관리비)　×××	받　을　어　음　×××

㈜명문은 거래처 ㈜장원에 받아 보유하고 있던 약속어음 5,000,000원을 주거래은행인 하나은행에 추심을 의뢰하고 배서 후 양도하였다.

【이해】
- 추심을 위한 배서양도는 자산 및 부채의 증감이 없는 거래로 회계처리를 하지 않는다.

하나은행에 어음의 추심을 의뢰한 약속어음 5,000,000원이 오늘 결제되어 수수료 50,000원이 차감된 잔액이 보통예금에 입금되었다는 통지를 은행에서 받았다.

【이해】
- 어음수취인의 회계처리
  (차) 보 통 예 금　　4,950,000원　(대) 받 을 어 음　5,000,000원
  　　수수료비용(판)　　 50,000원

② **대금결제를 위한 어음의 배서(背書)**: 어음의 배서양도란 상품 대금의 지급 또는 외상대금의 지급(결제)을 위하여 보유하고 있는 어음의 뒷면에 배서 후 어음상의 권리를 양도하는 것이다.

회계상 거래	차변과목	대변과목
어음을 배서양도하는 경우 (매각거래로 인식하는 경우)	상　품(외상매입금)　×××	받　을　어　음　×××
어음을 배서양도하는 경우 (차입거래로 인식하는 경우)	상　품(외상매입금)　×××	단　기　차　입　금　×××

> **Tip 어음의 배서와 할인**
>
> 어음을 배서 양도하거나 할인하는 경우에 기업회계기준에서는 상환청구권을 양도하는지 여부에 따라 매각거래와 차입거래로 인식하도록 하고 있다.
> ① 매각거래 : 상환청구권을 매각하는 거래는 소유권을 완전히 이전하는 거래로 받을어음에서 직접 차감하여 처리하는 방법을 의미한다.
> ② 차입거래 : 차입거래는 어음상의 채권을 담보로 제공하고 어음대금을 단기간 차입하는 거래로 인식하는 방법이다. 일반적으로 기업회계기준에서는 매각거래로 인식하도록 하고 있다.

거래처 동구상사로부터 외상매입금 5,000,000원의 상환을 청구받고 ㈜장원에서 수취하였던 약속어음을 배서 후 양도하였다.

【이해】
- 매각거래로 인식하는 경우

    (차) 외 상 매 입 금   5,000,000원   (대) 받 을 어 음   5,000,000원
- 차입거래로 인식하는 경우

    (차) 외 상 매 입 금   5,000,000원   (대) 단 기 차 입 금   5,000,000원

2) 어음의 할인(割引)

　기업 사업자금의 융통을 목적으로 보유 어음(받을어음)을 금융기관(은행 등)에 배서 후 양도하는 것으로 어음 할인일부터 어음 만기일까지의 이자를 차감 후 현금으로 융통하는 것을 「**어음할인**」이라 한다. 은행은 어음할인에 대한 기간 이자를 차감한 후 현금을 지급하며, 기업의입장에서는 할인(기간)이자는 「**매출채권처분손실**」로 영업외비용으로 회계처리 한다.

회계상 거래	차변과목	대변과목
어음을 할인하는 경우 (매각거래로 인식하는 경우)	보 통 예 금 ××× 매 출 채 권 처 분 손 실 ×××	받 을 어 음 ×××
어음을 할인하는 경우 (차입거래로 인식하는 경우)	보 통 예 금 ××× 이 자 비 용 ×××	단 기 차 입 금 ×××

> **Tip 어음 할인시의 할인료**
>
> 어음을 할인하는 경우 어음할인 일자부터 어음만기 일까지의 기간이 발생한다. 금융기관에서는 이 기간에 대한 이자를 차감한 잔액만 결제를 해주는데 매각거래와 차입거래의 인식방법에 따라 회계처리가 달라진다.
>
> ① 매각거래 : 매각거래는 소유권을 완전히 이전하는 거래로 받을어음에서 직접 차감하여 처리하고, 이자는 별도의 거래로 매출채권처분손실로 인식한다.
> ② 차입거래 : 차입거래는 어음상의 채권을 담보로 제공하고 어음대금을 단기간 차입하는 거래로 인식하는 방법이다. 할인기간에 대한 이자는 차입금의 이자이므로 이자비용으로 인식하도록 하고 있다.
>
> ※할인료 = 어음의 액면금액 × 할인율(%) × 할인일수/365(366)

Chapter 2 유동자산에 관한 거래

㈜명문은 거래처 ㈜장원에 받아 보유하고 있던 약속어음 5,000,000원을 주거래은행인 하나은행에서 할인받고 할인료 150,000원을 차감한 잔액은 보통예금에 입금되었다.

【이해】
- 매각거래로 인식하는 경우

    (차) 보 통 예 금   4,850,000원   (대) 받 을 어 음   5,000,000원
        매출채권처분손실   150,000원

- 차입거래로 인식하는 경우

    (차) 보 통 예 금   4,850,000원   (대) 단 기 차 입 금   5,000,000원
        이 자 비 용   150,000원

예제 2-1 약속어음에 관한 거래

다음의 약속어음에 관한 거래를 분개하시오. 단, 상품거래는 2분법에 의하며, 채권 및 채무는 통제계정에 의할 것.

(1) 광명상사에 상품 2,000,000원을 매출하고, 대금 중 500,000원은 현금으로 받고, 잔액은 3개월 후 만기의 약속어음을 받다.
(2) 위의 광명상사 발행, 당점 수취의 약속어음이 만기가 되어 현금으로 추심하였다.
(3) 광주상회로부터 상품 5,000,000원을 매입하고, 대금 중 2,500,000원은 수표를 발행하여 지급하고, 잔액은 동점앞, 당점발행의 약속어음을 발행하여 지급하였다.
(4) 위의 광주상회 앞 약속어음이 지급기일이 되어 광주상회의 추심의뢰를 받고 은행의 당좌예금에서 지급되었다는 통지를 받았다.
(5) 영등포상점의 외상매출금을 상환 청구한바 금일 동점발행, 당점앞 약속어음 5,000,000원(상환기한 6개월 후 만기)을 수취하였다.
(6) 강원상점으로부터 외상매입금의 상환 청구를 받고 강원상점 앞, 당점발행 3개월 후 지급의 약속어음 3,500,000원을 발행하였다.

예제해설

	차변과목	금액	대변과목	금액
(1)	현 금 받 을 어 음	500,000원 1,500,000원	상 품 매 출	2,000,000원
(2)	현 금	1,500,000원	받 을 어 음	1,500,000원
(3)	상 품	5,000,000원	당 좌 예 금 지 급 어 음	2,500,000원 2,500,000원
(4)	지 급 어 음	2,500,000원	당 좌 예 금	2,500,000원
(5)	받 을 어 음	5,000,000원	외 상 매 출 금	5,000,000원
(6)	외 상 매 입 금	3,500,000원	지 급 어 음	3,500,000원

PART 1 재무회계이론

예제 2 - 2   어음의 배서양도

다음의 어음에 관한 거래를 분개하시오. 단, 상품거래는 2분법, 어음에 대한 배서와 할인은 모두 매각거래로 인식할 것.

(1) 문일상사에 상품 3,000,000원을 매출하고 6개월 후 지급의 문일상사 발행, 당점 앞 약속어음을 수취하다.

(2) 동일산업으로부터 외상매입금 3,000,000원의 상환을 청구 받고 문일상사에서 받아 두었던 약속어음 3,000,000원을 동일산업에 배서 후 양도하다.

(3) 위의 (2)에서 배서 양도한 약속어음 3,000,000원이 금일 지급거절 되었다는 통지를 동일산업으로부터 통보를 받고 수표를 발행하여 변제하여 주다.

(4) 위에서 부도되었던 약속어음 3,000,000원을 문일상사로부터 부도기간의 이자 100,000원과 함께 현금으로 추심되었다.

예제해설

	차변과목	금액	대변과목	금액
(1)	받 을 어 음	3,000,000원	상 품 매 출	3,000,000원
(2)	외 상 매 입 금	3,000,000원	받 을 어 음	3,000,000원
(3)	부 도 어 음	3,000,000원	당 좌 예 금	3,000,000원
(4)	현 금	3,100,000원	부 도 어 음 이 자 수 익	3,000,000원 100,000원

예제 2 - 3   어음의 할인

다음의 어음에 관한 거래를 분개하시오. 단, 상품거래는 2분법, 어음에 대한 배서와 할인은 모두 매각거래로 인식할 것.

(1) 미원상사에 상품 10,000,000원을 매출하고, 대금은 미원상사 발행 당점수취 약속어음(어음 만기일 발행일로부터 3개월)으로 수취하였다.

(2) 회사의 유동성 자금이 부족하여 미원상사로부터 수취한 약속어음 10,000,000원을 거래은행인 우리은행에서 할인받고 할인료 200,000원을 차감한 잔액을 은행에 당좌예금하다.

(3) 위의 (2)에서 할인받은 약속어음 10,000,000원이 금일 부도가 되어 당점의 당좌예금에서 인출하였다는 통지를 우리은행으로부터 받았다.

(4) 위에서 부도처리 되었던 약속어음 10,000,000원을 미원상사에 청구하였으나, 미원상사의 파산으로 인하여 어음대금 전액을 대손 처리하였다. 단, 대손충당금의 잔액은 장부에 5,700,000원이 남아있다.

Chapter 2 유동자산에 관한 거래

예제해설

	차변과목	금액	대변과목	금액
(1)	받 을 어 음	10,000,000원	상 품 매 출	10,000,000원
(2)	당 좌 예 금 매 출 채 권 처 분 손 실	9,800,000원 200,000원	받 을 어 음	10,000,000원
(3)	부 도 어 음	10,000,000원	당 좌 예 금	10,000,000원
(4)	대 손 충 당 금 대 손 상 각 비	5,700,000원 4,300,000원	부 도 어 음	10,000,000원

3 기타채권 및 채무에 관한 거래

(1) 미수금과 미지급금

1) 미수금

재고자산 이외의 다른 자산을 처분하고 대금을 나중에 받기로 한 경우, **「미수금」** 계정을 사용한다. 재고자산 이외의 자산을 처분하고 대금을 나중에 받기로 한 경우 [미수금] 계정 차변에 기입하고, 대금을 회수하면 [미수금] 계정 대변에 기입한다.

2) 미지급금

재고자산 이외의 다른 자산을 구입하고, 대금하고 대금을 나중에 지급하기로 한 경우, **「미지급금」** 계정을 사용한다. 재고자산 이외의 자산을 구입하고 대금을 나중에 지급하기로 한 경우 [미지급금]계정 대변에 기입하고 대금을 상환하면 [미지급금]계정 차변에 기입한다.

회계상 거래	차변과목	대변과목
유형자산 등을 매각하고 대금을 나중에 받기로 하면	미 수 금 ×××	유 형 자 산 등 ×××
유형자산 등을 구입하고 대금을 미결제하는 경우	유 형 자 산 등 ×××	미 지 급 금 ×××

- 사용 중이던 토지(장부가격 15,000,000원)를 성남상사에 20,000,000원에 처분하고 대금은 전액 등 기가 완료되는 시점에 받기로 하였다.
  【이해】
  - 재고자산 이외의 거래는 미수금으로 처리한다.
    (차) 미 수 금   20,000,000원   (대) 토   지   15,000,000원
                                        유형자산처분이익   5,000,000원

> ■ 사용 중이던 토지(장부가격 15,000,000원)를 청운상사에 20,000,000원에 처분하고 대금은 청운상사가 발행한 3개월 후 결제의 약속어음으로 받았다.
>
> 【이해】
> ■ 어음의 거래는 상거래에서만 성립하므로 기타의 거래에서는 미수금으로 처리한다.
>
> (차) 미 수 금   20,000,000원   (대) 토   지   15,000,000원
>   유형자산처분이익   5,000,000원
>
> ■ 업무용승용차 1대를 ㈜현대자동차에서 구입하고 대금 20,000,000원은 10개월 할부로 하기로 하였다.
>
> 【이해】
> ■ 재고자산 이외의 자산을 구입하는 경우 미지급금으로 처리한다.
>
> (차) 차 량 운 반 구   20,000,000원   (대) 미 지 급 금   20,000,000원

예제 3 - 1 미수금과 미지급금의 거래

다음의 거래를 분개하시오.

(1) 공장건물을 50,000,000원에 취득하고 대금 중 30,000,000원을 당좌수표를 발행하여 지급하고, 잔액은 3개월 후 등록이 완료된 후에 지급하기로 하다.

(2) 공장에서 사용 중이던 기계장치를 3,000,000원에 처분하고 대금 중 2,000,000원은 거래처가 발행한 당좌수표를 받고 잔액은 1개월 후에 결제받기로 하였다.

(3) 업무용 컴퓨터 2대를(대당 500,000원) 구입하고 대금은 외상으로 하다.

(4) 업무용 승용차를 20,000,000원에 구입하고, 대금 중 계약금 2,000,000원은 현금으로 지급하고, 잔액은 10개월 할부로 지급하기로 계약하였다.

(5) 상기차량 할부금 중 1,800,000원이 보통예금에서 자동이체 되었음을 확인하였다.

예제해설

	차변과목	금액	대변과목	금액
(1)	건 물	50,000,000원	당 좌 예 금 미 지 급 금	30,000,000원 20,000,000원
(2)	현 금 미 수 금	2,000,000원 1,000,000원	건 물	3,000,000원
(3)	비 품	1,000,000원	미 지 급 금	1,000,000원
(4)	차 량 운 반 구	20,000,000원	현 금 미 지 급 금	2,000,000원 18,000,000원
(5)	미 지 급 금	1,800,000원	보 통 예 금	1,800,000원

(2) 선급금과 선수금

1) 선급금

상품 등을 주문하고 매입하기 전에 착수금이나 계약금을 미리 지급한 자산을 [**선급금**]이라 한다. 상품 등을 주문하고 계약금을 지급하면 [**선급금**]계정 차변에 기입하고 주문한 상품이 도착하여 인수하면 [**선급금**]계정 대변에 기입한다.

2) 선수금

상품 등을 주문받고 물건을 발송하기 전에 대금의 일부를 계약금 등으로 미리 받은 부채를 [**선수금**]이라 한다. 상품 등을 주문받고 물품대금의 일부를 계약금으로 받으면 [**선수금**]계정 대변에 기입하고 물품을 발송하면 [**선수금**]계정 차변에 기입한다.

회계상 거래	차변과목		대변과목	
상품 등을 주문하고 계약금을 미리 지급하는 경우	선 급 금	×××	현 금	×××
상품 등을 주문받고 계약금을 미리 받은 경우	현 금	×××	선 수 금	×××

- 거래처 ㈜현대에 상품 10,000,000원을 주문하고, 계약금으로 대금의 10%를 보통예금에서 계좌이체 하였다.

  【이해】
  - 주문한 거래는 회계상의 거래에 해당하지 아니하고, 계약금의 지급만 회계상의 거래에 해당한다.
    (차) 선 급 금   1,000,000원   (대) 보 통 예 금   1,000,000원

- 업무용승용차 1대를 ㈜현대자동차에서 구입하고 대금 20,000,000원은 10개월 할부로 계약하였다.

  【이해】
  - 재고자산 이외의 자산을 구입하는 경우 미지급금으로 처리한다.
    (차) 차 량 운 반 구   20,000,000원   (대) 미 지 급 금   20,000,000원

예제 3 - 2 선급금과 선수금의 거래

다음의 거래를 분개하시오.

(1) 해외거래처인 일본의 도쿄상사에 상품 5,000,000원을 주문하고 계약금 10%를 현금으로 송금하였다.

(2) 위의 주문 상품이 도착하여 세관에서 통관비용 100,000원을 현금으로 지급하고 물품을 인수하였다. 상품에 대한 잔액은 나중에 지급하기로 하였다.

(3) 해외 거래처 맨허턴상사에서 상품 10,000,000을 주문을 받고, 계약금으로 상품대금의 10%가 당점의 보통예금에 입금되었다.

(4) 위의 주문 상품을 발송하고 대금은 상품 인수 후 지급받기로 하였다. 또한, 상품 운송비용 50,000원을 현금으로 지급하였다.

예제해설

	차변과목	금액	대변과목	금액
(1)	선 급 금	500,000원	현 금	500,000원
(2)	상 품	5,100,000원	선 급 금 현 금 외 상 매 입 금	500,000원 100,000원 4,500,000원
(3)	보 통 예 금	1,000,000원	선 수 금	1,000,000원
(4)	선 수 금 외 상 매 출 금 운 반 비	1,000,000원 9,000,000원 50,000원	상 품 매 출 현 금	10,000,000원 50,000원

(3) 가지급금과 가수금

1) 가지급금

가지급금이란 현금의 지급이 발생하였으나 그 내용이나 금액이 확정되지 않았을 때 일시적으로 처리하는 임시 자산계정을 말한다. 금전을 지급하면 [**가지급금**]계정 차변에 기입하고 그 내용이나 금액이 확정되면 해당 계정으로 대체하고 [**가지급금**]계정 대변에 기입한다.

2) 가수금

가수금이란 현금의 입금이 있었으나 그 내용이나 금액이 확정되지 않았을 때 일시적으로 처리하는 임시 부채계정이다. 내용불명의 금전을 수입하면 [**가수금**]계정 대변에 기입하고 그 내용이나 금액이 확정되면 해당 계정으로 처리하면서 [**가수금**]계정 차변에 기입한다.

회계상 거래	차변과목	대변과목
출장비를 어림잡아 지급하면	가 지 급 금 ×××	현 금 ×××
내용불명의 현금을 받으면	현 금 ×××	가 수 금 ×××

Chapter 2 유동자산에 관한 거래

- 직원에게 지방출장을 명령하고 출장비 개산액 500,000원을 현금으로 지급하였다. 출장비는 출장에서 돌아온 후 정산하기로 하였다.

【이해】
- 현금의 지출이 발생하였으나, 계정과목이 확정되지 않은 경우 가지급금으로 처리한다.

　　　　(차) 가 지 급 금　　500,000원　(대) 현　　　　　금　　500,000원

- 출장 중인 직원으로부터 내용을 알 수 없는 2,000,000원이 보통예금에 입금되었다.(출장에서 귀환한 후 밝히기로 하였다)

【이해】
- 내용을 알 수 없는 경우 임시로 가수금계정을 사용한다.

　　　　(차) 보 통 예 금　2,000,000원　(대) 가　　수　　금　2,000,000원

예제 3-3 가지급금 및 가수금 거래

다음은 가지급금과 가수금에 관한 거래이다. 해당거래를 분개하시오.

(1) 회사의 임원 정주리의 요청에 의하여 현금 500,000원을 지급하였다. 지출내역은 추후 정산하기로 하였다.

(2) 위의 정주리에게 지출한 500,000원은 거래처의 명절선물대금임을 보고받고 관련 영수증을 수취하였다.

(3) 출장 중인 사원으로부터 보통예금으로 2,000,000원을 입금하였다는 통지를 받고 확인하였다. 내용은 출장 후 귀환하여 밝히기로 하였다.

(4) 출장 중인 사원이 귀환하여 위의 송금수표 중 1,500,000원은 거래처의 외상매출금을 회수한 것이며, 잔액은 상품주문을 받고 계약금으로 받은 것임을 밝히다.

예제해설

	차변과목	금액	대변과목	금액
(1)	가 지 급 금	500,000원	현　　　　금	500,000원
(2)	접 대 비	500,000원	가 지 급 금	500,000원
(3)	보 통 예 금	2,000,000원	가　수　금	2,000,000원
(4)	가　수　금	2,000,000원	외 상 매 출 금 선　수　금	1,500,000원 500,000원

(4) 상품권선수금과 예수금

1) 상품권선수금

상품권은 상품을 교환할 수 있는 권리를 부여한 증권을 말한다. 상품권을 발행하면 부채계정인 「**상품권선수금**」계정 대변에 기입하고, 상품권을 회수하고 상품을 공급하면 [**상품권선수금**]계정 차변에 기입한다. 상품권선수금은 일반 계약금으로 받은 선수금과 구분하여 관리하는 것이 일반적이다. 상품권을 구입하는 경우에는 상품권은 현금과 같이 인식하므로 회계처리는 하지 않는다.

회계상 거래	차변과목	대변과목
상품권을 발행하는 경우	현 금 ×××	상 품 권 선 수 금 ×××
상품을 매출하고 상품권을 회수하면	상 품 권 선 수 금 ××× 현 금 ×××	상 품 매 출 ×××

- ㈜한샘은 상품권 100매(액면 5,000원)를 액면가액으로 발행하고 대금은 전액 현금으로 받았다.

【이해】
- 상품권은 계약금에 해당하지 않는다. 그러므로 일반적인 선수금 부채계정 대신 상품권선수금 계정을 사용한다.

  (차) 현 금 5,000,000원 (대) 상 품 권 선 수 금 5,000,000원

- ㈜한샘은 상품 2,000,000원을 판매하고, 대금은 당점이 발행한 상품권을 회수하였다.

【이해】
- 상품권을 회수하면, 상품권선수금과 상계하여 처리한다.

  (차) 상 품 권 선 수 금 2,000,000원 (대) 상 품 매 출 2,000,000원

2) 예수금

기업들은 종업원에게 급여 등을 지급하면서 근로소득세 및 건강보험료 등을 원천징수하였다가 세무서 등에 종업원 등을 대리하여 세금을 신고하고 원천징수한 소득세 및 보험료를 납부하게 된다. 이때 종업원들로부터 원천징수한 세금과 보험료를 [**예수금**]이라 한다.

회계상 거래	차변과목	대변과목
급여를 지급하면서 소득세 등을 원천징수하는 경우	급 여 ×××	예 수 금 ××× 보 통 예 금 ×××
원천징수한 세금을 납부하는 경우	예 수 금 ×××	현 금 (보 통 예 금) ×××

Chapter 2 유동자산에 관한 거래

> ■ 종업원의 급여 3,000,000원을 지급하면서 근로소득세 200,000원과 건강보험료 100,000원을 원천징수한 잔액을 보통예금에서 이체하여 지급하였다.
>
> 【이해】
> ■ 원천징수가 발생하면 원천징수 상당액은 예수금으로 처리한다.
> (차) 급　　　　　여　3,000,000원　(대) 예　수　금　 300,000원
> 　　　　　　　　　　　　　　　　　　　　보 통 예 금　2,700,000원

원천징수

	본인부담분	회사부담금	비　　고
근로소득세등	100%	-	-
건강보험료등	50%	50%	복리후생비
고 용 보 험 료	50%	50%	
산 재 보 험 료	-	100%	
국 민 연 금	50%	50%	세금과공과금
	예수금	-	

원천징수 된 근로소득세는 100% 본인이 부담하기 때문에 회사 입장에서는 예수금으로 회계처리한다. 사회보험료 산정액 중 산재보험료를 제외한 나머지 보험료는 본인이 50%를 부담하고, 회사가 50%를 부담하게 된다. 이때, 급여지급 시 원천징수한 보험료 등은 예수금으로 처리하였다가 납부시에 상계처리하며, 회사가 부담하는 보험료 등은 복리후생비로 처리하여야 한다.(국민연금은 세금과공과)

예제 3 - 4 상품권선수금과 예수금의 거래

다음은 상품권과 예수금에 관한 거래이다. 해당거래를 분개하시오.

⑴ 거래처로부터 추석선물용으로 사용할 당점의 상품권 발행요청이 들어와 100,000원권 상품권 50매를 발행하고 대금은 전액 현금으로 받았다.

⑵ 상품 3,000,000원을 매출하고 대금 중 1,500,000원은 현금으로 받고, 잔액은 당사 발행의 상품권으로 회수하였다.

⑶ 종업원의 급여 5,000,000원을 지급하면서, 근로소득세 200,000원과 건강보험료 등 200,000원을 차감하고 잔액은 모두 보통예금에서 이체하였다.

⑷ 원천징수하였던 근로소득세와 건강보험료 등 600,000(회사부담 건강보험료 200,000원 포함)원을 현금으로 납부하였다.

예제해설

차변과목	금액	대변과목	금액
(1) 현　　　　　　　금	5,000,000원	상 품 권 선 수 금	5,000,000원
(2) 상 품 권 선 수 금 현　　　　　　　금	1,500,000원 1,500,000원	상　품　매　출	3,000,000원
(3) 급　　　　　　　여	5,000,000원	예　수　금 보　통　예　금	400,000원 4,600,000원
(4) 예　수　금 복　리　후　생　비	400,000원 200,000원	현　　　　　　　금	600,000원

4 채권의 대손

「**대손**」이란 고객의 채무불이행으로 **매출채권**과 **수취채권** 등을 받을 수 없게 되었을 때 발생하는 손실을 말한다. 여기서 회수불능 된 채권을 「**대손금**」이라 한다.

(1) 대손상각비

기업이 회수해야 할 채권이 회수불능 된 경우 처리하는 비용계정을 「**대손상각비**」라 한다. **매출채권**이 회수불능 되었을 때에는 「**대손상각비**」라는 판매관리비계정을 사용하며, 기타수취채권이 회수불능 된 경우에는 「**기타의 대손상각비**」라는 영업외 비용계정을 사용하여야 한다.

회계상 거래	차변과목	대변과목
매출채권이 회수불능(대손)이 된 경우	대 손 상 각 비　×××	받을어음(외상매출금)　×××
기타의 채권이 회수불능이 된 경우	기 타 의 대 손 상 각 비　×××	미 수 금(기타채권)　×××

- 거래처의 부도로 외상매출금 500,000원이 회수불능(대손) 되었다.

  【이해】
  - 매출채권이 대손 된 경우에는 판매비와 관리비 계정의 대손상각비로 처리한다.

    (차) 대 손 상 각 비　　500,000원　(대) 외 상 매 출 금　　500,000원

- 미수금 500,000원이 회수불능(대손) 되었다.

  【이해】
  - 매출채권 이외의 채권이 대손 된 경우 기타의대손상각비로 처리한다.

    (차) 기타의대손상각비　　500,000원　(대) 미　수　금　　500,000원

(2) 대손의 인식방법

대손이 발생된 경우에 회계처리 하는 방법으로는 「**직접상각법**」과 「**충당금설정법**」이 있다.

① **직접상각법** : 채권이 회수불능으로 대손이 확정되는 시점에 대손상각비를 인식하고 대손 처리된 채권을 매출채권에서 직접 차감하는 방법이다. 이 방법은 [**수익·비용대응의 원칙**]에 위배되는 방법으로 기업회계기준에서는 권장하지 않는 방법이다.

회계상 거래	차변과목	대변과목
채권이 대손 된 경우	대 손 상 각 비 ×××	받을어음(외상매출금) ×××

② **충당금 설정법** : 회계연도 기말에서 장래에 회수불가능 할 것으로 추정되는 금액을 대손상각비로 인식하고 이를 「**대손충당금**」으로 설정하는 방법이다. 나중에 대손이 발생하면 대손충당금을 먼저 상계하고 부족한 잔액은 대손상각비로 처리한다.

회계상 거래	차변과목	대변과목
채권이 대손 된 경우	대 손 충 당 금 ××× 대 손 상 각 비 ×××	받을어음(외상매출금) ×××

(3) 대손충당금의 설정방법

현행 일반기업회계기준에서 제시하는 방법은 「**충당금 설정법**」이다. 차기에 발생할 수 있는 대손추정액을 미리 결산 기말에 설정해 두었다가 차기에 대손이 발생되면 대손충당금을 이용하여 손실을 보전해야 하기 때문이다. 충당금의 설정방법으로 「**매출채권잔액 비율법**」과 「**기일경과분석법**」이 사용된다.

1) 매출채권잔액 비율법

기말 결산일 현재의 채권 잔액에 하나의 대손추정률을 적용하여 대손예상액을 추정하는 방법을 말한다. 이 방법은 최근에 발생한 채권이든 오래전에 발생한 채권이든 대손가능성이 동일하다고 간주하여 하나의 대손추정률을 적용하므로 실무상 매우 편리한 방법이다.

> 대손충당금 설정액 = 매출채권 기말잔액 × 대손설정율

2) 기일경과 분석법(연령분석법)

기말현재의 수취채권 잔액을 경과일수에 따라 몇 개의 집단으로 분류하고 각각에 대하여 차등의 대손율을 적용하여 대손예상액을 추정하는 방법이다. 이 방법의 이론적 근거는 가장 최근의 수취채권은 대손가능성이 낮고, 오래된 채권일수록 대손가능성이 높기 때문에 경과일수에 따라 차등의 대손율(%)을 적용하는 데 목적을 두고 있다.

PART 1 재무회계이론

■ 연령분석표

외상매출금의 연령	금 액	회수가능성	대손추정액
30일이하	₩200,000	98%	₩ 4,000
60~30일	150,000	95%	7,500
90~60일	70,000	90%	7,000
120~90일	50,000	80%	10,000
120일초과	30,000	0%(*)	30,000
계	₩500,000		58,500

* 결산 시 120일을 초과하는 외상매출금은 회수가능성이 없기 때문에(추정대손율이 100%) 대손이 확정되었으므로 이에 대한 회계처리를 먼저 하여야 한다.

3) 차액보충법

현행 기업회계기준에 의한 대손충당금의 설정액은 매출채권잔액에 대손설정비율을 곱하여 대손충당금을 계상한 후 장부상 대손충당금 잔액을 차감하여 대손충당금 추가설정액을 계산하는 차액보충법(순액법)을 사용한다.

```
대손충당금 = 매출채권 기말잔액 × 대손설정율 - 장부상 대손충당금잔액
  ⇨ (+) 대손상각비   ×××    대손충당금     ×××
  ⇨ (-) 대손충당금   ×××    대손충당금환입  ×××
```

- 기말결산시 외상매출금의 기말잔액 50,000,000원에 대하여 1%의 대손충당금을 설정하다. 기말 장부상 대손충당금의 잔액은 200,000원이다.(차액보충법)

【이해】
- 50,000,000원×1%-200,000원=300,000원
- 회사가 내년에 회수불능 될 것으로 예상하는 채권은 500,000원이며 이미 설정된 200,000원을 차감한 잔액 300,000원을 추가로 설정하여야 한다.

　　　(차) 대 손 상 각 비　　300,000원　　(대) 대 손 충 당 금　　300,000원

- 기말결산시 외상매출금의 기말잔액 50,000,000원에 대하여 1%의 대손충당금을 설정하다. 기말 장부상 대손충당금의 잔액은 600,000원이다.(차액보충법)

【이해】
- 50,000,000원×1%-600,000원= -100,000원
- 회사가 내년에 회수불능 될 것으로 예상하는 채권은 500,000원이며 이미 설정된 600,000원을 차감한 잔액 100,000원은 대손충당금의 과다 계상액으로 대손충당금환입(판매비와 관리비의 차감계정)을 하여야 한다.

　　　(차) 대 손 충 당 금　　100,000원　　(대) 대 손 충 당 금 환 입　　100,000원

(4) 채권의 대손

채권이 회수불능(대손)되면, 우선 대손충당금으로 먼저 손실을 상계하여야 하며, 대손충당금이 설정되어 있지 않거나, 부족한 경우 대손상각비로 처리한다.

회계상 거래	차변과목	대변과목
결산일에 대손충당금을 설정하는 경우	대 손 상 각 비 ×××	대 손 충 당 금 ×××
채권이 대손이 되었으나 대손충당금이 설정된 경우	대 손 충 당 금 ×××	매 출 채 권 ×××
채권이 대손이 되었으나 대손충당금이 부족한 경우	대 손 충 당 금 ××× 대 손 상 각 비 ×××	매 출 채 권 ×××

- 2024년 12월 31일 기말결산시 외상매출금잔액 50,000,000원에 대하여 1%의 대손충당금을 설정하다. 기말 장부상 대손충당금의 잔액은 200,000원이다.(차액보충법)

  【이해】
  - 50,000,000원×1%-200,000원=300,000원

    (차) 대 손 상 각 비   300,000원   (대) 대 손 충 당 금   300,000원

- 2025년 5월 31일 외상매출금 중 거래처의 부도로 200,000원이 회수불능으로 대손처리 하였다.

  【이해】
  - 전기에 이월된 대손충당금 잔액이 500,000원이 설정되어 있으므로, 대손시에 대손충당금과 먼저 상계처리한다.

    (차) 대 손 충 당 금   200,000원   (대) 외 상 매 출 금   200,000원

(5) 대손 된 채권의 회수

전기에 대손으로 회계처리를 하였던 채권이 회수된 경우에는 무조건 대손충당금으로, 당기에 대손으로 회계처리를 하였던 채권이 회수된 경우에는 당기 대손시의 회계처리를 역분개하는 방법과 대손시기와 관계없이 대손충당금으로 회계처리 하는 방법 중 선택할 수 있다.

회계상 거래	차변과목	대변과목
전기에 대손된 채권이 회수가 된 경우	현 금 ×××	대 손 충 당 금 ×××
당기에 대손된 채권이 회수된 경우(역분개법)	현 금 ×××	대 손 충 당 금 ××× 대 손 상 각 비 ×××
당기에 대손된 채권이 회수된 경우(충당금 환입법)	현 금 ×××	대 손 충 당 금 ×××

PART 1 재무회계이론

예제 4 - 1 채권의 대손거래

다음의 대손에 관한 거래를 분개하시오.

(1) 기말 결산시 외상매출금 100,000,000원에 대하여 1%의 대손충당금을 설정하였다. 잔액시산표의 대손충당금 잔액은 600,000원이다.

(2) 거래처 흥해라상점이 파산하여 외상매출금 1,200,000원이 회수불능 되었다. 대손충당금계정을 확인한 결과 800,000원의 잔액이 남아 있다.

(3) 거래처 ㈜성공이 오늘 파산하여 장기대여금 20,000,000원이 대손 되었다. 당사는 기타채권에 대한 대손충당금은 설정하지 않고 있다.

(4) 전기에 파산하여 대손처리 하였던 ㈜미원의 외상매출금 1,500,000원이 오늘 현금으로 추심되었다. 대손처리당시 대손충당금 잔액은 없었다.

(5) 당기에 대손처리한 외상매출금 500,000원을 현금으로 회수하였다. 대손처리시 대손충당금 300,000원이 있었다.(역분개법에 의할 것)

(6) 당기에 대손처리한 외상매출금 700,000원을 현금으로 회수하였다. 대손처리시 대손충당금 800,000원이 있었다.(충당금환입법에 의할 것)

예제해설

(1) (기말 장부상 채권잔액×대손설정률)-장부상 대손충당금잔액=대손충당금 추가설정액
  (100,000,000원×1%)-600,000원=400,000원 ⇨ 장부상 대손충당금+대손충당금추가설정액=대손충당금 총잔액
(2) 채권이 대손되는 경우, 대손충당금으로 먼저 대손액을 상계하고 대손충당금이 부족한 경우에 대손상각비로 처리한다.
(3) 매출채권이 아닌 수취채권이 대손된 경우에는 영업외비용계정의 기타의대손상각비로 처리한다.
(4) 전기에 대손처리 되었던 채권이 회수된 경우에는 채권의 회수액 만큼 대손충당금을 추가로 설정한다.
(5) 당기에 대손된 채권이 회수된 경우에는 당초 회계처리를 취소하는 분개법으로 처리하는 방법과 회수된 대손액 전액을 대손충당금으로 추가 설정하는 방법이 있다. 이 두 방법 모두 당기손익에 미치는 영향이 같기 때문에 모두 인정되는 방법이다.

	차변과목	금액	대변과목	금액
(1)	대 손 상 각 비	400,000원	대 손 충 당 금	400,000원
(2)	대 손 충 당 금 대 손 상 각 비	800,000원 400,000원	외 상 매 출 금	1,200,000원
(3)	기 타 의 대 손 상 각 비	20,000,000원	장 기 대 여 금	20,000,000원
(4)	현 금	1,500,000원	대 손 충 당 금	1,500,000원
(5)	현 금	500,000원	대 손 상 각 비 대 손 충 당 금	200,000원 300,000원
(6)	현 금	700,000원	대 손 충 당 금	700,000원

예제 4 - 2 채권의 대손거래

다음의 대손에 관한 거래를 분개하시오.

기말 결산시 외상매출금 50,000,000원에 대한 내역은 다음과 같다. 연령분석법과 채권잔액비율법(대손추정률 3%)에 의하여 대손충당금을 설정액을 계산하시오. 기말 결산 전 대손충당금의 잔액은 1,000,000원이다.

경과일수	외상매출금잔액	추정대손율
30일 이하	20,000,000원	1%
60일 ~ 31일	10,000,000원	3%
180일 ~61일	10,000,000원	10%
180일 이상	10,000,000원	20%

예제해설

(1) [연령분석법]

　대손추정액=(20,000,000원×1%=200,000)+(10,000,000×3%=300,000원)+(10,000,000원×10%=1,000,000원)+(10,000,000원×20%=2,000,000원)=3,500,000원

　대손충당금 설정액 = 3,500,000원 - 1,000,000원 = 2,500,000원

(2) [채권잔액비율법]

　대손추정액 = 50,000,000원 × 3% = 1,500,000원

　대손충당금 설정액 = 1,500,000원 - 1,000,000원 = 1,500,000원

	차변과목	금액	대변과목	금액
(1)	대 손 상 각 비	2,500,000원	대 손 충 당 금	2,500,000원
(2)	대 손 상 각 비	1,500,000원	대 손 충 당 금	1,500,000원

단/원/학/습/문/제

01. 현금의 수입은 발생하였으나 그 상대계정이 아직 미확정인 경우 일시적으로 처리하는 계정과목은 무엇인가?
① 예수금 ② 선수금 ③ 가수금 ④ 미수금

02. 상품을 주문받고 계약금을 거래처로부터 현금으로 받은 경우 처리되는 대변의 계정과목은 무엇인가?
① 예수금 ② 선수금 ③ 가수금 ④ 미수금

03. 영업용 책상을 구입하고 대금을 외상으로 한 경우 대변에 기록되는 계정과목은?
① 외상매입금 ② 미지급금 ③ 미수금 ④ 지급어음

04. 판매용 책상을 구입하고 대금은 1개월 후에 지급하기로 한 경우 대변의 계정과목은?
① 외상매입금 ② 미지급금 ③ 미수금 ④ 지급어음

05. 거래처로부터 상품 90,000원을 주문받고, 계약금으로 20,000원을 현금으로 받은 경우의 적절한 회계처리는?
① 현금 90,000 / 선수금 90,000
② 현금 90,000 / 상품매출 90,000
③ 현금 20,000 / 선수금 20,000
④ 현금 20,000 / 상품매출 20,000

06. 다음의 채권/채무에 대한 설명 중 틀린 것은?
① 종업원에 급여지급시 소득세 등을 일시적으로 보관하는 경우 예수금의 차변에 기록
② 실제 현금 지출은 있었으나 그 과목이 미확정인 경우에는 가지급금의 차변에 기록
③ 상품권을 발행한 경우에는 상품권선수금계정의 대변에 기록
④ 상품권선수금은 계정의 잔액이 항상 대변에 표시

07. 직원의 출장여비를 현금으로 지급한 경우의 적절한 회계처리는?

① (차)가지급금 ×× /(대)현금 ××
② (차)현금 ×× / (대)가지급금 ××
③ (차)가 수 금 ×× /(대)현금 ××
④ (차)현금 ×× / (대)가 수 금 ××

08. 다음의 거래에 대한 적절한 회계처리는?

거래처에 현금 200,000원을 1년간 대여하기로 하고. 선이자 2,000원을 공제한 금액을 보통예금 통장에서 이체하다.

	(차 변)		(대 변)	
①	장 기 대 여 금	200,000원	보 통 예 금	200,000원
②	단 기 대 여 금	200,000원	보 통 예 금	200,000원
③	장 기 대 여 금	200,000원	보 통 예 금	198,000원
			이 자 수 익	2,000원
④	단 기 대 여 금	200,000원	보 통 예 금	198,000원
			이 자 수 익	2,000원

09. 서로 상대적인(자산/부채)의 개념을 가진 계정에 해당하지 않는 것은?

① 가지급금 / 가수금
② 선급금 / 선수금
③ 미수금 / 미지급금
④ 대손상각비 / 대손충당금

10. 다음 중 대손충당금을 설정할 수 없는 것은 무엇인가?

① 외상매출금　② 단기대여금　③ 받을어음　④ 장기차입금

단원학습문제 해답

01 ③ 현금의 지출 및 수입이 있었으나 계정과목이 미확정된 경우 일시적으로 사용하는 계정에는 가지급금과 가수금이 사용된다.

02 ② 상품의 주문 대금으로 미리 받은 돈을 선수금이라 한다.

03 ② 재고자산 이외의 물품을 구입하고 대금을 지급하지 못한 경우에는 미지급금 계정을 사용한다.

04 ① 판매용 재고자산의 외상거래는 외상매입금 계정을 사용한다.

05 ③ (차)현금 20,000 (대)선수금 20,000

06 ① 급여 등의 대금을 지급하면서 원천징수한 세금 등은 예수금(부채)으로 대변에 기록한다.

07 ① 직원의 출장비를 지급한 경우 출장비의 금액이 확정될 때까지 임시계정인 가지급금을 사용한다.

08 ④ (차) 단기대여금 200,000 (대) 보통예금 198,000
　　　　　　　　　　　　　　　　　　이자수익　 2,000

09 ④ 모든 계정은 모두 자산 대 부채계정이다. 대손상각비는 비용계정이며 대손충당금은 자산의 차감계정에 해당하는 평가계정이다.

10 ④ 대손충당금은 채권에 대하여 설정되는 평가계정이다.

제3절 재고자산에 관한 거래

1 재고자산의 의의

재고자산은 기업이 정상적인 영업활동 과정에서 **판매를 목적으로 소유**하고 있거나 **판매할 자산의 생산을 위하여 소비될 유형**의 자산이다.

(1) 재고자산의 분류

일반적으로 업종에 따라 재고자산을 분류하지만 다음과 같이 분류하기도 한다.

① 판매를 목적으로 보유하는 자산 : 상품·제품·부산물·반제품 등
② 판매를 목적으로 생산에 투입되어 있는 자산 : 재공품 등
③ 판매할 자산을 생산하는데 소비될 자산 : 원재료·저장품 등

(2) 재고자산의 매입원가(상품매매업 중심)

상품매매업의 경우에는 상품의 매입가격뿐만 아니라 이를 판매 가능한 상태로 만드는 데 소요되는 모든 지출액은 재고자산의 원가에 포함되며, 제조업의 경우에는 제품을 생산하여 이를 판매 가능한 상태로 만드는 데 소요되는 모든 지출이 매입원가가 된다.

매입원가는 매입가격에 매입 시 발생 된 부대비용을 가산한 금액이다. 매입과 관련된 매입할인·매입에누리 및 환출액 등이 있는 경우에는 이를 매입원가에서 차감해야 한다.

> 매입원가 = 매입가액 + 매입부대비용 - 매입할인·매입에누리·매입환출

① **매입부대비용** : 재고자산을 매입할 때 매입가격 이외에 추가적으로 발생하는 모든 비용을 말한다. **매입운임, 매입수수료, 매입시 보험료, 하역비** 그리고 해외에서 수입하는 경우 **수입관세 및 통관수수료** 등 이렇게 매입부대비용은 별도의 비용으로 처리하지 아니하고, 재고자산의 취득원가에 가산하는 것은 수익·비용대응 원칙에 따른 것이다.

② **매입환출 및 매입에누리** : 매입한 재고자산에 하자 등이 발생하여 매입한 재고자산을 판매처에 반품하는 것을 **매입환출액**이라 하며, 상기 사유로 인하여 매입가격을 할인해 주는 경우를 **매입에누리**라 한다.

③ **매입할인** : 구매자가 외상매입금을 조기에 지급하는 경우 판매자가 약정에 의하여 외상매입금의 일부를 할인해 주는 것을 **매입할인**이라 한다.

PART 1 재무회계이론

회계상 거래	차변과목		대변과목	
상품을 매입하는 경우	상 품(제비용포함)	×××	외 상 매 입 금	×××
매입한 상품에 대한 매입에누리와 환출액	외 상 매 입 금	×××	매 입 에 누 리 매 입 환 출(상품)	×××
약정에 의한 매입할인	외 상 매 입 금	×××	현 금 매 입 할 인(상품)	×××

※ 매입에누리 및 매입환출액과 매입할인은 재고자산의 차감항목이며, 손익계산서에서는 해당 재고자산에서 직접차감 한 후 순매입액을 기록하여야 한다.

※ (2/10, n/30)의 조건으로 대금결제 계약을 체결 한 경우 30일 이내에 대금을 모두 상환해야 하는 조건으로 10일이내에 상환하는 경우 2%를 외상대금에서 할인해 주겠다는 조건이다.

예제 1 상품매입 거래

다음 상품매입과 관련한 연속된 거래를 분개하시오.

(1) 경주상점에서 상품 2,000,000원을 매입하고, 대금은 전액 외상으로 하였다. 그리고 매입시 운임 150,000원은 현금으로 지급하였다.

(2) 경주상점에서 매입하였던 상품 중 불량품이 발견되어 상품 200,000원을 반품하고, 대금은 외상매입금과 상계하기로 하였다.

(3) 경주상점에 위의 불량품에 대하여 항의한 결과 상품 대금 중 50,000원을 에누리해 주겠다는 통보를 받고 외상매입금과 상계하였다.

(4) 경주상점에 조기에 상환하기로 약속한 외상매입금 1,000,000원을 현금으로 상환하였다. 상환조건은 2/10, n/30의 조건으로 당사는 위의 외상대금을 약속한 10일 이내 조건을 충족한다.

예제해설

	차변과목	금액	대변과목	금액
(1)	상 품	2,150,000원	외 상 매 입 금 현 금	2,000,000원 150,000원
(2)	외 상 매 입 금	200,000원	매 입 환 출(상품)	200,000원
(3)	외 상 매 입 금	50,000원	매 입 에 누 리(상품)	50,000원
(4)	외 상 매 입 금	1,000,000원	매 입 할 인(상품) 현 금	20,000원 980,000원

(3) 재고자산의 매출액

상품매출액은 일정기간 동안 소비자에게 판매한 상품 총매출액에서 매출에누리와 환입 및 매출할인액을 차감하여 계산한다.

> 순매출액 = 총매출액 - 매출할인·매출에누리·매출환입

① **매출환입 및 매출에누리** : 매출한 재고자산에 하자 등이 발생하여 매출한 재고자산이 매입처로부터 반품되는 것을 **매출환입액**이라 하며, 상기 사유로 인하여 매출가격을 할인해 주는 경우를 **매출에누리**라 한다.
② **매출할인** : 구매자가 외상매출금을 조기에 상환하는 경우 판매자가 약정에 의해 외상매출금의 일부를 할인해 주는 것을 **매출할인**이라 한다.

1) 순액주의에 의한 상품매출액의 인식

순액주의란 상품매출시 **매출원가**와 **상품매출이익**을 계상하여 각각 인식하는 방법을 말한다. 이 방법은 상품매출시 상품매출이익을 즉시 계상할 수 있다는 장점이 있으나, 상품매출시 마다 상품매출원가를 계상하여야 하는 번거로움이 있다.

회계상 거래	차변과목	대변과목
상품을 판매하는 경우 (순액주의 회계처리)	외 상 매 출 금 ×××	상 품(원가) ××× 상 품 매 출 이 익 ×××

㈜명문은 원가 500,000원의 상품을 700,000원에 매출하고 대금은 나중에 받기로 하였다.(순액주의)
【이해】
- 순액주의는 재고자산의 매출시 매출원가와 상품매출손익을 구분하여 표시하는 방법을 말한다.
- 회계처리

   (차) 외 상 매 출 금 700,000원 (대) 상   품(원가) 500,000원
                      상 품 매 출 이 익 200,000원

2) 총액주의에 의한 상품매출액의 인식

총액주의란 상품매출시 이익이 포함된 총매출액을 수익으로 인식하고, 수익에 대응하는 매출원가(비용)를 대응하여 인식하는 방법을 말한다. K-GAAP 및 K-IFRS의 재무제표 인식기준은 **총액주의**에 의하여 인식하는 것을 원칙으로 한다.

회계상 거래	차변과목		대변과목	
상품을 판매하는 경우 (총액주의 회계처리)	외 상 매 출 금 상 품 매 출 원 가	××× ×××	상 품 매 출(매가) 상 품(원가)	××× ×××

사례

㈜명문은 원가 500,000원의 상품을 700,000원에 매출하고 대금은 나중에 받기로 하였다.(총액주의)

【이해】
- 총액주의는 재고자산 매출 시 판매가액과 매출원가를 모두 표시하는 방법을 말한다.
- 회계처리

　　(차) 외 상 매 출 금　　700,000원　　(대) 상 품 매 출(매가)　700,000원
　　　　상 품 매 출 원 가　500,000원　　　　 상   품(원가)　500,000원

예제 2 상품매출 거래

다음 상품매출과 관련한 거래를 분개하시오.

(1) 원주상점에 원가 3,000,000원의 상품을 4,000,000원에 매출하고 대금은 전액 외상으로 하였다.

(2) 상점에 매출하였던 상품 중 불량품이 발견되어 판매가액 400,000원(원가 300,000원)을 반품받고 외상매출금과 상계하기로 하였다.

(3) 원주상점과 외상매출금을 조기상환하는 경우 매출할인해 주기로 하였던 외상매출금 중 500,000원을 상품매출 후 5일 후에 현금으로 회수하였다. 상환조건은 2/10, n/30의 조건으로 당사는 위의 외상대금을 약속한 10일 이내 조건을 충족한다고 가정한다.

예제해설

	차변과목	금액	대변과목	금액
(1)	외 상 매 출 금 상 품 매 출 원 가	4,000,000원 3,000,000원	상 품 매 출 상 품	4,000,000원 3,000,000원
(2)	매 출 환 입(상품매출) 상 품	400,000원 300,000원	외 상 매 출 금 상 품 매 출 원 가	400,000원 300,000원
(3)	매 출 할 인(상품매출) 현 금	10,000원 490,000원	외 상 매 출 금	500,000원

Chapter 2 유동자산에 관한 거래

② 재고자산의 원가배분(기말재고액의 계산)

총액주의에 의하여 상품매출액을 인식하는 경우, 단점은 상품매출을 할 때마다, 상품매출원가를 측정해야 한다는 것이다. 하지만 원가의 흐름을 가정하여 상품의 기말재고액을 측정한 후 매출원가를 계산한다면 간단하게 상품매출이익을 계산할 수 있는데 이렇게 기말재고자산과 매출원가를 측정하는 것을 **원가의 배분**이라 한다.

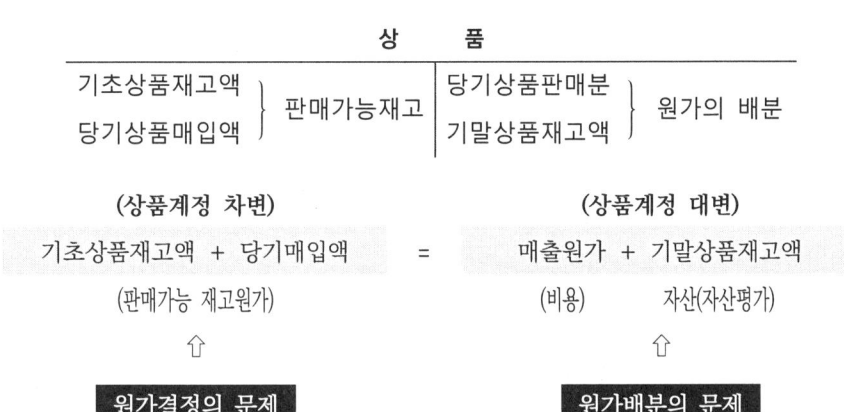

재고자산의 기본적인 원가흐름은 기초재고원가와 당기매입원가를 합한 「**판매가능원가**」를 **매출원가**와 **기말재고원가**로 배분하는 것이다. 이는 매입시점에 따라 원가가 각기 다르기 때문에 어떤 재고자산이 먼저 판매되고 어떤 재고자산이 재고로 남아있는지를 구분하는 절차를 말한다. 이를 위해서는 재고자산에 대한 수량파악과 단위당 원가를 결정해야 한다. 즉 판매된 수량과 기말재고수량을 구분해야 하며, 해당 수량별 「**단위원가**」를 결정해야 하는 것이다.

$$\text{재고자산 가액} = \text{재고자산의 수량} \times \text{재고자산 단위당 가액}$$

(1) 재고자산의 수량 결정

재고자산에 대한 재고수량을 결정하는 방법은 「**계속기록법**」과 「**실지재고조사법**」이 있으며, 이 두 가지 방법을 혼합하여 사용하기도 한다.

1) 계속기록법(장부정리법)

계속기록법은 재고자산의 입·출고시마다 수량을 재고자산수불부(상품재고장)에 계속적으로 기록하는 방법으로 장부상 남아있는 재고수량을 기말재고수량으로 결정하는 방법이다. 즉,

기말재고수량은 당기판매가능수량(기초재고수량+당기매입수량)에서 당기판매수량을 차감하여 계산한다. 이를 산식으로 나타내면 다음과 같다.

> (기초재고수량 + 당기매입수량) - 당기판매수량 = 기말장부재고수량

2) 실지재고조사법(실사법)

실지재고조사법은 정기적으로 실지재고조사를 통하여 재고수량을 파악하는 방법으로 상품재고장에 입고기록만 할 뿐, 출고기록을 하지 않기 때문에 당기판매수량은 당기판매가능수량(기초재고수량+당기매입량)에서 기말실지재고수량을 차감하여 계산한다. 이를 산식으로 나타내면 다음과 같다.

> (기초재고수량 + 당기매입량) - 기말실지재고수량 = 당기판매량

즉, 기초재고수량과 당기매입수량만 기록하고 당기판매수량은 기말에 실지재고조사를 한 후에 일괄적으로 파악하는 방법이다.

(2) 단가결정(재고자산의 평가)

상품을 판매할 때 마다 가격을 기록하는 방법을 「**계속기록법**」이라 한다. 하지만 재고자산을 판매할 때 어떤 재고자산부터 판매되었는지 확인하는 것도 매우 어려운 일이라 할 수 있으므로 「**실지재고조사법**」에 의하여 재고수량을 파악하고 파악된 재고자산에 가격만 결정된다면 매출원가를 쉽게 산출할 수 있다. 이렇게 상품판매시점 마다 단가를 기록하지 않고 기말에 일괄하여 단가를 기록하는 방법을 「**기말단가기록법**」이라한다. 기말현재 재고로 남아있는 재고자산을 현금으로 교환할 수 있는 가치로 측정하는 것을 「**재고자산의 평가**」라 한다.

1) 기말재고자산에 포함될 항목

미착상품 (운송중인상품)	선적지인도조건	매입회사의 기말재고에 포함
	도착지인도조건	판매회사의 기말재고에 포함
적송품 (위탁판매상품)	수탁자가 위탁품을 판매한 날에 수익 인식 수탁자가 위탁품을 판매하기 전까지는 위탁자의 재고자산에 포함	
시송품 (시 용 품)	수익은 매입자로부터 매입의사표시를 받은 날에 인식 기말 현재 시송품은 창고에 없다 할지라도 재고자산에 포함	

[재고자산에 포함될 항목]

2) 원가흐름의 가정(재고자산의 단위당 원가결정)

　재고자산의 가액을 결정하기 위해서는 재고자산의 수량뿐만 아니라 재고자산의 단위당 원가를 결정하는 것도 매우 중요하다. 일반기업회계기준에서 취득원가는 「**원가법**」을 채택하고 있으나 개별자산별로 취득원가를 확인한다는 것은 현실적으로 쉬운 일이 아니다. 그러므로 재고자산의 원가는 일정한 흐름을 갖고 있다고 가정하게 되는데, 이것을 「**원가흐름의 가정**」 이라고 한다.

① **개별법**(specific identification method) : 재고자산에 가격표를 붙여 매입상품별로 매입가격을 알 수 있도록 함으로써 매입가격별로 판매된 것과 재고로 남은 것을 구별하여 매출원가와 기말재고로 구분하는 방법이다. 개별법은 원가흐름과 실제물량흐름이 일치하기 때문에 이론상 가장 이상적인 방법이다. 다만, 재고자산의 종류와 수량이 많고 거래가 빈번한 경우에는 실무에서 사용하기가 불가능하다는 단점이 있다.

② **선입선출법**(FIFO first - in first out method) : 실제물량의 흐름과 관계없이 먼저 취득한 자산이 먼저 판매된 것으로 가정하여 매출원가와 기말재고액을 구분하는 방법이다.

장점	■ 실제의 원가흐름(일반적인 물량흐름)과 일치한다. ■ 재무상태표의 기말재고자산은 현행원가를 반영함으로 재고자산가액은 시가에 가깝다. ■ 체계적이고 객관적이므로 이익조작의 가능성이 작다.
단점	■ 물가가 지속적으로 상승(인플레이션)할 경우 손익계산서의 이익이 과대하게 표시된다. ■ 현행 매출수익에 오래전 원가가 대응되므로 수익·비용 대응원칙에 위배된다.

③ **후입선출법**(LIFO last - in first - out method) : 재고자산의 실제물량의 흐름과 관계없이 나중에 매입한 상품이 먼저 판매된 것으로 가정하여 매출원가와 기말재고액을 구분하는 방법이다.

장점	■ 포괄손익계산서에 현재의 수익과 현재의 원가를 대응시킬 수 있다. ■ 물가가 지속적으로 상승할 때 기말재고수량이 기초재고수량과 같거나 증가하는 한 후입선출법은 이익을 적게 계상할 수 있고, 세금의 이연의 효과를 가져온다.
단점	■ 재무상태표의 기말재고자산이 현재가치를 반영하지 못한다.(재고액이 과소 평가된다) ■ 물량흐름과 원가흐름의 가정이 불일치된다. ■ 물가상승 시 재고자산의 수량이 감소하게 되면 오히려 이익을 과대계상하게 된다.

④ **이동평균법**(계속단가 기록법) : 재고자산이 입고될 때마다 새로운 평균단가를 산정하여 그 이후 출고될 때는 이 단가를 적용하는 방법이다.

$$\text{이동평균단가} = \frac{\text{매입직전의 재고금액} + \text{신규매입금액}}{\text{매입직전의 재고수량} + \text{신규매입수량}}$$

PART 1 재무회계이론

⑤ **총평균법**(기말단가 기록법) : 일정한 기간 동안 모든 입고가 완료된 다음 총 평균단가를 구하여 원가를 배분하는 방법이다.

$$총평균단가 = \frac{기초재고액 + 일정기간의 \; 총 \; 매입액}{기초 \; 재고수량 + 일정기간의 \; 총 \; 매입량}$$

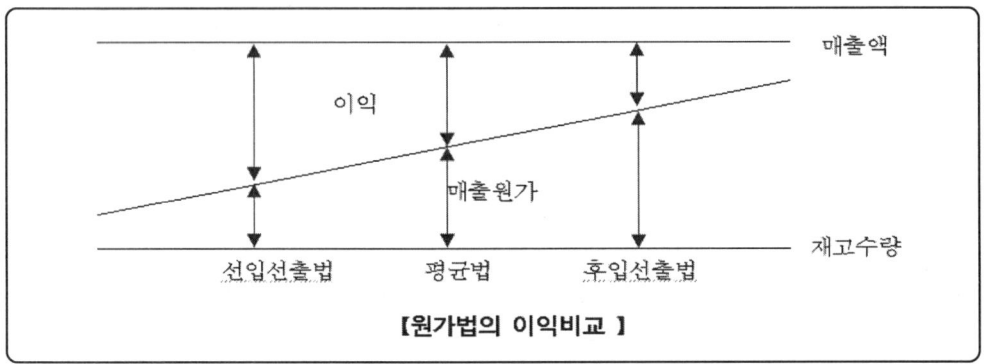

[원가법의 이익비교]

구 분	법인세가 존재하지 않는 경우
기말재고액	선입선출법 > 평균법 > 후입선출법
매출원가	선입선출법 < 평균법 < 후입선출법
당기순이익	선입선출법 > 평균법 > 후입선출법
현금흐름	어떠한 원가흐름의 가정하에서도 동일

[각 방법의 상호비교(인플레이션 가정)]

	계속기록법	실지재고조사법
개별법	○	○
선입선출법·후입선출법	○	○
이동평균법·총평균법	이동평균법	총평균법

[수량과 가액 처리의 비교표]

3) 상품매매에 관한 등식

- 순매입액 = (총매입액+매입제비용) - (매입에누리와 환출, 매입할인)
- 순매출액 = 총매출액 - 매출에누리와 환입, 매출할인
- 매출원가 = (기초상품재고액 + 당기순매입액) - 기말상품재고액
- 매출총이익 = 순매출액 - 매출원가

Chapter 2 유동자산에 관한 거래

다음의 주어진 자료에 의하여 매출원가를 계산하시오.

기초상품재고액	5,000,000원	매 입 운 임	200,000원
당기총매입액	2,000,000원	기말상품재고액	2,000,000원
매 입 할 인	100,000원		

【이해】
- 당기순매입액 : (2,000,000원 + 200,000원)-100,000원=2,100,000원
- 매출원가 : (5,000,000원 + 2,100,000원) - 2,000,000원 = 5,100,000원

예제 3 재고자산 원가흐름

다음 상품과 관련한 재고자산수불부(상품재고장)에 선입선출법, 후입선출법, 이동평균법, 총평균법에 의하여 기말재고자산을 평가하시오.

거래일자	적 요	수량	단가
3월 1일	기 초 재 고	100개	@₩ 500
3월 5일	매 입	100개	@₩ 520
3월 10일	매 입	100개	@₩ 540
3월 15일	매 출	200개	
3월 20일	매 입	100개	@₩ 550

예제해설

상 품 재 고 장

(선입선출법)

거래일자	적요	매입			매출			잔액		
		수량	단가	금액	수량	단가	금액	수량	단가	금액
3월 1일	기 초 재 고	100개	500	50,000				100개	500	50,000
3월 5일	매 입	100개	520	52,000				100개 100개	500 520	50,000 52,000
3월 10일	매 입	100개	540	54,000				100개 100개 100개	500 520 540	50,000 52,000 54,000
3월 15일	매 출				100개 100개	500 520	50,000 52,000	100개	540	54,000
3월 20일	매 입	100개	550	55,000				100개 100개	540 550	54,000 55,000
3월 31일	기 말 재 고				100개 100개	540 550	54,000 55,000	-	-	-
		400개		211,000	400개		211,000			

2025 전산회계 1급

■ 선입선출법에 의한 매출원가와 기말재고액 계산
　① 매출원가 = 100개×500원+100개×520원=102,000원(기초재고분과 3월 5일 매입분)
　② 기말재고액 = 100개×540원+100개×550원=109,000원(3월10일 매입분과 3월 20일 매입분)

상 품 재 고 장

(후입선출법)

거래일자	적요	매입			매출			잔액		
		수량	단가	금액	수량	단가	금액	수량	단가	금액
3월 1일	기 초 재 고	100개	500	50,000				100개	500	50,000
3월 5일	매　　입	100개	520	52,000				100개 100개	500 520	50,000 52,000
3월 10일	매　　입	100개	540	54,000				100개 100개 100개	500 520 540	50,000 52,000 54,000
3월 15일	매　　출				100개 100개	540 520	54,000 52,000	100개	500	50,000
3월 20일	매　　입	100개	550	55,000				100개 100개	500 550	50,000 55,000
3월 31일	기 말 재 고				100개 100개	500 550	50,000 55,000	-	-	-
		400개		211,000	400개		211,000			

■ 후입선출법에 의한 매출원가와 기말재고액 계산
　① 매출원가 = 100개×520원+100개×540원=106,000원(3월 5일 매입분과 3월10일 매입분)
　② 기말재고액 = 100개×500원+100개×550원=105,000원(기초재고분과 3월 20일 매입분)

상 품 재 고 장

(이동평균법)

거래일자	적요	매입			매출			잔액		
		수량	단가	금액	수량	단가	금액	수량	단가	금액
3월 1일	기 초 재 고	100개	500	50,000				100개	500	50,000
3월 5일	매　　입	100개	520	52,000				200개	510	102,000
3월 10일	매　　입	100개	540	54,000				300개	520	156,000
3월 15일	매　　출				200개	520	104,000	100개	520	52,000
3월 20일	매　　입	100개	550	55,000				200개	535	107,000
3월 31일	기 말 재 고				200개	535	107,000	-	-	-
		400개		211,000	400개		211,000			

■ 이동평균법에 의한 매출원가와 기말재고액 계산
　① 이동평균법에 의한 평균단가 : 매입시점별로 단가를 평균한다.
　　　　3월 5일 : (50,000원+52,000원)/(100개+100개)=510원
　　　　3월 10일 : (50,000원+52,000원+54,000원)/(100개+100개+100개)=520원
　　　　3월 20일 : (52,000원+55,000원)/(100개+100개)=535원
　② 매출원가 = 200개×520원=104,000원
　③ 기말재고액 = 200개×535원=107,000원

Chapter 2 유동자산에 관한 거래

상 품 재 고 장

(총평균법)

거래일자	적요	매입			매출			잔액		
		수량	단가	금액	수량	단가	금액	수량	단가	금액
3월 1일	기초재고	100개	500	50,000				100개	500	50,000
3월 5일	매 입	100개	520	52,000				200개		
3월 10일	매 입	100개	540	54,000				300개		
3월 15일	매 출				200개		105,500	100개		
3월 20일	매 입	100개	550	55,000				200개		
3월 31일	기말재고				200개	527.5	105,500	-	-	-
		400개		211,000	400개		211,000			

■ 총평균법에 의한 매출원가와 기말재고액 계산
 ① 총평균법에 의한 평균단가 : 일정한 기간을 한 개의 단위로 하여 평균한다.
  3월 1일~3월 31일을 한 개의 단위로 매입총액을 매입총수량으로 평균하여 계산한다.
  (50,000원+52,000원+54,000원+56,000원)/(100개+100개+100개+100개)=527.5원
 ② 매출원가 = 200개×527.5원=105,500원
 ③ 기말재고액 = 200개×527.5원=105,500원

3 재고자산감모손실과 평가손실

(1) 재고자산감모손실

재고자산감모손실이란 상품을 보관하는 과정에서 파손, 마모, 도난, 분실, 증발 등으로 인하여 기말에 상품재고장에 기록된 장부상의 재고수량보다 실지재고수량이 부족한 경우 발생하는 손실을 말한다. 재고자산감모손실은 [정상적감모손실]과 [비정상적감모손실]을 파악하여 회계처리하여야 한다.

재고자산 감모손실 = (장부재고수량 - 실지재고수량) × 단위당 원가

① **정상적감모손실** : 재고자산을 보관하는 중에 발생하는 증발, 훼손 등으로 불가피하게 발생하는 손실로서 원가성을 인정하여 **매출원가**에 포함한다.

회계상 거래	차변과목	대변과목
원가성이 있는 재고자산감모손실 (매출원가에 포함)	상 품 매 출 원 가 ×××	재 고 자 산 ×××

② **비정상적감모손실** : 회사가 주의만 기울였더라면 막을 수 있는 손실로서 사고, 도난 등에 의한 수량부족을 말한다. 비정상적감모손실은 원가성이 없으므로 **영업외비용**으로 처리한다.

회계상 거래	차변과목		대변과목	
원가성이 없는 재고자산감모손실 (매출원가에 불포함)	재고자산감모손실 (영업외비용)	×××	재고자산 (타계정대체액)	×××

(2) 재고자산평가손실(시가의 하락)

재고자산의 보유가치는 품질의 저하, 진부화 등 여러 가지 원인에 의하여 취득원가보다 하락할 수 있는데, 이 경우에는 기말재고자산의 가액은 「**순실현가치**」로 평가하여야 한다.

① **저가법의 적용요건** : 재고자산의 시가가 취득원가보다 하락한 경우에는 시가(순실현가치)를 재고자산의 재무상태표 가액으로 하는데, 이를 「**저가법**」이라 한다.

② **시가의 정의** : 재고자산을 저가법으로 평가하는 경우 시가는 재고자산의 종류에 따라 다르게 정의할 수 있다. 일반기업회계기준에서는 상품·제품·반제품·재공품은 「순실현가치」로 평가하며, 원재료의 경우에는 「현행대체원가」로 평가하도록 하고 있다.

③ **저가법의 적용 : 저가법은 종목별로 적용한다**. 재고자산의 항목들이 서로 유사하거나 관련되어 있는 경우는 조별로 적용할 수 있다. 재고자산의 평가에 있어서 저가법을 조별로 적용하는 경우에는 계속성의 원칙을 유지하여야 한다. 그러므로 **저가법을 적용하는 경우에는 총계기준을 적용할 수 없다.**

재고자산 평가손실 = 실지재고수량 × (단위당 원가 − 단위당 시가)

회계상 거래	차변과목		대변과목	
재고자산평가손실이 발생하면	재고자산평가손실	×××	재고자산평가충당금	×××
재고자산평가손실을 매출원가에 반영하면	상품매출원가	×××	재고자산평가손실	×××

다음의 주어진 자료에 의하여 재고자산감모손실과 재고자산평가손실을 계산하시오.

```
기말상품
장부재고수량    2,000개    단위당원가    1,000원
실지재고수량    1,800개    순실현가치      900원
```

【이해】
　　　　장부재고액 : 2,000개 × 1,000원 = 2,000,000원
　　　　실지재고액 : 1,800개 × 1,000원 = 1,800,000원
　　　　순실현가치 : 1,800개 ×   900원 = 1,620,000원

- 재고자산감모손실 : 장부재고액 − 실지재고액 = 200,000원
- 재고자산평가손실 : 실지재고액 − 순실현가치 = 180,000원

Chapter 2 유동자산에 관한 거래

예제 4 재고자산의 처리

다음 재고자산에 관한 내용에 의하여 재고자산감모손실, 재고자산평가손실에 관한 회계처리를 하고, 매출원가와 매출총이익을 계산하시오.(재고자산의 평가는 저가법으로 처리할 것)

(1) 기초상품재고액 500,000원
(2) 상품 순매입액 2,500,000원
(3) 상품 순매출액 3,000,000원
(4) 기말상품재고액

| 장부재고수량 | 1,000개 | 원가 | @₩ 500 |
| 실지재고수량 | 950개 | 순실현가치 | @₩ 450 |

※ 재고자산감모손실은 정상적인 발생액으로 원가성이 있다.

1	기말상품(재고자산)감모손실 계산과 발생시의 회계처리	
	재고자산감모손실 :	
	회계처리 : (차변)	(대변)
2	기말상품(재고자산)평가손실 계산과 발생시의 회계처리	
	재고자산평가손실 :	
	회계처리 : (차변)	(대변)
3	매출원가 :	
4	매출총이익 :	

예제해설

※장부재고액 1,000개 × 500원= 500,000원
※실지재고액 950개 × 500원= 475,000원
※순실현가치 950개 × 450원= 427,500원

(1)	(차)	상품매출원가	25,000	(대)	상품	25,000
(2)	(차)	상품매출원가	47,500	(대)	재고자산평가충당금	47,500
(3)	■ 매출원가 : (500,000원+2,500,000원)-500,000원=2,500,000원 감모손실과 평가손실이 정상적 발생액이므로 모두 매출원가에 포함하면, 매출원가 2,500,000원 + 25,000원 + 47,500원 = 2,572,500원					
(4)	매출총이익 = 상품순매출액 - 상품매출원가 427,500원 = 3,000,000원 - 2,572,500원					

PART 1 재무회계이론

예제 5 재고자산의 처리

다음 재고자산에 관한 내용에 의하여 재고자산감모손실, 재고자산평가손실에 관한 회계처리를 하고, 매출원가와 매출총이익을 계산하시오.(재고자산의 평가는 저가법으로 처리할 것)

(1) 기초상품재고액 700,000원
(2) 상품 순매입액 3,500,000원
(3) 상품 순매출액 4,500,000원
(4) 기말상품재고액은 다음과 같다.

| 장부재고수량 | 500개 | 원가 | @₩ 500 |
| 실지재고수량 | 450개 | 순실현가치 | @₩ 450 |

※ 재고자산감모손실은 비정상적인 발생액으로 원가성이 없다.

1	기말상품(재고자산)감모손실 계산과 발생시의 회계처리	
	재고자산감모손실 :	
	회계처리 : (차변)　　　　　　　　　　　(대변)	
2	기말상품(재고자산)평가손실 계산과 발생시의 회계처리	
	재고자산평가손실 :	
	회계처리 : (차변)　　　　　　　　　　　(대변)	
3	매출원가 :	
4	매출총이익 :	

예제해설

※장부재고액 500개 × 500원 = 250,000원
※실지재고액 450개 × 500원 = 225,000원
※순실현가치 450개 × 450원 = 202,500원

(1) (차) 재고자산감모손실　25,000　(대) 상품　25,000

(2) (차) 상품매출원가　22,500　(대) 재고자산평가충당금　22,500

(3) ■ 매출원가 : (700,000원+3,500,000원)-250,000원=3,950,000원
감모손실은 비정상적 발생액이므로 영업외비용으로 처리하며, 평가손실은 정상적 발생액이므로 매출원가에 포함하면, 매출원가 3,950,000원 + 22,500원 = 3,972,500원

(4) 매출총이익 = 상품순매출액 - 상품매출원가
527,500원 = 4,500,000원 - 3,972,500원

단/원/학/습/문/제

01. 재고자산에 대한 평가방법 중 후입선출법에 대한 설명으로서 알맞지 않은 것은? 단, 재고자산의 매입수량이 판매수량보다 크다고 가정한다.

① 물가가 지속적으로 상승시 선입선출법에 비해 매출원가를 크게 계상한다.
② 물가가 지속적으로 상승시 선입선출법에 비해 기말재고자산은 시가를 적정하게 표시하지 못한다.
③ 물가가 지속적으로 하락시 선입선출법보다 이익을 작게 계상한다.
④ 물가가 지속적으로 하락시 기말재고자산은 선입선출법에 비해 크게 계상된다.

02. 다음은 일반기업회계기준상 재고자산에 대한 설명이다. 괄호 안에 들어갈 내용으로 옳은 것은?

> 재고자산은 이를 판매하여 수익을 인식한 기간에 (㉠)(으)로 인식한다. 재고자산의 시가가 장부금액 이하로 하락하여 발생한 평가손실은 재고자산의 차감계정으로 표시하고 (㉡)에 가산한다. 재고자산의 장부상 수량과 실제 수량과의 차이에서 발생하는 감모손실의 경우 정상적으로 발생한 감모손실은 (㉢)에 가산하고 비정상적으로 발생한 감모손실은 (㉣)(으)로 분류한다.

	㉠	㉡	㉢	㉣
①	매출원가	영업외비용	영업외비용	매출원가
②	매출원가	매출원가	매출원가	영업외비용
③	영업외비용	매출원가	매출원가	영업외비용
④	영업외비용	영업외비용	영업외비용	매출원가

03. 다음은 재고자산의 가격결정방법 및 평가에 대한 설명이다. 올바르지 않은 것은?
① 저가기준 재고자산평가는 종목별기준을 원칙으로 하며 총액기준은 적용할 수 없다. 단, 재고자산의 항목들이 서로 유사하거나 관련되어 있는 경우는 조별로 적용할 수 있다.
② 저가법을 적용할 경우 재고자산평가손실은 영업외비용으로 처리한다.
③ 정상적인 감모손실은 매출원가에 가산하고 비정상적인 감모손실은 영업외비용으로 처리한다.
④ 후입선출법을 사용하여 재고자산의 원가를 결정한 경우에는 재무상태표가액과 선입선출법 또는 평균법에서 저가법을 적용하여 계산한 재고자산평가액과의 차이를 주석으로 기재한다.

04. 일반기업회계기준상 재고자산에 대한 설명으로 가장 틀린 것은?
① 목적지 인도조건으로 매입하는 미착상품(목적지에 도달되지 않은상품)은 매입자의 재고자산이 아니다.
② 위탁매매계약을 체결하고 수탁자가 위탁자에게서 받은 적송품은 수탁자의 재고자산이다.
③ 매입자가 사용해본 후 구입결정을 하는 조건으로 판매하기 위하여 공급하고 구입의사결정이 안된 시송품은 판매자의 재고자산이다.
④ 장부상 재고보다 실제 조사한 재고의 수량이 적은 경우로써 감모된 원인이 원가성이 없는 경우에는 영업외비용으로 처리한다.

05. 재고자산에 대한 평가방법 중 재고자산이 존재하는 상황에서 후입선출법에 대한 설명으로서 알맞지 않은 것은? 단, 기말재고자산이 기초재고자산보다 증가하는 상황이라고 가정한다.
① 물가가 지속적으로 상승시 선입선출법에 비해 매출원가를 크게 계상한다.
② 물가가 지속적으로 상승시 선입선출법에 비해 기말재고자산은 시가를 적정하게 표시하지 못한다.
③ 물가가 지속적으로 하락시 선입선출법보다 이익을 작게 계상한다.
④ 물가가 지속적으로 하락시 기말재고자산은 선입선출법에 비해 크게 계상된다.

06. 다음 중 재고자산 취득원가에 포함되지 않는 것은?
① 취득과정에서 정상적으로 발생한 하역료
② 제조과정에서 발생한 직접재료원가
③ 추가 생산단계에 투입하기 전에 보관이 필요한 경우 외의 보관비용
④ 수입과 관련한 수입관세

07. 다음 중 일반기업회계기준의 재고자산감모손실에 대한 설명으로 올바른 것은?

① 정상적으로 발생한 감모손실은 매출원가에 가산한다.
② 재고자산감모손실은 시가가 장부가액보다 하락한 경우에 발생한다.
③ 비정상적으로 발생한 감모손실은 판매비와관리비 항목으로 분류한다.
④ 재고자산감모손실은 전액 제조원가에 반영하여야 한다.

08. 다음의 재고자산의 단위원가를 결정하는 방법 중 수익비용의 대응에 있어서 가장 정확한 방법은 무엇인가?

① 후입선출법   ② 선입선출법
③ 가중평균법   ④ 개별법

09. 다음 중 재고자산의 종류에 대한 설명이 틀린 것은?

① 기업의 경우 판매를 목적으로 소유하고 있는 상품
② 제조기업의 경우 제품 생산을 위해 소유하고 있는 원료, 재료, 제품, 재공품
③ 부동산매매업의 경우 판매 목적으로 소유하고 있는 토지, 건물 등
④ 부동산임대업의 경우 소유하고 있는 토지, 건물

10. 지속적으로 물가가 하락하고 기말상품재고수량이 기초상품재고수량보다 증가하고 있는 상황일 때 다음의 설명 중 옳지 않은 것은?

① 기말상품재고액은 선입선출법이 이동평균법보다 크게 평가된다.
② 매출원가는 선입선출법이 총평균법보다 크게 평가된다.
③ 당기순이익은 선입선출법이 총평균법보다 작게 평가된다.
④ 원가흐름의 가정으로 선입선출법을 사용하거나 이동평균법을 사용하여도 재고자산의 수량에는 차이가 없다.

PART 1 재무회계이론

단원학습문제 해답

01 ③ 후입선출법 하에서 물가가 지속적으로 하락시 선입선출법보다 이익을 크게 계상한다.

02 ② ㉠수익비용대응의 원칙에 따라 비용은 수익을 인식한 기간에 인식하여야 한다. ㉡재고자산평가손실은 매출원가에 가감하여 관리하고, ㉢재고자산감모손실은 정상적으로 발생하는 경우 매출원가에 포함하고, ㉣ 비정상적 발생액은 영업외비용으로 처리한다.

03 ② 재고자산평가손실은 매출원가에 포함하며, 저가기준에 의한 평가는 종목별기준을 적용하는 것을 원칙으로 한다. 그러므로 총액기준은 적용할 수 없는 것이다. 단, 재고자산의 항목들이 서로 유사하거나 관련되어 있는 경우는 조별로 적용할 수 있다.

04 ② 판매를 위탁하기 위하여 적송한 재고자산은 위탁자의 재고자산이며, 시송(용)품의 경우 구매자가 구매의사를 표시하기 까지 판매자의 재고자산으로 처리한다.

05 ③ 후입선출법 하에서 물가가 지속적으로 하락시 선입선출법보다 이익을 크게 계상한다.

06 ③ 추가 생산단계에 투입하기 전에 보관이 필요한 경우 외의 보관비용은 재고자산원가에 포함할 수 없으며 발생기간의 비용으로 인식하여야 한다.(일반기업회계기준 7.10)

07 ① 재고자산은 이를 판매하여 수익을 인식한 기간에 매출원가로 인식한다. 재고자산의 시가가 장부금액 이하로 하락하여 발생한 평가손실은 재고자산의 차감계정으로 표시하고 매출원가에 가산한다. 재고자산의 장부상 수량과 실제 수량과의 차이에서 발생하는 감모손실의 경우 정상적으로 발생한 감모손실은 매출원가에 가산하고 비정상적으로 발생한 감모손실은 영업외비용으로 분류한다.(일반기업회계기준7.20)

08 ④ 개별법은 각 재고자산별로 매입원가 또는 제조원가를 결정하는 방법이므로 수익비용대응에 가장 정확한 단위원가 결정방법이다.

09 ④ 재고자산이란 판매과정을 통하여 현금화하는 자산으로, 구분별로 재고자산을 1호 : 제품 및 상품, 2호 : 재공품 및 반제품, 3호 : 원재료 등으로 구분하여 표시한다. 부동산임대업에서 보유하고 있는 토지, 건물은 사업용자산으로 유형자산으로 구분한다.

10 ① 선입선출법상 기말재고는 최근에 구입한 상품의 원가로 구성되므로 물가가 하락할 경우 재고자산의 가격이 더 작게 평가된다.

제 3 장
비유동자산에 관한 거래

PART 1 재무회계이론

제1절 투자자산에 관한 거래

1 투자자산

「**투자자산**」은 기업의 여유자금을 이용하여 장기적인 투자수익이나 타 기업의 지배목적 등 부수적인 기업 활동을 목적으로 보유하는 자산이다. 기업이 장기여유자금 운용이나 다른 기업 지배 목적 등의 부수적인 활동의 결과로 보유하게 되는 자산은 기업 본연의 영업활동을 위해 장기간 사용되는 자산인 「**유형자산·무형자산**」과 성격상 구분해서 표시하도록 하고 있다.

(1) 투자자산의 종류

1) 장기금융상품

유동자산에 속하지 않는 금융상품으로 재무상태표일로부터 만기가 1년 이내에 도래하지 않는 것을 말한다. 사용이 제한되어 있는 예금(감채기금, 당좌거래 보증금 등) 및 기타 정형화된 장기 금융상품 등이 있다.

장기성예금	금융기관이 취득하는 정기예금, 정기적금 및 기타 정형화된 상품 등으로 보고기간 종료일로부터 1년 이후에 만기가 도래하는 금융상품
특정현금과예금	당좌거래를 개설하기 위해 은행에 일정기간 동안에 예치하는 당좌개설보증금 등 장기금융상품 중 사용이 제한 된 예금

2) 투자유가증권

구 분	증권분류		분류기준	재무상태표 표시 (기말평가방법)
	지분증권	채무증권		
매도가능증권	○	○	다른 증권에 해당하지 않는 경우로 장기간보유하며 언제든지 매도가 가능한 증권	투자자산 (공정가치법)
만기보유증권	×	○	만기가 확정된 채무증권으로서 상환금액이 확정되었거나, 확정이 가능한 유가증권을 만기까지 보유할 적극적인 의도가 있는 경우	투사사산 (상각 후 원가법)
지분법적용 투자주식	○	×	다른기업에 유의적인 영향력을 행사할 목적으로 보유하고 있는 주식(피투자회사에 20%이상 투자한 경우)	투자자산 (지분법)

Chapter 3 비유동자산에 관한 거래

3) 투자부동산

영업활동과는 직접 관련 없이 시세차익을 얻기 위하여 보유하고 있는 부동산으로 재화의 생산, 용역의 제공, 타인에 대한 임대 또는 자체적으로 사용하거나 정상적인 영업과정에서의 판매목적 자산은 제외한다. 투자부동산도 유형자산 및 무형자산과 같이 감가상각대상이 된다는 점에서 유의하여야 한다.

(2) 매도가능증권에 관한 회계

1) 매도가능증권의 취득원가

매도가능증권의 취득 시 취득원가는 유가증권의 취득수수료 등을 포함한 가격으로 한다.

| 매도가능증권의 취득원가 = 매도가능증권 구입가격 + 취득시 부대비용 |

회계상 거래	차변과목	대변과목
매도가능증권을 매입하는 경우 (매입시 부대비용 포함)	매 도 가 능 증 권 ×××	현 금 ×××

유가증권 수수료의 처리

당좌자산에 해당하는 단기매매증권은 취득수수료를 포함하지 않고 수수료비용(영업외비용)으로 별도 처리되는 것에 유의하여야 한다. 단기매매증권은 취득 후 공정가치 변동에 따른 평가손익을 당기손익으로 인식하기 때문에 거래수수료를 취득원가에 가산하더라도 그 금액만큼 평가손익이 조정된다. 하지만 매도가능증권은 장기간 보유 후 처분하기 때문에 손익의 실현이 당기에 발생하지 않는다. 그러므로 매도가능증권의 수수료를 원가에 포함하여 차기로 이월시키는 것이다.

제6기에 ㈜명문은 장기투자를 목적으로 ㈜삼성이 발행한 주식 500주(액면 @₩500)를 1주당 @₩1,000에 매입하고, 대금은 거래수수료 20,000원과 함께 현금으로 지급하였다.

【이해】
- 취득원가 : (500주 × 1,000원) + 20,000원 = 520,000원
- 매도가능증권의 취득 시 부대비용은 취득원가에 포함한 후 원가에 포함하여 차기로 이월된다.
- 회계처리
  (차) 매 도 가 능 증 권   520,000원   (대) 현   금   520,000원

2) 매도가능증권의 평가

① **평 가** : 자산 및 부채의 가치를 현금으로 교환할 수 있는 순실현가치로 계산하는 것을 말한다. 평가액은 현금으로 교환된 가치가 아니므로 미실현손익이 발생된다.
② 자산 및 부채의 평가는 기말결산에 행한다.
③ 매도가능증권의 평가시 **시장성이 있는 증권**의 경우 반드시 **공정가치법**에 의한다.
④ 매도가능증권의 평가시 **시장성이 없는 증권**의 경우에는 **취득원가**를 평가액으로 한다.

회계상 거래	차변과목	대변과목
장부가액 〈 공정가치	매 도 가 능 증 권 ×××	매도가능증권평가이익 ×××
장부가액 〉 공정가치	매도가능증권평가손실 ×××	매 도 가 능 증 권 ×××

⑤ 매도가능증권의 평가 시 「전기분 평가손익이 있는 경우」에는 「전기분 평가손익을 먼저 상계」하고 남는 차이만 평가손익으로 처리한다.
⑥ 매도가능증권의 평가손익은 아직 손익으로 실현되지 않은 「**미실현손익**」이므로 손익계산서에 계상할 수 없다. 따라서 재무상태표의 자본항목인 「**기타포괄손익누계액**」으로 처리한다.

㈜명문은 제6기말 결산시 매도가능증권인 ㈜삼성의 주식 500주(액면 @₩500)를 1주당 @₩800에 평가하였다.(매도가능증권의 장부가액은 520,000원이다)

【이해】
- 취득원가 : 취득원가 : (500주 × 1,000원) + 20,000원 = 520,000원
- 공정가치 : 500주 × 800원 = 400,000원
- 취득원가 520,000원 〈 공정가치 400,000원 ⇨ 매도가능증권평가손실 120,000원
- 회계처리

　　(차) 매도가능증권평가손실　120,000원　(대) 매 도 가 능 증 권　120,000원

㈜명문은 제7기말 결산시 매도가능증권인 ㈜삼성의 주식 500주(액면 @₩500)를 1주당 @₩1,200에 평가하였다.(매도가능증권의 장부가액은 400,000원이다) - 앞의 사례와 연결된 것으로 가정

【이해】
- 장부가액 : 직전년도의 평가액 400,000원　■ 공정가치 : 500주 × 1,200원 = 600,000원
- 장부가액 400,000원 〈 공정가치 600,000원 ⇨ 매도가능증권평가이익 600,000원
- 회계처리

　　(차) 매 도 가 능 증 권　200,000원　(대) 매도가능증권평가손실　120,000원
　　　　　　　　　　　　　　　　　　　　　　매도가능증권평가이익　 80,000원

3) 매도가능증권의 처분

유가증권의 처분시 처분가격은 처분 당시의 시장에서 거래되는 「**공정가치**」에 의하여 계산한다. 매도가능증권의 장부가액은 취득과 처분이 동일한 회계 연도에 발생한다면 취득원가가 장부가액이 되며, 취득 후 다음연도에 처분이 발생한다면 직전연도 말에 평가되었던 공정가액이 바로 장부가액이 된다. 하지만 매도가능증권의 평가손익은 「**기타포괄손익누계액**」에서 관리되고 있으므로 처분 시에는 반드시 매도가능증권평가손익을 먼저 상계시킨 후 처분손익을 인식하여야 한다.

회계상 거래	차변과목		대변과목	
장부가액 < 공정가치 (매도가능평가손실이 있는 경우)	현　　　금	×××	매 도 가 능 증 권 매도가능증권평가손실 매도가능증권처분이익	××× ××× ×××
장부가액 < 공정가치 (매도가능평가이익이 있는 경우)	현　　　금 매도가능증권평가이익	××× ×××	매 도 가 능 증 권 매도가능증권처분이익	××× ×××

㈜명문은 제8기에 매도가능증권인 ㈜삼성의 주식 500주(액면 @₩500)를 1주당 @₩1,300에 모두 처분하였다.(매도가능증권의 장부가액은 600,000원이다) - 앞의 사례와 연결된 것으로 가정

【이해】
- 장부가액 : 직전년도의 평가액 600,000원
- 공정가치 : 500주 × 1,300원 = 650,000원
- 장부가액 600,000원 < 공정가치 650,000원 (직전년도 매도가능증권평가이익부터 상계처리하면 실제 실현이익은 130,000원으로 변한다. 즉, 본래의 취득원가 520,000원의 유가증권을 650,000원에 처분한 것과 같은 결과 값이 계산되는 것이다.)
- 회계처리

(차) 현　　　　　　금　　650,000원　　(대) 매 도 가 능 증 권　　600,000원
　　　매도가능증권평가이익　 80,000원　　　　매도가능증권처분이익　130,000원

예제 1　매도가능증권 거래

다음은 매도가능증권의 취득 및 평가에 관한 거래를 연속하여 회계처리 하시오.

(1) 제5기초에 기업에 여유자금이 생겨 장기간 투자할 목적으로 하나증권에서 ㈜일영산업의 주식 1,000주(액면 @₩5,000)를 1주당 @₩7,500에 구입하고 대금은 증권수수료 100,000원과 함께 현금으로 지급하다.

(2) 제5기말 결산에서 위의 ㈜일영산업의 주식 1,000주를 공정가치 1주당 @₩7,400에 평가하다.

(3) 제6기 위의 주식 전부를 1주당 공정가치 @₩7,800에 처분하고 대금은 수수료 50,000원을 차감한 후 전액 현금으로 수령하였다.

예제해설

(1) 1,000주×7,500원=7,500,000원이 본래의 취득가액이며, 매도가능증권은 취득가액에 증권거래비용을 포함하여 취득원가를 계산한다. 그러므로 취득원가는 7,500,000원+100,000원=7,600,000원이 된다.

(2) 매도가능증권을 평가하는 경우 시장성이 있는 유가증권은 공정가치로 평가한다. 장부가액과 공정가치의 차이는 매도가능증권평가손익으로 처리하며, 매도가능증권평가손익은 기타포괄손익누계액으로 인식한다.

  ※ 장부가액 : 7,600,000원, 공정가치 : 1,000주×7,400원=7,400,000원

(3) 매도가능증권을 처분하는 경우에는 매도가능증권평가손익을 먼저상계한 후 매도가능증권처분손익을 계상한다. 결과적으로 보면 처분손익은 당초의 매입시점의 장부가액과 처분시점의 공정가치의 차액으로 결정된다.

  ※ 장부가액 : 7,400,000원, 처분시점의 공정가치 1,000주×7,800원=7,800,000원-50,000원

	차변과목	금액	대변과목	금액
(1)	매도가능증권	7,600,000원	현금	7,600,000원
(2)	매도가능증권평가손실	200,000원	매도가능증권	200,000원
(3)	현금	7,750,000원	매도가능증권 매도가능증권평가손실 매도가능증권처분이익	7,400,000원 200,000원 150,000원

4 만기보유증권에 관한 회계

1) 만기보유증권의 취득원가

만기보유증권은 만기까지 보유하여 상환기간 동안 지급되는 표시이자 총액과, 취득원가와 액면금액과의 차액인 할인차금 또는 할증차금을 상환기간 동안 이자수익으로 획득할 목적으로 취득하는 투자목적의 자산이다. 만기보유증권의 취득원가는 취득가액에 취득시 발생한 수수료를 포함한 가액으로 한다.

만기보유증권의 취득원가 = 만기보유증권 구입가격 + 취득시 부대비용

회계상 거래	차변과목	대변과목
만기보유증권을 매입하는 경우 (매입시 부대비용 포함)	만기보유증권　×××	현금　×××

2) 만기보유증권의 평가

만기보유증권은 시세차익을 획득할 목적으로 투자하지 않으므로 보고기간말의 공정가치로 평가할 필요가 없다. 따라서 만기보유금융자산은 **상각후원가로 평가**하는데, 상각후원가란 취득원가에 할인 또는 할증차금을 유효이자율법으로 상각하여 가감한 가액을 말한다.

만기보유증권의 상각 후 원가 = 만기보유증권 구입가격 ± 할인·할증차금상각액

Chapter 3 비유동자산에 관한 거래

회계상 거래	차변과목	대변과목
만기보유증권을 평가하는 경우 (상각 후 원가법)	만 기 보 유 증 권　××× (이자포함)	이　자　수　익　×××

3) 만기보유증권의 처분

만기보유증권은 만기일 이전에 처분하는 경우 처분금액과 장부금액의 차액은 만기보유증권처분손익의 과목으로 하여 당기손익으로 인식한다. 이 때 만기보유증권의 장부금액은 상각 후 원가를 말한다.

만기보유증권 처분손익　=　만기보유증권 처분가격 - 만기보유증권 상각 후 원가

회계상 거래	차변과목	대변과목
만기보유증권을 처분하는 경우 (상각 후 원가법)	현　　　　금　×××	만 기 보 유 증 권　×××

예제 2 만기보유증권 거래

다음은 만기보유증권에 관한 자료이다. 관련 거래를 회계처리 하시오.

(1) 2025년 1월 1일 ㈜명문은 여유자금의 투자를 목적으로 ㈜선영이 발행한 액면금액 10,000,000원의 사채를 9,500,000원에 취득하고 대금은 현금으로 지급하였다.(㈜선영의 사채는 만기일이 2026년 12월 31일이며, 당사는 해당 사채를 만기까지 보유를 목적으로 한다.

(2) 회계기말에 ㈜선영으로부터 사채에 대한 이자 680,000원을 현금으로 받았다.

예제해설

	차변과목	금액	대변과목	금액
(1)	만 기 보 유 증 권	9,500,000원	현　　　　금	9,500,000원
(2)	현　　　　금	680,000원	이　자　수　익	680,000원

PART 1 재무회계이론

제2절 유형자산

1 유형자산의 취득원가

유형자산은 최초 취득 시 취득원가로 측정한다. 단, 유형자산을 현물출자, 증여, 기타 무상으로 취득하는 경우 취득시점의 공정가치를 취득원가로 하며, 취득원가는 구입원가 또는 제작원가 및 경영진이 의도하는 방식으로, 자산을 가동하는데 필요한 상태에 이르게 하는데 직접 관련되는 원가 등으로 구성된다.

1) 외부에서 구입하는 경우

외부에서 구입하는 자산의 취득원가는 매입금액에 매입부대비용을 합한 금액으로 계산한다. 매입부대비용의 유형은 다음과 같다.

- 설치장소 준비를 위한 지출, 운송비, 취급비, 설치비
- 취득 및 설치관련 수수료, 시운전비
- 자본화대상 차입원가, 취득세 등 취득과 관련된 제세공과금
- 취득 시 매입해야 하는 국·공채 등의 매입금액과 공정가치의 차액

2) 유형자산의 취득시 부대비용

유형자산을 취득하는 구입대금 이외에 매입수수료, 소개료 등 부대비용은 취득원가에 포함하여야 한다.

① 유형자산의 취득과 관련하여 국·공채 등을 불가피하게 매입하는 경우 당해 채권의 매입금액과 일반기업회계기준에 따라 평가한 현재가치와의 차액은 취득원가에 포함한다.

> 업무용승용차를 35,000,000원에 취득하고 도시철도채권(액면 2,000,000원)과 함께 대금을 현금으로 결제하였다. 채권의 만기는 3년이며 만기에 처분할 의도를 갖고 있다.(도시철도채권의 현재가치는 1,700,000원으로 평가되었다.)
>
> 【이해】
> - 차량의 취득원가 : 취득가액 + 유가증권의 현재가치할인차금
> - 회계처리
>
>   (차) 차 량 운 반 구   35,300,000원   (대) 현   금   37,000,000원
>   만 기 보 유 증 권 1,700,000원

118 도서출판 다음 www.daumbook.net

② 건물을 신축하기 위하여 사용 중인 기존 건물을 철거하는 경우 그 건물의 장부금액은 제거하여 처분손실로 반영하고, 철거비용은 전액 당기비용으로 처리한다.

건물을 신축하기 위하여 기존건물(취득원가 50,000,000원, 감가상각누계액 47,000,000원)을 철거하고, 철거업체에 철거를 의뢰하고 철거비 2,000,000원은 현금으로 지급하다.
【이해】
- 장부가액은 유형자산처분손실, 철거비용은 수수료비용(판)으로 처리
- 회계처리

(차) 감가상각누계액	47,000,000원	(대) 건 물	50,000,000원
유형자산처분손실	3,000,000원	현 금	2,000,000원
수 수 료 비 용	2,000,000원		

③ 새 건물을 신축하기 위하여 기존 건물이 있는 토지를 취득하고 그 건물을 철거하는 경우 기존 건물의 철거 관련 비용에서 철거된 건물의 부산물을 판매하여 수취한 금액을 차감한 금액은 토지의 취득원가에 포함한다.

토지와 건물을 50,000,000원에 취득하고 새로운 건물을 신축하기 위하여 기존건물을 철거하였다. 철거비용 2,000,000원은 철거 시에 발생한 부산물 매각대금 1,500,000원을 차감한 잔액과 토지취득가액은 현금으로 지급하다.
【이해】
- 토지의 자본적 지출로 토지의 매입가액+철거비용-부산물매각대금=토지의 취득원가
- 회계처리

(차) 토 지 50,500,000원   (대) 현 금 50,500,000원

3) 교환에 의한 취득

구분	취득원가	교환손익	비고
이종자산	제공한 자산의 공정가치	인식함	제공한 자산의 공정가치가 불확실한 경우 취득한 자산의 공정가치를 취득원가로 함
동종자산	제공한 자산의 장부가액	인식하지 않음	현금수수 시에도 손익을 인식하지 않으며, 현금수수금액이 중요한 경우 이종자산 간의 교환으로 간주 함

회계상 거래	차변과목	대변과목
이종자산 간의 교환 (제공한 자산의 공정가치)	토 지(건물의 공정가치) ××× 건물감가상각누계액 ×××	건 물(취득원가) ××× 현 금 ××× 유형자산처분이익 ×××
동종자산 간의 교환 (제공한 자산의 장부가액)	(신)차량운반구 ××× 차량감가상각누계액 ×××	(구)차량운반구 ××× 현 금 ×××

㈜양양에 사용 중이던 건물(취득원가 50,000,000원, 감가상각누계액 15,000,000원)을 양도하고 ㈜고성의 토지 70,000,000원을 교환거래로 인수하였다. 건물의 공정가치는 60,000,000원이며 차액 5,000,000원을 현금으로 지급하였다.

【이해】
- 서로 성격이 다른 자산(이종자산)의 교환으로 자산을 취득하는 경우에는 교환으로 제공된 자산의 공정가치를 교환받은 자산의 취득원가로 한다. 여기에 현금수수액이 있는 경우에는 현금수수액을 포함하여 계산한다.
- 회계처리

(차) 토　　　　　지	65,000,000원	(대) 건　　　　　물	50,000,000원
건물감가상각누계액	15,000,000원	현　　　　　금	5,000,000원
		유형자산처분이익	25,000,000원

㈜양양에 사용 중이던 기계장치를 (취득원가 50,000,000원, 감가상각누계액 35,000,000원)을 양도하고 ㈜고성의 기계장치 50,000,000원을 교환거래 조건 인수하고 현금 45,000,000원을 현금으로 지급하였다.

【이해】
- 동종자산의 교환으로 자산을 취득하는 경우에는 교환으로 제공된 자산의 장부가액을 교환받은 자산의 취득원가로 한다. 여기에 현금수수액이 있는 경우에는 현금수수액을 포함하여 계산한다.
- 회계처리

(차) 기　계　장　치	60,000,000원	(대) 기　계　장　치	50,000,000원
기계감가상각누계액	35,000,000원	현　　　　　금	45,000,000원

예제 1　유형자산의 취득원가

다음 유형자산의 취득과 관련된 정보를 이용하여 관련 거래를 회계처리 하시오.

(1) 공장신축용 토지를 50,000,000원에 구입하고, 대금은 수표를 발행하여 지급하다. 또한, 중개 수수료 100,000원, 취득세 1,000,000원을 현금으로 지급하다.

(2) 업무용 건물을 25,000,000원에 구입하고, 대금은 수표를 발행하여 지급하다. 또한 취득세 등 2,000,000원, 그리고 건물에 부속하여 냉난방 설비를 추가로 설치하고 비용 5,000,000원과 함께 현금으로 지급하다.(냉난방 설비비용은 자본적지출에 해당 함.)

(3) 재고자산 등의 야적을 목적으로 토지 1,000㎡를 20,000,000원에 구입하고, 대금은 5개월 후에 지급하기로 하였다. 또한 기존 구 건물은 토지의 사용을 위하여 철거하고 철거비용 2,000,000원은 현금으로 지급하다.

(4) 사용 중이던 장부가액 20,000,000원(공정가치 18,000,000원)의 연구용 시설장치를 제품 생산용 기계장치와 교환하여 취득하고, 차액 2,000,000원은 현금으로 지급하다.

예제해설

	차변과목	금액	대변과목	금액
(1)	토 지	51,100,000원	당 좌 예 금 현 금	50,000,000원 1,100,000원
(2)	건 물	32,000,000원	당 좌 예 금 현 금	25,000,000원 7,000,000원
(3)	토 지	22,000,000원	미 지 급 금 현 금	20,000,000원 2,000,000원
(4)	기 계 장 치 유형자산처분손실	20,000,000원 2,000,000원	시 설 장 치 현 금	20,000,000원 2,000,000원

4) 정부보조금에 의한 자산의 취득

정부보조금에 의한 자산의 취득원가는 **공정가치**로 계상하고, 해당자산에서 정부보조금을 차감하는 형식으로 기재하며 그 자산의 내용연수에 걸쳐 감가상각비와 상계한다. 정부보조금은 국가나 지방자치단체가 기업실체에게 자금을 보조하는 경우 동 보조금을 의미한다. 정부보조금은 추후 상환의무가 있는 경우와 상환의무가 없는 경우로 구분할 수 있다.

회계상 거래	차변과목	대변과목
상환의무가 있는 정부보조금을 수령하면	보 통 예 금 ×××	장 기 차 입 금 ×××
상환의무가 없는 정부보조금을 수령하면	보 통 예 금 ×××	정 부 보 조 금 (보통예금의차감계정) ×××

예제 2 정부보조금에 의한 유형자산의 취득

다음의 거래를 회계처리 하시오.

(1) ㈜미림상사는 국책사업을 발주 받아 사업을 영위하는 기업으로 산업통상자원부로부터 수출용품 검수사업의 용역을 의뢰받고, 시설확충자금으로 300,000,000원을 정부로부터 보조받아 보통예금에 입금하였다. 본 자금은 상환의무가 없으며, 정부보조금계정을 사용하고 있다.

(2) ㈜미림상사는 위에서 지원받은 정부보조금으로 시설장치를 300,000,000원에 설치하고 대금은 전액 보통예금에서 인출하여 지급하였다.

(3) ㈜서린산업은 사업용 건물을 정부의 사업용 정책자금을 이용하여 구매할 목적으로 정부의 정책자금 지원신청을 하였다. 해당금액 400,000,000원은 3년 거치 5년 분할 상환으로 계약하였으며, 해당 금액은 전액 보통예금에 입금하였다.

PART 1 재무회계이론

예제해설

	차변과목	금액	대변과목	금액
(1)	보 통 예 금	300,000,000원	정 부 보 조 금 (보통예금의차감계정)	300,000,000원
(2)	시 설 장 치 정 부 보 조 금 (보통예금의차감계정)	300,000,000원 300,000,000원	보 통 예 금 정 부 보 조 금 (시설장치의차감계정)	300,000,000원 300,000,000원
(3)	보 통 예 금	40,000,000원	장 기 차 입 금	400,000,000원

5) 건설중인 자산(자가건설)

유형자산(건물 신축, 기계설비 등의 구입관련)의 건설 또는 매입을 위하여 지출된 경비로서, 완성되거나 도착할 때까지 잠정적으로 처리하는 계정으로 유형자산으로 분류한다. 재고자산 등을 주문하기 위하여 지급되는 선급금과는 구분되어야 한다.

취득원가=(건설이나 제조에 사용된 직접재료원가+직접노무원가+제조간접원가)+기타비용

회계상 거래	차변과목	대변과목
건물신축을 위한 계약금을 지급하는 경우	건 설 중 인 자 산 ×××	현 금 ×××
건물이 완성되어 인수하는 경우	건 물 ×××	건 설 중 인 자 산 ××× 현 금 ×××

예제 3 건설중인자산의 취득

다음의 거래를 회계처리 하시오.

(1) 당사는 본사 건물의 신축을 위하여 ㈜서문건설과 건설계약을 체결하고, 건설 도급금 5억원 중 계약금 10%를 수표를 발행하여 지급하였다.

(2) ㈜서문건설로부터 건설 중도금 2억원의 지급요청을 받고 만기 6개월 후 지급의 당점발행 약속어음을 발행하여 지급하였다.

(3) 건설 중이던 본사건물이 완공되어 ㈜서문건설로부터 건물을 인수하고, 취득세 5,000,000원은 현금으로 지급하고 건설도급금 잔액은 나중에 지급하기로 하였다.

(4) ㈜세화공업은 제조업을 영위하는 기업으로 공장에 압축용 기계를 새로 설치하기로 하였다. 새 기계의 설치를 위하여 금천기계공업㈜과 기계설비 납품계약을 맺었다. 해당 기계의 구입가액은 1억 원이며, 계약금으로 10%를 수표를 발행하여 지급하였다. 기계의 제작 및 설치기간은 3개월이며, 해당 기계의 설비 진행정도에 따라 중도금을 지급하기로 약정하였다.(해당 기계 인수 전까지 건설중인자산 계정을 사용하기로 하였다.)

예제해설

	차변과목	금액	대변과목	금액
(1)	건 설 중 인 자 산	50,000,000원	당 좌 예 금	50,000,000원
(2)	건 설 중 인 자 산	200,000,000원	미 지 급 금	200,000,000원
(3)	건 물	505,000,000원	건 설 중 인 자 산 미 지 급 금 현 금	250,000,000원 250,000,000원 5,000,000원
(4)	건 설 중 인 자 산	10,000,000원	당 좌 예 금	10,000,000원

2 유형자산 취득 이후의 지출

1) 자본적 지출

새로운 생산공정의 채택이나 기계부품의 성능개선을 통하여 생산능력증대, 내용연수 연장, 상당한 원가절감이나 품질향상을 가져오는 경우의 지출을 말한다.

- 엘리베이터 또는 냉난방 장치설치
- 본래의 용도를 변경하기 위한 개조
- 빌딩 피난시설 설치, 개량, 확장, 증설 등 자산의 가치를 증가시키는 것

회계상 거래	차변과목	대변과목
자본적지출이 발생하면	해 당 자 산 ×××	현 금 등 ×××

2) 수익적 지출

수익적 지출은 유형자산의 원상회복이나 능률유지를 위한 지출 및 중요성 기준에 의하여 일정액 이하의 소액지출은 수익적지출로 처리한다.

- 건물 외벽도장
- 파손된 유리의 교체 등
- 기계의 소모된 부속품과 벨트 교체, 자동차의 타이어 교체

회계상 거래	차변과목	대변과목
수익적지출이 발생하면	수 선 비 ×××	현 금 등 ×××

예제 4 　 유형자산의 취득 이후지출 거래

다음 유형자산의 취득 이후에 발생된 거래이다. 관련정보를 확인하여 회계처리 하시오.

(1) 기존 건물을 증축하고, 엘리베이터 설치비용을 포함한, 건설대금 80,000,000원을 현금으로 지급하다.(건물 증축으로 인하여 내용년수가 5년 증가하였다.)
(2) 기존 건물에 엘리베이터가 없어 동양기계㈜에 엘리베이터 설치를 의뢰하고 엘리베이터 설치비 15,000,000원을 현금으로 지급하다.
(3) 건물을 도색(색칠) 하기로 결정하고 참빛페인트㈜에 건물도색을 의뢰하였다. 도색을 위한 페인트 및 인건비 2,000,000원은 현금으로 지급하다.
(4) 업무용 차량의 엔진오일을 보충하고 유원카센터에 현금 140,000원을 지급하다.

예제해설

	차변과목	금액	대변과목	금액
(1)	건　　　　물	80,000,000원	현　　　　금	80,000,000원
(2)	건　　　　물	15,000,000원	현　　　　금	15,000,000원
(3)	수　선　비	2,000,000원	현　　　　금	2,000,000원
(4)	차　량　유　지　비	140,000원	현　　　　금	140,000원

3 유형자산의 감가상각

1) 감가상각

토지와 건설중인자산을 제외한 유형자산은 시간이 경과함에 따라 가치 감소가 발생하는데 이러한 가치 감소액을 「**감가상각**」이라 한다. 감가상각은 자산의 내용연수 동안 취득원가를 체계적이고 합리적인 방법으로 원가를 기간에 비례하여 배분하는 과정이다.

2) 감가상각의 결정요소

① **취득원가** : 취득원가는 유형자산의 구입가격 또는 처분가액 이외에 이를 사용하기까지 부대비용과 자본적 지출로 지출된 금액을 포함된다.

② **내용년수** : 내용년수는 유형자산의 취득일로부터 폐기할 때까지 추정 사용가능한 연수를 말한다. 또는 자산의 예상 사용기간 또는 자산으로부터 획득할 수 있는 생산량이나 이와 유사한 단위를 말하기도 한다.

③ **잔존가액** : 잔존가액이란 유형자산을 폐기 처분할 때 받을 수 있으리라고 기대되는 추정 처분가치를 말한다. 잔존가치를 결정할 경우에는 폐기 처분 시에 발생하는 처분비용이나 제거비용은 잔존가치에서 차감하여야 한다.

Chapter 3 비유동자산에 관한 거래

3) 감가상각비의 계산방법

감가상각비는 유형자산의 가치가 감소된 것으로 이러한 감가상각비를 측정하기란 사실 매우 어렵다. 그러므로 기업회계기준에서는 획일적으로 다음과 같은 방법 중 기업이 합리적으로 선택할 수 있도록 감가상각비 산출방법을 제시하고 있다.

① **정액법** : 정액법이란 유형자산의 장부가액을 매년 같은 금액으로 감가상각비를 계상하는 방법을 말한다. 이 정액법을 이용하면 매년 같은 금액이 상각되므로 그래프로 표시하면 직선으로 표시된다. 그러므로 직선법(直線法)으로 표현하기도 한다.

$$감가상각비 = \frac{취득원가 - 잔존가액}{내용년수}$$

② **정률법** : 정률법은 체감법이라고도 한다. 유형자산의 취득원가에서 감가상각누계액을 차감한 장부가액에 매년 일정률을 곱해서 그 기간의 감가상각비를 산출하는 방법을 말한다. 정률법에 의하면 초기년도에 많은 금액의 감가상각비가 계상되나 내용년수가 경과됨에 따라 감가상각비는 점차 감소하게 된다.

$$1 - \sqrt[n]{\frac{잔존가액}{취득원가}} = 상각율$$

감가상각비 = (취득원가-감가상각누계액) × 상각율   n : 내용년수

4) 감가상각비의 기장방법

감가상각비의 회계처리방법에는 직접차감법(직접법)과 누계액설정법(간접법)이 있다. 일반적으로 유형자산은 누계액설정법에 의한다.

① **직접법** : 각 회계연도의 감가상각금액을 해당 유형자산계정의 대변에 기입하여 직접 유형자산의 가액을 차감하는 방법이다. 일반적으로 무형자산의 상각에 사용된다.

② **간접법** : 감가상각 금액을 유형자산계정에서 직접 차감하지 않고, 감가상각누계액 계정을 별도로 설정하여 그 대변에 각 회계연도의 상각액을 기재하는 방법이다. 이 방법에 의하면 유형자산계정은 항상 취득원가로 표시되며, 감가상각누계액 계정에는 각 회계연도의 상각되는 금액이 누적된다.

회계상 거래	차변과목	대변과목
감가상각비의 계상(직접법)	감 가 상 각 비 ×××	해 당 자 산 ×××
감가상각비의 계상(간접법)	감 가 상 각 비 ×××	감가상각누계액 ×××

PART 1 재무회계이론

예제 5 유형자산의 감가상각비 계산

다음은 유형자산의 취득 및 감가상각에 관한 자료이다. 해당거래를 분개하시오. 단, 감가상각에 관한 회계처리는 간접법에 의한다.

(1) 회계연도 제10기 1월에 본사사옥으로 사용할 건물을 50,000,000원에 구입하고, 대금은 전액 현금으로 지급하였다. 본 건물의 내용년수는 20년이며, 잔존가치는 취득원가의 5%로 가정한다.

(2) 제10기 회계기말에 건물을 정액법으로 감가상각을 하였다.

(3) 회사는 당기 초에 기아자동차㈜로부터 회사의 업무용 승용차를 15,000,000원에 구입하고 대금 중 5,000,000원은 현금으로 지급하고 잔액은 10개월 할부로 결제하기로 하였다.(내용년수 5년 정률 20%로 가정한다.)

(4) 기말 결산시 차량운반구에 대해 1년분 감가상각비를 정률법과 연수합계법에 의한 방법을 각각 계상하고, 회계처리 하시오.

예제해설

(2) 정액법에 의한 감가상각비 계상액

$$감가상각비 = \frac{취득원가 - 잔존가액}{내용년수} \qquad 2,375,000 = \frac{50,000,000 - 2,500,000}{20년}$$

(4) 감가상각비계상 방법별 비교

- 정률법에 의한 감가상각비 계상액 : 감가상각비 = (취득원가-감가상각누계액)×상각율

  (15,000,000-0)×20%=3,000,000원

- 연수합계법에 의한 감가상각비 계상액 : 감가상각비 = 취득원가×내용년수의 역수/내용년수 총수

  15,000,000 × 5/15=5,000,000원

	차변과목	금액	대변과목	금액
(1)	건　　　　　　물	50,000,000원	현　　　　　　금	50,000,000원
(2)	감 가 상 각 비	2,375,000원	건물감가상각누계액	2,375,000원
(3)	차 량 운 반 구	15,000,000원	현　　　　　　금 미　지　급　금	5,000,000원 10,000,000원
(4)	감 가 상 각 비 (정률법)	3,000,000원	감 가 상 각 누 계 액	3,000,000원
	감가상각비(연수합계법)	5,000,000원	감 가 상 각 누 계 액	5,000,000원

4 유형자산의 손상 및 인식이후의 측정

1) 유형자산의 손상차손

매 보고기간 종료일에 진부화 또는 시장가치의 급격한 하락 등으로 인하여 **회수가능가액** [Max(①순매각(공정)가치, ②사용가치)]이 **장부가액**에 현저하게 미달할 가능성이 있는 경우에는 장부금액을 회수가능액으로 조정하고 그 차액을 손상차손(영업외비용)으로 처리한다. (단, 회복 시 손상차손을 인식하지 않았을 때의 장부가액을 한도로 환입한다.)

2) 유형자산 인식 이후의 측정

유형자산을 취득한 이후 보고기간 말 재무상태표를 보고할 때 원가모형과 재평가모형 중 하나를 선택하여 작성하며, 유형자산의 **평가모형을 변경하는 것**은 **회계정책의 변경**에 해당한다.

구 분	내 용
원 가 모 형	유형자산의 취득원가에서 감가상각누계액과 손상차손누계액을 차감한 미상각잔액을 장부에 기록하는 방법을 말한다. 장부금액 = 취득원가 − 감가상각누계액 − 손상차손누계액
재 평 가 모 형	장부금액을 재평가일의 공정가치로 수정한 후 그 이후의 감가상각누계액과 손상차손누계액을 차감한 금액으로 장부에 기록하는 방법을 말한다. 장부금액 = 재평가일의 공정가치 − 감가상각누계액 − 손상차손누계액

5 유형자산의 처분(제거)

유형자산을 처분하는 경우에는 처분가액과 장부가액의 차액을 인식하여 유형자산처분손익의 과목으로 하고, 영업외손익으로 분류한다. 유형자산의 **장부가액은 취득원가에서 감가상각누계액을 차감한 잔액**을 말한다.

유형자산 처분시 해당자산과 관련 된 감가상각누계액을 장부에서 제거하여야 하고, 유형자산의 폐기 또는 처분으로부터 발생하는 손익은 처분금액과 장부금액의 차액으로 결정하며, 손익계산서에 유형자산처분손익으로 인식한다.

회계상 거래	차변과목		대변과목	
유형자산을 처분하는 경우 (장부가액 〈 처분가액)	감 가 상 각 누 계 액 현　　　　　　금	××× ×××	해 당 유 형 자 산 유형자산처분이익	××× ×××
유형자산을 처분하는 경우 (장부가액 〉 처분가액)	감 가 상 각 누 계 액 현　　　　　　금 유형자산처분손실	××× ××× ×××	해 당 유 형 자 산	×××

PART 1 재무회계이론

예제 6   유형자산의 처분(제거)

다음은 유형자산을 처분하는 경우이다. 해당거래를 회계처리 하시오.

(1) 제품제조용 절단기 1대를 1,700,000원에 처분하고 대금은 현금으로 받다. 이 차량의 취득원가는 12,000,000원이며 감가상각누계액 10,000,000원이 설정되어 있었다.

(2) 취득원가 500,000,000원의 공장건물을 취득일로부터 3년 후 400,000,000원에 처분하고, 대금은 3개월 후에 받기로 하다. 이 건물은 정액법에 의하여 상각하여 왔으며 기장은 간접법에 의하고 있다.(상각조건 : 정액법, 내용년수 20년, 잔존가액은 없는 것으로 가정한다.)

(3) 취득원가 10,000,000원의 차량을 취득일로부터 2년이 경과한 후 새로운 차량을 구입하기 위하여 처분하였다. 처분가액은 9,200,000원이며 대금은 현금으로 받다. 이 차량의 감가상각은 정률법에 의하며 정률은 5%로 가정하며 간접법에 의하여 기장하여 왔다.

예제해설

(2) 정액법에 의한 감가상각비 계상액 : 25,000,000원씩 3년분은 75,000,000원으로 계상됨

$$감가상각비 = \frac{취득원가 - 잔존가액}{내용년수} \qquad 25,000,000 = \frac{500,000,000 - 0}{20년}$$

(3) 정률법에 의한 감가상각비 계상액 : 감가상각비 = (취득원가−감가상각누계액)×상각율

※ 1차년도 감가상각비 계상액 : (10,000,000−0)×5%=500,000원

※ 2차년도 감가상각비 계상액 : (10,000,000−500,000)×5%=475,000원

	차변과목	금액	대변과목	금액
(1)	감가상각누계액 현　　　　　금 유형자산처분손실	10,000,000원 1,700,000원 300,000원	기　계　장　치	12,000,000원
(2)	감가상각누계액 미　　수　　금 유형자산처분손실	75,000,000원 400,000,000원 25,000,000원	건　　　　　물	500,000,000원
(3)	감가상각누계액 현　　　　　금	975,000원 9,200,000원	차　량　운　반　구 유형자산처분이익	10,000,000원 175,000원

제3절 무형자산

무형자산은 물리적 형체가 없지만 식별가능하고 기업이 통제하고 있으며 미래경제적효익이 있는 자산을 말한다. 기업회계기준에서는 무형자산으로 정의되기 위한 세 가지 조건으로 식별가능성, 통제 및 미래경제적효익을 제시하고 있다.

① **식별가능성** : 무형자산은 기업실체나 다른 자산으로부터 분리될 수 있거나 계약상 또는 기타 법적 권리로부터 발생해야 한다.

② **통제가능성** : 기초가 되는 자원에서 유입되는 미래경제적효익을 확보할 수 있고 그 효익에 대한 제3자의 접근을 제한할 수 있어야 한다.

③ **미래경제적효익** : 무형자산의 미래경제적효익은 제품의 매출, 용역수익, 원가절감 또는 자산의 사용에 따른 기타 효익의 형태로 발생할 수 있다. 그러나 미래경제적효익을 얻기 위해 지출이 발생하더라도 무형자산이나 다른 자산이 획득 또는 창출되지 않는다면, 그 지출은 발생시점에 비용으로 인식한다.

1 무형자산의 종류

1) 개발비

신제품의 개발활동과 관련하여 발생한 지출액 중 미래경제적효익이 기업에 유입될 가능성이 높으며, 취득원가를 신뢰성 있게 측정가능한 것을 말한다.

2) 프랜차이즈

특정한 상품·상호에 따라 상품이나 용역을 제조·판매할 수 있는 권리를 말한다.(햄버거체인, 호텔체인, 커피전문점 등)

3) 산업재산권

산업재산권은 법률에 의하여 일정기간을 독점적, 배타적으로 이용할 수 있는 권리로 특허권, 실용신안권, 디자인권, 상표권 등을 말한다.

4) 기타의 무형자산

기타의 무형자산으로는 광업법에 의하여 등록 된 일정한 광구에서 등록을 한 광물과 광산에 부존하는 다른 광물을 채굴하여 취득할 수 있는 권리인 광업권과 수산업법에 의하여 등록된 어업권 등이 있으며, 이 밖에도 차지권, 저작권, 소프트웨어 등이 여기에 속한다.

2 무형자산의 인식과 측정

어떤 항목을 무형자산으로 인식하기 위해서는 그 항목이 **무형자산의 정의**에 부합하고 **다음의 조건을 모두 충족**해야 한다.

① 자산에서 발생하는 **미래경제적효익이 기업에 유입될 가능성이 높다**.
② 자산의 **취득원가를 신뢰성 있게 측정**할 수 있다.

위의 조건은 무형자산을 취득하거나 내부적으로 창출하기 위하여 최초로 발생한 원가와 취득이나 완성 후에 증가·대체·수선을 위하여 발생한 원가에 반영한다.

(1) 개별취득

개별취득하는 무형자산의 원가는 일반적으로 신뢰성 있게 측정할 수 있다. 이를 구체적으로 살펴보면 다음과 같다.

① 일반적으로 무형자산을 개별취득하는 경우 원가는 다음 항목으로 구성된다.
  - 구입가격
  - 자산을 의도한 목적에 사용할 수 있도록 준비하는 데 직접 관련된 원가

② 다음의 지출은 무형자산의 취득원가에 포함하지 않고 발생 즉시 비용으로 처리한다.
  - 새로운 제품이나 용역의 홍보원가(광고와 판매촉진활동 원가를 포함한다)
  - 새로운 지역에서 또는 새로운 계층의 고객을 대상으로 사업을 수행하는 데서 발생하는 원가 외 관리원가와 기타 일반경비원가

(2) 내부적으로 창출한 무형자산

1) 연구단계에서 발생한 지출

① 연구란 새로운 과학적, 기술적 지식이나 이해를 얻기 위해 수행하는 독창적이고 계획적인 탐구활동을 말한다.

② 연구단계에서 발생한 지출은 미래경제적효익을 창출할 무형자산이 존재한다는 것을 입증할 수 없기 때문에 무형자산으로 인식할 수 없고 발생한 기간에 비용(경상연구비)으로 인식한다.

2) 개발단계에서 발생한 지출

① 개발이란 상업적인 생산 또는 사용 전에 연구결과나 관련지식을 새롭거나 현저히 개량된 재료, 장치, 제품, 공정, 시스템 및 용역의 생산을 위한 계획이나 설계에 적용하는 활동을 말한다.

② **개발단계**는 **연구단계**보다 훨씬 더 진전되어 있는 상태이기 때문에 무형자산을 식별할 수 있고, 그 무형자산이 미래경제적효익을 창출할 것임을 제시할 수 있다.

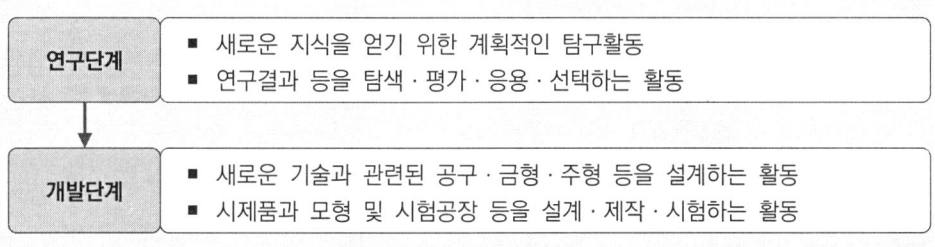

(3) 영업권

영업권이란 우수한 경영진, 뛰어난 판매조직, 양호한 신용, 원만한 노사관계, 기업의 좋은 이미지 등 동종의 다른 기업에 비하여 특별히 유리한 사항들을 집합한 무형의 자원을 말한다. 영업권은 다른 무형자산들과는 달리 식별 가능하지 않으며, 개별적으로는 판매되거나 교환될 수 없고, 기업 전체와 관련지어서만 확인 가능하다는 특징이 있다.

① **사업결합으로 취득한 영업권** : 기업이 다른 기업이나 사업을 매수·합병하는 경우 발생한 영업권을 말한다.

② **내부적으로 창출한 영업권** : 기업이 스스로 영업권을 계상하는 경우 발생한 영업권을 말한다. 내부적으로 창출한 영업권은 취득원가를 신뢰성있게 측정할 수 없고 기업이 통제하고 있는 식별가능한 자원이 아니기 때문에 기업회계기준에서는 인정하지 않고 있다.

3 무형자산의 상각

무형자산의 상각은 그 자산의 추정 내용년수 동안 체계적인 방법에 의하여 비용으로 배분한다. 무형자산의 상각기간은 독점적·배타적인 권리를 부여하고 있는 관계 법령이나 계약에 정해진 경우를 제외하고는 20년을 초과할 수 없으며, **무형자산의 상각은 자산이 사용이 가능한 때부터 시작한다**.

무형자산의 상각방법은 정액법, 정률법(체감잔액법), 연수합계법, 생산량 비례법 등 경제적 효익이 소비되는 행태를 반영한 합리적인 방법으로 상각하여야 하지만 **합리적인 상각방법을 정할 수 없는 경우에는 정액법**을 사용한다. 그리고 유형자산의 경우에는 상각액을 감가상각비 계정으로 처리하였는데, 무형자산의 경우에는 **무형자산상각비** 계정으로 처리한다.

PART 1 재무회계이론

예제 7 무형자산의 회계처리

다음 무형자산에 관한 회계처리를 하시오.

(1) ㈜이슬을 20,000,000원에 인수하고 대금은 전액 현금으로 지급하다. ㈜이슬의 자산총액은 50,000,000원이며 부채총액은 35,000,000원이다. 계정과목은 총자산과 총부채계정을 이용할 것.

(2) 기말 결산시 영업권에 대한 상각을 실시하였다. 영업권의 내용년수는 5년이다.

(3) 신제품의 개발을 위하여 재료비 20,000,000원과 연구원의 급여 10,000,000원을 모두 현금으로 지급하다. 개발에 따른 성공 가능성이 매우 높다.

(4) 신제품 개발에 성공하여 특허법원으로부터 특허권을 취득하고, 변리사 비용 등 제비용 5,000,000원을 현금으로 지급하였다.

(5) 위의 개발비와 특허권을 기말 결산 시 상각하였다. 상법상 개발비의 내용년수는 5년, 특허권의 내용년수는 10년으로 규정되어 있다고 가정한다.

예제해설

(2) 영업권의 내용년수는 5년이므로 취득원가를 내용년수로 나눈 값이 상각액이 된다.

$$5,000,000원 \div 5년 = 1,000,000원$$

(5) 개발비의 내용년수는 5년이며, 특허권의 내용년수는 10년이다. 다음과 같이 계산된 값이 된다.

$$개발비 : 30,000,000원 \div 5년 = 6,000,000원$$

$$특허권 : 5,000,000원 \div 10년 = 500,000원$$

	차변과목	금액	대변과목	금액
(1)	총 자 산 영 업 권	50,000,000원 5,000,000원	총 부 채 현 금	35,000,000원 20,000,000원
(2)	무 형 자 산 상 각 비	1,000,000원	영 업 권	1,000,000원
(3)	개 발 비	30,000,000원	현 금	30,000,000원
(4)	특허권(산업재산권)	5,000,000원	현 금	5,000,000원
(5)	무 형 자 산 상 각 비	6,500,000원	개 발 비 특 허 권	6,000,000원 500,000원

단/원/학/습/문/제

01. ㈜연수는 당기 중에 ㈜세무의 지분증권 100주를 500,000원에 취득하면서 취득수수료 10,000원을 추가로 지급하였다. 당기 말 현재 동 지분증권의 공정가치는 600,000원이다. ㈜연수가 동 지분증권을 취득시 단기매매증권으로 분류하는 경우와 매도가능증권으로 분류하는 경우의 회계처리에 대한 설명으로 다음 중 틀린 것은?

① 단기매매증권의 경우 취득원가는 500,000원이다.
② 매도가능증권의 경우 기말에 비용으로 계상되는 금액은 0원이다.
③ 단기매매증권의 경우 순이익이 90,000원 증가한다.
④ 매도가능증권의 경우 기타포괄이익이 100,000원 증가한다.

02. 유형자산의 취득원가 구성항목으로 옳지 않은 것은?

① 유형자산 취득과 관련하여 불가피하게 매입하는 국공채의 매입가액
② 설치장소 준비를 위한 지출
③ 취득과 직접 관련이 있는 제세공과금(취득세)
④ 취득시 소요되는 운반비용

03. 다음은 일반기업회계기준에 따른 유형자산의 취득원가에 대한 설명이다. 가장 잘못된 것은?

① 유형자산의 취득에 사용된 차입금에 대하여 당해 자산의 취득완료시점까지 발생한 이자비용은 자산의 취득원가에 가산함을 원칙으로 한다.
② 유형자산이 정상적으로 작동되는지 여부를 시험하는 과정에서 발생하는 원가는 취득부대비용으로 보아 취득원가에 가산한다.
③ 현물출자, 증여, 기타 무상으로 취득한 자산은 공정가치를 취득원가로 한다.
④ 국고보조금 등에 의해 유형자산을 공정가액보다 낮은 대가로 취득한 경우에도 그 유형자산의 취득원가는 취득일의 공정가액으로 한다.

04. 수익적지출로 처리하여야 할 것을 자본적지출로 잘못 회계처리한 경우 재무제표에 미치는 영향이 아닌 것은?

① 당기순이익이 과대 계상된다.   ② 현금 유출액이 과대 계상된다.
③ 자본이 과대 계상된다.   ④ 자산이 과대 계상된다.

PART 1 재무회계이론

05. 기계장치의 감가상각관련 자료가 다음과 같을 때 제 2기인 2025년말 결산 시에 계상하여야 할 감가상각비와 감가상각누계액을 바르게 표시한 것은?

취 득 일	2024년 1월 1일	취 득 원 가	2,000,000원
내 용 년 수	10년	정률법상각율	10%
상 각 방 법	정률법		

	감가상각비	감가상각누계액		감가상각비	감가상각누계액
①	200,000원	300,000원	②	180,000원	380,000원
③	200,000원	400,000원	④	180,000원	180,000원

06. 다음 중 유형자산에 대한 설명으로 틀린 것은?

① 유형자산 처분시 장부금액보다 처분금액이 큰 경우 유형자산처분이익으로 회계처리한다.
② 정액법은 취득원가에서 잔존가치를 차감한 금액을 내용년수에 걸쳐 균등하게 배분하는 감가상각방법이다.
③ 유형자산의 내용년수를 증가시키는 자본적지출이 발생하는 경우에는 당기의 비용으로 처리한다.
④ 유형자산을 외부로부터 구입시 발생하는 취득부대비용은 취득원가에 가산한다.

07. ㈜석원은 2024년 초에 기계장치를 10,000,000원에 취득하였으며, 내용년수 5년, 잔존가치 500,000원, 정액법으로 감가상각하고 있다. 2025년 말 이 기계장치에 대해서 손상이 발생하였고 회수가능액은 4,900,000원으로 추정되었다. ㈜석원이 2025년 말에 인식할 손상차손은 얼마인가?

① 1,240,000원 ② 1,300,000원
③ 1,350,000원 ④ 1,420,000원

08. 다음 중 무형자산의 인식요건이 아닌 것은?

① 식별가능성
③ 통제가능성
② 검증가능성
④ 미래의 경제적 효익의 유입가능성

09. 다음 중 일반기업회계기준상 무형자산에 관한 설명으로 옳지 <u>않은</u> 것은?

① 무형자산으로 인식하기 위한 요건으로 식별가능성, 기업의 통제, 미래의 경제적 효익의 발생으로 분류한다.

② 무형자산의 내용년수가 독점적·배타적 권리를 부여하고 있는 관계 법령에 따라 20년을 초과하는 경우에도 상각기간은 20년을 초과할 수 없다.

③ 무형자산의 잔존가치는 없는 것을 원칙으로 한다.

④ 내부적으로 창출한 브랜드, 고객목록 및 이와 유사한 항목에 대한 지출은 무형자산으로 인식하지 않는다.

10. 일반기업회계기준상 무형자산에 대한 설명으로 올바른 것은?

① 무형자산의 상각은 당해 자산을 취득한 시점부터 시작한다.

② 사용을 중지하고 처분을 위해 보유하는 무형자산은 사용을 중지한 시점의 장부가액으로 표시한다.

③ 무형자산의 공정가치 또는 회수가능액이 증가하면 상각은 증감된 가액에 기초한다.

④ 무형자산은 상각기간이 종료되는 시점에 거래시장에서 결정되는 가격으로 잔존가치를 인식하는 것이 원칙이다.

PART 1 재무회계이론

단원학습문제 해답

01 ④ · 매도가능증권의 경우 취득수수료를 매도가능증권의 취득원가에 가산한다. 따라서 당기 말의 기타포괄이익은 취득가액 510,000원과 기말 공정가치 600,000원의 차액인 90,000원만큼 증가한다.
· 단기매매증권의 경우 취득수수료는 당기비용으로 처리한다. 따라서 기말에 당기손익은 90,000원(단기매매증권평가이익 100,000원 - 수수료비용 10,000원)만큼 증가한다.

02 ① 유형자산을 취득하는 경우 불가피하게 취득한 국공채의 경우에는 매입가액과 공정가치와의 차액은 취득원가에 가산된다.

03 ① 차입원가는 기간비용 처리함을 원칙으로 한다. 다만, 자본화대상자산에 해당될 경우에는 취득원가에 산입할 수 있다.

04 ② 비용을 자산으로 계상하게 되면 자산과 당기순이익이 과대 계상되고 자본이 과대 계상 된다. 그러나 현금 유출액에는 영향을 미치지 않는다.

05 ② 2023년 : 2,000,000 × 0.1 = 200,000
2024년 : (2,000,000-200,000)×0.1 = 180,000

06 ③ 유형자산의 내용년수를 증가시키는 자본적지출이 발생하는 경우에는 취득원가에 산입한다.

07 ② · 1,300,000원 = 손상 전 장부금액 6,200,000원 - 회수가능액 4,900,000원
· 2025년말 감가상각누계액 : (취득가액 10,000,000원 - 잔존가치 500,000원) × 2/5 = 3,800,000원
· 손상 전 장부금액 : 취득가액 10,000,000원 - 감가상각누계액 3,800,000원 = 6,200,000원

08 ② 무형자산의 인식요건은 식별가능성, 통제가능성, 미래의 경제적 효익의 유입가능성이다.(일반기업회계기준 11.2 11.5 11.6)

09 ② 독점적·배타적 권리를 부여하고 있는 관계 법령에 정해진 경우에는 20년을 초과할 수 있다.(11.26)

10 ② · 상각은 자산이 사용가능한 때부터 시작한다.(일반기업회계기준 11.26)
· 무형자산의 공정가치 또는 회수가능액이 증가하더라도 상각은 원가에 기초한다.(일반기업회계기준 11.27)
· 무형자산의 잔존가치는 없는 것을 원칙으로 한다.(일반기업회계기준 11.33)

제 4 장
부채와 자본에 관한 거래

제1절 부채에 관한 거래

1 부채의 개념

일반기업회계기준에 의하면 부채란 「**과거의 사건이나 거래로 인하여 발생되었으며, 기업이 갖고 있는 현재의무이며, 미래의 경제적 효익이 유출될 가능성이 큰 경제적 자원**」이라고 정의되어 있다. 재무제표에 인식하기 위한 요건으로 「**부채의 정의에 맞아야 하며, 유출될 자원의 금액을 신뢰성 있게 측정할 수 있어야 한다**」라고 되어 있다. 미래의 경제적 효익이 유출될 가능성이란 1년을 기준으로 하여 1년 이내에 유출될 가능성이 크면 **유동부채**로, 1년 이후에 유출될 가능성이 크면 **비유동부채**로 구분한다.

2 유동부채

유동부채는 기업의 경제적 효익의 유출 시기가 **재무상태표일로부터 1년 이내에 도래하는 부채**를 말하며 다음과 같은 항목들이 있다.

① 외상매입금 : 재고자산 등을 매입하고 대금을 외상으로 한 것
② 지급어음 : 재고자산의 구매대금 또는 외상대금의 지급을 목적으로 약속어음을 발행하여 지급한 것
③ 단기차입금 : 차입기간 1년 이하의 채무
④ 미지급금 : 재고자산 이외의 자산을 구입한 경우 대금을 외상으로 한 것
⑤ 선수금 : 재화의 구입 주문을 받고 계약금 등을 미리 받은 것
⑥ 예수금 : 타인의 현금성 자산을 일시적으로 보관 중인 것
⑦ 유동성장기부채 : 비유동부채 중 1년 내에 상환되는 것

3 비유동부채

비유동부채는 유동부채와는 달리 재무상태표 종료일로부터 1년 이후에 만기가 도래하는 부채를 말하며 다음과 같은 항목들이 있다.

① 장기성매입채무 : 만기가 1년 이후에 도래하는 외상매입금과 지급어음
② 장기차입금 : 만기가 1년 이후에 도래하는 차입금
③ 사채(회사채) : 회사의 영업자금을 조달할 목적으로 발행한 채무증권
④ 퇴직급여충당부채 : 1년 이상 장기 근속한 임·직원에게 지급할 목적으로 회사 내에 유보시킨 퇴직금추계액 상당액

Chapter 4 부채와 자본에 관한 거래

4 사채

기업이 일반대중으로부터 사업자금의 조달을 목적으로 집단적·대량적으로 부담하는 회사의 채무로 사채증서를 발행하여 지정된 만기일에 정해진 금액(액면금액)을 지급하고 액면금액에 일정한 이자율을 곱한 이자를 정기적으로 지급할 것을 약속한 채무증권이며 만기가 장기간인 것을 말한다. 또한, 사채는 자본총액의 4배를 초과할 수 없으며 사채권 1구좌(매) 당 액면은 @₩10,000 이상의 균일가격으로 발행하도록 하고 있다.

(1) 사채의 종류

① **일반사채** : 일반사채는 기업이 장기적으로 안정적인 운영자금이 필요한 경우 발행하는 회사채를 말한다.
② **전환사채** : 전환사채는 일반사채와 마찬가지로 자금의 확보를 목적으로 발행을 하지만 일정한 기간이 지나면 채권 보유자의 청구에 의하여 미리 결정된 조건대로 발행회사의 주식으로 전환할 수 있는 특약이 있는 사채를 말한다.

(2) 사채의 발행방법

사채는 발행방법에 따라 **할인발행, 할증발행, 액면(평가)발행**이 있다. 사채의 발행가액은 사채액면의 현재가치와 발행가액의 차이에 따라 결정된다.

1) 할인발행(액면가액 > 발행가액)

사채의 할인발행은 사채 액면이자율과 사채 시장이자율의 차이로 **시장이자율이** 채권의 **액면이자율보다 큰 경우** 차이만큼 할인발행 되는 것이다.

회계상 거래	차변과목		대변과목	
액면이자율 < 시장이자율	현 금 사채할인발행차금	××× ×××	사 채(액면가액)	×××

2) 할증발행(액면가액 < 발행가액)

사채의 할인발행은 사채 액면이자율과 사채 시장이자율의 차이로 **액면이자율이** 채권의 **시장이자율보다 큰 경우** 차이만큼 할증발행 되는 것이다.

회계상 거래	차변과목		대변과목	
액면이자율 > 시장이자율	현 금	×××	사 채(액면가액) 사채할증발행차금	××× ×××

PART 1 재무회계이론

3) 액면발행(액면가액 = 발행가액)

사채의 액면발행 또는 평가발행은 사채 **액면이자율**과 사채 **시장이자율**의 차이가 없는 경우에 발생한다.

회계상 거래	차변과목	대변과목
액면이자율 = 시장이자율	현　　　　　금　×××	사　채(액면가액)　×××

(3) 사채이자 계산 및 회계처리

회계기준의 사채이자 계산방법은 「**유효이자율법**」을 원칙으로 하며 다른 방법은 인정하지 않는다. 「유효이자율법」이란 사채 발행가액에 유효이자율을 곱하여 산출한 유효이자와 액면이자의 차이를 조정하는 방법을 말한다.

회계상 거래	차변과목	대변과목
사채이자의 계상 (사채의 할인발행)	이 자 비 용(유효이자)　×××	미지급이자(액면이자)　××× 사 채 할 인 발 행 차 금　×××
사채이자의 계상 (사채의 할증발행)	이 자 비 용(유효이자)　××× 사 채 할 증 발 행 차 금　×××	미지급이자(액면이자)　×××

예제 1　사채에 관한 거래(1)

다음 사채에 관한 연속된 거래를 회계처리하시오.

(1) ㈜한결은 자금의 조달을 위하여 사채액면 30,000,000원을 27,000,000원에 발행하고, 납입금액은 사채발행비 200,000원을 차감한 후 전액 현금으로 입금 받았다.(상환기한 5년, 액면이자율 10%, 시장이자율 12%, 이자지급 연1회).

(2) 기말 결산시 사채이자 3,000,000원을 현금으로 지급하였다. 당기 사채할인발행차금 상각액은 100,000원으로 가정한다.

예제해설

	차변과목	금액	대변과목	금액
(1)	현　　　　　　　금 사 채 할 인 발 행 차 금	26,800,000원 3,200,000원	사　　　　　　채	30,000,000원
(2)	이　자　비　용	3,100,000원	사 채 할 인 발 행 차 금 현　　　　　　　금	100,000원 3,000,000원

예제 2 사채에 관한 거래(2)

다음 사채에 관한 연속된 거래를 회계처리하시오.

(1) ㈜한결은 자금의 조달을 위하여 사채액면 30,000,000원을 32,000,000원에 발행하고, 납입금액은 사채발행비 200,000원을 차감한 후 전액 현금으로 입금되었다.(상환기한 5년, 액면이자율 10%, 시장이자율 8%, 이자지급 연1회).

(2) 기말 결산시 사채이자 3,000,000원을 현금으로 지급하였다. 당기 사채할증발행차금 상각액은 100,000원으로 가정한다.

예제해설

	차변과목	금액	대변과목	금액
(1)	현 금	31,800,000원	사 채 사채할증발행차금	30,000,000원 1,800,000원
(2)	이 자 비 용 사채할증발행차금	2,900,000원 100,000원	현 금	3,000,000원

5 퇴직급여제도

기업은 임원 및 사용인(이하 임·직원)들이 일시에 퇴직할 것을 미리 대비하여 퇴직금을 설정해 두었다가 임원 및 사용인들이 퇴직하는 퇴직금을 정산하여 지급해야 한다. 이러한 퇴직금의 처리방법은 퇴직금을 기업내부에 적립해 두었다가 지급하는 **퇴직급여충당부채**와 기업외부기관 등에 예치해 두었다가 지급하는 **퇴직연금제도**로 구분할 수 있다.

(1) 퇴직급여충당부채

퇴직급여충당부채는 임·직원들이 퇴직할 것을 대비하여 미리 준비하였다가 지급되는 **비유동부채** 항목이다. 임·직원들이 퇴직하는 경우 퇴직금 지급액 전액을 비용으로 처리하는 경우와는 달리 퇴직급여충당부채를 설정하면 임·직원이 근무한 기간 동안 누적되는 퇴직금을 해당 근무기간에 걸쳐 비용으로 인식하므로 [**수익·비용의 대응**]에 적합한 회계처리 방법이 된다.

회계상 거래	차변과목		대변과목	
퇴직급여충당부채의 설정	퇴 직 급 여	×××	퇴직급여충당부채	×××
사원의 퇴직시 퇴직금지급	퇴직급여충당부채 퇴 직 급 여	××× ×××	현 금	×××

PART 1 재무회계이론

> **예제 1** 퇴직급여충당부채

다음의 퇴직금과 관련한 거래를 회계처리하시오.

(1) 영업사원이 퇴사하게 되어 퇴직금 15,000,000원을 정산하고 원천 징수액 200,000원을 차감한 차인 지급액은 현금으로 지급하였다. 당사는 퇴직급여충당부채를 설정하지 않고 있다.

(2) 직원이 퇴사하게 되어 퇴직금 17,000,000원을 정산하고 원천징수세액 150,000원을 공제한 잔액을 현금으로 지급하였다. 당사의 퇴직급여충당부채 계정에 설정된 퇴직금은 5,000,000원이 계상되어 있다.

(3) 기말 결산일에 당사의 전 임직원이 일시에 퇴직하는 경우 지급되어야 할 퇴직금을 추계 하였던바, 퇴직금 추계액이 30,000,000원이 계상되었다. 기말 결산일 현재 퇴직급여충당부채 계정잔액은 14,000,000원이 설정되어있다.

예제해설

	차변과목	금액	대변과목	금액
(1)	퇴 직 급 여	15,000,000원	예 수 금 현 금	200,000원 14,800,000원
(2)	퇴직급여충당부채 퇴 직 급 여	5,000,000원 12,000,000원	예 수 금 현 금	150,000원 16,850,000원
(3)	퇴 직 급 여	16,000,000원	퇴직급여충당부채	16,000,000원

(2) 퇴직연금제도

근로자의 안정적인 퇴직금의 지급을 목적으로 기업외부기관에 퇴직금의 지급을 위탁하여 관리하는 제도로 퇴직금 외부적립제도라 한다. 퇴직연금제도는 퇴직연금의 관리주체에 따라 **확정급여형 퇴직연금**(DB형)과 **확정기여형퇴직연금**(DC형)제도로 구분한다.

1) 확정급여형 퇴직연금(DB형 Defined Benefit)

기업이 퇴직금 지급을 위한 재원을 외부 금융기관에 적립하여 적립금을 운용하고 근로자가 퇴직시 근속연수 등을 고려하여 사전에 확정된 퇴직금을 금융회사가 연금 또는 일시금 형태로 지급하는 제도이다.

2) 확정기여형 퇴직연금(DC형 Defined Contribution)

기업은 퇴직금 지급을 위한 재원을 외부 금융기관에 적립하고 적립금 운용성과에 따라 근로자가 받을 퇴직금이 변동되는 제도이다.

Chapter 4 부채와 자본에 관한 거래

회계상 거래	차변과목		대변과목	
확정급여(D/B)형 퇴직연금 납부	퇴직연금운용자산	×××	현금	×××
확정기여(D/C)형 퇴직연금 납부	퇴직급여	×××	현금	×××

예제 2 퇴직연금

다음의 퇴직연금에 관한거래를 회계처리하시오.

(1) ㈜안양상사는 기말 결산시 전임직원의 퇴직시에 지급해야 할 퇴직금의 추계액은 43,000,000원으로 추계하였다. ㈜안양상사의 기말 현재 퇴직급여충당부채 계정잔액은 18,000,000원이다.

(2) ㈜동아상사는 관리직 사원이 퇴사하여 퇴직금 15,000,000원을 현금으로 지급하였다. 퇴직급여충당부채의 잔액은 현재 10,000,000원이 설정되어 있다.

(3) ㈜한국산업은 종업원의 퇴직금 지급을 위하여 삼성화재보험㈜와 종업원 퇴직연금계약을 체결하고 확정급여형(DB형) 퇴직연금 10,000,000원과 확정기여형(DC형) 퇴직연금 10,000,000원을 현금으로 납부하였다.

(4) ㈜성산은 관리직 직원의 퇴사로 퇴직금 25,000,000원 중 15,000,000원을 보통예금에서 지급하고, 10,000,000원은 삼성화재보험㈜에 가입된 확정급여형(DB형) 퇴직연금에서 지급하였다. 단, 기업의 장부상 퇴직급여충당부채는 30,000,000원이다.

예제해설

	차변과목	금액	대변과목	금액
(1)	퇴직급여	25,000,000원	퇴직급여충당부채	25,000,000원
(2)	퇴직급여충당부채 퇴직급여	10,000,000원 5,000,000원	현금	15,000,000원
(3)	퇴직연금운용자산 퇴직급여	10,000,000원 10,000,000원	현금	20,000,000원
(4)	퇴직급여충당부채	25,000,000원	보통예금 퇴직연금운용자산	15,000,000원 10,000,000원

PART 1 재무회계이론

제2절 주식회사의 자본

1 주식회사의 자본

주식회사란 자기가 인수한 주식의 금액(액면총액)을 한도로 회사에 대하여 출자의무를 질뿐 회사채권자에 대하여는 전혀 책임을 지지 않는 사원(유한 책임사원), 즉 주주로만 구성되는 회사를 말한다.

(1) 주식회사의 설립

주식회사는 1인 이상의 발기인이 발기인조합을 구성하여 상법이 정하는 바에 따라 정관 작성, 주식 인수 및 주금납입 등 일정한 절차를 거쳐 법원의 상업 등기소에 설립등기를 함으로써 설립된다.(실제로는 대표이사 1인, 이사 2인, 감사 1인 등 4명이 보통이다.)

1) 설립방법

주식회사의 설립방법에는 **발기설립**과 **모집설립**의 두 가지 방법으로 설립할 수 있다. 발기설립은 발기인이 발행주식을 모두 인수하여 회사가 설립되는 방법이며, 모집설립은 발행주식의 일부는 발기인이 인수하고, 나머지 미인수분은 주주를 모집하여 이를 인수하도록 함으로써 회사를 설립하는 방법이다.

2) 주식회사 설립 절차

주식회사는 상법의 규정에 따라 1인 이상의 발기인이 정관을 작성하여야 한다. 정관에 기재하여야 할 사항에 관해서는 상법에 상세히 규정되어 있지만 회계와 관련 있는 내용으로는 다음과 같은 것들을 들 수 있다.

① 회사가 발행하여야 할 주식의 총수
② 주식 1주의 액면금액(상법에서는 ₩100 이상의 균일금액)
③ 회사의 설립 시 발행하는 주식의 총수

(2) 주식회사의 자본제도

주식회사의 자본제도는 「**수권자본제도**」와 「**확정자본제도**」로 나눌 수 있는데 현행 상법에서 요구하고 있는 제도는 「**수권자본제도**」이다.

Chapter 4 부채와 자본에 관한 거래

1) 수권자본제도

수권자본제도는 정관에 기재한 회사가 발행할 주식총수 중 회사설립 시에 발행하지 않았던 미발행주식에 관해 회사성립 후 이사회의 결의에 따라 언제나 임의로 주식을 발행할 수 있는 제도를 말한다. 회사의 정관에 회사가 발행할 주식의 총수인 발행예정주식총수, 이른바 수권자본을 기재하지만 회사 설립시 그 자본 전체를 인수 납입할 필요는 없고 다시 **"설립시 발행하는 주식의 총수"**를 기재시켜 그 부분에 대한 주식의 인수·납입하는 방법이다.

2) 확정자본제도

회사설립 전에 미리 주식 총수를 정한 후 그 정한 주식을 전부 인수해야 회사가 설립되는 것을 말하며, 일반적으로 자본금을 한 번 확정하면 추가 자본증자가 많이 필요 없는 일반 중소법인을 설립하는 경우에 이용되는 방법이다.

(3) 주식의 발행

주식회사는 자본금을 조달하기 위하여 주식을 발행하고 그 납입금으로 운영되는 회사이다. 자본금의 조달을 위하여 주식을 발행하여야 하는데 이 주식발행에는 청약에 의한 주식발행 및 현금발행으로 구분하여 정리할 수 있다.

> 주식회사 법정자본금 = 발행주식수 × 1주의 액면가액

㈜명문은 자본금을 증자하기 위하여 주식 1,000주(액면 @₩5,000)를 액면가액으로 평가발행하고 주식대금은 전액 현금으로 납입 받았다.

【이해】
- 법정자본금 = 발행주식수 × 1주의 액면 : 5,000,000원 = 1,000주 × @₩5,000
- 주식발행시의 주식발행비용은 주식발행초과금 또는 주식할인발행차금에서 가감하여 처리한다.
- 회계처리

    (차) 현   금   5,000,000원   (대) 자 본 금   5,000,000원

1) 할증발행

주식 발행가액이 액면가액을 초과하여 발행되는 경우로서 납입된 금액은 전액 입금처리하며, 액면금액(발행주식수×1주의 액면)은 **자본금**(법정자본금)으로 대체되고 초과액은 **「주식발행초과금」**으로 처리되며, **자본잉여금항목**으로 구분된다.

회계상 거래	차변과목		대변과목	
액면가액 < 발행가액	현 금	×××	자 본 금(액면가액) 주 식 발 행 초 과 금	××× ×××

2) 할인발행

　주식 발행가액이 액면가액에 미달되게 발행되는 경우로서 납입된 금액은 전액 입금처리하며, 액면금액(발행주식수×1주의 액면)은 **자본금**(법정자본금)으로 대체되고 미달하는 금액은 「**주식할인발행차금**」으로 처리되며, **자본조정항목**으로 구분된다.

회계상 거래	차변과목		대변과목	
액면가액 > 발행가액	현 금 주식할인발행차금	××× ×××	자 본 금(액면가액)	×××

(4) 신주의 청약

　기업은 법인의 설립을 하거나 유상증자 시 투자자들로부터 미리 주식을 청약을 받은 후 자본금을 증자한다. 이 경우 주식발행을 하기 전에 주관증권사에 자본증자를 위탁하고, 투자자들로부터 자본금에 해당하는 주식대금을 미리 납입 받는 경우 「**신주청약증거금**」으로 처리한 후 주식발행시 「**자본금**」으로 대체한다.

회계상 거래	차변과목		대변과목	
증자를 위한 신주청약시	현 금(보통예금)	×××	신 주 청 약 증 거 금	×××
신주를 주주에게 배정하면	신 주 청 약 증 거 금	×××	자 본 금(액면가액)	×××

예제 1　　자본금에 관한 거래

다음의 자본에 관한 거래를 회계처리하시오.

⑴ 주식회사를 설립하기로 하고 수권주식 20,000주의 1/2을 발행하고 납입금은 전액 현금으로 납입을 받았다. 주식 1주의 액면은 @₩5,000이며, 발행가액은 액면발행을 하였다.

⑵ 자본을 증자하기로 하고 주식 10,000주(액면 @₩5,000)를 1주당 @₩5,400에 발행하고 주주들로부터 주식인쇄비 및 수수료 1,200,000원을 차감한 납입금을 현금으로 받았다.

⑶ 이사회에서 자본금을 증자하기로 의결하고 주식 10,000주(액면 @₩5,000)를 1주당 @₩4,700에 발행하고 납입금은 주식발행 수수료 800,000원을 공제한 후 전액 현금으로 받았다.

Chapter 4 부채와 자본에 관한 거래

예제해설

	차변과목	금액	대변과목	금액
(1)	현　　　　　금	50,000,000원	자　　본　　금	50,000,000원
(2)	현　　　　　금	52,800,000원	자　　본　　금 주 식 발 행 초 과 금	50,000,000원 2,800,000원
(3)	현　　　　　금 주 식 할 인 발 행 차 금	46,200,000원 3,800,000원	자　　본　　금	50,000,000원

(5) 자본금의 증자 및 감자

기업은 자본금의 증자를 위하여 주식을 발행하여 증자를 실시하는데 이때 주금을 납입 받는 방법에 따라 「**유상증자**」와 「**무상증자**」로 구분할 수 있다. 또한, 기업의 사업구조 또는 자본구조를 변경하여 자본금을 감액하기 위하여 발행하였던 주식을 재매입 후 소각하는 것을 「**감자**」라 하며, 감자하는 방법에도 「**유상감자**」와 「**무상감자**」로 구분할 수 있다.

1) 자본금의 증자

① **유상증자(실질적 증자)** : 자본금의 증자를 위하여 주식을 발행할 때 주식대금을 전액 납입 받아 자본금을 조달하는 방법이며 주식 발행방법에 따라 **할증발행**과 **할인발행** 그리고 **평가발행**으로 구분한다.

② **무상증자(형식적 증자)** : 자본금의 증자를 위하여 주식을 발행하지만 주식대금은 전혀 납입 받지 않고 대신 기업에 적립된 잉여금(자본잉여금과 이익잉여금)을 자본금으로 전입하는 방법을 말한다.

회계상 거래	차변과목		대변과목	
자본금을 유상증자하는 경우	보　통　예　금	×××	자　본　금(액면)	×××
자본금을 무상증자하는 경우	자　본　잉　여　금 이　익　잉　여　금	××× ×××	자　본　금(액면)	×××

2) 자본금의 감자

① **유상감자(실질적 감자)** : 기업의 사업축소를 위하여 자본금을 주주들에게 현금으로 보상하고 발행했던 주식을 매입하여 소각하는 방법을 말한다.

② **무상 감자(형식적 감자)** : 기업의 결손금을 보전하는 방법으로 발행주식 중 일부를 주주들로부터 무상으로 매입하여 소각하는 방법을 말한다.

PART 1 재무회계이론

회계상 거래	차변과목		대변과목	
자본금을 유상 감자하는 경우	자 본 금(액면)	×××	현 금 감 자 차 익	××× ×××
자본금을 무상 감자하는 경우	자 본 금(액면)	×××	이 월 결 손 금 감 자 차 익	××× ×××

예제 2 자본의 증자 및 감자

다음의 자본에 관한 거래를 회계처리하시오.

(1) ㈜대명산업은 이사회에서 자본증액을 목적으로 자본금을 증자하기로 결의하였다. 발행주식수는 100,000주(액면 @₩500)이며, 1주당 @₩700에 발행하기로 하고 신주발행비용 150,000원을 차감한 잔액은 모두 거래은행에 보통예금 되었다.

(2) ㈜쌍용은 잉여금의 과다보유에 따라 이사회에서 무상증자를 결의하였다. 무상증자 부분은 자본잉여금 50,000,000원과 이익준비금 30,000,000원을 전입하였다. 또한 기존주주에게는 무상주 16,000주를 발행하여 구주 1주에 대하여 신주를 5주씩 배정하였다.

(3) ㈜광명은 이사회의 결의에 따라 자본금을 증자하기로 의결하고 주식 100,000주(액면 @₩5,000)를 발행하였다. 자본금은 유상증자 50%와 무상증자 50%로 조달받기로 하였으며, 유상부분은 전액 현금으로 납입 받았다. 또한, 무상부분은 자본잉여금을 전입하기로 하였다.

(4) ㈜세호산업은 이월결손금 1,700,000원이 발생하여 자본금의 감자를 이사회에서 의결하고, 발행주식 중 4,000주(1주 액면 5,000원)를 1주당 4,200원에 매입하여 소각하였다. 주식의 인수대금은 전액 보통예금으로 인출하여 지급하였다.

예제해설

	차변과목	금액	대변과목	금액
(1)	보 통 예 금	69,850,000원	자 본 금 주 식 발 행 초 과 금	50,000,000원 19,850,000원
(2)	자 본 잉 여 금 이 익 준 비 금	50,000,000원 30,000,000원	자 본 금	80,000,000원
(3)	자 본 잉 여 금 현 금	250,000,000원 250,000,000원	자 본 금	500,000,000원
(4)	자 본 금	20,000,000원	이 월 결 손 금 보 통 예 금 감 자 차 익	1,700,000원 16,800,000원 1,500,000원

Chapter 4 부채와 자본에 관한 거래

2 주식회사의 자본 분류

주식회사의 자본은 **법정자본금**과 **잉여금**으로 나눈다. 자본 중 상업등기소에 등록된 자본금을 [**법정자본금**]이라 하며 법정자본금을 초과한 부분을 [**잉여금**]이라 한다. 잉여금은 원천에 따라 「**자본잉여금**」과 「**이익잉여금**」으로 구분한다.

(1) 자본금

주식회사의 자본금은 주식을 발행하여 조달받은 자금을 말하는 것으로 **보통주자본금**과 **우선주자본금**으로 구분한다. 보통주와 우선주는 배당금과 의결권 및 청산 시의 권리가 상이하기 때문에 구분하여 표시해야 한다.

(2) 자본잉여금

자본 잉여금은 자본의 증자, 자본의 감자 등 자본에 관련된 주식거래에서 발생된 주주들의 원금을 기업내부에 유보시켜 놓은 것을 말한다. 이는 주주들의 투자원금에 해당하므로 주주들에게 배당이나 상여금 등으로 처분해서는 안 되며 결손의 보전이나 자본금의 전입 이외에는 사용할 수가 없는 것이다. 자본잉여금은 「**주식발행초과금 · 감자차익 · 기타자본잉여금**」 등이 있다.(기타자본잉여금에는 자기주식처분이익, 신주전환권계정 등이 있다)

과 목	내 용
주식발행초과금	기업이 증자를 위하여 신주를 발행할 때 액면가보다 높은 가격으로 발행할 수 있는데, 이때 발행가액이 액면가액을 초과한 부분을 「주식발행초과금」이라 한다. 이것은 주주로부터 납입된 주식의 대금 중 법정자본금을 초과하는 부분으로 주주들의 투자원금과 같은 것이므로, 결손의 보전 및 자본금의 전입 등 이외에는 사용할 수 없는 잉여금이다.
감 자 차 익	회사가 감자를 할 때 소요되는 자산이나 결손보전액이 자본금의 감소액보다 적을 경우에 발생하는 차액을 「감자차익」이라 하며 감자차익도 주식발행초과금과 똑같이 주주들이 투자 자본금을 출자원금보다 적게 찾아가면서 발생된 주주들의 투자원금과 같은 것이다.
자기주식처분이익	자기주식은 원칙적으로 취득할 수 없다. 그러나 상법에 규정되어 있는 특별한 경우에 한해서 자기주식을 취득할 수 있는데 이것을 보관, 관리하다가 처분하였을 경우 처분가액이 취득가액을 초과하면 그 초과액을 「자기주식처분이익」이라 한다.

(3) 자본조정

자본조정이란 자본거래에 해당하지만 자본금, 자본잉여금의 어느 항목에도 속하지 않는 임시적인 자본항목으로써 자본에 차감 또는 가산되어야 하는 항목들로「**자기주식·주식할인발행차금·자기주식처분손실·감자차손·미교부주식배당금**」등이 있다.

과 목	내 용
주식할인발행차금	주식발행가액이 액면가액에 미달하는 경우 그 차액을 말하며, 발행한 연도부터 3년 이내의 기간에 매기 균등액을 상각하고, 동 상각액은 이익잉여금으로 처분한다.
감 자 차 손	기업이 주주에게 감자대가를 보상하고 자본금을 감소시키는 경우 감소된 자본금이 감자대가에 미달하는 경우 그 해당금액을 말한다.
자 기 주 식	기업이 자기가 발행한 주식을 취득하는 것을 뜻하며, 자신이 발행한 유통주식의 양을 조절하기 위한 목적으로 이용된다. 상법에서는 원칙적으로 자기주식의 보유를 허용하고 있지 않지만 외국인주주의 요구, 스톡옵션 등을 대비하여 보유하기도 한다.
자기주식처분손실	보유하고 있던 자기주식을 처분할 때 취득원가보다 낮은 금액으로 처분하는 경우 그 미달액을 자기주식처분손실로 처리한다. 이 경우 자기주식처분이익이 장부에 있는 경우에는 자기주식처분이익을 먼저 상계하고 부족액이 발생하면 자기주식처분손실로 처리한다.
미교부주식배당금	이익잉여금의 배당을 주식으로 교부하는 경우 배당지급일까지 임시로 처리하는 계정을 말한다. 미교부주식배당금은 자본에 가산하는 항목으로 배당하는 주식의 액면금액으로 계상하고, 배당지급일이 되면 주식을 교부하여 자본금계정에 대체한다.

■ 자기주식 관련거래

회계상 거래	차변과목		대변과목	
자기주식을 취득한 경우	자 기 주 식	×××	현 금	×××
자기주식을 처분한 경우 (장부가액 〈 처분가액)	현 금	×××	자 기 주 식 자기주식처분이익	××× ×××
자기주식을 처분한 경우 (자기주식처분이익이 있음) (장부가액 〉 처분가액)	현 금 자기주식처분이익 자기주식처분손실	××× ××× ×××	자 기 주 식	×××

예제 3 자기주식 및 이익잉여금의 거래

다음의 자기주식에 관한 연속된 거래를 회계처리하시오.

(1) 회사는 종업원들의 스톡옵션 행사를 대비하여 회사가 발행한 주식 중 500주의 자기주식을 1주당 @₩7,200(액면 @₩5,000)에 매입하고, 대금은 전액 현금으로 지급하였다.

(2) 회사는 종업원들이 스톡옵션을 포기함에 따라 보유중인 자기주식 중 300주를 1주당 @₩7,500에 매각처분하고 대금은 전액 현금으로 받아 보통예금에 입금하였다.

(3) 위의 나머지 자기주식 전부를 1주당 @₩6,500에 처분하고 대금은 전액 현금으로 받았다.

예제해설

	차변과목	금액	대변과목	금액
(1)	자 기 주 식	3,600,000원	현 금	3,600,000원
(2)	보 통 예 금	2,250,000원	자 기 주 식 자기주식처분이익	2,160,000원 90,000원
(3)	현 금 자기주식처분이익 자기주식처분손실	1,300,000원 90,000원 50,000원	자 기 주 식	1,440,000원

※ 자기주식처분이익과 자기주식처분손실은 자기주식 처분 시 서로 상계처리하며, 상계처리한 후의 잔액을 자기주식처분손익으로 관리하는 것이다.

(4) 기타포괄손익누계액

「**기타포괄손익누계액**」이란 손익거래 중 손익의 발생이 차기 이후에 나타남으로써 아직 손익계산서에 계산되어서는 안 될 미(未)실현손익을 처리하는 것을 말한다. 예를 들어 매도가능증권평가손실 또는 평가이익의 경우, 매도가능증권의 이익의 실현은 증권의 취득 후 1년 이상 투자 된 이후 처분시점에 계산할 수 있다. 이러한 미(未)실현손익이 실현될 때까지 관리를 목적으로 처리되는 항목을 「**기타포괄손익누계액**」이라 한다.

과 목	내 용
매도가능증권평가손익	시장성 있는 매도가능증권을 보고기간 종료일에 공정가치로 평가하는 경우 취득원가와 공정가치의 차액을 말한다.
해외사업환산손익	독립적으로 운영되는 해외지점 및 해외사업소에 투자한 금액을 원화로 환산할 경우의 환산손익을 말한다.
현금흐름위험회피 파생상품평가손익	현금흐름의 위험회피를 목적으로 투자한 파생금융상품에서 발생하는 평가손익을 말한다.
재평가잉여금 (또는 재평가차익)	유형자산을 보고기간 종료일에 재평가모형에 의해 공정가치로 재평가하는 경우 장부가액이 상승한 경우의 재평가차익을 말한다.

(5) 이익잉여금

이익잉여금은 기업이 영업활동의 결과 발생한 「**당기순이익**」을 회사 밖으로 유출시키지 않고 기업내부에 「**유보**」시켜 놓은 것을 말한다. 이익잉여금은 법적으로 강제성을 가지고 있는 **[법정적립금]**과 기업이 임의적으로 적립하는 **[임의적립금]**으로 구분한다. 이익잉여금의 처분순서는 제일 먼저 법정적립금을 적립한 후 임의적립금을 적립하는 순서대로 처분되어야 한다.

1) 법정적립금(강제성 적립금)

① **이익준비금** : 상법의 규정에 의하여 적립되는 법정적립금으로써 법정자본금의 1/2에 달할 때까지 매 결산기에 금전에 의한 현금배당액의 1/10을 적립해야 하며, 법정자본금의 1/2를 초과하면 초과액은 임의적립금으로 본다. 이러한 이익준비금의 사용은 결손의 보전과 자본전입 이외에는 처분할 수 없도록 상법에서 규정하고 있다.

② **기타법정적립금** : 기타법정적립금은 기업의 이익이 발생하면 여러 가지 원인에 의하여 상법 이외의 기타법령(조세감면규제법, 증권거래법, 법인세법)에 의하여 강제적으로 적립해야 하는 적립금이다.

2) 임의적립금

임의적립금은 법률 등의 규정에 의하지 않고, 회사의 정관이나 규정에 의하여 주주총회의 결의 또는 계약이 정하는 바에 따라 회사가 임의적으로 적립하는 적립금을 말한다. 임의 적립금은 회사의 사업 확장 및 채무의 변제 등 사용목적이 회사의 발전가능성에 적극적이면 **적극적 적립금**으로 결손의 보전이나 기타 지출을 대비한 소극적인 목적이 포함된 준비금이라면 **소극적 적립금**으로 구분할 수 있다.

(가) 적극적 적립금

적극적 적립금은 기업의 자산취득 또는 비유동부채의 상환을 목적으로 이익잉여금의 일부를 기업내부에 적립하는 것을 말한다. 대표적인 적극적 적립금에는 사업확장적립금, 시설적립금, 감채적립금 등이 있다.

① **사업확장적립금** : 기업의 영업용 토지, 건물 등을 매입할 목적을 두고 적립하는 적립금
(신축적립금으로 처리하기도 함)

② **시설적립금** : 기업의 시설설비 및 기계설비 등 거액의 설비자금을 지출할 목적으로 적립하는 적립금

③ **감채적립금** : 기업의 비유동부채 등을 상환할 목적을 두고 적립하는 적립금

(나) 소극적 적립금

소극적 적립금은 적극적 적립금과 대별되는 것으로 기업의 큰 지출 또는 손실이 발생하는 경우 그 손실을 보전할 목적으로 적립하는 것을 말한다. 대표적인 소극적 적립금에는 배당평균적립금, 결손보전적립금, 퇴직급여적립금, 별도적립금 등이 있다.

① **배당평균적립금** : 기업의 이익이 적게 발생하여 주주에게 지급할 배당액이 부족한 경우 배당을 유지할 목적으로 적립하는 적립금

② **결손보전적립금** : 결손이 발생한 경우 이익잉여금으로 이입하여 결손을 우선 보전하기 위하여 적립하는 적립금

③ 퇴직급여적립금 : 종업원의 퇴직시 정상적인 퇴직금 외에 추가로 명예퇴직금 등의 지급 목적으로 적립되는 적립금
④ 별도적립금 : 별도의 사용목적을 정하지 아니하고, 적립되는 적립금

적극적 적립금은 사용목적이 달성되면 전액 소극적 적립금인 **별도적립금**으로 대체되며, **소극적 적립금**은 사용목적이 달성되면 자동으로 소멸되어 장부상에서 제거된다.

(6) 미처분이익잉여금

법인의 결산결과 당기순이익이 발생하면 주주총회를 열어 이익을 처분결의하게 된다. 이때 당기순이익을 주주총회 때까지 처분을 유보하여야 하는데 이때 사용되는 계정을 「**미처분이익잉여금**」이라 한다. 미처분이익잉여금은 기업의 이사회에서 **[이익처분]** 절차를 거쳐 일부는 기업에 유보하고, 일부는 주주들에게 배당을 결정하여 주주총회에서 처분의결을 거친 후 잔액은 차기로 이월시킨다.

예제 4 이익잉여금 및 적립금에 관한 거래

다음의 이익잉여금의 처분에 관한 거래를 회계처리하시오.

⑴ 2024년 12월 31일 결산의 결과 당기순이익 40,000,000원을 계상하였다. 이익잉여금 처분계산서에는 전기에서 이월된 이월이익잉여금 10,000,000원이 있다.
⑵ 2025년 3월 20일 이사회의 결의에 의하여 다음과 같이 이익처분 안을 결정하였다.
 ① 이익준비금 : 상법에 규정한 최저 한도액
 ② 기타법정적립금 : 8,000,000원
 ③ 현금배당액 : 20,000,000원
 ④ 주식배당액 : 10,000,000원
 ⑤ 사업확장적립금 : 5,000,000원
 ⑥ 결손보전적립금 : 2,000,000원

예제해설

	차변과목	금액	대변과목	금액
⑴	손 익	40,000,000원	미처분이익잉여금	40,000,000원
⑵	미처분이익잉여금	47,000,000원	이 익 준 비 금 기 타 법 정 적 립 금 미 지 급 배 당 금 미 교 부 주 식 배 당 금 사 업 확 장 적 립 금 결 손 보 전 적 립 금	2,000,000원 8,000,000원 20,000,000원 10,000,000원 5,000,000원 2,000,000원

PART 1 재무회계이론

단/원/학/습/문/제

01. 다음 중 충당부채에 대한 내용으로 올바르지 않은 것은?

① 보고기간말 현재 최선의 추정치를 반영하여 증감조정한다.
② 과거사건으로 인해 현재의무가 존재할 가능성이 매우 높고 인식기준을 충족하는 경우에는 충당부채로 인식한다.
③ 명목금액과 현재가치의 차이가 중요한 경우에는 의무를 이행하기 위하여 예상되는 지출액의 현재가치로 평가한다.
④ 최초의 인식시점에서 의도한 목적과 용도 외에도 사용할 수 있다.

02. 다음은 회사채에 대한 설명이다. 가장 잘못된 것은?

① 사채할인발행차금은 액면이자율법을 적용하여 상각하며, 사채할인발행차금상각으로 처리한다.
② 액면이자율보다 시장이자율이 클 경우에는 할인발행한다.
③ 액면이자율과 시장이자율이 같은 경우에는 액면발행한다.
④ 사채발행비는 사채의 발행가액에서 차감한다.

03. 다음 중 부채에 대한 설명으로 가장 옳지 않은 것은?

① 부채는 과거의 거래나 사건의 결과로 현재 기업실체가 부담하고 있고 미래에 자원의 유출 또는 사용이 예상되는 의무이다.
② 유동성장기부채는 유동부채로 분류한다.
③ 부채는 1년을 기준으로 유동부채와 비유동부채로 분류한다.
④ 정상적인 영업주기 내에 소멸할 것으로 예상되는 매입채무와 미지급비용 등이 보고기간 종료일로부터 1년 이내에 결제되지 않으면 비유동부채로 분류한다.

04. ㈜세원은 3년 만기의 사채를 할증발행 하였으며, 사채이자는 매년 기말시점에 현금으로 지급하기로 하였다. 유효이자율법을 적용할 경우 이에 대한 내용으로 옳지 않은 것은?

① 사채의 액면이자율이 시장이자율보다 크다.
② 투자자의 입장에서 인식되는 이자수익은 매년 증가한다.
③ 사채발행자의 입장에서 사채할증발행차금 상각액은 매년 증가한다.
④ 투자자에게 현금으로 지급되는 이자비용은 매년 동일하다.

Chapter 4 부채와 자본에 관한 거래

05. 다음의 거래 중에서 실질적으로 자본이 증가되는 경우가 아닌 것은?

① 액면가액 100만원 주식을 10만원에 유상증자하였다.
② 100만원으로 인식된 자기주식을 30만원에 처분하였다.
③ 감자를 위하여 액면가액 100만원 주식을 10만원에 취득 후에 소각하였다.
④ 100만원 상당한 특허권을 취득하고 그 대가로 액면가액 100만원의 주식을 새로이 발행하여 지급하였다.

06. 주식발행회사의 입장에서 주식배당 결의와 동시에 주식배당을 즉시 실시하였다고 가정하였을 경우에 발생되는 효과로써 가장 적절한 것은?

① 미지급배당금만큼 부채가 증가한다.
② 자본총액이 주식배당액만큼 감소한다.
③ 자본금은 증가하지만 이익잉여금은 감소한다.
④ 주식배당은 배당으로 인한 회계처리가 불필요하므로 자본항목 간의 변동도 없다.

07. 재무상태표상의 자본에 대한 설명으로 틀린 것은?

① 자본금은 법정 납입자본금으로서 발행주식수에 발행가액을 곱한 금액을 말한다.
② 자본잉여금은 증자나 감자 등 주주와의 거래에서 발생하여 자본을 증가시키는 잉여금이다.
③ 자본조정은 당해 항목의 성격으로 보아 자본거래에 해당하나 최종 납입된 자본으로 볼 수 없거나 자본의 가감 성격으로 자본금이나 자본잉여금으로 분류할 수 없는 항목이다.
④ 이익잉여금은 손익계산서에 보고된 손익과 다른 자본항목에서 이입된 금액의 합계액에서 배당 등으로 처분된 금액을 차감한 잔액이다.

08. 배당에 관한 설명으로 잘못된 것은?

① 주식배당은 순자산의 유출이 없이 배당효과를 얻을 수 있다.
② 주식배당 후에도 자본의 크기는 변동이 없다.
③ 미교부주식배당금이란 이익잉여금처분계산서상의 주식배당액을 말하며 주식교부시에 자본금계정과 대체된다.
④ 주식배당 후에도 발행주식수는 변동이 없다.

09. 다음 중 자본거래에 대한 설명으로 가장 옳지 않은 것은?

① 유상증자시 발행되는 주식은 반드시 액면금액으로 발행할 필요는 없다.
② 무상증자의 경우 자본금의 증가를 가져온다.
③ 주식할인발행차금은 주식발행초과금의 범위내에서 상계처리하고 잔액은 자본조정으로 회계처리한다.
④ 자기주식처분이익과 자기주식처분손실은 자본조정으로 회계처리한다.

10. 다음 중 자본항목에 관한 설명으로 가장 옳은 것은?

① 결손보전을 위해 상계하는 잉여금은 임의적립금, 이익준비금, 기타법정적립금 및 자본잉여금의 순서로 처리한다.
② 주식발행의 경우 발생하는 등록비, 법률 및 회계자문 수수료는 당기비용으로 계상하지 아니하고 주식발행초과금에서 차감하거나 주식할인발행차금에 가산한다.
③ 주식할인발행차금은 주식발행연도 또는 증자연도부터 3년 이내의 기간에 정률법에 의해 이익잉여금의 처분으로 상각한다.
④ 이익준비금은 매 결산기에 현금배당액 및 주식배당액의 10분의 1 이상을 자본금의 2분의1에 달할 때까지 적립한다.

11. 다음 내용 중 자본의 실질적인 감소를 초래하는 것으로 적합한 것을 모두 묶은 것은?

> 가. 주주총회의 결의에 의하여 주식배당을 실시하다.
> 나. 주주총회의 결의에 따라 주당 8,000원으로 50,000주를 유상증자하다.
> 다. 이사회 결의에 의하여 중간배당으로 현금배당을 실시하다.
> 라. 결손금 보전을 위해 이익준비금을 자본금에 전입하다.
> 마. 만기보유증권을 매도가능증권으로 재분류에 따른 평가손실이 발생하다.

① 가, 나   ② 나, 다   ③ 다, 라   ④ 다, 마

12. 다음 중 성격이 나머지 셋과 다른 하나는?

① 주식발행초과금   ② 감자차익   ③ 감자차익   ④ 자기주식처분이익

13. 다음 중 이익잉여금 항목에 해당하지 않는 것은?

① 이익준비금   ② 임의적립금   ③ 주식발행초과금   ④ 미처분이익잉여금

Chapter 4 부채와 자본에 관한 거래

14. 다음 중 자본의 분류와 해당 계정과목의 연결이 올바르지 않은 것은?

    ① 자본금 : 보통주자본금, 우선주자본금
    ② 자본잉여금 : 주식발행초과금, 자기주식처분이익
    ③ 자본조정 : 감자차익, 감자차손
    ④ 이익잉여금 : 이익준비금, 임의적립금

15. 다음 중 주식회사의 자본 구성 요소에 관한 설명으로 바르게 짝지은 것은?

    ㉠은 1주의 액면금액에 발행한 주식수를 곱한 금액이다.
    ㉡은 영업활동과 직접적인 관계가 없는 자본거래에서 생긴 잉여금이다.
    ㉢은 회사의 영업활동 결과로 발생한 순이익을 원천으로 하는 잉여금이다.

	㉠	㉡	㉢
①	적립금	자본잉여금	이익잉여금
②	자본금	자본잉여금	이익잉여금
③	자본금	이익잉여금	자본잉여금
④	적립금	이익잉여금	자본잉여금

16. ㈜삼성은 결산시 회사자본의 구성내용이 자본금 50,000,000원 자본잉여금 3,000,000원, 이익준비금 70,000,000원이었고, 당해 연도의 당기순이익은 500,000원이었다. 현금배당을 300,000원을 할 경우 이익준비금으로 적립해야 할 최소금액은 얼마인가?

    ① 30,000원   ② 50,000원   ③ 70,000원   ④ 100,000원

17. 주식발행회사가 이익배당을 주식으로 하는 경우(주식배당) 배당 후 상태변화로 가장 옳지 않은 것은?

    ① 배당 후 이익잉여금은 증가한다.   ② 배당 후 자본금은 증가한다.
    ③ 배당 후 총자본은 불변이다.   ④ 배당 후 발행주식수는 증가한다.

PART 1 재무회계이론

단원학습문제 해답

01 ④ 충당부채는 최초의 인식시점에서 의도한 목적과 용도에만 사용하여야 한다. 다른 목적으로 충당부채를 사용하면 상이한 목적을 가진 두 가지 지출의 영향이 적절하게 표시되지 못하기 때문이다.(일반기업회계기준 14.15)

02 ① 사채할인발행차금은 유효이자율법을 적용하여 상각하여 상각한 금액을 당해 기간 동안의 사채이자(비용)에 가감하여야 한다.

03 ④ 정상적인 영업주기 내에 소멸할 것으로 예상되는 부채는 보고기간 종료일로부터 1년이내에 결제되지 않아도 비유동부채로 분류할 수 없다.

04 ② 투자자의 입장에서 할증발행의 경우 투자시점에 액면가액보다 높게 구입하는 것이기 때문에 높게 구입된 금액만큼 매년 이자수익에서 분할하여 차감한다. 따라서 인식하는 이자수익은 매년 감소한다.

05 ③ 자본의 증가는 유상증자(①의 경우), 자기주식의 처분(②의 경우), 현물출자(④의 경우) 등이 있다. 유상감자(③의 경우)의 경우에는 실질적인 자본이 감소하게 된다.

06 ③ 주식배당 결의일에 (차)미처분이익잉여금XXX (대)자본금XXX 회계처리를 하므로 자본금은 증가하고 이익잉여금은 감소한다. 자본항목간의 변동만 있으므로 자본총액은 변동이 없다.

07 ① 자본금은 법정 납입자본금으로서 발행주식수에 액면가액을 곱한 금액을 말한다.

08 ④ 주식배당 후에는 발행주식수가 증가한다.

09 ④ 자기주식처분이익은 자본잉여금으로 회계처리하며, 자기주식처분손실은 자기주식처분이익의 범위내에서 상계처리하고 잔액은 자본조정으로 회계처리한다.

10 ② 주식발행시에 발생하는 비용은 주식발행초과금 또는 주식할인발행차금에서 차가감하여 인식한다.

11 ④ '가', '라'는 자본의 변동은 없다. '나'는 자본이 증가한다.

12 ③ 자본잉여금의 항목은 주식발행초과금, 감자차익, 자기주식처분이익 등이 있다.

13 ③ 이익잉여금 항목으로 이익준비금, 기타법정적립금, 임의적립금, 미처분이익잉여금 등이 있다.

14 ③ 자본조정 항목 : 자기주식, 감자차손, 주식할인발행차금, 자기주식처분손실 등이 있다.

15 ② 자본금=발행주식수×1주의 액면금액, 영업활동이 아닌 자본거래에서 발생된 잉여금은 자본잉여금이라 하며 영업활동에서 발생된 잉여금을 이익잉여금이라 한다.

16 ① 이익준비금은 현금배당이 있는 경우한해 적립되며, 법정자본금의 1/2이 될 때까지 적립한다.
       적립금액은 현금배당액의 10%를 적립해야 한다.

17 ① 이익잉여금을 자본에 전입하기 때문에 이익잉여금은 감소하며, 자본금은 증가한다.

제 5 장
수익 및 비용의 인식

제1절 수익의 인식기준

1 수익인식기준(실현기준)

수익과 비용을 인식하는 방법에는 **현금기준**과 **발생기준**이 있는데, 발생기준이 현금기준보다 기간별로 관련된 수익과 비용을 적절히 대응시켜 정확한 경영성과를 측정하므로 현행기업회계기준에서는 발생기준에 의한 수익과 비용을 인식한다.

1) 발생주의 회계

발생주의란 거래나 그 밖의 사건의 영향을 현금이나 현금성자산의 수취나 지급시점이 아니라, 당해 거래 또는 사건이 발생한 기간에 인식하며 해당기간의 장부에 기록하고 재무제표에 표시하는 것을 말한다.

2) 수익의 인식요건

수익은 다음의 두 가지 요건을 충족한 시점에서 인식한다.

① **실현기준(측정요건)** : 거래상대방으로부터 거래 대가를 수령할 권리를 확보했다는 것을 의미한다. 즉, 수익금액을 신뢰성 있게 측정할 수 있고 경제적효익의 유입가능성이 높아야 한다.

② **가득기준(발생요건)** : 거래상대방에 대한 경제적 효익 제공의무를 이행 완료했다는 것을 의미한다. 즉, 수익획득과정과 관련된 경제적 의무를 완수하여 수익을 얻을 만한 자격이 있어야 한다.

2 재화의 판매

재화의 판매란 ①**상품이나 제품의 인도**와 ②**대금청구권의 확정** 이 두 가지 요건이 충족되는 경우를 말한다. 많은 기업들의 영업활동과정상 재화의 판매는 수익이 가득되기 위한 결정적인 사건(가득요건)이며, 재화의 판매시점에서는 교환거래가 발생하므로 측정이 용이(실현요건)하기 때문에 대부분의 수익인식방법으로 **판매기준(인도기준)**이 적용된다.

1) 위탁판매

위탁판매란 자기의 상품을 타인에게 판매를 부탁하여 판매하는 방법을 말한다. 그러므로 상품판매를 의뢰한(위탁)시점에 수익을 인식하는 것이 아니라, **수탁자가 수탁자산을 판매한 시**

점에 수익을 인식하여야 한다.

결산일까지 판매되지 않은 위탁품(적송품)이 창고에 없다고 할지라도 수탁자가 판매를 완료할 때까지 이를 **기말재고자산에 포함**시켜야 한다.

2) 시송품 판매

시송품판매란 주문을 받지 않고 상품 등을 고객에게 인도하여 고객이 그 상품을 사용한 후 매입의사를 표시한 경우 수익을 인식하는 판매방식을 말한다. 그러므로 **시송품판매의 수익인식 시점은 고객이 매입의사표시를 한 시점에 인식한다.** 그 이유는 상품은 인도하였으나 고객이 매입의사표시를 하기 전까지는 상품의 소유에 따른 위험과 보상이 매입자에게 이전되지 않았기 때문이다. 따라서 기말 현재 고객으로부터 매입의사표시가 없는 **시송품은 창고에 없다고 할지라도 판매자의 기말재고자산에 포함**시켜야 한다.

3 용역의 제공

용역의 제공으로 인한 수익의 인식은 원칙적으로 **진행기준**에 의하여 인식한다.

① **건설용역** : 건설용역은 원칙적으로 진행기준에 의하여 인식한다. 다만, 중소기업의 경우 완성기준을 선택할 수 있다.

② **광고용역** : 광고제작사의 광고제작용역수익은 진행기준으로 수익을 인식하며, 방송사의 광고수익은 광고를 대중에게 전달하는 시점에서 수익을 인식한다.

③ **주문형 소프트웨어의 개발용역** : 주문 개발하는 소프트웨어의 대가로 수취하는 수수료는 진행기준에 따라 수익을 인식한다. 이 때 진행률은 소프트웨어의 개발과 소프트웨어 인도 후 제공하는 지원용역을 모두 포함하여 결정한다.

④ **입장료** : 행사가 개최되는 시점에 인식하며, 하나의 입장권으로 여러 행사에 참여 할 수 있는 경우의 입장료수익은 각각의 행사를 위한 용역의 수행된 정도가 반영된 기준에 따라 각 행사에 배분하여 인식한다.

⑤ **수강료** : 수강료는 강의기간에 걸쳐 수익을 인식한다.

제2절. 비용의 인식기준

비용이란 자산의 유출이나 감소 또는 부채의 증가에 따라 자본의 감소를 초래하는 특정 보고기간 동안에 발생한 경제적효익의 감소로서 자본의 감소 및 지분의 분배와 관련된 것을 제외한 금액을 말한다.

1 비용인식기준(발생기준)

비용의 인식이란 비용의 발생시점 또는 보고시점에 관한 것으로 비용이 귀속되는 보고기간을 결정하는 것이다. 비용의 경우도 수익과 마찬가지로 기업의 경영활동 전 과정을 통해서 발생하므로 재화나 용역의 사용·소비로 미래경제적효익이 감소하고 이를 신뢰성있게 측정할 수 있을 때 손익계산서에 인식해야 한다.

1) 수익·비용 대응의 원칙

수익획득과 인과관계가 성립하는 수익의 인식시점에서 비용을 인식하는 것을 말한다. 예를 들어 매출수익을 얻기 위한 제품이나 상품의 제조(구입)원가는 관련수익과 개별적으로 명확하게 인과관계를 가지고 있으므로 그 제품(상품)으로 인한 수익이 실현되는 시점에서 비용으로 인식하게된다. 또한 판매수수료나 판매운임 등도 수익획득과 직접적인 관련이 있으므로 수익인식시점에서 비용으로 인식한다.

2) 합리적이고 체계적인 방법에 의한 기간배분

특정 수익과 직접적인 인과관계를 명확히 알 수 없지만 발생한 원가가 일정기간 동안 수익창출활동에 기여한 것으로 판단되면 해당되는 기간에 합리적이고 체계적으로 배분하는 것을 말한다. 대표적으로 감가상각비와 무형자산에 대한 상각비 등을 그 예로 들 수 있다.

3) 당기에 즉시 인식(간접대응)

위의 ①, ②와 같은 방법에 의하여 비용을 인식할 수 없을 때, 즉 당기에 발생한 원가가 미래경제적효익을 제공하지 못하거나 미래경제적효익의 가능성이 불확실한 경우에 발생 즉시 비용으로 인식하는 것을 말한다. 일반관리비나 광고선전비 등을 그 예로 들 수 있다.

제3절　결산정리사항

1 기업의 기말정리사항의 정리

「**기말정리사항**」이란 기중에 발생한 거래를 집계한 「**결산 전 잔액시산표**」의 금액은 적정한 기간손익을 반영하지 못한다. 그 이유는 아직 발생기준에 따라 모든 과목의 금액이 조정되지 않았기 때문이다. 즉, 결산수정분개는 회계기간 중 현금기준의 회계처리 내용을 발생기준에 맞도록 회계처리를 통한 **기간정리분개**를 하는 것이다.

(1) 발생주의 회계

1) 손익의 이연

당기에 지급된 비용이나, 수입된 수익 중에서 차기의 것이 포함된 경우에는 이를 수익, 비용에서 차감하여 차기로 이월시키는 것을 **손익의 이연**(移延)이라 한다.

① **수익의 이연** : 당기에 수입된 수익 중 차기에 속하는 금액은 당기의 수익에서 차감하여 선수금의 성질을 가진 부채로 차기에 이월하여야 한다. 즉, 선수분은 해당 수익계정의 차변에 기입하는 동시에 [**선수수익**]이라는 일시적인 부채계정을 설정하여 대변에 기입한다.

수익 1년분 선수입	현　　　　금	×××	해 당 수 익 항 목	×××
미경과분 수익계상	해 당 수 익 항 목	×××	선　수　수　익	×××

② 비용의 이연 : 당기에 지급한 비용 중 차기에 속하는 금액은 당기의 비용에서 차감하여 선급금의 성질을 가진 자산으로 차기에 이월하여야 하는 것을 비용의 이연이라 한다. 즉, 미경과 된 비용을 계산하여 비용 계정의 대변에 기입하는 동시에 [**선급비용**]이라는 일시적인 자산계정을 설정하여 대변에 기입한다.

비용선지급	해 당 비 용 항 목	×××	현　　　　금	×××
미경과분비용계상	선　급　비　용	×××	해 당 비 용 항 목	×××

2) 손익의 예상

　당기에 속하는 수익이나 비용 중에서 결산 시까지 미수액 또는 미지급액의 상태에 있을 경우를 예상하여 수익이나 비용에 가산하는 것을 손익의 예상이라 한다. 기업회계기준은 수익·비용의 인식은 [발생주의 원칙]에 의한다. 수익 및 비용의 예상은 당기에 발생이 완료되었으나 결산일 까지 수입되지 않았거나, 지급되지 않은 비용도 당기 수익과 비용으로 인식되어야 한다는 취지이다. 그러므로 결산일에 수익 및 비용계정을 정산하여 손익을 예상하여야 한다.

　① **수익의 예상** : 당기에 속하는 수익으로서 미수분이 있을 경우에는 당기의 수익에 가산하는 동시에 미수금의 성질을 가진 자산으로 차기로 이월하여야 한다. 즉, 미수분에 해당하는 수익계정의 대변에 기입하는 동시에 [미수수익]이라는 일시적인 자산계정을 설정하여 차변에 기입한다.

미수수익계상	미 수 수 익	×××	해 당 수 익 항 목	×××

　② **비용의 예상** : 미지급비용은 당기에 이미 비용으로 발생되었으나 아직 미지급된 비용으로 이는 장래에 지급해야할 부채에 해당한다. 발생주의 원칙에 따라 이미 발생된 비용은 미지급상태라 하더라도 당기 비용으로 처리하여야 하며, 미지급을 표시하는 부채계정인 [미지급비용]계정으로 차기에 이월한다.

당기 미지급 비용	해 당 비 용 항 목	×××	미 지 급 비 용	×××

(2) 자산 및 부채의 평가

　기말 결산에 있어 재무상태표에 인식되기 위해서는 모든 자산과 부채는 결산일 현재 현금으로 교환받거나 이행할 수 있는 가치로 측정하여 재무상태표에 인식해야 하는데, 이런 일련의 과정을 「평가」라 하며 다음과 같은 사항을 검토하여야 한다.

1) 기말재고자산의 평가

　기말 결산시에는 재고자산에 한해서 **장부재고수량**과 **실지재고수량**을 검수하여 [재고자산감모손실]이 있는지 확인해야 하며, 장부가액을 시장에서 현금으로 교환할 수 있는 [순실현가치]가 어떻게 변했는지를 검토하여야 한다.

2) 대손충당금의 설정

　기업의 채권 잔액이 아직 회수되지 않은 경우 해당 잔액은 차기이후에 모두 회수된다는 보장이 없다. 그러므로 차기이후에 회수불능 처리될 채권금액을 추정하여 당기에 비용으로 처리하여야 한다. 이렇게 미리 비용으로 처리하는 이유는 기업회계기준에서 요구하는 「**수익·비용대응의 원칙**」규정을 수용해야 하기 때문이다.

3) 유형자산 및 무형자산의 감가상각비 검토

기업이 갖고 있는 영업용 **[유형자산 및 무형자산]**은 사용가치가 매년 감소하게 되는데, 이것을 **감가상각비**라 한다. 기업회계기준에서는 이렇게 유형자산가치가 감소되는 금액을 추정하여 기간에 배분하도록 하고 있다.

4) 유가증권의 공정가치 평가

유가증권은 시장성이 있는 것과 시장성이 없는 것으로 구분할 수 있다. 기업회계기준에서는 시장성이 있는 유가증권에 대해서는 「**공정가치법**」을 선택하도록 하고 있으므로 반드시 **유가증권평가손익**을 인식하여야 한다. 하지만, 시장성이 없는 경우에는 「**원가법**」을 선택하므로 평가손익은 인식되지 아니한다.

5) 당기 퇴직급여충당부채의 추정

기업은 매년 말에 기업의 모든 임직원이 일시에 퇴직하는 경우 지급되어야 할 상당액을 **퇴직금추계액**이라 하며, 퇴직금추계액 상당액을 **[퇴직급여충당부채]**로 하여 기업 내부에 적립하여야 한다.

예제 5-1 기말정리분개 총정리

다음의 기초잔액시산표를 참고하여 기말정리사항을 분개하시오.(결산은 연1회, 회계기간은 1월 1일부터 12월 31일까지 이다.)

잔 액 시 산 표

㈜다음   (단위 : 원)

차변		대변	
현　　　　　　　금	5,200,000	외　상　매　입　금	6,000,000
보　통　예　금	15,000,000	지　급　어　음	2,000,000
외　상　매　출　금	15,000,000	대 손 충 당 금 (외 상)	70,000
받　을　어　음	9,000,000	대 손 충 당 금 (어 음)	100,000
단 기 매 매 증 권	2,600,000	가　수　금	350,000
가　지　급　금	400,000	건물감가상각누계액	12,500,000
현　금　과　부　족	20,000	비품감가상각누계액	2,250,000
상　　　　　품	45,000,000	퇴 직 급 여 충 당 부 채	12,000,000
건　　　　　물	50,000,000	상　품　매　출	70,000,000
비　　　　　품	9,000,000	이　자　수　익	620,000
보　험　료	1,200,000	임　대　료	600,000
임　차　료	800,000		
소　모　품　비	600,000		

[기말정리사항]

⑴ 기말상품재고액 5,000,000원
⑵ 매출채권의 1%를 대손충당금을 설정하다.(차액보충법에 의할 것)
⑶ 단기매매증권의 공정가치는 2,800,000원에 평가 되었다.
⑷ 건물과 비품에 대하여 감가상각비를 계상하였다.(건물 : 정액법 내용년수 20년 잔존가치 0, 비품 : 정률법 정률 25%)
⑸ 가지급금은 전액 여비로 판명되었으며, 가수금은 전액 거래처의 선수금으로 판명되었다.
⑹ 현금과부족계정을 정리하시오.
⑺ 당기 퇴직금 추계액은 15,000,000원을 계상하였다.
⑻ 보험료 미경과액 400,000원을 계상하다.
⑼ 당기분 임차료 1,000,000원을 계상하다.
⑽ 소모품 사용액은 500,000원이다.
⑾ 당기 이자 미수액 120,000원을 계상하다.
⑿ 임대료 선수분은 200,000원이다.

Chapter 5 수익 및 비용의 인식

예제해설

1. 기말상품재고액 5,000,000원

상 품

	45,000,000	상품매출원가	40,000,000
		기 말 재 고 액	5,000,000

차변과목	금액	대변과목	금액
상 품 매 출 원 가	40,000,000	상　　　　품	40,000,000

2. 대손충당금의 설정

　　외상매출금 잔액 × 1% = 대손충당금설정액 - 대손충당금잔액 = 당기비용계상액

　　15,000,000 × 1% - 70,000 = 80,000

　　받을어음잔액 × 1% = 대손충당금설정액 - 대손충당금잔액 = 당기비용계상액

　　9,000,000 × 1% - 100,000 = -10,000

대 손 상 각 비 대 손 충 당 금 (받)	80,000 10,000	대 손 충 당 금 (외) 대 손 충 당 금 환 입	80,000 10,000

3. 단기매매증권의 평가

　　단기매매증권 장부가액 - 단기매매증권 공정가치 = 단기매매증권평가손익

　　2,600,000 - 2,800,000 = 200,000

단 기 매 매 증 권	200,000	단기매매증권평가이익	200,000

4. 비유동자산의 감가상각비 계상

　　(1) 건물(정액법) : 50,000,000 ÷ 20년 = 2,500,000

　　(2) 비품(정률법) : (9,000,000 - 2,250,000) × 25% = 1,687,500

감 가 상 각 비	2,500,000	건물감가상각누계액	2,500,000
감 가 상 각 비	1,687,500	비품감가상각누계액	1,687,500

5. 임시계정의 정리

여 비 교 통 비	400,000	가 지 급 금	400,000
가 　 수 　 금	350,000	선 　 수 　 금	350,000

6. 현금과부족과 개인기업의 인출금 정리

잡 　 손 　 실	20,000	현 금 과 부 족	20,000

7. 퇴직금 추계액의 계산

   퇴직금 추계액 - 장부상 퇴직급여충당부채잔액 = 퇴직급여 충당부채설정

   15,000,000 - 12,000,000 = 3,000,000

퇴 직 급 여	3,000,000	퇴직급여충당부채	3,000,000

8. 선급비용의 계상

선 급 비 용	400,000	보 험 료	400,000

9. 미지급비용의 계산

임 차 료	200,000	미 지 급 비 용	200,000

10. 소모품비의 처리

소 모 품	100,000	소 모 품 비	100,000

11. 미수수익의 계상

미 수 수 익	120,000	이 자 수 익	120,000

12. 선수수익의 계상

임 대 료	200,000	선 수 수 익	200,000

단/원/학/습/문/제

01. 기업회계기준서의 재화의 판매로 인한 수익을 인식하기 위한 조건으로 올바르지 못한 것은?

① 재화의 소유에 따른 위험과 효익의 대부분이 구매자에게 이전된다.
② 수익금액을 신뢰성 있게 측정할 수 있다.
③ 수익금액을 판매일로부터 1개월 내에 획득할 수 있어야 한다.
④ 거래와 관련하여 발생했거나 발생할 거래원가와 관련 비용을 신뢰성 있게 측정할 수 있다.

02. 수익인식에 대한 내용으로 옳지 않은 것은?

① 경제적 효익의 유입 가능성이 매우 높은 경우에만 인식한다.
② 수익금액을 신뢰성 있게 측정할 수 있는 시점에 인식한다.
③ 거래 이후에 판매자가 관련 재화의 소유에 따른 유의적인 위험을 부담하는 경우 수익을 인식하지 않는다.
④ 관련된 비용을 신뢰성 있게 측정할 수 없어도 수익을 인식할 수 있다.

03. 당사는 기계설비제조업을 영위하고 있다. 거래처로부터 2월 1일에 설비납품주문을 받았고, 2월 20일에 납품하여 설치하였다. 계약조건대로 5일간의 시험가동 후 2월 25일에 매입의사 표시를 받았으며, 2월 28일에 대금을 수취하였다. 이 설비의 수익 인식시기는 언제인가?

① 2월 1일   ② 2월 20일   ③ 2월 25일   ④ 2월 28일

04. 다음 중 일반기업회계기준에 따른 재화의 판매로 인한 수익을 인식하기 위하여 충족되어야 하는 조건이 아닌 것은?

① 재화의 소유에 따른 유의적인 위험과 보상이 구매자에게 이전된다.
② 진행률을 신뢰성 있게 측정할 수 있다.
③ 경제적 효익의 유입 가능성이 매우 높다.
④ 수익금액을 신뢰성 있게 측정할 수 있다.

PART 1 재무회계이론

단원학습문제 해답

01 ③ 경제적 효익의 유입 가능성이 매우 높으면 되고, 단기간내에 획득할 것을 전제로 하지는 않는다.(기업회계기준서 4호 12항)

02 ④ 수익과 관련 비용은 대응하여 인식한다. 즉, 특정 거래와 관련하여 발생한 수익과 비용은 동일한 회계기간에 인식한다. 일반적으로 재화의 인도 이후 예상되는 품질보증비나 기타 비용은 수익인식시점에 신뢰성 있게 측정할 수 있다. 그러나 관련된 비용을 신뢰성 있게 측정할 수 없다면 수익을 인식할 수 없다. 이 경우에 재화 판매의 대가로 이미 받은 금액은 부채로 인식한다.(일반기업회계기준 실16.7)

03 ③ 시험가동 후 매입의사를 표시한 경우 조건부 판매에 해당하여 조건이 성취된 후 수익이 실현된 것으로 판정한다.

04 ② 진행률을 측정하여 수익을 인식하는 경우는 용역의 제공으로 인한 수익인식기준이다.(일반기업회계기준 16.11)

PART 02

원가회계 이론

제1장 원가회계의 이해
제2장 원가의 배분
제3장 제품별 원가계산
제4장 제조기업의 결산

제 1 장
원가회계의 이해

PART 2 원가회계이론

제1절 원가회계의 의의

1 원가회계

(1) 원가회계의 의의

제조업은 기성품을 매입하여 판매하는 것이 아니라, 제품생산에 필요한 원재료와 노동력, 기계장치 등의 생산설비와 전기, 가스 등의 용역을 외부로부터 매입하여 기업내부에서 제품을 제조(생산)하는 것이다. 이렇게 제조업에서 생산한 제품에 대한 원가정보를 얻기 위하여 제품 또는 용역의 생산에 소비된 가치를 측정하여 원가를 집계하는 회계시스템을 [원가회계] 또는 [원가계산]이라 한다.

(2) 원가회계의 목적

원가회계는 재무제표를 작성하는데 필요한 원가자료를 제공하고, 경영진의 다양한 의사결정에 필요한 원가정보를 제공하는 것을 목적으로 한다.

1) 재무제표 작성에 필요한 원가정보의 제공
① 손익계산서의 매출원가를 계산하기 위한 원가정보의 제공
② 재무상태표의 제품·재공품 등의 재고자산 가액결정을 위한 원가정보의 제공

2) 원가통제에 필요한 원가정보의 제공
실제로 발생한 원가를 사전에 설정해 놓은 예정원가와 비교해 봄으로써 원가가 과대 또는 과소 발생하거나, 불필요한 원가가 계상되었는지를 검토하여 원가를 통제·관리하는데 필요한 정보를 제공한다.

3) 경영의사 결정에 필요한 원가정보의 제공
경영진이 생산된 제품의 판매가격 결정, 예산편성 및 통제 등 다양한 의사 결정을 내리기 위한 원가정보를 제공한다.

(3) 제조기업의 경영활동

상기업의 경영활동은 구매과정과 판매과정으로 이루어지는 것이 보통이지만, 제조기업의 경영활동은 대체로 「**구매과정·제조과정·판매과정**」으로 이루어진다.

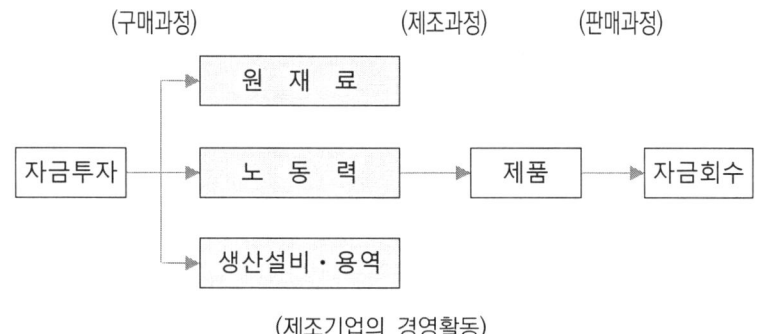

(제조기업의 경영활동)

① **구매과정(외부거래)**: 제품생산을 위하여 원재료를 구입하고 이것을 가공하는 데 필요한 노동력과 기계·공구기구·건물 등의 여러 설비와 수도·토지·전기·가스 등과 같은 모든 용역을 외부로부터 구입하여 제조활동의 준비를 하는 과정이다.
② **제조과정(내부거래)**: 구매과정에서 구입한 각종시설을 이용하고, 노동력을 소비하여 원재료를 가공함으로써 제품을 생산하는 과정이다.
③ **판매과정(외부활동)**: 제조과정을 거쳐 생산된 제품을 외부에 판매하는 과정이다.

2 원가의 개념과 분류

(1) 원가의 일반적 개념

「**원가**(cost)」란 제조기업이 제품을 생산하는데 소비한 모든 원재료·노동력·기타용역의 대가를 말한다. 즉, 특정제품의 생산을 위하여 사용한 경제적인 자원의 가치를 말한다.

1) 원가와 비용의 구분

재무보고를 위하여 제품원가계산에서는 원가와 비용을 명확하게 이해하여야 한다.
① **원가**: 제품의 제조를 목적으로 희생된 경제적 가치
② **비용**: 수익을 창출할 목적으로 희생된 경제적 가치
③ **손실**: 특별한 목적이 없이 희생된 경제적 가치를 말한다.

2) 원가와 비용과의 관계

독일의 경제학자 슈말렌바흐(E. Schmalenbach)는 원가와 비용과의 관계를 「기초원가 · 목적비용 · 부가원가 · 중성비용」으로 나누어 설명하였는데 다음의 이해도와 같다.

중성비용 비용 (○), 원가 (×)	목적비용 비용(○), 원가 (○)	
	기초원가 원가(○), 비용 (○)	부가(기회)원가 원가 (○), 비용 (×)

① **중성비용** : 손익계산서의 비용으로 계상되지만, 원가계산항목이 될 수 없는 비원가항목을 말한다.(예를 들면 손익계산서의 영업외비용 항목들이 여기에 속한다.)

② **목적비용** : 손익계산서와 제조원가명세서에 비용과 원가로 계상되는 항목들을 말한다. (예를 들면 보험료의 경우 본사 및 관리부에서 발생하면 판매비관리비로, 생산부에서 발생하면 제조원가로 분류한다.)

③ **기초원가** : 원가로 계상된 후 비용으로 변하는 항목들로 직접재료원가와 직접노무원가가 여기에 포함된다.

④ **부가원가** : 원가계산의 의사결정 항목에 포함되지만, 원가계산에는 포함되지 않는 항목으로 비용으로 계산도 되지 않는 것을 말한다. 대표적으로 기회원가가 있다.

(2) 원가항목과 비원가항목

원가는 정상적인 제조과정에서 발생하는 것만 포함하고, 비원가항목은 기업의 경영활동을 위하여 소비되는 경제적 가치라 할지라도 전액을 발생기간의 비용 또는 손실로 예상하는 것으로서 다음과 같은 것들이 있다.

① **제조활동과 관계없는 가치의 감소** : 판매활동에서 발생하는 광고선전비 등의 판매비와 기획실 직원의 급여와 같은 관리활동에서 발생하는 일반관리비 등은 원가에 포함하지 않는다.

② **제조활동과 관계가 있더라도 비정상적인 상태에서 발생하는 경제적 가치의 감소** : 돌발적인 기계의 고장으로 인하여 생산 활동이 중지된 기간에 발생하는 임금이나 파업기간의 임금, 갑작스런 정전으로 발생한 불량품의 원가 등은 원가에 포함하지 않는다.

③ **기업목적과 무관한 가치의 감소** : 화재나 도난 등에 의한 원재료나 제품의 감소액은 원가에 포함하지 않는다.

3 원가의 분류

(1) 재무보고목적을 위한 원가분류

재무보고목적을 위한 원가분류는 재무상태표의 재고자산과 손익계산서의 매출원가를 결정하기 위한 것이다. 매출원가는 판매된 제품의 원가이고, 재고자산은 완성된 제품 중 판매되지 않고 재고로 남아 있는 자산이다.

1) 제품원가와 기간원가

원가를 제조활동(기업기능)과의 관련성에 따라 분류하면 제조원가와 비제조원가로 구분된다.

① **제조원가** : 제조활동과정에서 제품제조를 위하여 소비된 원가로써 제품원가를 말한다.
② **기간원가** : 판매 및 관리 활동에 소비된 원가를 말하며, 판매비와 관리비는 기간원가가 되는 것이다.

2) 발생형태에 따른 원가의 분류(원가의 3요소)

① **재료원가** : 제품의 구성요소 중 물질적(物質的) 요소
② **노무원가** : 제품의 구성요소 중 인적(人的) 요소
③ **제조경비** : 제품의 구성요소 중 물질적 요소 및 인적 요소를 제외한 나머지 요소

3) 제품과의 관련성(추적가능성)에 따른 분류

제품과의 관련성이란 원가요소를 특정 제품의 추적 여부를 의미하며, 제조직접원가와 제조간접원가로 구분한다.

① **제조직접원가** : 특정 제품제조에 직접 소비된 원가로 추적 가능한 원가이다. 직접원가에는 직접재료원가, 직접노무원가, 직접경비가 있다.
② **제조간접원가** : 여러 가지 제품제조에 공통적으로 투입된 원가로 인과관계를 파악할 수 없는 원가로 간접재료원가, 간접노무원가, 간접경비가 있다.

4) 원가의 구성

제품의 원가를 구성하는 원가요소는 다음과 같은 단계를 거쳐 판매가격을 구성한다.

PART 2 원가회계이론

【원가의 구성도】

			판 매 이 익	
		판 매 관 리 비		
	제조간접원가			
직접재료원가		제 조 원 가	총 원 가	판 매 가 격
직접노무원가	직 접 원 가			
직접제조경비				

(1) 직접원가 = 직접재료원가 + 직접노무원가 + 직접제조경비
(2) 제조원가 = 직접원가 + 제조간접원가(간접재료원가+간접노무원가+간접제조경비)
(3) 총 원 가 = 제조원가 + 판매비와 관리비
(4) 판매가격 = 총원가 + 판매이익

(2) 원가통제를 위한 원가분류

1) 실제원가와 예정원가

① **실제원가** : 실제원가는 제품의 제조과정에서 실제로 투입된 원가로, 제품이 완성된 이후에 집계되는 원가이다.

② **예정원가** : 실제원가를 이용하여 원가계산을 하면, 여러 가지 한계가 발생한다. 이러한 한계를 극복하기 위하여 사전에 설정된 원가를 예정원가라 한다.

2) 통제가능원가와 통제불능원가

통제가능원가와 통제불능원가는 책임중심점 경영자의 통제가능 여부에 따라 분류한다. 이러한 통제가능원가와 통제불능원가는 **[책임회계]**에 해당하여 특정책임중심점의 성과를 측정할 때 사용되는 원가이다.

① **통제가능원가** : 특정부문의 경영자의 통제범위 내에 있는 원가를 말한다.
② **통제불능원가** : 특정부문의 경영자의 통제범위 밖에 있는 원가를 말한다.

3) 원가행태에 따른 분류

원가행태란, 조업도의 변화에 따라 원가총발생액이 변화되는 모양을 말하는 것으로서 원가 통제목적에 유용한 정보를 제공하기 위한 분류이다.

① **고정원가**(fixed costs)
　　고정원가란 순수고정원가로서 조업도의 증감에 관계없이 일정한 범위의 조업도내에

서 그 총액이 항상 일정하게 발생하는 원가를 말한다. 고정원가의 종류에는 임차료, 보험료, 재산세, 감가상각비 등이 해당된다.

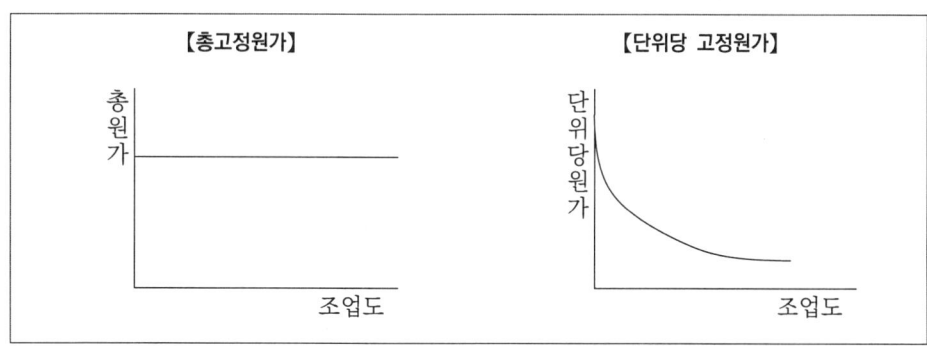

총고정원가	900,000원	900,000원	900,000원
조업도(생산량)	10,000개	20,000개	30,000개
단위당고정원가	@₩90	@₩45	@₩30

② **변동원가**(variable costs)

변동원가란 순수변동원가로서 조업도의 증감에 따라 총원가도 비례적으로 증감하는 원가를 말한다. 변동원가의 종류에는 직접재료원가, 직접노무원가 등이 해당된다.

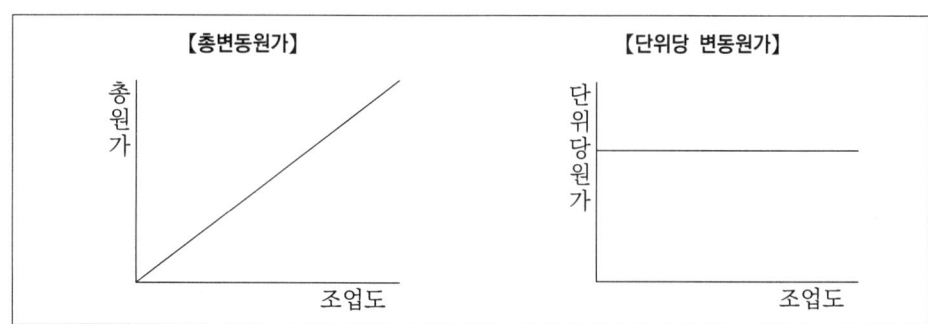

총변동원가	200,000원	400,000원	600,000원
조업도(생산량)	10,000개	20,000개	30,000개
단위당변동원가	@₩20	@₩20	@₩20

③ **준변동원가**(semi-variable costs)

조업도의 증감에 관계없이 발생하는 고정비와 조업도의 증감에 따라 총원가가 증감하는 변동원가가 결합하여 발생하는 원가를 말한다.

④ **준고정원가**(semi-fixed costs)

관련범위 내에서는 일정한 금액의 원가가 발생하지만, 관련범위를 벗어나면 또 일정한 다음 관련범위내에서 일정액만큼 총액이 증가 또는 감소하는 원가를 말한다. 준고정원가는 계단모양의 형태라 하여 계단원가라 하기도 한다.

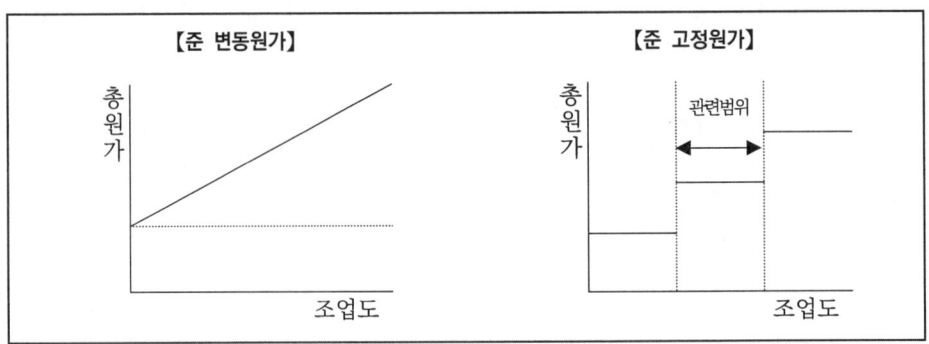

(3) 의사결정과의 관련성에 따른 원가분류

1) 관련원가와 비관련원가

① **관련원가** : 원가계산에서 여러 가지 대안이 있는 경우 대안과 대안간의 차이가 있어 의사결정에 영향을 주는 원가를 말한다.
② **비관련원가** : 대안간의 차이가 없는 원가를 비관련원가라 한다.

2) 차액원가

차액원가란 두 가지 대안간의 총원가 차이를 말한다. 어떤 의사결정이 원가의 증가를 가져오면 증분원가라 하며, 원가의 감소를 가져오면 감분원가라 한다. 예를 제품 1단위의 생산비가 ₩5,000이고 2단위의 생산비가 ₩10,000이라면 차액원가는 5,000원이 되는 것이다.

3) 매몰원가

매몰원가는 이미 발생된 원가로서 현재나 미래에 어떠한 행동을 취하든 간에 변동될 수 없는 원가이다. 따라서 회피할 수 없는 과거(역사적)원가인 것이다.

4) 기회원가

선택 가능한 2개 이상의 대안 중 특정대안을 선택함으로써 포기되는 원가 중 가장 큰 것을 말한다. 여기에 현금의 지출이 있는 경우에는 현금유출액을 포함한다.

단/원/학/습/문/제

01. 다음 중에서 원가회계의 목적과 관련이 가장 적은 것은?

① 재무제표의 작성에 유용한 원가정보를 제공한다.
② 원가통제에 대한 유용한 원가정보를 제공한다.
③ 경영자에게 경영의사결정에 유용한 원가정보를 제공한다.
④ 투자자에게 합리적인 의사결정에 관한 정보제공을 목적으로 한다.

02. 원가에 대한 설명 중 가장 옳은 것은

① 직접재료원가는 기초원가와 가공원가 모두 해당한다.
② 매몰원가는 의사결정과정에 영향을 미치는 원가를 말한다.
③ 고정원가는 조업도와 상관없이 일정하게 증가하는 원가를 말한다.
④ 직접원가란 특정한 원가집적 대상에 추적할 수 있는 원가를 말한다.

03. 원가회계와 관련하여 다음 설명 중 가장 적절하지 않은 것은 어느 것인가?

① 제품원가에 고정제조간접원가를 포함하는지의 여부에 따라 전부원가계산과 종합원가계산으로 구분된다.
② 제품생산의 형태에 따라 개별원가계산과 종합원가계산으로 구분된다.
③ 원가는 제품과의 관련성(추적가능성)에 따라 직접비와 간접비로 구분된다.
④ 원가는 조업도의 증감에 따라 원가총액이 변동하는 변동비와 일정한 고정비로 분류할 수 있다.

04. 원가회계에 있어 고정비와 변동비에 대한 설명 중 옳은 것은?

① 고정비는 관련범위 내에서 조업도가 증가하면 증가한다.
② 변동비는 관련범위 내에서 조업도가 증가하면 일정하다.
③ 고정비는 관련범위 내에서 조업도가 증가하면 단위당 고정비가 감소한다.
④ 변동비는 관련범위 내에서 조업도가 증가하면 단위당 변동비가 증가한다.

05. 일반적으로 조업도가 증가할수록 발생원가 총액이 증가하고, 조업도가 감소할수록 발생원가 총액이 감소하는 원가형태에 해당하는 것은?

① 공장 기계장치에 대한 감가상각비
③ 원재료 운반용 트럭의 보험료
② 공장 건물에 대한 재산세
④ 개별 제품에 대한 포장비용

06. 다음은 ㈜서린전자의 공장의 전기요금고지서 내용이다. 원가 행태의 분류로 옳은 것은?

- 기본요금 : 1,000,000원(사용량과 무관)
- 사용요금 : 3,120,000원(사용량 48,000kW, kW당 65원)
- 전기요금합계 : 4,120,000원

① 고정원가　　② 준고정원가　　③ 변동원가　　④ 준변동원가

07. 제조원가 중 원가행태가 다음과 같은 경우의 원가로서 가장 부적합한 것은?

조업도	100시간	100시간	100시간
총원가	5,000원	5,000원	5,000원

① 재산세　　　　　　　　　② 전기요금
③ 정액법에 의한 감가상각비　　④ 임차료

08. 공장에서 사용하던 화물차(취득원가 3,500,000원, 처분시점까지 감가상각누계액 2,500,000원)가 고장이 나서 매각하려고 한다. 동 화물차에 대해 500,000원 수선비를 투입하여 처분하면 1,200,000원을 받을 수 있지만, 수선하지 않고 처분하면 600,000원을 받을 수 있다. 이 경우 매몰원가는 얼마인가?

① 400,000원　　② 500,000원　　③ 1,000,000원　　④ 1,200,000원

09. 다음 자료에서 기본원가(기초원가)와 가공원가의 합은 얼마인가?

직접재료원가	150,000원	직접노무원가	320,000원
간접재료비	50,000원	간접노무비	80,000원
간접경비	30,000원	광고선전비	300,000원

① 630,000원　　② 760,000원　　③ 930,000원　　④ 950,000원

Chapter 1 원가회계의 이해

단원학습문제 해답

01 ④ · 원가회계의 목적은 재무제표의 작성에 유용한 원가정보의 제공목적
· 원가통제에 대한 유용한 원가정보를 제공하는 목적
· 경영의사결정에 유용한 원가정보제공 목적

02 ① 제품과의 관련성 즉, 추적가능성에 따라 직접원가와 제조간접원가로 분리한다.

03 ① 고정제조간접원가의 포함여부에 따라 전부원가계산과 변동원가계산으로 구분한다.

04 ③ 고정원가는 총고정원가는 일정하나 조업도의 증감에 따라 단위당 고정원가는 변동된다.

05 ④ 감가상각비, 재산세, 보험료는 고정원가이며 포장비용은 변도원가에 해당한다.

06 ④ 기본요금이 존재하는 가운데 조업도의 변동에 따라 총원가가 같이 증가하는 원가를 준고정비라 한다.

07 ③ 조업도가 증가해도 총원가가 일정한 원가를 고정원가라 하며, 대표적인 고정원가는 감가상각비, 임차료, 재산세 등이 있다.

08 ③ 매몰원가에 대한 문제로 매몰원가는 이미 투자가 완료된 원가로 의사결정에 영향을 주지 않는 역사적 원가를 말한다. 감가상각자산의 경우에는 감가상각누계액을 차감한 장부가액이 역사적원가이다.

09 ④
- 기초원가=직접재료원가+직접노무원가(150,000원+320,000원)
- 가공원가=직접노무원가+제조간접원가(320,000원+50,000원+80,000원+30,000원)
- 기초원가(470,000원)+가공원가(480,000원)=950,000원

제2절 원가의 흐름

1 원가계산 단계

원가계산은 기업의 기능에 따라 제조원가계산과 판매비와 관리비의 계산으로 구별할 수 있다. 이 중 제조원가계산에서는 최종적으로는 제품별로 원가를 집계하여 제품 1단위당의 원가를 계산하는 것을 궁극적인 목표로 하고 있다. 제품 1단위당의 원가는 다음의 3단계 과정을 거쳐 계산된다.

1) 요소별 원가계산

요소별 원가계산이란 「재료원가 · 노무원가 · 제조경비」의 원가의 3요소별로 원가소비액을 집계하는 과정을 말한다. 이런 요소별 원가계산은 재무회계와 가장 밀접하게 연결되어 있으며, 다음 단계인 부문별 원가계산과 제품별 원가계산을 위한 기초적 준비단계이다.

2) 부문별 원가계산

부문별 원가계산이란 원가를 제품의 중심이 아니라 원가의 발생 장소별로 집계하여 제품에 배부하는 단계이다. 보통 직접원가는 제품에 직접부과 되지만 간접원가는 그렇지 못하다. 그러므로 우선 간접원가가 발생된 부문별로 집계하여 각 부문의 원가를 계산한 후 계산된 원가를 각 부문을 통과한 제품의 인과관계를 적용하여 배분하는 단계이다.

3) 제품별 원가계산

제품별 원가계산은 원가계산의 최종단계로 각 제품별로 원가를 집계하는 단계를 말한다.

2 요소별 원가의 흐름

원가계산은 원가요소계정에서 소비액을 산출하여 [재공품]계정에 대체된 후 **재공품**계정에서 **제품**을 완성하는 구조로 되어 있다.

1) 재료원가의 원가흐름

구매과정을 통하여 구입된 재료 중에 제품의 제조를 위하여 투입된 재료를 재료원가라 한다. 재료원가는 제품과의 관련성에 따라 특정제품을 위해 소비되어 그 제품의 원가를 직접 추적할 수 있는 직접재료원가와 여러 제품에 공통으로 투입되어 추적할 수 없는 간접재료원가로 구분되어진다.

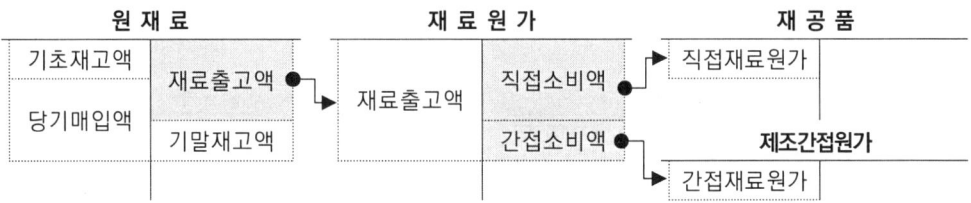

회계상 거래	차변과목		대변과목	
원재료의 매입	원 재 료	×××	외상매입금	×××
원재료의 출고	재 료 원 가	×××	원 재 료	×××
원재료의 소비	재 공 품 제조간접원가	××× ×××	재 료 원 가	×××

예제 1 재료원가의 흐름

다음 재료에 관한 거래를 분개하고, 아래의 계정에 기입하여 마감하시오.

(1) 월초재료재고액 200,000원   월말재료재고액 300,000원
(2) 원재료 1,300,000원을 외상으로 매입하였다.
(3) 제품의 제조를 위하여 원재료 1,200,000원을 생산부에 출고하였다.
(4) 생산부는 출고된 원재료 중 1,000,000원은 직접비로 소비하였으며, 나머지는 간접비로 소비하였다.

	원재료		재료원가

	재공품		제조간접원가

예제해설

	차변과목	금액	대변과목	금액
(1)	원 재 료	1,300,000원	외 상 매 입 금	1,300,000원
(2)	재 료 원 가	1,200,000원	원 재 료	1,200,000원
(3)	재 공 품 제 조 간 접 원 가	1,000,000원 200,000원	재 료 원 가	1,200,000원

```
              원재료                                   재료원가
전 월 이 월    200,000  재 료 원 가  1,200,000    원  재  료  1,200,000  제      좌  1,200,000
외 상 매 입 금 1,300,000  차 월 이 월    300,000
              1,500,000                1,500,000

              재공품                                  제조간접원가
재 료 원 가   1,000,000                         재료원가    200,000
```

2) 노무원가의 원가흐름

노무원가란 종업원이 제조활동에 제공한 노동의 대가로 소비된 원가이며 특정제품을 위해 소비되어 그 제품의 원가를 직접 추적할 수 있는 직접노무원가와 여러 제품에 공통으로 투입되어 추적할 수 없는 간접노무원가로 구분된다.

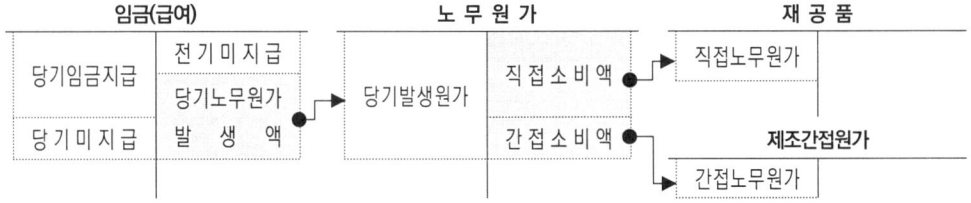

회계상 거래	차변과목		대변과목	
임금의 지급	임 금	×××	현 금	×××
당월임금 발생액	노 무 원 가	×××	임 금	×××
노무원가 소비액	재 공 품 제 조 간 접 원 가	××× ×××	노 무 원 가	×××

예제 2 노무원가의 흐름

다음 임금에 관한 거래를 분개하고, 아래의 계정에 기입하여 마감하시오.

⑴ 전월 임금미지급액 250,000원   당월 임금미지급액 350,000원
⑵ 당월분 임금 1,650,000원을 현금으로 지급하였다.
⑶ 제품제조를 위하여 발생된 인건비는 1,750,000원이며, 전액 노무원가계정으로 대체하였다.
⑷ 생산부에서 소비된 노무원가 중 1,000,000원은 직접원가로 나머지는 간접원가로 확인되었다.

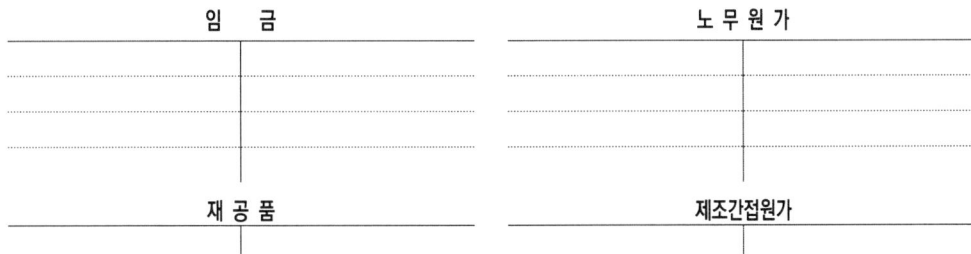

PART 2 원가회계이론

예제해설

	차변과목	금액	대변과목	금액
(1)	임 금	1,650,000원	현 금	1,650,000원
(2)	노 무 원 가	1,750,000원	임 금	1,750,000원
(3)	재 공 품 제 조 간 접 원 가	1,000,000원 750,000원	노 무 원 가	1,750,000원

```
            임          금                              노 무 원 가
현    금    1,650,000 | 전월이월    250,000    임    금  1,750,000 | 제    좌   1,750,000
차월이월     350,000 | 노 무 원 가 1,750,000
             2,000,000              2,000,000

            재 공 품                                    제조간접원가
노 무 원 가  1,000,000 |                       노 무 원 가   750,000 |
```

3) 제조경비의 원가흐름

제조경비란 재료원가와 노무원가 원가 외에 전력비·가스료·수도료·감가상각비 등과 같은 형태로 발생하는 원가를 말하는데 원가항목과 비원가항목으로 나뉜다. 원가항목이란 제조활동에 정상적으로 기여한 부분으로 거의 모든 원가가 제조간접원가로 발생되며 비원가항목은 기간비용 또는 영업외비용으로 인식한다.

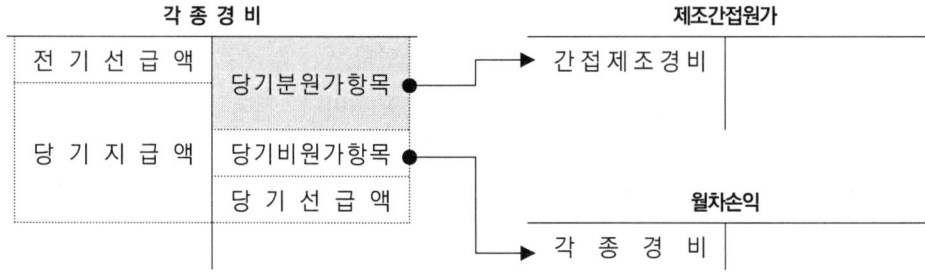

회계 상 거래	차변과목		대변과목	
당기 분 경비지급	각 종 경 비	×××	현 금	×××
당기 분 경비소비	재 공 품 제 조 간 접 원 가	××× ×××	각 종 경 비	×××

Chapter 1 원가회계의 이해

예제 3 제조경비의 흐름

다음 제조경비와 관련된 거래를 분개하고, 아래의 계정에 기입하여 마감하시오. 제조경비계정은 생략하는 것으로 한다.

(1) 보험료 전월선급액 300,000원   당월선급액 200,000원
(2) 보험료 700,000원을 현금으로 지급하였다.
(3) 당월 보험료 소비액 중 500,000원은 제조간접원가 계정에 대체하고, 나머지는 관리부 발생액으로 판매비와 관리비계정에 대체하였다.

보 험 료	제조간접원가
	판매비와 관리비

예제해설

	차변과목	금액	대변과목	금액
(1)	보 험 료	700,000원	현 금	700,000원
(2)	제 조 간 접 원 가 판 매 비 와 관 리 비	500,000원 300,000원	보 험 료	800,000원

```
                  보 험 료
전 월 이 월   300,000 | 제    좌      800,000
현      금    700,000 | 차 월 이 월    200,000
             1,000,000              1,000,000

                제조간접원가
보 험 료     500,000 |

               판매비와 관리비
보 험 료     300,000 |
```

3 원가의 집계(제품제조원가의 산출)

1) 제조간접원가 계정

제조간접원가는 각 제품별로 추적하기 어려운 간접재료원가 · 간접노무원가 · 간접제조경비를 집계한 계정이다. 이렇게 집계된 제조간접원가는 재공품계정으로 대체하여 각각의 제품에 일정한 배부기준에 따라 배부하게 된다.

2) 재공품 계정

재공품계정은 모든 원가요소가 집계되는 계정이다. 재공품계정에서 직접재료원가, 직접노무원가, 제조간접원가 등 원가가 집계되며 이렇게 집계된 총원가에서 미완성된 기말재공품원가를 차감하여 당기 완성품 원가를 집계한다.

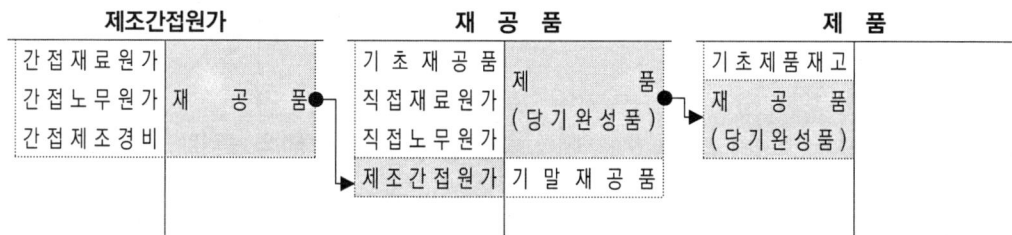

회계상 거래	차변과목	대변과목
제조간접원가의 제품배부	재 공 품　×××	제조간접원가　×××
당기제품제조원가의 대체	제 품　×××	재 공 품　×××

3) 제품계정

제품은 재무상태표에 기록되는 재고자산이다. 이 제품계정의 차변에는 재공품계정에서 대체된 당기완성품원가를 기입하고, 대변에는 판매된 제품의 매출원가를 산출하여 매출원가계정에 대체한다.

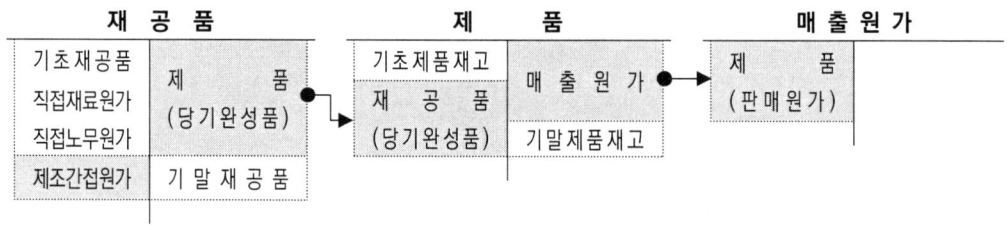

회계상 거래	차변과목	대변과목
당기제품제조원가의 대체	제 품　×××	재 공 품　×××
제품 매출	매 출 원 가　×××　 외상매출금　×××	제 품　×××　 제 품 매 출　×××

Chapter 1 원가회계의 이해

예제 4 제조간접원가의 흐름

다음 제조간접원가와 재공품계정에 관한 사항을 분개하고, 아래의 계정에 기입마감하시오.

(1) 재료원가 소비액 : 직접재료원가 1,000,000원, 간접재료원가 200,000원
(2) 노무원가 소비액 : 직접노무원가 1,000,000원, 간접노무원가 750,000원
(3) 제조경비 소비액 : 간접제조경비 550,000원(보험료)
(4) 제조간접원가를 제품에 배부하다.
(5) 기말재공품재고액은 700,000원을 계상하였다.

제조간접원가		재 공 품	
		전 기 이 월 200,000	

제 품	
전 기 이 월 500,000	

예제해설

	차변과목	금액	대변과목	금액
(1)	재 공 품	1,500,000원	제 조 간 접 원 가	1,5000,000원
(2)	제 품	3,000,000원	재 공 품	3,000,000원

제조간접원가		
재 료 원 가	200,000	재 공 품 1,500,000
노 무 원 가	750,000	
보 험 료	550,000	
	1,500,000	1,500,000

재 공 품			
전 기 이 월	200,000	제 품	3,000,000
재 료 원 가	1,000,000	차월이월	700,000
노 무 원 가	1,000,000		
제조간접원가	1,500,000		
	3,700,000		3,700,000

제 품	
전 기 이 월 500,000	
재 공 품 3,000,000	

4) 매출계정과 매출원가 계정

매출계정은 제품의 판매액을 기록하기 위해서 사용되는 계정이며 수익계정이다. 제품이 판매되면 판매가액으로 매출계정의 대변에 기입하며 결산 시에 손익계정에 대체한다. 매출원가계정은 제품이 판매되면 이익을 측정하기 위하여 매출의 대응계정으로 사용된다.

제 품		매출원가		월차손익	
기초제품재고	매출원가	제 품	월차손익	매출원가	매출액
재공품 (당기완성품)	기말제품재고				

매 출	
월차손익	외상매출금

회계상 거래	차변과목		대변과목	
제품 매출	매 출 원 가	×××	제 품	×××
	외 상 매 출 금	×××	제 품 매 출	×××
손익계정대체	월 차 손 익	×××	매 출 원 가	×××
	제 품 매 출	×××	월 차 손 익	×××

예제 5 제품의 판매 및 손익대체

다음 제품에 관한 사항을 정리하여, 매출원가, 매출액계정에 전기한 후 마감하시오.

(1) 월초제품재고액 : 500,000원
(2) 당월제품제조원가 : 3,000,000원
(3) 월말제품재고액 : 800,000원
(4) 당월제품매출액 : 3,000,000원(전액 외상)

제 품			
전기이월	500,000		

매 출 원 가			

제 품 매 출			

월 차 손 익			

Chapter 1 원가회계의 이해

 예제해설

	차변과목	금액	대변과목	금액
(1)	외 상 매 출 금 매 출 원 가	3,000,000원 2,700,000원	제 품 매 출 제 품	3,000,000원 2,700,000원
(2)	제 품 매 출 월 차 손 익	3,000,000원 2,700,000원	월 차 손 익 매 출 원 가	3,000,000원 2,700,000원

```
              제    품                                매 출 원 가
전월이월    500,000  매 출 원 가  2,700,000      제    품  2,700,000  월 차 손 익  2,700,000
재 공 품  3,000,000  차 월 이 월    800,000
          3,500,000              3,500,000

              제 품 매 출                             월 차 손 익
월 차 손 익  3,000,000  외 상 매 출 금  3,000,000   매 출 원 가  2,700,000  제 품 매 출  3,000,000
```

예제 — 원가흐름의 총정리

다음 원가자료에 의하여 회계처리를 한 후 각 계정에 기입하여 마감하시오.

⑴ 원재료 1,500,000원을 매입하고, 대금은 외상으로 하다.

⑵ 당월 임금 800,000원을 현금으로 지급하다.(원천징수는 고려하지 말 것)

⑶ 당월 공장의 임차료 800,000원을 현금으로 지급하다.

⑷ 원재료 1,200,000원을 공장으로 출고하였다.

⑸ 생산부로부터 당월 임금발생액이 900,000원임을 통보받았다.

⑹ 재료원가 소비액 : 직접원가 1,000,000원, 간접원가 200,000원

⑺ 노무원가 소비액 : 직접원가 600,000원, 간접원가 300,000원

⑻ 제조경비 소비액 : 공장의 당월 임차료 계상액 700,000원

⑼ 제조간접원가 당월집계액을 제품에 배부하였다.

⑽ 당월제품제조원가 2,500,000원을 제품계정에 대체하였다.

⑾ 원가 2,700,000원의 제품을 3,000,000원에 매출하고 대금은 외상으로하다.

⑿ 제품매출, 매출원가계정을 월차손익계정에 대체하다.

PART 2 원가회계이론

```
            원 재 료                                    재 료 원 가
전월이월    200,000    │                              │
           ─────────────                             ─────────────
                      │                              │


            임  금                                     노 무 원 가
                      │  전월이월    300,000           │
           ─────────────                             ─────────────
                      │                              │


            임 차 료                                   제조간접원가
전월이월    200,000    │                              │
           ─────────────                             ─────────────
                      │                              │


            재 공 품                                    제 품
전월이월    200,000    │                  전월이월    500,000   │
           ─────────────                             ─────────────
                      │                              │


                                                       매출원가
                                                      │
                                                     ─────────────
                                                      │


            제품매출                                    월차손익
                      │                              │
           ─────────────                             ─────────────
                      │                              │
```

예제해설

	차변과목	금액	대변과목	금액
(1)	원 재 료	1,500,000원	외 상 매 입 금	1,500,000원
(2)	임 금	800,000원	현 금	800,000원
(3)	임 차 료	800,000원	현 금	800,000원
(4)	재 료 원 가	1,200,000원	원 재 료	1,200,000원
(5)	노 무 원 가	900,000원	임 금	900,000원
(6)	재 공 품 제 조 간 접 원 가	1,000,000원 200,000원	재 료 원 가	1,200,000원
(7)	재 공 품 제 조 간 접 원 가	600,000원 300,000원	노 무 원 가	900,000원
(8)	제 조 간 접 원 가	700,000원	임 차 료	700,000원
(9)	재 공 품	1,200,000원	제 조 간 접 원 가	1,200,000원
(10)	제 품	2,500,000원	재 공 품	2,500,000원
(11)	외 상 매 출 금 매 출 원 가	3,000,000원 2,700,000원	제 품 매 출 제 품	3,000,000원 2,700,000원
(12)	월 차 손 익 제 품 매 출	2,700,000원 3,000,000원	매 출 원 가 월 차 손 익	2,700,000원 3,000,000원

Chapter 1 원가회계의 이해

원재료			
전 월 이 월	200,000	재 료 원 가	1,200,000
외 상 매 입 금	1,500,000	차 월 이 월	500,000
	1,700,000		1,700,000

재료원가			
원 재 료	1,200,000	제 좌	1,200,000

임 금			
현 금	800,000	전 월 이 월	300,000
차 월 이 월	400,000	노 무 원 가	900,000
	1,200,000		1,200,000

노무원가			
임 금	900,000	제 좌	900,000

임차료			
전 월 이 월	200,000	제조간접원가	700,000
현 금	800,000	차 월 이 월	300,000
	1,000,000		1,000,000

제조간접원가			
재 료 원 가	200,000	재 공 품	1,200,000
노 무 원 가	300,000		
임 차 료	700,000		
	1,200,000		1,200,000

재공품			
전 기 이 월	200,000	제 품	2,500,000
재 료 원 가	1,000,000	차 월 이 월	500,000
노 무 원 가	600,000		
제조간접원가	1,200,000		
	3,000,000		3,000,000

제품			
전 월 이 월	500,000	매 출 원 가	2,700,000
재 공 품	2,500,000	차 월 이 월	
	3,000,000		3,000,000

매출원가			
제 품	2,700,000	월 차 손 익	2,700,000

제품매출			
월 차 손 익	3,000,000	외 상 매 출 금	3,000,000

월차손익			
매 출 원 가	2,700,000	제 품 매 출	3,000,000

PART 2 원가회계이론

제3절　요소별 원가의 흐름

1　재료비 원가계산

「재료(material)」는 기업이 제품의 제조에 소비할 목적으로 외부로부터 구입하여 보관하고 있는 물적 요소이다. 재료는 엄밀하게 구분한다면 원료와 재료는 서로 다른 의미를 갖는다. 원료라는 것은 화학적 변화에 의하여 제품으로 변환되는 물리적 요소를 말하며, 재료는 공작을 통하여 제품이 될 수 있는 요소를 말한다.

(1) 재료의 분류

1) 제품제조에 투입되는 형태별 분류

과　목	내　용
주　요　재　료	주요재료란 제품의 제조에 직접 사용되며 제품의 주된 부분을 구성하는 재료를 말한다. 가구제조회사의 목재, 제지회사의 펄프, 자동차의 차체를 제조하는 회사의 철판, 제빵회사의 밀가루 등이 주요재료의 한 예라 할 수 있다.
부　　　품	부품이란 외부에서 구입하여 직접 제품에 부착되거나 조립되는 재료를 말한다. 이런 부품의 특징은 다시 가공하는 것이 아니라 이미 제품의 성질을 가지고 있는 재료이다. 예를 들면 가구제조회사의 경첩, 손잡이 등이 여기에 해당하며, 완성차제조회사는 주요재료 대신 모두 부품으로 구성된다.
보　조　재　료	제품의 제조과정에서 보조적으로 소비될 뿐 직접 제품의 주요부분을 구성하지 않는 재료로서 가구제조회사의 못과 같은 철물, 기계제조회사의 연료 등이 대표적인 보조재료이다.
소모공구기구비품	소모공구·기구·비품이란 내용연수 1년 미만이며 가격이 비교적 적은 공구기구 비품을 말한다. 그러나 내용연수가 1년 이상이거나 금액이 큰 공구기구 등은 유형자산으로 계상되어 있다가 결산에 감가상각을 통해 제조원가에 포함시킨다.
저　장　품	생산활동과 관련하여 계속적으로 소비되는 작업복, 작업모, 작업화, 장갑, 기계의 윤활유 등을 말한다.

2) 원가 추적대상에 따른 분류

과　목	내　용
직 접 재 료 원 가	특정제품의 제조에만 소비된 재료원가로 주요재료와 부품원가가 여기에 해당한다.
간 접 재 료 원 가	여러개의 제품에 공통적으로 투입되는 원가로 보조재료와 소모성공구기구비품 및 저장품 등이 여기에 해당한다.

(2) 재료의 입고와 출고

1) 재료의 입고

기업이 제조활동을 원활히 수행하기 위해서는 필요한 재료를 적정수준으로 매입하여 보관해 두었다가 현장의 요구가 있을 때 즉시 공급해 주어야 한다. 그러므로 창고계는 언제 재료의 출고요청이 있을지 알 수 없기 때문에 항상 적정량의 재료가 보관돼 있어야 한다.

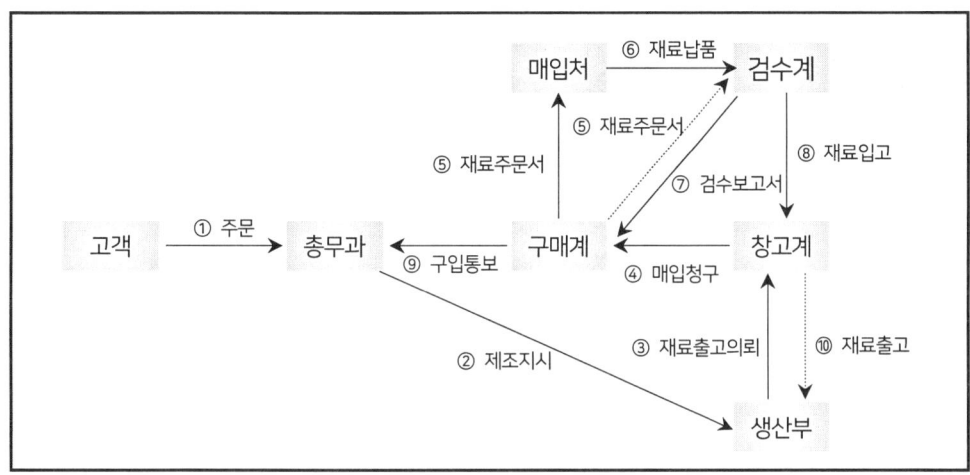

[재료의 구입 및 출고절차]

2) 재료의 출고

창고계는 현장(생산라인)으로부터 제품생산에 필요한 재료의 출고요구가 있을 경우 생산라인에서 요구한 재료를 출고한다. 생산라인은 재료출고서를 3부 작성하여 창고계와 회계부서에 각1부씩 보내게 되는데, 창고계는 이 출고청구서에 의하여 재료원장의 출고 란에 출고내역을 기입하게 된다.

(3) 재료원가의 계산

재료원가는 생산에 투입된 재료의 소비량에 소비가격(단가)을 곱하여 계산한다.

재료원가 = ①재료의 소비수량 × ②재료의 소비단가

1) 재료의 소비수량 결정

재료의 소비수량은 장부의 기록을 중심으로 계산하는 **계속기록법**과 실지조사에 의하여 소비량을 결정하는 **실지재고조사법** 그리고 각 제품의 표준소비량을 사전에 설정하는 **역계산법**이 있다.

① **계속기록법** : 계속기록법은 동일한 원재료의 종류별로 분류하여, 입·출고가 있을 때마다 입고량·출고량을 기록 계산함으로써 재료의 장부상재고량을 파악할 수 있도록 하는 방법이다. 따라서 이 방법에 의하면 기말재고수량은 다음의 산식에 따라 재료원장을 통하여 파악된다.

> 기초재고수량 + 당기구입수량 – 당기소비수량 = 기말재고수량

② **실지재고조사법** : 실지재고조사법은 원가계산 기말 또는 일정시점에 재료의 종류에 따라 실지재고조사를 실시하여 실지재고수량을 전기이월량 및 당기매입량의 합계에서 차감함으로써 해당기간의 소비량을 간접적으로 추산하는 방법이다.

> 당월소비량 = 장부상의 기초재고수량 + 당월매입량 – 기말실지재고수량

☞ 계속기록법과 실제재고조사법을 병행하여 이용하면 재고감모손실을 계산할 수 있다.

③ **역계산법** : 이 방법은 일정단위를 생산하는데 비례하여 소요되는 재료의 표준소비량을 결정하고 그것에다 제품생산수량을 곱하여 전소비량을 산출하는 방법이다.

> 제품단위당 표준소비량 × 생산량 = 재료소비량

④ **재료의 감모손실** : 재료의 재고수량은 계속기록법에 의한 장부상의 재료재고수량과 실제재고수량의 차이가 발생하는 경우가 있는데 이런 차이를 재료감모손실이라 한다. 감모손실은 정상적발생과 비정상적발생으로 나눌 수 있는데 정상적발생의 경우에는 제조간접원가로 처리하여 제조원가에 포함시키고, 비정상적발생의 경우에는 영업외 비용으로 분류하여 기말 결산시 손익계정에 대체한다.

> 재료감모손실 = (기말장부재고수량 – 기말실지재고수량) × 원가

회계상 거래	차변과목		대변과목	
정상적인 재고자산감모손실	제 조 간 접 원 가	×××	원 재 료	×××
비정상적인 재고자산감모손실	재고자산감모손실 (원 재 료)	×××	원 재 료 (타계정대체액)	×××

2) 재료의 소비가격(단가) 결정

재료는 기초재료와 당기 매입액으로 구성되어 있는데, 재료의 취득원가가 상이할 경우 어떤 가격을 출고가격으로 할 것인가가 문제가 된다. 여기에서 취득원가란 재료의 구입가격에 부대비용을 가산한 가격이다. 실제매입원가를 이용하여 재료의 소비단가를 결정하는 방법에는 **[개별법·선입선출법·후입선출법·이동평균법·총평균법]** 등이 있다.

2 노무원가의 계산

(1) 노무원가의 분류

노무원가의 가장 중요한 문제는 기업에서 종업원이 제공하는 노동대가의 지급액을 계산하는 것과 그 노동력의 소비액을 계산하는 것으로 나누어 볼 수 있다.

1) 지급형태에 따른 분류

구 분	내 용
임 금	임금이란 작업현장에서 직접 종사하는 생산직근로자에게 지급하는 보수로써 기본임금과 할증급 등으로 구성되어 있으며, 할증급에는 시간외작업수당·야간작업수당·위험수당 등이 있다.
급 여	원가회계에서의 급여란 공장급여를 의미한다. 주로 정신적 노동을 하는 공장장, 제조부문의 과장·계장·주임 등의 감독자와 공장사무원에게 지급하는 보수 등이 여기에 해당한다.
잡 급	잡급이란 정규직 직원이 아닌 임시로 고용된 비정규직 공장노무자에게 지급하는 보수를 말한다.
종업원상여수당	제조 작업과는 직접적인 관련 없이 공장종업원에게 정규적으로 지급하는 상여금과 수당 등을 말하며, 상여금에는 연말에 지급되는 연말상여, 명절에 지급하는 임시상여 등이 있으며, 수당에는 정근수당, 가족수당, 통근수당 등이 있다

2) 원가 추적대상에 따른 분류

과 목	내 용
직 접 노 무 원 가	특정제품의 제조에만 소비된 인건비로 특정제품의 제조에 직접투입된 생산직 종업원의 인건비를 의미한다.
간 접 노 무 원 가	여러개의 제품에 공통적으로 투입되는 생산직 종업원의 인건비로서 제품을 특정할 수 없는 원가이다.

(2) 노무원가의 계산

노무원가 계산에서 가장 중요한 문제는 기업에서 종업원이 제공하는 노동력의 구입액을 계산하는 것과 그 노동력의 소비액을 계산하는 것이다. 종업원으로부터 노동력을 구입하는 것은 지급임금의 계산이 되며, 제품제조에 소비된 인건비의 계산은 소비임금의 계산이 된다.

1) 지급임금의 계산

지급임금(개별임금)이란 기업이 노동력이라는 인적요소를 구입 한 대가를 말한다. 지급임금의 계산 방법에는 **시간급제, 일급제, 성과급제** 등이 있으며, 일반적으로 지급임률에 각 방법에 해당하는 시간수 또는 일수를 곱하여 계산된다. 여기서 임률은 종업원 각자에게 지급되는 임금의 단가로서 직무 및 종업원의 연령·학력·경력·기술의 유무 등을 고려하여 개인별로 다르게 결정된다.

> 지급임금총액 = 기본임금 + 제수당(시간 외·야간·위험수당 등)

① **시간급** : 시간급에서 취업시간은 출근부 또는 작업시간보고서 등을 기초로 하여 계산한다.

> 임금총액 = 작업 시간수 × 1시간의 지급임률

② **일급** : 일급이란 시간급의 변형으로 기본노동시간을 1일의 작업단위로 환산하여 1일의 지급임률을 적용하여 계산하는 방법이다.

> 임금총액 = 작업일수 × 1일의 지급임률

③ **성과급** : 성과급이란 작업보고서에 의해 보고된 생산량에 지급임률을 적용하여 계산하는 방법이다.

> 임금총액 = 작업보고서의 생산량 × 1단위의 지급임률

2) 소비임금의 계산

> 노무원가소비액 = 작업시간(노동시간) × 소비임률

① **작업시간(작업량)의 결정** : 노무원가는 제품과의 추적가능성에 따라 직접노무원가와 간접노무원가로 분류되며, 작업시간은 출근부 또는 작업시간보고서에 의하여 종업원별·부문별·제품별·활동별 또는 작업구분별로 작업시간을 파악할 수 있다.

② **소비임률의 결정** : 노무원가를 계산하기 위해서 작업시간 측정 외에도 소비임률을 결정하여야 한다. **소비임률(평균임률)**이란 부문별·직종별·작업구분별 총 지급임금을 총 작업시간으로 나누어 계산하는 평균임률이다. 임률은 임금지급시 사용되는 개별임률과 원가 측정 시 사용되는 소비임률로 구분하는데 다음과 같다.

㉠ **개별임률** : 개별임률이란 제품의 제조에 참여한 종업원 각자에 대하여 개별적으로 산출한 임률을 말한다. 그러므로 개별임률은 동일한 작업에 종사한 종업원일지라도 개인별로 다르게 마련이다. 지급임금계산에서 적용되는 지급임률은 실제임률로서의 개별임률이라고 할 수 있다.

$$실제\ 개별임률 = \frac{개인별\ 실제임금지급액}{개인별\ 실제작업시간}$$

㉡ **평균임률** : 평균임률이란 생산에 참여한 각 종업원의 개별임률을 평균한 것이다. 그런데 평균임률은 계산목적에 따라 직종별(직접공과 간접공), 작업구분별 또는 부문별로 산출하기도 한다. 직접노무원가를 계산할 때 평균임률을 일괄적으로 적용하게 되면 계산이 간편할 뿐 아니라, 제품별 원가부담이 생산에 참여한 종업원의 개별임률의 차이에 영향을 받지 않고 공평하게 나타난다는 장점이 있다.

$$평균임률 = \frac{1개월의\ 임금\ 총지급액}{동기간의\ 작업시간\ 총수}$$

3 제조경비의 계산

제품의 제조를 위하여 소비되는 원가 중에서 재료원가와 노무원가를 제외한 기타의 모든 원가요소를 말하며, 제조활동과 관련이 없는 본사 건물의 감가상각비나 제품 판매를 위한 점포의 임차료 등은 경비가 될 수 없고 판매비와 관리비로 처리된다.

(1) 제조경비의 분류

1) 제품과의 관련성에 따른 경비의 분류

제조경비는 대부분 **제조간접원가**로 발생하지만, **특허권사용료 · 외주가공비 · 제품설계비**에 대해서는 제품과의 추적가능성을 인식할 수 있으므로 **제조직접원가**로 처리된다.

① **특별경비(제조직접원가)** : 제품과 직접추적가능한 원가로 다음과 같은 종류가 있다.

㉠ **특허권사용료** : 다른 개인이나 회사가 소유하는 특허권을 임차하여 제품을 제조하는 경우, 그 대가로 지급하는 사용료를 의미한다. 특정한 제품에 대해 특허를 일정한 계약기간을 설정하고 사용료를 지급하기로 한 부분이므로 제품과의 관련성을 추적할 수 있다.

㉡ **외주가공비** : 하청업자 등에게 재료 등을 무상으로 공급하고, 가공하는 경우 가공에 지급된 원가를 말한다. 외주가공비는 외부에 맡긴 특정제품의 원가이므로 직접경비로 회계 처리한다.

ⓒ **제품설계비** : 제품설계비는 특정제품을 제작하기 위해서 설계를 한 경우에 발생하기 때문에 특정제품과 관련성을 입증할 수 있다. 그러므로 직접경비로 분류된다.

② **간접경비** : 직접경비 이외의 경비로서 제품전체 또는 다수의 제품에 대하여 공통적으로 발생하기 때문에 특정제품별로 소비된 경제적 가치를 직접 추적할 수 없는 원가를 말한다. 즉, 특별경비를 제외한 거의 모든 경비가 여기에 해당되는 것이다.

2) 발생형태에 따른 경비의 분류

발생형태에 따라 매월 또는 일정기간에 대하여 발생하는 경비와 매월 계량기 등의 측정도구에 측정되는 소비액을 인식하는 경비 또한 매월 발생하는 크기에 따라 소비액을 인식하는 경비 등 여러 가지 형태가 있다.

① **월할경비** : 월할경비란 그 발생액이 1년, 6개월 또는 3개월 등과 같이 일정한 기간 단위로 결정되는 경비를 말한다. 예를 들어 **보험료·임차료·세금과공과·감가상각비·특허권사용료** 등이 여기에 속한다.

> 월할경비 소비액 = 월할경비 계약액 ÷ 계약기간(또는 회계기간)

② **측정경비** : 측정경비란 원가계산기간 동안에 발생한 경비부담액을 공장에 설치되어 있는 측정계기에 의하여 산정한 경비를 말한다. 측정경비의 항목으로는 **전력비·가스료·수도료** 등이 측정경비 항목에 속하는 경비이다.

> 측정경비 소비액 = (당월사용량 - 전월사용량) × 소비단가

③ **지급경비** : 지급경비는 원가계산 기간 동안 실제로 지급해야 할 금액을 해당기간의 경비로서 측정 파악함으로써 계산된다. 하지만 회계기준에서는 비용을 발생주의에 의하여 인식하도록 하고 있으므로 당기에 발생할 경비를 경비지급표를 작성하여 인식하면 된다. 지급경비에 해당하는 항목으로는 **수선비·운반비·잡비·외주가공비·제품설계비·여비교통비** 등이 있다. 지급경비는 원가계산 기간 동안에 지급하여야 할 금액을 해당 기간에 맞춰 계산을 하다 보니 전월 선급이 되는 경우와 또는 전월에 미지급되는 경우에 따라 소비액을 다음과 같이 계산할 수 있다.

- 매월 선급액이 발생하는 지급경비

> 당기지급액 + 전기선급액 - 당기선급액 = 경비 당기 발생액

- 매월 미지급액이 발생하는 지급경비

> 당기지급액 + 당기미지급액 - 전기미지급액 = 경비 당기 발생액

④ **발생경비** : 발생경비는 재고자산감모손실과 같이 현금지출을 수반하지 않는 내부거래에서 발생하는 경비로서, 그 발생액을 실지조사에 의해서 측정한 후 제조원가에 산입한다. 발생경비의 종류로는 **재료감모손실·공손비·반품차손비** 등이 있다.

(2) 제조경비의 집계 및 경비분개장

제조경비를 집계하기 위해서는 경비월할표, 경비측정표, 경비지급표 등의 보조기입장을 이용하면 경비를 매월 또는 매 원가계산 기간 동안 집계하기 매우 편리하다.

경비소비액이 확정된 후에는 경비소비액의 집계외에 전기를 위해서 특수분개장의 하나인 경비분개장을 마련하고, 직접경비는 경비분개장의 재공품란에 기입하고 간접경비는 제조간접원가란에 그리고 영업부 또는 기타관리부에서 소비된 기간 비용은 판매비와 관리비에 기입하여 마감한 후 합계분개를 통하여 보통 분개장에 기입한다.

제조경비분개장

경비분류	비 목	차 변			대 변
		재공품	제조간접원가	판매비와관리비	
월할경비	특허권사용료	150,000	–	–	150,000
	임 차 료		45,000	25,000	70,000
측정경비	전 력 비		80,000	20,000	100,000
	⋮		⋮	⋮	⋮
지급경비	운 반 비		60,000	40,000	100,000
	수 선 비		35,000	15,000	50,000
	⋮				
발생경비	재고감모손실		30,000	–	30,000
		150,000	350,000	130,000	630,000

PART 2 원가회계이론

단/원/학/습/문/제

01. 원가의 분류에 대한 설명 중 가장 틀린 것은?

① 가공원가는 직접노무원가를 의미한다.
② 추적가능한 원가를 직접원가라 한다.
③ 원가는 직접재료원가, 직접노무원가, 제조간접원가로 분류할 수 있다.
④ 직접재료원가와 직접노무원가를 기초원가라 한다.

02. 제조기업은 원가를 원가항목과 비원가항목으로 구분하여 원가항목만 제조원가를 계산한다. 다음 중 제조원가항목에 해당하지 않는 것은?

① 생산직 관리자의 인건비
② 공장직원의 복리후생비
③ 판매직 사원의 인건비
④ 제조부의 기계수선비

03. 고정원가의 단위당 원가는 생산량이 증가할 때 어떻게 변화하는 가?

① 일정하다.   ② 증가한다.   ③ 감소한다.   ④ 알 수 없다.

04. 일반적으로 관련범위내에서 조업도가 증가하는 경우 변동원가와 고정원가의 행태에 대한 설명으로 가장 틀린 것은?

① 총변동원가는 증가한다.
② 총고정원가는 증가한다.
③ 단위당 변동원가는 일정하다.
④ 단위당 고정원가는 변동한다.

05. 다음 중 기초원가에 해당하면서 가공원가(전환원가)에도 해당하는 원가는?

① 직접재료원가
② 직접노무원가
③ 간접재료원가
④ 간접노무원가

Chapter 1 원가회계의 이해

06. 의사결정과 관련된 설명이다. 틀린 것은?

① 관련원가는 특정의사결정과 직접적으로 관련이 있는 원가로서 고려중인 대안들 간의 차이가 있는 미래원가이다.
② 비관련원가는 특정의사결정과 관련이 없는 원가이다.
③ 매몰원가는 과거 의사결정의 결과로 이미 발생된 원가이다.
④ 기회비용은 특정대안을 채택할 때 포기해야 하는 대안이 여러 개일 경우 이들 대안들의 효익 중 가장 작은 것이다.

07. 다음 중 원가행태에 따른 원가분류로 가장 옳은 것은?

① 직접비와 간접비
② 재료비와 노무비
③ 실제원가와 표준원가
④ 변동비와 고정비

08. 공장에 설치하여 사용하던 기계가 고장이 나서 처분하려고 한다. 취득원가는 1,000,000원이며 고장시점까지의 감가상각누계액은 200,000원이다. 동 기계를 바로 처분하는 경우 500,000원을 받을 수 있으며 100,000원의 수리비를 들여 수리하는 경우 700,000원을 받을 수 있다. 이때 매몰원가는 얼마인가?

① 100,000원   ② 800,000원   ③ 700,000원   ④ 500,000원

09. 다음 중 월할 경비에 해당하지 않는 것은?

① 보험료   ② 감가상각비   ③ 가스수도료   ④ 특허권사용료

10. 수도광열비에 대한 자료가 다음과 같다. 당월의 수도광열비 소비액은 얼마인가?

당 월 지 급 액	5,000원	당 월 미 지 급 액	4,000원
당 월 선 급 액	3,000원	전 월 선 급 액	2,000원
전 월 미 지 급 액	1,000원		

① 4,000원   ② 5,000원   ③ 6,000원   ④ 7,000원

PART 2 원가회계이론

단원학습문제 해답

01 ① 가공비는 재료를 가공하는데 투입된 원가를 말하며, 직접노무원가와 제조간접원가를 말한다.

02 ③ 원가항목은 제품의 제조원가를 구성하는 것으로 공장, 생산부, 제조부 등에서 발생한 원가를 말한다.

03 ③ 고정원가는 조업도가 증가할 때 총원가는 일정하다. 하지만, 단위당 원가는 점차 체감하는 형태를 갖는다.

04 ② 고정원가는 조업도가 증가하더라도 총원가는 변화가 없는 원가를 말하며, 단위당 고정원가는 점차 체감하는 형태를 갖는다.

05 ② 기초원가=직접재료원가+직접노무원가, 가공원가=직접노무원가+제조간접원가이다. 그러므로 직접노무원가는 기초원가와 가공원가 모두에 해당한다.

06 ④ 의사결정과 관련있는 원가를 관련원가라 하며, 기회비용은 특정대안들이 있는 경우 한 가지를 선택하면서 포기한 원가 중 가장 큰 것을 의미한다.

07 ④ 원가행태란 조업도의 움직임에 따라 원가가 움직이는 행동을 의미한다. 이러한 원가의 행동을 변동비와 고정비로 분류한다.

08 ② 매몰원가는 이미 투자가 완료된 원가로 비관련원가이다. 그러므로 감가상각비를 차감한 과거의 원가인 800,000원이 매몰원가가 되는 것이다.

09 ③ 월할 경비는 매월 일정하게 발생하는 원가를 말한다. 가스수도료는 계량에 의하여 측정된 원가로 측정원가로 분류한다.

10 ④ (전월선급액 2,000원+당월지급액 5,000원+당월미지급액 4,000원)-(전월미지급액 1,000원+당월선급액 3,000원)=7,000원

제 2 장
원가의 배분

제1절 원가의 배분

1 원가의 배분 대상 및 용어

1) 원가의 배분 대상

원가의 배분대상은 원가를 별도로 측정할 필요가 있는 ①부문 ②제품 ③기간 등을 말한다.

분류	내 용
부 문	부문이란 원가의 발생장소를 뜻한다. 이러한 부문에서는 제품의 생산에 직접 관련된 부문과 직접생산에는 관여하지 않았으나 제품의 생산에 간접적으로 기여한 부분으로 분류할 수 있는데 전자를 제조부문이라 하며 후자를 보조부문이라 하며 이러한 작업장소 또한 원가의 배분대상이 되는 것이다.
제 품	원가회계의 목적은 생산된 제품의 가격을 결정하는 것이다. 그런데 생산하고자 하는 제품이 다수인 경우 각 제품별로 직접 발생된 원가이외에도 공통적으로 발생된 원가를 제품별로 대응시키는 것을 원가의 배분이라 한다.
기 간	기업은 제품의 생산을 위하여 기계장치 등의 유형자산을 이용하여 제품을 생산하게 된다. 유형자산은 여러 기간에 걸쳐 사용되며 이 기간 동안의 비용을 계산하여 원가에 포함하여야 한다. 원가에 포함하기 위하여 유형자산의 가치를 기간에 대응하는 것을 원가의 기간배분이라 한다.

2) 원가의 배분 용어

분류	내 용
원 가 집 합	원가 집합이란 원가대상에 추적할 수 없는 원가의 합계액을 말하며, 집계된 원가는 둘 이상의 원가대상에 배분되어야 할 공통원가이다. 이러한 공통원가를 제조간접원가라 한다.
원 가 배 분	원가의 배분이란 원가 집합에 집계된 제조간접원가를 일정한 배분기준에 따라 원가대상에 배부하기 위하여 분리하는 과정을 말한다.
원 가 행 태	원가행태란 조업도 수준의 변동에 따라 일정한 양상으로 변화하는 원가 발생액의 변동양상을 의미한다. 원가행태를 파악하면 원가를 예측하고 성과를 평가하는데 많은 도움이 되기 때문에 경영자의 의사결정에 있어 매우 중요하다.
원 가 동 인	원가동인(Cost driver)이란 원가대상의 총원가에 변화를 유발시키는 요인을 말한다. 예를 들어 제품의 원가동인은 생산량, 작업시간, 작업준비회수, 부품의 수 등이 해당하며, 구매부서의 동인은 구매주문서의 수, 공급자의 수 등이 해당된다.
조 업 도	조업도(Volume)란 기업이 보유한 자원의 활용정도를 나타내는 수치로서 산출량인 생산량, 판매량 등으로 표시하거나 투입량인 직접노동시간, 기계작업시간 등으로 표시된다.

2 원가의 배분기준

원가배분에서 가장 중요한 문제는 원가배분기준을 설정하는 것이다. 경영자들은 먼저 원가배부의 주요 목적을 파악하고, 그다음에 그 목적에 적합한 원가배부기준을 선택해야 한다. 원가배분목적을 자원의 배부에 관한 의사결정과 동기부여에 두는 경우 일반적으로 **인과관계가** 지배적인 기준으로 사용된다.

분류기준	내 용
인과관계기준	가장 이상적인 원가배부는 원가대상이 원가발생 원인이 되는 변수를 찾아서 배부하는 것이다. 즉, 원가배분대상에 제공된 서비스 또는 활동에 비례하여 공통원가를 배분하는 것이다. 인과관계란 특정 활동의 수행으로 인하여 특정원가가 발생할 때 그 활동과 원가간의 관계를 말한다.
수 혜 기 준	수혜기준은 제조간접원가 효익의 수혜정도를 배부기준으로 채택하는 것으로 수익자 부담원칙에 충실한 기준이다. 예를 들면, 광고선전비의 경우 광고활동에 의한 원가부담은 광고활동으로 인하여 혜택을 많이 받는 부서에서 광고비부담을 많이 해야 하는 것 등으로 구분할 수 있을 것이다. 수혜기준은 인과관계기준과 비슷한 방법이지만 반드시 일치하지 않는다는 것에 유의하여야 한다.
부담능력기준	부담능력기준은 제조간접원가를 부담할 수 있는 능력을 배부기준으로 채택하는 것이다. 즉, 보다 많은 수익을 올리는 원가배분대상이 공통원가를 보다 더 부담할 능력을 지닌다는 가정 하에 원가를 배분하는 방법으로 대표적인 기준이 매출액을 기준으로 하는 것이다. 그러나 부담능력기준을 사용하면 원가대상 또는 부문이 매출액 증대에 노력을 기울이지 않게 되는 부작용이 발생할 수 있다.
공정·공평성기준	공정·공평성 기준은 제조간접원가를 여러 원가대상에 배부할 때 원가배부는 공정하고 공평하게 이루어져야 한다는 원칙을 말한다. 즉, 원칙을 강조하는 포괄적인 기준으로 정부와의 계약에서 상호 만족할만한 가격을 설정하기 위한 수단으로 주로 사용된다.

3 원가배분의 목적

원가배분 목적은 경영자의 의사결정에 필요한 정보를 제공하기 위한 것이며, 아래와 같은 사항이다.

① 최적의 자원배분을 위한 경제적 의사결정
② 경영자와 종업원의 동기부여 및 성과평가
③ 외부보고를 위한 재고자산 및 이익의 측정
④ 제품가격결정 및 제품선택의 의사결정

PART 2 원가회계이론

제2절 제조간접원가의 배부

1 제조간접원가의 실제배부(전통적 원가계산)

전통적 원가계산에서는 제조간접원가의 배부기준으로 공장 전체에 하나의 배부기준을 사용해 왔는데, 전통적으로 가장 많이 사용 된 배부기준은 「**직접노무원가**」 또는 「**직접노동시간**」이다.

$$제조간접원가\ 배부율(\%) = \frac{1개월간의\ 제조간접원가\ 총액}{동기간의\ (배부기준)총액}$$

1) 가액법

가액법(원가법)에 의한 제조간접원가의 배부기준은 다음과 같다.

① **직접재료원가법** : 직접재료원가법은 제품제조에 소비된 직접재료원가의 가액을 배부기 준으로 하여 제조간접원가를 배부하는 방법이다.
② **직접노무원가법** : 직접노무원가법은 제품제조에 소비된 직접노무원가의 가액을 배부기 준으로 하는 방법이다.
③ **직접원가법** : 직접원가배부법은 제품제조에 소비된 직접원가 총액을 기준으로 제조간 접원가를 배부하는 방법이다.

2) 시간법

시간법은 소규모 제조업보다는 기계작업이 많거나 수작업을 하더라도 작업시간이 많이 걸 리는 기업에서 사용하기에 적합한 방법이다.

① **직접노동시간법** : 직접노동시간법(man hour method)은 제조작업에 종사한 직접노동시간 의 총계를 제조간접원가의 배부기준으로 삼는 것으로 제조활동이 주로 인간의 노동력 으로 이루어지는 수공업이나 중소규모의 제조업에 적합한 방법이다.
② **기계작업시간법** : 기계작업시간법(machine hour method)은 제조에 소요된 기계의 운전시 간을 제조간접원가의 배부기준으로 삼는 것으로 제조활동이 주로 기계로 이루어지는 제조 기업에서 주로 사용되는 방법이다.

Chapter 1 원가회계의 이해

예제 2 - 1 제조간접원가 실제배부(원가법)

명문㈜은 A, B, C 세 종류의 개별제품을 주문에 의하여 생산하는 중소기업이다. 다음의 원가자료에 의하여 제품 A, B, C에 배부될 제조간접원가 배부율과 제조간접원가 배부액을 가격법에 의하여 계산하시오.

(자료1) 직접원가 발생액

	제품 A	제품 B	제품 C
직접재료원가	₩550,000	₩450,000	₩200,000
직접노무원가	₩1,200,000	₩400,000	₩200,000

(자료2) 제조간접원가 발생액
  간접재료비 ₩250,000   간접노무비 ₩350,000
  기계보험료 ₩200,000   기계수선비 ₩100,000

예제해설

직접재료원가법	직접노무원가법	직접원가법

① 제조간접원가 배부율
= 900,000/1,200,000=0.75
② 제품 A 550,000×0.75=412,500
   제품 B 450,000×0.75=337,500
   제품 C 200,000×0.75=150,000
	① 제조간접원가 배부율
	= 900,000/1,800,000=0.5
	② 제품 A 1,200,000×0.5=600,000
	   제품 B 400,000×0.5=200,000
	   제품 C 200,000×0.5=100,000
		① 제조간접원가 배부율
		= 900,000/3,000,000=0.3
		② 제품 A 1,750,000×0.3=525,500
		   제품 B 850,000×0.3=255,000
		   제품 C 400,000×0.3=120,000

예제 2 - 2 제조간접원가 실제배부(시간법)

명문산업의 다음 자료에 의하여 갑제품의 제조간접원가 배부율과 배부액을 직접노동시간법으로 계산하시오.

> (1) 1개월간의 제조간접원가 총액 : 4,000,000원
> (2) 동 기간의 직접노동시간 수 : 5,000시간
> (3) 갑제품의 직접노동시간 수 : 2,500시간

예제해설

> ① 배부율 계산 : 2,500시간/5,000시간 = 50%
> ② 배부액 계산 : 4,000,000원 × 50% = 2,000,000원

2 제조간접원가의 예정배부(정상 원가계산)

1) 제조간접원가 예정배부액의 계산

실제원가계산은 조업환경에 따른 한계와 원가계산 시점이 제품생산 이후에 이루어져 원가계산이 지연되는 한계를 갖고 있다.

제조간접원가 예정배부액은 **제조간접원가 예정배부율**에 **배부기준의 실제발생액**을 곱하여 계산한다. **예정배부율**은 일정한 기간의 제조간접원가 예산을 설정한 후 동일한 기간의 예정배부기준을 정하여 나눈 값을 말하는데 예산을 편성하는 기간은 보통 1년 또는 1회계기간으로 한다.

$$제조간접원가\ 예정배부율(\%) = \frac{1회계기간의\ 제조간접원가\ 예산총액}{동기간의\ (배부기준)예산총액}$$

$$제조간접원가\ 예정배부액 = 제조간접원가\ 예정배부율 \times 실제배부기준$$

2) 제조간접원가 배부차이의 처리

예정배부율을 사용하여 제조간접원가를 배부할 경우 일반적으로 한 회계기간 동안에 배부된 총 제조간접원가는 그 기간에 실제 발생한 제조간접원가와 차이가 발생하게 된다. 이러한 차이를 **제조간접원가 배부차이**라한다.

제조간접원가배부차이는 정상적발생액이면 ①**매출원가 가감법** ②**총원가비례배분법** ③**원가요소배분법** 중 선택하여 처리하며, 비정상적발생액은 **영업외손익법**으로 처리한다.

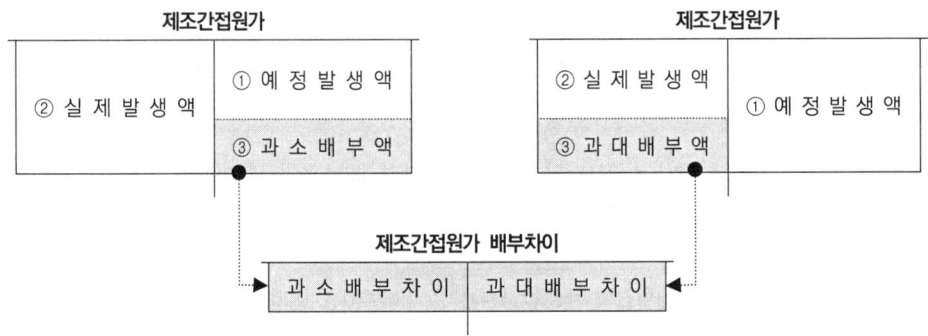

회계상 거래	차변과목		대변과목	
제조간접원가 예정배부시	재 공 품	×××	제 조 간 접 원 가	×××
제조간접원가 실제배부시	제 조 간 접 원 가	×××	재 료 원 가 노 무 원 가	××× ×××
제조간접원가 과소배부시	제조간접원가배부차이	×××	제 조 간 접 원 가	×××
제조간접원가 과대배부시	제 조 간 접 원 가	×××	제조간접원가배부차이	×××

Chapter 1 원가회계의 이해

예제 2-3 제조간접원가 예정배부

다음 자료에 의하여 제조간접원가 예정배부율과 배부액을 직접노동시간법으로 계산하고 각 계정에 대체하여 마감하시오. 제조간접원가배부차이는 매출원가 가감법에 의하여 처리할 것.

(1) 1회계기간의 제조간접원가 예산 : 50,000,000원이다. 또한, 동 기간의 예정직접노동 총수는 100,000시간이다.
(2) 당월에 발생한 실제노동시간은 9,500시간이다.
(3) 월말에 집계한 제조간접원가 실제발생액은 다음과 같다.
재료원가 2,500,000원   노무원가 1,200,000원   제조경비 1,200,000원
(4) 제조간접원가 실제발생액과 예정배부액의 차이를 제조간접원가배부차이 계정에 대체하다.

예제해설

① 배부율 계산 : 50,000,000원 / 100,000시간 = 500원
② 배부액 계산 : 9,500시간 × 500원 = 4,750,000원

제조간접원가

재료원가	2,500,000	재공품	4,750,000
노무원가	1,200,000	제조간접원가배부차이	150,000
제조경비	1,200,000		
	4,900,000		4,900,000

재공품

재료원가	1,200,000		
노무원가	1,500,000		
제조간접원가	4,750,000		

제조간접원가배부차이

| 제조간접원가 | 150,000 | 매출원가 | 150,000 |

매출원가

| 제조간접원가배부차이 | 150,000 | | |

회계처리

(1)	(차)	재공품	4,750,000	(대)	제조간접원가	4,750,000
(2)	(차)	제조간접원가	4,900,000	(대)	재료원가	2,500,000
					노무원가	1,200,000
					제조경비	1,200,000
(3)	(차)	제조간접원가배부차이	150,000	(대)	제조간접원가	150,000
(4)	(차)	매출원가	150,000	(대)	제조간접원가배부차이	150,000

단/원/학/습/문/제

01. 다음 중 원가에 대한 기본용어에 대한 설명으로 틀린 것은?

① 원가대상 : 원가대상은 직접적인 대응이나 간접적인 대응을 통하여 원가가 집계되는 활동이나 항목으로 제품, 부문, 활동, 작업 등을 말한다.
② 원가집계 : 재료비, 노무비, 제조경비 또는 직접재료원가, 직접노무원가, 제조간접원가 등으로 구분하여 원가자료를 모으는 것을 말한다.
③ 원가배분 : 원가집합에 집계된 공통원가 또는 간접원가를 합리적인 배부기준에 따라 원가대상에 대응시키는 과정을 말한다.
④ 원가행태 : 일정기간동안 기업의 설비능력을 이용한 정도를 나타내는 지표로 산출량인 생산량, 판매량 등으로 표시하거나 투입량인 직접노동시간, 기계작업시간 등으로 표시하는 것을 말한다.

02. 다음은 ㈜강산이 3월 중 지출한 경비내역이다. 제조원가에 해당하는 금액은 얼마인가?

공장 건물 화재보험료	1,000,000원	공장생산직관리자 급여	8,000,000원
본사 건물 수선유지비	800,000원	생산직 사원 퇴직급여	3,000,000원
영업부 회식비	300,000원	공장 기계장치 수선비	200,000원
공장 건물 난방비	2,500,000원	영업용차량 유지비	230,000원

① 3,500,000원　② 3,630,000원　③ 3,700,000원　④ 14,700,000원

03. 다음 중 원가배분기준에 대한 설명으로 틀린 것은?

① 인과관계기준 : 배분하려고 하는 원가의 발생과 원가대상사이에 인과관계가 존재할 경우 인과 관계에 따라 배분하는 기준이며 가장 이상적인 원가배분기준이다.
② 수혜기준 : 기업의 이미지를 촉진시키기 위하여 지출한 광고선전비를 사업부별 인원 기준으로 배분되는 경우를 들 수 있다.
③ 부담능력기준 : 수익성이 높은 사업부가 원가를 부담할 능력을 더 많이 가지고 있다는 가정하에 본사에서 발생한 원가를 각 사업부의 이익에 비례하여 배분하는 경우이다.
④ 공정성과 공평성기준 : 정부와의 계약에서 상호 만족할만한 가격을 설정하기 위한 수단으로 종종 사용된다.

Chapter 1 원가회계의 이해

04. 원가 배분의 목적으로 틀린 것은?
① 최적의 자원배분을 위한 경제적 의사결정
② 경영자와 종업원의 동기부여와 성과평가
③ 제품 품질 및 주식평가에 관한 의사결정
④ 외부보고를 위한 재고자산 및 매출원가와 이익의 측정

05. ㈜크로바는 제조간접원가를 직접노무시간을 기준으로 배부하고 있다. 당해 제조간접원가 배부차이는 100,000원이 과대배부 되었다. 당기말 현재 실제제조간접원가발생액은 500,000원이고, 실제직접노무시간이 20,000시간일 경우 예정배부율은 얼마인가?
① 25원/시간당   ② 30/시간당   ③ 40원/시간당   ④ 50원/시간당

06. 제조간접원가에 대한 다음 설명 중 맞는 것은?
① 가공비가 된다.　　　　② 모든 노무지를 포함한다.
③ 변동비만 포함된다.　　④ 고정비만 포함된다.

07. 한국전자는 제조간접원가를 직접노무시간을 기준으로 예정배부하고 있다. 당해 연도 초의 예상직접노무시간은 70,000시간이다. 당기 말 현재 실제제조간접원가 발생액이 2,150,000원이고 실제 직접노무시간이 75,000시간일 때 제조간접원가 배부차이가 250,000원 과대배부 된 경우 당해 연도초의 제조간접원가 예상액은 얼마였는가?
① 1,900,000원   ② 2,240,000원   ③ 2,350,000원   ④ 2,400,000원

08. 정상개별원가계산의 방법에 의하여 제조간접원가를 예정배부할 경우 예정배부액은 어떤 계산식에 의하여 계산하여야 하는가?
① 실제배부율 × 배부기준의 실제발생량　　② 실제배부율 × 배부기준의 예정발생량
③ 예정배부율 × 배부기준의 실제발생량　　④ 예정배부율 × 배부기준의 예정발생량

09. ㈜동부는 제조간접원가를 직접노무시간으로 배부하고 있다. 당해연도초 제조간접원가 예상금액은 600,000원, 예상직접노무시간은 20,000시간이다. 당기말 현재 실제제조간접원가발생액은 400,000원이고 실제직접노무시간이 15,000시간일 경우 제조간접원가 배부차이는 얼마인가?
① 과대배부 50,000원　　② 과소배부 50,000원
③ 과대배부 200,000원　④ 과소배부 200,000원

PART 2 원가회계이론

단원학습문제 해답

01 ④ 일정기간동안 기업의 설비능력을 이용한 정도를 나타내는 자료를 조업도라 한다.

02 ④ (1,000,000원+8,000,000원+3,000,000원+200,000원+2,500,000원)=14,700,000원

03 ② 수혜기준의 대표적인 사례이며 기업의 이미지를 촉진시키기 위하여 지출한 광고선전비는 사업부별 인원이 대상이 아닌 기업의 사업부별로 안분하는 것이다.

04 ③ 원가의 배분목적은 ①최적의 자원배분에 있다 ②경영자와 종업원의 동기부여와 성과측정을 목적으로 하며, ③외부에 공시할 재무제표의 정보제공도 목적에 해당한다.

05 ②

제조간접비	
실제배부액 500,000원	예정배부액 600,000원
과대배부차이 100,000원	

제조간접비 예정배부액 600,000원=(예정배부율×실제조업도) : 실제조업도 20,000시간

06 ① 가공비는 제조간접비를 포함한 개념이다.

07 ②

제조간접비	
실제배부액 2,150,000원	예정배부액 2,400,000원
과대배부차이 250,000원	

제조간접비 예정배부액 2,400,000원=(예정배부율×실제조업도) : 실제조업도 75,000시간
제조간접비 총예산 (　　) = 예정배부율 × 조업도 총예산 : 32원 × 70,000시간

08 ③ 제조간접비 예정배부액 = 예정배부율×실제조업도

09 ①

제조간접비	
실제배부액 400,000원	예정배부액 450,000원
과대배부차이 50,000원	

제조간접비 예정배부율 = 제조간접비 총예산/제조간접비 예정배부기준총액
600,000원/20,000시간= 30원
30원 × 15,000시간 = 450,000원

제3절 부문별 원가계산

1 부문별 원가계산

(1) 부문별 원가계산의 의의

규모가 크고 여러 개의 제조공정을 가진 제조 기업에서는 제품을 직접 생산하는 제조부문과 **제조부문**에 여러 가지 용역을 제공하는 **보조부문**으로 나누어 분업과 협업에 의하여 생산이 이루어진다. 이런 제조 기업들은 제품 원가를 정확하게 계산하기 위해서 제조간접원가를 처음부터 각 제품에 배부하지 않고 원가를 발생 장소별로 집계한 후 그 장소를 통과한 제품에 배부하는데 이렇게 원가의 발생 장소별로 이루어지는 원가계산을 「**부문별 원가계산**」이라 한다.

1) 부문별 원가계산의 목적

부문별 원가계산을 실시하는 목적은 크게 두 가지로 나누어 볼 수 있다.

① **정확한 제품원가의 계산** : 부문별 원가계산을 행함으로써 제조간접원가의 합리적인 배부계산이 가능하다.
② **효율적인 원가관리와 성과평가** : 부문별 원가계산은 어느 장소에서 누구의 책임 하에 얼마의 원가가 발생하였는지를 명백히 하여 원가의 관리 및 통제에 필요한 자료를 얻기 위하여 실시하기도 한다.

2) 원가부문의 분류

원가부문은 원가의 최종 담당자에 대한 제품 제조 작업과 관련하여 제조부문과 보조부문으로 분류할 수 있다.

① **제조부문** : 제조부문은 제품의 제조활동을 직접 담당하는 부문으로 제조활동의 주된 목적인 제품을 직접 제조하는가 혹은 부산물 등의 가공작업만을 행하는가에 따라 주경영부문과 부경영부문으로 구분된다. 일반적으로 제조부문이라고 하면 주경영부문을 의미한다.
② **보조부문** : 보조부문(service department)은 그 부문의 용역을 제조부문에 제공하여 제조부문의 활동을 보조하는 부문을 말한다. 보조부문은 제품생산에 필요한 용역을 제공하는 보조경영부문과 관리기능을 담당하는 공장관리부분으로 나눌 수 있다.

2 부문별 원가의 집계

(1) 부문별 원가계산 절차

부문별 원가계산도 일정한 계산 절차를 거쳐 원가계산을 한다. 우선 원가를 요소별로 집계한 후 집계된 원가를 원가 발생 장소별로 집계를 하여야 한다. 부문별 원가계산의 절차는 (1) **부문별 원가의 집계** (2) **보조부문원가의 배부** (3) **제품별 원가계산**의 순으로 이루어진다.

1) 부문별 원가의 집계

① **부문개별원가와 부문공통원가** : 제조간접원가가 발생되는 개별원가계산 제도에서는 제조간접원가를 원가의 발생장소별로 직접 발생되는 부문직접원가(부문개별원가)와 원가의 발생장소에서 공통적으로 발생 집계되는 부문간접원가(부문공통원가)로 구분하여 계산하여야 한다.

부문간접비	배 부 기 준
간 접 재 료 원 가	각 부문 추정량, 각 부문 직접재료원가
간 접 노 무 원 가	작업시간, 직접임금, 종업원수
건물임차료 및 재산세	면적
화 재 보 험 료	가액, 면적
복 리 후 생 비	종업원수
전 력 비	마력수×운전시간, 측정소비량
감 가 상 각 비	기계가액, 건물면적
가 스 수 도 료	측정소비량
연 구 개 발 비	각 부문의 직접작업시간
복 리 비	각 부문의 종업원수

(부문간접원가의 배부기준)

② **부문원가 배부표** : 제조간접원가의 배부기준과 배부방법이 결정되면 이에 속하는 원가요소들을 부문개별원가와 부문공통원가로 구분하여 이들을 발생시킨 각 원가부문에 집계해야 하는데, 이때 작성되는 작성서식을 부문원가 배부표라 한다.

부문원가 배부표

원가요소	배부기준	제조부문		보조부문			합계
		절단부문	조립부문	동력부문	수선부문	공장사무	

2) 보조부문원가의 배부방법

보조부문원가의 배부방법 : 보조부문원가의 배부방법에는 각 부문간의 용역수수관계를 어느 정도 인식하여 배분할 것인가의 여부에 따라 배부하며 일반적으로는 부문간의 용역수수관계를 고려하는 방법이 가장 많이 사용되고 있다.

① **직접배부법** : 직접배부법은 보조부문 상호간의 용역수수관계를 전혀 고려하지 않고 보조부문원가를 직접 제조부문에만 배부하는 방법이다. 따라서 보조부문 상호간에 용역의 수수가 비교적 크게 이루어지는 경우에는 정확한 원가가 집계될 수 없는 단점이 있으나 그 계산방법이 간편하다는 장점이 있다.

② **단계배부법** : 단계배부법은 보조부문 상호 간 용역의 수수 정도를 부분적으로 고려하여 배부하는 방법이다. 보조부문 가운데 다른 보조부문에 용역을 가장 많이 제공하는 순서로 보조부문의 배부순위를 결정하고, 그 배부순위에 따라 보조부문원가를 단계적으로 제조부문과 보조부문에 배부하는 방법이다.

③ **상호배부법** : 상호배부법은 보조부문 상호간의 용역수수관계를 고려하여 배부하는 방법으로 보조부문원가의 배부방법 중 가장 정확성이 높은 방법이다. 보조부문 간에 용역수수관계가 존재할 때 각 보조부문원가를 제조부문뿐만 아니라 다른 보조부문에도 배분함으로써 보조부문간의 상호관련성을 완전히 인식하는 방법이다.

예제 1 보조부문비 배부(직접배부법)

㈜건양산업의 다음의 자료는 당월 중에 각 부문에서 발생한 제조간접원가를 배부한 부문원가 배부표의 일부이다. 당월 중에 보조부문에서 다른 부문에 제공한 용역의 양은 다음과 같은 경우 직접배부법에 의하여 보조부문원가 배부표를 작성하시오.

부문원가 배부표

원가요소	배부기준	금액	제조 부문		보조 부문	
			절단부문	조립부문	동력부문	수선부문
부문직접원가						
부문원가합계		1,220,000	420,000	500,000	100,000	200,000

적요	제조 부문		보조 부문		합계
	절단부문	조립부문	동력부문	수선부문	
동력부문(kW)	150kW	50kW	-	40kW	240kW
수선부문(시간)	200시간	300시간	100시간	-	600시간

보조부문원가 배부표

원가요소	배부기준	금액	제조 부문		보조 부문	
			절단부문	조립부문	동력부문	수선부문
부문원가합계						
보조부문원가						
동력부문						
수선부문						
배부액합계						
제조부문합계						

예제해설

부문원가 배부표

원가요소	배부기준	금액	제조 부문		보조 부문	
			절단부문	조립부문	동력부문	수선부문
부문원가합계		1,220,000	420,000	500,000	100,000	200,000
보조부문원가						
동력부문	kW	100,000	75,000	25,000		
수선부문	시간	200,000	80,000	120,000		
배부액합계		300,000	155,000	145,000		
제조부문합계		1,220,000	575,000	645,000		

- 동력부분
  - 절단부문 150kw × $\dfrac{100,000}{200kw}$ = 75,000
  - 조립부문 50kw × $\dfrac{100,000}{200kw}$ = 25,000

- 수선부문
  - 절단부문 200시간 × $\dfrac{200,000}{500시간}$ = 80,000
  - 조립부문 300시간 × $\dfrac{200,000}{500시간}$ = 120,000

예제 2 　보조부문비 배부(단계배부법)

㈜건양산업의 다음의 자료는 당월 중에 각 부문에서 집계된 부문원가이다. 단계배부법에 의하여 보조부문비배부표를 작성하시오. 단, <u>보조부문에서 다른 부문에 제공한 용역은 수선부문을 제일 먼저 배부하기로 한다.</u>

비목	제조 부문		보조 부문		금액
	절단부문	조립부문	동력부문	수선부문	
자기부문발생액	420,000	500,000	350,000	250,000	1,520,000
제공한용역					
동력부문(kW/h)	150	150	-	100	400
수선부문(시간)	300	300	400		1,000

Chapter 1 원가회계의 이해

보조부문원가 배부표

원가요소	배부기준	금액	제조 부문		보조 부문	
			절단부문	조립부문	동력부문	수선부문
자기부문비발생액						
보조부문원가						
수선부문						
동력부문						
배부액합계						
제조부문합계						

예제해설

보조부문원가 배부표

원가요소	배부기준	금액	제조 부문		보조 부문	
			절단부문	조립부문	동력부문	수선부문
자기부문비발생액		1,520,000	420,000	500,000	350,000	250,000
보조부문원가						
수선부문	시간	250,000	75,000	75,000	100,000	
동력부문	kW/h	450,000	225,000	225,000		
배부액합계		-	300,000	300,000		
제조부문합계		1,520,000	720,000	800,000		

■ 수선부분

절단부문 300시간 × $\dfrac{250,000}{1,000시간}$ = 75,000

조립부문 300시간 × $\dfrac{250,000}{1,000시간}$ = 75,000

조립부문 400시간 × $\dfrac{250,000}{1,000시간}$ = 100,000

■ 동력부문

절단부문 150kw × $\dfrac{450,000}{300kw}$ = 225,000

조립부문 150kw × $\dfrac{450,000}{300kw}$ = 225,000

단/원/학/습/문/제

01. A사는 많은 기업들이 입주해 있는 건물을 관리하고 있다. 경비담당 직원들은 모든 입주기업들의 사무실 및 건물전체를 경비를 맡고 있다. 건물 전체의 경비업무 수수료를 각 기업에 배부하기 위한 기준으로 가장 적합한 것은?

① 각 입주기업의 직원 수   ② 각 입주기업의 임대 면적
③ 각 입주기업의 전력사용량   ④ 각 입주기업의 근무시간

02. 다음은 보조부문원가를 배분하는 방법과 설명이다. 잘못 연결된 것은?

① 보조부분원가를 다른 보조부문에는 배분하지 않고 제조부문에만 배분하는 방법 - 직접배분법
② 보조부문원가를 배분순서에 따라 순차적으로 다른 보조부문과 제조부문에 배분하는 방법 - 단계배분법
③ 보조부문 상호간의 용역수수관계를 완전히 인식하여 보조부문원가를 다른 보조부문과 제조부문에 배분하는 방법 - 상호배분법
④ 보조부문원가를 변동원가와 고정원가로 구분하여 각각 다른 배분기준을 적용하여 배분하는 방법 - 단일배분율법

03. 다음은 보조부문비와 관련된 설명이다. 가장 틀린 것은?

① 이중배분율법에는 직접배분법, 단계배분법, 상호배분법을 적용할 수 없다.
② 원가행태에 의한 배분방법으로 단일배분율법과 이중배분율법이 있다.
③ 상호배분법은 보조부문비를 용역수수관계에 따라 다른 보조부문과 제조부문에 배부하는 방법이다.
④ 이중배분율법은 원가행태에 따라 배부기준을 달리 적용한다.

04. 다음은 보조부문비의 배부기준이다. 가장 적절하지 않은 배부기준은?

① 구매부문 : 주문횟수, 주문비용   ② 동력부문 : 사용전력량, 전기용량
③ 노무관리부문 : 수선횟수, 수선기간   ④ 검사부문 : 검사수량, 검사기간

Chapter 1 원가회계의 이해

05. 다음은 보조부문원가에 관한 자료이다. 보조부문의 제조간접원가를 다른 보조부문에는 배부하지 않고 제조부문에만 직접 배부할 경우 수선부문에서 조립부문으로 배부될 제조간접원가는 얼마인가?

		보조부문		제조부문	
		수선부문	관리부문	조립부문	절단부문
제조간접원가		80,000원	100,000원	-	-
배부율	수선부문	-	20%	40%	40%
	관리부문	50%	-	20%	30%

① 24,000원　　② 32,000원　　③ 40,000원　　④ 50,000원

06. 기초재고와 기말재고가 없는 경우, 보조부문의 원가를 배부하는 방법과 관련된 내용으로 옳지 않은 것은?

① 직접배부법은 보조부문 상호간의 용역제공관계를 고려하지 않는다.
② 단계배부법과 상호배부법은 보조부문 상호간의 용역제공관계를 고려한다.
③ 어떤 방법을 사용하더라도 보조부문비 총액은 모두 제조부문에 배부된다.
④ 보조부문 배부방법에 따라 회사의 총이익도 달라진다.

07. ㈜유현은 단계배분법을 이용하여 보조부문원가를 제조부문에 배부하고 있다. 보조부문원가를 전력부문부터 배부할 경우 절단부문에 배부되는 보조부문원가는 얼마인가?

	보조부문		제조부문	
	전력부문	수선부문	조립부문	절단부문
부문 발생원가(원)	300,000원	200,000원	640,000원	720,000원
전력부문 공급(kw)	-	100kw	200kw	300kw
수선부문 공급(시간)	200시간	-	400시간	400시간

① 225,000원　　② 275,000원　　③ 425,000원　　④ 975,000원

PART 2 원가회계이론

단원학습문제 해답

01 ② 제조간접비의 배부기준은 인과관계기준을 우선으로 하여 정하며, 건물과 관련된 모든 경비는 건물의 임대면적을 기준으로 배부한다.

02 ④ 보조부문원가의 배부방법으로 단일배분율법과 이중배분율법이 있으며, 단일배분율법이란 제조간접원가를 한 개의 원가로 인식하는 방법이며, 이중배분율법은 제조간접비를 고정간접원가와 변동간접원가로 분리하여 원가를 배분하는 방법이다.

03 ① 이중배분율법이란 제조간접원가를 고정원가와 변동원가로 구분하여 배부하는 방법으로 부문을 구분하여 직접배분법, 단계배분법, 상호배분법을 적용하여 배부할 수 있다.

04 ③ 노무관리부문은 사원수 또는 사원의 근무시간을 기준으로 배부한다.

05 ③

		보조부문		제조부문	
		수선부문	관리부문	조립부문	절단부문
제조간접원가		80,000원	100,000원	-	-
배부율	수선부문 80,000원			40% 40,000원	40% 40,000원
	관리부문 100,000원			20% 40,000원	30% 60,000원

06 ④ 보조부문 배부방법에 따라 어떠한 방법을 사용하더라도 총이익의 크기는 변화하지 않는다.

07 ②

	보조부문		제조부문	
	전력부문	수선부문	조립부문	절단부문
제조간접원가	300,000원	200,000원	640,000원	720,000원
전력부문 300,000원		100kw 50,000원	200kw 100,000원	300kw 150,000원
수선부문 250,000원			400시간 125,000원	400시간 125,000원

제 3 장
제품별 원가계산

PART 2 원가회계이론

제1절 개별원가계산 및 종합원가계산

1 개별원가계산

개별원가계산은 고객의 주문에 따라 고객이 요구하는 **제품의 종류·품질·규격**대로 개별제품을 생산하는 기업에 적용되는 원가계산시스템이다. 개별원가계산시스템을 이용하는 기업들은 **조선업·건설업·항공기제조업·인쇄업·가구제조업** 등과 같이 주문·생산의 형태에 적합한 원가계산 시스템이다.

(1) 개별원가계산의 특징

개별원가계산에서 기본적으로 설정되는 계정은 **직접재료원가**와 **직접노무원가** 그리고 **제조간접원가** 계정이다. 이러한 원가요소는 일반적으로 개별원가계산표에 모두 기록된다. 개별원가계산에서는 원가가 발생할 때마다 직접원가와 간접원가로 구분하기 때문에 당기완성품은 물론 기말재공품에 대해서도 제조원가를 계산하고 있다. 그러나 기말재공품의 원가는 종합원가계산에서와 같은 배분절차를 거치지 않고 자동적으로 계산된다. 따라서 개별원가계산은 작업에 대한 기록이 다소 복잡해지기는 하지만 특정제품과 관련하여 원가를 집계 및 배부하므로 종합원가계산보다 정확한 제품원가를 계산할 수 있는 특징을 가지고 있다.

(2) 개별원가계산의 종류

(1) 실제 개별원가계산

실제원가계산은 제품별 개별 작업에 직접재료원가와 직접노무원가를 실제원가로 부과할 뿐만 아니라 회계기간 말에 집계된 제조간접원가도 실제배부율에 의하여 제품별 개별 작업에 배부하는 원가계산방법이다. 그러므로 실제원가계산에서는 실제로 발생한 제조간접원가와 개별 작업에 배부된 제조간접원가는 동일하게 되어 제조간접원가계정의 차변금액과 대변금액도 항상 일치한다. 제품의 원가는 제품의 완성되는 시점에 집계되어 정확하게 집계되는 장점은 있으나, 원가계산이 모든 원가가 집계될 때까지 지연되는 단점이 존재한다.

(2) 정상 개별원가계산

정상원가계산은 각 개별 작업에 직접재료원가와 직접노무원가는 실제원가로 부과하고 제조간접원가는 **예산**을 **편성**하여 제조간접원가를 배부하는 원가계산방법이다. 그러므로 정상원가계산과 실제원가계산은 제조간접원가의 배부차이가 발생한다. 즉, 정상원가계산에서 설정되는 제조간접원가계정의 차변에는 실제로 발생한 제조간접원가가 기록되고, 대변에는 예정배부율에 따라 재공품 계정에 배부된 제조간접원가가 기록된다. 그러므로 제조간접원가 계정의 차변과 대변은 일치하지 않게 되며, 이 차이를 회계연도 말에 **매출원가조정법** 또는 **총원가 비례배분법** 등의 방법을 통하여 조정절차를 거쳐야 한다.

(3) 개별원가계산의 절차

개별원가계산제도를 채택하는 경우에는 제품을 제조하기 위하여 발생한 원가요소를 직접원가와 간접원가로 구분하여, 직접원가는 특정제조지시서에 따라 직접 부과하고 간접원가는 적절한 배부기준에 따라 각 원가대상에 배부하는 절차를 밟게 된다.

① 주문받은 각 개별작업에 대한 제조지시서(작업명령서)를 발행하고 각각의 제조지시서에 번호를 부여한다.
② 개별원가계산표를 작성한다.
③ 직접재료원가와 직접노무원가를 개별원가계산표에 집계한다.
④ 제조간접원가를 각 개별원가계산표에 배부한다.

1) 제조지시서

제조지시서는 기업에서 일반적으로 **작업명령서** 또는 **작업지시서**라 부른다. 개별원가계산에서 이용되는 제조지시서는 제조작업과 제품원가를 통제하는 중요한 역할을 담당하는 문서로서 특정제조지시서와 계속제조지시서로 분류한다.

① **특정제조지시서** : 개별원가계산을 하는 경우에 발행되는 제조지시서로서 개별제품 또는 개별작업에 대하여 개별적으로 발행되는 작업지시서이며, 지시된 특정제품의 생산이 완료되면 그 효력이 상실된다.
② **계속제조지시서** : 계속제조지시서는 주로 공정별 종합원가계산을 수행하는 경우 발행되는 제조지시서로서 한 종류의 제품을 대량으로 생산하는 기업에서 발행되는 작업지시서이며, 그 효력이 일정기간 동안 지속되므로 제조(완성)수량을 기재하지 않는 것이 보통이며 한번 발행되면 제품생산을 중지하라는 명령이 있을 때까지 계속 해당 작업지시서대로 제조된다.

2) 작업원가계산표

작업원가계산표란 각 제품의 원가를 계산하기 위하여 요소별 원가를 집계하는 원가계산표이다. 특정제조지시서가 발행되면 공장에서는 제품생산이 시작되며, 원가계산부서는 각 지시서별로 원가를 집계하여 원가계산표를 작성한다. 일반적으로 작업원가계산표를 원가계산표라 줄여 부른다.

3) 직접원가의 집계

원가대상이 되는 작업을 결정한 뒤에는 해당 작업을 수행하는데 직접소요된 원가요소인 직접재료원가와 직접노무원가를 집계한다.

① 직접재료원가의 집계

재료는 재료출고청구서에 의하여 출고되며 제조과정에 투입된다. 이때 재료출고청구서에 제조지시서번호가 기록되어 있으면 직접재료원가로 분류하고, 부문명이나 부문번호가 기록되어 있으면 간접재료원가로 분류한다. 따라서 직접재료원가는 재료출고청구서상의 제조지시서번호를 기준으로 집계된다.

② 직접노무원가의 집계

노무원가는 작업시간보고서에 제조지시서 번호가 기록되어 있는지 여부에 따라 직접노무원가와 간접노무원가로 분류한다. 따라서 직접노무원가는 작업시간보고서에 기입되어 있는 내용을 기준으로 집계하면 되는 것이다.

4) 제조간접원가의 배부

개별원가계산에서는 각 제품별로 발생된 직접원가는 원가 발생 즉시 집계되어 원가계산이 용이하다. 하지만 개별원가계산에서 복수제품을 생산하는 경우에는 추적이 불가능한 제조간접원가가 발생되는데, 제조간접원가는 일정한 배부기준을 마련하여 배부하여야 한다.

① 제조간접원가의 배부기준 선택

회사가 제조간접원가의 배부기준을 복수로 선택하였을 경우에는 전체 제조간접원가를 각각의 배부기준을 적용할 하부 그룹으로 세분하여 집계해야 한다.

② 제조간접원가배부율의 계산

배부기준별로 배부대상의 제조간접원가가 집계되면 일정한 기준을 설정하여 제조간접원가 배부율을 계산한다.(앞의 제조간접원가의 배부편 참고)

5) 제조간접원가의 작업별 배부

제조간접원가 배부율을 계산하게 되면, 각각의 작업별로 집계된 배부기준 측정치에 배부율을 곱하여 제조간접원가 배부액을 계산한다.

6) 작업별 제품제조원가의 집계

제조간접원가 배부액이 결정되면 이미 집계된 직접재료원가와 직접노무원가에 제조간접원가를 가산하여 작업별 제품제조원가를 집계한다.

Chapter 3 제품별 원가계산

예제 3 - 1 개별원가계산표(실제원가계산)

다음의 원가자료를 이용하여 개별원가계산표를 작성하고 해당계정을 완성하시오.

(1) 당월 중에 발생한 직접재료원가와 직접노무원가는 다음과 같다.

제조지시서	직접 재료원가	직접 노무원가
제조지시서 #1	2,500,000원	1,500,000원
제조지시서 #2	3,500,000원	2,500,000원
제조지시서 #3	4,000,000원	1,000,000원
합 계	10,000,000원	5,000,000원

(2) 당월 중에 발생한 제조간접원가 총액은 4,500,000원이다.
(3) 제조지시서 #1과 제조지시서 #2는 당월에 완성되었다.
(4) 제조지시서 #3은 미완성품이다.
(5) 제조간접원가는 직접재료원가를 기준으로 배부한다.

원 가 계 산 표

	제조지시서 #1	제조지시서 #2	제조지시서 #3	합 계
직 접 재 료 원 가				
직 접 노 무 원 가				
제 조 간 접 원 가				
합 계				

제조간접원가

재 공 품

예제해설

원 가 계 산 표

	제조지시서 #1	제조지시서 #2	제조지시서 #3	합 계
직 접 재 료 원 가	2,500,000	3,500,000	4,000,000	10,000,000
직 접 노 무 원 가	1,500,000	2,500,000	1,000,000	5,000,000
제 조 간 접 원 가	1,125,000	1,575,000	1,800,000	4,500,000
합 계	5,125,000	7,575,000	6,800,000	19,500,000

2025 전산회계 1급

※ 제조간접원가 배부액의 산출

제조간접원가 배부율	4,500,000/10,000,000 = 45%	
제조간접원가 배부액	2,500,000 × 45% = 1,125,000 3,500,000 × 45% = 1,575,000 4,000,000 × 45% = 1,800,000	

제조간접원가		재공품	
재 공 품 4,500,000		재 료 원 가 10,000,000 노 무 원 가 5,000,000 제조간접원가 4,500,000	제 품 12,700,000 차 월 이 월 6,800,000
		19,500,000	19,500,000

예제 3-2 개별원가계산표(정상원가계산)

다음의 원가자료에 의하여 원가계산표를 완성하고, 재공품계정과 제조간접원가계정에 기입하여 제조간접원가배부차이를 계산한 후 마감하시오.

(1) 제조간접원가는 직접재료원가를 기준으로 예정배부하며, 제조간접원가의 연간예상액은 12,350,000원이고, 직접재료원가 연간예상액은 47,500,000원이다.

(2) 당월 중에 발생한 직접재료원가와 직접노무원가는 다음과 같다.

제조지시서	기초재공품원가	직접 재료원가	직접 노무원가
제조지시서 #1	1,200,000원	3,500,000원	2,500,000원
제조지시서 #2	800,000원	4,500,000원	3,500,000원
제조지시서 #3	-	4,000,000원	2,000,000원
합 계	2,000,000원	12,000,000원	8,000,000원

(3) 당월 중에 발생한 제조간접원가 실제 발생액은 3,500,000원이다.

(4) 제조지시서 #1과 제조지시서 #2은 당월에 완성되었다.

(5) 제조간접원가 배부차이는 모두 정상적 발생액으로 매출원가 가감법에 따라 처리하기로 하였다.

원 가 계 산 표

	제조지시서 #1	제조지시서 #2	제조지시서 #3	합 계
기초재공품원가				
직 접 재 료 원 가				
직 접 노 무 원 가				
제 조 간 접 원 가				
합 계				

Chapter 3 제품별 원가계산

제조간접원가		재 공 품

제조간접원가배부차이		매출원가

예제해설

원 가 계 산 표

	제조지시서 #1	제조지시서 #2	제조지시서 #3	합 계
기초재공품원가	1,200,000	800,000	-	2,000,000
직접재료원가	3,500,000	4,500,000	4,000,000	12,000,000
직접노무원가	2,500,000	3,500,000	2,000,000	8,000,000
제조간접원가	910,000	1,170,000	1,040,000	3,120,000
합 계	8,110,000	9,970,000	7,040,000	25,120,000

※ 제조간접원가 배부액의 산출

제조간접원가 배부율	12,350,000/47,500,000 = 26%
제조간접원가 배부액	3,500,000 × 26% = 910,000 4,500,000 × 26% = 1,170,000 4,000,000 × 26% = 1,040,000

```
          제조간접원가                            재 공 품
   3,500,000 │재  공  품  3,120,000    전 월 이 월  2,000,000│제      품  18,080,000
             │제 조 간 접 원 가          재 료 원 가 12,000,000│차 월 이 월  7,040,000
             │배  부  차  이   380,000  노 무 원 가  8,000,000│
             │                          제조간접원가 3,120,000│

        제조간접원가배부차이                        매출원가
   제 조 간 접 원 가  380,000│매 출 원 가  380,000   제조간접원가배  380,000│
                                                    부  차  이
```

2 종합원가계산의 의의

「**종합원가계산**」이란 표준화된 공정에서 동일한 종류의 제품을 연속해서 대량 생산하는 산업에서 사용되는 원가계산 방식이다. 주로 **시장생산형태**의 원가계산방식으로 **석유정제업·철강업·섬유업·식품가공업·화학공업·제분업·제화업** 등에서 사용될 수 있다.

연속적으로 제품을 생산하는 기업에서는 생산이 종료되기 전에는 생산량을 파악하기가 어렵고 제품 1단위를 생산하는 데 소요되는 제조원가를 개별적으로 계산한다는 것은 경제적으로나 실질적으로 매우 어렵다. 그러므로 종합원가계산에서는 일정한 원가계산기간을 설정하여 생산량과 총제조원가를 파악하여 단위당 원가를 계산하는 것이다.

(1) 개별원가계산과 종합원가계산의 원가분류

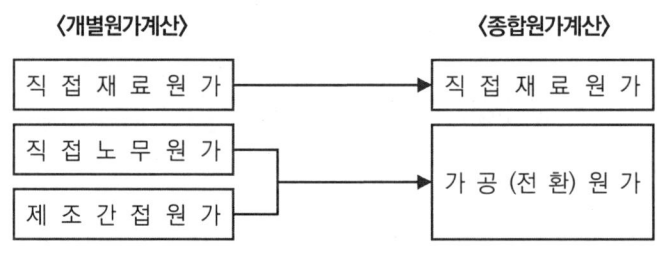

(원가계산 형태별 원가분류)

(2) 종합원가계산의 절차

종합원가계산은 다음과 같은 절차에 의하여 이루어진다.

> 1단계 : 물량의 흐름을 파악한다.
> 2단계 : 원가요소별로 완성품환산량을 계산한다.
> 3단계 : 총원가를 계산한다.
> 4단계 : 완성품 환산량 단위당 원가를 계산한다.
> 5단계 : 당기 완성품원가와 기말재공품원가에 총원가를 배분한다.

1) 물량의 흐름파악

종합원가계산의 1단계과정으로 제조과정의 물량이 어디에서 들어와 어디로 갔는지를 파악하기 위해 **제조과정의 물량흐름을 추적하는 단계**를 말한다. 원가계산 기간 중 투입된 물량과 산출된 물량을 제조 활동의 성격에 따라 파악하는 단계이다.

Chapter 3 제품별 원가계산

```
                          재  공  품
      기초재공품수량  ┐                 당기완성수량   ┐
      당 기 투 입 량  ┘                 기말재공품수량 ┘

          (재공품계정 차변)              (재공품계정 대변)
      기초재공품수량 + 당기투입량   =   당기완성수량 + 기말재공품수량
                  ⇧                               ⇧
            원가발생 및 집계                  원가배분의 문제
```

위와 같은 물량의 흐름에 의하여 당기 완성된 제품의 구성이 어떤 방법에 의하여 구성되었는가를 계산하여야 한다. 흐름의 방법에 따라 선입선출법과 평균법으로 구분할 수 있다.

2) 완성품환산량의 계산

종합원가계산에서는 제조원가를 완성품과 기말재공품에 배분하기 위하여 완성도의 개념과 완성품환산량의 개념을 사용한다.

① **완성품환산량** : 완성품환산량이란 한 단위의 완성품을 생산하는 데 필요한 투입량(작업량)을 의미한다. 재공품의 완성품환산량은 그 재공품의 완성도를 견적하고, 견적 된 완성도에 재공품의 물량단위를 곱하여 계산한다. 종합원가계산에서 단위원가(unit cost)의 계산은 물량단위가 아닌 완성품환산량에 기준을 둔다는 점에 유의하여야 한다.

> ① 월초재공품 완성품 환산량 = 월초재공품수량 × (1-완성도)
> ② 월말재공품 완성품 환산량 = 월말재공품수량 × 완성도

② **완성도(진척도)** : 완성도란 공정에 투입되어 현재 생산이 진행 중에 있는 제품이 어느 정도 완성되었는가를 나타내는 수치로서 30% 또는 70%와 같이 비율형태로 표현한다.

재료원가가 제조착수시 투입되는 경우	진척도 100%
재료원가가 제조진행에 따라 투입되는 경우	진척도 100%미만
가공원가가 제조진행에 따라 투입되는 경우	(문제 상의 %)

3) 총원가의 계산

총원가란 재공품계정의 기초재공품원가와 특정기간 중에 발생한 제조원가의 합을 말한다.

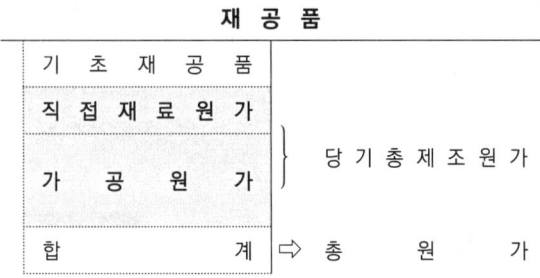

4) 완성품환산량 단위당 원가의 계산

당기제품제조원가와 기말재공품원가를 계산하기 이전에 완성품환산량 단위당원가를 계산해야 한다. 이 단계는 3단계에서 요약된 총원가를 2단계의 완성품환산량으로 나누어서 계산하는 과정이다. 그런데 종합원가계산을 사용하는 기업의 경우 직접재료원가와 가공비의 완성품환산량은 성격상 상이하기 때문에 완성품환산량의 단위당 총원가는 각 원가요소에 대한 완성품환산량 단위당 원가를 합하여 계산한다.

5) 완성품원가와 기말재공품원가의 원가배분

4단계에서 계산된 완성품환산량의 단위당 원가에 완성량과 기말재공품 환산량을 각각 대응시켜 완성품제조원가와 기말재공품원가를 계산한다.

3 기말재공품의 평가

1) 선입선출법(first-in, first-out method)

선입선출법은 기초재공품을 먼저 가공하여 제품으로 완성한 후 당기 투입분을 가공하여 당기완성품과 기말재공품으로 원가를 배분하는 방법을 말한다.

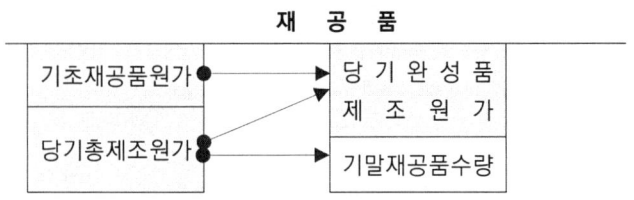

Chapter 3 제품별 원가계산

⟨공식법⟩

$$기말재공품원가 = (기말재공품수량 \times 진척도(\%)) \times \frac{당기\ 총\ 제조원가}{완성품수량 - (기초재공품수량 \times 진척도(\%)) + (기말재공품수량 \times 진척도(\%))}$$

다음의 공식 중 반드시 분모의 속성과 분자의 속성을 이해하여야 한다.

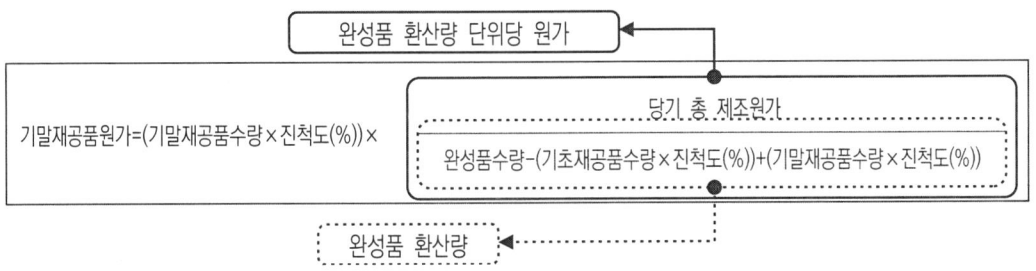

예제 3 - 3 종합원가계산(기말재공품의 평가)

구의공업사는 단일공정을 통하여 단일제품을 생산하고 있다. 재료는 제조와 함께 모두 투입되며, 가공원가는 제조진행 정도에 따라 균등하게 발생한다. 당월 중 생산활동에 관한 자료는 다음과 같다. 선입선출법에 의하여 기말재공품원가를 산출하시오.

	물량흐름	직접재료원가	가공원가
기 초 재 공 품	2,000단위(40%)	₩ 24,000	₩ 9,990
당 기 착 수 수 량	8,000단위	136,000	108,000
당 기 완 성 품	9,600단위	-	-
기 말 재 공 품	400단위(50%)	-	-

예제해설 — 선입선출법

직접재료원가	$(400개 \times 100\%) \times \dfrac{136,000}{9,600개 + (400개 \times 100\%) - (2,000개 \times 100\%)} = 6,800$
가공원가	$(400개 \times 50\%) \times \dfrac{108,000}{9,600개 + (400개 \times 50\%) - (2,000개 \times 40\%)} = 2,400$
기말재공품원가	6,800 + 2,400 = 9,200

2025 전산회계 1급

예제 3-4 종합원가계산(기말재공품의 평가)

양평공업사는 단일공정에 의하여 제품을 연속생산하고 있다. <u>재료원가와 가공원가 모두 제조진행에 따라 균등하게 발생한다.</u> 당월 중 생산활동에 관한 자료는 다음과 같은 경우, 선입선출법에 의하여 기말재공품을 산출하시오.

	물량흐름	직접재료원가	가공원가
기 초 재 공 품	2,000단위(40%)	₩ 24,000	₩ 9,990
당 기 착 수 수 량	8,000단위	153,000	108,000
당 기 완 성 품	9,600단위	-	-
기 말 재 공 품	400단위(50%)	-	-

예제해설 [선입선출법]

직접재료원가	(400개 × 50%) × $\dfrac{153,000}{9,600개 + (400개 × 50\%) - (2,000개 × 40\%)}$ = 3,400
가공원가	(400개 × 50%) × $\dfrac{108,000}{9,600개 + (400개 × 50\%) - (2,000개 × 40\%)}$ = 2,400
기말재공품원가	3,400 + 2,400 = 5,800

2) 평균법(weighted average method)

평균법은 기초재공품과 당기착수 물량이 특정한 순서로 가공되는 것이 아니라 무작위로 추출하여 가공되는 생산흐름을 가정한다. 평균법은 결국 기초재공품과 당기착수 물량을 하나의 단위로 통합한 후 이를 완성품과 기말재공품에 평균적으로 배분하는 것을 의미한다. 이 때에도 재료원가와 가공원가의 투입과정이 다를 수 있으므로 각각 구분하여 계산하는 것이 편리하다.

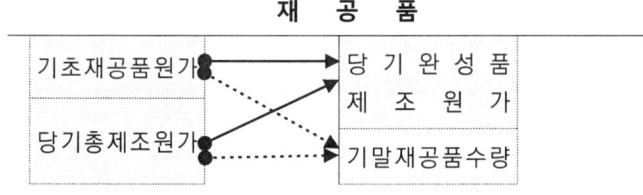

〈공식법〉

기말재공품원가 = (기말재공품수량 × 진척도(%)) × $\dfrac{\text{기초재공품원가 + 당기 제조원가}}{\text{완성품수량 + (기말재공품수량 × 진척도(\%))}}$

Chapter 3 제품별 원가계산

예제 3 - 5 종합원가계산(기말재공품의 평가)

동일공업의 다음 원가자료를 이용하여 평균법에 의하여 기말재공품원가를 계산하시오. 단, 재료원가는 제조시작과 함께 전부 투입되고, 가공원가는 공정이 진행되는 정도에 따라 균등하게 발생한다.

월초재공품원가 : 직접재료원가   ₩120,000   가 공 비   ₩24,000
당월투입원가 : 직접재료원가   ₩264,000   가 공 비   ₩240,000
당 월 완 성 품 : 400개
월 말 재 공 품 : 수량 80개(완성도 50%)

예제해설 평균법

직접재료원가	(80개 × 100%) × $\dfrac{120{,}000 + 264{,}000}{400개 + (80개 × 100\%)}$ = 64,000
가공비	(80개 × 50%) × $\dfrac{24{,}000 + 240{,}000}{400개 + (80개 × 50\%)}$ = 24,000
기말재공품원가	64,000 + 24,000 = 88,000

예제 3 - 6 종합원가계산(기말재공품의 평가)

현도공업의 다음의 원가에 대한 자료를 이용하여 평균법에 따라 기말재공품원가와 당월 제품제조원가를 계산하시오. 단, 직접재료원가와 가공원가 모두 제조진행에 따라 발생한다.

| 월초재공품원가 : 직접재료원가   ₩132,000   가 공 비   ₩24,000 |
| 당월투입원가 : 직접재료원가   ₩264,000   가 공 비   ₩240,000 |
| 당 월 완 성 품 : 400개 |
| 월 말 재 공 품 : 수량 80개(완성도 50%) |

예제해설 평균법

직접재료원가	(80개 × 50%) × $\dfrac{132{,}000 + 264{,}000}{400개 + (80개 × 50\%)}$ = 36,000
가공비	(80개 × 50%) × $\dfrac{24{,}000 + 240{,}000}{400개 + (80개 × 50\%)}$ = 24,000
기말재공품원가	36,000 + 24,000 = 60,000

단/원/학/습/문/제

01. 개별원가계산에서 재공품계정의 대변에서 제품계정의 차변으로 대체되는 금액은 무엇을 의미하는가?

① 당기에 지급된 모든 작업의 원가　　② 당기에 투입된 직접원가
③ 당기에 완성된 모든 작업의 원가　　④ 당기에 투입된 모든 작업의 원가

02. 다음은 개별원가계산에 대한 설명이다. 틀린 것은

① 종합원가계산에 비하여 보다 정확한 원가계산이 가능하다.
② 원가기록업무가 비교적 단순하여 경제적이다.
③ 제품별로 손익분석이 가능하다.
④ 제조지시서별로 원가계산표를 작성한다.

03. 다음 자료를 보고 평균법에 의한 재료비의 완성품환산량을 계산하면 얼마인가?

기 초 재 공 품	12,000단위(완성도 60%)	제 조 착 수 수 량	32,000단위
기 말 재 공 품	24,000단위(완성도 40%)	완 성 품 수 량	20,000단위
원재료와 가공비는 공정전반에 걸쳐 균등하게 발생한다.			

① 29,600단위　　② 25,600단위　　③ 34,000단위　　④ 54,000단위

04. 다음 중 종합원가계산방식이 가장 적절한 것은 무엇인가?

① 승용차　　② 비행기　　③ 병원 수술원가　　④ 선박

05. 다음 중 종합원가계산의 특징이 아닌 것은?

① 제조원가명세서 작성　　② 제조공정별로 원가집계
③ 작업원가표 작성　　④ 동종제품을 대량으로 생산하는 기업

06. 기말재공품재고액을 잘못 계산하여 수정할 경우 그 금액이 달라지지 않는 것은? 단, 기말 제품재고는 선입선출법으로 평가한다.

① 기말제품재고액 ② 당기제품제조원가
③ 매출원가 ④ 당기총제조원가

07. 다음의 괄호에 들어갈 적당한 말을 고르시오.

> (   )은 완성품환산량이라고 하는 인위적 배부기준에 따라 원가배부를 통하여 완성품원가와 기말재공품원가의 계산이 이루어진다.

① 요소별 원가계산 ② 부문별 원가계산
③ 개별원가계산 ④ 종합원가계산

08 다음 원가자료에 의하여 가공원가를 계산하면 얼마인가?

직접재료원가	100,000원	간접재료원가	2,000원
직접노무원가	70,000원	간접노무원가	3,000원
직접경비	90,000원	간접경비	4,000원

① 160,000원 ② 164,000원 ③ 167,000원 ④ 169,000원

09. 평균법으로 종합원가계산을 하고 있다. 기말재공품 200개에 대하여 재료비는 공정초기에 모두 투입되고, 가공비는 제조 진행에 따라 80%를 투입하고 있다. 만일 완성품 환산량 단위당 재료비와 가공비가 각각 380원, 140원이라면, 기말재공품의 원가는 얼마인가?

① 16,000원 ② 53,200원 ③ 98,400원 ④ 100,000원

10. 다음은 개별원가계산과 종합원가계산에 대한 설명이다. 다음 중 가장 틀린 것은?

① 제분업, 시멘트생산업 등은 종합원가계산에 적합하다.
② 종합원가계산은 개별원가계산에 비해 제조간접원가 배부문제가 중요하다.
③ 다품종 소량생산의 형태는 개별원가계산을 적용한다.
④ 작업원가표를 작성하는 것은 개별원가계산이다.

11. ㈜유현은 2024년 생산을 시작하였고 2024년 생산내역은 다음과 같다. 모든 제조원가가 공정 전반에 균등하게 투입되는 것으로 할 때 완성품환산량 단위당 원가가 240원이면 기말 재공품의 완성도는?

· 당기 착수량 : 2,400단위 · 완성품수량 : 1,600단위 · 당기투입원가 : 480,000원

① 30%   ② 40%   ③ 50%   ④ 60%

12. 다음은 ㈜유현의 종합원가계산 내역이다. 가공비 완성품환산량을 계산하는 경우 평균법과 선입선출법의 방법 차이로 인해 나타나는 환산량의 차이는 얼마인가?

기초재공품	0개	완성품	6,000개
당기착수수량	8,000개	기말재공품(50%)	2,000개
당기착수	재료비 2,160,000원, 가공비 1,600,000원		
원재료는 공정 초기에 투입되며, 가공비는 공정 전반에 걸쳐 투입된다.			

① 0개   ② 1,000개   ③ 2,000개   ④ 3,000개

13. ㈜회계는 평균법으로 종합원가계산을 하고 있다. 직접재료는 공정초에 투입될 경우 직접재료원가와 가공원가의 당기 완성품환산량은 각각 얼마인가?

구 분	물량단위	가공원가 완성도
기초재공품 수량	1,000개	50%
당기투입 수량	9,000개	-
당기완성품 수량	7,000개	-
기말재공품 수량	?	30%

	직접재료원가	가공원가		직접재료원가	가공원가
①	7,000개	7,400개	②	7,000개	7,900개
③	10,000개	7,400개	④	10,000개	7,900개

Chapter 3 제품별 원가계산

단원학습문제 해답

01 ③ 재공품계정에서 당기제품제조원가가 산출되어 제품계정 차변으로 대체된다.

02 ② 개별원가계산은 제품의 종류별로 원가계산을 하므로 종류별 원가는 정확하게 측정할 수 있다는 장점이 있다.

03 ① 완성품수량 + 기말재공품환산량 = 당기완성품환산량이라 한다.
20,000개 + (24,000×40%)=29,600개

04 ① 종합원가계산방식은 시장생산방식에 따라 대량으로 생산하여 시장에 내놓는 방식이다.

05 ③ 작업원가표는 개별원가계산에서 사용되는 원가계산표이다.

06 ④ 당기총제조원가는 당기에 제품의 제조를 위하여 투입된 원가로 기말재공품을 잘못 계산하더라도 영향을 미치지 아니한다.

07 ④ 종합원가계산의 특징으로 물량흐름을 파악하여 기말재공품을 평가한다.

08 ④ 가공비=직접노무비(70,000원)+직접경비(90,000원)+제조간접원가(2,000원+3,000원+4,000원)

09 ③ 기말재공품원가=(200개×380원)+(200개×80%×140원)

10 ② 개별원가계산은 제조간접비의 문제를 해결하는 것이 중요하고, 종합원가계산은 기말재공품을 평가하는 문제를 해결하여야 한다.

11 ③ 480,000원/1,600개+(800×?)=240원   480,000원÷240원=완성품환산량 2,000개 완성품 1,600개 + (800×?%)=2,000개

12 ① 기초재공품이 없는 경우에는 선입선출법과 평균법에 대한 차이가 발생하지 아니한다.

13 ④ 직접재료비 완성품 환산량 : 7,000개+(3,000개×100%)
가공비 완성품 환산량 : 7,000개+(3,000개×30%)

제 4 장
제조기업의 결산

PART 2 원가회계이론

제1절　제조기업의 결산

　회계기간이 종료하면 모든 장부를 정리하고 마감하여, 기업의 경영성과와 재무상태를 확정하는 절차를 **결산**이라 한다. 제조기업의 결산절차도 일반기업의 결산과정과 마찬가지로 결산예비절차, 결산 본절차, 재무제표작성 등 세 단계로 구분된다.

(1) 제조기업의 결산절차

1) 월차결산

　제조기업에서는 일반적으로 원가계산 기간을 1개월로 정하고 있으므로 매월 말에 그 달의 영업손익을 계산하는 경우가 많은데, 이러한 결산절차를 월차결산이라 하며, 월차결산은 회계기말에 실시하는 연차결산과 구별된다.

2) 연차결산

　회계기말에 기업의 경영성과와 재무상태를 파악하기 위하여 여러장부를 마감하는 일반적인 의미의 결산을 연차결산이라 한다.

　　　　　　　① 결산의 예비절차　　② 결산의 본 절차　　③ 결산 후 절차

(2) 제조기업의 재무제표작성

　제조기업의 결산에서는 일반기업의 결산과 과정이 거의 동일하나, 상기업의 상품매입과정과 대별된다. 일반적으로 원가계산과정(제조원가명세서)을 일차적으로 표기한 후, 손익계산서, 재무상태표 등을 순서로 작성하여야 한다.

(3) 제조원가명세서와 손익계산서의 관계

1) 제조원가명세서

　제조원가명세서는 완성된 제품의 제조원가를 상세히 표시하기 위한 재무제표의 부속명세서로 재무상태표와 손익계산서에 필요한 원가정보를 제공한다.
　제조원가명세서는 원가계산기간 중에 발생한 원가를 재료원가, 노무원가, 제조경비의 각 요소별로 구분하여 기재하고, 그 합계액에 기초재공품재고액을 가산한 후 기말재공품재고액

244　도서출판 다음 www.daumbook.net

을 차감하여 당기제품제조원가를 산출하여 표시한다.

2) 손익계산서

제조기업의 손익계산서를 작성할 때 유의사항은 제조원가명세서를 가장먼저 작성해야 한다. 그 이유는 앞서 설명하였듯이 제조기업은 제품을 직접생산 한 후 판매하기 때문에 제품의 제조원가가 없다면, 제품매출원가를 계산할 수 없다.

제조원가명세서			손익계산서		
과 목	금 액		매 출 액		×××
재 료 비			매 출 원 가		
기초재료재고액	×××		기초제품재고액	×××	
당기재료매입입	×××		당기제품제조원가	×××	
계	×××		계	×××	
기말재료재고액	×××	×××	기말제품재고액	×××	×××
노 무 비			매 출 총 이 익		×××
임 금 . 급 여	×××		판 매 비 와 관 리 비		
퇴 직 급 여	×××	×××	비.료.여.과.상각비	×××	×××
제 조 경 비			영 업 이 익		×××
전 력 비	×××		영 업 외 수 익		×××
수 선 비	×××	×××	영 업 외 비 용		×××
당 기 총 제 조 비 용		×××	법인세비용차감전순이익		×××
기 초 재 공 품		×××	법 인 세 비 용		×××
합 계		×××	당 기 순 이 익		×××
기 말 재 공 품		×××	주 당 순 이 익		×××
당기제품제조원가		×××			

3) 제조원가명세서 작성시 유의사항

① 개별원가계산 제도를 채택한 경우, 당기총제조비용은 직접재료원가, 직접노무원가, 제조간접원가로 구분하여 기입할 수 있다.

② 종업원의 급여에는 임금, 급료, 상여금 등의 제조부에서 발생하는 금액을 합산하여 기입한다.

③ 제조경비는 제조원가명세서에 제조경비의 항목으로 표시하고, 그 세부항목을 기재한다. ①에서 설명한 바와 같이 제조경비를 제조간접원가로 표시할 수 있다.

단/원/학/습/문/제

01. 다음은 10월 중의 원가자료이다. 당기총제조비용은 얼마인가?

직접재료원가	50,000원	직접노무원가	30,000원
제조간접원가	20,000원		
기초재공품원가	5,000원	기말재공품원가	7,000원

① 100,000원 ② 102,000원 ③ 105,000원 ④ 98,000원

02. 제조원가와 관련된 자료가 다음과 같을 때 기초재공품의 원가는 얼마인가?

직접재료원가	480,000원	직접노무원가	320,000원
제조간접원가	190,000원	기말재공품원가	150,000원
당기제품제조원가	1,080,000원		

① 230,000원 ② 90,000원 ③ 240,000원 ④ 60,000원

03. 다음 중 제조원가명세서에 나타나지 않은 것은?

① 기말원재료재고액 ② 당기총제조원가 ③ 당기제품제조원가 ④ 기말제품재고액

04. 제조원가명세서와 관련된 설명이다. 틀린 것은?

① 재료 소비액의 산출과정이 표시된다. ② 기초재공품과 기말재공품재고액이 표시된다.
③ 기초재료와 기말재료재고액이 표시된다. ④ 외부에 보고되는 보고서이다.

06. 다음은 ㈜부산실업의 제조원가와 관련된 자료이다. 당기제품제조원가는 얼마인가?

기초재공품	100,000원	직접재료원가	600,000원
가공원가	1,000,000원	직접노무원가	600,000원
기말재공품	250,000원	간접재료원가	200,000원
간접노무원가	100,000원		

① 1,350,000원 ② 2,050,000원 ③ 1,450,000원 ④ 1,050,000원

Chapter 4 제조기업의 결산

07. 다음 자료에 의한 ㈜씨엘의 직접노무원가는 얼마인가?

기 초 원 재 료	100,000원	당 기 원 재 료 매 입	600,000원
기 말 원 재 료	200,000원	제 조 간 접 원 가	1,500,000원
기 초 재 공 품	1,000,000원	기 말 재 공 품	500,000원
당기제품제조원가	4,000,000원		

① 500,000원 ② 1,500,000원 ③ 1,700,000원 ④ 2,000,000원

07. 다음 중 제조원가명세서를 작성하기 위하여 필요하지 않은 것은?

① 당기 직접노무원가 발생생 ② 당기 기말제품재고액
③ 당기 직접재료 구입액 ④ 당기 직접재료 사용액

08. 다음의 자료에 의하여 당기총제조원가를 구하시오.

기 초 원 재 료	40,000원	당 기 매 입 원 재 료	400,000원
기 말 원 재 료	120,000원	직 접 노 무 원 가	3,000,000원
제 조 간 접 원 가	직접노무원가의 30%		

① 4,220,000원 ② 4,280,000원 ③ 4,300,000원 ④ 4,460,000원

단원학습문제 해답

01 ① 당기총제조원가 = 직접재료원가+직접노무원가+ 제조간접원가
50,000원 + 30,000원 + 20,000원 = 100,000원

02 ③ 기초재공품+직접재료원가+직접노무원가+제조간접원가-기말재공품=당기제품제조원가가 된다.
즉, (240,000원)+480,000원+320,000원+190,000원- 150,000원=1,080,000원이 된다.

03 ④ 제조원가명세서는 재공품계정을 외부에 보고하기 위하여 작성하는 손익계산서의 부속명세서이다. 기말 제품재고액은 손익계산서의 매출원가 산출을 위하여 표시된다.

04 ④ 원래 제조원가명세서도 외부에 손익계산서의 부속명세서로 보고되었으나, 현재는 재무제표의 부속서류 일분 외부에 보고되지 않고 있다.

05 ③ 가공비=직접노무원가+제조간접원가=1,000,000원
제조간접원가 = 400,000원
당기총제조비용=직접재료원가+직접노무원가+제조간접원가
= 600,000원+600,000원+400,000원=1,600,000원
당기제품제조원가=100,000원(기초재공품)+1,600,000원(당기총제조비용)
- 250,000원(기말재공품)=1,450,000원

06 ② 원재료비(500,000)=100,000+600,000-200,000
당기총제조비용(3,500,000)=4,000,000-1,000,000+500,000
직접노무원가(1,500,000)=3,500,000-500,000-1,500 000

07 ② 제조원가명세서는 당기제품제조원가를 산출하여 손익계산서로 대체한다. 제품과 관련된 원가는 모두 손익계산서에 표시된다.

08 ① 재 료 비 : 40,000원+400,000원-120,000원=320,000원
당기총제조원가 : 320,000원+3,000,000원+(3,000,000원×30%)=4,220,000원

PART 03

부가가치세 이론

제1장 부가가치세 총칙 및 과세거래

제2장 과세표준 및 매입세액계산

제3장 부가가치세 신고와 납부

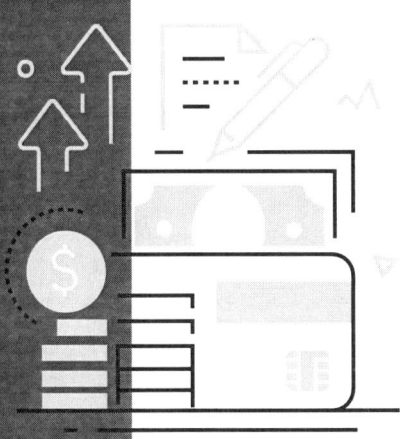

제 1 장
부가가치세 총칙 및 과세거래

PART 3 부가가치세 이론

제1절 부가가치세 총칙

1 부가가치세 이론 정의

부가가치세(Value-Added Tax, V.A.T)는 이론상 부가가치를 **과세대상**으로 하는 조세이다. 부가가치란 기업이 일정기간 동안 생산·유통 등의 사업 활동에서 창출한 가치이다.

> 부가가치의 구성 = 임금+지대+이자+이윤

(1) 부가가치세의 계산방법

1) 직접법 : 가산법과 전단계거래액공제법

① **가산법** : 일정한 기간 동안 사업자가 지급한 **임금·지대·이자·이윤**의 합계액에 **감가상각비**를 합산한 후 자본재구입액을 차감하여 부가가치를 계산하는 방법이다.

> 부가가치세 납부세액 = (임금+지대+이자+이윤)×세율

② **전단계거래공제법** : 전단계거래공제법이란 일정기간 동안 사업자가 공급한 상품 등의 가격(매출가격)에서 매입한 상품 등의 가격(매입가격)을 차감하여 부가가치를 계산하는 방법이다.

> 부가가치세 납부세액 = (매출액−매입액)×세율

2) 간접법 : 전단계세액공제법

매출액에 세율을 곱하여 매출세액을 계산한 후, 매입액에 세율을 곱하여 계산된 매입세액을 매출세액에서 차감하는 방법으로 부가가치세를 계산하는 것이다. 그래서 이것을 **전단계세액공제법**이라고 한다.

> 부가가치세 납부세액 = (매출액×세율)−(매입액×세율)
> = 매출세액 − 매입세액
> = 매출세액 − 매입처별 세금계산서합계표의 매입세액

본래 전단계세액공제법의 성립이 이루어지기 위해서는 「**거래징수**」라고 하는 절차를 거쳐야 하며, 반드시 거래 사실을 증명하기 위하여 「**세금계산서**」를 발급하여야 하는데, 이것은

공급받는 자로부터 세금을 징수하였다는 사실을 증명하는 세금에 대한 영수증이며, 공급받는 자는 매입세액을 공제받기 위한 수단이기 때문이다.

> 부가가치세 납부세액 = (매출액×세율)-세금계산서에 의해 확인된 매입세액

(2) 국경세 조정

구 분	생산지국 과세원칙	소비지국 과세원칙
의 의	원산지국에서 과세하고 소비지국에서는 과세하지 않는 방식	원산지국에서는 과세하지 않고, 소비지국에서 과세하는 방식
가격경쟁력	수입품과 내국산 물품 간의 가격경쟁력 왜곡	수입품과 내국산 물품 간의 가격중립성 유지
세 금 부 담	소비지국의 국민이 원산지국에서 부과한 세금을 부담하는 문제 발생	수입국의 국민이 자국에서 부과한 세금을 부담하므로 국내 과세문제와 충돌하지 않음

(3) 부가가치세의 특징

과 목	내 용
간 접 세	부가가치세는 납세의무자와 담세자가 다를 것으로 예정된 조세이므로 간접세이다. 사업자는 재화와 용역을 공급할 때 거래상대방으로부터 부가가치세를 징수하여 납부하므로 조세부담은 최종소비자에게 전가된다.
일 반 소 비 세	부가가치세는 일반소비세이므로 모든 재화와 용역을 과세하되, 면세로 열거된 것은 과세하지 않는다.
다 단 계 거 래 세	부가가치세는 재화가 생산되어 최종소비자에게 도달하는 모든 거래단계에 과세하는 다단계거래세이다.
소비형부가가치세	소비지출에 해당하는 부가가치만을 과세대상으로 하고, 투자지출(자본재구입)에 해당하는 부가가치 대해서는 과세하지 아니하는 소비형 부가가치세제를 채택하고 있다.
전단계세액공제법	우리나라의 부가가치세는 전단계세액공제법을 채택하고 있다. 이에 따라 재화와 용역의 공급가액을 과세표준으로 하여 매출세액을 계산한 다음, 매출세액에서 매입세액을 공제하여 납부세액을 계산한다.
소비지국과세원칙	우리나라는 국경세 조정제도를 소비지국 과세원칙을 채택하고 있다. 따라서 재화의 수출에는 영세율을 적용하여 부가가치세를 부담하지 않도록 하고, 재화의 수입에는 내국산 물품과 동일하게 부가가치세를 과세한다.

PART 3 부가가치세 이론

2 부가가치세 총칙

(1) 납세의무자

부가가치세의 납세의무자는 「**사업자**」이다.

1) 사업자의 개념

「**사업자**」란 다음의 요건을 모두 충족하여야 한다.

① **재화 또는 용역의 공급** : 부가가치세의 과세물건은 재화 또는 용역의 공급이므로 그러한 거래가 귀속된 자. 즉 재화 또는 용역을 공급하는 자가 납세의무를 진다.

② **계속·반복성** : 부가가치를 창출해 낼 수 있는 정도의 사업형태를 갖추고 계속·반복적인 의사로 재화 또는 용역을 공급하는 경우에만 사업성이 인정된다고 볼 수 있다.

③ **영리 목적성 유무** : 사업의 영리목적 여부는 불문한다. 그러므로 국가와 지방자치단체도 납세의무를 질 수 있다.

④ **사업적 독립성** : 재화 또는 용역의 공급이 사업상 독립적이어야 한다.
  ㉠ **인적독립성** : **자기책임** 및 **자기계산** 하에 재화 또는 용역을 공급하여야 한다. 따라서 고용관계에 따른 근로의 제공은 종속성을 띄므로 과세되지 아니한다.
  ㉡ **물적독립성** : **독립된 사업이어야 한다**. 따라서 둘 이상의 사업을 겸영하는 경우 한 사업이 다른사업의 단순한 연장에 불과하거나 다른 사업에 부수되는 정도에 그치는 경우 독립된 사업으로 보지 아니한다.

2) 사업자의 분류

사 업 자	과세사업자	일반과세자	납세의무자
		간이과세자	
	면세사업자		납세의무 없는 자

① 일반과세사업자 : 간이과세자를 제외한 과세사업자
② 간이과세사업자 : 직전 1역년의 공급대가가 1억 400만원 미만인 개인사업자
③ 면세사업자 : 면세되는 재화와 용역을 공급하는 사업자

(2) 과세기간

1) 과세기간

구 분	과 세 기 간
⑴ 일반사업자의 경우	(제1기) 1월 1일 ~ 6월 30일 (제2기) 7월 1일 ~ 12월 31일
⑵ 간이과세자의 경우	1월 1일 ~ 12월 31일(사업규모가 작은 간이과세자의 경우에는 납세부담을 경감하고 납세 편의를 제공하기 위함)
⑶ 신규사업개시자의 경우	• 사업개시일 ~ 당해 과세기간의 종료일 • 사업개시 전에 사업자등록을 한 경우: 등록일~당해 과세기간 종료일(*1)
⑷ 폐업하는 경우	당해 과세기간 개시일 ~ 폐업일 • 사업개시 전에 사업자등록을 한 후 사업을 개시하지 않게 되는 경우 : 당해과세기간 개시일~사실상 그 사업을 개시하지 않게 되는 날(*2)
⑸ 간이과세를 포기하여 일반과세자로 되는 경우	다음의 기간을 각각 1 과세기간으로 한다. • 해당 과세기간 개시일~포기신고일이 속하는 달의 말일 ⇨ 간이과세자 • 포기신고일이 속하는 달의 다음달 1일~그 과세기간 종료일 ⇨ 일반과세자
⑹ 과세유형 변경의 경우 그 변경되는 해에 간이과세자에 관한 규정이 적용되는 기간	• 일반과세자가 간이과세자로 변경되는 경우 : 그 변경 이후 7.1.~12.31. • 간이과세자가 일반과세자로 변경되는 경우 : 그 변경 이전 1.1.~6.30.

(*1) 사업시작 개시 전에 등록하는 경우, 사업자등록일로부터 과세기간 종료일까지를 최초 과세기간으로 한다.
(*2) 폐업일이란 사업장별로 그 사업을 실질적으로 폐업한 날을 말한다. 폐업일이 분명하지 않은 경우, 폐업신고서 접수일을 폐업일로 본다.

2) 예정신고기간

부가가치세법은 각 과세기간마다 예정신고기간을 설정하여 사업자에게 그 예정신고기간에 대한 과세표준과 세액을 그 예정신고기간 종료일부터 25일 이내에 신고·납부하도록 하고 있는데, 이것을 「**예정신고·납부**」라고 한다. 이러한 예정신고기간은 다음과 같다.

구분	과세기간	예정신고기간과 확정신고기간		신고납부기한
제1기	1월 1일~6월 30일	예정 신고기간	1. 1.~ 3. 31.	4. 25.
		확정 신고기간	4. 1.~ 6. 30.	7. 25.
제2기	7월 1일~12월 31일	예정 신고기간	7. 1.~ 9. 30.	10. 25.
		확정 신고기간	10. 1.~12. 31.	1. 25.

PART 3 부가가치세 이론

(3) 부가가치세 신고 및 납세지

「납세지」란 납세의무자가 납세의무 및 협력의무를 이행하고 과세권자가 **부과·징수권**을 행사하는 기준이 되는 장소이다.

① **원칙(사업장단위 신고·납부)** : 부가가치세는 사업장마다 신고·납부하여야 한다.
② **특례** : 납세의무자의 편의를 위하여 [**총괄납부제도**]와 [**사업자단위과세제도**]를 두고 있다.
③ **사업장** : 「사업장」이란 사업자 또는 그 사용인이 상시 주재하여 거래의 전부 또는 일부를 행하는 장소를 말하는데, 그 구체적인 내용은 다음과 같다.

구 분	사 업 장
광 업	광업사무소의 소재지
제조업	최종제품을 완성하는 장소 (따로 제품의 포장만을 하거나 용기에 충전만을 하는 장소는 제외)
건설업·운수업 부동산매매업	① 사업자가 법인인 경우 : 　　그 법인의 등기부상의 소재지(등기부상의 지점소재지 포함) ② 사업자가 개인인 경우 : 　　그 업무를 총괄하는 장소
부동산임대업	그 부동산의 등기부상의 소재지
비거주자 또는 외국법인의 경우	소득세법·법인세법상의 국내사업장

④ **직매장과 하치장**

	직매장	하치장
개념	재화를 직접 판매하기 위하여 특별히 판매시설을 갖춘 장소	재화를 보관하고 관리할 수 있는 시설만 갖춘 장소
설치시 의무	사업자등록	하치장 설치신고
판매와 출고	직매장에서 직접 판매	사업장으로부터 출고지시에 따라 재화 출고
세금계산서 발급	직매장의 명의로 발급	출고 지시한 사업장의 명의로 발급
신고의무불이행시 가산세	미등록가산세, 매입세액 불공제	가산세 규정 없음

⑤ **임시사업장** : 임시사업장은 사업장으로 보지 않고, 기존 사업장에 포함되는 것으로 한다. 단, 설치기간이 10일 이상인 경우, 사업 개시일부터 10일 이내에 임시사업장 설치신고를 하여야 하며, 폐쇄시에도 폐쇄일로부터 10일 이내에 폐쇄신고를 한다.

(4) 주사업장 총괄납부

사업장별 과세원칙에 따르면 2이상의 사업장을 가진 사업자도 각 사업장별로 납세의무를 지게 되므로, 각 사업장별로 납부(환급)세액을 계산하여 이를 각 사업장 관할세무서장에게 신고·납부하여야 한다. 하지만 이것은 과세관청과 납세자 모두 불편할 수 있기 때문에 부가가치세법은 한 사업자가 2 이상의 사업장을 가지고 있는 경우 각 사업장의 납부세액 또는 환급세액을 통산하여 주된 사업장에서 납부하거나 환급받을 수 있는 제도를 두고 있다. 이것을 「주사업장 총괄납부」라고 한다.

① **주된 사업장의 범위**

구 분	주 된 사 업 장
법 인	본점(주사무소 포함) 또는 지점(분사무소 포함)
개 인	주사무소

② **총괄납부의 신청** : 주된 사업장에서 총괄하여 납부하고자 하는 자는 그 총괄 납부를 하고자 하는 과세기간 시작일 20일 전에 주된 사업장의 관할세무서장에게 총괄납부신고를 하여야 한다.

③ **총괄납부의 승인** : 총괄납부의 승인은 필요치 않다.

④ **총괄납부의 변경** : 총괄납부사업자는 총괄납부 변경사유가 발생한 경우 총괄납부 변경신청서를 다음과 같이 제출하여야 한다.

사 유	변경신청서의 제출
① 종된 사업장을 신설하는 경우	그 신설하는 종된 사업장 관할세무서장
② 종된 사업장을 주된 사업장으로 변경하고자 하는 경우	주된 사업장으로 변경하고자 하는 사업장 관할세무서장
③ 사업자등록 정정사유가 발생하는 경우	그 정정사유가 발생한 사업장 관할세무서장(법인의 대표자를 변경하는 때에는 주된 사업장 관할세무서장)
④ 일부 종된 사업장을 총괄납부대상 사업장에서 제외하고자 하는 경우	주된 사업장 관할세무서장

⑤ **총괄납부의 효과**

총괄납부사업자는 정기신고분에 대한 납부와 환급만을 총괄한다. 정기신고분이 아닌 수정신고 또는 경정청구는 그 사유가 발생한 사업장 관할세무서장에게 수정신고서나 경정청구서를 제출하고 세액을 추가로 납부해야 한다. 또한, 총괄납부사업자라도 세금계산서 발급과 수취, 신고, 세금계산서합계표 제출, 결정과 경정은 사업장별로 한다.

(5) 사업자 단위 과세제도

부가가치세는 사업장 과세원칙에 따라 사업장별로 사업자등록·세금계산서의 발급과 수취·신고·납부하는 것을 원칙으로 한다. 그러나 최근 기업들은 「**전사적자원관리시스템(ERP)**」을 도입해서 인적·물적 자원을 본사에서 통합 관리함에 따라 사업장별 신고·납부는 업무의 중복과 비효율을 초래하게 되었다. 이에 따라 2 이상의 사업장을 가지고 있는 사업자는 사업장별 신고·납부를 대신하여 사업자단위로 과세하는 방식을 「**사업자단위과세제도**」라 한다.

① **사업자단위과세 적용사업장** : 사업자단위 신고·납부를 총괄하는 사업장은 「**법인의 본점**(주사무소 포함), **개인의 주사무소**」로 한다. 법인이 주사업장 총괄납부를 하는 경우에는 지점도 주된 사업장으로 할 수 있지만, **사업자단위 신고·납부를 총괄하는 사업장은 본점만이 된다는 점에서 유의하여야 한다.**

② **사업자단위과세제도의 효과** : 사업자단위과세제도를 적용받는 사업자는 부가가치세법의 모든 업무를 **사업자단위**로 한다. 사업자단위과세사업자는 본점·주사무소의 관할세무서에 사업자등록을 하며, 본점·주사무소의 등록번호를 기재하여 세금계산서를 발급·수취한다. 또한, 본점·주사무소의 관할세무서에 신고·납부하며, 본점·주사무소의 관할세무서장이 결정·경정한다.

(6) 사업자등록

신규로 사업을 시작하는 자는 사업장마다 **사업시작일로부터 20일 이내**에 사업장 관할세무서장에게 등록하여야 한다. 다만, 사업자등록 신청을 받은 사업장 관할 세무서장(사업자단위과세사업자로 등록하려는 경우나 등록유형 변경의 경우에는 본점 또는 주사무소 관할 세무서장)은 사업자등록을 하고 등록된 사업자에게 **사업자등록증을 신청일로부터 2일 이내에 발급**하여야 한다.

등록한 사업자에게 등록사항의 변동이 발생한 때에는 사업자등록증을 첨부하여 지체 없이 사업장 관할세무서장에게 등록정정신고를 하여야 하며, 신고를 받은 세무서장은 다음의 기한 내에 정정내용을 확인하고 사업자등록증의 정정하여 재발급하여야 한다.

단/원/학/습/문/제

01. 우리나라 부가가치세의 성격으로 가장 틀린 것은?

① 다단계 과세방식을 취하고 있다.
② 세부담을 다음 거래단계로 전가하는 간접세이다.
③ 납세의무자는 재화와 용역을 소비하는 모든 주체이다.
④ 국경세 조정을 위해서 소비지국 과세원칙을 취하고 있다.

02. 다음 부가가치세법상 납세의무자에 대한 설명 중 잘못된 것은?

① 부가가치세법상 납세의무자는 사업자 또는 재화를 수입하는 자이다.
② 부가가치세법상 면세사업자는 납세의무자에 해당한다.
③ 부가가치세법상 간이과세자는 납세의무자에 해당한다.
④ 부가가치세법상 일반과세자는 납세의무자에 해당한다.

03. 다음 중 부가가치세법상 사업자등록에 관한 내용으로 옳지 않은 것은?

① 사업자등록 신청을 받은 관할 세무서장은 등록을 거부할 수 없다.
② 사업자가 사업자등록을 하지 아니하는 경우에는 관할 세무서장이 직권으로 등록할 수 있다.
③ 사업자등록의 정정사유가 발생한 경우 지체없이 사업자등록 정정신고를 해야 한다.
④ 면세사업과 과세사업을 겸영하는 사업자도 사업자등록을 하여야 한다.

04. 다음 중 부가가치세법상 사업장에 해당되지 않는 것은?

① 제조업의 경우 최종제품을 완성하는 장소
② 하치장
③ 직매장
④ 부동산임대업의 경우 부동산의 등기부상 소재지

PART 3 부가가치세 이론

05. 다음 중 부가가치세법상 과세기간에 대한 설명으로 틀린 것은?

① 신규사업자 : 사업개시일이 속하는 달의 1일부터 그 날이 속하는 과세기간의 종료일까지
② 폐업자 : 폐업일이 속하는 과세기간 개시일부터 폐업일까지
③ 계속사업자인 간이과세자 : 1월 1일부터 12월 31일까지
④ 계속사업자인 일반과세자 : 1월 1일부터 6월 30일까지, 7월 1일부터 12월 31일까지

06. 다음은 부가가치세법상 사업자등록에 관한 내용이다. (   )에 알맞은 숫자는?

> 사업자등록은 사업장마다 사업개시일로부터 (   )일 이내에 사업장 관할 세무서장에게 신청하여야 한다. 단, 신규로 사업을 시작하려는 자는 사업개시일 전이라도 등록할 수 있다.

① 5일   ② 10일   ③ 15일   ④ 20일

07. 다음 중 부가가치세법상 납세지에 대한 설명 중 틀린 것은?

① 사업자의 부가가치세 납세지는 사업자의 주소로 한다.
② 재화를 수입하는 자의 납세지는 관세법에 따라 수입을 신고하는 세관의 소재지이다.
③ 총괄납부사업자는 주된 사업장에서 총괄하여 납부할 수 있다.
④ 과세관할은 납세지를 관할하는 세무서장 또는 지방국세청장이다.

08. 다음 중 부가가치세법상 사업자등록에 대한 설명 중 틀린 것은?

① 사업자는 원칙적으로 사업장마다 사업자등록을 신청하여야 한다.
② 사업자등록은 타소득이 있는 개인도 할 수 있다.
③ 신규로 사업을 시작하려는 자는 사업 개시일 이전이라도 사업자등록을 신청할 수 있다.
④ 사업자등록신청은 사업장관할이 아닌 다른 세무서장에게 할 수 없다.

Chapter 1 부가가치세 총칙 및 과세거래

단원학습문제 해답

01 ③ 납세의무자는 재화와 용역을 공급하는 주체이며 소비하는 주체는 최종소비자가 된다.

02 ② 과세사업자는 부가가치세 신고납부의무자를 말한다. 면세사업자는 부가가치세 신고납부의무가 면제된 사업자를 말한다.

03 ① 세무서장은 사업자등록 신청을 받아 검토한 후 등록을 거부할 수 있다.

04 ② 하치장은 사업장에 해당하지는 않으나 세무서에 하치장 설치신고를 하여야 한다.

05 ① 신규사업자의 과세기간은 사업개시일부터 개시일속하는 과세기간의 종료일까지이다.

06 ④ 사업자등록은 사업장마다 사업개시일로부터 20일이내에 관할 세무서장에게 신청하여야 한다.

07 ① 부가가치세의 납세지는 사업장소재지 관할세무서이다.

08 ④ 사업자등록신청은 본래 사업장관할세무서이다. 하지만 편의상 다른 세무서장에게 할 수도 있다.

제2절 부가가치세의 과세거래

1 재화의 공급

부가가치세법에서 「재화의 공급」이란 **계약상** 또는 **법률상**의 모든 원인에 의하여 재화를 인도 또는 양도하는 것이다.

(1) 재화의 개념

「**재화**」란 재산적 가치가 있는 모든 유체물과 무체물을 말한다.

구분	범 위
유체물	상품 · 제품 · 원료 · 기계 · 건물과 기타 모든 유형적 물건을 말한다.
무체물	동력 · 열, 기타 관리할 수 있는 자연력 및 권리 등으로써 재산적 가치가 있는 유체물 이외의 모든 것을 포함한다.(예) 특허권 등의 산업재산권, 영업권)

※ 유체물에는 「토지」도 포함하지만, 「토지」는 부가가치 생산요소로 매매거래에서는 면세가 된다. 그리고 어음 · 수표 등 화폐대용증권과 상품권 · 주식 · 채권 등은 재화로 보지 않는다.
※ 권리 등의 양도는 재화의 공급에 해당하지만, 권리 등의 대여는 용역의 공급에 해당한다.
※ 화물상환증, 선하증권, 창고증권 등은 재화에 해당함에 유의해야 한다.

유가증권의 과세여부

구 분	사 례	재화여부
① 화폐	화폐·수표·어음·상품권·금전채권	×
② 지분증권	주식 및 출자지분	
③ 채무증권	국공채 및 회사채	
④ 물품증권	창고증권·선하증권·화물상환증	○

(2) 재화의 공급 실질공급

계약상 · 법률상 모든 원인에 의하여 대가의 수입여부와는 관계없이 재화를 인도 · 양도하는 것을 **재화의 실질공급**이라 말한다.

Chapter 1 부가가치세 총칙 및 과세거래

구 분	내 용
매매계약	현금판매·외상판매·할부판매·장기할부판매·조건부 및 기한부 판매·위탁판매 기타 매매계약에 의하여 재화를 인도 또는 양도하는 것
가공계약	자기가 주요자재의 전부 또는 일부를 부담하고 상대방으로부터 인도 받은 재화에 공작을 가해 새로운 재화를 만들어 인도하는 것
교환계약	재화의 인도대가로서 다른 재화를 인도 받거나 용역을 제공받는 것
소비대차거래	사업자가 재화를 빌려주고 반환받는 것 : 빌려줄 때 과세, 반환할 때 과세
기타거래	경매·수용·대물변제·현물출자와 그 밖의 계약상 또는 법률상의 원인에 따라 재화를 인도하거나 양도하는 것

(3) 재화 간주공급

1) 자가공급

사업자가 자기의 사업과 관련하여 생산하거나 취득한 재화를 자기의 사업을 위하여 직접 사용·소비하는 것을 말한다.

구 분	내 용
면세사업의 전용	사업자가 자기의 과세사업과 관련하여 생산하거나 취득한 재화로서 다음 중 어느 하나에 해당하는 재화(이하 '자기생산·취득재화'라 함)를 자기의 면세사업 및 부가가치세가 과세되지 아니하는 재화 또는 용역을 공급하는 사업(이하 "면세사업 등"이라 한다.)을 위하여 사용·소비하는 것 ① 매입세액이 공제된 재화 ② 사업의 포괄적 양도로 취득한 재화로서 사업양도자가 매입세액을 공제받은 재화 ③ 내국신용장 또는 구매확인서에 의하여 재화를 공급하는 것 등으로서 수출(수출에 포함되는 국내거래)에 해당하여 영 퍼센트의 세율을 적용받는 재화
비영업용 소형승용차 및 그 유지의전용	다음 중 어느 하나에 해당하는 자기생산·취득재화의 사용 또는 소비 ① 사업자가 자기생산·취득재화를 매입세액이 매출세액에서 공제되지 아니하는 개별소비세 과세대상 자동차로 사용 또는 소비하거나 그 자동차의 유지를 위하여 사용 또는 소비하는 것 ② 운수업, 자동차 판매업, 자동차 임대업, 운전학원업 및 이와 유사한 업종을 경영하는 사업자가 자기생산·취득재화 중 개별소비세 과세대상 자동차와 그 자동차의 유지를 위한 재화를 해당 업종에 직접 영업으로 사용하지 아니하고 다른 용도로 사용하는 것
판매목적 타사업장 반출	사업장이 둘 이상인 사업자가 자기의 사업과 관련하여 생산 또는 취득한 재화를 판매할 목적으로 자기의 다른 사업장에 반출하는 것. 다만, 총괄납부사업자와 사업자단위과세사업자가 반출하는 것은 재화의 공급으로 보지 아니하되, 총괄납부사업자가 세금계산서를 발급하고 신고한 경우에는 재화의 공급으로 본다.

PART 3 부가가치세 이론

〈판매목적 타사업장 반출에 대한 취급표〉

구 분	판매목적 타사업장 반출	
1) 일반적인 경우	공급의제 ○	⇨ 세금계산서 발급 ○
2) 주사업장 총괄납부의 경우	세금계산서 발급 ×	⇨ 공급의제 ×
	세금계산서 발급 ○	⇨ 공급의제 ○

2) 개인적 공급

사업자가 자기의 사업과 관련하여 생산하거나 취득한 재화를 사업과 직접 관계없이 사용·소비하거나 그 사용인 또는 그 밖의 자가 사용·소비하는 것으로서 사업자가 그 대가를 받지 아니하거나 시가보다 낮은 대가를 받는 경우는 재화의 공급으로 본다. 이 경우 사업자가 실비 변상적이거나 복리후생적인 목적으로 그 사용인에게 대가를 받지 아니하거나 시가보다 낮은 대가를 받고 제공하는 것(시가보다 낮은 대가를 받고 제공하는 것은 시가와 받은 대가의 차액에 한정함)으로서 다음 어느 하나에 해당하는 경우에는 재화의 공급으로 보지 아니한다.

① 사업을 위해 착용하는 작업복, 작업모 및 작업화를 제공하는 경우
② 직장 연예 및 직장 문화와 관련된 재화를 제공하는 경우
③ **경조사**와 관련된 재화로서 사용인 1인당 연간 10만원 이하의 재화를 제공하는 경우(10만원을 초과하는 경우 해당 초과액에 대해서는 재화의 공급으로 봄에 유의할 것)
④ **명절 및 기념일**(설날, 추석, 창립기념일, 생일 등)과 관련된 재화로서 사용인 1인당 연간 10만원 이하의 재화를 제공하는 경우.
㉑ 처음부터 매입세액이 공제되지 않은 것

3) 사업상 증여

사업자가 자기의 사업과 관련하여 생산하거나 취득한 재화를 자기의 고객이나 불특정 다수인에게 증여하는 것은 재화의 공급으로 본다. 다만, 사업자가 사업을 위하여 증여하는 것으로서 다음은 재화의 공급으로 보지 아니한다.

① 사업을 위하여 대가를 받지 아니하고 다른 사업자에게 인도하거나 양도하는 견본품
② 「재난 및 안전관리기본법」의 적용을 받아 특별재난지역에 공급하는 물품
③ 광고선전물 : 사업자가 자기의 사업과 관련하여 생산하거나 취득한 재화를 광고선전 목적으로 불특정다수인에게 무상으로 배포하는 경우(직매장·대리점을 통하여 배포하는 경우포함)
④ 부수재화인 증정품 : 사업자가 고객에게 물품 구입시 증정하는 기증품(할증품)은 부수재화이므로 과세거래로 보지 않는다.
⑤ 자기적립마일리지 등으로만 전부를 결제 받고 공급하는 재화

4) 폐업 시의 잔존재화

사업자가 사업을 폐지하는 때에 잔존하는 재화는 자기에게 공급하는 것으로 본다. 사업개시 전에 사업자등록을 한 경우에 사실상 사업을 개시하지 않게 되는 때에도 또한 같다. 다만, 다음의 경우에는 폐업시의 잔존재화로서 과세하지 않는다.

① 사업자가 사업의 종류를 변경한 경우 변경 전 사업에 대한 잔존재화
② 동일 사업장 내에서 2 이상의 사업을 겸영하는 사업자가 그 중 일부 사업을 폐지하는 경우 당해 폐지한 사업과 관련된 재화
③ 개인사업자 2인이 공동사업을 영위할 목적으로 한 사업자의 사업장을 다른 사업자의 사업장에 통합하여 공동명의로 사업을 영위하는 경우에 통합으로 인하여 폐지된 사업장의 잔존재화
④ 폐업일 현재 수입신고(통관)되지 않은 미착재화
⑤ 사업자가 직매장을 폐지하고 자기의 다른 사업장으로 이전하는 경우 당해 직매장의 잔존재화

(4) 재화의 공급으로 보지 않는 것

① **담보의 제공** : 질권·저당권 또는 양도담보의 목적으로 동산·부동산 및 부동산상의 권리를 제공하는 것은 재화의 공급으로 보지 않는다.
② **사업의 포괄적 양도** : 사업장별로 그 사업에 관한 모든 권리와 의무를 포괄적으로 승계시키는 것. 다만, 사업양수자의 대리납부 규정에 따라 사업을 양수받는 자가 그 대가를 받은 자로부터 부가가치세를 징수하여 납부하는 경우는 제외한다.(사업의 포괄양도에 대해서 부가가치세를 과세하지 않는 이유는 양도자가 납부한 세금을 양수자가 환급받게 되어 아무런 세금징수효과가 없고, 사업자에게 불필요하게 자금부담을 지우는 것을 피하기 위해서이다.)
③ **조세의 물납** : 사업용 자산을 상속세 및 증여세법의 규정 또는 지방세법의 규정에 의하여 물납하는 것은 재화의 공급으로 보지 않는다.
④ **공매·강제경매에 의한 재화의 양도** : 국세징수법의 규정에 따른 공매 및 민사집행법의 규정에 따른 강제경매에 따라 재화를 인도 또는 양도하는 것은 재화의 공급으로 보지 않는다.

2 용역의 공급

(1) 용역의 개념

용역이란 재화 외의 재산적 가치가 있는 모든 역무 및 기타 행위를 말한다. 즉, 재화는 「물건이나 권리 등」인데 반하여 용역은 「행위」인 것이다. 즉, 용역은 성격상 그 범위가 추상적이므로 부가가치세법은 다음과 같이 열거 규정을 적용하고 있다.

① 건설업(단, 부동산매매업은 재화를 공급하는 사업에 포함한다)
② 숙박 및 음식점업
③ 운수 및 창고업
④ 정보통신업(출판업과 영상·오디오 기록물 제작 및 배급업은 제외한다)
⑤ 금융 및 보험업
⑥ 부동산업. 다만, 다음의 사업은 제외한다.
  ㉮ 전·답·과수원·목장용지·임야 또는 염전 임대업
  ㉯ 「공익사업을 위한 토지 등의 취득 및 보상에 관한 법률」에 따른 공익사업과 관련해 지역권·지상권(지하 또는 공중에 설정된 권리를 포함한다)을 설정하거나 대여하는 사업

(2) 용역공급의 범위

용역의 공급은 계약상 또는 법률상의 모든 원인에 의하여 역무를 제공하거나 재화·시설물 또는 권리를 사용하게 하는 것을 말한다. 용역은 **유상공급(실질공급)만 과세**하고 **무상공급(간주공급)은 과세대상이 아니다.** 아래의 다음 거래는 용역의 공급으로 본다.

① 건설업자가 건설자재의 전부를 부담하는 경우. 건설업은 도급계약방법에 관계없이 용역의 공급으로 본다.
② 상대방으로부터 인도받은 재화에 주요 자재를 전혀 부담하지 아니하고 단순히 가공만 해주는 것은 용역의 공급으로 본다.
③ Know-how 제공 : 산업상·상업상 또는 과학상의 지식·경험 또는 숙련에 관한 정보를 제공하는 경우에는 용역의 공급으로 본다.

(3) 용역의 공급으로 보지 않는 것

① **용역의 간주공급** : 대가를 받지 않고 타인에게 용역을 공급하는 것은 용역의 공급으로 보지 않는다. 따라서 무상의 용역제공은 과세거래가 될 수 없는 것이다. 다만, 특수관계자 간 사업용 부동산 무상임대용역에 대해서는 과세한다.(특수관계자의 범위는 6촌 이내 혈족, 4촌 이내 인척, 배우자 등)

② **근로의 제공** : 고용관계에 의한 근로의 제공은 독립된 사업자가 제공하는 용역의 공급이 아니며, 전단계세액공제법을 채택하고 있는 부가가치세제하에서 근로의 제공을 과세대상으로 보면 중복과세현상이 발생한다. 이에 따라 부가가치세법은 고용관계에 의한 근로의 제공을 과세거래로 보지 않는다.

3 재화의 수입

1) 재화의 수입으로 보는 경우
① 외국으로부터 우리나라에 도착된 물품(외국의 선박에 의하여 공해에서 체포된 수산물 포함)
② 수출신고가 수리된 물품

2) 재화의 수입으로 보지 않는 경우
① 수출신고가 수리된 물품으로서 선적 또는 기적되지 아니한 것을 보세구역으로부터 인취하는 것
② 외국에서 보세구역(수출자유지역 포함)으로 재화를 반입하는 것

4 공급시기

(1) 재화의 공급시기

1) 일반적인 기준원칙
① 재화의 이동이 필요한 경우 : 재화가 인도되는 때
② 재화의 이동이 필요하지 않은 경우 : 재화가 이용 가능하게 되는 때
③ 위의 기준을 적용할 수 없는 경우 : 재화의 공급이 확정되는 때

2) 거래형태별 공급시기

구 분	재화의 공급시기
① 현금·외상·할부판매의 경우	재화가 인도되거나 이용가능하게 되는 때
② 장기 할부판매의 경우	대가의 각 부분을 받기로 한 때
③ 반환조건부·동의조건부 기타 조건부 및 기한부 판매의 경우	그 조건이 성취되거나 기한이 경과되어 판매가 확정되는 때

구 분		재화의 공급시기
④ 완성도기준지급 또는 중간지급조건부로 재화를 공급하거나 전력 기타 공급단위를 구획할 수 없는 재화를 계속적으로 공급하는 경우		대가의 각 부분을 받기로 한 때
⑤ 재화의 공급으로 보는 가공의 경우		가공된 재화를 인도하는 때
⑥ 재화의 간주공급	㉠ 면세사업의 전용 ㉡ 비영업용 소형승용차 ㉢ 개인적공급	재화가 사용 또는 소비되는 때
	판매목적의 타사업장 반출	재화를 반출하는 때
	사업상 증여	재화를 증여하는 때
	폐업시 잔존재화	폐업일
⑦ 무인판매기를 이용하여 재화를 공급하는 경우		해당 사업자가 무인판매기에서 현금을 인취하는 때
⑧ 기타의 경우		재화가 인도되거나 인도가능한 때
⑨ 수출재화	내국물품을 외국으로 반출하거나 중계무역방식의 수출 및 보세구역 내 수입신고 수리 전 물품의 외국반출	수출재화의 선(기)적일
	원양어업 및 위탁판매수출	수출재화의 공급가액이 확정되는 때
	위탁가공무역방식의 수출·외국인도수출·국외위탁가공원료의 반출	외국에서 재화가 인도되는 때
⑩ 폐업 전에 공급한 재화의 공급시기가 폐업일 이후에 도래하는 경우		폐업일

(2) 용역의 공급시기

1) 일반적인 기준

용역의 공급시기는 일반적으로 역무가 제공되거나 재화·시설물 또는 권리가 사용되는 때이다.

2) 거래형태별 기준

구 분		용역의 공급시기
일반적인 경우	① 통상적인 공급의 경우	역무의 제공이 완료되는 때
	② 완성도기준지급·중간지급·장기할부 또는 기타 조건부로 용역을 공급하거나 그 공급단위를 구획할 수 없는 용역을 계속적으로 공급하는 경우	그 대가의 각 부분을 받기로 한 때
	③ 위의 기준을 적용할 수 없는 경우	역무의 제공이 완료되고 그 공급가액이 확정되는 때
특수한 경우	① 부동산임대용역을 공급하는 경우에 전세금 또는 임대보증금에 대한 간주임대료	예정신고기간 또는 과세기간의 종료일
	② 2과세기간 이상에 걸쳐 부동산임대용역을 공급하고 그 대가를 선불 또는 후불로 받는 경우에 월수에 따라 안분계산한 임대료	예정신고기간 또는 과세기간의 종료일

3) 공급시기의 특례

① 폐업 전에 공급한 재화 또는 용역의 공급시기가 폐업일 이후에 도래하는 경우 - 그 폐업일을 당해 재화 또는 용역의 공급시기로 본다.

② 사업자가 공급시기 도래 전에 세금계산서 또는 영수증을 발급하는 경우 - 세금계산서 또는 영수증을 발급한 때를 공급시기로 본다.

4) 세금계산서의 선발급에 의한 공급시기

공급시기 전에 미리 발급된 세금계산서는 사실과 다른 세금계산서로 보므로 공급자에게는 가산세(공급가액의 1%)를 부과하고, 공급받는 자에게는 매입세액을 공제하지 아니한다. 다만, 다음의 경우에는 공급시기 전에 발급한 세금계산서를 적법한 것으로 보며, 세금계산서 발급시기를 공급시기로 한다.

① 대가를 받고 발급하는 경우

사업자가 재화 또는 용역의 공급시기가 되기 전에 대가의 전부나 일부를 받고, 그 받은 대가에 대하여 세금계산서나 영수증을 발급하면 발급하는 때를 공급시기로 본다. 여기서 받은 대가란 공급가액과 세액을 합한 금액을 말하며, 현금 외에 수표, 어음, 현물인도를 포함한다.

② 세금계산서를 발급한 후 7일 이내 대가를 받는 경우

사업자가 재화 또는 용역의 공급시기가 되기 전에 세금계산서를 발급하고 그 세금계산서 발급일부터 7일 이내에 대가를 받으면 해당 세금계산서를 발급한 때를 재화 또는 용역의 공급시기로 본다.

PART 3 부가가치세 이론

③ 세금계산서를 발급한 후 7일이 지난 후 대가를 받는 경우

앞의 ②에도 불구하고 대가를 지급하는 사업자가 다음의 어느 하나에 해당하는 경우에는 재화 또는 용역을 공급하는 사업자가 그 재화 또는 용역의 공급시기가 되기 전에 세금계산서를 발급하고 그 세금계산서 발급일부터 7일이 지난 후 대가를 받더라도 해당 세금계산서를 발급한 때를 재화 또는 용역의 공급시기로 본다.

㉮ 거래 당사자 간의 계약서·약정서 등에 대금 청구시기(세금계산서 발급일을 말한다)와 지급시기를 따로 적고, 대금 청구시기와 지급시기 사이의 기간이 30일 이내인 경우

㉯ 세금계산서 발급일이 속하는 과세기간(공급받는 자가 조기환급을 받은 경우에는 세금계산서 발급일부터 30일 이내)에 재화 또는 용역의 공급시기가 도래하고 세금계산서에 적힌 대금을 지급받은 것이 확인되는 경우

④ 장기할부와 계속적 공급

다음 중 어느 하나에 해당하는 경우에는 공급시기가 되기 전에 세금계산서 또는 영수증을 발급하며 그 발급한 때를 공급시기로 한다.

㉮ 장기할부조건부 재화·용역의 공급
㉯ 공급단위를 구획할 수 없는 재화·용역의 계속적 공급

5 재화 또는 용역의 공급장소

「**거래장소**」란 재화 또는 용역의 공급장소를 말한다. 이는 재화 또는 용역의 공급이 국내거래인가 혹은 국외거래인가를 결정하는 기준이 된다.

구 분	재화의 공급장소
재화의 공급	① 재화의 이동이 필요한 경우: 재화의 이동이 시작되는 장소 ② 재화의 이동이 필요하지 않은 경우 : 재화의 공급시기에 재화가 있는 장소
용역의 공급	① 역무가 제공되거나 시설물, 권리 등 재화가 사용되는 장소 ② 국내·국외에 걸쳐 용역이 제공되는 국제운송인 경우 : 사업자가 비거주자 또는 외국법인이면 여객이 탑승하거나 화물이 적재되는 장소

Chapter 1 부가가치세 총칙 및 과세거래

단/원/학/습/문/제

01. 다음 중 부가가치세법상 재화의 공급에 대한 설명으로 가장 옳지 않은 것은?

① 매입세액공제를 받은 재화의 개인적 공급은 재화의 공급으로 본다.
② 광고 선전 목적으로 불특정다수인에게 무상으로 제공하는 견본품은 재화의 공급이 아니다.
③ 과세사업을 위해 생산, 취득한 재화를 부가가치세 면세사업을 위해 사용, 소비하는 경우 재화의 공급이 아니다.
④ 자기 사업과 관련하여 취득한 재화를 직장체육비 목적으로 사용하는 경우 재화의 공급이 아니다.

02. 다음 중 부가가치세법상 용역의 범위에 해당하지 않는 것은?

① 보건업
② 숙박 및 음식점업
③ 도매업
④ 운수 및 창고업

03. 다음 중 부가가치세법상 재화의 공급의제에 해당하지 않는 것은?

① 면세사업에의 전용
② 개인적 공급
③ 사업상 증여
④ 제조목적 타 사업장 반출

04. 다음 중 부가가치세법상 과세되는 용역의 공급에 대한 설명으로 잘못된 것은?

① 주요 자재의 부담 없이 상대방으로부터 인도받은 재화를 가공만 하는 것은 용역의 공급이다.
② 건설업의 경우 건설자재의 일부를 부담하는 경우에도 용역의 공급으로 본다.
③ 용역의 무상공급은 원칙적으로 과세 대상이다.
④ 특허권을 대여하는 것은 용역의 공급으로 본다.

05. 다음 중 부가가치세법상 공급시기에 대한 설명으로 가장 옳지 않은 것은?

① 재화의 이동이 필요한 경우 : 재화가 인도되는 때
② 장기할부판매 : 대가의 각 부분을 받기로 한 때
③ 폐업 시 잔존재화의 자가공급 : 재화의 사용·소비하는 때
④ 위탁판매 : 수탁자 또는 대리인의 공급시기

PART 3 부가가치세 이론

06. 다음 중 부가가치세법상 공급시기에 대한 설명 중 가장 올바르지 않은 것은?

① 재화의 공급으로 보는 가공의 경우 가공된 재화를 인도하는 때가 공급시기이다.
② 단기할부판매의 공급시기는 대가의 각 부분을 받기로 한 때이다.
③ 폐업시 잔존재화의 공급시기는 폐업일이다.
④ 내국물품 국외반출의 공급시기는 선(기)적일이다.

단원학습문제 해답

01 ③ 자기의 사업을 위하여 생산하거나 취득한 재화를 부가가치세 면세사업을 위해 사용, 소비하는 것을 간주공급이라 한다.

02 ③ 도매업은 재화의 공급에 해당한다.

03 ④ 제조목적 타 사업장의 반출은 부가가치세에 아무런 영향을 주지 않기 때문에 공급으로 보지 아니한다.

04 ③ 용역의 무상공급은 사실상 거래를 포착할 수 없기 때문에 공급으로 보지 아니한다.

05 ③ 폐업시의 잔존재화는 폐업일을 공급시기로 본다.

06 ② 부가가치세법의 재화의 공급시기는 인도기준에 의한다. 즉, 재화를 소비자에 인도하는 시점이 공급시기가 되는 것이다.

제3절 영세율과 면세

1 영세율

영세율이란 일정한 재화 또는 용역의 공급에 대하여 「0의 세율」을 적용함으로써 공급받는 자의 부가가치세 부담을 면제시켜주는 제도를 말한다. 영세율 적용 대상 재화·용역에 대한 중간재 구입 시의 전단계매입세액 전액을 환급함으로써 부가가치세의 부담이 완전히 제거되는 「완전면세제도」이다. 영세율은 「소비지국 과세원칙」을 구현하기 위하여 국제거래에 대하여 적용되나, 외화획득의 장려 등 정책적 목적에서 국내거래에 적용되기도 한다.

(1) 영세율 적용 대상자

구 분		영세율 적용 여부
과세사업자	일반과세자	영세율 적용
	간이과세자	영세율 적용(단, 환급세액인 경우에도 환급받지 못함)
면세사업자		영세율 적용(단, 면세포기를 한 경우에는 영세율 적용)

(2) 영세율의 취지 및 영세율 적용 대상거래

1) 영세율 제도의 취지

① 국제적 이중과세 방지목적(국제적 이중과세 조정목적)
② 수출장려 및 외화획득 목적

2) 영세율적용 대상거래

① 직수출·중계무역방식수출·위탁판매수출·외국인도수출·위탁가공무역방식수출 및 보세구역 내 수입통관 전 물품의 외국 반출
② 대행위탁수출
③ 내국신용장(구매확인서)에 의한 수출

내국신용장 개설시기 또는 구매확인서 발급 시기	세율
공급시기 전에 개설·발급	영세율
공급시기가 속하는 과세기간이 끝난 후 25일 이내 개설·발급	영세율
공급시기가 속하는 과세기간이 끝난 후 25일 이 지나서 개설·발급	10% 세율

④ 수탁가공무역에 사용할 재화를 공급하는 경우

사업자가 국외의 비거주자 및 외국법인과 직접계약에 의하여 비거주자 등이 지정하는 국내의 사업자에게 재화를 인도하고 재화를 인도받은 사업자가 비거주자 등과 계약에 의하여 인도받은 재화를 그대로 반출하거나 제조·가공 후 반출하는 것을 말한다.

⑤ 국외제공용역
⑥ 사업자가 한국국제협력단에 공급하는 재화(한국국제협력단이 해당 재화를 외국에 무상으로 반출하는 경우에는 한한다)

3) 기타 영세율 대상거래

① 외항 선박 등에 공급하는 재화 및 용역
② 외국인관광객에 대한 관광알선용역, 관광기념품, 호텔숙박용역과 음식용역.

4) 조세특례제한법상 영세율 적용대상

① 법 소정 장애인용 보장용구, 장애인용 특수정보통신기기 및 장애인의 정보통신기기 이용에 필요한 특수소프트웨어는 영세율을 적용한다.
② 방산업체가 공급하는 방산물자와 비상대비자원관리법에 의하여 중점 관리대상으로 지정된 자가 생산 공급하는 시제품 및 자원 동원으로 공급하는 용역 등

(3) 영세율 첨부서류의 제출

영세율이 적용되는 재화 또는 용역을 공급하는 사업자는 부가가치세 예정신고 및 확정신고를 할 때 예정신고서 및 확정신고서에 수출실적명세서 등 영세율 첨부서류를 첨부하여 제출하여야 한다.

영세율 첨부서류를 제출하지 않은 경우에도 해당 과세표준이 영세율 적용대상임이 확인되는 때에는 영의 세율을 적용하지만, 영세율 첨부서류를 첨부하지 않은 부분에 대하여는 예정신고 및 확정신고로 보지 않는다. 따라서 무신고가산세 또는 과소신고·초과환급신고 가산세를 적용한다.

Chapter 1 부가가치세 총칙 및 과세거래

2 면세

「**면세**」란 특정 재화·용역의 공급과 재화의 수입에 대하여 부가가치세를 면제하는 제도이다. 부가가치세법상 면세로 규정된 것은 당초부터 과세대상에서 제외된다.

면세대상 재화·용역의 공급은 부가가치세 과세대상에서 제외되므로 부가가치세 납부세액은 발생하지 아니하나 면세대상 재화·용역의 공급을 위한 중간재 구입시의 전단계매입세액은 환급되지 아니한 채 최종소비자에게 그 부담이 전가된다. 따라서 면세대상 재화·용역을 공급받는 자는 면세대상으로 규정된 거래단계에서 창출된 부가가치를 제외한 면세 전 단계에서 창출된 부가가치에 대해서는 부가가치세를 부담하게 된다. 이와 같은 이유로 면세를 「**부분면세**」 또는 「**불완전면세**」라고 한다.

(1) 면세제도의 취지

① **세 부담의 역진성 완화** : 부가가치세의 세율은 단일세율(10%)이므로 소득에 대하여 역진성이 있다. 이를 해소하기 하여 기초생활필수품, 국민후생용역, 문화관련 재화·용역을 면세한다.

② **부가가치 구성요소에 대한 이중과세의 방지** : 부가가치 구성요소의 대가에 대해 과세하는 경우 동일 금액의 부가가치세 대하여 두 번 과세하는 결과를 초래한다. 이를 방지하기 위하여 근로의 제공을 과세대상에서 제외하고 인적용역, 토지의 공급, 금융, 보험용역을 면세한다.

③ **공익목적(국민복지의 증진)** : 공익을 목적으로 정부·지방자치단체·정부업무대행단체·종교·자선·학술·구호단체 등이 공급하는 재화, 용역을 면세한다.

(2) 면세대상의 구체적 내용

1) 재화·용역의 공급에 대한 면세

구 분	면 세 대 상
기초생활 필수품	① 미가공식료품(국내산·외국산 불문) ② 국내 생산 비식용 미가공 농·축·수·임산물 ③ 수돗물 ④ 연탄과 무연탄 – 유연탄·갈탄·착화탄은 과세 ⑤ 여객운송용역(고속철도·항공기·우등고속버스·전세버스·택시 및 삭도, 유람선 등 관광 또는 유흥 목적의 운송수단에 의한 여객운송 용역 등 제외) – 일반 고속버스는 면세 ⑥ 주택과 이에 부수되는 토지의 임대용역

2025 전산회계 1급 275

	⑦ 여성용 생리처리 위생용품 및 영유아용 기저귀 및 분유 ⑧ 공동주택 어린이집의 임대용역
국민후생 및 문화관련 재화·용역	① 의료보건용역(수의사의 용역 포함)과 혈액(동물의 혈액 포함) 단, 미용목적의 성형수술비는 과세 ② 교육용역(무도학원 및 운전면허학원은 과세) ③ 도서·신문(인터넷 신문 구독료 포함)·잡지·관보 및 통신(다만, 광고는 제외한다)·도서대여용역·실내 도서 열람용역(추가) ④ 예술창작품(골동품 제외)·예술행사·문화행사·비직업 운동경기 ⑤ 도서관·과학관·박물관·미술관·동물원 또는 식물원에의 입장
부가가치 구성요소	① 토 지 ② 금융·보험용역(보호예수는 과세) ③ 저술·작곡 기타 일정한 자가 직업상 제공하는 인적용역
기 타	① 우표(수집용 우표 제외)·인지·증지·복권과 공중전화 ② 다음의 제조담배 　㉠ 판매가격이 200원(20개비 1갑당)이하인 제조담배 　㉡ 담배사업법상 특수용 담배 중 영세율이 적용되지 않는 것 ③ 종교·자선·학술·구호 기타 공익을 목적으로 하는 단체가 공급하는 일정한 재화 또는 용역 ④ 국가·지방자치단체·지방자치단체조합이 공급하는 재화 또는 용역 ⑤ 국가·지방자치단체·지방자치단체조합 또는 공익단체에 무상으로 공급하는 재화 또는 용역 ⇨ 유상공급은 과세 ⑥ 국민주택의 공급과 국민주택건설용역의 공급, ⑦ 법에 열거된 재화의 수입

2) 조세특례제한법상 면세대상 재화 또는 용역

① 국민주택의 공급과 국민주택의 건설용역의 공급
② 온실가스배출권(2025.12.31)
③ 전기·수소 이용 시내버스 및 마을버스(2025.12.31.)
④ 연안여객선박용 석유류에 대한 간접세 면세(2025.12.31.)

(3) 재화의 수입에 대한 면세

재화의 수입에 대한 면세도 국내의 면세되는 재화·용역기준에 준한다. 다만, 미가공식료품 중 커피두·코코아두 및 애완용 및 관상용 동물 등은 과세된다.

※ 커피 및 커피의 껍데기·껍질과 웨이스트, 코코아두(원래모형이나 부순 것으로서 볶은 것 포함), 코코아의 껍데기와 코코아 웨이스트의 수입에 대하여는 2022.06.28.부터 2025.12.31.까지 면세한다.

(4) 면세의 포기

 일정한 면세대상 재화 또는 용역에 대하여는 사업자의 자유의사에 따라 면세를 포기할 수 있다. 그 취지는 주로 영세율 적용대상이 되는 거래에 대하여 면세가 아니라 영세율을 적용받을 수 있도록 하기 위한 것이다.

1) 면세포기대상
 부가가치세법상 면세포기대상은 다음의 두 가지이다.
 ① 영세율이 적용되는 재화·용역
 ② 공익단체 중 학술연구단체 또는 기술연구단체가 공급하는 재화 및 용역

2) 면세포기절차
 면세포기를 하고자 하는 사업자는 면세포기신고를 하고 지체 없이 사업자등록을 해야 한다. 면세포기는 포기신고만 하면 되며, 세무서장의 승인은 필요로 하지 않는다.
- ① 면세포기신고를 한 사업자는 신고한 날로부터 3년간은 부가가치세 면제를 적용 받지 못한다.
- ② 면세포기신고를 한 사업자가 3년이 경과한 후 부가가치세의 면제를 받고자 하는 때에는 면세적용신고서와 함께 발급받은 사업자등록증을 반납하여야 한다. 만약 면세적용신고서를 제출하지 아니한 경우에는 계속하여 면세를 포기한 것으로 본다.

3) 면세의 포기 범위
- ① 면세되는 2 이상의 사업 또는 종목을 영위하는 사업자는 면세포기대상이 되는 재화 또는 용역의 공급 중에서 면세 포기를 하고자 하는 재화·용역의 공급만을 구분하여 면세포기를 할 수 있다.
- ② 영세율 적용의 대상이 되는 것만을 면세 포기한 사업자가 면세되는 재화·용역을 국내에 공급하는 때에는 면세포기의 효력이 없다. 따라서 영세율대상을 면세 포기한 사업자가 일부 재화는 수출하고 일부 재화는 국내에 공급하는 경우 수출재화에만 면세포기의 효력이 있으므로 국내공급 분은 그대로 면세된다.

PART 3 부가가치세 이론

단/원/학/습/문/제

01. 다음 중 부가가치세법상 영세율이 적용되는 거래가 아닌 것은?

① 선박 또는 항공기의 외국항행용역
② 금융, 보험용역
③ 수출하는 재화
④ 국외에서 제공하는 용역

02. 다음 중 부가가치세법상 영세율에 대한 설명으로 잘못된 것은?

① 영세율사업자는 부가가치세 신고 의무가 있다.
② 영세율사업자는 사업자등록 의무가 있다.
③ 영세율이 적용되는 국내 거래는 없다.
④ 영세율사업자는 부가가치세 과세사업자이다.

03. 다음 중 부가가치세법상 영세율에 대한 설명으로 틀린 것은 무엇인가?

① 영세율 첨부서류는 예정신고 및 확정신고시 제출하지 않아도 된다.
② 구매확인서에 의한 공급은 원칙적으로 영세율을 적용한다.
③ 국외에서 용역을 공급하는 경우 영세율을 적용한다.
④ 국내에서 대금을 받고 국내 통관되지 않은 물품을 외국으로 인도시 영세율을 적용한다.

04. 다음 중 부가가치세법상 영세율에 대한 설명 중 잘못된 것은?

① 영세율을 적용받는 사업자는 매입세액을 환급받을 수 있다.
② 영세율을 적용받는 사업자는 부가가치세법상 제반의무를 이행하여야 한다.
③ 내국신용장에 의해 영세율이 적용되는 경우에는 세금계산서 교부의무가 면제된다.
④ 국외에서 제공하는 용역에 대하여 영세율이 적용된다.

05. 다음 중 부가가치세법상 면세대상에 해당하지 않은 것은?

① 미가공식료품
② 주무관청에 인허가받은 교육용역
③ 토지의 공급
④ 항공법에 따른 항공기에 의한 여객운송용역

Chapter 1 부가가치세 총칙 및 과세거래

06. 다음 중 부가가치세법상 면세 대상으로 옳은 것은?

| 가. 토지의 공급 | 나. 항공요금 | 다. 전기요금 | 라. 수돗물 |

① 가, 나 ② 가, 라 ③ 다, 라 ④ 나, 다

07. 부가가치세법상 치과 사업자의 진료용역 중 부가가치세 과세 대상 용역은 어느 것인가?

| ㉠ 충치 진료 | ㉡ 치아미백 |
| ㉢ 선천성 기형 치아의 재건수술 | ㉣ 잇몸 성형술 |

① ㉠, ㉡ ② ㉡, ㉣ ③ ㉠, ㉢ ④ ㉢, ㉣

08. 다음의 재화 또는 용역을 공급할 때 부가가치세가 과세되는 경우는?

① 수돗물 ② 연탄 ③ 맛김 ④ 무연탄

09. 다음 중 부가가치세법상 영세율과 면세에 대한 설명 중 틀린 것은?

① 영세율은 완전면세제도이고 면세는 불완전면세제도이다.
② 영세율은 부가가치세법상 사업자만이 적용받을 수 있고 면세사업자인 상태에서 영세율을 적용받을 수 없다.
③ 영세율과 면세가 동시에 적용되는 경우에는 면세를 포기하고 영세율을 적용받을 수 있다.
④ 영세율과 면세의 경우 모두 부가가치세신고 의무는 면제된다.

단원학습문제 해답

01 ② 영세율이 적용되는 거래는 수출하는 재화와 용역이며, 국외에서 제공하는 용역도 영세율 적용을 받을 수 있다.

02 ③ 영세율 거래는 대부분 수출과 같은 외화획득 거래가 주로 많으나, 국내에서 관광객을 대상으로 하는 거래도 영세율의 적용을 한다. 또한, 조세특례제한법에서 일부 거래도 영세율을 적용하고 있다.

03 ① 영세율을 적용받기 위해서는 영세율관련 첨부서류를 제출하여야 적용받을 수 있으며, 제출하지 않는 경우에는 영세율적용을 받을 수 없다.

04 ③ 직수출의 경우에는 세금계산서의 발급을 면제하나, 내국신용장 등에 의한 영세율거래는 국내거래이므로 반드시 영세율세금계산서를 발급할 의무가 있다.

05 ④ 항공법에 따른 항공기의 외국항행용역은 과세대상 거래이다.

06 ② 토지는 재화로 보지 않으므로 토지의 매매는 면세하며, 수돗물은 기초생활필수품으로 면세한다.

07 ② 치아의 치료도 의료행위이므로 면세하지만, 치료목적이 아닌 미용목적은 모두 과세대상이 된다.

08 ③ 면세는 미가공식료품을 대상으로 하고 있다. 맛김은 가공식품으로 과세대상이다.

09 ④ 영세율은 과세거래이므로 영세율을 적용받기 위해서는 부가가치세 신고의무가 있으나, 면세는 본래부터 부가가치세 신고의무가 없다.

제 2 장
과세표준과 매입세액계산

제1절 과세표준의 계산

1 과세표준

재화·용역의 공급에 대한 부가가치세의 과세표준은 「**공급가액**」으로 한다. 여기에서 「**공급가액**」이란 부가가치세를 포함하지 아니한 금액을 말한다.

구 분			금 액	세율	세 액
과세표준 및 매출세액	과 세	세금계산서 발급분 (1)		10/100	
		매입자발행세금계산서 (2)		10/100	
		신용카드·현금영수증발행분 (3)		10/100	
		기 타(정규영수증 외 매출분) (4)		10/100	
	영세율	세금계산서 발급분 (5)		0/100	
		기 타 (6)		0/100	
	예 정 신 고 누 락 분 (7)				
	대 손 세 액 가 감 (8)				
	합 계 (9)				

(1) 재화 또는 용역의 공급에 대한 과세표준

1) 일반적인 기준

재화 또는 용역의 공급에 대한 부가가치세의 과세표준은 「**공급가액**」으로 한다. 사업자는 공급가액에 10%의 세율을 적용하여 계산된 매출세액을 공급받는 자로부터 거래징수하여 정부에 납부하여야 한다. 여기서 「**공급가액**」이란 다음의 것을 말한다.

구 분	공 급 가 액
① 금전으로 대가를 받는 경우	그 대가(대금, 요금, 수수료 등 명칭불구 모두 포함)
② 금전 외의 대가를 받는 경우	자기가 공급한 재화·용역의 시가

과세표준 계산시 **개별소비세·교통세** 또는 **주세** 등이 과세되는 경우에는 해당 **개별소비세·교통세·주세** 등의 상당액은 과세표준에 포함된다. 다만, 일반과세자의 과세표준과 간이과세자의 과세표준 간에는 다음과 같은 차이가 있다.

Chapter 2 과세표준과 매입세액계산

구 분	부가가치세 포함 여부	비 고
1) 공급가액	부가가치세가 포함되지 않은 금액	일반과세자의 과세표준
2) 공급대가	부가가치세가 포함된 금액	간이과세자의 과세표준

2) 특수 관계자와 관계에 따른 기준(부당행위계산의 부인)

사업자가 그와 특수 관계에 있는 자와의 거래에 있어서 재화와 용역의 공급가액에 대한 조세의 부담을 부당하게 감소시킬 것으로 인정되는 현저하게 낮은 대가를 받은 경우에는 다음의 금액을 공급가액으로 한다.

구 분	공 급 가 액
① 재화의 공급에 대하여 시가보다 낮은 대가를 받거나 대가를 받지 않은 경우	자기가 공급한 재화의 시가
② 용역의 공급에 대하여 시가보다 낮은 대가를 받은 경우	자기가 공급한 용역의 시가

3) 거래형태별 과세표준

부가가치세의 과세표준은 형태별에 따라 다음과 같이 정하고 있다.

구 분	과 세 표 준
① 외상판매 및 할부판매의 경우	공급한 재화의 총 가액
② 장기할부판매의 경우	계약에 따라 받기로 한 대가의 각 부분
③ 완성도기준지급·중간지급조건부로 재화·용역을 공급하거나 계속적으로 재화·용역을 공급하는 경우	계약에 따라 받기로 한 대가의 각 부분

또한 대가를 외화로 받는 경우의 과세표준은 다음과 같다.

구 분	외화 환산액
① 공급시기 도래 전에 원화로 환가한 경우	그 환가한 금액
② 공급시기 이후에 외국통화 기타 외국환 상태로 보유하거나 지급받는 경우	공급시기의 외국환 거래법에 의한 기준환율 또는 재정환율에 의하여 계산한 금액

PART 3 부가가치세 이론

> **사례**
>
> ㈜명문은 의류도매업을 영위하는 사업자이다. 다음의 자료에 의하여 2025년 2기 부가가치세 과세표준을 구하면 얼마인가?
>
> > 2025.10.02에 미국의 A회사와 공급가액 $100,000 상당의 의류 수출계약을 체결하고 아래와 같이 의류를 미국으로 수출하였다.
> > ① 2025.10.02 : 선수금으로 $20,000를 송금받아 당일에 1$당 950원에 환가했다.
> > ② 2025.10.10 : 세관에 수출신고를 하였고, 당일의 기준환율은 990원이다.
> > ③ 2025.10.15 : 수출품을 선적하였고 당일의 기준환율은 960원이다.
> > ④ 2025.10.18 : 수출대금 잔액$80,000를 외화로 송금받아 1$당 940원에 환가했다.
>
> 【이해】
> - 95,800,000원 : ($20,000×950원)+($80,000×960원)=95,800,000원
> - 수출재화의 과세표준은 선적일의 환율로 계산한다. 다만, 선적일 이전에 대금을 외화로 받은 경우에도 선적일의 환율로 계산하여야 하지만 선적일 이전에 원화로 환가(환전)한 경우에는 그 환가액을 과세표준으로 한다.

(2) 과세표준에 포함되는 것과 포함되지 않는 것

부가가치세 과세표준에 포함되기 위해서는 반드시 대가관계가 있어야 하며, 대가에 포함되지 않는 경우에는 과세표준에 포함하지 않는다.

1) 과세표준에 포함되는 거래(대가관계가 있는 거래)

① 대가에 포함되는 연불판매 또는 할부판매의 이자상당액
② 대가의 일부로 받는 운송보험료, 산재보험료, 운송비, 포장비, 하역비 등
③ 개별소비세, 주세, 교통세, 교육세 및 농어촌특별세 상당액
④ 자기적립 마일리지 외의 마일리지인 제3자 적립마일리지에 의한 결제

2) 과세표준에 포함되지 않는 거래(대가관계가 없는 거래)

① 부가가치세
② 매출에누리와 환입액, 매출할인(외상판매 공급대가의 미수금을 그 약정일 전에 영수하는 경우에 확인한 경우)
③ 공급받는 자에게 도달하기 전에 파손 및 멸실된 재화의 가액
④ 재화·용역의 공급과 직접 관련되지 아니하는 국고보조금·공공보조금 ⇨ 대가관계가 없음.
⑤ 계약 등에 의하여 확정된 공급대가의 지급 지연으로 인하여 지급받는 연체이자
⑥ 반환조건부 포장용기 및 반환 보조금

⑦ 용역대가와 봉사료를 구분하여 기재한 경우로써 봉사료를 해당 종업원에게 지급한 사실이 확인되는 경우(다만, 사업자의 수입금액으로 표시하는 경우에는 과세표준에 포함한다)
⑧ 공급받는 자가 부담하는 원재료
⑨ 부동산임대료와 구분하여 징수하는 보험료·수도료·공공요금 등
⑩ 자기적립 마일리지 등으로 결제 받은 금액

(3) 과세표준에서 공제하지 않는 것-대가관계에 영향이 없는 거래

재화 또는 용역을 공급한 후의 그 공급가액에서 다음의 것들은 공제하지 않는다.

① 대손금
② 금전으로 지급하는 판매 장려금(현물지급 : 사업상증여로 보아 과세함)
③ 하자보증금(예치금 성격)

(4) 재화의 수입에 대한 과세표준

재화의 수입에 대한 부가가치세의 과세표준은 **관세의 과세가격과 관세·개별소비세·교통세·주세·교육세 및 농어촌특별세**의 합계액으로 한다. 세관장은 여기에 세율을 곱하여 계산한 부가가치세를 수입자로부터 징수하여야 한다.

> 과세표준=관세의 과세가격+관세+개별소비세·교통세·주세·농특세 등

㈜명문은 2025. 1. 1.~ 6. 30.까지의 다음 금액 중에서 부가가치세 과세표준을 계산하면 얼마인가?

[자료]
가. 매출액 50,000,000원
나. 위 매출액에 포함된 금액 :
  특수관계자에 대한 매출액 4,000,000원이 포함(시가 : 6,000,000원)
다. 위 매출액에 제외된 금액
  지방자치단체에 무상 기증한 재고자산 : 3,000,000원
  비영업용 소형승용차 매각대금 : 1,000,000원
  판매목적 타사업장 반출 : 취득가액 1,000,000원(시가 2,000,000원)

【이해】
- 지방자치단체에 무상 기증한 재화는 면세대상이므로 제외되고 특수관계자에 대한 매출액은 부당행위계산 부인에 의하여 시가로 계산하여 판매목적으로 타사업장에 반출된 재화는 취득가액으로 계산한다.
- 54,000,000원=50,000,000원+(6,000,000원-4,000,000원)+1,000,000원+1,000,000원

❷ 재화의 간주공급에 대한 과세표준

(1) 일반적인 경우

자가공급(판매목적 타사업장 반출의 경우는 제외)·개인적 공급·사업상 증여 및 폐업 시 잔존재화에 대한 과세표준은 당해 재화의 시가에 의한다. 하지만 주의 할 점은 **자가공급 중 직매장반출은 취득가액을 과세표준**으로 하되, 당해 취득가액에 일정액을 가산하여 공급하는 경우에는 당해 공급가액으로 한다. 한편, 해당 재화가 **개별소비세·교통·에너지·환경세** 또는 **주세**가 부과되는 재화인 경우, 과세표준은 해당 **개별소비세** 등을 가산한 금액으로 한다.

(2) 당해 재화가 감가상각자산인 경우

간주공급에 해당하는 건물 등의 경우에는 당해 재화의 공급가액을 임의로 측정하는 것은 불가능하다. 그리하여 부가가치세법에서는 당해 재화가 감가상각자산이며, 간주공급에 해당하는 경우에는 다음 계산식에 의하여 계산한 금액을 당해 재화의 시가를 공급가액으로 본다.

> 간주시가 = 당해 재화의 취득가액 × (1 – 체감률 × 경과된 과세기간의 수)

여기서 「**취득가액**」에는 현재가치할인차금을 포함하며, 취득세 등 기타 부대비용은 제외한다. 「**체감률**」이란 다음의 비율을 말한다.(체감률은 감가상각율과 같은 개념으로 인식)

| ① 건물·구축물 | 5% |
| ② 기타의 감가상각자산 | 25% |

위의 계산식에서 「**경과된 과세기간의 수**」는 건물·구축물의 경우에는 20을, **기타의 감가상각자산의 경우에는 4**를 한도로 한다. 그리고 「경과된 과세기간의 수」는 과세기간 단위로 계산하며, 과세기간 개시일 후에 감가상각자산을 취득하거나 당해 재화가 공급된 것으로 보게 되는 경우, 그 과세기간의 개시일에 당해 재화를 취득하거나 당해 재화가 공급된 것으로 보고 경과 된 과세기간의 수를 계산한다.

㈜명문은 전세버스(과세)사업에 사용하던, 정비기계를 시내버스(면세)사업에서 사용하였다. 다음의 조건을 분석하여 해당 재화의 공급가액을 계산하시오.

[자료]
가. 정비기계의 취득원가는 50,000,000원(부가가치세 별도)이며, 2024년 4월 15일 구입하였다.
나. 해당 정비기계를 2025년 5월 20일부터 시내버스 사업에서 사용하기로 하였다.

Chapter 2 과세표준과 매입세액계산

[이해]
- 과세사업에 사용하던 재화를 모두 면세사업에서 사용하는 경우, 이를 간주공급이라 한다. 간주공급 시 면세사업에 제공한 재화의 공급가액은 간주시가를 과세표준으로 계산한다.
- 과세표준 : 50,000,000×(1-25%×2)=25,000,000원

(3) 과세사업에 공한 감가상각자산을 면세사업에 일부 사용하는 경우

과세사업에 공한 감가상각자산을 면세사업에 일부 사용하는 경우에는 다음 산식에 의하여 계산한 금액을 과세표준으로 하되, **면세공급가액 비율이 5% 미만**인 경우, 과세표준은 없는 것으로 본다.

$$\text{과세표준} = \text{간주시가} \times \text{면세사업에 일부 전용한 날이 속하는 과세기간의} \times \frac{\text{면세공급가액}}{\text{총공급가액}}$$

이것은 면세사업에의 완전한 전용이 아니라 부분적인 전용의 경우이다. 즉 과세사업과 관련하여 생산하거나 취득한 감가상각자산을 과세사업과 면세사업에 겸용하는 경우를 말하는 것이다. 이 경우에는 면세사업에 사용되는 부분만을 도출하여 과세표준을 계산하여야 하지만, 그 구분이 매우 어렵기 때문에 획일적으로 공급가액 비율에 의해 안분하여 계산하는 것이다.

㈜명문은 전세버스(과세)사업에 사용하던, 정비기계를 시내버스(면세)사업에서 일부 사용하였다. 다음의 조건을 분석하여 해당 재화의 공급가액을 계산하시오.

[자료]
가. 정비기계의 취득원가는 50,000,000원(부가가치세 별도)이며, 2024년 4월 15일 구입하였다.
나. 해당 정비기계를 2025년 5월 20일부터 시내버스 사업에서 공통으로 사용하기로 하였다.
다. ㈜명문의 공급가액 내역은 다음과 같다.

	2024년		2025년	
	1기	2기	1기	2기
전세버스	6억원	5억원	4억원	5억원
시내버스	4억원	5억원	6억원	5억원

[이해]
- 과세사업에 사용하던 재화를 모두 면세사업에서 일부 사용하는 경우에는 1차적으로 간주시가를 먼저 계산한 후 간주시가를 면세사업에 일부 전용한 날이 속하는 과세기간의 총공급가액에 대한 면세사업 비율로 안분하여 계산한다.
- 과세표준 : 50,000,000×(1-25%×2)=25,000,000원×6억원/10억원=15,000,000원

③ 임대용역의 공급 시 과세표준

부동산임대 용역의 과세표준은 **임대료·관리비** 및 **간주임대료**의 합계액으로 한다.

> 과세표준 = 임대료 + 간주임대료 + 관리비수입

(1) 임대료

당해 과세기간에 수입할 금액을 과세표준으로 한다. 사업자가 2 이상의 과세기간에 걸쳐 부동산임대 용역을 공급하고 그 대가를 선불 또는 후불로 받는 경우, 당해 금액을 계약기간의 월수로 나눈 금액의 각 과세기간의 합계액을 과세표준으로 한다.

$$과세표준 = 선불\ 또는\ 후불로\ 받은\ 임대료 \times \frac{당해\ 과세기간\ 중의\ 임대월수}{총\ 임대기간의\ 월수}$$

※ 이 경우 월수는 달력에 따라 계산하되, 개시일이 속하는 달이 1월 미만이면 1월로 하고 종료일이 속하는 달이 1월 미만이면 이를 산입하지 않는다. (초월산입, 말월불산입)

(2) 관리비

사업자가 부동산임대와 관련하여 받은 관리비는 과세표준에 포함된다. 다만, 임차인이 부담하여야 할 **보험료·수도료·공공요금**을 별도로 구분·징수하여 납입을 대행하는 경우에는 이를 과세표준에 포함하지 아니한다.

(3) 전세금 또는 임대보증금에 대한 간주임대료

사업자가 부동산임대용역을 공급하고 전세금 또는 임대보증금을 받는 경우에는 「**금전 외의 대가**」를 받는 것으로 보아 다음과 같이 계산한 금액을 과세표준으로 한다.

$$간주임대료 = 당해\ 과세기간의\ 전·월세\ 보증금 \times 정기예금이자율 \times \frac{과세대상\ 일수}{365일(또는\ 366일)}$$

여기서 「**정기예금이자율**」이란 해당 예정신고기간 또는 과세기간 종료일 현재 서울특별시에 본점을 둔 시중은행의 정기예금이자율(계약기간 1년)의 평균을 감안하여 국세청장이 매년 고시하는 이자율을 말한다. 한편 이러한 간주임대료는 임차인이 해당 부동산을 사용하거나 사용하기로 한 때를 기준으로 하여 계산한다.

4 대손세액공제

대손세액공제란 사업자가 과세재화·용역을 공급한 후 공급받는 자의 파산 등의 사유로 인하여 부가가치세를 거래징수하지 못하는 경우에는 그 대손세액을 매출세액에서 차감할 수 있으며, 이 경우 공급받은 자는 그 세액을 매입세액에서 차감한다.

(1) 공급하는 사업자의 대손세액

1) 대손세액공제사유

공급받는 자에게 다음 중 어느 하나에 해당하는 사유가 발생하여 회수할 수 없는 경우에 한한다. 이 경우는 법인세법과 소득세법의 대손사유와 일치한다.

① 파산법에 의한 파산(강제화의를 포함한다)
② 민사소송법에 의한 강제집행
③ 사망·실종선고·행방불명
④ 회사정리법에 의한 회사정리계획 인가의 결정
⑤ 상법상 소멸시효의 완성
⑥ 수표·어음의 부도발생일(금융기관이 해당 수표 또는 어음에 대하여 부도 확인을 한 날을 말한다)부터 6월이 된 경우. 다만, 해당 사업자가 채무자의 재산에 대하여 저당권을 설정하고 있는 경우는 제외한다.
⑦ 회수기일이 6월 이상 경과 한 채권 중 30만원(채무자별 채권가액의 합계액을 기준으로 한다)이하의 채권
⑧ 중소기업의 외상매출금 및 미수금으로서 회수기일이 2년 이상 지난 외상매출금 등(다만, 특수관계인과의 거래는 제외)

2) 시기의 제한

대손세액공제는 사업자가 과세 재화·용역을 공급한 후 그 공급일부터 10년이 경과된 날이 속하는 과세기간에 대한 확정·신고 기한까지 위의 사유로 인하여 확정되는 대손세액에 한하여 허용된다.

3) 회수불능의 입증

대손세액공제를 받고자 하는 사업자는 부가가치세 확정 신고서에 「대손세액공제신고서」와 대손 사실을 증명하는 서류를 첨부하여 관할세무서장에게 제출하여야 하며, 대손세액공제는 이러한 서류를 제출하는 경우에 한하여 이를 적용한다.

4) 대손세액공제의 방법

대손세액은 그 대손이 확정된 날이 속하는 과세기간의 매출세액에서 차감할 수 있으며, 그 금액은 다음과 같이 계산한다.

$$대손세액 = 대손금액(공급대가) \times \frac{10}{110}$$

(2) 대손금을 회수한 경우

해당 사업자가 대손금액의 전부 또는 일부를 회수한 경우, **회수한 날이 속하는 과세기간의 매출세액에 가산한다.**

(3) 공급받은 사업자의 경우

1) 대손이 확정된 경우

공급을 받은 사업자가 대손세액의 전부 또는 일부를 매입세액으로 공제 받은 경우로서 공급자의 대손이 해당 공급을 받은 사업자의 폐업 전에 확정되는 때에는 관련 대손세액 상당액을 대손이 확정된 날이 속하는 과세기간의 매입세액에서 차감한다.

2) 대손금을 변제한 경우

대손세액을 매입세액에서 차감(관할세무서장이 경정한 경우 포함)한 당해 사업자가 대손금액을 전부 또는 일부를 변제한 경우에는 변제한 대손금액에 관련된 대손세액을 변제 한 날이 속하는 과세기간의 매입세액에 가산한다.

Chapter 2 과세표준과 매입세액계산

제2절 거래징수와 세금계산서

1 거래징수

부가가치세의 부담을 최종소비자에게 전가를 시키기 위해서는 거래의 각 단계별로 납세의무자인 사업자가 재화 또는 용역을 공급하는 때에 과세표준에 부가가치세율 10%를 적용하여 계산한 부가가치세를 그 공급을 받는 자로부터 징수하여야 하는데, 이를 「**거래징수**」라고 한다.

거래징수에 있어서 거래징수 의무자는 납세의무자인 **과세사업자**이다. 그러므로 면세사업자는 거래징수 의무가 없으며 또한, 거래징수는 공급받는 자와는 관련이 없으므로 과세되는 재화·용역을 공급하는 사업자는 사업자와 최종소비자를 구분하지 않고 거래징수의무를 진다.

2 세금계산서

「**세금계산서**(Tax invoice)」란 과세사업자가 재화 또는 용역을 공급할 때 공급받는 자로부터 부가가치세를 거래징수하고 이를 증명하기 위하여 발급하는 세금 영수증을 말한다.

구 분			발급의무	비 고
사업자	과세사업자	일반과세자	세금계산서	최종소비자 대상 사업은 영수증 발급
		간이과세자	세금계산서	공급대가 4,800만원이상 1억 400만원 미만 사업자
			영수증	공급대가 4,800만원미만 사업자
	면세사업자		계산서	최종소비자 대상 사업은 영수증 발급
세관장(수입재화에 대하여 발급)			세금계산서·계산서	과세재화는 수입세금계산서·면세재화는 수입계산서 발급

(1) 세금계산서의 발급절차 및 효력

1) 세금계산서의 발급절차

세금계산서는 원칙적으로 공급하는 사업자가 공급자 보관용(매출세금계산서)와 공급받는 자 보관용(매입세금계산서)으로 각 2매를 발급하여 1매를 발급한다. 이렇게 발급하거나 발급받은 세금계산서는 5년간 보관하여야 한다.

2) 세금계산서의 효력

세금계산서 발급시 필요적 기재사항이 누락 되었거나, 사실과 다른 경우에는 세금계산서로서의 효력이 인정되지 않는다.

전자세금계산서				승인번호			
공급자	등록번호		종사업장 번호	공급받는자	등록번호		종사업장 번호
	상호(법인명)		성명		상호(법인명)		성명
	사업장 주소				사업장 주소		
	업태		종목		업태		종목
	이메일				이메일		
작성일자	공급가액	세액		수정사유 해당 없음		비 고	
월 일	품목	규격	수량	단가	공급가액	세액	비고
합계금액	현금	수표		어음	외상미수금	위 금액을 ( ) 함	

3) 세금계산서의 기재사항

구 분	내 용
필요적 기재사항	① 공급하는 사업자의 등록번호와 성명 또는 명칭 ② 공급받는 자의 등록번호 ③ 공급가액과 부가가치세액 ④ 작성년월일
임의적 기재사항	① 공급하는 자의 주소 ② 공급받는자의 상화와 성명 및 주소 ③ 공급품목과 공급연월일 ④ 단가와 수량 등

> **Tip 세금계산서의 기능**
>
> 부가가치세의 전가, 매입세액 공제, 거래의 상호대사, 송장·영수증·청구서 기능, 기장의무 이행 기능(영수증 발급 적용기간의 간이과세자가 발급받았거나 발급한 세금계산서 또는 영수증을 보관한 때에는 부가가치세법에 따른 기장의무를 이행한 것으로 봄) ⇨ 계약서 기능은 없음

Chapter 2 과세표준과 매입세액계산

(2) 세금계산서의 발급대상 및 종류

1) 세금계산서 발급대상

① 납세의무자로 등록한 사업자(과세사업자)는 부가가치세 과세대상에 해당하는 재화·용역을 공급하는 경우, 세금계산서를 발급하여야 한다.
② 세율적용 대상은 부가가치세를 거래징수하지 않으나 세금계산서는 발급면제 규정이 없는 한 발급하여야 한다.
③ 면세사업자는 계산서를 작성·발급하며 세금계산서는 발급할 수 없다.

2) 세금계산서의 종류

① **종이세금계산서** : 세금계산서는 2매가 1조로 되어 있다. 사업자는 세금계산서 2매를 작성하여 1매를 공급받는 자에게 발급하고 1매를 보관한다.
② **전자세금계산서** : 법인사업자와 직전 연도의 사업장별 재화·용역의 공급가액(면세공급가액 포함)의 합계액이 1억원(2025. 7. 1.이후 공급분부터는 8,000만원)이상인 개인사업자는 전자세금계산서를 발급하여야 한다.

　㉠ 법인은 전자세금계산서 의무발급 대상이다.
　㉡ 개인은 직전 연도의 사업장별 공급가액의 합계액이 1억원(2025. 7. 1.부터 8천만 이상)이상인 경우 당해 연도 제2기부터 그 다음 해 제1기까지 전자세금계산서 의무발급 대상이 된다.

③ **수입세금계산서** : 세관장은 수입되는 재화에 대하여 세금계산서규정을 준용하여 관세청장이 정하는 바에 따라 수입전자세금계산서를 수입자에게 발급하여야 한다.

3) 세금계산서의 발급 시기

세금계산서는 재화·용역의 공급시기에 발급해야 한다. 다만, 다음의 경우에는 공급일 속하는 달의 다음 달 10일까지 세금계산서를 발급할 수 있다. 그리고 기한 말일이 토요일, 공휴일인 경우에는 그 다음 날까지 발급할 수 있다.

① **1역월 단위** : 거래처별로 월의 1일부터 말일까지의 공급가액을 합계하여 해당 월의 말일자를 작성일자로 하여 세금계산서를 발급하는 경우(종전 1역월)
② **1역월 이내에서 임의로 정한 기간단위** : 거래처별로 월의 1일부터 말일까지의 기간 이내에서 사업자가 임의로 정한 기간의 공급가액을 합계하여 그 기간의 종료일을 작성일자로 하여 세금계산서를 발급하는 경우(종전 1역월)
③ 관계증명서류 등에 의하여 실제 거래 사실이 확인되는 경우, 해당 거래일 자를 발행일자로 하여 세금계산서를 발급하는 경우

4) 세금계산서발급자료 제출

① **종이세금계산서** : 부가가치세 신고 시 **매출처별세금계산서합계표**를 제출해야 하며, 미제출 시에는 매출처별세금계산서합계표 미제출 가산세를 부과한다.

② **전자세금계산서** : 전자세금계산서를 발급하였을 때에는 **전자세금계산서 발급일의 다음 날까지** 전자세금계산서 발급명세를 **국세청장에게 전송하여야 한다**. 이처럼 전자세금계산서 발급명세를 전송(지연전송 포함)한 경우에는 예정신고 또는 확정신고 시 매출·매입처별세금계산서합계표를 제출하지 않을 수 있으며, 5년간 세금계산서 보존 의무가 면제된다.

(3) 수정세금계산서

1) 작성일자가 소급되지 않는 경우

다음과 같은 사유로 수정세금계산서를 발급하는 경우에는 **수정사유가 발생한 날짜를 작성일자**로 기입하여 수정내용을 반영한다.

① 처음 공급한 재화가 환입된 경우
② 계약의 해제로 재화 또는 용역이 공급되지 아니한 경우
③ 계약의 해지 등에 따라 공급가액에 추가되거나 차감되는 금액이 발생한 경우

2) 작성일자가 소급되는 경우

다음과 같은 사유로 수정세금계산서를 발급하는 경우에는 **당초 세금계산서 발급일자로 하여 수정세금계산서**를 발급한다.

① 재화 또는 용역을 공급한 후 공급시기가 속하는 과세기간 종료 후 25일 이내에 내국신용장이 개설되었거나 구매확인서가 발급된 경우
② 필요적 기재사항 등이 착오로 잘못 적힌 경우
③ 착오로 세금계산서가 이중으로 발급된 경우
④ 면세 등 세금계산서 발급거래가 아닌 경우에 발급된 경우
⑤ 세율을 잘못적용하여 발급된 경우

3) 과세유형 전환에 따른 수정세금계산서 발급

일반과세자에서 간이과세자로 또는 간이과세자에서 일반과세자로 과세유형이 변경되어 세금계산서를 수정하는 경우, 처음에 발급한 세금계산서 작성일을 수정세금계산서(또는 수정전자세금계산서)의 작성일로 적고, 비고란에 사유 발생일을 덧붙여 적은 후 추가되는 금액은 검은색 글씨로 쓰고 차감되는 금액은 붉은색 글씨로 쓰거나 음의 표시를 하여 수정세금계산서(또는 수정전자세금계산서)를 발급할 수 있다.

(4) 세금계산서 발급특례

1) 위탁판매

① **수탁자 또는 대리인이 재화를 인도하는 경우** : 수탁자 또는 대리인이 위탁자 또는 본인의 명의로 세금계산서를 발급한다.
② **위탁자 또는 본인이 재화를 인도하는 경우** : 위탁자 또는 본인이 세금계산서 발급한다. (수탁자 또는 대리인의 등록번호 부기)

※ 위탁자 또는 본인을 알 수 없는 경우에는 위탁자는 수탁자에게, 수탁자는 거래상대방에게 공급한 것으로 보아 세금계산서를 발급한다.

2) 위탁매입

위탁매입(또는 대리인에 의한 매입)의 경우에는 공급자가 위탁자(또는 본인)를 공급받는 자로 하여 세금계산서를 발급한다. 이 경우에도 수탁자(또는 대리인)의 등록번호를 부기하여야 한다.

3 영수증

「**영수증**」이란 공급받는 자의 등록번호와 부가가치세액을 따로 기재하지 않은 세금계산서를 말한다. 따라서 여기에는 부가가치세가 포함된 금액, 즉 「**공급대가**」가 기재된다.

1) 영수증의 종류

영수증은 주로 사업자가 아닌 최종소비자를 상대로 하는 소액의 거래에서 사용되는 서식이다. 영수증의 종류에는 다음과 같은 것들이 있다.

① 신용카드매출전표, 직불카드영수증, 기명식 선불카드영수증, 현금영수증
② 금전등록기영수증
③ 승차권, 항공권, 입장권, 관람권, 탑승권 등
④ 전기사업자가 발급하는 비산업용 전력사용료에 대한 영수증
⑤ 기타 ①~④와 유사한 영수증, 즉 영수증은 일정한 양식이 정하여진 것이 아니라 공급자의 등록번호, 상호 및 성명, 부가가치세를 포함한 공급대가, 공급연월일 기타 필요한 사항이 기재되어 있으면 영수증으로 보는 것이다.

2) 영수증의 발급방법

영수증은 다음의 방법으로 발급가능하다.

① 카드단말기, 현금영수증발급장치 등을 통해 공급받는 자에게 출력하여 교부하는 방법

② 「전자문서 및 전자거래 기본법」제2조에 따른 전자문서 형태로 공급받는 자에게 송신하는 방법

단, 전자적으로 생성·저장된 결제 내역을 공급받는자가 확인가능한 경우에는 공급받는 자에게 송신한 것으로 간주한다.

3) 영수증 발급대상

다음 중 어느 하나에 해당하는 자가 재화 또는 용역을 공급(부가가치세가 면제되는 재화 또는 용역의 공급은 제외)하는 경우에는 재화 또는 용역의 공급시기에 그 공급을 받은 자에게 세금계산서를 발급하는 대신 영수증을 발급하여야 한다.

① 주로 사업자가 아닌 자에게 재화 또는 용역을 공급하는 사업자로서 영수증 발급대상 사업을 하는 사업자

② 간이과세자 중 다음 중 어느 하나에 해당하는 자
   ㉠ 직전 연도의 공급대가의 합계액이 4,800만원 미만인 자
   ㉡ 신규로 사업을 시작하는 개인사업자로서 간이과세자로 하는 최초의 과세기간 중에 있는 자

4) 세금계산서 및 영수증 발급의무의 면제

① 택시운송·노점·행상·무인판매기를 이용하여 재화 또는 용역을 공급하는 자, 전력(또는 도시가스)을 실지로 소비하는 자(사업자가 아닌 자에 한한다)를 위하여 전기사업자(또는 도시가스사업자)로부터 전력(또는 도시가스)을 공급받은 명의자, 도로 및 관련 시설운용 용역을 공급하는 자가 공급하는 재화 또는 용역
② 소매업 또는 목욕·이발·미용업을 영위하는 자가 공급하는 재화·용역(소매업의 경우에는 공급받는 자가 세금계산서의 발급을 요구하지 않는 경우에 한한다)
③ 자가공급(판매목적 타사업장 반출의 경우는 제외)·개인적공급·사업상 증여·폐업 시의 잔존 재화로써 공급의제 되는 재화
④ 영세율 적용대상이 되는 일정한 재화·용역
⑤ 기타 국내사업장이 없는 비거주자 또는 외국법인에게 공급하는 재화 또는 용역
⑥ 부동산임대 용역 중 간주임대료에 해당하는 부분

단/원/학/습/문/제

01. 다음 ( )안에 들어갈 용어로 올바른 것은?

> 부가가치세법 제15조에 따르면 사업자가 재화 또는 용역을 공급하고 부가가치세법에 따른 과세표준에 세율을 적용하여 계산한 부가가치세를 그 공급받는 자로부터 징수하는 것을 ( )라 한다.

① 원천징수　　　② 거래징수　　　③ 납세징수　　　④ 통합징수

02. 다음 중 거래징수의 내용으로 틀린 것은?(공급하는 사업자는 과세사업자임)

① 공급받는 자는 부가가치세를 지급할 의무를 짐
② 공급자가 부가가치세를 거래상대방으로부터 징수하는 제도
③ 공급가액에 세율을 곱한 금액을 공급받는 자로부터 징수
④ 공급받는 자가 면세사업자이면 거래징수의무가 없음

03. 다음은 부가가치세법상 세금계산서의 발급시기에 대한 내용이다. 틀린 것은?

① 재화 또는 용역의 공급시기 전에 대가의 전부 또는 일부를 받고 당해 받은 대가에 대하여 세금계산서를 발급한 경우 그 발급하는 때를 재화 또는 용역의 공급시기로 본다.
② 사업자가 재화 또는 용역의 공급시기 이전에 세금계산서를 발급하고 그 세금계산서 발급일로부터 10일 이내에 대가를 지급받는 경우에는 그 발급한 때를 세금계산서 발급시기로 본다.
③ 장기할부판매의 경우 공급시기가 도래하기 전에 대가를 받지 않고 세금계산서를 발급하는 경우 그 발급하는 때를 재화 또는 용역의 공급시기로 본다.
④ 거래처별로 월의 1일부터 말일까지의 기간 이내에서 사업자가 임의로 정한 기간의 공급가액을 합계하여 그 기간의 종료일자를 작성연월일로 하여 세금계산서를 발급하는 경우 재화 또는 용역의 공급일이 속하는 달의 다음달 10일까지 세금계산서를 발급할 수 있다.

04. 부가가치세법상 세금계산서 기재사항 중 필요적 기재사항에 해당하는 것은?

① 공급하는 자의 주소　　　② 단가와 수량
③ 작성연월일　　　　　　　④ 공급받는 자의 상호

05. 다음 중 세금계산서 발급의무 면제대상으로 틀린 것은?

① 개인적공급　　　　　　　② 판매목적 타사업장 반출
③ 간주임대료　　　　　　　④ 폐업시 잔존재화

06. 다음 중 세금계산서 발급의무가 면제되는 경우에 해당되지 않는 항목은?

① 내국신용장 또는 구매확인서에 의하여 공급하는 재화
② 판매목적 타사업장 반출을 제외한 간주공급
③ 부동산임대용역 중 간주임대료
④ 택시운송 사업자가 제공하는 용역

07. 부가가치세법상 법인사업자가 전자세금계산서를 발급하는 경우 전자세금계산서 발급명세서를 언제까지 국세청장에게 전송하여야 하는가?

① 전자세금계산서 발급일의 다음 날
② 전자세금계산서 발급일의 일주일 이내
③ 전자세금계산서 발급일이 속하는 달의 다음 달 10일 이내
④ 전자세금계산서 발급일이 속하는 예정신고기한 또는 확정신고기한 이내

08. 다음 중 부가가치세법상 세금계산서에 대한 설명으로 틀린 것은?

① 국세청에 전송된 전자세금계산서는 별도 출력 및 보관의무가 없다.
② 법인사업자와 직전연도의 공급가액의 합계액이 1억원 이상인 개인사업자(2025. 7.1.부터 8천만원)는 세금계산서를 발급하려면 전자세금계산서로 발급하여야 한다.
③ 월합계로 발급하는 전자세금계산서는 재화 및 용역의 공급일이 속하는 달의 다음달 10일까지 발급할 수 있는 경우도 있다.
④ 일반적으로 간이과세자(직전연도 공급대가 합계액 4,800만원 미만인 사업자)와 면세사업자는 세금계산서를 발급할 수 없다.

Chapter 2 과세표준과 매입세액계산

단원학습문제 해답

01 ②

02 ④ 거래징수는 과세사업자가 공급자이면서 거래상대방의 사업여부와 관계없이 부가가치세를 징수하는 제도이다.

03 ② 선발행 세금계산서는 재화, 용역을 공급하고 세금계산서 발급일로부터 7일 이내에 대가를 지급받는 경우, 그 발급한 때를 세금계산서 발급시기로 본다.

04 ③ 세금계산서의 필요적 기재사항은 공급자의 경우 등록번호, 상호와 성명, 작성일자, 공급가액, 부가가치세액이며 공급받는자는 등록번호이다.

05 ② 간주공급은 세금계산서의 발급의무를 면제하고 있으나 판매목적 타사업장 반출의 경우에는 세금계산서 발급의무가 있다.

06 ① 내국신용장 또는 구매확인서에 의하여 공급하는 재화는 반드시 영세율세금계산서를 발급하여야 한다.

07 ① 전자세금계산서 발급명세는 반드시 전자세금계산서 발급일의 다음 날까지 국세청에 전송하여야 한다.

08 ③ 월합계 세금계산서는 재화 및 용역의 공급일 속하는 달의 마지막 날을 세금계산서 작성일자로 하여 다음 달 10일까지 발급할 수 있다.

PART 3 부가가치세 이론

제3절 매입세액 및 납부세액 계산

1 매입세액

구 분				금 액	세율	세 액
과세표준 및 매출세액	과세	세금계산서 발급분	(1)		10/100	
		매입자발행세금계산서	(2)		10/100	
		신용카드·현금영수증발행분	(3)		10/100	
		기타(정규영수증 외 매출분)	(4)		10/100	
	영세율	세금계산서 발급분	(5)		0/100	
		기 타	(6)		0/100	
	예 정 신 고 누 락 분		(7)			
	대 손 세 액 가 감		(8)			
	합 계		(9)			㉮
매입세액	세금계산서 수취분	일 반 매 입	(10)			
		수출기업수입분납부유예	(10-1)			
		고 정 자 산 매 입	(11)			
	예 정 신 고 누 락 분		(12)			
	매 입 자 발 행 세 금 계 산 서		(13)			
	그 밖 의 공 제 매 입 세 액		(14)			
	합 계(10)-(10-1)+(11)+(12)+(13)+(14)		(15)			
	공 제 받 지 못 할 매 입 세 액		(16)			
	차 감 계 (15) - (16)		(17)			㉯
납부(환급)세액(매출세액 ㉮ - 매입세액 ㉯)						㉰

(1) 공제되는 매입세액

공제대상 매입세액은 **자기의 사업**(과세사업)을 위하여 사용되었거나 사용될 재화·용역의 공급 또는 재화의 수입에 대한 세액이다. 이것을 자세히 설명하면 다음과 같다.

1) 세금계산서 수취분 매입세액

사업자가 사업을 위하여 사용되었거나, 사용될 재화 또는 용역을 공급받거나, 재화를 수입할 때 세금계산서를 발급받은 매입세액은 매출세액에서 공제한다.

① 자기의 사업을 위하여 사용되었거나 사용될 재화·용역에 대한 매입세액일 것(재고자산으로 보유하고 있는 것도 매입세액공제 가능)

② 세금계산서를 발급받았으면 외상 및 현금 판매 등 거래형태나 공급자의 신고에 관계없이 매입세액공제를 받을 수 있다.

구 분	매입세액	가산세
① 예정신고기한까지 제출하여야 할 것을 확정시고시 제출하는 경우	매입세액 공제	-
② 수정신고·경정청구·기한 후 신고시 제출하는 경우	매입세액 공제	-
③ 경정시 경정기관의 확인을 거쳐 제출하는 경우	매입세액 공제	가산세(0.5%)

2) 매입자발행 세금계산서(계산서)에 의한 매입세액

매입자발행 세금계산서란 공급자가 세금계산서를 발급하지 아니한 경우, 매입자가 관할세무서장의 확인을 받아 매입세액공제를 받는 제도를 말한다.

① **발급요건** : 세금계산서 발급의무가 있는 사업자(영수증 발급대상 사업자 중 거래상대방이 세금계산서의 발급을 요구할 경우 세금계산서 발급의무가 있는 사업자 포함)가 사업자에게 건당 공급대가가 5만원 이상인 거래에 대하여 세금계산서를 발급하지 않는 경우 ⇨ 발급 목적은 매입세액공제 또는 적격증명서류 구비

② **거래사실 확인 신청기한** : 세금계산서 공급시기가 속하는 과세기간 종료일부터 6개월 이내

③ **매입세액 공제시기** : 공급시기가 속하는 과세기간의 매출세액에서 매입세액공제

(2) 그 밖의 공제 매입세액

1) 신용카드매출전표 등 수령명세서 제출분

다음의 요건을 모두 갖춘 경우, 매입세액공제

① 공급자가 세금계산서 발급이 가능한 일반과세자 또는 간이과세자(공급대가 1억 400만원이상)일 것
② 부가가치세가 별도로 구분된 신용카드매출전표, 직불카드영수증, 기명식 선불카드영수증, 현금영수증·직불전자지급수단 영수증·선불전자지급수단 영수증(실제 명의가 확인되는 것으로 함)·전자지급결제대행에 관한 업무를 하는 금융회사 또는 전자금융업자를 통한 신용카드매출전표를 발급받은 것
③ 그 매입세액은 기업업무추진비, 개별소비세 과세대상 자동차 등 매입세액 불공제 대상이 아닐 것
④ 신용카드매출전표 등 수령명세서를 제출할 것
⑤ 신용카드매출전표 등을 거래일이 속하는 과세기간에 대한 확정신고 기한 후 5년간 보관할 것

2) 면세 농산물 등의 의제매입세액

사업자가 면세농산물 등을 원재료로 하여 제조·가공한 재화 또는 창출한 용역의 공급이 과세되는 경우, 그 면세농산물 등의 가액에 소정의 세율을 적용한 금액을 매입세액으로 의제하여 매출세액에서 공제하는데 이를 **의제매입세액공제**라고 한다.

3) 재활용·폐자원 등에 대한 매입세액 공제

재활용·폐자원과 중고자동차를 수집하는 사업자가 세금계산서를 발급할 수 없는 자로부터 재활용·폐자원과 중고자동차를 구입한 경우에는 부가가치세를 경감하여 폐자원의 원활한 수집을 통한 자원절약과 환경오염을 방지하기 위하여 매입세액공제 특례제도를 두고 있다. 재활용·폐자원과 중고차의 의제매입세액공제는 2025년 12월 31일까지 적용한다.

2 공제받지 못할 매입세액

부가가치세에서 일정한 매입세액은 실제로 거래징수당한 경우에도 매출세액에서 공제될 수 없는데, 그 내용은 다음과 같다.

1) 사업과 직접 관련 없는 매입세액

사업과 직접 관련이 없는 지출에 대한 매입세액은 공제하지 아니한다. 사업과 직접 관련이 없는 지출의 범위는 다음과 같다.

① 법인세법 또는 소득세법의 업무무관비용
② 법인세법의 공동경비 과다 부담액

2) 사업자등록 전 매입세액

사업자등록을 신청하기 전의 거래에 대한 매입세액은 공제하지 아니한다. 다만, 공급시기가 속하는 과세기간이 끝난 후 20일 이내에 사업자등록을 신청한 경우, 등록신청일부터 공급시기가 속하는 과세기간 기산일(1월 1일 또는 7월 1일)까지 역산한 기간 이내의 매입세액은 공제한다. 이 경우 사업자등록증 발급일 전의 거래에 대해서는 사업자 또는 대표자의 주민등록번호를 기재하여 세금계산서를 발급받아야 한다.

3) 매입세금계산서의 미수취·부실기재 및 합계표의 미제출·부실기재

① **세금계산서 미수취** : 세금계산서를 발급받지 아니한 경우에는 매입세액 공제를 받을 수 없다. 다만, 매입자가 관할 세무서장의 확인을 받아 매입자발행 세금계산서를 발행하는 경우, 매입세액을 공제받을 수 있다.
② **부실기재** : 발급받은 세금계산서에 필요적 기재사항의 전부 또는 일부가 기재되지 않았

거나 사실과 다르게 기재된 경우의 매입세액은 공제되지 않는다.

③ 매입처별 세금계산서합계표 미제출·부실기재 매입세액 :
· 매입처별 세금계산서합계표를 미제출하는 경우
· 매입처별 세금계산서 합계표의 필요적 기재사항이 부실 기재된 경우

3 그 밖의 불공제 매입세액

1) 비영업용 소형승용자동차의 구입과 유지에 관한 매입세액

「소형 승용자동차」란 주로 사람의 수송을 목적으로 제작된 승용자동차로써 [개별소비세] 과세 대상이 되는 차량을 말한다. 여기서 일반형 승용자동차(정원 8인 이하인 자동차에 한한다)는 물론이고 지프형 자동차와 이륜자동차가 모두 포함된다. 배기량 1,000cc 이하의 경승용차와 총배기량 125cc 이하의 이륜자동차 등은 특별히 제외되고 있다.

2) 기업업무추진비 및 이와 유사한 비용의 지출에 관련된 매입세액

기업업무추진비 및 기타 이와 유사한 비용도 사업을 위해 사용될 수 있으나, 단순히 임직원의 개인적인 목적으로 사용되는 경우도 많고 또한 이를 구분하기가 사실상 매우 어렵기 때문에 매입세액공제를 허용하지 않는다.

3) 면세사업에 관련된 매입세액

부가가치세 면세사업에 관련된 매입세액은 공제하지 않는다. 여기에는 면세사업의 투자에 관련된 매입세액도 포함된다.

4) 토지의 자본적 지출 관련 매입세액

토지의 조성 등을 위한 자본적 지출에 관련된 매입세액으로서 해당 토지가 과세사업에 사용된 경우에도 일률적으로 이를 공제하지 않는다.

4 기타 경감공제세액

(1) 전자신고세액공제

납세자가 직접 전자신고방법에 의하여 부가가치세 확정신고를 하는 경우에는 해당 납부세액에서 1만원을 공제하거나 환급세액에 가산한다. 다만, 매출가액과 매입가액이 없는 일반과세자에 대해서는 전자신고세액공제를 적용하지 않는다.

(2) 신용카드매출전표 등 발행공제

1) 공제요건

영수증 발급대상 사업을 영위하는 개인사업자가 부가가치세가 과세되는 재화 또는 용역을 공급하고 세금계산서의 발급 시기에 신용카드 등에 의하여 대금을 결제받는 경우, 신용카드매출전표 등 발행세액공제를 받을 수 있다. 개인사업자만 공제대상이므로 법인은 신용카드매출전표 등 발행세액공제를 받을 수 없다.

2) 공제금액

① **공제대상** : 영수증 발급대상 개인사업자(직전연도 매출 10억원 이하인 사업자에 한함)
② **공제대상금액** : 신용카드매출전표, 현금영수증 등 발급 금액
③ **공제율** : 1.3%(2027년 이후 1.0%)
④ **공제한도** : 연간 1,000만원(2027년 이후 5백만원)

	현재	2025년	2027년
매출액 5억원 초과 10억원 이하	1.3%	0.65%	0.5%
매출액 5억원 이하	1.3%	1.3%	1.0%

(3) 전자세금계산서 발급 및 전송에 대한 세액공제

직전연도의 사업장별 재화·용역의 공급가액(면세공급가액 포함)의 합계액이 3억원 미만인 개인사업자가 전자세금계산서 발급명세를 발급일의 다음 날까지 전송하는 경우 세액공제액을 납부세액에서 공제할 수 있다.(적용기간 : 2027 12.31.까지) **개정**

> 세액공제한도 : min(①, ②)
> ① 발급 건수 × 200원
> ② 한도 : 연간 100만원

제 3 장
부가가치세 신고와 납부

제1절 부가가치세 신고와 납부

1 부가가치세의 신고 및 납부절차

(1) 예정신고와 납부

1) 예정신고기간

부가가치세는 6개월간을 과세기간으로 한다. 하지만, **조세수입 평균화, 조세부담의 분산** 등을 위하여 과세기간의 개시일부터 3개월간을 예정신고기간으로 하고 있다. 다만, 신규사업자에 대한 최초의 예정신고기간은 사업개시일(사업개시 전 등록의 경우에는 등록신청일)부터 그 날이 속하는 예정신고기간의 종료일까지로 한다.

2) 법인사업자

사업자는 예정신고기간에 대한 과세표준과 납부세액(또는 환급세액)을 그 예정신고기간이 끝난 후 25일 이내에 각 사업장 관할세무서장에게 신고하고 해당 예정신고기간의 납부세액을 납부하여야 한다. 이 경우 예정신고납부세액은 신용카드매출전표 발급 등에 대한 세액공제액 및 전자세금계산서 발급·전송에 대한 세액공제액은 차감하고 계산하되, 가산세는 가산하지 않고 계산하며, 조기환급신고를 할 때 이미 신고한 내용은 예정신고의 대상에서 제외한다.(예정신고·납부에서는 대손세액공제, 가산세, 납부·환급세액재계산에 대한 규정은 적용하지 않는다)

3) 개인사업자

① **고지납부(원칙)** : 관할세무서장은 개인사업자에 대하여 예정신고기간마다 직전 과세기간에 대한 납부세액의 50%(1천원 미만의 단수가 있는 경우 그 단수금액은 버린다)를 결정하여 예정신고기간 종료 후 10일 이내에 고지서를 발부하여 예정신고기한 내에 징수한다. 다만, **징수하여야 할 금액이 50만원 미만이거나 간이과세자가 해당 과세기간 개시일 현재 일반과세자로 변경된 경우에는 이를 징수하지 아니한다.** 또한 예정신고기간에 대하여 고지·납부한 경우에는 확정 신고시 6개월분에 대하여 신고하며 납부시 예정고지에 의하여 납부한 세액은 공제한다.

② **신고·납부** : 개인사업자라고 할지라도 휴업 또는 사업부진으로 각 예정신고기간의 공급가액 또는 납부세액이 직전 과세기간의 공급가액 또는 납부세액의 1/3에 미달하는 자와 각 예정신고기간분에 대해 조기 환급을 받고자 하는 자는 예정신고·납부를 할 수 있다.

(2) 확정신고와 납부

1) 확정신고기간

사업자는 각 과세기간의 과세표준과 납부세액을 그 과세기간 종료 후 25일 이내에 관할세무서장에게 신고하여야 한다. 다만, **예정신고 및 조기환급신고** 시 이미 신고한 내용은 확정신고대상에서 제외한다.

2) 확정신고와 납부

확정신고를 하는 경우 「**부가가치세 확정신고서**」와 「매출처별세금계산서합계표」「매입처별세금계산서합계표」「수입금액명세서(법 소정 사업자에 한함)」「**기타 첨부서류**」를 제출하여야 한다. 또한 사업자는 확정신고 시 그 과세기간에 대한 납부세액을 부가가치세 확정신고서와 함께 각 사업장 관할세무서장에게 납부하거나 국세징수법에 의한 납부서에 부가가치세 확정 신고서를 첨부하여 한국은행 또는 체신관서에 납부하여야 한다. 예정신고 한 환급세액 중 조기 환급되지 아니한 세액이 있는 경우에는 확정신고 시 납부세액에서 이를 공제한다.

(3) 대리납부제도

국내사업장이 없는 비거주자 또는 외국법인으로부터 용역을 공급받는 경우에는 통관절차를 거치지 않으므로 거래사실의 포착이 어렵고, 용역을 공급하는 자가 국내사업장이 없는 비거주자나 외국법인이므로 이들의 납세의무를 기대하기 어렵다.

이에 따라 국내사업장이 없는 비거주자 또는 외국법인으로부터 용역을 공급받는 경우 비거주자나 외국법인을 대신하여 그 대가를 지급하는 자가 부가가치세를 징수하여 납부하는 제도를 「**대리납부제도**」라 한다.

2 경정

부가가치세는 신고납세제도 세목으로 납세의무자의 확정신고에 의하여 세액이 확정되며, 확정신고를 하지 아니한 경우에는 예외적으로 과세관청의 조사결정에 의하여 납세의무가 확정된다. 확정된 과세표준과 세액에 오류나 탈루가 있는 경우에 과세관청의 처분에 의하여 이를 변경하는 것을 「**경정**」이라 한다.

PART 3 부가가치세 이론

3 부가가치세의 환급

부가가치세 신고 시 납부세액이 음수인 경우를 환급세액이라 한다. 환급세액을 환급하는 방법은 일반 환급·조기환급과 경정 시 환급으로 나누어진다.

(1) 일반 환급

일반 환급의 경우에는 각 과세기간 단위로 환급세액을 확정신고기한 경과 후 30일 내에 환급한다. 과세기간 단위로 환급하므로 예정신고기간의 환급세액은 환급하지 아니하고 확정 신고시 납부할 세액에서 차감한다.

(2) 조기환급

1) 조기환급대상

다음의 경우에는 조기환급대상이 된다.
① 영세율 적용대상인 때
② 사업설비(감가상각자산)를 신설·취득·확장 또는 증축하는 때

2) 조기환급방법

① 예정 또는 확정신고 기간별 조기환급

조기 환급을 받고자 하는 사업자가 예정신고서 또는 확정 신고서를 제출한 경우, 환급에 관하여 신고한 것으로 본다. 이 경우 사업설비를 신설·취득 및 확장한 경우에는 「**사업설비투자실적명세서**」를 신고서에 첨부하여야 한다. 조기환급 대상인 경우 세무서장은 예정 또는 확정 **신고기한으로부터 15일 이내에 환급**하여야 한다.

② 조기환급기간에 대한 조기환급

예정신고기간 또는 과세기간 최종 3월 중 매월 또는 매 2월마다 그 기간을 조기환급기간으로 할 수 있다. 매월 또는 매 2월마다 조기환급을 받고자 하는 사업자는 **조기환급기간 종료일로부터 25일내에 영세율 등 조기환급신고를 하여야 한다**. 조기환급신고를 한 경우 세무서장은 조기환급 기간별로 해당 조기환급 신고기한 경과 후 15일 내에 환급한다.

제2절 간이과세제도

1 간이과세의 개념

사업규모가 영세한 사업자에 대하여 세법 지식이나 기장능력이 부족한 점 등을 고려하여 납세의무 이행에 편의를 도모하고 세부담 등을 덜어주기 위하여 공급대가에 업종별 부가가치율 및 세율을 적용하여 간편하게 납부세액을 계산하는 제도

(1) 간이과세 적용대상자

간이과세자는 **직전 연도의 공급대가**(공급가액+부가가치세)**가 1억 400만원에 미달하는 개인사업자**를 말한다. 따라서 법인과 공급대가가 1억 400만원 이상인 개인사업자는 간이과세자가 될 수 없다.

(2) 간이과세 배제대상

1) 간이과세가 적용되지 않는 다른 사업장을 보유한 사업자

개인사업자가 둘 이상의 사업장을 보유하는 경우에 일반과세를 적용받는 사업장이 있는 경우 다른 사업장은 간이과세에 해당하더라도 간이과세를 적용받을 수 없다.

2) 법 소정의 업종을 영위하는 사업자

다음의 사업을 영위하는 자는 직전 1역년의 공급대가와 무관하게 간이과세를 적용받을 수 없다.

① 광업
② 제조업. 단, 주로 최종소비자에게 직접 재화를 공급하는 사업으로써 제과점업, 도정업과 제분업, 양복점 및 양장점 등 재화의 50% 이상을 최종소비자에게 공급하는 사업으로 국세청장이 정하는 사업에 대하여는 간이과세를 적용할 수 있다.
③ 도매업
④ 부동산매매업, 상품중개업
⑤ 개별소비세법에 당해하는 특정한 과세유흥장소를 영위하는 사업
⑥ 전문, 과학 및 기술서비스업과 사업시설 관리, 사업지원 및 임대 서비스업(다만, 주로 최종소비자에게 직접 용역을 공급하는 사업으로서 기획재정부령으로 정하는 것은 제외)

⑦ 일정한 전문자격사업
⑧ 일반과세자로부터 포괄적으로 양수한 사업(다만, 사업을 양수한 이후 공급대가의 합계액이 4,800만원 미만인 경우는 제외)
⑨ 사업장의 소재지역, 사업의 종류, 규모 등을 감안하여 국세청장이 정하는 기준에 해당하는 것.

3) 부동산임대업 또는 과세유흥장소를 경영하는 사업자

부동산임대업 또는 과세유흥장소를 경영하는 사업자로서 해당 업종의 직전연도의 공급대가의 합계액이 4,800만원 이상인 사업자 ➡ 부동산임대업·과세유흥장소 경영 사업자의 간이과세 기준금액은 4,800만원임

4) 둘 이상의 사업장이 있는 사업자의 공급대가 기준

둘 이상의 사업장이 있는 사업자로서 그 둘 이상의 사업장의 직전연도 공급대가의 합계액이 1억 400만원 이상인 사업자 ➡ 간이과세 해당 여부는 사업장 기준이 아닌 사업자 기준의 매출액으로 판정하는 것임

❷ 과세유형의 전환

(1) 과세유형 적용기간

구 분	과세유형의 적용기간
신규사업자	① 간이과세 적용신고를 한 개인사업자는 최초의 과세기간에는 간이과세자로 한다.(다만, 간이과세 배제대상인 경우는 제외) ② 신규로 사업을 개시한 사업자의 경우 간이과세자에 관한 규정이 적용되거나 적용되지 아니하게 되는 기간은 최초로 사업을 개시한 해의 다음 해의 7월 1일부터 그 다음 해의 6월 30일까지로 한다.
계속사업자	간이과세자에 관한 규정이 적용되거나 적용되지 아니하게 되는 기간은 1역년의 공급대가의 합계액이 1억 400만원에 미달하거나 그 이상이 되는 해의 다음 해의 7월 1일부터 그 다음 해의 6월 30일까지로 한다.
경정에 의한 공급대가가 기준금액 이상인 경우	간이과세자에 대한 결정 또는 경정한 공급대가의 합계액이 1억 400만원 이상인 개인사업자는 그 결정 또는 경정한 날이 속하는 과세기간까지 간이과세자로 본다.
간이과세 포기신고를 하는경우	간이과세자가 간이과세의 포기신고를 하는 경우에는 일반과세자에 관한 규정을 적용받으려는 달이 속하는 과세기간의 다음 과세기간부터 당해 사업장 외의 사업장에 간이과세자에 관한 규정을 적용하지 아니한다.

구분	내용
간이과세 배제업종을 겸영하게 된 경우	간이과세자가 간이과세 배제사업을 신규로 겸영하는 경우에는 해당 사업의 개시일이 속하는 과세기간의 다음 과세기간부터 간이과세를 적용하지 아니한다. 다만, 일반과세자로 전환된 사업자로서 해당 연도 공급대가의 합계액이 1억 400만원 미만인 사업자가 간이과세 배제업종의 사업을 폐지하는 경우에는 해당 사업의 폐지일이 속하는 연도의 다음 연도 7월 1일부터 간이과세자에 관한 규정을 적용한다.
간이과세 배제업종을 겸업하게 된 경우	간이과세자가 간이과세 배제사업을 신규로 겸영하는 경우에는 당해 사업의 개시일이 속하는 과세기간의 다음 과세기간부터 간이과세자에 관한 규정을 적용하지 아니한다. 다만, 간이과세배제사업 겸영으로 일반과세자로 전환된 사업자가 간이과세배제사업 폐지시에는 간이과세 배제사업 폐지일이 속하는 해의 다음 해 7월 1일부터 간이과세를 적용한다.

(2) 과세유형의 변경통지

① **통지의무** : 세무서장은 과세기간 개시 20일 전까지 그 사실을 통지할 의무 있음(사업자등록증을 정정하여 과세기간 개시 당일까지 발급)

② **통지여부에 따른 과세유형의 변경**
- 일반과세자 ⇨ 간이과세자 : 자동변경(부동산임대업은 통지를 받으면 다음 기부터 변경)
- 간이과세자 ⇨ 일반과세자 : 통지요건(전환통지를 받으면 다음 기부터 변경)

3 간이과세의 포기

구 분	내 용
(1) 제도의 취지	① 세금계산서 발급 불가로 인하여 소비자 이외의 사업자와 거래할 수 없었던 불이익의 해소 ② 간이과세의 적용으로 발생되는 누적효과의 제거
(2) 간이과세 포기 대상자	① 간이과세자 ② 간이과세자 적용 예정인 일반과세자 ③ 신규사업자 중 개인사업자
(3) 간이과세 포기절차	① 간이과세자 또는 일반과세자 : 포기하고자 하는 달의 전달 마지막 날까지 간이과세포기신고서 제출(승인절차 없음) ② 신규 사업자 : 사업자등록신청시 간이과세포기신고서 제출

PART 3 부가가치세 이론

(4)	간이과세로의 재변경	① 다음의 날부터 3년이 되는 날이 속하는 과세기간까지 간이과세 적용불가 　■ 간이과세자 또는 일반과세자 : 일반과세 적용되는 달의 1일 　■ 신규 사업자 : 사업 개시일이 속하는 달의 1일 ② 3년 경과 후 간이과세 적용받고자 하는 경우 과세기간 개시 10일 전까지 간이과세적용신고서를 제출하여야 함
(5)	과세기간	다음의 기간을 각각 1과세기간으로 정함 ① 당해 과세기간 개시일~포기신고일이 속하는 달의 말일(간이과세자) ② 포기신고일이 속하는 달의 다음달 1일~당해과세기간 종료일(일반과세자)

4 계산구조

구 분	재화 또는 용역을 공급하거나 공급받은 분 또는 수입신고한 분
납부세액	· 납부세액=과세표준×업종별부가가치율×세율(10%·9%) · 대손세액공제 규정 없음 · 납부의무면제자는 납부세액의 납부의무를 면제함
(+) 재고납부세액	
(-) 공제세액	• 매입세금계산서등 수취세액공제 • 전자세금계산서 발급·전송에 관한 세액공제 • 전자신고세액공제 • 신용카드매출전표 등 발행세액공제
(-) 예정고지세액	• 해당 과세기간 중 예정고지(신고)된 세액이 있는 경우
(+) 가산세	• 등록불성실가산세 • 세금계산서불성실가산세 • 세금계산서 미수취 가산세 • 결정·경정기관 확인 매입세액공제가산세 • 매출처별 세금계산서합계표 불성실 가산세 • 신고관련가산세 • 납부관련가산세
(=) 차감납부할세액	• 차감 납부세액의 79%는 부가가치세, 21%는 지방소비세로 함.

(1) 납부세액

납부세액 = 과세표준×업종별 부가가치율×10%

1) 과세표준

간이과세자는 부가가치세를 포함한 공급대가를 과세표준으로 한다.

2) 업종별 부가가치율

부가가치율이란 직전 3년간 신고된 업종별 평균 부가가치율을 감안하여 시행령에 정한 부가가치율을 말하며, 다음과 같다.

구 분	업종별 부가가치율
① 소매업·재생용 재료수집 및 판매업·음식점업	15%
② 제조업, 농업·임업 및 어업, 소화물 전문 운송업	20%
③ 숙박업	25%
④ 건설업, 그 밖의 운수업, 창고업, 정보통신업, 그 밖의 서비스업	30%
⑤ 금융 및 보험 관련 서비스업, 전문과학 및 기술 서비스업(인물사진 및 상업용 영상 촬영업 제외), 사업시설관리·사업지원 및 임대 서비스업, 부동산 관련 서비스업, 부동산임대업	40%

(2) 공제세액

1) 세금계산서 등 수취 세액공제

간이과세자가 발급받은 세금계산서 또는 신용카드매출전표 등에 대한 매입처별세금계산서 합계표 또는 신용카드매출전표 등 수취명세서를 사업장 관할세무서장에게 제출하는 경우에는 다음과 같이 매입세액공제를 받을 수 있다.

> 납부세액 = 해당 과세기간에 세금계산서 등을 발급받은 재화와 용역의 공급대가 × 0.5%

2) 신용카드 매출전표 등 발행 세액공제

간이과세자에 대한 신용카드매출전표 등 발행 세액공제는 일반과세자와 동일하다. 다만, 음식점업과 숙박업을 영위하는 간이과세자는 1.3%로 한다.

적용대상 사업자	간이과세자 중 다음 중 어느 하나에 해당하는 자 ① 직전 연도의 공급대가의 합계액이 4,800만원 미만인 자 ② 신규로 사업을 시작하는 개인사업자로서 간이과세자로 하는 최초의 과세기간 중에 있는 자
공제액	신용카드매출전표 등 발행공제금액 = Min(①, ②) ① 발급금액 또는 결제금액(부가가치세를 포함한 금액을 말함) × 공제율 ② 한도 : 연간 1,000만원
공제율	1.3%

PART 04

회계정보시스템

제1장 회계 관련 DB마스터 관리하기

제2장 전표관리

제3장 결산관리

[전산회계 실무 출제유형]

전산회계 실무 시험의 70점은 실무시험이 차지하며 출제메뉴의 비중은 다음과 같다.

구분	출제메뉴	세부사항	배점기준
[문제 1번]	기초정보관리 및 전기분 재무제표	① 회사등록 ② 환경등록 ③ 거래처등록 ④ 계정과목 및 적요등록 ⑤ 전기분재무제표 입력 ⑥ 거래처별 초기이월	10점 (3문제)
[문제 2번]	일반전표 입력	부가가치세와 관련 없는 거래자료 입력	18점 (6문제)
[문제 3번]	매입매출전표 입력	부가가치세와 관련 있는 거래자료 입력	18점 (6문제)
[문제 4번]	전표입력 오류·수정	일반전표 및 매입매출전표 입력자료의 수정 및 추가	6점 (2문제)
[문제 5번]	결산자료입력	① 수동결산 : 일반전표입력메뉴 ② 자동결산 : 결산자료입력 메뉴 ③ 고정자산등록	9점 (3문제)
[문제 6번]	장부조회	각종 장부 조회 세금계산서합계표 조회 부가가치세신고서 조회	9점 (3문제)

제 1 장
회계관련 DB마스터 관리하기

PART 4 회계정보시스템

전산세무회계 프로그램 케이렙(KcLep)교육용 설치 방법

1 한국세무사회 국가공인자격시험 홈페이지에 접속 후 [수험용 프로그램 케이렙(KcLep)]을 Down-Load(다운로드)하고 설치한다.

2 설치가 완료되면, 바탕화면에 바로가기 (아이콘)이 표시된다.

3 바탕화면에서 (아이콘)을 더블클릭하여 아래와 같은 프로그램을 실행한다.

백데이터 다운로드 및 설치 방법

1 [LG U+]웹하드에 접속한다.
2 ID : daumbook   PassWord : 1111
3 Guest폴더 ➡ [2025년 올뉴마스터 백데이터_도서출판 다음] 폴더 선택
4 [25년 올뉴마스터 전산회계 백데이터] 클릭 후 다운로드 파일 더블클릭을 하면,
     [내컴퓨터 ⇨ C:/KcLepDB/KcLep]에 자동으로 자료가 복구된다.
5 한국세무사회 자격시험 [케이렙 프로그램]을 실행한다.
6 초기화면 회사등록 ⇨ F4 회사코드재생성 을 실행하여야 선택하고자하는 회사가 생성된다.

318 도서출판 다음 www.daumbook.net

Chapter 1 회계관련 DB마스터 관리하기

1 프로그램의 시작

1) 사용급수

① 바탕화면에서 ▧(아이콘)을 더블클릭하여 아래와 같은 프로그램을 실행한다.
② "**종목선택**"을 클릭하여 사용자가 사용하게 될 [**자격종목**]을 선택한다.
③ 시험에서는 해당하는 급수에서 다루어지는 메뉴만 구성하기 때문에 시험의 [급수] 선택에 따라 나타나는 메뉴의 항목 수가 다르다.

구분	전산회계2급	전산회계1급	전산세무2급	전산세무1급
재무회계(기업회계)	회계관리	회계관리	회계관리	회계관리
원가회계	회계관리	회계관리	회계관리	회계관리
부가가치세	-	부가가치세	부가가치세	부가가치세
소득세	-	-	원천징수	원천징수
법인세	-	-	-	법인조정

④ 드라이브 : 데이터가 저장될 위치를 의미하며, 별도의 드라이브를 선택할 수 있으며, 저장도 할 수 있다.

2) 회사코드

기존에 이미 존재하는 회사의 경우에는 ▭(말풍선)버튼을 클릭하여 [회사 코드] 도움(F2)이 나타나고 이 부분에서 입력 대상 회사를 선택한다. 그러나 프로그램을 처음 설치한 경우라면 기존에 작업한 회사가 없으므로 화면 하단의 **회사등록**버튼을 이용하여 회사를 등록한 후에 ▭(말풍선)버튼을 사용할 수 있다.

3) 회사명

회사를 선택하면 자동으로 회사명이 표시된다. 회사명이 표시되면, 하단의 [로그인]버튼을 클릭하면 선택된 급수와 회사의 메인화면이 실행된다.

4) 회사등록

프로그램을 처음 사용하는 수험생은 **회사등록**을 먼저 실행하고 실습하여야 한다.

PART 4 회계정보시스템

(2) 메인화면의 구성

모듈별 구성화면		주요 내용
회계관리	전 표 입 력	일반전표입력, 매입매출전표입력, 전자세금계산서발행
	기 초 정 보 관 리	회사등록, 거래처등록, 계정과목 및 적요등록, 환경등록
	장 부 관 리	거래처원장, 계정별원장, 일계표(월계표), 매입매출장 등
	결 산 / 재 무 제 표	결산자료입력, 합계잔액시산표, 재무상태표, 손익계산서, 제조원가명세서, 이익잉여금처분계산서 등
	전 기 분 재 무 제 표	전기분재무상태표, 전기분손익계산서, 전기원가명세서, 전기잉여금처분계산서, 거래처별초기이월, 마감후이월
	고정자산/감가상각	고정자산등록, 미상각분감가상각비, 양도자산감가상각비, 고정자산관리대장
	자 금 관 리	받을어음현황, 지급어음현황, 일일자금명세, 예적금현황
	데 이 터 관 리	데이터백업, 회사코드변환 등(검정시험과는 관련없음)
부가가치세	부 가 가 치 세	부가가치세신고서, 세금계산서합계표 등
	전 자 신 고	홈택스 신고시(전산세무2급부터 시행)

Chapter 1 회계관련 DB마스터 관리하기

제1절 기초정보관리 :: NCS능력단위 (0203020105_20v4.1)

기초정보관리는 프로그램을 실행하기에 앞서 가장 먼저 등록할 사항을 입력하여 등록하는 메뉴이며, 당해법인이 법인 등록 시 상업등기소 및 관할세무서에 보고한 기초정보를 바탕으로 등록하는 메뉴이다.

> 본 단원부터 회사코드 <3300.㈜금강제화>를
> 조회하여 실습하시기 바랍니다.

1 회사등록

[회사등록]은 프로그램을 사용하는 기업이 회사를 처음 등록하는 작업으로 가장 기본적이고 우선되어야 하는 작업이다. 회사등록은 작업할 회사의 사업자등록증을 기초로 등록된 내용이 각종 출력물의 회사 인적사항에 자동으로 표시되며, 각종 계산에 영향을 주게 되므로 정확하게 입력되어야 한다.

2025 전산회계 1급

1 회사코드

기업을 관리하기 위한 [관리코드]를 선택하여 입력하며 [코드범위]는 101~9999까지 등록이 가능하다.

2 회사명

사업자등록증에 등록되어 있는 상호를 사업자등록증과 똑같은 내용으로 입력한다.

3 구분 및 사용

① **구분** : 법인기업과 개인기업의 구분을 의미하며, 법인기업의 경우 「1.법인」을 선택하며, 개인기업의 경우 「2.개인」을 선택한다. [전산회계1급]부터는 주식회사(법인)를 출제범위로 하고 있다.

② **미사용** : 회사를 선택하여 로그인을 하면, 회사코드 [사용여부]를 묻는 메뉴이며 기존에 사용하던 데이터가 있는 경우, [사용]을 선택하면 기존에 입력된 데이터를 자동으로 불러와 반영된다.

4 회계연도와 회계기수

회계기수는 기업의 연령(나이)을 의미한다. 또한 기업의 연령을 기간으로 정의한 것을 회계연도라 하는데, 이 작업에서 월, 일의 란에 입력할 때에는 1월은 「01월」 즉 「0과 1」을 순서대로 입력하게 되면 커서가 자동으로 다음 칸으로 이동하게 된다.

즉 2025년 1월 1일부터 2025년 12월 31일을 1회계기간으로 정한 기업의 경우 순서대로 2-0-2-5-0-1-0-1을 차례로 입력하면 회계기간의 12월 31일이 종료기간이 되어 자동으로 표시된다.

5 사업자등록번호, 대표자명 및 인적사항, 주소, 업태, 종목

① **사업자등록번호** : 사업자등록증에 기재되어 있는 내용을 보고 정확하게 입력한다. 만약 사업자등록번호에 오류가 있는 경우, 화면의 사업자등록번호 입력란이 적색으로 표시된다. 오류를 수정하여 정확하게 입력하게 되면 흰색으로 변한다.

② **법인등록번호** : 법인등기부 등본의 법인등록번호 앞자리 6자리와 뒷자리 7자리를 순서대로 입력하며, 사업자등록번호와 마찬가지로 잘못된 등록번호로 입력하면 적색으로 표시된다.

③ **대표자명** : 사업자등록증에 표시된 대표자의 성명을 입력한다.

④ **대표자주민번호** : 사업자등록증에 표시되어 있는 대표자의 주민등록번호를 입력한다. 법인등록번호가 있는 경우에는 대표자주민등록번호는 생략한다.

6 사업장주소, 자택주소, 전화번호, FAX번호

사업장주소는 부가가치세법에 의하여 세금계산서를 발급하거나 발급받는 경우 자동으로 세금계산서 또는 계산서 등을 발급하는 경우 각 계산서에 출력되므로 사업자등록증에 표시된 내용을 정확하게 입력하여야 한다.

① **사업장주소** : 우편번호 입력란의 「말풍선」 또는 「F2(기능)」키를 선택하면 우편번호 코드 도움 창을 이용할 수 있다. 여기에서 [지번주소]로 검색할 것인지 [도로명]으로 검색할 것인지를 선택하고 해당 주소를 입력하면 자동으로 우편번호가 부여된다.

② **본점주소** : 법인세의 납세지는 법인의 본점 등기부상 소재지이다. 그러므로 법인의 등기부상에 표시된 법인의 본점 주소지를 위의 사업장주소와 같은 방법으로 입력한다.

7 업태와 종목, 주업종코드

[업태]란 제조업과 도매업 등 사업을 구분하는 것을 말한다. 제조업인지 도·소매업인지를 직접 입력한다. [종목]은 제조업의 경우, 직접 생산하고 있는 품목의 [대표항목]을 입력하는 곳이다. 주 업종 코드란 종목의 세부 내용을 입력하는 곳으로 「말풍선」 또는 「F2(기능)」키를 선택하면 선택할 수 있다.

8 법인구분, 법인종류별 구분

① **13.법인구분** : 본점이 국내에 있는 경우에는 내국법인, 본점이 외국에 있는 경우에는 외국법인으로 표기한다. 본점 소재지의 여부에 따라 내국법인과 외국법인으로 구분한다.

② **14.법인종류별구분** : 중소기업, 일반기업, 중견기업, 대기업 등의 법인 종류를 표시한다.(검정시험은 내국/중소기업을 대상으로 하고 있다. 그러므로 중소기업을 선택한다.)

③ **15.중소기업여부** : 중소기업에 해당하면 「여」로 표기하며, 아닌 경우에는 「부」로 표기한다. 중소기업여부에 따라 소득세 및 법인세의 [세액감면]여부가 달라진다.

9 개업연월일, 폐업연월일

① **개업연월일** : 사업자등록증에 표시되어 있는 개업 일자를 입력한다. 개업일자와 사업자등록일자는 서로 다를 수 있다.

② **폐업연월일** : 사업을 폐업하는 경우에 입력한다.

10 사업장관할세무서, 본점관할세무서

① **사업장관할세무서** : 말풍선 또는 F2(코드도움)버튼을 클릭하면 세무서 도움 창이 표시되며 전체버튼 옆의 입력란에 해당 세무서를 입력하여 조회할 수 있다.

② **본점관할세무서** : 법인세의 납세지는 본점 소재지이므로 반드시 관할 세무서를 사업장관할세무서와 같은 방법으로 입력한다.

PART 4 회계정보시스템

> **실무 예제** **회사등록 및 수정**

㈜금강제화(회사코드:3300)는 구두를 제조하여 판매하는 중소기업이다. ㈜금강제화를 조회한 후 아래의 사업자등록증을 참고하여 회사등록메뉴에 추가로 등록하거나, 수정하시오.(회계기간 제5기 2025년 1월 1일~2025년 12월 31일이다.)

사업자등록증
(법인과세자)

등록번호 : 137-81-22421

법 인 명(단체명):	㈜금강제화
대 표 자:	윤종민
개 업 년 월 일:	2021년 3월 5일
법 인 등 록 번 호:	124811-3521112
사 업 장 소 재 지:	인천광역시 계양구 경명대로 1051(계림빌딩)
본 점 소 재 지:	인천광역시 계양구 경명대로 1051(계림빌딩)

사 업 의 종 류 : 업태 제조 및 도매   종목 구두 및 잡지

교 부 사 유 : 신규

사업자 단위 과세 적용사업자 여부: 여( ) 부(V)
전자세금계산서 전용 전자우편주소:

2021년 3월 10일

계양세무서장

◆ 추가사항

법 인 구 분 :	내국법인(중소기업-기타)	중소기업여부 :	중소기업
주업종코드 :	192004	설립연월일 :	2021년 3월 5일
사업장관할세무서 :	계양세무서		

Chapter 1 회계관련 DB마스터 관리하기

예제해설 | 회사등록 및 수정

① 프로그램실행 후「회사등록」을 클릭한다.
② 회사코드「3300번과 ㈜금강제화」를 조회하고「1.법인」을 선택하고 미사용에서「0.사용」을 선택한다.(사용메뉴는 전년도 회계자료 등을 불러올 것인지를 묻는 메뉴이다)

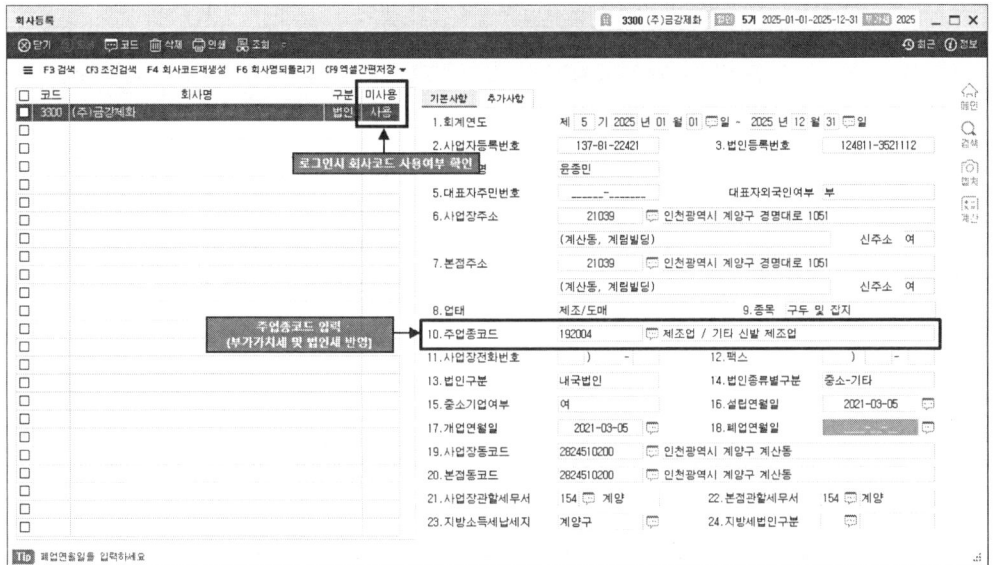

② **1. 회계연도** : 제5기를 입력한 후 회계기간 2025년 1월 1일을 입력하면 나머지 부분은 자동으로 입력된다.

③ **2. 사업자 등록번호** : 사업자등록증의 사업자번호 137-81-22421을 입력한다. 사업자등록번호는 처음에 등록한 번호는 변경되지 않음에 유의해야 한다.

④ **3. 법인등록번호** : 법인의 등록번호를 입력한다. 사업자등록번호와 법인등록번호는 입력을 잘못하게 되면 적색으로 표시되므로 정확한 정보를 입력해야 한다.

⑤ **4. 대표자명** :「윤종민」을 입력한다.

⑥ **5. 대표자주민번호** : 법인등록번호가 입력되어 있으므로 대표자의 주민등록번호는 입력은 생략한다.

⑦ **6.사업장주소** : [우편번호]검색(F2) 또는 말풍선을 클릭하면 우편번호 검색창이 표시되며, 이곳에 [도로명] 또는 [지번]주소를 입력하면 해당 주소가 자동으로 검색된다.

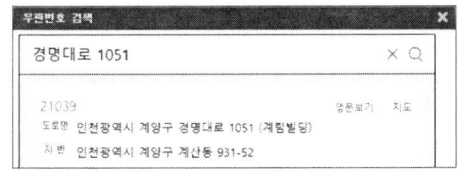

⑧ 7. **본점주소** : [6.사업장 주소]를 입력하면 자동으로 [7.본점주소]가 선택되며, 사용할 경우 선택을 완료한다. 하지만 본점과 영업소가 다른 사업장으로 구분되는 경우, 본점의 정확한 주소를 입력한다.

⑨ 8. **업태** : 해당 사업의 종류 [제조/도매]를 입력한다.

⑪ 9. **종목** : 해당 사업의 세부적으로 취급되는 상품의 종류를 입력한다.

⑫ 10.**주업종코드** : 검색(F2) 또는 말풍선을 클릭하여 도움창에서 [제조업/기타 신발제조업]을 선택한다.

⑬ 13.**법인구분** : 내국법인

⑭ 14.**법인종류별구분** : [중소-기타]선택(비상장 중소기업은 기타법인으로 분류)

⑮ 16.**설립년월일/17.개업년월일** : 사업자등록증의 개업년월일 2021년 3월 5일을 바탕으로 설립년월일과 개업년월일을 입력한다.

⑯ 21.**사업장세무서** : 검색(F2) 또는 말풍선을 클릭하여 사업장 관할세무서를 검색하여 [계양세무서]를 선택하여 입력한다.

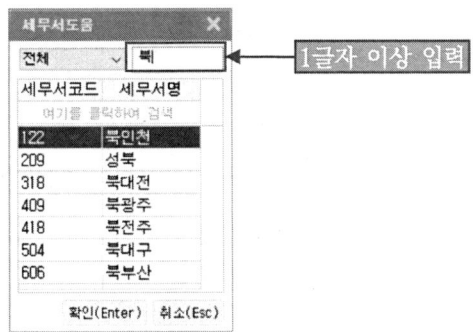

2 환경등록(설정)

환경설정 메뉴는 시스템(SYSTEM)환경을 설정하기 위해 사용하는 메뉴로 **[초기설정값]**은 시스템 전반에 걸쳐서 영향을 미치기 때문에 가급적, 수정하지 않도록 한다. 하지만 [부가가치세]와 [원천징수 및 법인세]와 관련된 계정과목에 대해서는 기업의 특성에 맞춰 수정하여 사용할 수 있다.

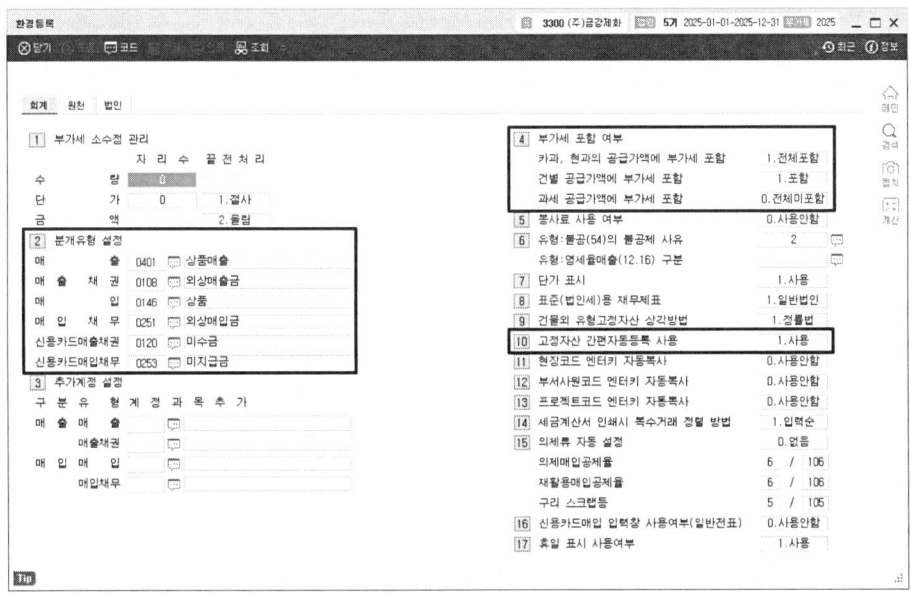

1 부가세 소수점 관리

- 소수점관리 : 매입·매출전표 및 입·출고 입력 시 수량, 단가 금액의 소수점관리를 위한 항목이다. 부가가치세의 세액계산 시 자동으로 표시되는 항목으로 [전산회계1급]에는 크게 영향이 없으며, 기본적으로 자릿수는 0의 자리와 소수점 이하는 절사로 설정되어 있다.

2 분개유형 설정

[재고자산]과 관련되거나 **[채권 및 채무]**에 관한 전표를 입력하는 경우, 자동으로 계정과목이 적용되도록 설정하는 화면이다. [전산회계1급]부터는 제조기업을 중심으로 회계처리 되기 때문에 초기설정값을 다음과 같이 조정한다.

거래	기존코드 및 계정과목		수정코드 및 계정과목
매출	401.상품매출	⇨	404.제품매출
매입	146.상품	⇨	153.원재료
신용카드 매출채권	120.미수금	⇨	108.외상매출금
신용카드 매입채무	253.미지급금	⇨	251.외상매입금

PART 4 회계정보시스템

실무 예제 — 환경 등록

㈜금강제화(회사코드:3300)의 환경등록을 다음과 같이 설정하시오.

① 분개유형 설정
  매출 : 404.제품매출　　　　　매출채권 : 108.외상매출금
  매입 : 153.원재료　　　　　　매입채무 : 251.외상매입금
  신용카드매출채권 : 108.외상매출금　　신용카드매입채무 : 253.미지급금

② 부가세 포함 여부
  카과, 현과의 공급가액 부가세포함 : 1.전체포함
  건별 공급가액에 부가세 포함 : 1.포함
  과세 공급가액에 부가세 포함 : 0.전체미포함

③ 고정자산 간편 자동등록 사용 : 0.사용안함

예제해설 — 환경등록 실습

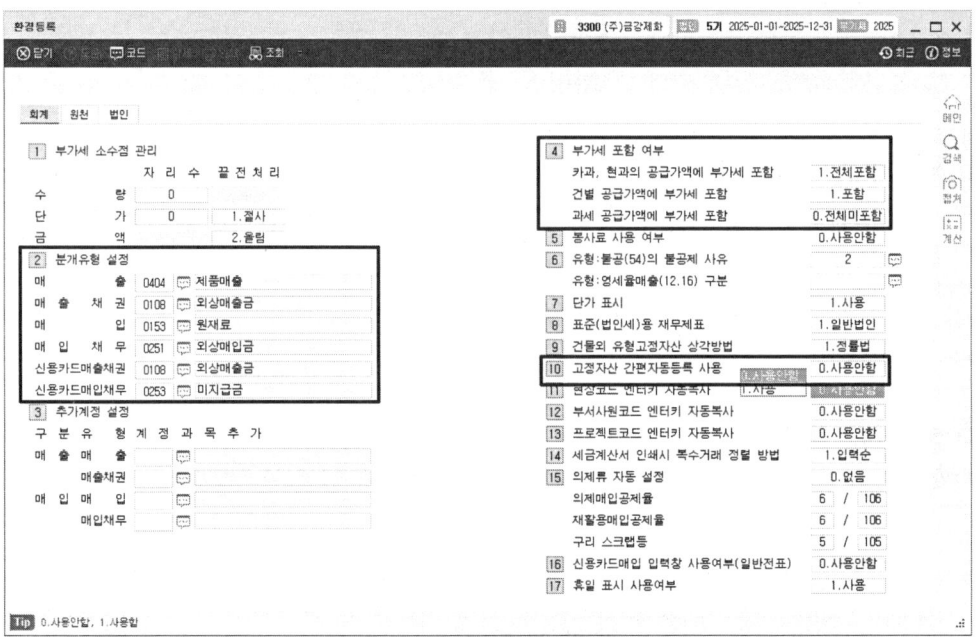

Chapter 1 회계관련 DB마스터 관리하기

3 거래처등록

거래처에 대한 정보를 등록하는 메뉴로 통제계정인 외상매출금 및 외상매입금과 같은 [채권·채무]와 [금융기관 및 신용카드가맹점]에 관한 거래처 관리를 위하여 등록하는 메뉴이다. 거래처로부터 받은 [사업자등록증·세금계산서·계산서]의 거래처 내용을 보고 관련 자료를 자세히 등록한다. 이 메뉴에 의하여 부가가치세 신고서 및 각종 증빙을 출력하는 경우, 출력물에 자동으로 인쇄되거나, 각종 서식에 반영된다.

거래처 등록화면은 3개의 탭으로 구성된다. 탭 구성은 「일반거래처·금융거래처·카드거래처」로 되어 있으며, 각 탭의 이동은 마우스로 클릭을 하면 탭의 배열 순서에 따라 화면이 이동된다.

1 코드

① **일반거래처 코드** : 「101~97999」 코드의 범위 내에서는 [일반거래처 코드]를 입력할 수 있다. 거래처 코드를 채권 및 채무를 구분하여 입력하여도 되며, 무작위로 코드를 반영하여도 채권 및 채무에 대한 계정과목별로 조회를 하면 자동으로 반영된다.

② **금융기관 및 신용카드 가맹점 코드** : 「98000~99599」 코드의 범위는 은행 등의 금융기관 관련 코드이며, 「99600~99999」 코드는 신용카드가맹점 코드이다. 반드시 선택에 유의하여야 한다.

2 거래처명 및 유형

거래처명은 한글 13자, 영문 26자 이내로 입력할 수 있다. 유형은 「매입거래처」 또는 「매출거래처」 유형을 선택하며, [매입·매출거래처] 모두 해당되는 경우, [3.동시]를 선택한다.

3 사업자등록번호

해당 거래처의 [사업자등록증·세금계산서·계산서] 등에 의하여 입력한다. 사업자등록번호란으로 이동하면 「0.사업자등록번호 1.주민등록번호 2.외국인등록번호」에서 선택할 것을 묻는다. 해당 거래처와 거래처명을 입력하고 사업자등록번호를 입력하면 자동으로 기본사항에 사업자등록번호가 자동 표시된다.

4 주민등록번호, 업태 및 종목

사업자등록을 하지 않은 신규사업자의 경우, 사업자등록증 발급 전까지는 사업자등록번호 대신 주민등록번호를 등록한다. 신규로 사업자를 신청한 경우, 사업자등록증을 받기 전까지 세금계산서를 발급할 수 없다. 그러므로 사업자등록번호를 대신하여 대표자 성명을 대신 입력한 후 나중에 사업자등록이 완료되면 증명서를 제출받아 수정할 수 있다. 업태 및 종목 그리고 사업장 주소는 제공받은 사업자등록증의 내용에 의하여 입력한다.

PART 4 회계정보시스템

> **실무 예제** — 거래처 등록 및 추가

㈜금강제화(회사코드:3300)의 다음의 거래처를 거래처등록 메뉴에 추가 등록하시오.

■ 일반거래처(유형 : 3.동시 선택)

코드	상 호	대표자	사업자등록번호	주 소	업태	종목
1106	동양가죽공업㈜	봉준호	119-81-13619	서울 금천구 독산로 11길 7	제조	가죽
1108	주안인조가죽㈜	박석봉	131-81-25212	서울 강서구 강서로 20길 4	제조	고무

■ 금융기관

코드	거래처명	유 형	계 좌 번 호	지점
98002	우리은행(당좌)	당좌예금	1854-174-6600718	작전동

※계좌개설일자 2022년 10월 1일이며, 당좌차월 한도액은 50,000,000원이다.

■ 신용카드

코드	거래처명	유형구분	가맹점(카드)번호	비 고
99602	현대카드	매출	550601	현금 및 선불카드 사용가능
99603	비자카드	매입	5363-2000-0133-1897	사업용카드(국세청등록)
	우리은행(보통)		145-81-127431	결제계좌

※ 신용카드 매출거래처는 카드가맹점으로 가입한 거래처이며, 매입전용카드는 법인의 사업용 카드이며 결제계좌도 같이 등록하시오.

> **예제해설** — 거래처 추가등록 및 수정

1 일반거래처 등록방법 : 동양가죽공업㈜

① **코드 및 거래처명** : 「1106」을 입력하고 동양가죽공업㈜를 입력한다.
② **유형** : [3.동시] 선택(매입·매출 동시거래처)
③ **사업자등록번호** : 사업자등록번호 「119-81-13619」를 차례로 입력한다.
④ **대표자성명** : 거래처의 사업자등록증 사본에 있는 대표자 [봉준호]를 입력한다.
⑤ **업태 및 종목** : 업태 「제조」, 종목 「가죽」을 입력한다.
⑥ **사업장주소** : 우편번호에서 말풍선 또는 검색(F2)버튼 클릭 후 등록한다.

Chapter 1 회계관련 DB마스터 관리하기

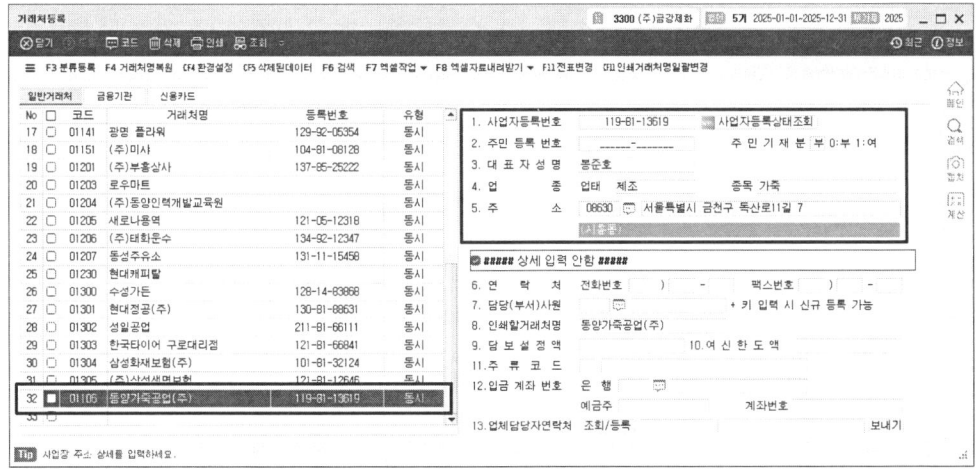

2 금융기관 등록방법

① **코드란** : 「98002」 입력
② **거래처명** : 「우리은행(당좌)」 입력
③ **유형** : 「당좌예금」 선택
④ **계좌번호** : 「1854-174-6600718」 입력
⑤ **계좌개설은행/지점** : 말풍선 또는 F2(검색) 클릭 후 우리은행 검색
⑥ **계좌개설일** : 2022년 10월 01일 입력
⑦ **당좌한도액** : 50,000,000원 입력

PART 4 회계정보시스템

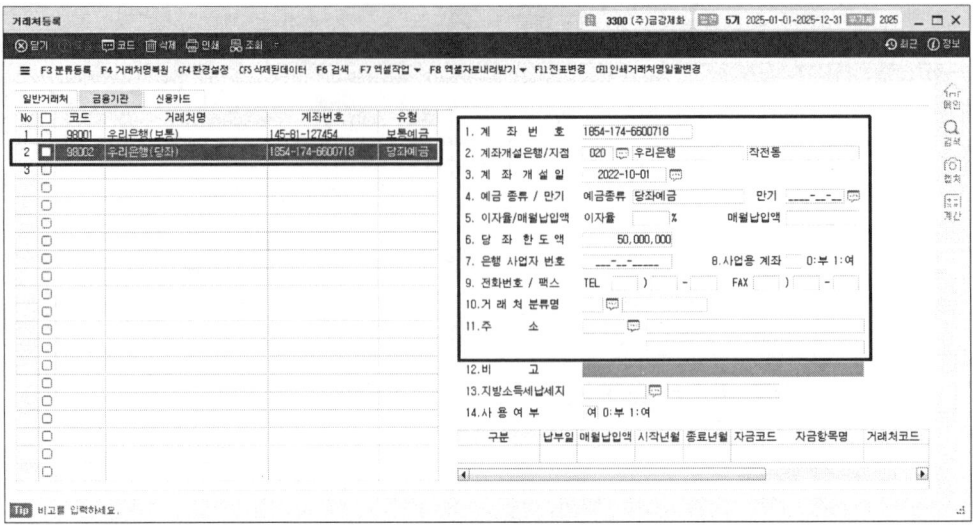

③ 신용카드(거래처) 등록방법-매출카드 가맹점등록

① **코드란** :「99602」입력

② **거래처명** :「현대카드」입력

③ **유형** :「매출」선택

④ **가맹점(카드)번호** : 가맹점번호 550601입력

⑤ **직불, 기명식 선불전자지급수단** : 1.여 선택

Chapter 1 회계관련 DB마스터 관리하기

4 신용카드(거래처) 등록방법-매입전용카드 등록

① **코드란** : 「99603」 입력

② **거래처명** : 「비자카드」 입력

③ **유형** : 「매입」 선택

④ **카드번호(매입)** : 5363-2000-0133-1897 등록

⑤ **카드번호(매입)** : 3.사업용카드(사업용카드로 사용하기 위해서는 국세청 홈텍스에서, 사업용카드를 미리 등록해야 필요경비를 인정받을 수 있다.)

⑥ **결제계좌** : 은행명을 조회한 후 선택하며, 계좌번호는 기 등록된 예금을 조회하여 입력한다.

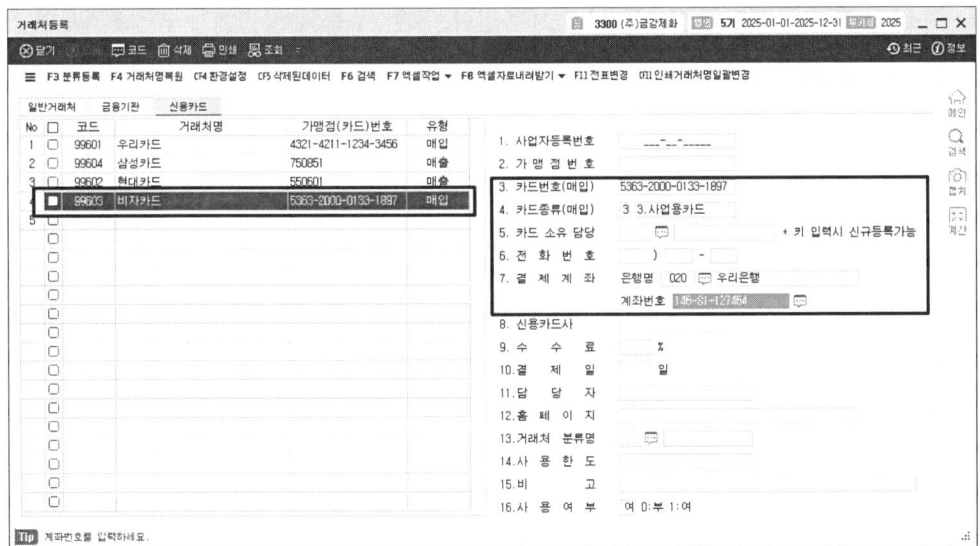

4 계정과목 및 적요등록

거래가 발생하면 거래에 대한 분개를 하고 전표에 기표하게 되는데, 이때 계정과목은 기업회계기준에서 사용되는 **[표준계정과목]**으로 등록하여야 한다. 프로그램에서는 「101~999번」까지 기본적으로 등록되어 있으며, 특수계정과목 「1000~1010번」까지 설정되어 있다. 하지만 기업회계기준에서 반드시 처리될 계정과목 이외에도 **중요성의 원칙**에 따라 기업이 필요한 계정과목을 적절히 등록하여 사용할 수 있다.

(1) 계정체계

계정과목 코드는 101부터 999까지의 코드로 구성되어 있으며, 자산계정을 선택한 후 재고자산 등을 선택하면 해당 계정으로 바로 이동한다. 또한 우측의 코드체계와 계정과목이 상호 관련을 가지고 있으므로 새롭게 계정과목을 등록하는 경우 코드체계의 범위 내에서 등록하여 재무제표 작성 시 문제가 발생되지 않는다.

(2) 코드/계정과목

기업회계기준에 따라 가장 일반적인 계정과목은 이미 등록되어 있는 상태이므로, 회사 특성에 따라 계정과목을 계정과목코드 체계에 따라 수정하거나 추가하여 사용할 수 있다. 신규로 등록하는 계정과목은 코드체계 범위 내에서 「**사용자설정계정과목**」에 추가로 등록하여 사용할 수 있다.

(3) 성격

계정과목의 성격을 나타내며 일반적인 항목으로 초기설정 값이 설정되어 있으며, 계정과목에 따라 계정성격이 다르므로 사용자가 선택한다. 단, 적색으로 표시된 계정과목의 성격은 수정이 불가능하다.

(4) 관계

주요 계정과목과 연관된 계정을 연결하는 기능으로 결산 시 매출원가 대체분개 또는 평가계정의 차감을 자동으로 반영하기 위한 상대계정을 선택하거나 재무제표 작성 시 관련 계정과목과 함께 작성되도록 하는 기능을 갖고 있다.

관계 설정방법

108.외상매출금의 대손충당금 관계코드 ⇨ 109.대손충당금의 관계코드 [108]선택

(5) 계정과목 등록방법

1 적색계정과목

적색으로 표시된 계정과목은 원칙적으로 수정을 할 수 없는 계정과목이다. 이는 기업회계기준에 제시하고 있는 표준계정과목이기 때문인데 중요성에 따라 기업이 직접 수정하여 사용할 수 있다.

① 〈Ctrl+F2〉이용하여 화면 오른쪽부분 사용자설정계정과목의 [계정코드]가 활성화되면서 계정코드명(계정과목)을 수정할 수 있다.
② 수정코드는 본래의 코드범위 내에서 수정한다.

2 흑색계정과목

흑색으로 표시된 계정과목은 언제든지 수정이 가능한 과목으로 기업의 과목분류에 따라 수정할 수 있다.

3 사용자설정계정과목

회사가 사용 하려고 하는 계정과목이 없는 경우, 왼쪽부분의 [계정체계]에서 해당 과목의 항목코드를 클릭한 후, 화면 중간부분의 [코드/계정과목]을 확인하고 범위 내에 있는 여유계정과목에서 선택 후 수정한다.

4 적요 등록

수정하거나, 새로 등록 하려는 경우 해당 계정과목에서 커서를 맞추고 우측의 [적요]로 이동한 후 현금적요와 대체적요의 빈칸에 추가 등록 할 내용을 입력한다. 전표 입력 시 입금전표나 출금전표를 선택하고 거래를 입력하는 경우에는 「현금적요·대체적요」에 등록된 적요를 선택할 수 있다.

5 계정과목 추가방법

당좌자산에 해당하는 계정과목 중 「어음미수금」(계정구분 : 일반)을 추가로 등록하고자 한다면 다음과 같은 순서로 입력한다.

① 「계정체계」의 당좌자산(101~145)을 클릭한다.
② 계정코드 범위 내에서 「사용자설정계정과목」을 찾아 클릭한다. 오른쪽 부분의 계정과목 등록 란에 「어음미수금」을 입력하면 계정과목이 자동으로 입력된다.
③ 계정과목이 등록되면 두 번째 칸의 [성격](1.예금 2.적금 3.일반 4.차감 5.유가증권 6.채권 7.기타)에서 해당구분을 선택한다. 일반적으로 성격이 특정되지 않은 경우 [3.일반]을 선택한다.
④ [적요]를 등록한다. 입·출금전표에서 사용할 적요는 [현금적요]에 등록하며, 대체전표에서 사용될 적요는 [대체적요]란에 등록한다.

PART 4 회계정보시스템

실무 예제 | 계정과목 및 적요등록

다음 자료를 ㈜금강제화(회사코드:3300)의 계정과목 및 적요등록 메뉴에 추가하거나 수정하시오.

① 계정과목 추가
   유형자산의 코드범위 내에서 「197.시설장치(상각)」 계정을 등록하시오.

② 계정과목 수정
   「138.전도금」 계정을 「소액현금」 계정으로 수정하시오.

③ 적요 입력
   「228.웹사이트원가」계정을 「프랜차이즈」계정으로 변경하시오. 또한, 현금적요 2번에 [유명프랜차이즈 가맹비 지급]을 함께 등록하시오.

예제해설 | 계정과목 등록 및 수정

1 신규 계정과목의 등록

① [계정체계]⇨[유형자산]을 선택하여 「197.사용자설정계정과목」을 클릭
② [계정코드(명)] : 「197.사용자설정계정목」에 [시설장치]를 입력
③ [성격] : 1.상각 선택
④ [계정사용여부] : 1.여 선택

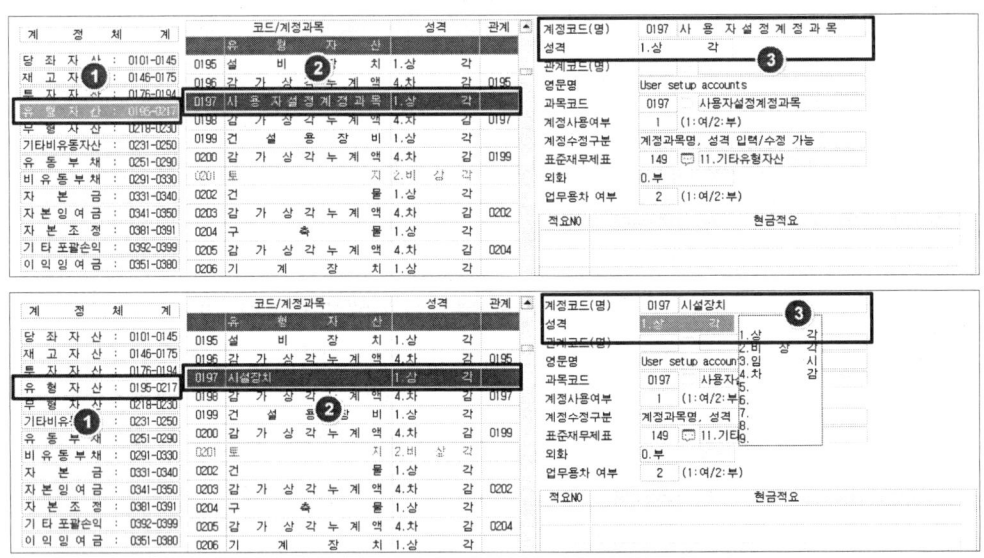

Chapter 1 회계관련 DB마스터 관리하기

② 적색 계정과목의 수정

① [코드]란에 마우스 커서를 맞추고 「138」을 입력하면, 전도금계정으로 이동한다.
② 계정과목이 적색이므로 커서를 [코드/계정과목]란에 맞추고 "Ctrl+F2"를 동시에 누른 후, 우측 [계정코드(명)]에 「소액현금」을 입력한다.

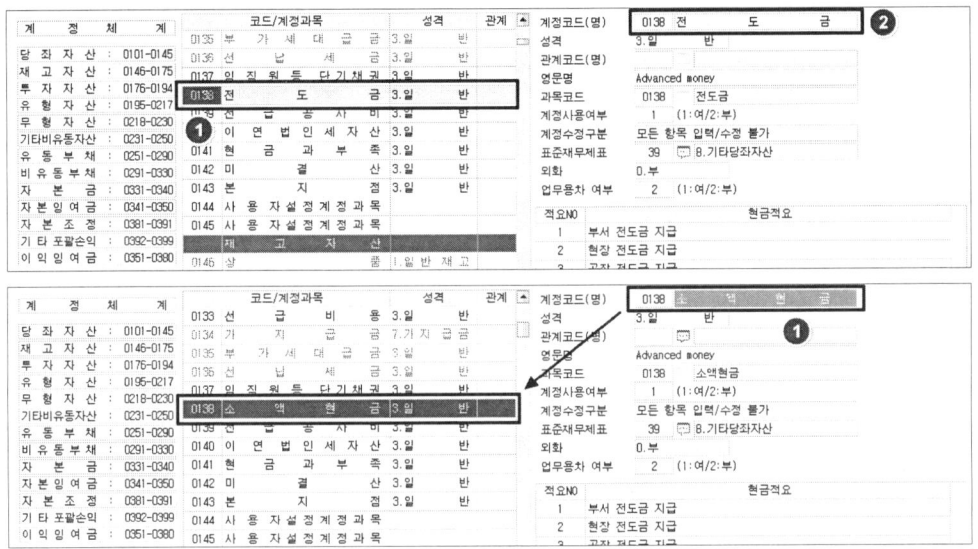

③ 일반 계정과목 수정 및 적요등록

① [코드]란에 커서를 맞추고 「228」을 입력하면, 「웹사이트원가」 계정으로 이동한다.
② [계정코드(명)] : 「228.웹사이트원가」를 「프랜차이즈」로 변경한다.
③ [현금적요] : [적요번호] 2번을 입력하고, [유명프랜차이즈 가맹비 지급]을 입력한다.

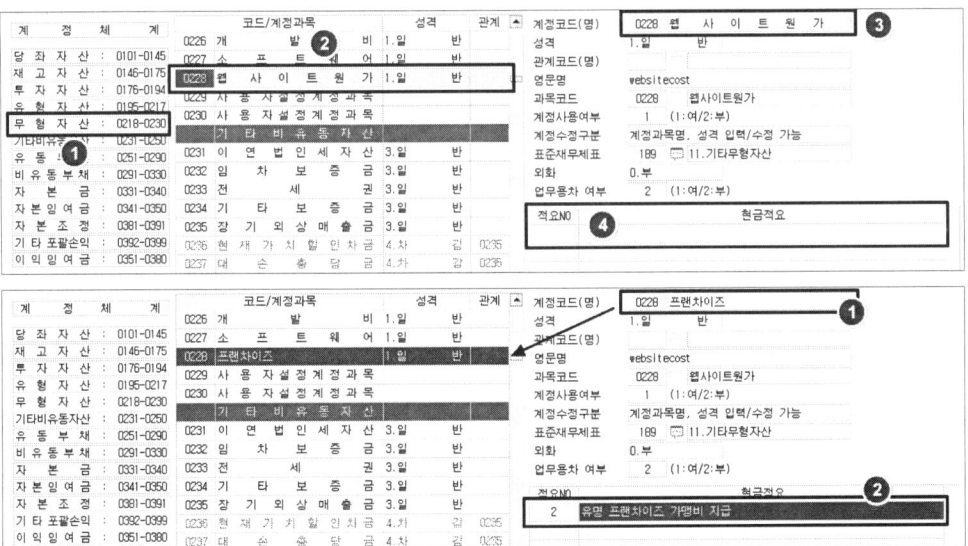

2025 전산회계 1급 **337**

PART 4 회계정보시스템

제2절 전기분 재무제표 등록 :: NCS능력단위(0203020105_20v4.1)

앞의 자료를 입력하지 못한 경우
본 단원부터 회사코드 <3400.㈜금강제화>를 조회하여
실습하시기 바랍니다.

[앞 자료가 정확하게 입력된 경우에는 <3300.㈜금강제화>를 출력하여 입력하세요]

과거부터 사업을 계속하여 영위하는 사업자가 [회계프로그램]을 처음 도입하는 경우, 과거 회계자료를 새로 등록해야 한다. 전기분 재무제표 등록메뉴는 [**전기분 재무상태표·전기분 손익계산서·전기분 원가명세서·거래처별 초기이월**]을 입력하여 당기에 필요한 전기의 자료를 이월 받는 메뉴이다.

제조업의 경우 제조원가명세서에서 「**당기제품제조원가**」를 산출하여 손익계산서로 대체된 후 매출원가를 계산하므로 반드시 손익계산서의 부속명세서인 제조원가명세서가 반드시 첨부되어 있어야 한다. 다음의 재무제표의 흐름을 이해하면 학습에 매우 도움이 될 것이다.

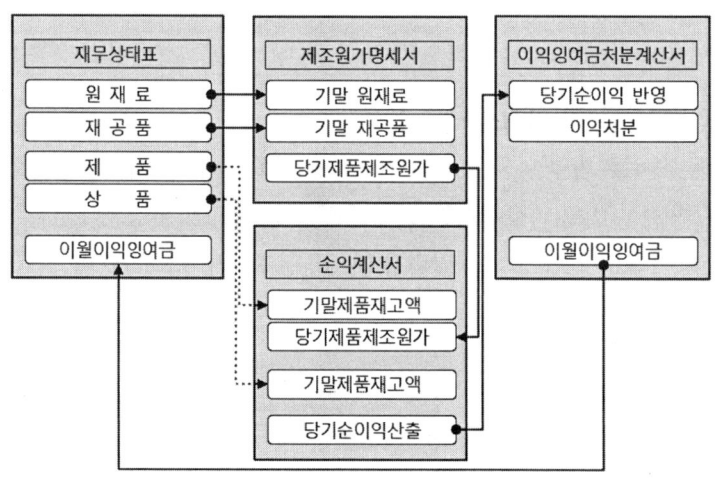

▣ 재무제표의 자료입력 방법

【방법 1】기능키(F2)의 도움을 받는 방법

① 기능키 F2(도움)를 클릭하면 계정과목 도움 창이 열린다.
② 보조창의 입력란에 직접 해당계정과목을 입력한 후 엔터를 하면 해당계정과목이 조회된다. 조회 후 금액란에 금액을 입력한다.

Chapter 1 회계관련 DB마스터 관리하기

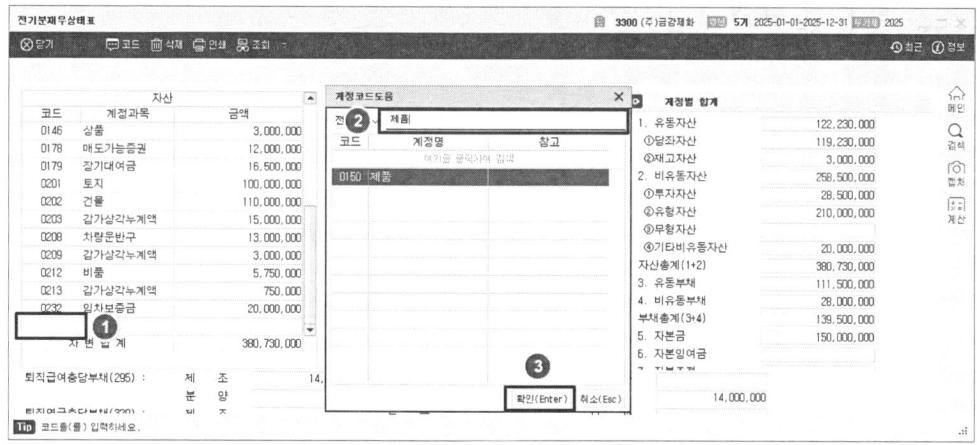

【방법 2】 직접 계정과목을 입력하는 방법

① 계정과목 코드 입력란에 [계정과목] 앞 두 글자 또는 세 글자를 입력한 후 엔터키를 선택하면 계정과목 도움 창이 열리거나, 바로 입력된다.

② 계정과목 도움 창의 과목에서 해당 과목을 선택한 후 엔터키를 선택하면 해당계정과목이 조회되어 입력된다.

③ 금액란에 금액을 입력한다(프로그램에서는 금액의 입력 편의를 위해 「+」부호를 선택하면 숫자 "0"이 3개씩 표시된다).

■ 10,000,000원을 입력 ⇨ (10)(+)(+)의 순서로 입력하면 10,000,000원으로 기록된다.

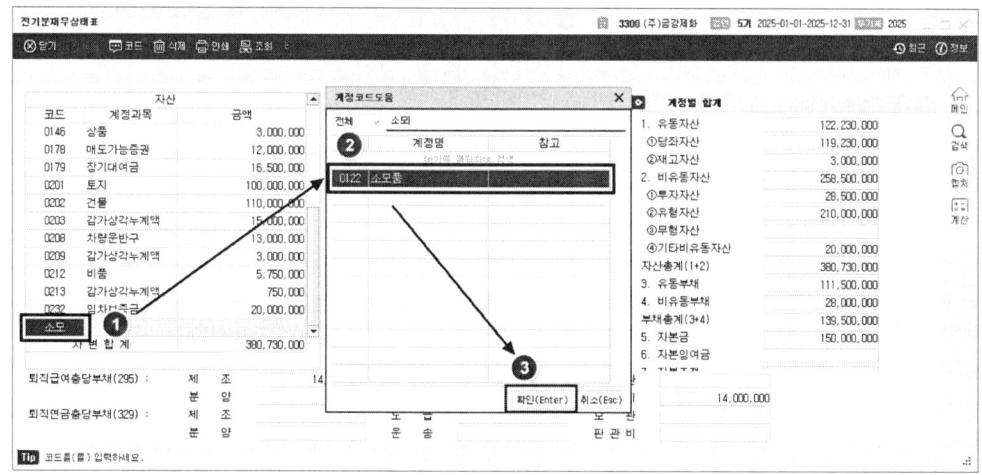

PART 4 회계정보시스템

1 전기분 재무상태표

프로그램을 이용하여 전기에 결산작업을 한 후 정상적으로 이월되었다면 전기분 재무제표를 작성하지 않아도 되지만 프로그램을 처음 사용하는 경우, 전기분 재무상태표를 직접 입력하여 기초정보를 갖추어야 한다. 전기분 재무상태표에 각 계정 과목별 금액을 각각 입력하면 각 해당 구분에 따라 항목별로 재무상태가 자동으로 반영된다.

■ 전기분 재무상태표 입력방법

① 항목별 합계액은 입력하지 않고 「**계정과목**」과 「**금액**」만을 입력하며, 코드 란에서 F2(도움)를 눌러 계정과목코드 도움 창을 열고 해당 계정과목을 부분검색란에 입력하여 해당 과목을 검색한 후 해당금액을 입력한다.

② 「대손충당금」과 「감가상각누계액」과 같은 평가계정의 입력은 해당 자산코드의 [다음 코드번호]로 입력하면 된다. [예를 들어 외상매출금의 코드는 108번, 외상매출금 대손충당금의 코드는 다음 코드 109번이다]

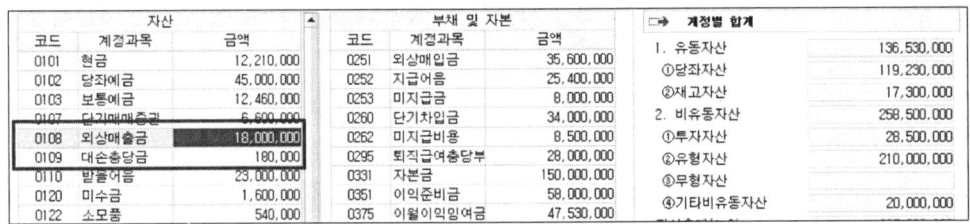

③ 퇴직급여충당부채(295)를 선택하면 화면하단의 퇴직급여충당부채 입력으로 커서가 이동하는데 여기서 제조부와 판매부의 비율로 나누어 입력한다.

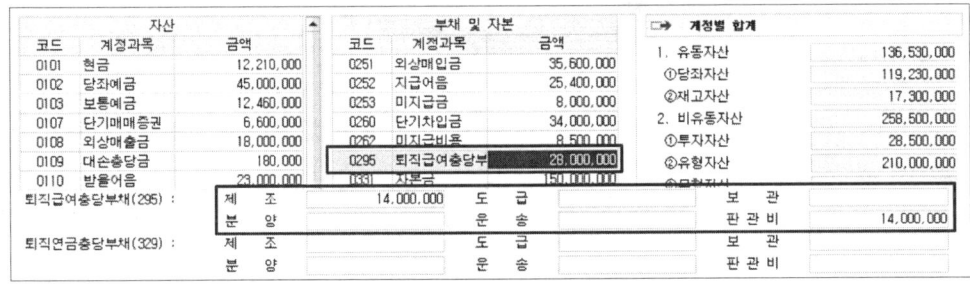

④ 전기분 재무상태표의 「**미처분이익잉여금**」은 전기의 이익잉여금이 당기로 이월되었으므로 「375.이월이익잉여금」으로 표시되어야 한다.

Chapter 1 회계관련 DB마스터 관리하기

> 앞의 회사코드 [3300] 실습자료가 없는 경우
> [3400.㈜금강제화]를 조회하여 실습하시면 됩니다.

실무 예제 | 전기분 재무상태표의 등록 및 수정

㈜금강제화(회사코드:3300)의 전기분 재무상태표를 조회하여 누락되거나, 오류가 발생된 부분을 추가하거나, 수정하여 입력하시오.

재 무 상 태 표

회사명 : ㈜금강제화   제4기 2024. 12. 31.(현재)   (단위 : 원)

과 목	금 액		과 목	금 액
현　　　　　금		12,210,000	외 상 매 입 금	35,600,000
당 좌 예 금		45,000,000	지 급 어 음	25,400,000
보 통 예 금		12,460,000	미 지 급 금	8,000,000
단 기 매 매 증 권		6,600,000	단 기 차 입 금	34,000,000
외 상 매 출 금	18,000,000		미 지 급 비 용	8,500,000
대 손 충 당 금	180,000	17,820,000	퇴직급여충당부채	28,000,000
받 을 어 음		23,000,000	자 본 금	150,000,000
미 수 금		1,600,000	이 익 준 비 금	58,000,000
소 모 품		540,000	미처분이익잉여금 (당기순이익 ₩29,857,880)	47,530,000
원 재 료		2,400,000		
재 공 품		6,500,000		
제 품		5,400,000		
상 품		3,000,000		
매 도 가 능 증 권		12,000,000		
장 기 대 여 금		16,500,000		
토 지		100,000,000		
건 물	110,000,000			
감 가 상 각 누 계 액	15,000,000	95,000,000		
차 량 운 반 구	13,000,000			
감 가 상 각 누 계 액	3,000,000	10,000,000		
비 품	5,750,000			
감 가 상 각 누 계 액	750,000	5,000,000		
임 차 보 증 금		20,000,000		
자 산 총 계		395,030,000	부채와 자본총계	395,030,000

2025 전산회계 1급

PART 4 회계정보시스템

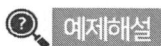 전기분 재무상태표의 등록 및 수정

1 전기분 재무상태표 조회

[전기분 재무상태표]를 클릭한 후 계정별 합계의 대차차액을 확인한다.

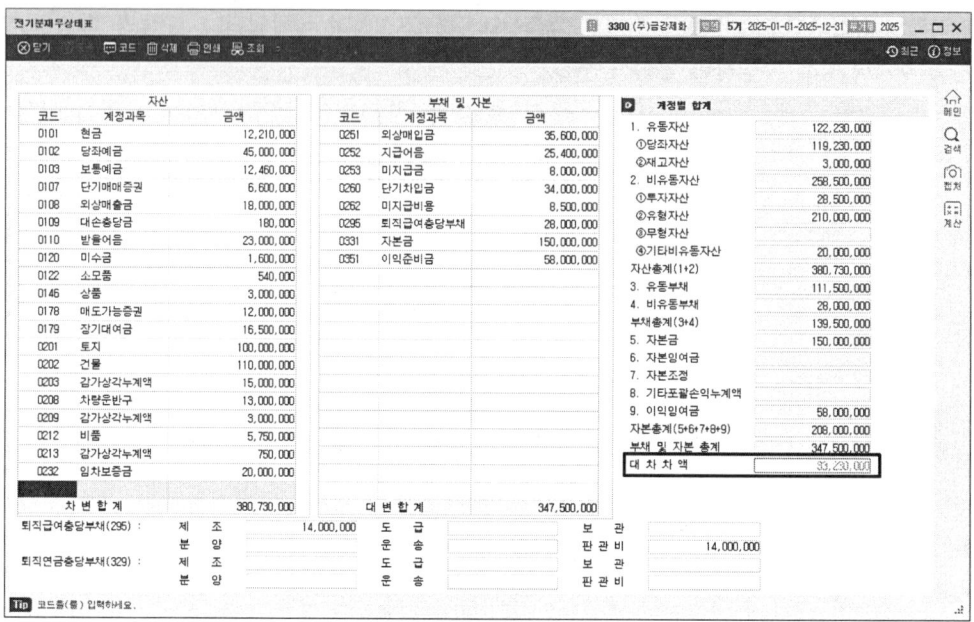

2 계정과목 추가

① 「150.제품·153.원재료·169.재공품」에 해당 금액을 확인하여 입력한 후 문제의 차변 합계와 일치하는지 확인한다.

342 도서출판 다음 www.daumbook.net

② 「375.이월이익잉여금」을 선택한 후 47,530,000원을 입력한다. 전기분 재무상태표의 미처분이익잉여금은 전기의 이익잉여금이 당기로 이월되었으므로 「375.이월이익잉여금」으로 표시되어야 한다.

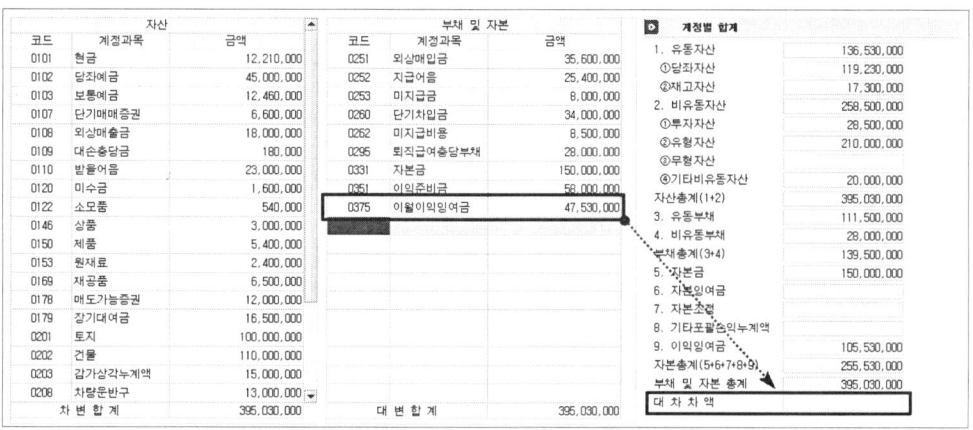

PART 4 회계정보시스템

② 전기분 원가명세서

제조업을 영위하는 기업은 반드시 [제조원가명세서]를 작성하여 「당기제품제조원가」를 산출한 후 [손익계산서]에 「당기제품제조원가」를 대체하여 「매출원가」에 반영해야 한다. 즉, 제조원가명세서는 손익계산서의 부속명세서이므로 이해관계자들의 의사결정에 필요한 유용한 정보로서 반드시 선행적으로 보고되어야 하는 서식이다.

■ 전기분 원가명세서 입력방법

실무적으로 본 메뉴 하나로 「제조원가·공사원가·용역원가」 등 여러 가지를 복합적으로 사용할 수 있으나 검정시험에서는 제조업기준으로 회계처리를 하므로 [원가선택]화면에서 「455.제품매출원가」와 「1.500번대 경비」를 선택한다.

① 편집버튼을 클릭한 후 사용여부에서 「1.여」를 선택한 후 확인버튼을 클릭한 후 저장하고 빠져나온다.
② 화면이 출력되면 「501.원재료비」를 계정코드 란에 입력한다. 그러면 원재료비 소비액을 산출하기 위한 보조창이 표시되는데, 여기에 기초원재료재고액, 당기원재료매입액 등을 입력한다.
③ 기말원재료재고액은 [전기 재무상태표]에서 원재료 등의 재고자산 가액이 입력된 금액으로 자동적으로 반영된다.
④ 노무비소비액은 계정코드 란에 [504. 임금] 등과 같이 500번 코드를 찾아 입력한다.
⑤ 제조경비는 500번대 경비계정을 사용한다.
⑥ 화면우측의 항목별합계액 중 「기말재공품재고액」은 자동으로 [전기분 재무상태표]의 기말재고자산 가액이 반영되지만, 「기초재공품재고액」과 「타계정으로 대체액」은 직접 입력하여야 한다.

344 도서출판 다음 www.daumbook.net

실무 예제 — 전기분 원가명세서 등록 및 수정

㈜금강제화(회사코드:3300)의 전기분 제조원가명세서의 내용이다. 전기분 재무상태표를 조회하여 누락되거나, 오류가 발생된 부분을 추가하거나 수정하시오.

제조원가명세서

㈜금강제화   제4기 2024.1.1.~2024.12.31   (단위 : 원)

과 목	금 액	
원 재 료 비		31,100,000
기 초 원 재 료 재 고 액	2,000,000	
당 기 원 재 료 매 입 액	31,500,000	
기 말 원 재 료 재 고 액	2,400,000	
노 무 비		19,000,000
임 　 　 　 금	14,000,000	
퇴 　 직 　 급 　 여	5,000,000	
제 조 경 비		38,520,000
복 　 리 　 후 　 생 　 비	6,200,000	
가 　 스 　 수 　 도 　 료	3,200,000	
전 　 　 력 　 　 비	8,760,000	
차 　 량 　 유 　 지 　 비	2,740,000	
세 　 금 　 과 　 공 　 과	2,400,000	
여 　 비 　 교 　 통 　 비	850,000	
감 　 가 　 상 　 각 　 비	12,500,000	
소 　 모 　 품 　 비	670,000	
보 　 험 　 료	1,200,000	
당 기 총 제 조 비 용		88,620,000
기 초 재 공 품 원 가		5,820,000
합 　 　 　 계		94,440,000
기 말 재 공 품 원 가		6,500,000
타 계 정 으 로 대 체		0
당 기 제 품 제 조 원 가		87,940,000

PART 4 회계정보시스템

 전기분 제조원가명세서의 등록 및 수정

1 전기분 원가명세서 조회

① 전기분 원가명세서를 조회하면 다음과 같은 화면이 표시된다. 초기설정 시 F4(원가설정)버튼을 클릭하여 [매출원가 및 경비선택]을 조회한다.

② 편집버튼을 클릭한 후 사용여부에서 「1.여」를 선택한 후 확인버튼을 클릭한 후 저장하고 빠져나온다.

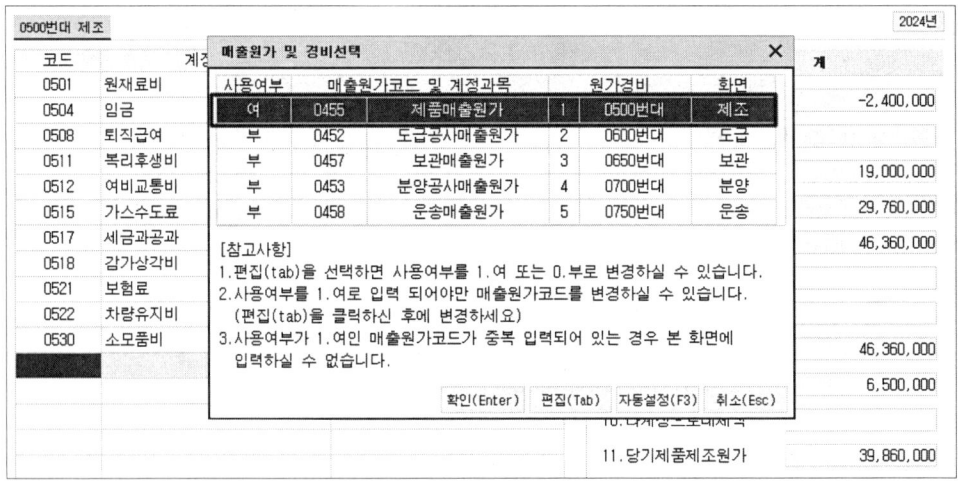

③ 「501.원재료비」를 클릭하여, [원재료비]계산 보조화면을 출력한다.

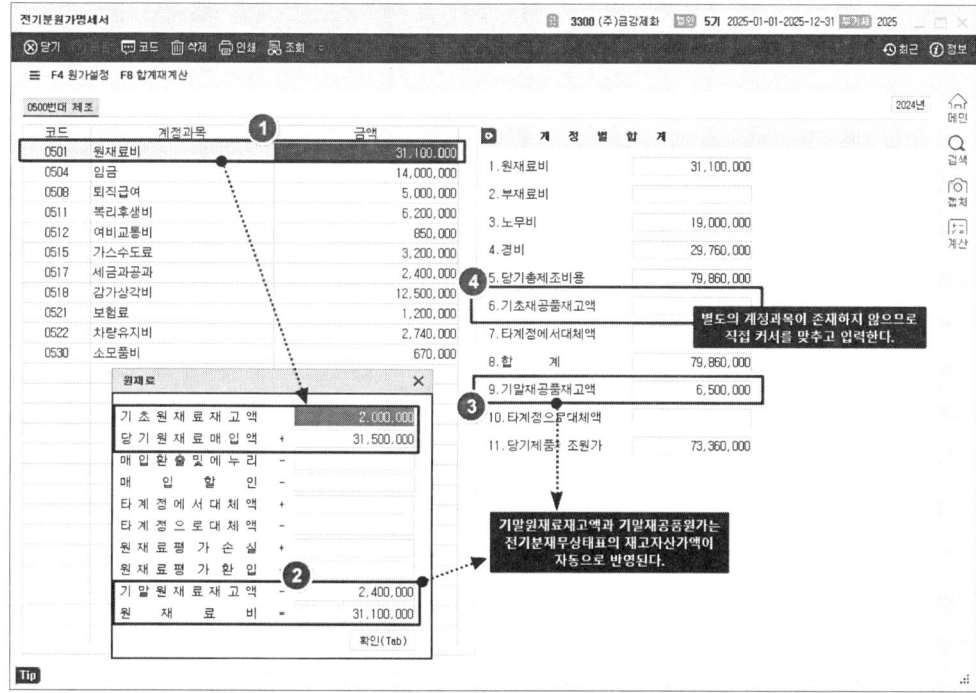

④ 기초원재료 재고액과 당기원재료매입액을 입력한다.

⑤ 기말원재료재고액은 전기분 재무상태표에 「153.원재료」가 등록 되어 있어야 한다. 전기분 재무상태표의 재고자산 중 기말원재료재고액과 기말재공품재고액이 전기분 원가명세서에 자동으로 반영되므로, 반드시 **「전기분 재무상태표」**를 가장 먼저 작성해 두어야 하는 것이다.

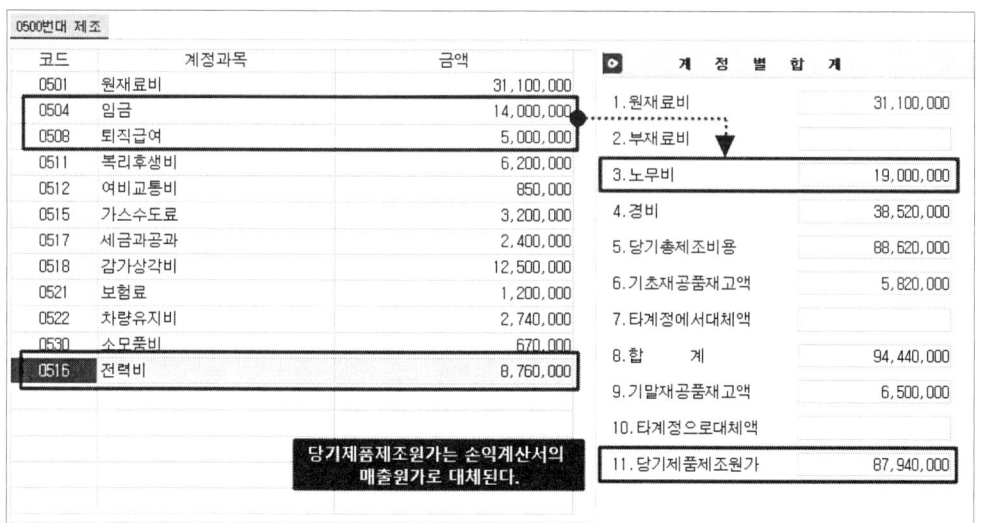

PART 4 회계정보시스템

⑥ 노무비란 임금, 급여, 퇴직급여 등의 인건비 계정의 합계액을 말한다. 누락사항이 있는지 확인한 누락 된 계정이 있다면, 조회 후 누락 된 내역을 입력한다.

⑦ 경비내역을 확인하여, 누락된 [516.전력비]를 추가로 등록한다.
⑦ 기초재공품은 자동으로 반영되지 않으므로 직접 입력한다.
⑧ 기말재공품재고액은 전기재무상태표에 입력된 자료가 자동으로 반영된다.

Chapter 1 회계관련 DB마스터 관리하기

3 전기분 손익계산서

전기분 손익계산서를 완성하기 위해서는 [전기분 재무상태표와 전기분원가명세서]가 먼저 작성돼 있어야 하며, 재고자산관련 자료가 손익계산서에 반영된다.

1 상품매출원가의 입력방법

① 계정과목 코드에 「원가」라고 입력하면 보조 창이 표시되며, 매출원가의 종류가 표시된다. 이 부분에서 [451.상품매출원가] 또는 [455.제품매출원가]를 선택한다.

② [451.상품매출원가] 또는 [455.제품매출원가]를 선택하면, 화면에 새로운 보조창이 열리면서 매출원가 계산과정이 표시된다. 이 분문에 [기초 상품재고액]과 [당기 상품매입액] 또는 [기초제품재고]액과 [당기제품제조원가]를 입력한다.

③ [기말상품재고액]과 [기말제품재고액]은 전기분 재무상태표에 이미 입력되어 있어, 자동으로 대체되어 표시된다.

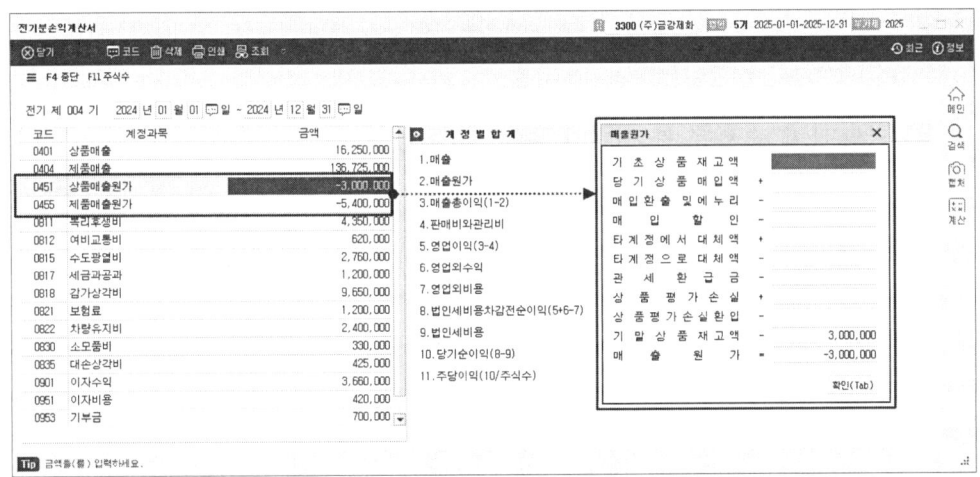

2 손익계산서 등록 시 유의사항

① 손익계산서는 일정기간의 영업성적을 표시하는 재무제표이다. 전년도에 개업을 한 기업이라면 개업일로부터 12월 31일까지를 기입하고, 계속기업이라면 전년도의 1월1일부터 12월 31일까지를 표시하는 방법으로 반드시 비교식으로 작성되어야 한다.

② 제조업의 손익계산서는 반드시 [제조원가명세서]가 작성되어 있어야 하며, 제조원가명세서의 「당기제품제조원가」가 제품매출원가 계산에 반영되어 있어야 한다.

② 손익계산서의 비용 중 (판매비와 관리비)계정은 800번대 계정코드를 선택하여 입력한다. 제조원가명세서의 경비관련 계정은 500번대 계정코드를 입력하므로 선택에 유의하여야 한다.

실무 예제 — 전기분 손익계산서 등록 및 수정

㈜금강제화(회사코드 : 3300)의 전기분 손익계산서의 내용이다. 전기분재무상태표와 전기분 원가명세서를 조회하여 누락되거나, 오류가 발생된 부분을 추가하시오.

손 익 계 산 서

㈜금강제화 제4기 2024.1.1.~2024.12.31. (단위 : 원)

과 목	금 액	
매 출 액		152,975,000
상 품 매 출 액	16,250,000	
제 품 매 출 액	136,725,000	
매 출 원 가		(97,740,000)
상 품 매 출 원 가	(12,000,000)	
기 초 상 품 재 고 액	2,400,000	
당 기 상 품 매 입 액	12,600,000	
기 말 상 품 재 고 액	3,000,000	
제 품 매 출 원 가	(?)	
기 초 제 품 재 고 액	3,200,000	
당 기 제 품 제 조 원 가	(?)	
기 말 제 품 재 고 액	5,400,000	
매 출 총 이 익		55,235,000
판 매 비 와 관 리 비		22,935,000
복 리 후 생 비	4,350,000	
수 도 광 열 비	2,760,000	
차 량 유 지 비	2,400,000	
세 금 과 공 과 금	1,200,000	
여 비 교 통 비	620,000	
대 손 상 각 비	425,000	
감 가 상 각 비	9,650,000	
소 모 품 비	330,000	
보 험 료	1,200,000	
영 업 이 익		32,300,000
영 업 외 수 익		3,660,000
이 자 수 익	3,660,000	
영 업 외 비 용		1,120,000
기 부 금	700,000	
이 자 비 용	420,000	
법 인 세 비 용 차 감 전 순 이 익		34,840,000
법 인 세 비 용		4,982,120
당 기 순 이 익		29,857,880

Chapter 1 회계관련 DB마스터 관리하기

예제해설 | 전기분 손익계산서의 등록 및 수정

1 전기분 손익계산서 조회

전기분 손익계산서를 조회하면 다음과 같은 화면이 표시된다.

2 매출원가의 입력방법

① 「**상품매출원가**」를 선택하여 손익계산서에 주어진 자료를 다음과 같이 입력한다.

② 「제품매출원가」를 선택한 후 전기원가명세서의 「당기제품제조원가」를 조회 후 「손익계산서」에 주어진 자료를 다음과 같이 입력한다.

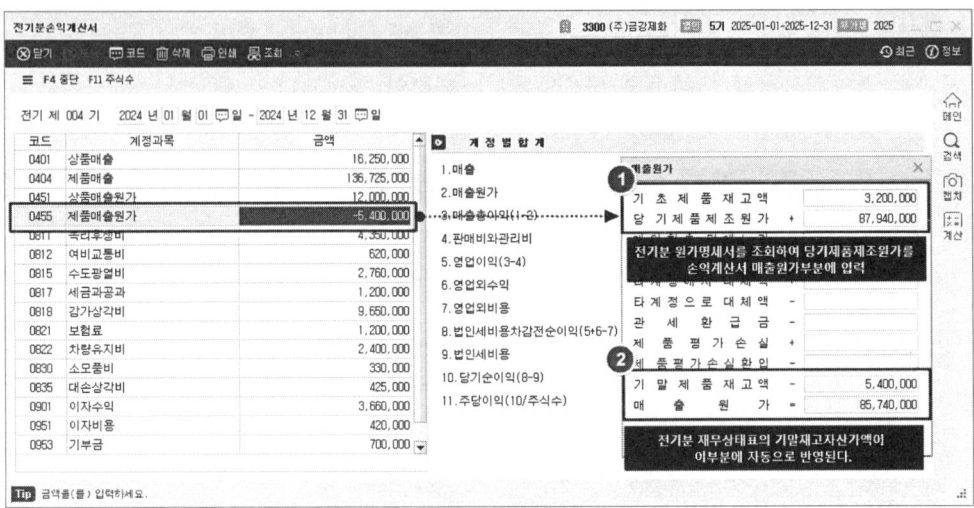

③ 영업부 또는 관리부의 비용은 800번대 비용을 선택하여 입력한다.
④ 본 문제의 법인세 비용을 조회하여 입력한 후 당기순이익 29,857,880원을 확인한다.
⑤ 자료 입력이 완료되면 다음과 같은 손익계산서가 출력된다.

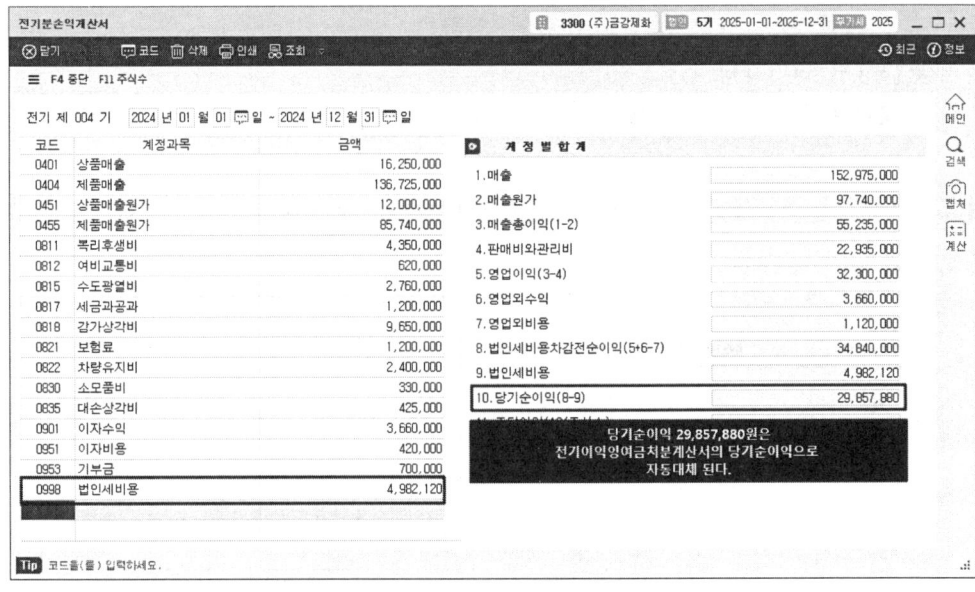

Chapter 1 회계관련 DB마스터 관리하기

4 전기분 잉여금처분계산서

법인은 당기순이익(손실)을 계상하면 전기에서 이월된 [전기이월이익잉여금]과 합산하여 [미처분이익잉여금]을 계상하게 된다. 이 미처분이익잉여금은 기업의 이사회에서 [처분안]이 결정되며, 2차적으로 이사회 결의 내용에 대한 주주 동의가 필요하므로, 주주총회의 결의를 거쳐 처분이 확정되는 것이다.

이익잉여금 처분 순서는 「이익준비금·기타법정적립금·배당금·임의적립금」의 순으로 「이익잉여금처분계산서」에 입력되는데 「전기이익잉여금처분계산서」는 전년도 결산 시 처분하였던, 이익잉여금에 대한 내역도 비교식으로 같이 작성된다.

실무 예제 — 전기분 이익잉여금처분계산서 등록

㈜금강제화(회사코드:3300)의 전기분잉여금처분계산서의 내용이다. 전기재무제표 메뉴를 조회하여 전기분잉여금처분계산서를 작성하시오.

이익잉여금처분계산서

(제4기) 2024.1.1~2024.12.31

㈜금강제화   처분확정일 2025년 3월 27일   (단위 : 원)

과 목	금	액
미처분이익잉여금		47,530,000
전기이월미처분이익잉여금	17,672,120	
회계변경누적효과	0	
전기오류수정손익	0	
당기순이익	29,857,880	
임의적립금이입액		0
별도적립금이입액	0	
합　　　　　　계		47,530,000
이익잉여금처분액		0
이익준비금	0	
기업합리화적립금	0	
배당금	0	
사업확장적립금	0	
감채적립금	0	
배당평균적립금	0	
별도적립금	0	
차기이월미처분이익잉여금		47,530,000

PART 4 회계정보시스템

 전기분 잉여금처분계산서등록

「전기분 잉여금처분계산서」를 조회하여 다음과 같이 입력한다.

① 처분 확정일자에 문제에 제시된 처분일자 2025년 3월 27일을 입력 한다. 처분확정일자를 모르는 경우, 사업연도 종료일로부터 3월이 되는 달의 마지막 일자로 입력한다.
   (상법에 의한 잉여금처분일자 의제)

③ 전기이월 미처분이익잉여금란에 17,672,120원을 반영되어 있는지 확인한다. 만약 반영되어 있지 않은 경우에는 해당액을 직접 입력한다.

④ 이 부분은 본래 자동으로 불러오기가 되지만, 본 문제에서는 당기순이익 29,857,880원을 직접 입력한다.

④ 「Ⅰ.미처분이익잉여금」의 합계금액 47,530,000원을 확인하여, **「전기재무상태표」**의 [이월이익잉여금]에 반영시킨다.(결산일 현재 재무상태표는 확정되지 않았기 때문에 전기잉여금처분계산서의 상단 합계액이 이월이익잉여금으로 대체되는 것이다)

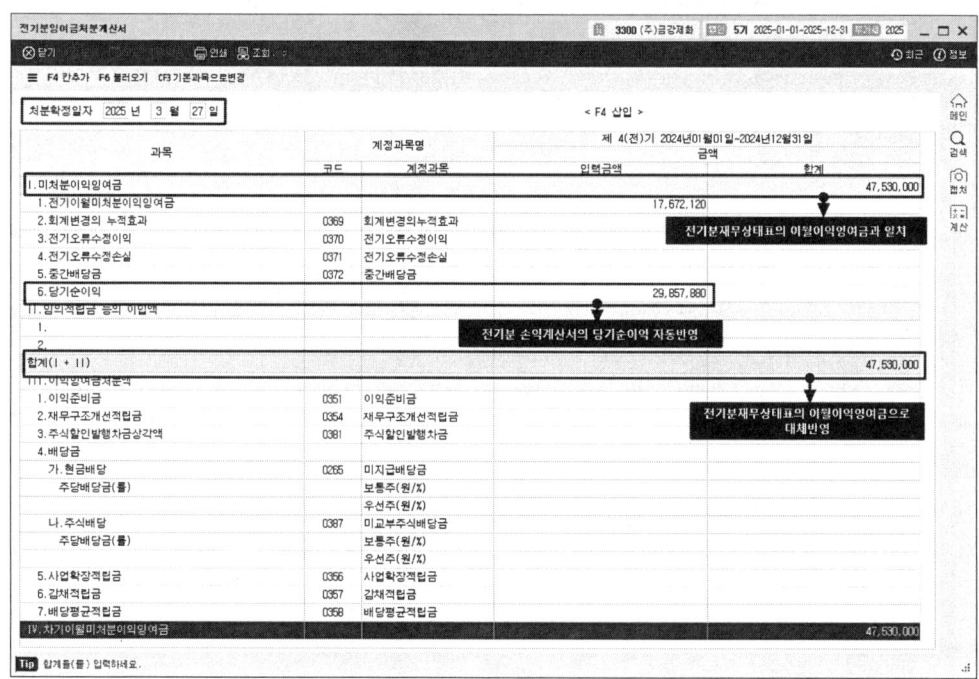

Chapter 1 회계관련 DB마스터 관리하기

5 거래처별 초기이월

채권 및 채무 등 거래처별로 관리가 필요한 항목에 대하여 거래처별 「**인명부**」, 즉 「**매출처원장**」 및 「**매입처원장**」과 같은 원장을 회계프로그램에서는 「**거래처원장**」으로 표현하고 있다.

[**거래처별 초기이월**]메뉴는 거래처원장에 채권·채무의 기초이월액을 원장에 「**전기이월**」로 표기하면서, 거래처별 전년도 데이터를 이월 받기 위한 메뉴이다. 즉, 거래처별 초기이월은 채권·채무에 대한 통제계정의 잔액을 거래처별로 분류하여 인명계정을 작성하는 보조원장이 된다.

■ 거래처별 초기이월 입력방법

① 화면상단의 F4(불러오기)를 클릭하여, 재무상태표의 자료를 조회하는 방법과 계정과목코드에서 해당 채권·채무계정을 직접 조회한 후 거래처를 입력하는 방법이 있다.
② 마우스를 이용해 외상매출금·외상매입금 등 채권·채무계정을 차례로 클릭하여 조회한 후 각 계정의 거래처 코드 란에 커서를 맞춘다. 반드시 [**도움**(F2)]버튼을 클릭하여 등록되어 있는 「**거래처등록**」 보조화면을 불러와서 작업한다. 해당 거래처를 선택한 후 기초금액을 입력한다.
③ 금액의 입력이 완료되면 반드시 엔터(Enter)키를 이용하여 커서가 마지막 빈칸으로 이동되어 있어야 자동으로 저장이 된다.
④ 거래처화면 하단의 차액이 「0」으로 표시된 것을 확인한다.

실무 예제 — 거래처별 초기이월

㈜금강제화(회사코드:3300)의 거래처별 초기이월 자료이다. 전기 재무상태표의 거래처별 초기 이월메뉴에 다음의 자료를 입력하시오.

외상매출금	㈜한성구두	2,520,000	외상매입금	동양가죽공업㈜	14,110,000
	㈜엘리트	7,365,000		평화왁스㈜	10,422,500
	㈜칠성제화	4,200,000		주안인조가죽㈜	11,067,500
받을어음	㈜로얄제화	3,915,000	지급어음	동양가죽공업㈜	3,200,000
	㈜한성구두	10,500,000		평화왁스㈜	16,750,000
	㈜칠성제화	2,500,000		주안인조가죽㈜	5,450,000
	명동제화	10,000,000	미지급금	브라더미싱	8,000,000
미수금	㈜로얄제화	1,600,000	단기차입금	우리은행(보통)	34,000,000
장기대여금	㈜한성구두	16,500,000			

PART 4 회계정보시스템

예제해설 — 거래처별 초기이월

■ 외상매출금계정 입력화면

코드	계정과목	재무상태표금액	코드	거래처	금액
0108	외상매출금	18,000,000	01101	(주)한성구두	2,520,000
			01102	(주)엘리트	7,365,000
			01103	(주)칠성제화	4,200,000
			01104	(주)로얄제화	3,915,000
				합 계	18,000,000
				차 액	0

(F2)계정과목 조회 : 외상매출금
반드시 차액이 "0"으로 표시되어야 함

■ 받을어음계정 입력화면

코드	계정과목	재무상태표금액	코드	거래처	금액
0108	외상매출금	18,000,000	01101	(주)한성구두	10,500,000
0110	받을어음	23,000,000	01103	(주)칠성제화	2,500,000
			01105	명동제화	10,000,000
				합 계	23,000,000
				차 액	0

■ 미수금계정 입력화면

코드	계정과목	재무상태표금액	코드	거래처	금액
0108	외상매출금	18,000,000	01101	(주)한성구두	1,600,000
0110	받을어음	23,000,000			
0120	미수금	1,600,000			
				합 계	1,600,000
				차 액	0

■ 장기대여금계정 입력화면

코드	계정과목	재무상태표금액	코드	거래처	금액
0108	외상매출금	18,000,000	01101	(주)한성구두	16,500,000
0110	받을어음	23,000,000			
0120	미수금	1,600,000			
0179	장기대여금	16,500,000			
				합 계	16,500,000
				차 액	0

■ 외상매입금계정 입력화면

코드	계정과목	재무상태표금액	코드	거래처	금액
0108	외상매출금	18,000,000	01106	동양가죽공업(주)	14,110,000
0110	받을어음	23,000,000	01107	평화왁스(주)	10,422,500
0120	미수금	1,600,000	01108	주안인조가죽(주)	11,067,500
0179	장기대여금	16,500,000			
0251	외상매입금	35,600,000			
				합 계	35,600,000
				차 액	0

Chapter 1 회계관련 DB마스터 관리하기

■ 지급어음계정 입력화면

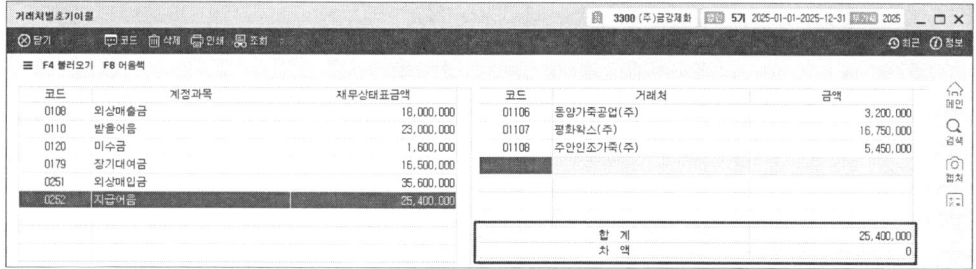

■ 미지급금계정 입력화면

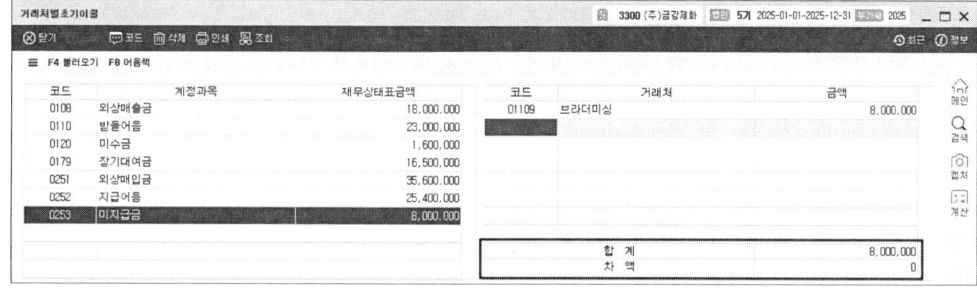

■ 단기차입금계정 입력화면

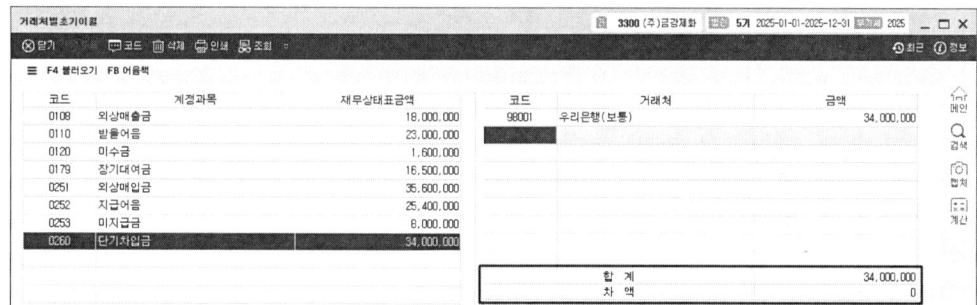

제 2 장
전표 관리

제1절 일반전표관리 :: NCS능력단위(0203020101_20v4.1)

[3300.㈜금강제화]자료가 없거나, 누락된 자료가 있는 경우
회사코드 <3500.㈜금강제화>로 실습하세요.

자료가 누락 없이 입력된 경우, 기존 〈3300.㈜금강제화〉에 그대로 입력하세요.

1 일반전표

[일반전표입력] 메뉴는 부가가치세 신고와 관련된 세금계산서 등 부가가치세와 관련이 없는 「입금표 · 간이영수증 등」을 수수하거나, 적격지출증빙을 갖추지 못한 거래를 입력하는 전표를 말한다. 일반전표입력 메뉴에서는 발생된 증빙을 보고 프로그램이 요구하는 형식에 맞춰 입력하며, 입력된 자료는 자동으로 정리, 분류되어 **「분개장 및 총계정원장」** 등의 메뉴에 반영된다.

일반전표화면 필드설명

필드항목	입력내용 및 입력방법
월/일	① 입력하고자 하는 전표의 해당 월 2자리 숫자를 직접 입력하거나, 열람 단추를 클릭하여 1월부터 12월 중 해당 월과 해당 일자를 선택한다. ② 해당 월이 선택되면 거래일자 2자리 숫자로 연속 입력한다.
현금잔액	현금잔액란에 표시된 금액은 전기분재무상태표의 현금으로 입력한 금액이며, 현금 계정과목의 입·출금에 따라 변경되며 버튼을 클릭하면 [현금출납장]이 조회된다.
번호	① 번호는 전표의 발행순서를 말한다. 전표번호는 각 일자별로 "00001"부터 자동 부여되며, 한번 부여 후 삭제된 번호는 다시 부여되지 않는다. 대체분개 입력 시는 차·대변 합계가 일치할 때까지 1개의 전표로 인식, 동일한 번호가 부여되며, 차·대변의 합계가 일치된 다음 입력되는 전표는 새로운 전표로 보아 다음 번호로 부여된다. ② 전표번호를 수정하고자 하는 경우는 "SF번호수정"을 클릭하여 번호를 수정한다.
구분	전표의 유형을 입력하는 부분으로 해당부분에 커서가 위치하면 화면의 좌측하단의 Tip.부분에 다음과 같은 도움메뉴가 출력된다. 1.출금 2.입금 3.차변 4.대변 5.결산차변 6.결산대변 ① 현금전표 - 출금전표 : 1, 입금전표 : 2 ② 대체전표 - 대체차변 : 3, 대체대변 : 4 ③ 결산전표 - 결산차변 : 5, 결산대변 : 6(결산 대체분개시만 선택 함)

계정과목	거래 자료의 계정과목을 입력하며 코드번호는 3자리 입력 또는 선택으로 이루어진다. 기존에 없는 새로운 계정과목이나 계정과목명 변경 시에는 [기초정보관리 ⇨ 계정과목 및 적요등록]메뉴에서 해당코드와 해당계정과목을 등록하여 사용한다.
	■ 계정코드를 모르는 경우 입력방법
	  ① 코드 란에 커서 위치 후 코드도움(F2)을 받아 원하는 계정과목 검색하여 입력
	  ② 코드 란에 커서 위치 후 계정과목 앞 두 글자를 입력하여 직접입력

거래처	채권 및 채무 관련계정 등의 거래처별 잔액 또는 거래내역을 관리하기 위해 거래처 코드를 입력하는 부분이다.(본래 실무에서는 모든 거래처의 입력을 원칙으로 한다.)
	■ 방법 1 : 거래처코드를 알고 있는 경우 입력방법 - 해당 거래처코드 직접입력
	■ 방법 2 : 거래처코드를 모르는 경우 입력방법
	  ① 코드 란에 커서를 위치 한 후 코드도움(F2)을 받아 원하는 거래처를 조회하는 방법
	  ② 코드 란에 커서를 위치하는 후 "+"버튼을 클릭하여 거래처를 조회하는 방법이며, 신규거래처의 경우도 같은 방법 사용

적요	① 적요는 숫자 0, 1~8번 중 선택, 입력 ② 0번을 선택한 후 새로운 적요를 직접입력
금액	금액 입력 시 키보드의 "+"키는 "000"을 의미한다. 그러므로 3,000,000원을 입력할 경우 ["3"+"+"+"]로 입력하면 금액이 반영된다.

PART 4 회계정보시스템

2 일반전표의 종류

(1) 일반전표의 종류

일반전표는 부가가치세와 관련이 없는 거래를 입력하는 전표로 일반적으로 3전표 제도로 불리기도 한다. 이러한 3전표에는 「출금전표·입금전표·대체전표」가 있으며 프로그램에서는 다음과 같이 표시하고 있다.

거래의 종류	전표의 선택	
출금거래 및 입금거래	1.출금	2.입금
대 체 거 래	3.차변	4.대변
결 산 전 표	5.결산차변	6.결산대변

(2) 일반전표의 입력방법

① [메인메뉴] ▷ [전표입력] ▷ [일반전표입력]을 순서대로 클릭한다.
② 일자를 특정 하는 경우 : 해당 월을 선택한 후 해당 날짜를 입력한다. 이렇게 일자를 특정하는 경우, 특정 일자로 계속하여 거래만 기표해야 한다. 실무적으로는 하루에 발생하는 거래가 많다. 그러므로 특정 일자를 지정하여 입력하는 방법을 사용하기도 한다.

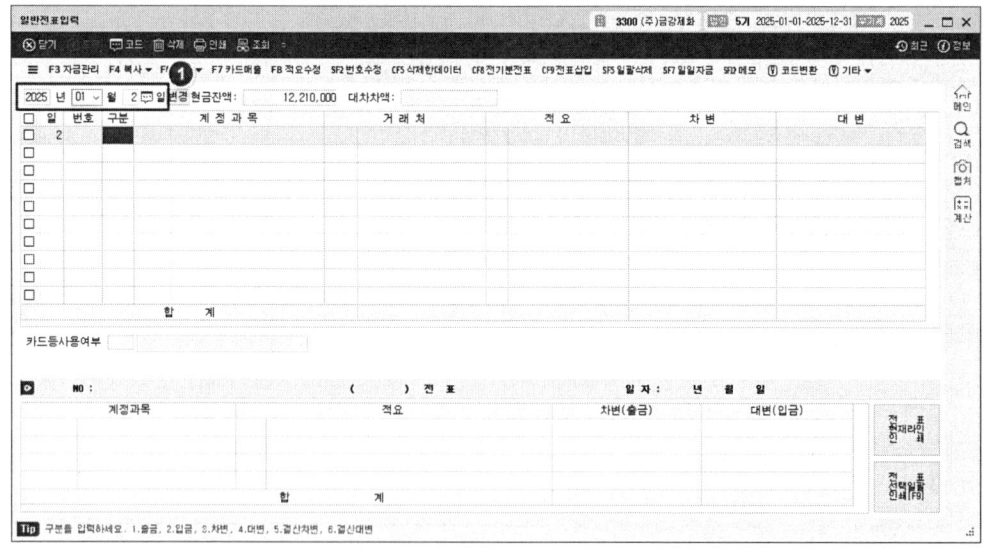

Chapter 2 전표관리

③ **특정 일자를 지정하지 않는 경우** : 「1월」 또는 「2월」 등 해당 월만 입력하고, 특정 일자를 지정하지 않는 방법이다. 해당 월만 입력한 후 날짜는 입력하지 않는다. Enter↵를 쳐서 커서를 이동시키면 일반전표에 해당 월의 모든 날짜순서에 관계없이 모두 입력하는 방법이다. [실무]에서는 거래가 빈번하게 발생하지 않는 경우 특정 일자를 지정하지 않는 방법을 선택하기도 한다.

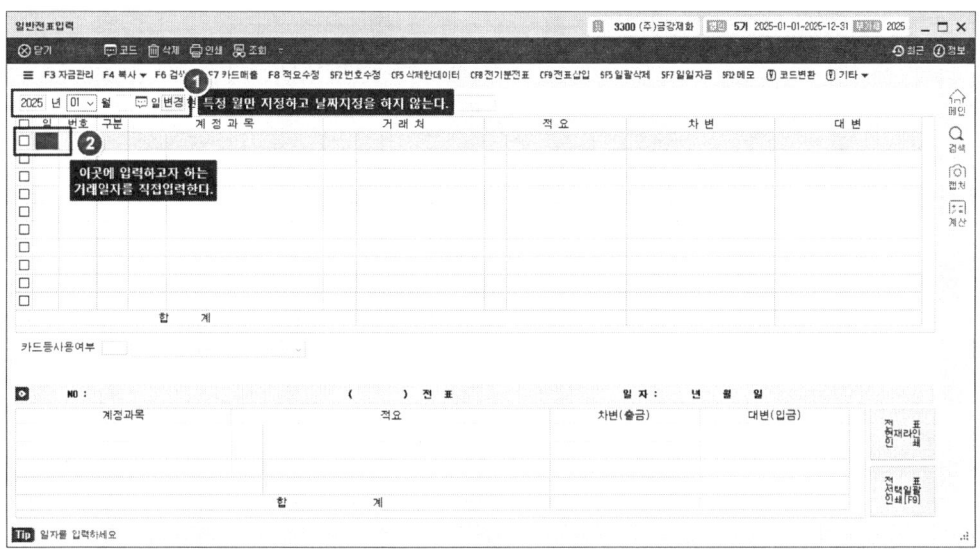

1 출금전표 입력방법

종이로 된 종이전표를 발행할 때 **[출금전표]**는 청색용지를 선택하여 발급하며, 현금이 지출된 경우 작성되는 전표이다.

분 개	(차변) 외상매입금 ××× (대변) 현 금 ×××
입력방법	① 거래일자를 선택한다. ② 전표구분을 "1"을 선택하면 「출금」 전표가 선택된다. ③ 계정과목코드에 현금의 상대과목을 한글 2글자로 입력한 후 조회되는 계정과목 중 가장 적당한 계정과목을 선택한다. ④ 계정과목이 채권 및 채무계정인 경우 거래처코드를 등록한다. 거래처코드에 "+"키를 선택하면 "00000"이 표시되는데, 거래처 상호를 입력하면 등록된 거래처는 코드번호를 표시해 주고, 등록되지 않은 거래처는 거래처등록의 메시지를 표시해준다. [수정(🖉)키를 이용하여 직접 등록할 수 있다.] ⑤ 적요는 등록된 번호 중 선택하거나 숫자 "0"을 선택하여 직접 입력할 수 있으며, 등록된 적요 내용을 수정하여 입력할 수 있다. ⑥ 출금전표에 해당하므로 금액은 분개 란의 차변에 입력한다.

2025 전산회계 1급 363

PART 4 회계정보시스템

일반 전표 — 일반전표 입력연습 (1) 출금전표

다음의 거래를 ㈜금강제화(회사코드:3300)의 일반전표에 입력하시오.

(1) 01월 02일 영업부 거래처의 사무실 이전에 선물할 선물용 난초를 현금으로 구입하고 수취한 영수증이다.

	영 수 증 (공급받는자용)		
NO.	㈜금강제화		귀하
공급자	사업자등록번호	121-90-12347	
	상 호	예쁜꽃집	성 명 이예쁜
	사업장소재지	경기도 광명시 가락골길 7 (노온사동)	
	업 태	도소매	종 목 꽃/화원
작성년월일	공급대가 총액		비고
2025.01.02.	50,000원		

공 급 내 역				
월	일	품 목	수량	단가	공급대가
01	02	난 화분	1	50,000	50,000원
합 계				50,000원

위 금액을 영수(청구) 함.

입력방법 — 일반전표 입력연습 해설

구분	계정과목	거래처	적요	차변	대변
1.출금	813 기업업무추진비(판)	예쁜꽃집	일반 국내접대비	50,000원	(현금)
분개	(차) 기업업무추진비(판)	50,000원	(대) 현 금		50,000원

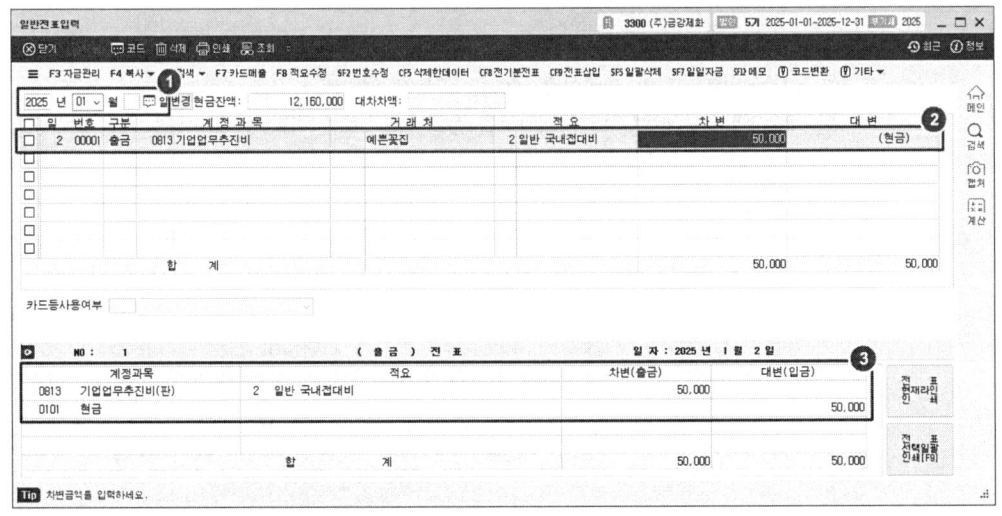

Chapter 2 전표관리

2 입금전표 입력방법

실무에서 입금전표는 적색으로 발급하며, 현금이 입금(수입)된 경우 작성되는 전표이다.

분개	(차변) 현　　　금　×××　(대변) 외상매출금　×××
입력방법	① 거래일자를 선택한다. ② 전표구분을 "2"을 선택하면 「입금」전표가 출력된다. ③ 계정과목코드에 현금의 상대과목을 한글 2글자로 입력한 후 조회되는 계정과목 중 가장 적당한 계정과목을 선택한다. ④ 계정과목이 채권 및 채무계정인 경우 거래처코드를 등록한다. 거래처코드란에 "+" 키를 선택하면 "00000"이 표시되는데, 거래처 상호를 입력하면 등록된 거래처는 코드번호를 표시해 주고, 등록되지 않은 거래처는 거래처등록의 메시지를 표시해준다. [수정(⬜)키를 이용하여 직접 등록할 수 있다.] ⑤ 적요는 등록된 번호 중 선택하거나 "0"을 선택하여 직접 입력할 수 있으며, 등록된 적요내용을 수정하여 입력할 수 있다. ⑥ 입금전표에 해당하므로 금액은 분개 란의 대변에 입력한다.

일반 전표　일반전표 입력연습 (2) 입금전표

(2) 01월 03일 ㈜한성구두의 외상매출금 중 500,000원을 현금으로 회수하다.

입력방법　일반전표 입력연습 해설

구분	계정과목	거래처	적요	차변	대변
2.입금	108 외　상　매　출　금	1101 ㈜한성구두	1 외상매출금현금회수	500,000원	(현금)
분개	(차) 현　　　　　금	500,000원	(대) 외　상　매　출　금		500,000원

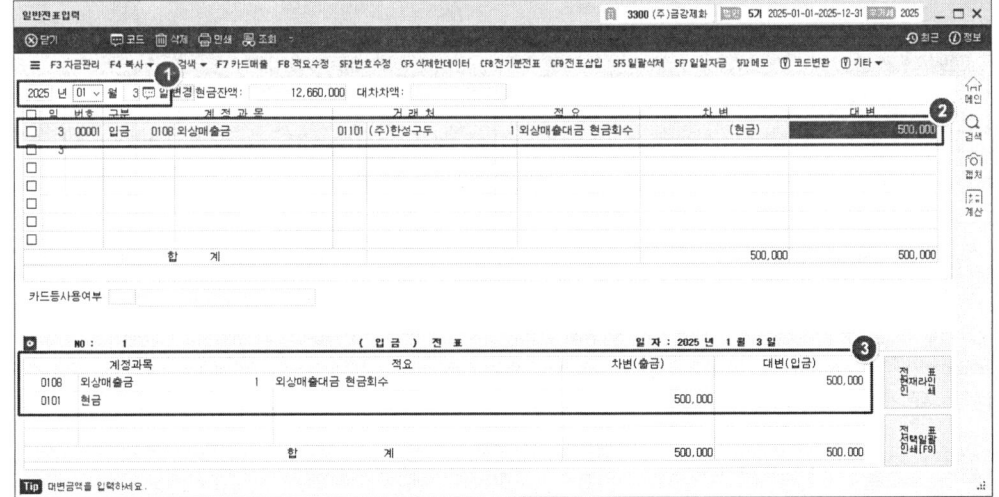

3 대체전표 입력방법

실무에서 대체전표는 검정색 전표로 인쇄되어 있으며, 분개전표라고도 한다. 현금거래가 없거나 현금거래가 포함된 혼합거래를 입력하는 전표이다.

분 개	(차변) 상 품 ××× (대변) 외상매입금 ×××
입력방법	① 거래일자를 선택한다. ② 전표구분을 "3"을 선택하면 「차변」 전표가 출력된다. 대체전표는 일반적으로 분개전표라고 하여, 분개를 그대로 옮겨 적는다. 그러므로 차변계정과목은 그대로 차변에 입력하는 것이다. ③ 전표구분을 "4"를 선택하면 「대변」 전표가 출력된다. 분개의 대변과목을 선택하여 입력한다. ④ 분개의 해당금액을 입력한다.

일반 전표 — 일반전표 입력연습 (3) 대체전표

(3) 01월 04일 평화왁스㈜의 외상매입금 중 3,000,000원을 지급하기 위하여 우리은행 당좌예금을 수표를 발행하여 지급하다.

입력방법 — 일반전표 입력연습 해설

구분	계정과목		거래처		적요		차변	대변
3.차변	251	외 상 매 입 금	1107	평화왁스㈜	1	외상매입금수표발행	3,000,000원	
4.대변	103	당 좌 예 금	98002	우리은행(당좌)	6	당좌수표 발행지급		3,000,000원
분개	(차) 외 상 매 입 금		3,000,000원		(대) 당 좌 예 금			3,000,000

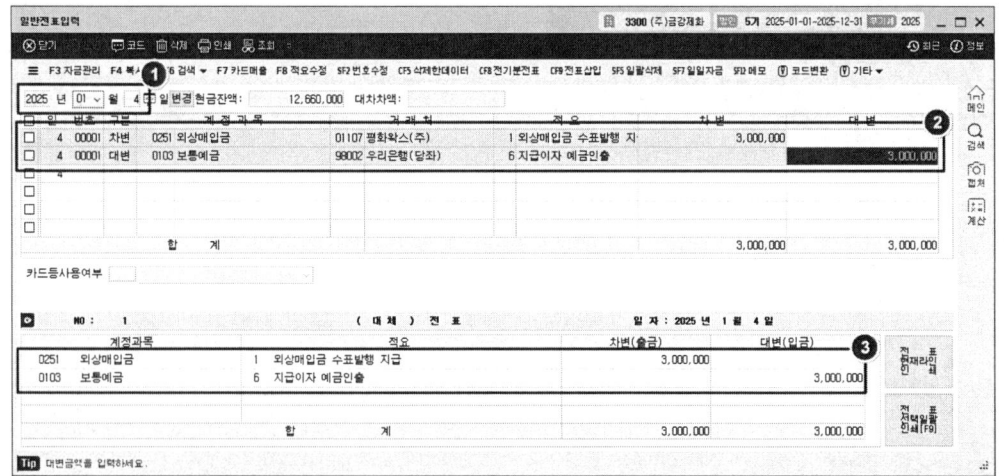

4 신규 거래처가 있는 경우 전표 입력방법

거래를 입력하면서 **새로운 거래처**를 등록해야 하는 경우가 있다. 이런 경우에는 기초정보관리의 「**거래처 등록메뉴**」를 사용해 새로운 거래처를 등록할 수 있으며, 거래를 전표에 입력하면서 「**직접 거래처**」 등록을 하는 방법이 있다. 거래처 코드에서 「+」 부호를 사용하여 새로운 거래처를 등록할 수 있다. 「**매입·매출**」 전표에서 [**신규 등록**]하는 방법도 똑같은 방법에 의한다.

■ 거래처등록메뉴를 이용하는 방법

① [**기초정보등록**] ➪ [**거래처등록**] 선택한다.
② [**신규 거래처**]**코드 부여** ➪ 별도로 선택하지 않으면 자동적으로 부여된다.
③ 거래처로부터 받은 사업자등록증 사본 및 발급받은 세금계산서의 [**거래처**] 내역을 등록한다.

■ 전표의 거래처 코드를 사용하는 방법

① 해당 거래일자 입력
② 채권 및 채무에 관한 분개 계정과목 입력
③ 거래처 코드에서 「+」 부호를 입력하면 코드에 「00000」으로 표시되는데 직접 등록하고자 하는 거래처를 입력하고 Enter⏎치면 다음과 같은 거래처 등록메뉴가 표시 되며, 수정사항이 있는 경우 수정버튼을 눌러 나머지 정보를 입력하여 등록한다.

PART 4 회계정보시스템

일반 전표 | 일반전표 입력연습 (4) - 신규거래처 등록

(4) 01월 05일 제조하고 있는 제품의 발 건강용 구두 소재를 신발연구업체 ㈜신소재에 주문하고 계약금 500,000원을 우리은행 보통예금에서 계좌이체 하였다.
〈㈜신소재를 신규거래처에 1110번으로 등록하시오.〉

입력방법 | 일반전표 입력연습 해설

구분	계정과목		거래처		적요	차변	대변
3.차변	131	선　　급　　금	1110	㈜신소재		500,000원	
4.대변	103	보　　통　　예　　금	98001	우리은행(보통)			500,000원
분개	(차) 선　　급　　금		500,000원	(대) 보　　통　　예　　금			500,000원

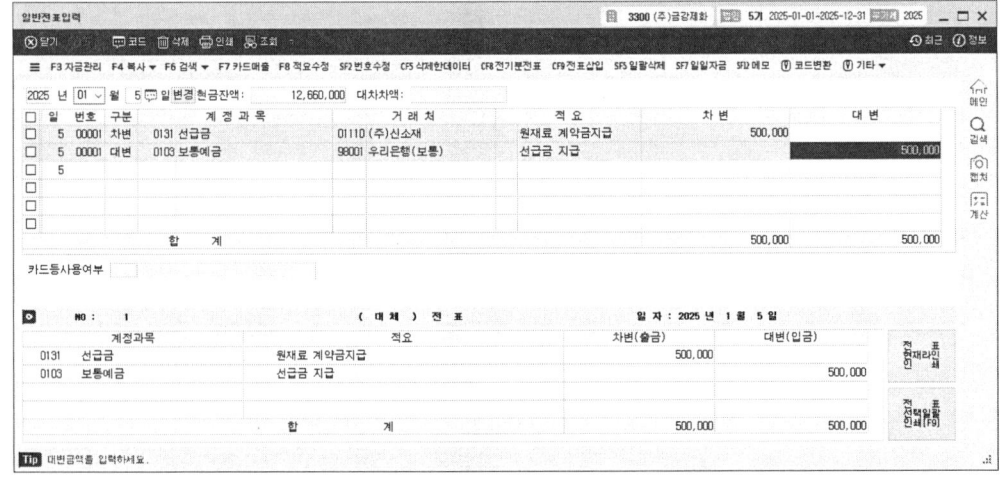

Chapter 2 전표관리

일반 전표   일반전표 종합연습 [㈜금강제화(회사코드 : 3300)]

입력시 유의사항
- 일반적인 적요의 입력은 생략하지만, 타계정 대체거래는 적요번호를 선택하여 입력한다.
- 채권·채무와 관련된 거래는 별도의 요구가 없는 한 반드시 기 등록되어 있는 거래처코드를 선택하는 방법으로 거래처명을 입력한다.
- 제조경비는 500번대 계정코드를, 판매비와관리비는 800번대 계정코드를 사용한다.
- 회계처리시 계정과목은 별도제시가 없는 한 등록되어 있는 계정과목 중 가장 적절한 과목으로 한다.

[1월 거래]

(1) 01월 10일 본사 창고에서 화재가 발생하여 창고에 보관하고 있던 제품 중 일부인 15,000,000원(장부가액)이 화재로 소실되었다. 당사는 이와 관련한 보험에 가입되어 있지 않다.

(2) 01월 15일 공장에서 원재료 운반에 사용하는 화물트럭의 자동차세 120,000원을 우리은행의 보통예금에서 납부하였다.

(3) 01월 20일 동양가죽공업㈜의 외상매입금 900,000원을 상환청구를 받고, 당점발행의 약속어음(발행일로부터 90일 만기)을 발행하여 지급하였다.

(4) 01월 26일 전 직원(관리직 30명, 생산직 70명)에 대한 독감예방접종을 세명병원에서 실시하고, 접종비용 5,000,000원을 회사의 사업용카드인 비자카드로 결제하였다.(미지급금으로 회계처리할 것)

[1월 거래의 입력]

(1)	01월 10일					
구분	계정과목		거래처	적요	차변	대변
3.차변	961	재 해 손 실			15,000,000원	
4.대변	150	제 품		8 타계정으로 대체		15,000,000원

(2)	01월 15일					
구분	계정과목		거래처	적요	차변	대변
3.차변	817	세 금 과 공 과 (판)			120,000원	
4.대변	103	보 통 예 금	우리은행(보통)			120,000원

(3)	01월 20일					
구분	계정과목		거래처	적요	차변	대변
3.차변	251	외 상 매 입 금	동양가죽공업㈜		900,000원	
4.대변	252	지 급 어 음	동양가죽공업㈜			900,000원

2025 전산회계 1급

PART 4 회계정보시스템

(4)	01월 26일					
구분	계정과목		거래처	적요	차변	대변
3.차변	811	복 리 후 생 비(판)			1,500,000원	
3.차변	511	복 리 후 생 비(제)			3,500,000원	
4.대변	253	미 지 급 금	비자카드			5,000,000원

[2월 거래]

(1) 02월 04일 거래처 평화왁스㈜에 제품 광택용 왁스(구두약) 5,000,000원을 주문하고 계약금으로 주문대금의 10%를 현금으로 지급하다.

(2) 02월 08일 본사 신축을 위하여 ㈜광장건설 소유의 토지(150㎡)를 15,000,000원에 구입하고, 대금 중 2,500,000원은 현금 결재하고, 영수증을 수취하였다. 그리고 잔액은 등기가 완료되면 지급하기로 하였다.

(3) 02월 10일 해외거래처인 중국의 대박상사에서 상품(완제품) 10,000,000원을 수입하기로 계약을 맺고, 계약금으로 1,000,000원을 우리은행 보통예금계좌에서 상하이지점을 통해 송금하였다.

(4) 02월 13일 ㈜칠성제화에서 수취한 약속어음 중 2,500,000원을 자금의 확보를 위하여 우리은행에서 할인하고, 만기일까지의 할인료 150,000원을 공제한 잔액은 우리은행의 보통예금에 입금하였다.(어음 할인은 매각거래로 인식할 것)

(5) 02월 15일 매입처 주안인조가죽㈜로부터 외상매입금의 상환을 청구 받고 만기 5개월 후 지급의 약속어음 4,000,000원을 발행하여 지급하였다.

(6) 02월 18일 연말정산을 위한 관리직 사원들의 근로소득세 원천징수와 관련된 교육을 실시하였다. 그리고 초청 강사에게 강사료 600,000원에 대한 원천세 19,800원을 공제한 후 우리은행의 보통예금에서 계좌이체하였다.(계정과목 중 적절한 과목을 선택할 것)

(7) 02월 20일 여유자금을 이용하여 ㈜성공이 발행한 주식 500주(1주당 액면 @₩5,000)를 1주당 7,500원에 구입하고, 대금은 증권수수료 150,000원과 함께 현금으로 지급하였다. (수수료는 영업외비용으로 처리할 것)

(8) 02월 24일 인천세관으로부터 수입한 원재료에 대한 통관비용 200,000원을 현금으로 지급하다.(원재료의 취득원가에 포함한다)

(9) 02월 25일 이달분 영업부 건물에 대한 전기요금 및 수도요금 180,000원이 우리은행 보통예금에서 자동이체 되었음을 확인하였다.

(10) 02월 28일 사업과 관련한 2025년분 면허세 200,000원을 관할 구청에서 고지서를 발급받고 현금으로 납부하였다.

[2월 거래의 입력]

(1)	02월 04일					
구분		계정과목	거래처	적요	차변	대변
3.차변	131	선　　급　　금	평화왁스㈜		500,000원	
4.대변	101	현　　　　　금				500,000원

(2)	02월 08일					
구분		계정과목	거래처	적요	차변	대변
3.차변	201	토　　　　　지			15,000,000원	
4.대변	101	현　　　　　금				2,500,000원
4.대변	253	미　 지　 급　 금	㈜광장건설			12,500,000원

(3)	02월 10일					
구분		계정과목	거래처	적요	차변	대변
3.차변	131	선　　급　　금	대박상사(중국)		1,000,000원	
4.대변	103	보　 통　 예　 금	우리은행(보통)			1,000,000원

(4)	02월 13일					
구분		계정과목	거래처	적요	차변	대변
3.차변	103	보　 통　 예　 금	우리은행(보통)		2,350,000원	
3.차변	956	매 출 채 권 처 분 손 실			150,000원	
4.대변	110	받　 을　 어　 음	㈜칠성제화			2,500,000원

(5)	02월 15일					
구분		계정과목	거래처	적요	차변	대변
3.차변	251	외　 상　 매　 입　 금	주안인조가죽㈜		4,000,000원	
4.대변	252	지　 급　 어　 음	주안인조가죽㈜			4,000,000원

(6)	02월 18일					
구분		계정과목	거래처	적요	차변	대변
3.차변	825	교 육 훈 련 비(판)			600,000원	
4.대변	254	예　　수　　금				19,800원
4.대변	103	보　 통　 예　 금	우리은행(보통)			580,200원

(7)	02월 20일					
구분		계정과목	거래처	적요	차변	대변
3.차변	107	단 기 매 매 증 권			3,750,000원	
3.차변	984	수 수 료 비 용			150,000원	
4.대변	101	현 금				3,900,000원

(8)	02월 24일					
구분		계정과목	거래처	적요	차변	대변
3.차변	153	원 재 료			200,000원	
4.대변	101	현 금				200,000원

(9)	02월 25일					
구분		계정과목	거래처	적요	차변	대변
3.차변	815	수 도 광 열 비(판)			180,000원	
4.대변	103	보 통 예 금	우리은행(보통)			180,000원

(10)	02월 28일					
구분		계정과목	거래처	적요	차변	대변
3.차변	817	세 금 과 공 과(판)			200,000원	
4.대변	101	현 금				200,000원

[3월 거래]

(1) 03월 05일 동양신발㈜에서 신사구두 100켤레를 주문 받았으며, 계약금 500,000원이 당사의 우리은행 보통예금계좌로 입금되었다.

(2) 03월 08일 생산부 직원들의 사기진작을 위하여 직원 야유회를 실시하였으며, 야유회가 끝나고 야유회장 근처의 수성가든에서 회식을 한 후 회식비 700,000원을 현금으로 결제하고 다음과 같은 영수증을 수취 하였다.

(3) 03월 12일 본사 건물의 엘리베이터 고장으로 A/S업체인 현대정공㈜에 A/S를 의뢰하고 A/S기사의 출장비 및 엘리베이터 부품비 320,000원을 현금으로 지급하였다.(A/S비용은 단순 유지보수비용이며, 부가가치세는 고려하지 않는다.)

(4) 03월 15일 인천세관에 원재료 수입과 관련한 관세 3,000,000원과 교육세, 교통세, 농어촌특별세 등 200,000원을 현금으로 지출하였다.(관세 등은 원재료의 취득원가에 포함한다)

(5) 03월 19일 2월 20일에 일시적인 목적으로 매입한 ㈜성공의 주식가치가 상승하여 보유 주식 중 300주를 1주당 8,500원에 처분하고, 증권수수료 50,000원을 공제한 잔액은 모두 현금으로 받았다.

(6) 03월 25일 3월분 월급을 다음과 같이 계산하여 우리은행의 보통예금에서 종업원의 급여계좌로 이체하였다.

소속	총급여액	원천징수			차감지급액
		소득세	지방소득세	건강보험료	
생산직(임금)	3,500,000	120,000	12,000	150,000	3,218,000
사무직(급여)	2,700,000	95,000	9,500	120,000	2,475,500
계	6,200,000	215,000	21,500	270,000	5,693,500

(7) 03월 27일 회사는 주주총회를 개최하여 이사회에서 의결된 다음의 내용에 대하여 처분을 결의하였다. 잉여금처분에 대한 회계처리를 하고, 전기분 잉여금처분계산서를 작성하시오.(처분일자에 주의하시오)

  ⑴ 이익준비금 : 상법에 정한 최저액(금전배당액의 10%)
  ⑵ 현금배당금 : 15,000,000원
  ⑶ 주식배당금 : 5,000,000원
  ⑷ 사업확장적립금 : 10,000,000원

[3월 거래의 입력]

(1)	03월 05일				
구분		계정과목	거래처	적요	차변	대변
3.차변	103	보　통　예　금	우리은행(보통)		500,00원	
4.대변	259	선　　수　　금	동양신발㈜			500,000원

(2)	03월 08일				
구분		계정과목	거래처	적요	차변	대변
3.차변	511	복 리 후 생 비(제)			700,000원	
4.대변	101	현　　　　　금				700,000원

(3)	03월 12일				
구분		계정과목	거래처	적요	차변	대변
3.차변	820	수　선　비(판)	현대정공㈜		320,000원	
4.대변	101	현　　　　　금				320,000원

(4)	03월 15일				
구분		계정과목	거래처	적요	차변	대변
3.차변	153	원　　재　　료			3,200,000원	
4.대변	101	현　　　　　금				3,200,000원

(5)	03월 19일				
구분		계정과목	거래처	적요	차변	대변
3.차변	101	현　　　　　금			2,500,000원	
4.대변	107	단 기 매 매 증 권				2,250,000원
4.대변	906	단기매매증권처분이익				250,000원

※ 장부가액 300주 × 7,500원 = 2,250,000원
※ 공정가액 300주 × 8,500원 = 2,550,000원
※ 처분대가 2,550,000원-처분수수료 50,000원=2,500,000원

(6)	03월 25일				
구분		계정과목	거래처	적요	차변	대변
3.차변	504	임　　　　　금			3,500,000원	
3.차변	801	급　　　　　여			2,700,000원	
4.대변	254	예　　수　　금				506,500원
4.대변	103	보　통　예　금	우리은행(보통)			5,693,500원

(7)	03월 27일				
구분		계정과목	거래처	적요	차변	대변
3.차변	375	이 월 이 익 잉 여 금			31,500,000원	
4.대변	351	이　익　준　비　금				1,500,000원
4.대변	265	미 지 급 배 당 금				15,000,000원
4.대변	387	미 교 부 주 식 배 당 금				5,000,000원
4.대변	356	사 업 확 장 적 립 금				10,000,000원

Chapter 2 전표관리

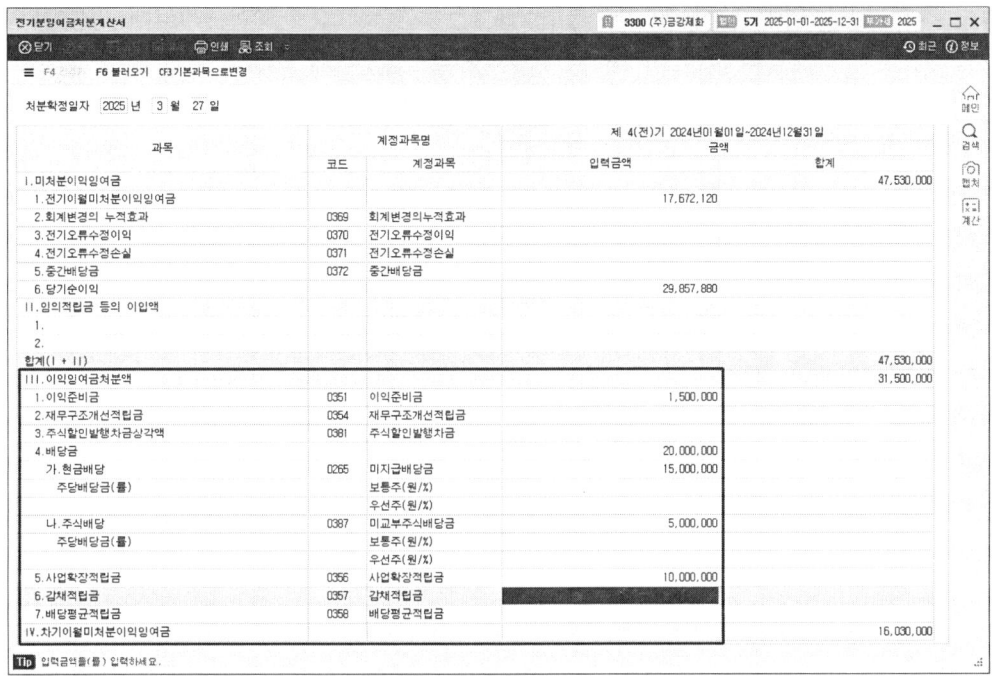

[4월 거래]

(1) 04월 02일 제조부에서 사용할 목적으로 성일안전사로부터 작업안전모 10개(단가 25,000원)를 구입하고 대금 250,000원(공급대가)은 현금으로 지급하고 간이영수증을 발급받았다.(소모품비로 처리하시오)

(2) 04월 05일 영업부 출장사원으로부터 다음과 같은 출장보고를 받고 출장비 전액을 현금으로 지급하였다.(2025년 4월 중 거래로 하나의 전표로 입력하시오)

일자	교통비	숙박비	거래처 선물비	식대	계
4월 1일	65,000	50,000	-	18,000	133,000
4월 2일	20,000	50,000	200,000	18,000	288,000
계	85,000	100,000	200,000	36,000	421,000

PART 4 회계정보시스템

(3) 04월 09일 영업부 승용차(1500cc)의 타이어를 한국타이어 구로대리점에서 교체하고 대금은 비자카드로 결제하였다.

```
          신용카드매출전표
카 드 종 류 :  비자카드
회 원 번 호 :  5363-2000-****-1897
회   원   명 :  ㈜금강제화
거 래 일 시 :  2025.4.9.   13:12:00
거 래 유 형 :  신용승인
매        출 :           420,000원
부  가  세 :            42,000원
합        계 :           462,000원
결 제 방 법 :  일시불
승 인 번 호 :  93829454

가 맹 점 명 :  한국타이어 구로대리점
              - 이 하 생 략 -
```

(4) 04월 10일 3월분 원천징수세액과 건강보험료를 회사부담분과 함께 보통예금으로 이체납부하였다.(건강보험료는 회사와 본인이 각각 50%를 부담한다.)

(5) 04월 13일 우리은행에서 20,000,000원(연 5%, 매월 15일 이자지급 조건)을 차입하고, 보통예금 계좌로 입금되었다. 거래처는 우리은행(보통)을 선택하며, 차입금의 만기는 2026년 4월 13일이다.

(6) 04월 17일 제품 제조용 원재료 50,000원을 사무실 비품의 수리용으로 사용하였다.
(수익적 지출로 처리하며, 반드시 적요변경 8.타계정대체액으로 처리하시오.)

[4월 거래의 입력]

(1)	04월 02일					
구분		계정과목	거래처	적요	차변	대변
3.차변	530	소 모 품 비			250,000원	
4.대변	101	현 금				250,000원

(2)	04월 05일					
구분		계정과목	거래처	적요	차변	대변
3.차변	812	여 비 교 통 비(판)			221,000원	
3.차변	813	기 업 업 무 추 진 비(판)			200,000원	
4.대변	101	현 금				421,000원

Chapter 2 전표관리

(3)	04월 09일				
구분	계정과목		거래처	적요	차변	대변
3.차변	822	차 량 운 반 비(판)			462,000원	
4.대변	253	미 지 급 금	비자카드			462,000원

(4)	04월 10일				
구분	계정과목		거래처	적요	차변	대변
3.차변	254	예 수 금			506,500원	
3.차변	511	복 리 후 생 비			150,000원	
3.차변	811	복 리 후 생 비			120,000원	
4.대변	103	보 통 예 금	우리은행(보통)			776,500원

(5)	04월 13일				
구분	계정과목		거래처	적요	차변	대변
3.차변	103	보 통 예 금	우리은행(보통)		20,000,000원	
4.대변	260	단 기 차 입 금	우리은행(보통)			20,000,000원

(6)	04월 17일				
구분	계정과목		거래처	적요	차변	대변
3.차변	520	수 선 비(제)			50,000원	
4.대변	153	원 재 료		8 타계정대체액		50,000원

[5월 거래]

(1) 05월 02일 영업부의 업무용 차량에 대한 교통법규 위반 과태료를 아래의 고지서로 현금 납부하였다.(세금과공과로 처리할 것)

부과 내역	■ 납입고지서 및 영수증(납부자용)			
단속일시 : 2025.4.25. 단속지역 : 부평역 단속장소 : 부평동 3-2	납부번호	560-00-06-62-288-139-2025-04-25		
	납부자	㈜금강제화	실명번호	
	주소	인천광역시 계양구 경명대로 1051		
산출 근거	세목	납기 내 2025. 5.31.	납기 후 2025.6.31	
	과태료	50,000원	60,000원	
	위 금액을 한국은행 국고(수납) 대리점인 은행 또는 우체국, 신용협동조합, 새마을금고, 상호저축은행에 납부하시기 바랍니다. 부평경찰서 (인)		위 금액을 정히 영수합니다. 2025년 5월 02일 수납인	

(2) 05월 09일 가정의 달을 맞이하여 당사에서 제조한 제품(원가 1,500,000원, 시가 1,800,000원)을 인천소재 무료양로원에 기증하였다.(특수 관계가 없는 일반기부금은 원가와 시가 중 적은금액으로 한다)

(3) 05월 11일 생산부소속의 제품 운반용 트럭에 대하여 자동차보험(삼성화재보험㈜)에 가입하고, 차량의 1년분 보험료 1,200,000원을 신용카드로(우리카드) 결제하였다. 비용처리법에 의할 것.(보험 계약기간 2025.5.11.~2026.5.11.까지)

(4) 05월 12일 회사는 임직원들에게 회사의 성과가 일정수준이상의 목표를 달성하면 스톡옵션을 주기로 하였다. 이에 대비하여 회사는 자기주식 1,000주(1주 액면 5,000원)를 1주당 5,200원에 매입하고 대금은 보통예금으로 지급하였다.

(5) 05월 15일 우리은행에서 차입한 단기차입금 이자 85,000원이 오늘 보통예금에서 자동으로 출금된 사실을 확인하였다.

(6) 05월 21일 ㈜한성구두에 대여한 장기대여금 중 500,000원이 회수불능액으로 판명되어 오늘 대손처리하였다. 별도의 대손충당금은 설정되어 있지 않다.

(7) 05월 31일 당사는 상품의 판매를 촉진시킬 목적으로 상품권을 발행하기로 하였다. 당해 연도 목표 판매량은 10,000매이며, 당일 상품권 100매(액면 @₩100,000원)를 발행하였다. 당사는 상품권의 할인발행은 하지 않으며, 판매대금은 전액 현금으로 받았다.(상품권선수금계정을 사용하기로 하였으면, [계정코드.274]번에 등록하여 입력하시오.)

[5월 거래의 입력]

(1)	05월 01일					
구분		계정과목	거래처	적요	차변	대변
3.차변	817	세 금 과 공 과(판)			50,000원	
4.대변	101	현 금				50,000원

(2)	05월 09일					
구분		계정과목	거래처	적요	차변	대변
3.차변	953	기 부 금			1,500,000원	
4.대변	150	제 품		8 타계정으로 대체		1,500,000원

(3)	05월 11일					
구분		계정과목	거래처	적요	차변	대변
3.차변	521	보 험 료(제)	삼성화재보험㈜		1,200,000원	
4.대변	253	미 지 급 금	우리카드			1,200,000원

Chapter 2 전표관리

(4)	05월 12일					
구분	계정과목		거래처	적요	차변	대변
3.차변	383	자 기 주 식			5,200,000원	
4.대변	103	보 통 예 금	우리은행(보통)			5,200,000원

※ 취득원가 : 1,000주 × 5,200원 = 5,200,000원

(5)	05월 15일					
구분	계정과목		거래처	적요	차변	대변
3.차변	951	이 자 비 용			85,000원	
4.대변	103	보 통 예 금	우리은행(보통)			85,000원

(6)	05월 21일					
구분	계정과목		거래처	적요	차변	대변
3.차변	954	기 타 의 대 손 상 각 비			500,000원	
4.대변	179	장 기 대 여 금	㈜한성구두			500,000원

(7)	05월 31일					
구분	계정과목		거래처	적요	차변	대변
3.차변	101	현 금			10,000,000원	
4.대변	274	상 품 권 선 수 금				10,000,000원

※ 발행수량 100매 × 10,000원 = 10,000,000원
※ 계정과목 및 적요등록 ➡ 계정체계 : 유동부채 ➡ 코드/계정과목 ➡ 사용설정계정과목 : 274.상품권선수금

[6월 거래]

(1) 06월 02일 ㈜부흥상사에 사무실을 임대하고 임대보증금 50,000,000원 중 계약금으로 5,000,000원을 현금으로 받고, 잔액은 입주하는 날짜에 받기로 하였다.(부채계정 중 가장 적당한 계정을 선택할 것)

(2) 06월 08일 장기투자를 목적으로 ㈜서울에서 발행한 사채(액면 25,000,000원)를 취득하고 대가 24,000,000원을 수표를 발행하여 지급하였다. <u>해당채권은 만기에 일시에 상환을 목적으로 취득하였으며</u>, 또한 채권을 취득하는 과정에서 발생한 거래수수료 250,000원은 현금으로 지급하였다.

(3) 06월 10일 거래처(매출처)사장님의 부고를 전해 받고 조의금 100,000원을 현금으로 부조하였다.(위 조의금에 대하여 후일 부고(訃告)장을 첨부하여 영수 처리하였다.)

(4) 06월 16일 부산 출장 중 업무용 승용차(영업부용)의 고장으로 영업사원이 대신 지급한 차량정비대금 230,000원을 현금으로 지급하다. 차량수리비는 출장비와 구분하여 처리할 것.(차량의 수리비는 출장비와는 별개의 거래로 인식한다. 차량유지비로 처리할 것)

(5) 06월 20일 한국서점에서 법인세신고용 참고도서를 200,000원에 구입하고 현장에서 현금카드로 결제하였다. (현금카드는 우리은행 보통예금에서 즉시 인출된다)

(6) 06월 23일 신제품의 개발이 완료되어 특허법원에 특허출원을 신청하였으며, 특허등록비 2,000,000원과 변리사 수수료 3,000,000원을 현금으로 지급하였다.(무형자산으로 처리하며, 자산의 등록은 생략할 것)

(7) 06월 30일 창고에서 화재가 발생하여 보관하고 있던 비품 1,500,000원(장부가액)이 소실되었다. 당사는 이와 관련한 보험에 가입되어 있지 않다.(재해손실계정으로 처리할 것)

[6월 거래의 입력]

(1)	06월 02일					
구분		계정과목	거래처	적요	차변	대변
3.차변	101	현　　　　금			5,000,000원	
3.차변	120	미　수　금	㈜부흥상사		45,000,000원	
4.대변	294	임　대　보　증　금	㈜부흥상사			50,000,000원

(2)	06월 08일					
구분		계정과목	거래처	적요	차변	대변
3.차변	181	만 기 보 유 증 권			24,250,000원	
4.대변	102	당　좌　예　금				24,000,000원
4.대변	101	현　　　　금				250,000원

(3)	06월 10일					
구분		계정과목	거래처	적요	차변	대변
3.차변	813	기 업 업 무 추 진 비(판)			100,000원	
4.대변	101	현　　　　금				100,000원

(4)	06월 16일					
구분		계정과목	거래처	적요	차변	대변
3.차변	822	차 량 유 지 비(판)			230,000원	
4.대변	101	현　　　　금				230,000원

(5)	06월 20일					
구분		계정과목	거래처	적요	차변	대변
3.차변	826	도 서 인 쇄 비(판)			200,000원	
4.대변	103	보 통 예 금				200,000원

(6)	06월 23일					
구분		계정과목	거래처	적요	차변	대변
3.차변	219	특 허 권			5,000,000원	
4.대변	101	현 금				5,000,000원

(7)	06월 30일					
구분		계정과목	거래처	적요	차변	대변
3.차변	961	재 해 손 실			1,500,000원	
4.대변	212	비 품				1,500,000원

[7월 거래]

(1) 07월 05일 영업용 건물에 화재가 발생하여 ㈜메리츠화재에 보험금을 청구하였다. 건물의 취득원가는 50,000,000원이며, 감가상각누계액으로 5,000,000원이 설정되어 있으며, ㈜메리츠화재에 보험계약금 50,000,000원의 화재보험에 가입되어 있다.(자산손상에 대해서는 [계정코드 966번 유형자산손상차손]계정을 등록하여 사용할 것)

(2) 07월 10일 전기에 제품을 매출하고 명동제화에서 수취한 약속어음 2,000,000원을 우리은행에 추심의뢰 하였으나 거래처 예금이 부족하여, 지급이 거절되어 부도처리 되었음을 은행으로부터 통보를 받았다.(부도어음과 수표로 선택할 것)

(3) 07월 12일 회사는 장기투자를 목적으로 시장성이 있는 ㈜강남의 주식(액면 @₩5,000)을 1주당 @₩20,000원에 200주를 매입하였다. 또한, 거래수수료 120,000원과 대금은 모두 현금으로 지급하였다.(수수료 선택에 유의할 것)

(4) 07월 15일 신제품이 출시되어 거래처에 견본품(원가 2,000,000원, 시가 3,000,000원)을 매장전시용으로 제공하였다. (견본의 제공은 제품의 홍보목적으로 제공되어, 부가가치세법에 의한 재화의 공급에 해당되지 않는다. 등록되어 있는 계정과목 중 가장 적당한 과목을 선택 할 것)

(5) 07월 20일 종업원에 대한 퇴직연금을 ㈜삼성생명보험에 가입하고, 확정급여형(DB형) 퇴직연금 1,700,000원과 확정기여형(DC형) 퇴직연금 중 생산직 800,000원, 관리직 700,000원을 보통예금에서 인출하여 납부하였다.

(6) 07월 23일 지방의 거래처에 매출대금의 회수 및 영업활동을 위하여 직원을 출장을 보냈으며, 출장 후 출장사원으로부터 다음과 같은 지출내역서를 보고 받고 현금으로 정산하여 지급하였다. 차량은 사원의 차량을 사용하며, 해당비용을 실비 정산하여 지급한 것이다.

고속도로 통행료	차량 유류대	숙박비 및 식사비	합계
25,000원	150,000원	150,000원	325,000원

(7) 07월 26일 ㈜메리츠화재로부터 건물 화재로 인하여 청구한 손실보전보험금 청구액 중 일부인 40,000,000원을 지급하겠다는 통지를 받았다.(계정과목은 보험금수익계정을 사용할 것)

[7월 거래의 입력]

(1)	07월 05일					
구분		계정과목	거래처	적요	차변	대변
3.차변	203	감 가 상 각 누 계 액			5,000,000원	
3.차변	966	유 형 자 산 손 상 차 손			45,000,000원	
4.대변	202	건　　　　　물				50,000,000원

(2)	07월 10일					
구분		계정과목	거래처	적요	차변	대변
3.차변	246	부 도 어 음 과 수 표	명동제화		2,000,000원	
4.대변	110	받　을　어　음	명동제화			2,000,000원

(3)	07월 12일					
구분		계정과목	거래처	적요	차변	대변
3.차변	178	매 도 가 능 증 권			4,120,000원	
4.대변	101	현　　　　　금				4,120,000원

※ 장기투자목적으로 유가증권을 구입하는 경우 : 매도가능증권으로 처리하며, 매입부대비용은 원가에 포함

(4)	07월 15일					
구분		계정과목	거래처	적요	차변	대변
3.차변	842	견　　본　　비			2,000,000원	
4.대변	150	제　　　　품		8 타계정으로 대체액		2,000,000원

(5)	07월 20일					
구분		계정과목	거래처	적요	차변	대변
3.차변	186	퇴 직 연 금 운 용 자 산	㈜삼성생명보험		1,700,000원	
3.차변	508	퇴　직　급　여			800,000원	
3.차변	806	퇴　직　급　여			700,000원	
4.대변	103	보　통　예　금				3,200,000원

(6)	07월 23일					
구분	계정과목		거래처	적요	차변	대변
3.차변	812	여 비 교 통 비(판)			325,000원	
4.대변	101	현 금				325,000원

(7)	07월 26일					
구분	계정과목		거래처	적요	차변	대변
3.차변	120	미 수 금	㈜메리츠화재		40,000,000원	
4.대변	919	보 험 금 수 익				40,000,000원

[8월 거래]

(1) 08월 05일 대주주로부터 제품 생산기계 75,000,000원(공정가치)을 현물로 출자 받고 보통주 5,000주(액면 @₩10,000원)를 발행 교부하였다.(부가가치세는 고려하지 않으며, 고정자산 등록은 생략할 것)

(2) 08월 15일 동양가죽공업㈜의 외상매입금 7,500,000원에 대하여 상환청구를 받고, 약속어음 6,000,000원(만기 2025년 9월 15일)을 발행하여 주었다. 차액 1,500,000원은 당일 동양가죽공업㈜으로부터 면제받았다.

(3) 08월 16일 공장신축을 위하여 우리은행에 차입금에 대한이자 5,000,000원을 현금으로 지급하였다. 차입금의 이자비용은 특정차입금이자에 해당하며, 특정차입금이자는 자본화대상 금융원가이다.(공장의 착공일은 2025년 6월 15일이며, 준공예정일은 2026년 2월 31일이다.)

(4) 08월 21일 ㈜현대자동차 인천지점에서 업무용 승용차를 구입하는 과정에서 관련법령에 따라 공채(도시철도채권)를 1,500,000원(액면가액)에 구입하고 현금으로 지급하였다. 기업회계기준에 의한 공채의 현재가치는 1,200,000원이며, 단기매매증권으로 회계처리 한다.(고정자산 등록은 생략할 것)

(5) 08월 25일 당해 사업연도 분 법인세 중간예납세액 8,500,000원을 보통예금에서 이체 납부하였다.(단, 법인세 중간 납부액은 자산계정으로 처리한다.)

PART 4 회계정보시스템

[8월 거래의 입력]

(1) 08월 05일

구분	계정과목	거래처	적요	차변	대변
3.차변	206 기 계 장 치			75,000,000원	
4.대변	331 자 본 금				50,000,000원
4.대변	341 주 식 발 행 초 과 금				25,000,000원

(2) 08월 15일

구분	계정과목	거래처	적요	차변	대변
3.차변	251 외 상 매 입 금	동양가죽공업㈜		7,500,000원	
4.대변	252 지 급 어 음	동양가죽공업㈜			6,000,000원
4.대변	918 채 무 면 제 이 익				1,500,000원

(3) 08월 16일

구분	계정과목	거래처	적요	차변	대변
3.차변	214 건 설 중 인 자 산			5,000,000원	
4.대변	101 현 금				5,000,000원

※ 금융비용은 원칙적으로 당기비용으로 처리함을 원칙으로 하나, 자본화 대상에 해당하는 경우 자산의 원가로 처리한다.

(4) 08월 21일

구분	계정과목	거래처	적요	차변	대변
3.차변	107 단 기 매 매 증 권			1,200,000원	
4.차변	208 차 량 운 반 구			300,000원	
4.차변	101 현 금				1,500,000원

(5) 08월 25일

구분	계정과목	거래처	적요	차변	대변
3.차변	136 선 납 세 금			8,500,000원	
4.대변	103 보 통 예 금				8,500,000원

[9월 거래]

(1) 09월 03일 주식선택권(스톡옵션)을 대비하여 구입하였던 자기주식 1,000주(장부가액 주당 5,200원)를 종업원들이 주식선택권을 포기함에 따라, 주당 6,000원에 처분하고 대금은 전액 현금으로 받았다.

(2) 09월 12일 대주주로부터 토지(대주주의 토지 장부가액 48,000,000원, 공정가치 50,000,000원)를 무상으로 증여받고, 소유권 이전비용으로 2,000,000원을 보통예금으로 지출하였다.(공정가치는 증여일 현재의 가액이다)

Chapter 2 전표관리

(3) 09월 18일 ㈜엘리트의 외상매출금 중 500,000원은 법인세법상 대손요건을 충족하여 대손처리하기로 하였다. 대손충당금계정의 잔액을 조회하고 이에 대하여 적절한 회계처리 하시오.(단, 부가가치세는 고려하지 않기로 한다.)

(4) 09월 22일 전기에 대손 처리하였던 ㈜칠성제화의 외상매출금 5,500,000원(부가세 포함)이 오늘 회수되어 당점의 보통예금(우리은행)에 입금되었다. 당사는 전기에 대손세액 공제를 받았으며, 대손세액은 부가가치세 예수금계정을 사용한다.

(5) 09월 30일 제조부 소속 유광섭 대리(5년 근속)의 퇴직으로 퇴직금 9,000,000원 중 퇴직소득세 및 지방소득세 200,000원을 원천징수한 후 차인지급액은 전액 우리은행 보통예금 계좌에서 이체하였다.(퇴직급여충당부채는 잔액을 조회하여 처리할 것)

[9월 거래의 입력]

(1)	09월 03일					
구분		계정과목	거래처	적요	차변	대변
3.차변	101	현 금			6,000,000원	
4.대변	383	자 기 주 식				5,200,000원
4.대변	343	자 기 주 식 처 분 이 익				800,000원

(2)	09월 12일					
구분		계정과목	거래처	적요	차변	대변
3.차변	201	토 지			52,000,000원	
4.대변	103	보 통 예 금				2,000,000원
4.대변	917	자 산 수 증 이 익				50,000,000원

(3)	09월 18일					
구분		계정과목	거래처	적요	차변	대변
3.차변	109	대손충당금(외상매출금)			180,000원	
3.차변	835	대 손 상 각 비(판)			320,000원	
4.대변	108	외 상 매 출 금	㈜엘리트			500,000원

(4)	09월 22일					
구분		계정과목	거래처	적요	차변	대변
3.차변	103	보 통 예 금			5,500,000원	
4.대변	109	대 손 충 당 금				5,000,000원
4.대변	255	부 가 세 예 수 금				500,000원

(5)	09월 30일					
구분		계정과목	거래처	적요	차변	대변
3.차변	295	퇴 직 급 여 충 당 부 채			9,000,000원	
4.대변	254	예 수 금				200,000원
4.대변	103	보 통 예 금	우리은행(보통)			8,800,000원

PART 4 회계정보시스템

제2절 매입매출전표관리 :: NCS능력단위(0203020101_20v4.1)

[3300.㈜금강제화]자료를 따라하지 못한 경우
회사코드 <3600.㈜금강제화>을 선택하여 실습하세요.

자료가 누락 없이 입력된 경우, 기존 <3300.㈜금강제화>에 그대로 입력하세요.

1 매입매출전표의 의의

「매입·매출전표」는 주로 부가가치세 거래가 있는 경우에 사용된다. 「매입·매출전표」에 부가가치세 관련된 거래를 입력하면 자동으로 부가가치세 신고와 관련된 세무서식에 반영되기 때문이다. 이렇게 **일반전표**와 **매입매출전표**를 혼합하여 사용하는 전표제도를 「**5전표**」제도라 한다.

(1) 매입매출전표의 구성

매입매출전표는 다음과 같이 구성된다.

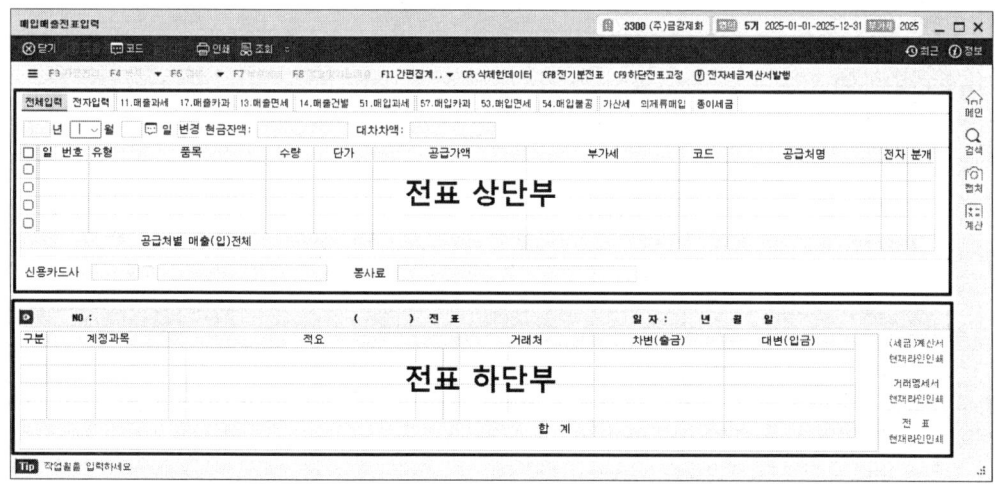

① **전표 상단부** : 상단부에는 부가가치세와 관련 된 거래만 입력한다. 부가가치세 신고와 관련 없는 거래는 일반전표에 입력한다. 상단부에 입력하는 내용은 부가가치세신고서 및 세금계산서합계표 그리고 매입매출장에 자동으로 반영된다.

② **전표 하단부** : 하단부에 입력하는 내용은 상단부의 거래 유형에 따라 회계자료(분개)가 반영되는 부분으로 상단부의 분개 선택에 의하여 하단에 분개가 표시되는 부분이다.

1) 상단부 입력 : 부가가치세 신고서 반영

① **월 일** : 해당거래 월과 거래 일자를 입력한다.
② **유 형** : 유형은 부가가치세가 과세되는 여부에 따라 「**매출**」과 「**매입**」유형으로 구분된다. 유형의 해당 코드는 화면의 하단에 다음과 같이 해당유형이 배치되어 있으므로 참고하여 선택한 후 입력한다.

부 가 세 유 형									
매출						매입			
11.과세	과세매출	16.수출	수출	21.전자	전자화폐	51.과세	과세매입	56.금전	금전등록	61.현과	현금과세
12.영세	영세율	17.카과	카드과세	22.현과	현금과세	52.영세	영세율	57.카과	카드과세	62.현면	현금면세
13.면세	계산서	18.카면	카드면세	23.현면	현금면세	53.면세	계산서	58.카면	카드면세		
14.건별	무증빙	19.카영	카드영세	24.현영	현금영세	54.불공	불공제	59.카영	카드영세		
15.간이	간이과세	20.면건	무증빙			55.수입	수입분	60.면건	무증빙		

③ **품명, 수량, 단가** : 물품의 품명, 수량, 단가를 입력한다. 2개 이상의 품목거래가 발생한 경우 툴바의 F7(**복수거래**)를 선택하여 입력한다. 수량 및 단가를 입력하면 자동으로 공급가액과 부가가치세가 계산되어 반영된다.(세금계산서 임의적 기재사항)
④ **공급가액 및 부가가치세** : 수량 및 단가는 세금계산서의 임의적 기재사항으로 입력을 생략하여도 상관없다. 하지만 **공급가액**과 **부가가치세액**은 **필요적 기재사항임**으로 반드시 입력해야 한다.
⑤ **거래처명** :
- **기존거래처** ⇨ 「거래처」코드에서 해당거래처를 직접입력하면 바로 즉시 반영된다.
- **신규거래처**의 경우 커서를 거래처코드 란에 두고 「+」 버튼을 누르면 거래처등록 화면이 출력되는데 여기에 해당 거래처의 정보를 입력한다.

⑥ **사업자등록번호, 주민번호** : 거래처를 선택하면 자동으로 반영된다.(필요적 기재사항)
⑦ **전자** : 국세청 홈텍스의 e-세로 등과 같이 전자세금계산서 발급시스템에 의하여 전자세금계산서를 발급하거나 발급받은 경우 [1.여]를 선택하며, 종이세금계산서 또는 세금계산서 미발급 거래의 경우에는 [0.부]를 선택한다.(전자 발급한 경우에는 입력을 하지 않고 전자발급에 시스템에 의해서 자동으로 반영된다)
⑧ **분개** : 분개의 유형을 선택하면, 자동으로 전표의 하단부로 커서가 이동한다.

2) 하단부 입력 : 재무제표 반영

분개유형	내 용
0. 분개없음	간주공급과 같이 부가세신고서에 반영해야 하는 경우 선택하고 분개는 일반전표에서 실행한다.
1. 현 금	전액 현금거래인 경우 선택
2. 외 상	전액 외상거래인 경우 선택
3. 혼 합	일부 현금 또는 일부 외상거래가 포함된 경우 선택
4. 카 드	거래의 대가를 카드로 결제하였거나 결제를 받은 경우 선택한다. 카드를 선택하면 **카드에 해당하는 계정과목의 거래처**를 카드사로 변경해서 등록해야 한다.

PART 4 회계정보시스템

(2) 매입·매출관련 부가가치세의 유형별 선택방법

1 매출거래

코드	유형	입력자료
11	과세	매출세금계산서 발급거래
12	영세	내국신용장(Local L/C), 구매확인서 등 영세율 매출세금계산서 발급거래로 입력 시 선택(간접수출) ※ 직수출(세금계산서가 발급되지 않는 거래는 16.수출 선택)
13	면세	부가가치세 면세사업자가 발행하는 매출계산서 입력 시 선택
14	건별	① 세금계산서가 발행되지 않는 과세매출 입력 시 선택(영수증 발행분, 간주공급 등) ② 공급가액란에 공급대가를 입력하면 자동으로 공급가액과 부가가치세가 구분됨 　※ 환경설정에 따라 입력된 공급가액의 절사방법을 선택할 수 있음.
15	간이	① 세금계산서가 발행되지 않는 과세매출 입력 시 선택 ② [14.건별]과 다른 점은 공급가액란에 입력된 공급대가가 그대로 반영됨. 그러므로 월말 또는 분기 말에 해당기간의 공급대가를 합계, 공급가액과 부가가치세를 계산한 후 수동으로 수정하여야 함
16	수출	① 외국에 직접 수출하는 경우 선택 ② 신용장(L/C)수출 또는 외화매입증명서 등 영세율세금계산서 발급이 면제되는 직수출의 경우 선택
17	카과	① 신용카드에 의한 과세매출 입력 시 선택 ② [17.카과]로 입력된 자료는「신용카드매출전표 발행집계표」의 과세분에 자동으로 집계됨
18	카면	① 신용카드에 의한 면세매출 입력 시 선택 ② [18.카면]으로 입력된 자료는「신용카드매출전표발행집계표」의 면세분에 자동으로 집계됨
19	카영	영세율 적용대상의「신용카드매출전표발행집계표」과세분에 반영 됨
20	면건	계산서가 발행되지 않은 면세 적용분
21	전자	전자적 결제 수단으로의 매출 ⇨ 전자화폐결제명세서에 가맹점별로 집계된다.(거래처 등록 시 반드시 가맹점코드 입력이 선행되어야 한다)
22	현과	현금영수증에 의한 과세매출 입력 시 선택한다. 이 자료는「신용카드매출전표발행집계표」에 반영됨
23	현면	현금영수증에 의한 면세매출 입력 시 선택한다. 이 자료는「신용카드매출전표발행집계표」에 반영됨
24	현영	영세율 적용대상의 현금영수증 입력 시 선택한다. 이 자료는「신용카드매출전표발행집계표」에 반영됨

2 매입거래

코드	유형	입력자료
51	과세	발급받은 매입세금계산서 입력 시 선택한다.
52	영세	① 발급받은 영세율 매입세금계산서 입력 시 선택한다. ② 내국신용장(Local L/C), 구매확인서 등
53	면세	① 부가가치세 면세사업자가 발행하는 매입계산서 입력 시 선택 ② 세관장이 발급한 수입계산서도 여기에 해당됨
54	불공	매입세금계산서를 발급받았으나 매입세액이 공제되지 않는 거래입력 ① 필요적 기재사항 누락분 ② 사업과 무관한 지출분 ③ 개별소비세가 과세되는 비영업용 소형승용차 구입 및 유지 그리고 임차비용(렌터카 및 리스료 포함) ④ 접대(기업업무추진비)와 관련된 지출 ⑤ 면세사업과 관련된 것 ⑥ 토지의 자본적 지출 ⑦ 대손처분 받은 세액 ⑧ 공통매입세액 안분계산서 분
55	수입	세관장이 발행한 수입세금계산서 수취 분. (수입세금계산서상의 공급가액은 부가가치세 징수를 위한 과세표준일 뿐으로 회계처리 대상이 아니다.)
56	금전	금전등록기 영수증 매입 분으로 지금은 사용하지 않음
57	카과	신용카드에 의한 과세매입 입력 시 선택
58	카면	신용카드에 의한 면세매입 입력 시 선택
59	카영	신용카드에 의한 영세 매입을 입력 시 선택
60	면건	계산서가 발급되지 않은 면세적용 매입 입력 시 선택
61	현과	현금영수증에 의한 과세 매입을 입력하는 경우 선택
62	현면	현금영수증에 의한 면세 매입을 입력하는 경우 선택

2 매입매출전표의 종류별 구분

1 매출전표

분 개	(차) 외상매출금 ××× (대) 제품매출 ××× 부가세예수금 ×××
입력방법	① 거래일자를 선택한다. ② 부가세 유형을 하단의 매출유형을 보고 선택한다.(11.과세, 12.영세 등) ③ 품목, 수량, 단가는 임의적 기재사항으로 생략할 수 있다. ④ 공급가액과 부가가치세는 필요적 기재사항이므로 반드시 입력한다. ▪ 수량과 단가를 입력하는 경우 자동으로 공급가액이 계산된다. ▪ 세금계산서 거래의 경우에는 공급가액으로 입력한다. ▪ 건별, 신용카드, 현금영수증의 거래는 공급대가(공급가액+부가세)로 입력한다. ⑤ 거래처코드에서 해당거래처를 입력하여 거래처를 선택한다. ⑥ 전자세금계산서 거래는 1.여를 선택하며, 종이세금계산서와 세금계산서 미발급거래는 0.부를 선택한다. ⑦ 분개에서 [0.분개없음][1.현금][2.외상][3.혼합][4.카드] 중에서 선택한 후 하단부에 분개를 입력한다.

매입매출전표 매입매출전표 입력연습 – 11.과세매출

다음의 거래를 ㈜금강제화(회사코드:3303)의 매입매출전표에 입력하시오.

(1) 07월 03일 ㈜엘리트에 제품을 공급하고, 다음과 같은 전자세금계산서를 발급하였다. 대금은 전액 현금으로 결제를 받았다.

전자세금계산서					승인번호	20250703-121221589148		
공급자	등록번호	137-81-22421	종사업장 번호		공급받는자	등록번호	117-81-22223	종사업장 번호	
	상호 (법인명)	㈜금강제화	성명	윤종민		상호 (법인명)	㈜엘리트	성명	박윤철
	사업장 주소	인천시 계양구 경명대로 1051(계산동)				사업장 주소	서울시 강서구 개화동로 11길 5		
	업태	제조/도매	종목	구두/잡지		업태	도매	종목	구두
	이메일					이메일			
작성일자	공급가액		세액		수정사유		비 고	
2025.07.03.	10,000,000원		1,000,000원		해당 없음			
월	일	품목	규격	수량	단가	공급가액	세액	비고
07	03	남성 구두		200	50,000	10,000,000원	1,000,000원	
합계금액		현금		수표		어음	외상미수금	위 금액을 (영수) 함
11,000,000원		11,000,000원						

Chapter 2 전표관리

입력방법 | 매입매출전표 입력연습 해설

(1)	일자	유형	공급가액	부가세	공급처명	전자	분개
	07월 03일	11.과세	10,000,000원	1,000,000원	㈜엘리트	1.여	현금 또는 혼합

구분	계정과목		거래처	적요	차변	대변
4.대변	404	제　품　매　출				10,000,000원
4.대변	255	부　가　세　예　수　금				1,000,000원
3.차변	101	현　　　　　금			11,000,000원	

입력방법	① 거래일자를 선택한다. ② 부가세 유형을 (11.과세) 선택한다. ③ 세금계산서의 품목, 수량, 단가를 보고 입력한다. ④ 수량과 단가를 입력하는 경우 자동으로 공급가액이 계산된다. 　■ 세금계산서 거래의 경우에는 공급가액으로 입력한다. 　■ 건별, 신용카드, 현금영수증의 거래는 공급대가(공급가액+부가세)로 입력한다. ⑤ 거래처코드에서 해당거래처를 입력하여 거래처를 선택한다. ⑥ 전자세금계산서 거래는 1.여를 선택하며, 종이세금계산서와 세금계산서 미발급거래는 0.부를 선택한다. ⑦ 분개에서 [0.분개없음][1.현금][2.외상][3.혼합][4.카드] 중에서 선택한 후 하단부에 분개를 입력한다.

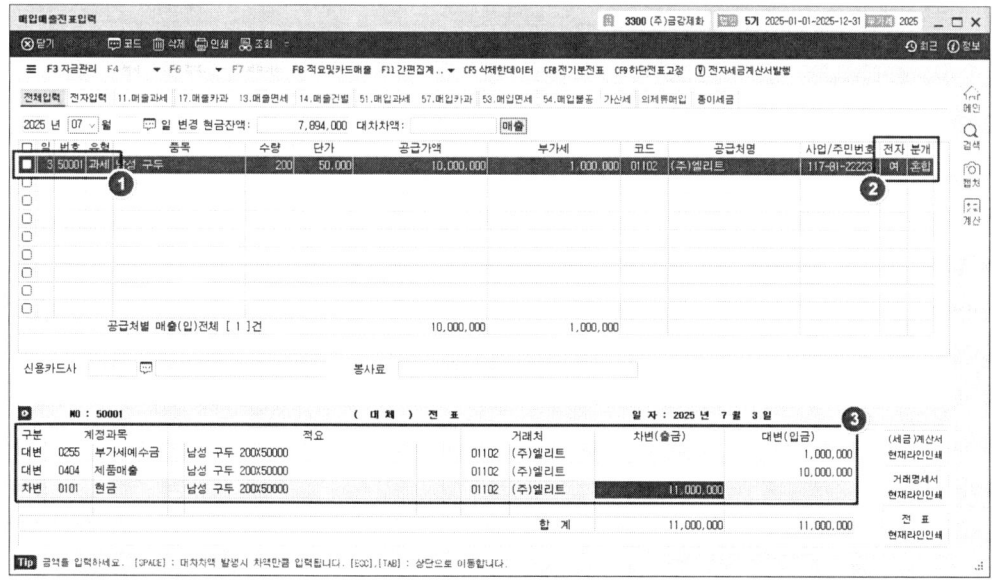

매입매출전표 입력연습 - 11.과세매출

(2) 07월 05일 개인소비자 이창기에게 신사구두 2켤레를 공급하고, 대금은 현금으로 받은 후 이창기의 요청에 따라 종이세금계산서를 발행하였다. 이창기씨는 사업자등록 예정자로 주민등록증을 제시하여 "주민기재분"세금계산서를 발급하였다.(신규거래처 코드 1401에 등록할 것)

세금계산서(공급자 보관용)					권 번				
공급자	등록번호	137-81-22421		종사업장번호	공급받는자	등록번호			종사업장번호
	상호(법인명)	㈜금강제화	성명	윤종민		상호(법인명)		성명	이 창 기
	사업장주소	인천시 계양구 경명대로 1051				사업장주소	강원도 원주시 지정면 가곡새말길14-26		
	업태	제조/도매	종목	구두/잡지		업태		종목	
	이메일					이메일			
작성일자	공급가액		세액		수정사유		비 고		
2025-07-05	100,000원		10,000원		해당 없음		861103-1650465		

월	일	품목	규격	수량	단가	공급가액	세액	비고
07	05	신사화		2	50,000원	100,000원	10,000원	

합계금액	현금	수표	어음	외상미수금	위 금액을 (영수)함
110,000원	110,000원				

매입매출전표 입력연습 해설

(1)	일자	유형	공급가액	부가세	공급처명	전자	분개
	07월 05	11.과세	100,000원	10,000원	이창기	0.부	현금 또는 혼합

구분	계정과목		거래처	적요	차변	대변
1.입금	404	제 품 매 출			(현금)	100,000원
1.입금	255	부 가 세 예 수 금			(현금)	10,000원

입력 방법
① 거래일자를 선택한다.
② 부가세 유형을 (11.과세)를 선택한다.
③ 세금계산서의 품목, 수량, 단가를 보고 입력한다.
④ 수량과 단가를 입력하는 경우 자동으로 공급가액이 계산된다.
  - 세금계산서 거래의 경우에는 공급가액으로 입력한다.
  - 건별, 신용카드, 현금영수증의 거래는 공급대가(공급가액+부가세)로 입력한다.
⑤ 거래처코드에서 (+)부호를 입력하여 거래처자료 입력한다. 신규거래처는 [수정버튼]을 클릭하여 화면 하단에 세금계산서의 내용을 반영한다.
⑥ 분개에서 [1.현금] 선택 후 하단부에 분개를 입력한다.

Chapter 2 전표관리

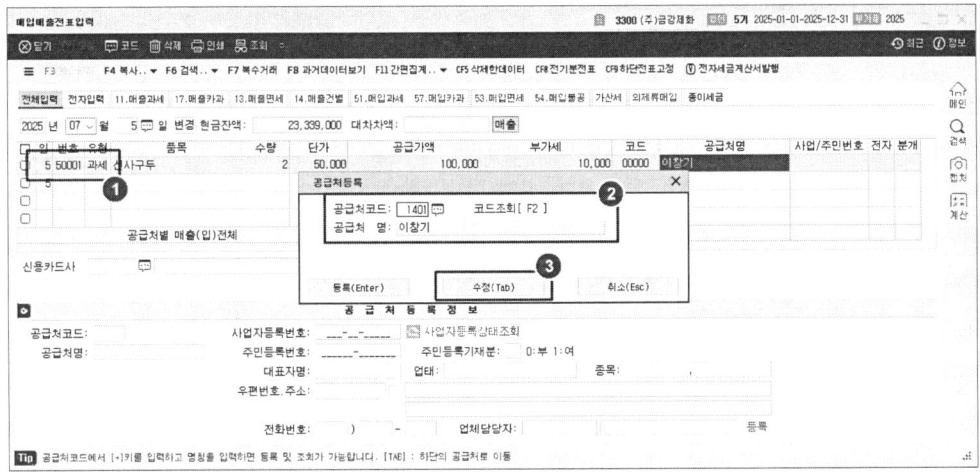

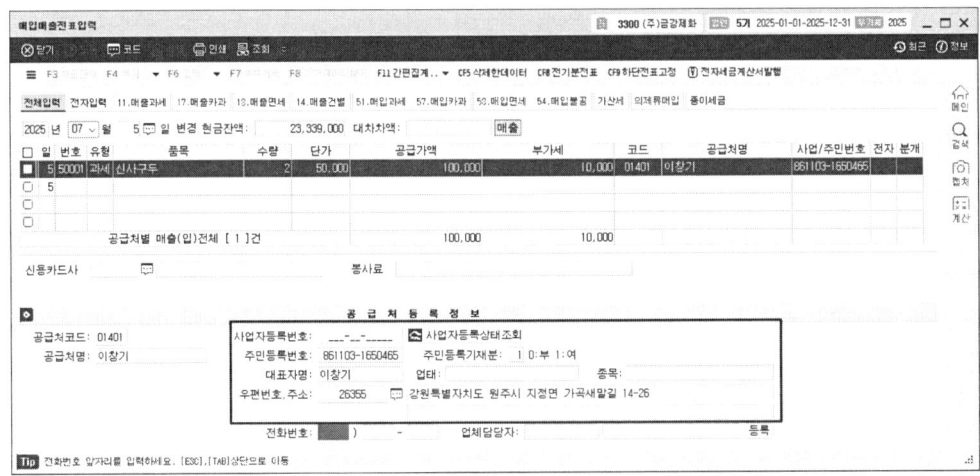

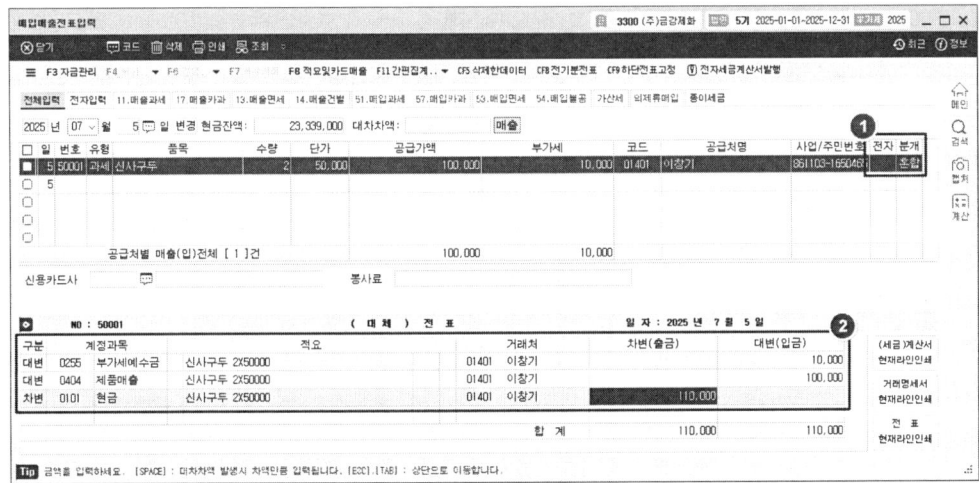

PART 4 회계정보시스템

매입매출전표 — 매입매출전표 입력연습 - 12.영세매출

(3) 07월 07일 수출대행업체 ㈜화신무역에 내국신용장(Local L/C)에 의하여 제품(남성구두 200켤레 @₩70,000)을 납품하고 **영세율전자세금계산서**를 발급하였다. 대금은 전액 현금으로 받았다.(거래처코드 1131번으로 등록하시오)

영세율전자세금계산서					승인번호		20250707-131221589147	
공급자	등록번호	137-81-22421	종사업장번호		공급받는자	등록번호	106-81-54123	종사업장번호
	상호(법인명)	㈜금강제화	성명	윤종민		상호(법인명)	㈜화신무역	성명	김정수
	사업장주소	인천시 계양구 경명대로 1051(계산동)				사업장주소	서울시 용산구 녹사평대로 132	
	업태	제조/도매	종목	구두/잡지		업태	무역	종목	서비스
	이메일					이메일		

작성일자	공급가액	세액	수정사유	비 고
2025-07-07	14,000,000원	영세율	해당 없음	

월	일	품목	규격	수량	단가	공급가액	세액	비고
07	07	남성용 구두		200	70,000	14,000,000원	0원	

합계금액	현금	수표	어음	외상미수금	위 금액을 (영수) 함
14,000,000원	14,000,000원				

입력방법 | 매입매출전표 입력연습 해설

(3)	일자	유형	공급가액	부가세	공급처명	전자	분개
	07월 07일	12.영세	14,000,000원	영세율	㈜화신무역	1.여	현금 또는 혼합
영세율사유		3.내국신용장 및 구매확인서		불공제사유			

구분	계정과목	거래처	적요	차변	대변
1.입금	404 제 품 매 출			(현금)	14,000,000원

입 력 방 법	① 거래일자를 선택한다. ② 부가세 유형 (12.영세)를 선택한다. ③ 세금계산서의 품목, 수량, 단가를 보고 입력한다. ④ 수량과 단가를 입력하는 경우 자동으로 공급가액이 계산된다. ■ 세금계산서 거래의 경우에는 공급가액으로 입력한다. ■ 영세율구분 : 3.내국신용장·구매확인서에 의하여 공급하는 재화 선택 ⑤ 거래처코드에서 (+)부호를 입력하여 거래처자료 입력한다. 신규거래처는 [수정버튼]을 클릭하여 화면 하단에 세금계산서의 내용을 반영한다. ⑥ 분개에서 [현금 또는 혼합]을 선택한 후 하단부에 분개를 입력한다.

Chapter 2 전표관리

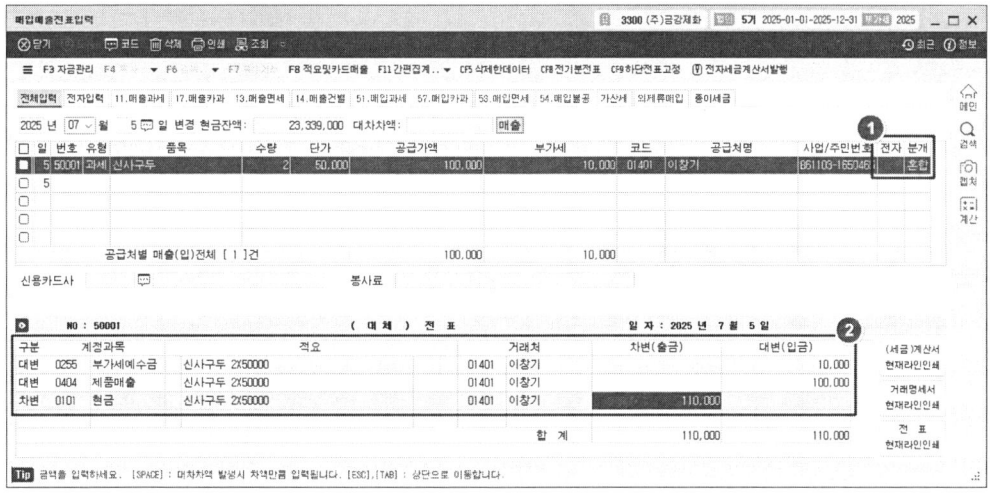

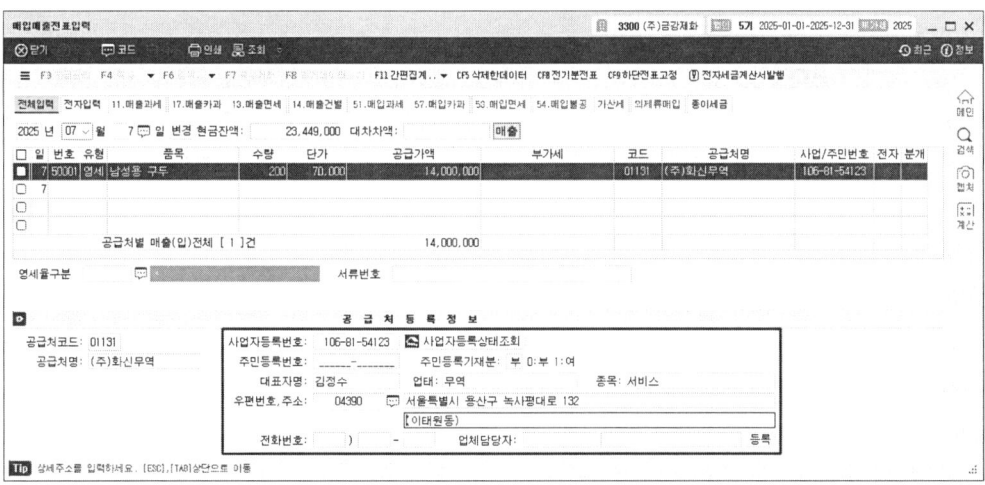

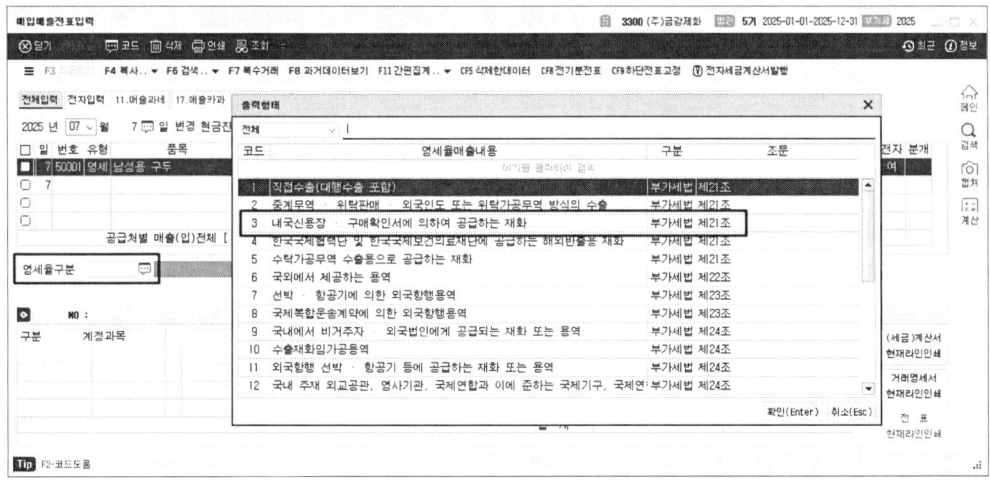

PART 4 회계정보시스템

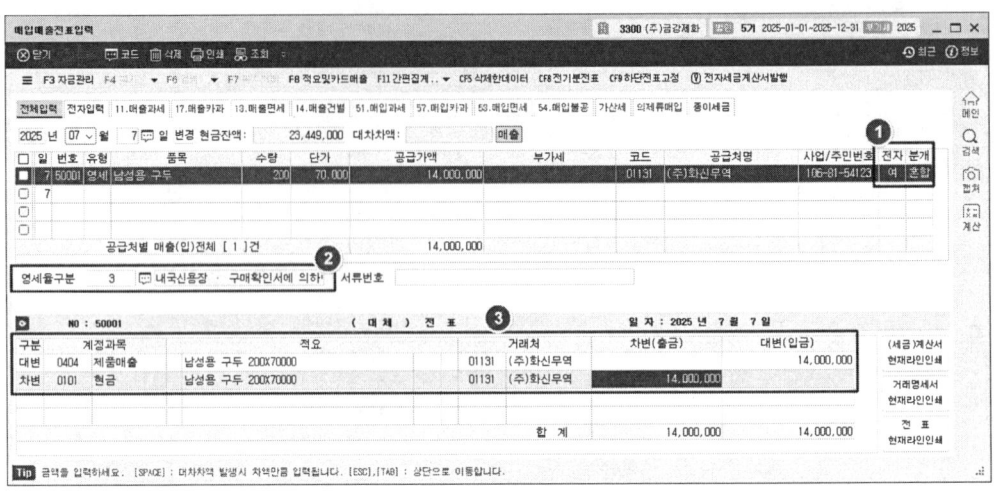

매입매출전표 **매입매출전표 입력연습 – 13.면세매출**

(4) 07월 08일 당사는 잡지와 제품을 판매하고 있는 겸영사업자이다. 당사 영업부는 신발 업계의 전망을 보도하는 **"슈즈의 세상"**이라는 잡지 50권을 권당 30,000 원에 ㈜한성구두에 판매하고, **전자계산서를 발급하였다.** 대금은 전액 현금 으로 받았다.

전자계산서					승인번호		20250708-131221559147		
공급자	등록번호	137-81-22421		종사업장 번호	공급받는자	등록번호	123-81-11115		종사업장 번호
	상호(법인명)	㈜금강제화	성명	윤종민		상호(법인명)	㈜한성구두	성명	신광식
	사업장 주소	인천시 계양구 경명대로 1051				사업장 주소	경기도 안양시 동안구 갈산로 2		
	업태	제조/도매	종목	구두/잡지		업태	도매	종목	신발류
	이메일					이메일			
작성일자		공급가액			수정사유			비 고	
2025-07-08		1,500,000원			해당 없음				
월	일	품목	규격	수량	단가		공급가액	비고	
07	08	슈즈의 세상(잡지)		50	30,000		1,500,000원		
합계금액		현금	수표		어음		외상미수금	위 금액을 (영수) 함	
1,500,000원		1,500,000원							

Chapter 2 전표관리

입력방법 — 매입매출전표 입력연습 해설

(4)	일자	유형	공급가액	부가세	공급처명	전자	분개
	07월 08일	13.면세	1,500,000원	-	㈜한성구두	1.여	현금 또는 혼합
구분	계정과목		거래처		적요	차변	대변
4.대변	401 상 품 매 출						1,500,000원
3.차변	101 현 금					1,500,000원	

입력방법	① 거래일자를 선택한다. ② 면세거래이므로 계산서를 발급하였다. 부가세 유형을 (13.면세)를 선택한다. ③ 계산서의 품목, 수량, 단가를 보고 입력한다. ④ 수량과 단가를 입력하는 경우 자동으로 공급가액이 계산된다. ⑤ 거래처코드에서 (+)부호를 입력하여 거래처자료 입력한다. 신규거래처는 [수정버튼]을 클릭하여 화면 하단에 세금계산서의 내용을 반영한다. ⑥ 분개에서 [현금 또는 혼합]을 선택한 후 하단부에 분개를 입력한다.

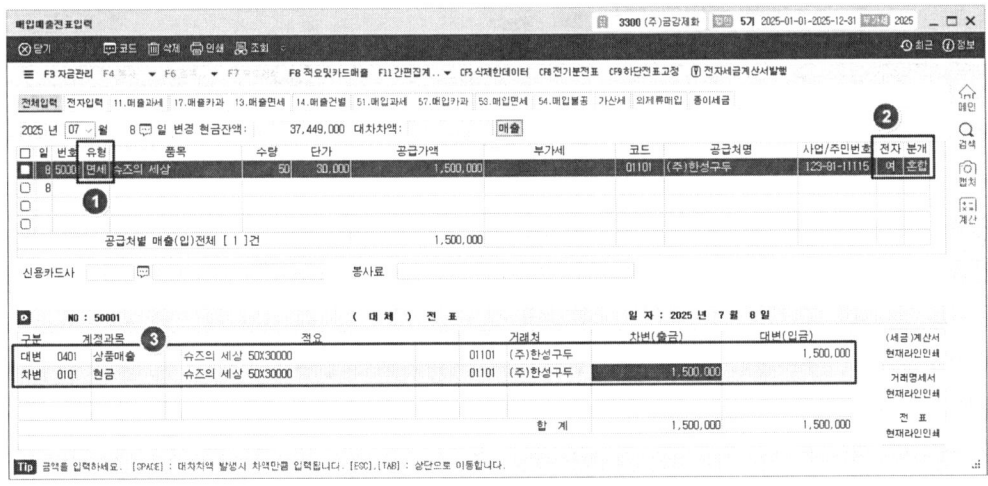

매입매출전표 — 매입매출전표 입력연습 – 14.건별매출

(5) 07월 12일 개인소비자 이철민에게 남성구두 1켤레를 77,000원(공급대가)에 판매하고 간이영수증을 발급하였다. 대금은 전액 현금으로 받았다.

PART 4 회계정보시스템

```
               영 수 증 (공급받는자용)
  NO.                    이 철 민      귀하
┌───┬──────────┬──────────────────────────┐
│공 │사업자등록번호│ 137-81-22421            │
│   ├──────────┼────────┬─────┬────────┤
│급 │상      호│㈜금강제화│성 명│ 윤종민 │
│   ├──────────┼────────┴─────┴────────┤
│자 │사업장소재지│ 인천시 계양구 경명대로 1051│
│   ├──────────┼────────┬─────┬────────┤
│   │업      태│제조.도매 │종 목│ 신발   │
├───┴──────────┼────────┴─────┴────────┤
│   작성년월일    │   공급대가 총액    │ 비고 │
│   2025.07.12.  │     77,000        │      │
├─────────────────────────────────────┤
│               공 급 내 역                │
├───┬───┬──────┬──────┬──────┬──────┤
│월 │일 │품 목 │수량  │단가  │공급대가│
│07 │12 │남성구두│      │      │ 77,000│
├───┴───┴──────┴──────┴──────┴──────┤
│     합    계            77,000원        │
├─────────────────────────────────────┤
│         위 금액을 영수(청구) 함.          │
└─────────────────────────────────────┘
```

입력방법 — 매입매출전표 입력연습 해설

(5)	일자	유형	공급가액	부가세	공급처명	전자	분개
	07월 12일	14.건별	70,000원	7,000원	이철민	1.여	현금 또는 혼합

구분		계정과목	거래처	적요	차변	대변
1.입금	404	제 품 매 출			(현금)	70,000원
1.입금	255	부 가 세 예 수 금			(현금)	7,000원

입력방법
① 거래일자를 선택한다.
② 세금계산서 및 계산서의 적격증빙이 없으므로 [14.건별]을 선택한다.
③ 공급가액에 부가가치세가 포함된 공급대가로 입력한다.
④ 공급처에 등록된 거래처가 있으면 해당 거래처를 선택하고, 개인소비자인 경우에는 소비자의 성명을 대신 입력한다.
⑤ 분개에서 [현금 또는 혼합]을 선택한 후 하단부에 분개를 입력한다.

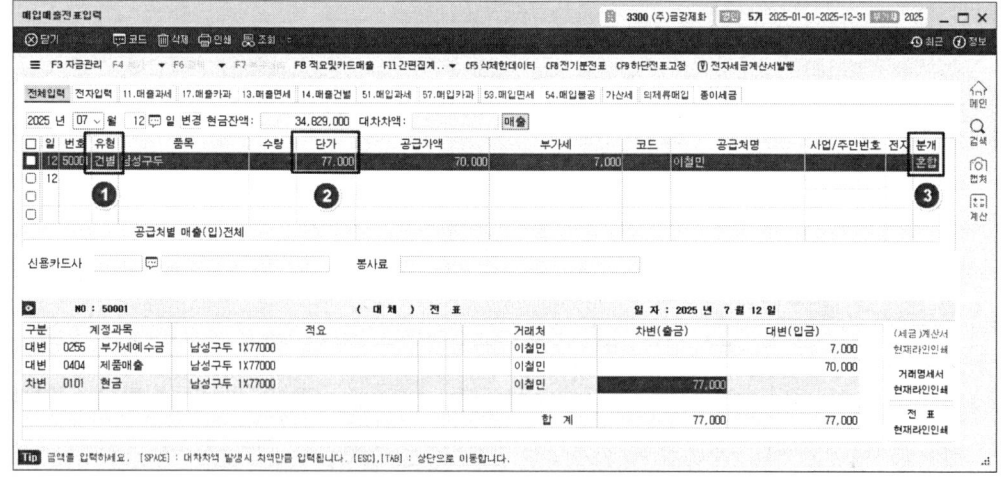

Chapter 2 전표관리

매입매출전표 매입매출전표 입력연습 - 14.건별매출

(6) 07월 20일 신규거래처로 계약한 ㈜미샤에서 개업선물을 요청을 해옴에 따라 (원가 300,000원, 시가 450,000원)의 제품을 증정하였다. 제품의 증정은 회사 차원에서 접대목적으로 제공된 것이다.

입력방법 — 매입매출전표 입력연습 해설

(6)	일자	유형	공급가액	부가세	공급처명	전자	분개
	07월 20일	14.건별	450,000원	45,000원	㈜미샤	0.부	혼합
구분	계정과목		거래처	적요		차변	대변
4.대변	150	제 품		8	타계정으로 대체액		300,000원
4.대변	255	부 가 세 예 수 금					45,000원
3.차변	813	기 업 업 무 추 진 비(판)				345,000원	

입력방법

① 거래일자를 선택한다.
② 부가세 유형 (14.건별)을 선택한다. 제품을 증정한 경우 부가가치세법의 간주공급(사업상증여)에 해당한다. 간주공급은 세금계산서 발급제외 거래에 해당하지만, 부가가치세 신고서에 반드시 반영해야 하는 거래이다.
③ 간주공급은 시가를 과세표준(공급가액)으로 계산한다. 그러므로 시가에 부가세를 포함하여 공급대가를 입력한다.
④ 건별거래의 단가 입력 시 부가가치세를 포함한 공급대가로 입력한다.
⑤ 거래처는 기 등록된 거래처를 선택한다.
⑥ 분개에서 [3.혼합]을 선택한 후 하단부에 분개를 입력하며, 제품의 증정액을 원가로 수정하고, 적요번호 [8.타계정으로 대체액]으로 변경한다.

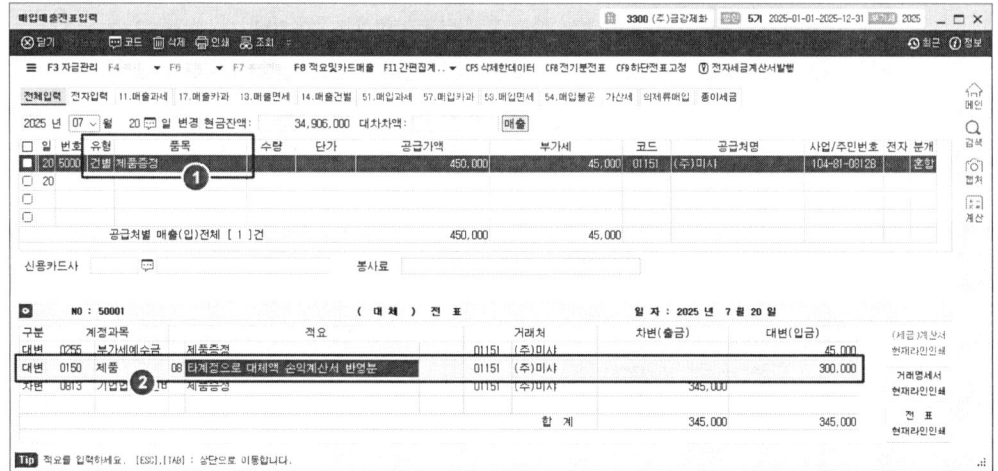

PART 4 회계정보시스템

매입매출전표 — 매입매출전표 입력연습 – 16.수출매출

(7) 07월 25일 당사는 미국의 HANS사로부터 주문받은 제품(남성구두 100켤레)을 오늘 선적을 완료하였다. 신용장(L/C)에 계약한 거래대금은 총 $10,000이며, 대금은 제품의 인수가 완료된 후 결제받기로 하였다.(수출신고수리일은 7월 24일)

	7월24일(수출신고수리일)	7월 25일(선적일)
US 1$당 기준환율	1,200원	1,250원

입력방법 — 매입매출전표 입력연습 해설

(7)	일자	유형	공급가액	부가세	공급처명	전자	분개
	07월 25일	16.수출	12,500,000원	영세율	미국 HANS사	0.부	외상 또는 혼합
영세율사유		1.직접수출(대행수출 포함)		불공제사유		-	

구분	계정과목	거래처	적요	차변	대변
4.대변	404 제 품 매 출				12,500,000원
3.차변	108 외 상 매 출 금			12,500,000원	

입력방법

① 거래일자를 선택한다.
② 부가세 유형 (16.수출)을 선택한다. 신용장(L/C) 및 외화입금증명서 등에 의한 거래는 직수출거래에 해당하므로 세금계산서 발급면제 거래이다.
③ 수출거래시 과세표준은 선적일의 기준환율로 환산하여 입력한다. 단, 선적일 전에 외화를 원화로 환가(환전)한 경우에는 환가(환전)일의 환율로 입력한다.
④ 거래처는 기 등록된 거래처를 선택한다.
⑤ 영세율구분 : 반드시 선택하여야 하며, 해당 선택내용이 [영세율 첨부서류] 등에 자동으로 반영된다.
⑥ 분개에서 [외상 또는 혼합]을 선택한 후 하단부에 분개를 입력한다.

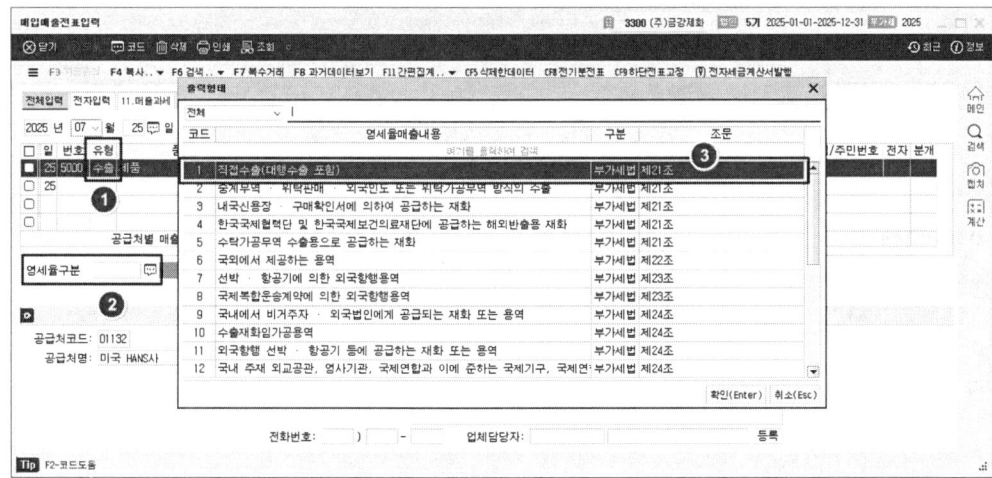

Chapter 2 전표관리

매입매출전표 **매입매출전표 입력연습 - 17.카과매출**

(8)   08월 03일 개인소비자 최진성에게 여성구두(5켤레)를 220,000원(공급대가)에 판매하고 대금은 신용카드(현대카드)로 결제 받고 신용카드매출전표를 발행하였다.

```
            신용카드매출전표
카 드 종 류 : 현대카드
회 원 번 호 : 9408-0000-****-10**
회 원 명 : 최진성
거 래 일 시 : 2025.08.03.   13:00:00
거 래 유 형 : 신용승인
매    출 :          200,000 원
부 가 세 :           20,000 원
합    계 :          220,000 원
결 제 방 법 : 일시불
승 인 번 호 : 945123
가 맹 점 명 : ㈜금강제화
        - 이 하 생 략 -
```

입력방법 **매입매출전표 입력연습 해설**

(8)	일자	유형	공급가액	부가세	공급처명	전자	분개
	08월 03일	17.카과	200,000원	20,000원	최진성	0.부	카드 또는 혼합
구분	계정과목		거래처		적요	차변	대변
4.대변	404	제 품 매 출					200,000원
4.대변	255	부 가 세 예 수 금					20,000원
3.차변	108	외 상 매 출 금	현대카드			220,000원	

2025 전산회계 1급   401

PART 4 회계정보시스템

입력방법	① 거래일자를 선택한다. ② 부가세 유형 (17.카과)를 선택한다. ③ 신용카드 및 현금영수증의 공급가액은 공급대가이다. 공급대가를 공급가액에 입력한다. ④ 거래처는 개인이므로 거래처코드 입력없이, 거래당사자 이름을 입력한다. ⑤ 분개에서 [카드]를 선택한 후 신용카드사를 [현대카드]사를 선택한 후 하단부에 분개를 입력한다.

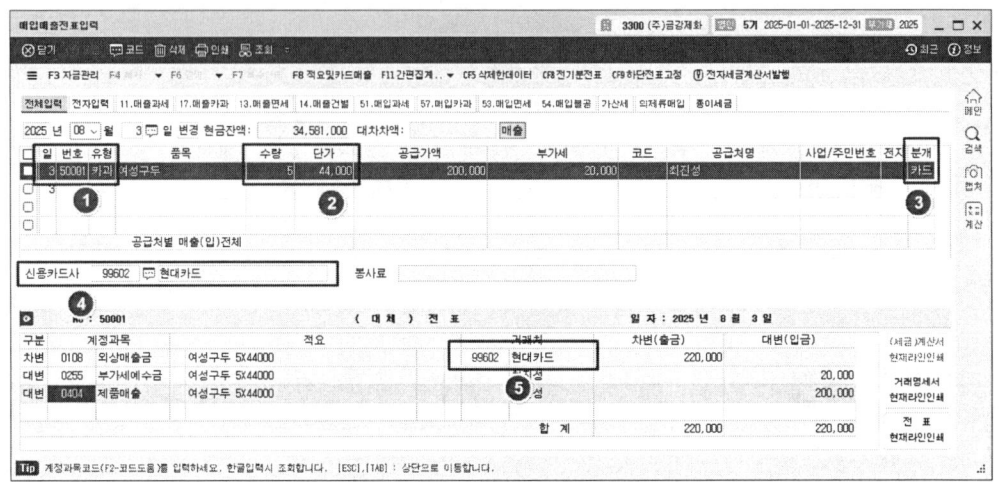

매입매출전표 입력연습 – 17.카과매출

(9) 08월 13일 ㈜엘리트에 여성용 구두 100켤레를 켤레당 @₩40,000(부가가치세별도)에 매출하고 **전자세금계산서를 발급하였다.** 대금은 ㈜엘리트가 제시한 신용카드(삼성카드)로 결제 받고 **신용카드매출전표를 발급하여 주었다.**

매입매출전표 입력연습 해설

(9)	일자	유형	공급가액	부가세	공급처명	전자	분개
	08월 13일	11.과세	4,000,000원	400,000원	㈜엘리트	1.여	카드 또는 혼합
구분	계정과목		거래처	적요		차변	대변
4.대변	404	제 품 매 출					4,000,000원
4.대변	255	부 가 세 예 수 금					400,000원
3.차변	108	외 상 매 출 금	삼성카드			4,400,000원	

Chapter 2 전표관리

입력방법	① 거래일자를 선택한다. ② 부가세 유형 (11.과세)를 선택한다. **세금계산서와 신용카드거래가 동시에 발생하는 경우에는 세금계산서거래가 우선한다.** ③ 세금계산서 우선 거래이므로 공급가액을 입력한다. ④ 거래처코드에서 해당거래처를 입력하여 거래처를 선택한다. ⑤ 전자세금계산서 거래는 1.여를 선택하며, 종이세금계산서와 세금계산서 미발급거래는 0.부를 선택한다. ⑥ 분개에서 [4.카드]를 선택한 후 신용카드거래처를 선택한다. ⑦ 하단부에 분개를 입력한다. [분개]에서 혼합을 선택한 경우 반드시 거래처를 수정하여야 한다.

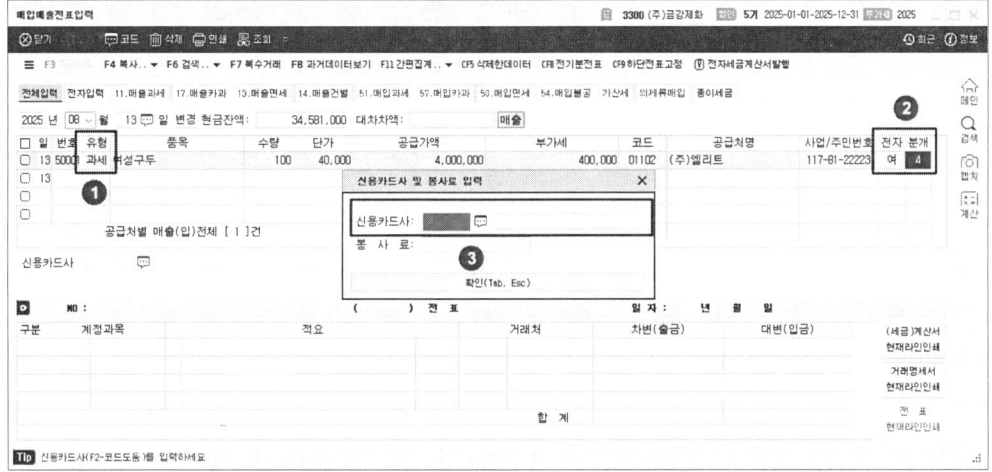

PART 4 회계정보시스템

매입매출전표 — 매입매출전표 입력연습 – 22.현과(현금영수증)

(10) 08월 20일 비사업자인 김팔만씨에게 제품을 현금판매하고, 다음과 같이 현금영수증을 발행하였다.

```
                ㈜금강제화
       137-81-22421              윤종민
   인천시 계양구 경명대로 1051  TEL: (032)541-8076
   홈페이지 http://www.kacpta.or.kr
                 현금(소득공제)
   거래일시 : 2025/08/20/14:06:22   거래번호 : 01-0177
         상품명        수량         금액
         신사화        2켤레       120,000원

                 공 급 가 액      120,000원
                 부  가  세       12,000원
         합  계                  132,000원
         승인금액                132,000원
```

입력방법 — 매입매출전표 입력연습 해설

(10)	일자	유형	공급가액	부가세	공급처명	전자	분개
	08월 20일	22.현과	120,000원	12,000원	김팔만	0.부	현금 또는 혼합

구분	계정과목		거래처	적요	차변	대변
2.입금	404	제 품 매 출				120,000원
2.입금	255	부 가 세 예 수 금				12,000원

입력 방법

① 거래일자를 선택하며 부가세 유형 (22.현과)를 선택한다. 현금영수증을 발급하는 경우에는 세금계산서 발급이 면제한다.
③ 현금영수증 거래이므로 공급대가를 입력한다.
④ 거래처코드에서 해당거래처를 입력하여 거래처를 선택한다. 개인인 경우 코드입력은 생략하고 직접 거래처를 입력한다.
⑤ 전자세금계산서 거래는 0.부를 선택한다.
⑥ 분개에서 [1.현금]을 선택한다.

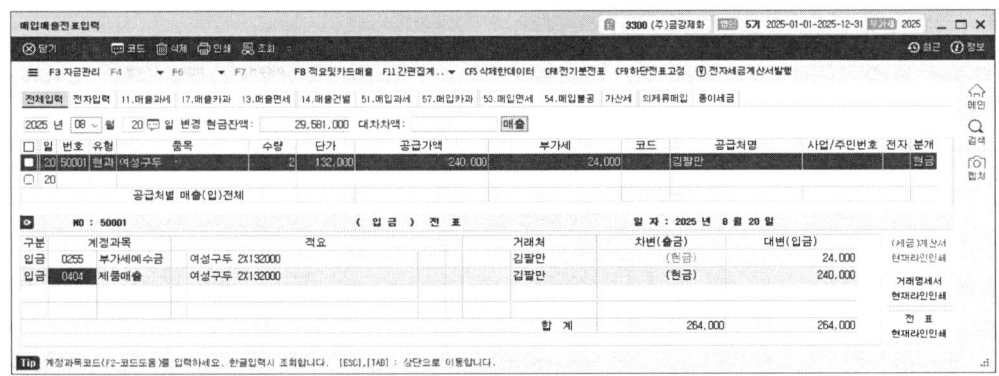

404 도서출판 다음 www.daumbook.net

Chapter 2 전표관리

매입매출전표 | **매입매출전표 입력연습 - 11.과세매출과 수정세금계산서**

(11) 09월 05일 ㈜엘리트에 제품을 판매하고 다음과 같은 전자세금계산서를 발급하였다. 대금은 전액 외상으로 하였다.

전자세금계산서					승인번호		20250905-131221559147		
공급자	등록번호	137-81-22421	종사업장 번호		공급받는자	등록번호	117-81-22223	종사업장 번호	
	상호 (법인명)	㈜금강제화	성명	윤종민		상호 (법인명)	㈜엘리트	성명	박윤철
	사업장 주소	인천시 계양구 경명대로 1051(계산동)				사업장 주소	서울시 강서구 개화동로 11길 5		
	업태	제조/도매	종목	구두/잡지		업태	도매	종목	구두
	이메일					이메일			
작성일자		공급가액		세액		수정사유		비고	
2025.09.05.		10,000,000원		1,000,000원		해당 없음			
월	일	품목	규격	수량	단가	공급가액		세액	비고
09	05	남성용 구두		200	50,000	10,000,000원		1,000,000원	
합계금액		현금		수표		어음		외상미수금	위 금액을 (청구) 함
11,000,000원								11,000,000원	

입력방법 | 매입매출전표 입력연습 해설

(11)	일자	유형	공급가액	부가세	공급처명	전자	분개
	09월 05일	11.과세	10,000,000원	1,000,000원	㈜엘리트	1.여	외상 또는 혼합
구분	계정과목		거래처	적요		차변	대변
4.대변	404	제 품 매 출					10,000,000원
4.대변	255	부 가 세 예 수 금					1,000,000원
3.차변	108	외 상 매 출 금				11,000,000원	

입력 방법	① 거래일자를 선택한다.
	② 부가세 유형을 (11.과세) 선택한다.
	③ 세금계산서의 품목, 수량, 단가를 보고 입력한다.
	④ 수량과 단가를 입력하는 경우 자동으로 공급가액이 계산된다.
	    ■ 세금계산서 거래의 경우에는 공급가액으로 입력한다.
	    ■ 건별, 신용카드, 현금영수증의 거래는 공급대가(공급가액+부가세)로 입력한다.
	⑤ 거래처코드에서 해당거래처를 입력하여 거래처를 선택한다.
	⑥ 전자세금계산서 거래는 1.여를 선택하며, 종이세금계산서와 세금계산서 미발급거래는 0.부를 선택한다.
	⑦ 분개에서 [0.분개없음][1.현금][2.외상][3.혼합][4.카드] 중에서 선택한 후 하단부에 분개를 입력한다.

PART 4 회계정보시스템

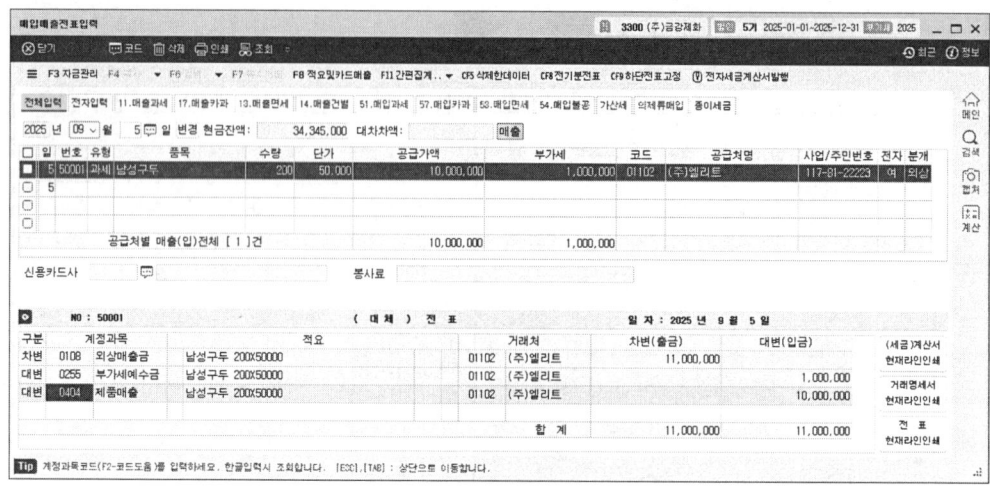

(12) 09월 15일 ㈜엘리트에 판매하였던 제품 중 하자가 발생하여 일부 반품되었다. 대금은 전액 외상대금과 상계하기로 하였으며, 다음과 같은 수정전자세금계산서를 발급하였다.

수정전자세금계산서					승인번호	20250915-131221559147		
공급자	등록번호	137-81-22421		종사업장 번호		등록번호	117-81-22223	종사업장 번호	
	상호(법인명)	㈜금강제화	성명	윤종민	공급받는자	상호(법인명)	㈜엘리트	성명	박윤철
	사업장 주소	인천시 계양구 계명대로 1051(계산동)				사업장 주소	서울시 강서구 개화동로 11길 5		
	업태	제조/도매	종목	구두/잡지		업태	도매	종목	구두
	이메일					이메일			
작성일자		공급가액		세액		수정사유		비 고	
2025.09.15.		-1,000,000원		-100,000원		불량품 환입			
월	일	품목	규격	수량	단가	공급가액	세액	비고
09	15	남성용 구두		-20	50,000	-1,000,000원	-100,000원	
합계금액		현금		수표		어음	외상미수금	위 금액을 (청구) 함
-1,100,000원							-1,100,000원	

Chapter 2 전표관리

입력방법 | 매입매출전표 입력연습 해설

(12)	일자	유형	공급가액	부가세	공급처명	전자	분개
	09월 15일	11.과세	-1,000,000원	-100,000원	㈜엘리트	1.여	외상 또는 혼합

구분		계정과목			거래처	적요	차변	대변
4.대변	404	제	품	매 출				-1,000,000원
4.대변	255	부 가 세 예 수 금						-100,000원
3.차변	108	외 상 매 출 금					-1,100,000원	

입력방법
① 거래일자를 선택한다.
② 부가세 유형을 (11.과세) 선택한다.(수정세금계산서의 발급은 공급자만 할 수 있다.
③ 세금계산서의 품목, 수량, 단가를 보고 입력한다.(수량에 "-"부호를 붙여 입력한다)
④ 수량과 단가를 입력하는 경우 자동으로 공급가액이 계산된다.
  ■ 세금계산서 거래의 경우에는 공급가액으로 입력한다.
  ■ 건별, 신용카드, 현금영수증의 거래는 공급대가(공급가액+부가세)로 입력한다.
⑤ 거래처코드에서 해당거래처를 입력하여 거래처를 선택한다.
⑥ 전자세금계산서 거래는 1.여를 선택하며, 종이세금계산서와 세금계산서 미발급거래는 0.부를 선택한다.
⑦ 수정세금계산서의 거래는 모두 외상거래에서 역분개를 선택한다. [2.외상]을 선택하면 자동으로 하단부에 분개가 생성된다.

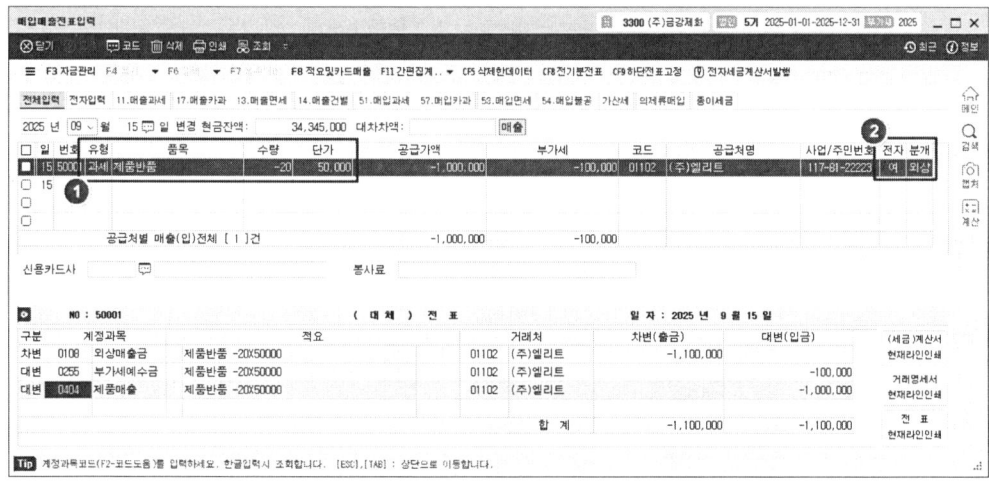

2025 전산회계 1급 **407**

(2) 매입전표

분 개	(차) 원재료 ××× 부가세대급금 ×××	(대) 외상매입금 ×××

입 력 방 법	① 거래일자를 선택한다.
	② 부가세 유형을 하단의 매출유형을 보고 선택한다.(51.과세, 52.영세 등)
	③ 품목, 수량, 단가는 임의적 기재사항으로 생략할 수 있다.
	④ 공급가액과 부가가치세는 필요적 기재사항이므로 반드시 입력한다.
	   ■ 수량과 단가를 입력하는 경우 자동으로 공급가액이 계산된다.
	   ■ 세금계산서 거래의 경우에는 공급가액으로 입력한다.
	   ■ 건별, 신용카드, 현금영수증의 거래는 공급대가(공급가액+부가세)로 입력한다.
	⑤ 거래처코드에서 해당거래처를 입력하여 거래처를 선택한다.
	⑥ 전자세금계산서 거래는 1.여를 선택하며, 종이세금계산서와 세금계산서 미수취거래는 0.부를 선택한다.
	⑦ 분개에서 [0.분개없음][1.현금][2.외상][3.혼합][4.카드] 중에서 선택한 후 하단부에 분개를 입력한다.	

매입매출전표 입력연습 – 51.과세매입

(1) 08월 01일 동양가죽공업㈜에서 제품제조용 소가죽(원재료)을 매입하고 다음과 같은 전자세금계산서를 발급받았다. 대금은 나중에 지급하기로 하였다.

전자세금계산서					승인번호		202500801-145221559141	
공급자	등록번호	119-81-13619	종사업장 번호		공급받는자	등록번호	137-81-22421	종사업장 번호	
	상호 (법인명)	동양가죽공업㈜	성명	봉혁종		상호 (법인명)	㈜금강제화	성명	윤종민
	사업장 주소	서울시 금천구 독산로 11길 7(시흥동)				사업장 주소	인천시 계양구 경명대로 1051		
	업태	제조	종목	가죽소재		업태	제조/도매	종목	구두/잡지
	이메일					이메일			
작성일자	공급가액		세액		수정사유		비 고	
2025-08-01	9,700,000원		970,000원		해당 없음			
월	일	품목	규격	수량	단가	공급가액	세액	비고
08	01	소 가 죽				9,700,000원	970,000원	
합계금액		현금		수표		어음	외상미수금	위 금액을 (청구) 함
10,670,000원							10,670,000원	

Chapter 2 전표관리

입력방법 | 매입매출전표 입력연습 해설

(1)	일자	유형	공급가액	부가세	공급처명	전자	분개
	08월 01일	51.과세	9,700,000원	970,000원	동양가죽공업㈜	1.여	외상 또는 혼합
구분	계정과목		거래처		적요	차변	대변
3.차변	153	원 재 료				9,700,000원	
3.차변	135	부 가 세 대 급 금				970,000원	
4.대변	251	외 상 매 입 금	동양가죽공업㈜				10,670,000원

입력방법	① 거래일자를 선택한다. ② 부가세 유형을 (51.과세) 선택한다. ③ 세금계산서의 품목, 수량, 단가를 보고 입력한다. ④ 수량과 단가를 입력하는 경우 자동으로 공급가액이 계산된다. 　■ 세금계산서 거래의 경우에는 공급가액으로 입력한다. 　■ 신용카드, 현금영수증, 면건(무증빙)의 거래는 공급대가(공급가액+부가세)로 입력한다. ⑤ 거래처코드에서 해당거래처를 입력하여 거래처를 선택한다. ⑥ 전자세금계산서 거래는 1.여를 선택하며, 종이세금계산서와 세금계산서 미수취거래는 0.부를 선택한다. ⑦ 분개에서 [0.분개없음][1.현금][2.외상][3.혼합][4.카드] 중에서 선택한 후 하단부에 분개를 입력한다.

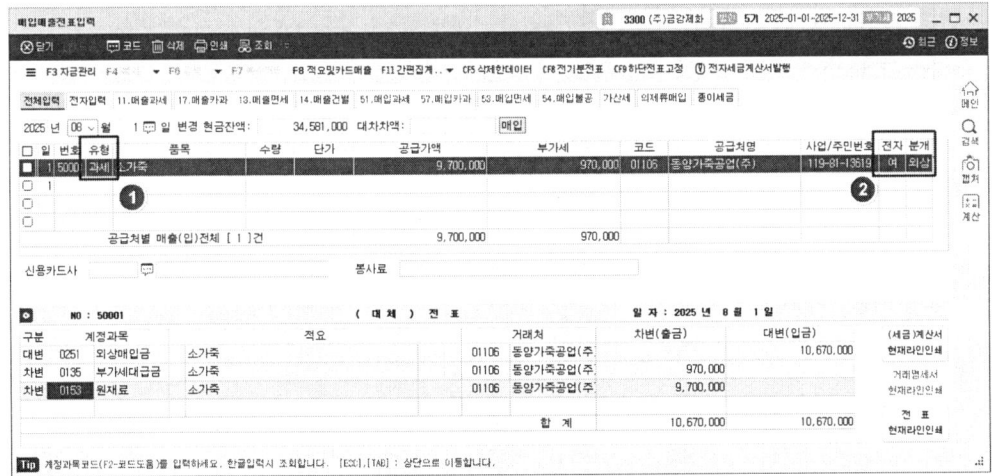

PART 4 회계정보시스템

> 매입매출전표 매입매출전표 입력연습 - 51.과세매입

(2) 08월 04일 평화왁스로부터 구두 광택용 왁스(원재료)를 4,250,000원(부가가치세별도)에 매입하고 대금은 전액 현금으로 결제하고 종이세금계산서를 발급받았다.(복수거래로 입력하시오)

세금계산서						권번호			
공급자	등록번호	211-81-45417		종사업장 번호		공급받는자	등록번호	137-81-22421	종사업장 번호	
	상호(법인명)	평화왁스㈜		성명	김현섭		상호(법인명)	㈜금강제화	성명	윤종민
	사업장 주소	서울시 서초구 강남대로 48-3(양재동)					사업장 주소	인천시 계양구 경명대로 1051		
	업태	제조		종목	화학품		업태	제조/도매	종목	구두/잡지
	이메일						이메일			
작성일자		공급가액		세액		수정사유			비고	
2025-08-04		4,250,000원		425,000원		해당 없음				
월	일	품목	규격	수량	단가		공급가액	세액	비고	
08	04	광택용 왁스(검정)		100	20,000		2,000,000원	200,000원		
	04	광택용 왁스(투명)		150	15,000		2,250,000원	225,000원		
합계금액		현금		수표		어음		외상미수금	위 금액을 (영수) 함	
4,675,000원		4,675,000								

> 입력방법 매입매출전표 입력연습 해설

(2)	일자	유형	공급가액	부가세	공급처명	전자	분개
	08월 04일	51.과세	4,250,000원	425,000원	평화왁스㈜	-	현금 또는 혼합
구분		계정과목	거래처		적요	차변	대변
3.차변	153	원 재 료				4,250,000원	
3.차변	135	부 가 세 대 급 금				425,000원	
4.대변	101	현 금					4,675,000원

입력방법	① 거래일자를 선택한다. ② 부가세 유형을 (51.과세) 선택한다. ③ 화면 상단의 F7(복수거래)를 선택하여 다음과 같이 입력한다. | No	품목	규격	수량	단가	공급가액	부가세	합계	비고
1	광택용 왁스(검정)		100	20,000	2,000,000	200,000	2,200,000	
2	광택용 왁스(투명)		150	15,000	2,250,000	225,000	2,475,000	
3								
	합계				4,250,000	425,000	4,675,000	| ④ 거래처코드에서 해당거래처를 입력하여 거래처를 선택한다. ⑥ 종이세금계산서와 세금계산서 미수취거래는 0.부를 선택한다.

Chapter 2 전표관리

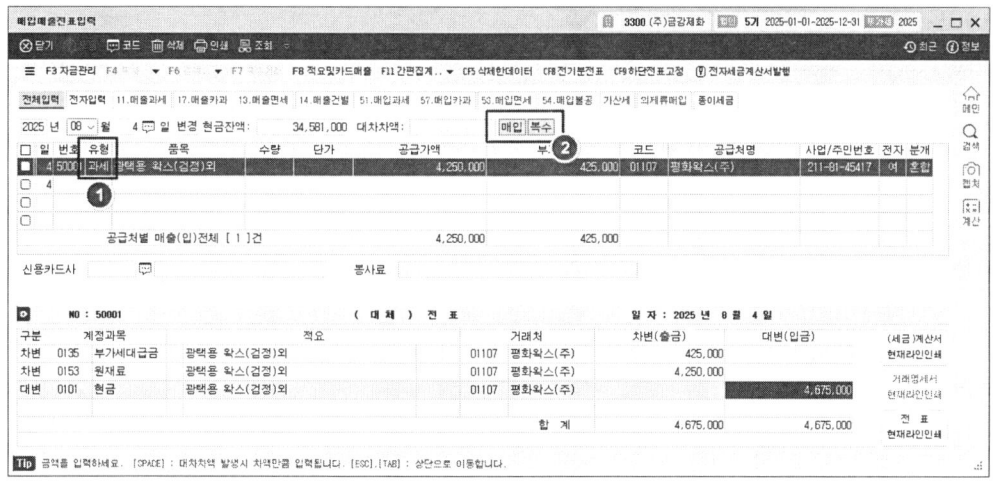

매입매출전표 입력연습 - 52.영세매입

(3) 08월 11일 미국에 제품을 수출할 목적으로 장애인용 특수구두를 명동제화에 임가공 용역을 맡기고 가공비 3,000,000원은 현금으로 지급하고, 영세율 전자세금계산서를 발급받았다.(외주가공비로 처리할 것)

영세율전자세금계산서					승인번호		202500811-131221559148	
공급자	등록번호	108-87-55552	종사업장번호		공급받는자	등록번호	137-81-22421	종사업장번호	
	상호(법인명)	명동제화	성명	윤완철		상호(법인명)	㈜금강제화	성명	윤종민
	사업장주소	서울시 동작구 동작대로 25(사당동)				사업장주소	인천시 계양구 경명대로 1051		
	업태	제조/도매	종목	구두		업태	제조/도매	종목	구두/잡지
	이메일					이메일			
작성일자		공급가액		세액		수정사유		비 고
2025-08-11		3,000,000원		영세율		해당 없음		
월	일	품목	규격	수량	단가	공급가액	세액	비고
08	11	임가공용역비				3,000,000원	영세율	
합계금액		현금	수표		어음	외상미수금	위 금액을 (영수) 함	
3,000,000원		3,000,000원						

PART 4 회계정보시스템

입력방법 | 매입매출전표 입력연습 해설

(3)	일자	유형	공급가액	부가세	공급처명	전자	분개
	08월 11일	52.영세	3,000,000원	영세율	명동제화	1.여	현금 또는 혼합

구분		계정과목	거래처	적요	차변	대변
3.차변	533	외 주 가 공 비			3,000,000원	
4.대변	101	현 금				3,000,000원

입력방법	① 거래일자를 선택한다. ② 부가세 유형 (52.영세)를 선택한다. ③ 세금계산서를 확인하여 거래내역을 입력한다. ④ 거래처코드에서 해당거래처를 입력하여 거래처를 선택한다. ⑥ 전자세금계산서 거래의 경우 [1.여]를 선택한다. ⑦ 분개에서 [1.현금] 또는 [3.혼합]을 선택한 후 하단부에 분개를 입력한다.

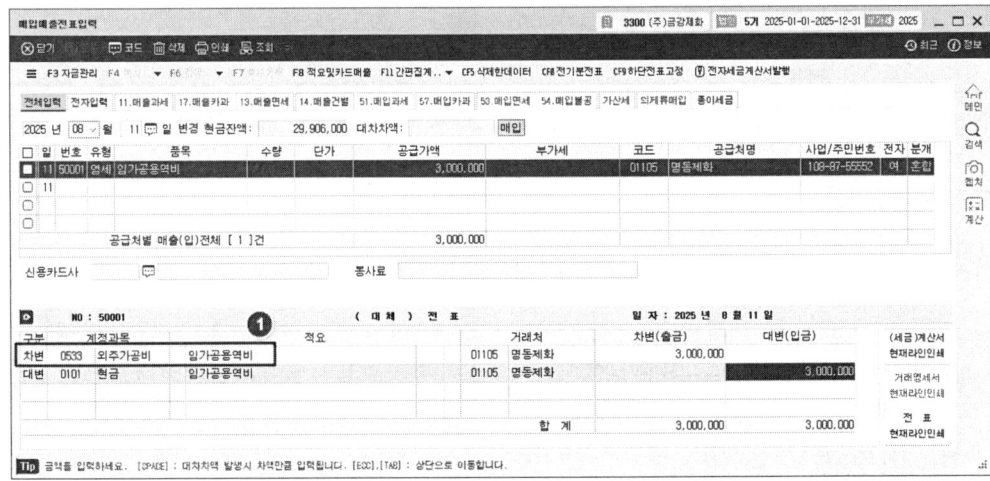

Chapter 2 전표관리

매입매출전표 / 매입매출전표 입력연습 - 53.면세매입

(4) 08월 15일 거래처(제품공급처)직원의 결혼식 축하화환을 꽃배달 전문업체인 광명플라워에 주문하고 배달을 완료하였다. 대금은 보통예금에서 150,000원을 계좌이체하고 다음과 같은 전자계산서를 수취하였다.(다음의 전자계산서에 의하여 거래처등록메뉴에 거래처 관련정보도 반영하시오.)

전자계산서				승인번호	202500815-136251559147		
공급자	등록번호	129-92-05354	종사업장번호	공급받는자	등록번호	137-81-22421	종사업장번호
	상호(법인명)	광명플라워	성명	배칠수	상호(법인명)	㈜금강제화	성명	윤종민
	사업장주소	경기도 광명시 광명로 623(광명동)			사업장주소	인천시 계양구 경명대로 1051(계산동)		
	업태	서비스	종목	꽃배달	업태	제조/도매	종목	구두/잡지
	이메일				이메일			
작성일자	공급가액		수정사유		비고		
2025-08-15	150,000원		해당 없음				

월	일	품목	규격	수량	단가	공급가액	비고
08	15	결혼식 화환				150,000원	

합계금액	현금	수표	어음	외상미수금	위 금액을 (영수) 함
150,000원	150,000원				

입력방법 — 매입매출전표 입력연습 해설

(4)	일자	유형	공급가액	부가세	공급처명	전자	분개
	08월 15일	53.면세	150,000원	-	광명플라워	1.여	혼합
구분		계정과목	거래처	적요	차변	대변
3.차변	813	기업업무추진비(판)			150,000원	
4.대변	103	보통예금				150,000원

입력 방법:
① 거래일자를 선택한다.
② 부가세 유형 (53.면세)를 선택한다.
③ 계산서의 품목, 수량, 단가를 보고 입력한다.
④ 거래처코드에서 해당거래처를 입력하여 거래처를 선택한다. 계산서의 내용을 하단 거래처등록에 추가로 입력한다.
⑥ 전자계산서 거래는 1.여를 선택한다.
⑦ 분개에서 [3.혼합]을 선택한 후 하단부에 분개를 입력한다.

PART 4 회계정보시스템

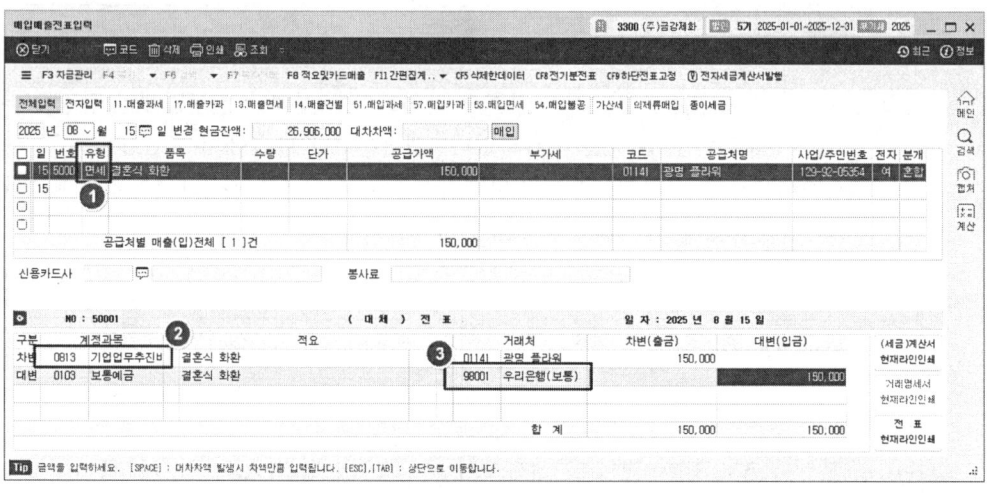

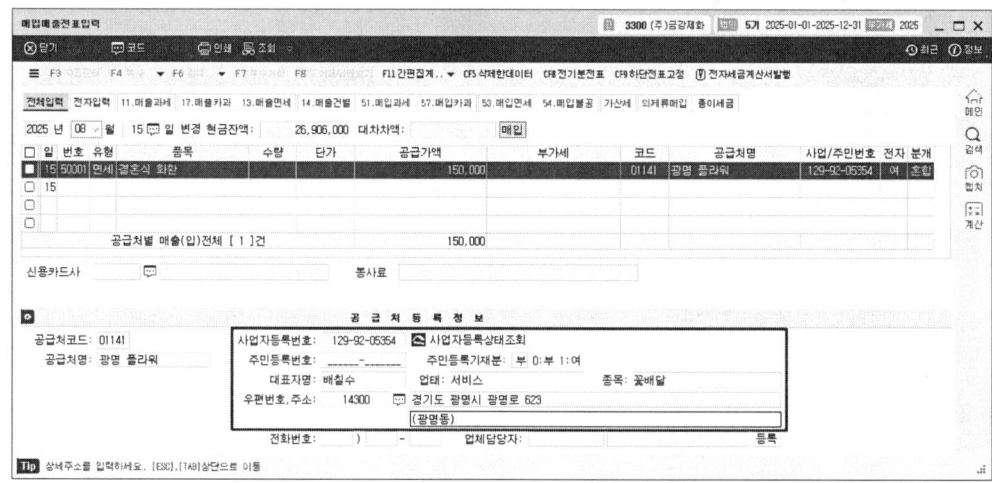

매입매출전표 입력연습 – 54.불공매입

(5) 08월 17일 업무용으로 사용할 승용차(2500cc) 1대를 10,800,000원(부가가치세 별도)에 ㈜현대자동차 인천지점에서 장기할부조건으로 구입하고, 전자세금계산서를 발급받았다. 할부기간은 36개월이며, 승용차구입에 대한 취득세 등 부대비용 640,000원과 부가가치세는 현금으로 별도 지급하였다.(할부금은 장기미지급금 계정을 사용할 것)

Chapter 2 전표관리

입력방법 | 매입매출전표 입력연습 해설

(5)	일자	유형	공급가액	부가세	공급처명	전자	분개
	08월 17일	54.불공	10,800,000원	1,080,000원	㈜현대자동차 인천지점	1.여	혼합
영세율사유		–		불공제사유	3.비영업용 소형승용차의 구입·유지 및 임차		

구분	계정과목	거래처	적요	차변	대변
3.차변	208 차량운반구			12,520,000원	
4.대변	101 현금				1,720,000원
4.대변	293 장기미지급금	㈜현대자동차 인천지점			10,800,000원

입력방법
① 거래일자를 선택한다.
② 부가세 유형 (54.불공)을 선택한다.
③ 거래처코드에서 해당거래처를 입력하여 거래처를 선택한다.
⑥ 전자계산서 거래는 1.여를 선택한다.
⑦ 불공제사유를 선택하여 부가가치세 신고시 제출할 매입세액 불공제 내역서에 반영하며, 불공제사유는 3.비영업용 소형승용자동차 구입·유지 및 임차를 선택한다.
⑧ 분개에서 [3.혼합]을 선택한 후 하단부에 분개를 입력한다.
⑨ 장기미지급금은 "현대자동차"를 선택하여 입력한다.

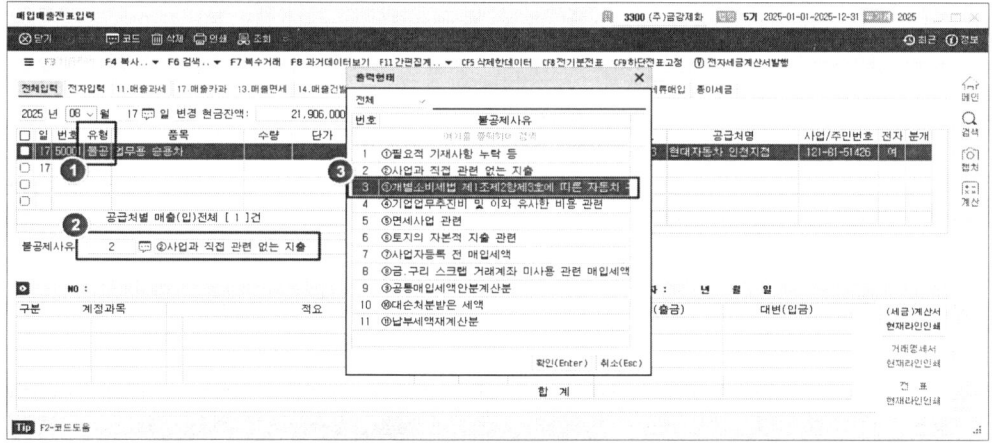

PART 4 회계정보시스템

매입매출전표 입력연습 - 55.수입매입

(6) 08월 19일 해외거래처인 중국의 대박상사에 2월 15일 주문한 상품이 인천항에 도착하였다는 통지를 인천세관으로부터 통보를 받고, 관세 1,400,000원과 부가가치세를 현금으로 납부하고 전자수입세금계산서를 발급받았다. 관세의 과세거래는 10,000,000원이며, 본 거래는 전자수입세금계산서와 관세에 대해서만 회계처리 하기로 한다.

매입매출전표 입력연습 해설

(1)	일자	유형	공급가액	부가세	공급처명	전자	분개
	08월 19일	55.수입	11,400,000원	1,140,000원	인천세관	1.여	혼합

구분	계정과목	거래처	적요	차변	대변
3.차변	146 상품			1,400,000원	
3.차변	135 부가세대급금			1,140,000원	
4.대변	101 현금				2,540,000원

입력방법	① 거래일자를 선택한다. ② 부가세 유형 (55.수입)을 선택한다. ③ 품명을 입력하고 공급가액을 입력하는 데 중요한 것은 수입하는 재화의 공급가액은 [관세과세가액+관세+개별소비세 등]이 포함된 가액이다. 그러므로 관세가 포함된 공급가액을 입력하여야 한다. ■ 이 문제에서 관세의 과세가액은 10,000,000원이며, 관세로 1,400,000원을 책정하였으므로 부가가치세 과세표준은 11,400,000원을 계상하여야 한다. ④ 거래처코드에서 [인천세관]을 선택. 전자계산서 거래는 1.여를 선택한다.

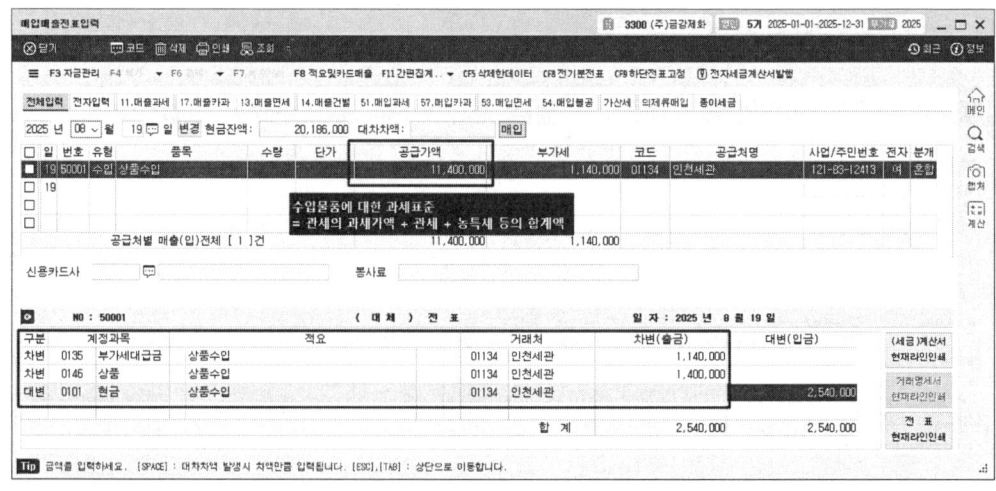

Chapter 2 전표관리

매입매출전표 | **매입매출전표 입력연습 – 57.카드매입**

(7) 08월 23일 주안인조가죽㈜로부터 제품 제조에 사용할 목적으로 원재료(인조가죽 1롤 50m, 1세트)를 3,300,000원(공급대가)에 공급받고, 대금은 법인의 신용카드(우리카드)로 결제하였다. 세금계산서는 별도로 수취하지 아니하였다.

입력방법 — 매입매출전표 입력연습 해설

(7)	일자	유형	공급가액	부가세	공급처명	전자	분개
	08월 23일	57.카과	3,000,000원	300,000원	주안인조가죽㈜	0.부	카드 또는 혼합

구분	계정과목		거래처	적요	차변	대변
3.차변	153	원 재 료			3,000,000원	
3.차변	135	부 가 세 대 급 금			300,000원	
4.대변	251	외 상 매 입 금	우리카드			3,300,000원

입력방법
① 거래일자를 선택한다.
② 부가세 유형 (57.카과)를 선택한다.
③ 품명을 입력하고 공급가액을 입력하는 데 신용카드 및 현금영수증 거래는 공급대가로 입력한다.
④ 거래처코드에서 [1108.주안인조가죽]을 선택하면, 커서가 신용카드사로 이동한다. 해당 신용카드사 [우리카드]를 선택한다.
⑤ 분개에서 [4.카드]를 선택한 후 하단부에 분개를 입력한다. 분개입력시 [253.미지급금]을 [251.외상매입금]으로 수정하여 입력하고, 거래처 [99601.우리카드]를 확인한다.

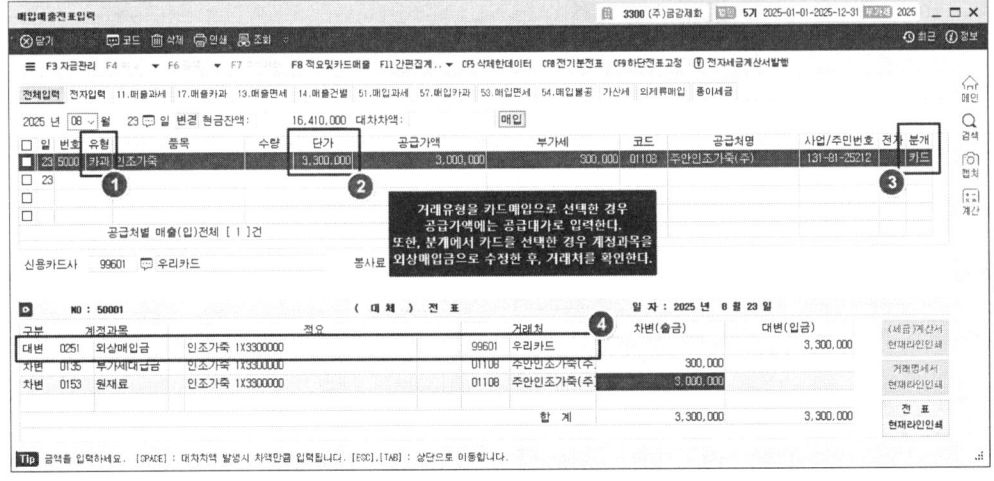

매입매출전표 종합연습 [㈜금강제화(회사코드 : 3300)]

입력시 유의사항
- 일반적인 적요의 입력은 생략하지만, 타계정 대체거래는 적요번호를 선택하여 입력한다.
- 별도의 요구가 없는 한 반드시 기 등록되어 있는 거래처코드를 선택하는 방법으로 거래처명을 입력한다.
- 제조경비는 500번대 계정코드를, 판매비와관리비는 800번대 계정코드를 사용한다.
- 회계처리시 계정과목은 별도제시가 없는 한 등록되어 있는 계정과목 중 가장 적절한 과목으로 한다.
- 입력화면 하단의 분개까지 처리하고, 전자세금계산서는 전자입력으로 반영한다.

(1) 07월 07일 ㈜로얄제화에 제품(여성구두 50켤레 @₩45,000 부가가치세별도)을 외상으로 매출하고 전자세금계산서를 발급하였다.

(2) 07월 09일 명동제화에 제품(키높이 구두 200켤레 @₩60,000 부가가치세별도)을 매출하고 전자세금계산서를 발급하였으며 대금 중 1,200,000원은 현금으로 받고 잔액은 6개월 후 결제의 명동제화 발행의 다음과 같은 전자어음을 수취하였다.

```
                    전 자 어 음

    ㈜금강제화   귀하          0042025070912345****

    금 일천이백만원 정(₩12,000,000)
    위의 금액을 귀하 또는 귀하의 지시인에게 이 약속어음과 상환하여 지급하겠습니다.

    지급기일   2026년 1월 9일    발 행 일   2025년 7월 9일
    지 급 지   국민은행 역삼지점  발행지주소  서울 동작구 동작대로 187
                                 발 행 인   명동제화        전자서명
```

(3) 07월 14일 7월 7일 ㈜로얄제화에 판매하였던 제품(여성구두) 중 불량품 10켤레를 반품 받고 수정세금계산서를 발급하고 국세청에 전송하였다. 대금은 모두 외상거래와 상계되었다.

(4) 07월 16일 ㈜칠성제화에 제품을 다음과 같이 납품하고 전자세금계산서를 발급하고 전자세금계산서 발급명세서는 국세청에 전송하였다.

제품명	수량	단가	공급가액	부가가치세	대금결제
남성용 구두	100	52,000	5,200,000	520,000	외상
여성용 구두	100	60,000	6,000,000	600,000	

(5) 07월 18일 제품의 수출을 목적으로 수출대행업체인 ㈜우방수출에 캐나다의 제너럴상사에 수출할 제품을 내국신용장(Local L/C)에 의하여 납품하고, 영세율전자세금계산서를 발급하였다.(1135코드에 거래처를 등록하시오.)

영세율전자세금계산서					승인번호		20250718-136251559147		
공급자	등록번호	137-81-22421	종사업장 번호		공급받는자	등록번호	113-81-71154	종사업장 번호	
	상호 (법인명)	㈜금강제화	성명	윤종민		상호 (법인명)	㈜우방수출	성명	송병국
	사업장 주소	인천시 계양구 경명대로 1051(계산동)				사업장 주소	서울시 양천구 화곡로3길 3(신월동)		
	업태	제조/도매	종목	구두/잡지		업태	사업서비스	종목	수출대행
	이메일					이메일			
작성일자		공급가액		세액		수정사유		비 고	
2025-07-18		15,000,000원		영세율		해당 없음			
월	일	품목	규격	수량	단가	공급가액		세액	비고
07	18	남성용 구두		300	50,000	15,000,000원		0원	
합계금액		현금		수표		어음	외상미수금	위 금액을 (청구) 함	
15,000,000원							15,000,000원		

(6) 07월 25일 제품공급처(매출처) 직원 한진석이 결혼을 한다는 청첩장을 받고 본사의 판매용 남성구두 2켤레(원가 200,000원 시가 300,000원)을 결혼선물로 증정하였다.

(7) 07월 29일 미국 뉴욕의 맨허턴상사에서 신용장(L/C)을 송부 받고, 다음과 같이 제품을 선적하고, 대금은 제품이 도착하여 통관이 완료되는 대로 결제받기로 하였다.(수출신고서 제출일 7월 28일, 선적일 7월 29일, 복수거래 선택)

제품명	수량	단가	선적일	수출신고서 제출일
남성용 구두	100	$100	₩1,050	₩1,075
여성용 구두	200	$ 90		

(8) 07월 31일 개인소비자 김성남에게 남성용 키높이구두(3켤레)를 231,000원(공급대가)에 판매하고 대금은 신용카드(삼성카드)로 결제 받고 신용카드매출전표를 발급하여 주다.

[7월 거래의 입력]

(1)

일자	유형	공급가액	부가세	공급처명	전자	분개
07월 07일	11.과세	2,250,000원	225,000원	㈜로얄제화	1.여	외상 또는 혼합

구분	계정과목		거래처	적요	차변	대변
3.차변	108	외 상 매 출 금	㈜로얄제화		2,475,000원	
4.대변	255	부 가 세 예 수 금				225,000원
4.대변	404	제 품 매 출				2,250,000원

(2)

일자	유형	공급가액	부가세	공급처명	전자	분개
07월 09일	11.과세	12,000,000원	1,200,000원	명동제화	1.여	혼합

구분	계정과목		거래처	적요	차변	대변
4.대변	255	부 가 세 예 수 금				1,200,000원
4.대변	404	제 품 매 출				12,000,000원
3.차변	101	현 금			1,200,000원	
3.차변	110	받 을 어 음	명동제화		12,000,000원	

(3)

일자	유형	공급가액	부가세	공급처명	전자	분개
07월 14일	11.과세	-450,000원	-45,000원	㈜로얄제화	1.여	외상

구분	계정과목		거래처	적요	차변	대변
3.차변	108	외 상 매 출 금	㈜로얄제화		-495,000원	
4.대변	255	부 가 세 대 급 금				-45,000원
4.대변	404	제 품 매 출				-450,000원

(4)

일자	유형	공급가액	부가세	공급처명	전자	분개
07월 16일	11.과세	11,200,000원	1,120,000원	㈜칠성제화	1.여	외상 또는 혼합

(F7)복수거래 선택

구분	계정과목		거래처	적요	차변	대변
3.차변	108	외 상 매 출 금	㈜칠성제화		12,320,000원	
4.대변	255	부 가 세 예 수 금				1,120,000원
4.대변	404	제 품 매 출				11,200,000원

(5)

일자	유형	공급가액	부가세	공급처명	전자	분개
07월 18일	12.영세	15,000,000원	영세율	㈜우방수출	1.여	외상 또는 혼합

영세율사유	3.내국신용장 · 구매확인서		불공제사유			

구분	계정과목		거래처	적요	차변	대변
3.차변	108	외 상 매 출 금	㈜우방수출		15,000,000원	
4.대변	404	제 품 매 출				15,000,000원

(6)

일자	유형	공급가액	부가세	공급처명	전자	분개
07월 25일	14.건별	300,000원	30,000원	-	-	혼합

구분	계정과목		거래처	적요	차변	대변
4.대변	255	부 가 세 예 수 금				30,000원
4.대변	150	제 품		8 타계정으로 대체액		200,000원
3.차변	813	기 업 업 무 추 진 비(판)			230,000원	

Chapter 2 전표관리

	일자	유형	공급가액	부가세	공급처명	전자	분개
(7)	07월 29일	16.수출	29,400,000원	영세율	미국 맨허턴상사	-	외상 또는 혼합
			복수거래 선택				
영세율사유		1.직접수출(수출대행 포함)		불공제사유			
구분	계정과목		거래처	적요		차변	대변
3.차변	108	외 상 매 출 금	미국 맨허턴상사		29,400,000원	
4.대변	404	제 품 매 출				29,400,000원

	일자	유형	공급가액	부가세	공급처명	전자	분개
(8)	07월 31일	17.카과	210,000원	21,000원	김성남	-	카드 또는 혼합
구분	계정과목		거래처	적요		차변	대변
3.차변	108	외 상 매 출 금	삼성카드		231,000원	
4.대변	255	부 가 세 예 수 금				21,000원
4.대변	404	제 품 매 출				210,000원

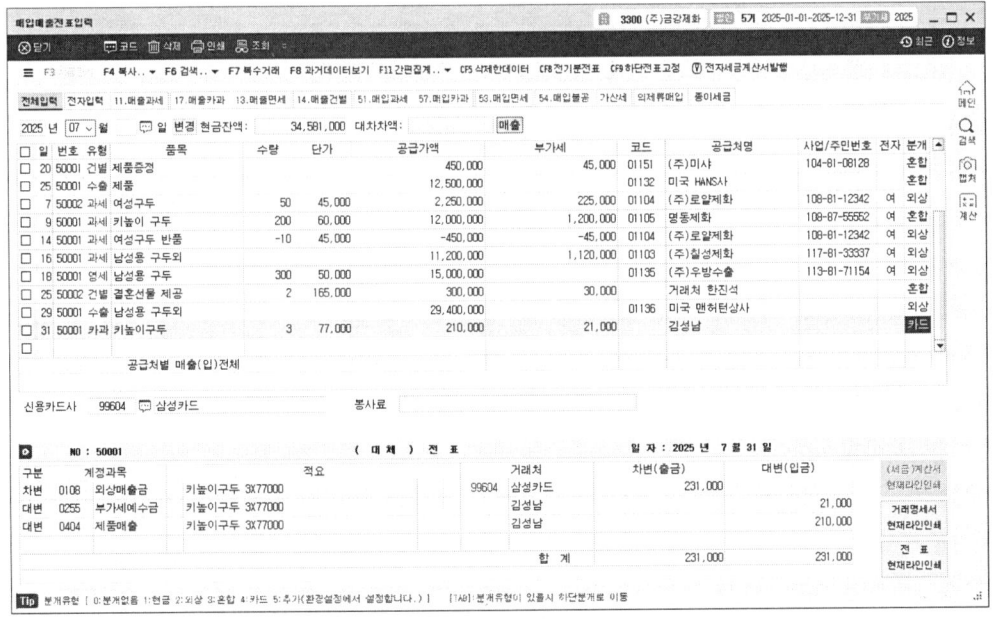

(9) 08월 08일 신제품의 재봉작업을 위하여 재봉틀전문제조업체 브라더미싱에서 제품 재봉용 재봉틀 5대(공급가액 @₩1,200,000 부가가치세별도)를 구입하고, 대금 중 일부인 600,000원은 현금으로 지급하고, 잔액은 10개월 할부로 결제하기로 하였으며, 전자세금계산서를 발급받았다.(기계장치로 처리하시오.)

(10) 08월 10일 주안인조가죽㈜으로부터 제품 제조용 인조가죽 5,000,000원을 매입하고, 대금은 나중에 지급하기로 하였으며 전자세금계산서를 발급받았다.

(11) 08월 15일 동양가죽공업㈜에서 제품제조용 양가죽 15,000,000원을 매입하고 대금은 3개월 후 지급의 약속어음을 발행하여 지급하였으며 종이세금계산서를 발급받았다.

(12) 08월 20일 현대정공㈜에 본사건물의 엘리베이터 정기수리를 의뢰하고 수리비 3,000,000원(부가세별도, 거래는 수익적지출로 처리할 것)을 부가세와 함께 10일 후에 지급하기로 약속하고 전자세금계산서를 발급받았다.

(13) 08월 23일 서울서적으로부터 업무에 참고할 무역관련 서적을 5권(120,000원)을 구입하고, 대금은 전액 현금으로 지급하였으며 다음과 같은 전자계산서를 발급받았다.(1139코드에 거래처를 등록하시오)

전자계산서					승인번호		202500823-136251559147		
공급자	등록번호	107-91-15194		종사업장 번호		공급받는자	등록번호	137-81-22421	종사업장 번호	
	상호(법인명)	서울서적	성명	박영석			상호(법인명)	㈜금강제와	성명	윤종민
	사업장 주소	서울시 영등포구 경인로 704(문래동1가)					사업장 주소	인천시 계양구 경명대로 1051(계산동)		
	업태	소매	종목	도서			업태	제조/도매	종목	구두/잡지
	이메일						이메일			
작성일자		공급가액				수정사유		비 고		
2025-08-23		120,000원				해당 없음				
월	일	품목		규격	수량	단가		공급가액	비고	
08	23	무역서적			5	24,000		120,000원		
합계금액		현금		수표		어음		외상미수금	위 금액을 (영수) 함	
120,000원		120,000원								

[8월 거래의 입력]

(9)	일자	유형	공급가액	부가세	공급처명		전자	분개
	08월 08일	51.과세	6,000,000원	600,000원	브라더미싱		1.여	혼합
구분	계정과목		거래처		적요		차변	대변
3.차변	135	부 가 세 대 급 금					600,000원	
3.차변	206	기 계 장 치					6,000,000원	
4.대변	101	현 금						600,000원
4.대변	253	미 지 급 금	브라더미싱					6,000,000원

Chapter 2 전표관리

(10)	일자	유형	공급가액	부가세	공급처명	전자	분개
	08월 10일	51.과세	5,000,000원	500,000원	주안인조가죽㈜	1.여	외상 또는 혼합
구분	계정과목		거래처	적요		차변	대변
4.대변	251	외 상 매 입 금	주안인조가죽㈜				5,500,000원
3.차변	135	부 가 세 대 급 금				500,000원	
3.차변	153	원 재 료				5,000,000원	

(11)	일자	유형	공급가액	부가세	공급처명	전자	분개
	08월 15일	51.과세	15,000,000원	1,500,000원	동양가죽공업㈜	-	외상 또는 혼합
구분	계정과목		거래처	적요		차변	대변
3.차변	135	부 가 세 대 급 금				1,500,000원	
3.차변	153	원 재 료				15,000,000원	
4.대변	252	지 급 어 음	동양가죽공업㈜				16,500,000원

(12)	일자	유형	공급가액	부가세	공급처명	전자	분개
	08월 20일	51.과세	3,000,000원	300,000원	현대정공㈜	1.여	혼합
구분	계정과목		거래처	적요		차변	대변
3.차변	135	부 가 세 대 급 금				300,000원	
3.차변	820	수 선 비 (판)				3,000,000원	
4.대변	253	미 지 급 금	현대정공㈜				3,300,000원

(13)	일자	유형	공급가액	부가세	공급처명	전자	분개
	08월 23일	53.면세	120,000원	-	서울서적	1.여	현금 또는 혼합
구분	계정과목		거래처	적요		차변	대변
3.차변	826	도 서 인 쇄 비 (판)				120,000원	
4.대변	101	현 금					120,000원

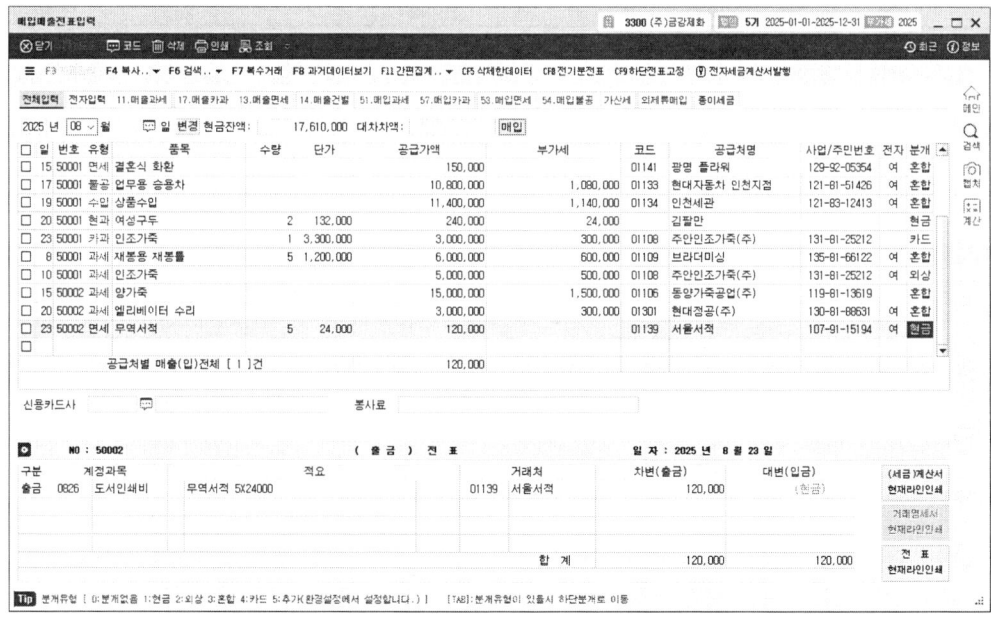

PART 4 회계정보시스템

(14) 09월 03일 업무용 승용차(2,000cc)의 엔진오일 및 기타 수리를 대성자동차정비소에 의뢰하고 수리비용 132,000원(공급대가)은 현금으로 지급하고 종이세금계산서를 발급받았다.

(15) 09월 10일 생산부의 요청에 따라 제품 광택용 구두약을 평화왁스㈜에서 검정색 왁스 30리터(공급가액 5,000,000원 부가가치세 500,000원)를 매입하고 대금은 전액 우리카드로 결제하고 신용카드매출전표를 발급받았다.

(16) 09월 16일 대표이사의 자택에서 사용할 목적으로 로우마트에서 LED-TV(75인치)를 1,500,000원(부가가치세별도)에 구입하고, 회사명의 전자세금계산서를 발급받았다. 대금은 회사에서 현금으로 지급하였다.(단, 대신 지급한 대금은 대표이사의 가지급금으로 처리한다.)

(17) 09월 24일 생산직사원들이 ㈜동양인력개발교육원에서 직무향상교육을 받고, 사원들의 교육과 관련된 전자계산서 8,000,000원(공급가액)을 발급 받았다. 교육비는 보통예금계좌에서 이체하였다.(교육훈련비 계정을 사용할 것)

[9월 거래의 입력]

(14)	일자	유형	공급가액	부가세	공급처명	전자	분개
	09월 03일	54.불공	120,000원	12,000원	대성자동차정비사업소	-	현금 또는 혼합
구분		계정과목	거래처		적요	차변	대변
3.차변	822	차 량 유 지 비 (판)				132,000원	
4.대변	101	현 금					132,000원

(15)	일자	유형	공급가액	부가세	공급처명	전자	분개
	09월 10일	57.카과	5,000,000원	500,000원	평화왁스㈜	1.여	카드 또는 혼합
구분		계정과목	거래처		적요	차변	대변
4.대변	251	외 상 매 입 금	우리카드				5,500,000원
3.차변	135	부 가 세 대 급 금				500,000원	
3.차변	153	원 재 료				5,000,000원	

(16)	일자	유형	공급가액	부가세	공급처명	전자	분개
	09 16일	54.불공	1,500,000원	150,000원	로우마트	1.여	현금 또는 혼합
구분		계정과목	거래처		적요	차변	대변
3.차변	134	가 지 급 금		01	대표이사 가지급	1,650,000원	
4.대변	101	현 금					1,650,000원

Chapter 2 전표관리

(17)	일자	유형	공급가액	부가세	공급처명	전자	분개
	09월 24일	53.면세	8,000,000원	-	㈜동양인력개발교육원	1.여	혼합
구분	계정과목		거래처		적요	차변	대변
3.차변	525 교 육 훈 련 비(제)					8,000,000원	
4.대변	103 보 통 예 금		우리은행(보통)				8,000,000원

(18) 10월 06일 제조부문의 공장건물 임대인 ㈜부흥상사로부터 임차료 2,310,000원(부가가치세 포함)과 공장 전기요금 330,000원(부가가치세 포함)에 대한 전자세금계산서 1매를 교부받고 보통예금에서 계좌이체하였다.(임대차계약서상 임차료는 매월 30일에 지급하기로 되어 있다)

(19) 10월 11일 ㈜칠성제화에 제품 300개(판매단가 @40,000원, 부가가치세별도)를 납품하면서 전자세금계산서를 발급하였다. 판매대금 중 5,000,000원은 현금으로 받았으며, 나머지는 30일 후 받기로 하였다.

(20) 10월 19일 새로 차량을 구입하기 위하여, 기존의 제품 운반용 1톤 트럭(취득가액 13,000,000원, 감가상각누계액 3,000,000원)을 ㈜엘리트에 12,000,000원(부가가치세별도)에 처분하면서 전자세금계산서를 발급하였다. 대금은 전액 보통예금으로 입금 받았다. 처분시점에 감가상각은 하지 않기로 한다.

[10월 거래의 입력]

(18)	일자	유형	공급가액	부가세	공급처명	전자	분개
	10월 06일	51.과세	2,400,000원	240,000원	㈜부흥상사	1.여	혼합
구분		계정과목		거래처	적요	차변	대변
3.차변	135	부 가 세 대 급 금				240,000원	
3.차변	519	임 차 료(제)				2,100,000원	
3.차변	516	전 력 비(제)				300,000원	
4.대변	103	보 통 예 금		우리은행(보통)			2,640,000원

(19)	일자	유형	공급가액	부가세	공급처명	전자	분개
	10월 11일	11.과세	12,000,000원	1,200,000원	㈜칠성제화	1.여	혼합
구분		계정과목		거래처	적요	차변	대변
4.대변	255	부 가 세 예 수 금					1,200,000원
4.대변	404	제 품 매 출					12,000,000원
3.차변	101	현 금				5,000,000원	
3.차변	108	외 상 매 출 금		㈜칠성제화		8,200,000원	

(20)	일자	유형	공급가액	부가세	공급처명	전자	분개
	10월 19일	11.과세	12,000,000원	1,200,000원	㈜엘리트	1.여	혼합
구분		계정과목		거래처	적요	차변	대변
4.대변	255	부 가 세 예 수 금					1,200,000원
4.대변	208	차 량 운 반 구					13,000,000원
4.대변	914	유 형 자 산 처 분 이 익					2,000,000원
3.차변	209	감 가 상 각 누 계 액				3,000,000원	
3.차변	103	보 통 예 금		우리은행(보통)		13,200,000원	

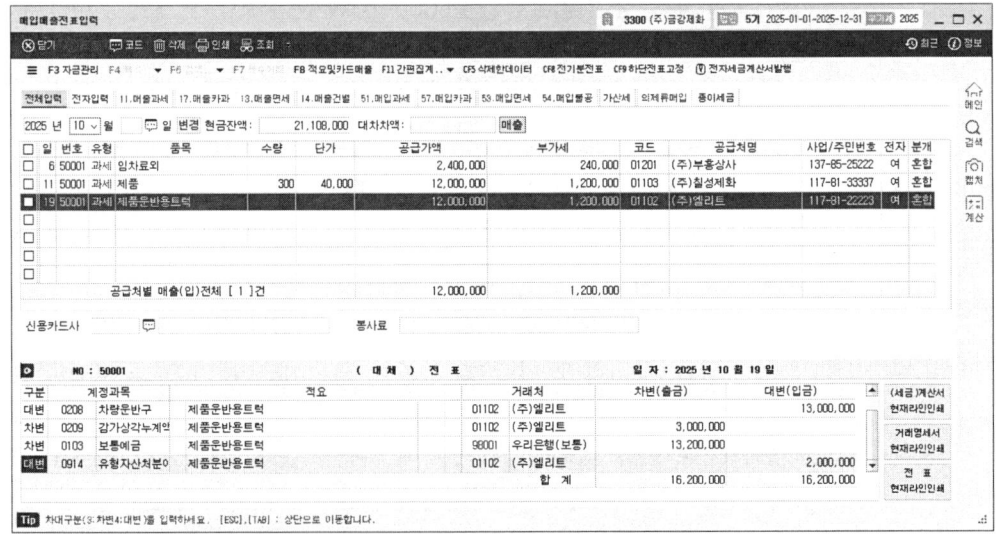

제 3 장
결산 관리

PART 4 회계정보시스템

제1절 결산준비하기 NCS능력단위(0203020101_20v4.1)

> [3300.㈜금강제화]를 입력하지 못한 경우
> 회사코드 <3700.㈜금강제화>을 선택하여 실습하세요.
>
> 자료가 누락 없이 입력된 경우, 기존 〈3300.㈜금강제화〉에 그대로 입력하세요.

1 고정자산 관리

결산에 있어서 기업은 반드시 유형자산 및 무형자산의 가치 감소액을 추정하여 결산에 반영하여야 한다. 회계 프로그램에서는 이 과정을 고정자산 등록을 통하여 감가상각비 추정액을 계산하고 있다.

(1) 기본등록사항

① **고정자산 계정과목** : 계정코드를 입력하거나 F2(도움)를 클릭하여 해당 자산의 코드를 입력한다.
② **자산코드 및 자산명** : 자산의 코드는 회사가 관리하고 있는 번호가 있으면 관리번호로 입력하고, 해당자산의 종류를 자세하게 입력한다.
③ **상각방법** : 정액법과 정률법 중 하나를 선택한다. 일반적으로 건물과 구축물은 정액법으로 자동 반영되며, 기타 자산은 정률법을 선택한다.

(2) 주요등록사항

① **기초가액** : 자산의 취득원가를 입력한다. 당기에 신규 취득한 자산은 기초가액에 입력하지 않고, 「4. 당기 중 취득 및 당기증가」에 입력하여야 한다.
② **전기말상각누계액** : 해당 자산의 전기 말 감가상각누계액을 입력한다.
③ **전기말 장부가액은 자동 반영된다.**
④ **내용연수** : 해당 내용연수를 입력하면 상각율은 자동 반영된다.
⑤ **경비구분** : 제조경비는 500번대, 판매비와 관리비는 800번대를 선택한다.
⑥ 업종을 클릭하여 해당 업종코드를 입력한다.

Chapter 3 결산 관리

결산관리 | **고정자산등록 및 감가상각비 [㈜금강제화(회사코드 : 3300)]**

다음의 거래는 [3300. ㈜금강제화]의 고정자산내역이다. 고정자산을 등록하고 감가상각비를 산출하시오.

계정과목	자산코드	자산명	취득일자	취득가액	감가상각누계액	상각방법	내용연수	업종코드	용도
건　　　물	0001	본사사옥	2023. 6. 15	200,000,000	15,000,000	정액법	20년	02	본사
차량운반구	0002	통근버스	2025. 9. 1	40,000,000	-	정률법	5년	01	제조부
기계장치	0003	혼합기	2024. 3. 3	50,000,000	18,790,000	정률법	5년	13	제조부

[추가자료]

① 2025. 3. 5. 본사건물에 엘리베이터(설치비용 15,000,000원)를 설치하였으며, 이는 자본적지출에 해당한다.
② 자산코드는 주어진 코드로 입력하며, 업종코드도 반드시 등록하시오.

입력방법 | 고정자산등록 입력

[건　물]

PART 4 회계정보시스템

[차량운반구]

[기계장치]

Chapter 3 결산 관리

2 수익과 비용에 관한 결산정리사항의 검토

(1) 손익의 이연

1) 수익의 이연

당기에 수입된 수익 중 차기에 속하는 금액은 당기의 수익에서 차감하여 선수금의 성질을 가진 부채로 차기로 이월시켜야 한다. 즉, 선수분은 해당하는 수익계정의 차변에 기입하는 동시에 「**선수수익**」이라는 일시적인 부채계정을 설정하여 대변에 기입한다.

미경과분 수익계상	해 당 수 익 항 목	×××	선 수 수 익	×××

2) 비용의 이연(선급비용의 차감)

당기에 지급한 비용 중 차기에 속하는 금액은 당기의 비용에서 차감하여 선급금의 성질을 가진 자산으로 차기에 이월하여야 하는 것을 비용의 이연이라 한다. 즉, 미경과된 비용을 계산하여 비용 계정의 대변에 기입하는 동시에 「**선급비용**」이라는 일시적인 자산계정을 설정하여 차변에 기입한다.

미경과분 비용계상	선 급 비 용	×××	해 당 비 용 항 목	×××

(2) 손익의 예상

1) 수익의 예상(미수수익의 계상) :

당기에 속하는 수익으로서 미수분이 있을 경우에는 발생주의에 따라 당기의 수익으로 인식하는 것을 말한다. 미수분에 해당하는 수익을 계상하여 수익계정의 대변에 기입하는 동시에 「**미수수익**」이라는 일시적인 자산계정을 설정하여 차변에 기입한다.

당기 미수수익 계상	미 수 수 익	×××	해 당 수 익 항 목	×××

2) 비용의 예상(미지급비용의 계상)

미지급비용은 당기에 이미 비용으로 발생되었으나 아직 미지급된 비용으로 이는 장래에 지급해야할 부채에 해당한다. 발생주의 원칙에 따라 이미 발생된 비용은 미지급상태라 하더라도 당기 비용으로 인식해야 하며, 미지급을 표시하는 부채계정인 「**미지급비용**」계정으로 차기에 이월한다.

당기 미지급 비용	해 당 비 용 항 목	×××	미 지 급 비 용	×××

(3) 소모품의 처리

1) 비용처리법

소모품을 구입한 시점에 소모품비계정으로 처리하였다가 결산 시에 미사용액을 자산으로 대체하여 차기로 이월시키는 방법이다.

소모품 미사용액	소 모 품 ×××	소 모 품 비 ×××

2) 자산처리법

소모품을 구입한 때에 자산으로 처리 하였다가 사용액을 비용계정에 대체하는 방법을 말한다.

당기 소모품 사용액	소 모 품 비 ×××	소 모 품 ×××

③ 자산 및 부채의 결산정리사항 검토

기말 결산에 있어 재무상태표에 인식되기 위해서는 모든 자산과 부채는 결산일 현재 현금으로 교환받거나 이행할 수 있는 가치로 측정하여 재무상태표에 인식해야 하는데 이것을 「**평가**」라 하며, 다음과 같은 사항을 검토하여야 한다.

① 기말재고자산의 평가
② 매출채권의 대손충당금 설정
③ 유형자산 및 무형자산의 감가상각비 검토
④ 유가증권의 공정가치 평가(시장성 있는 경우 공정가치법 평가, 시장성이 없는 경우 원가법 평가)
⑤ 당기 퇴직급여충당부채의 추정
⑥ 법인세 비용의 계상

Chapter 3 결산 관리

제2절 결산분개하기 :: NCS능력단위(0203020104_20v4.2)

1 결산자료의 관리

(1) 자동결산과목의 종류

1) 기말재고자산

상품매매업을 영위하는 기업은 「**상품매출원가**」를 산출하며, 제조업은 「**제조원가명세서**」에 의하여 「**당기제품제조원가**」를 산출하여 손익계산서에 반영한다. 이후 손익계산서에서 「**당기제품매출원가**」를 산출한다.

2) 퇴직급여충당부채

퇴직급여충당부채의 경우 기업이 전임직원이 일시에 퇴직하는 경우 일시금이 필요한 경우를 대비하여 추정을 하고, 추정액을 당기비용으로 인식한다.

3) 감가상각비의 계상

감가상각이란 기업이 소유하고 있는 비유동자산의 장부가치가 기간이 경과함에 따라 가치가 감소하는 현상을 말한다. 감가상각비는 기업이 임의적으로 계상할 수 없으므로 기업회계기준에서는 감가상각방법을 제시하고 있다.

프로그램에서는 이러한 감가상각비를 자동으로 계산할 수 있으나 전산회계1급에서는 기말 감가상각액이 문제에 처음부터 정해져 제공되므로 계산은 생략할 수 있다.

4) 대손상각비의 계상

대손상각비란 기업이 가지고 있는 채권이 회수불능되어 손실이 발생하는 것을 말한다. 기업회계기준에는 다음과 같은 식을 이용하여 차액을 당기 손익에 반영하는 차액보충법을 이용한다.

```
매출채권(외상매출금·받을어음) × 대손율 - 시산표의 대손충당금 잔액
    = (+) 대손상각비  ×××     대손충당금  ×××
    = (-) 대손충당금   ×××     대손충당금환입  ×××
```

5) 무형자산상각비

영업권, 산업재산권과 같은 무형자산에 대하여 자동 결산기능을 이용한다.

6) 법인세 등

결산자료입력 메뉴의 9.법인세 등의 1)선납세금에 있는 금액을 오른쪽에 해당액 그대로 옮겨 입력한다. 당기 법인세 계상액 중 1)선납세금의 해당액을 차감한 잔액을 2)추가계상액 란에 반영한다.

(2) 수동결산과목의 종류

수동결산은 위의 자동결산을 제외한 나머지를 말한다. 회계프로그램을 이용하여 결산을 하는 경우 위의 자동결산사항들도 모두 12월 31일 결산정리 분개를 하여 일반전표에 직접반영하고 자동결산을 생략하여도 무방하다.

2 결산자료의 입력

(1) 수동결산 입력방법

법인기업의 결산순서는 자동결산 과목부터 골라내어 계산을 미리 한다. 자동결산기능을 제외한 나머지 과목을 12월 31일자로 하여 분개를 하고 일반전표메뉴에 12월 31일자로 하여 입력을 마친다.

(2) 자동결산 입력방법

1) 원가설정(F4)

업종별 원가 설정 시 사용하며 [451.상품매출원가]는 입력하지 않는다.

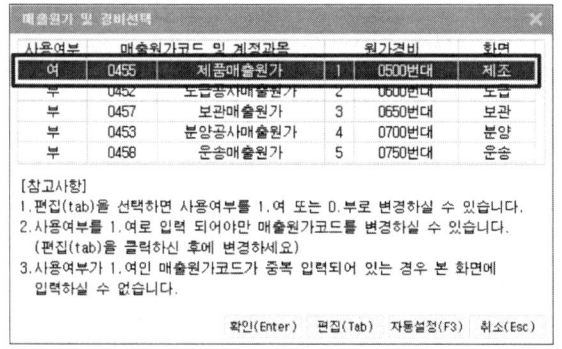

2) 기말재고자산 입력

상품, 원재료, 재공품, 제품의 기말재고액을 입력한다.

3) 퇴직급여충당부채, 감가상각비, 대손상각비의 자동입력

① 상단의 메뉴에서 F7(감가상각), F8(대손상각), Ctrl+F8(퇴직충당)을 클릭한다.
② 해당 자료를 입력한 후 반영버튼을 클릭하면, 하단의 원가계정과, 비용계정에 자동으로 반영된다.

4) 법인세비용의 입력방법

① 선납세금의 정리 : 선납세금을 결산반영금액에 옮겨 입력한다.
② 추가계상액에 법인세계상액에서 선납세금을 차감한 금액으로 입력한다.

(3) 결산마무리하기(결산자료 전표추가)

결산자료 해당사항을 모두 입력한 후 프로그램 상단의 F3(전표추가)버튼을 클릭하면 일반전표에 결산분개를 추가할 것인지 메시지가 나온다. 여기서 "예(Y)"버튼을 선택하면 해당분개가 [일반전표입력]에 추가되며 또한 결산이 완료된다.

3 재무제표의 확정

재무제표는 일정한 순서에 의해서 확정된다. 본 프로그램에서 확정하는 순서는 제조원가명세서, 손익계산서, 이익잉여금처분계산서, 재무상태표의 순으로 작성해야 한다.

① [결산/재무제표]메뉴에서 「**제조원가명세서**」를 조회한 후 「**당기제품제조원가**」를 확인한 후 종료한다.
② [결산/재무제표]메뉴에서 「**손익계산서**」를 조회한 후 「**당기제품제조원가**」와 「**매출원가**」 「**당기순이익**」을 확인한 후 종료한다.
③ [결산/재무제표]메뉴에서 「**이익잉여금처분계산서**」를 조회한 후 「**당기순이익**」과 「**잉여금처분내역**」을 입력하고, 잉여금 「**처분일자**」를 확인하여 F3(전표추가)를 클릭하여 일반전표에 반영한다.
④ [결산/재무제표]메뉴에서 「**재무상태표**」를 조회한 후 자본의 「**당기순이익**」 및 「**미처분이익잉여금**」을 확인한다.

PART 4 회계정보시스템

결산관리 — 결산정리 및 결산자료 입력 [금강제화:3300]

다음은 회사코드 [3300:㈜금강제화]의 결산정리사항이다. 결산분개를 하고 일반전표에 입력하여 결산을 완성하시오.

---

(1) 영업부 임차료 미지급액 600,000원을 계상하다.
(2) 단기매매증권의 기말 공정가치를 10,000,000원에 평가하다.
(3) 생산부의 보험료 미경과분 150,000원을 계상하다.
(4) 기말재고자산은 다음과 같다.

상품	제품	재공품	원재료
2,000,000원	3,800,000원	2,000,000원	2,500,000원

(5) 당기 퇴직급여추계액은 다음과 같다.(자동결산)
    생산직   16,700,000원   사무직   16,500,000원
(6) 매출채권 잔액에 대하여 1%의 대손상각비를 계상하다.(자동결산)
(7) 당기감가상각비 계상액은 고정자산등록메뉴를 조회하여 입력된 자료를 자동결산 기능을 이용하여 반영한다.
(8) 당기법인세 계상액은 10,000,000원으로 가정한다.

입력방법 — 결산자료입력 해설

① 수동 결산자료의 입력 ⇨ 일반전표 : 12월 31일자로 입력

(1)	12월 31일										
분개	(차)	임 차 료	(판)	600,000	(대)	미 지 급 비 용					600,000
구분		계정과목		거래처		적요		차변		대변	
3.차변	819	임 차 료						600,000			
4.대변	262	미 지 급 비 용								600,000	

※ 기업회계기준에 의한 수익과 비용의 인식방법은 발생주의에 의한 인식을 요구하고 있다. 그러므로 당기에 미지급된 비용이라 하더라도 당기비용에 해당하면 미지급비용을 인식해야 하는 것이다.

(2)	12월 31일								
분개	(차)	단 기 매 매 증 권	700,000	(대)	단 기 매 매 증 권 평 가 이 익				700,000
구분		계정과목		거래처		적요		차변	대변
3.차변	107	단 기 매 매 증 권						700,000	
4.대변	905	단 기 매 매 증 권 평 가 이 익							700,000
	단기매매증권 : 장부가액 9,300,000원 - 공정가치 10,000,000원 = 단기매매증권평가이익 700,000원								

Chapter 3 결산 관리

(3)	12월 31일									
분개	(차)	선 급 비 용			150,000	(대)	보 험 료	(제)		150,000
구분		계정과목			거래처		적요		차변	대변
3.차변	133	선 급 비 용							150,000	
4.대변	521	보 험 료								150,000

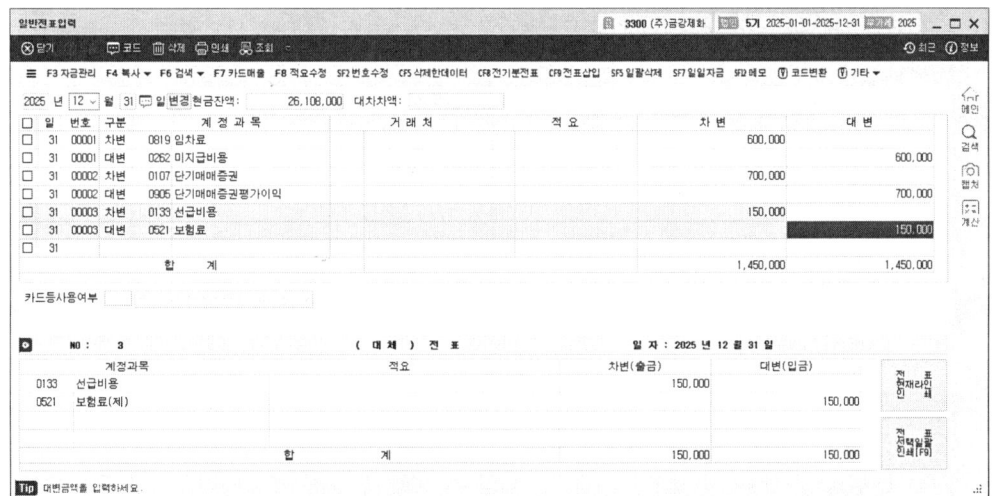

PART 4 회계정보시스템

2 자동결산 자료의 입력

먼저 ①수동결산사항을 12월 31일자로 분개하여 일반전표에 입력한 후 입력이 완료되면, ②회계관리 메뉴의 결산 및 재무제표에서 결산자료입력을 순서대로 클릭하여 기말정리사항을 입력한다.

(1) 기말재고자산의 입력

① 상품재고액 : 2,000,000원　　② 원재료재고액 : 2,500,000원
③ 재공품재고액 : 2,000,000원　　④ 제품재고액 : 3,800,000원

(2) 퇴직급여의 입력

화면 상단의 [CF8]퇴직충당[불러오기] 메뉴를 이용하여 불러올 수 있다. 해당 자료와 조회 자료를 비교하여 틀린 금액은 수정한 후 [결산반영]을 한다.

〈제품매출원가부분 : 16,700,000원 입력, 판매관리부분 : 16,500,000원 입력〉

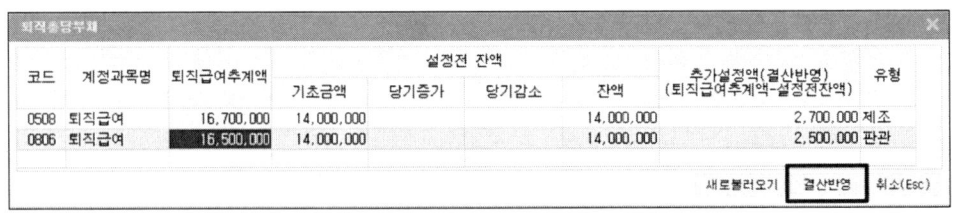

(3) 감가상각비의 입력

화면 상단의 감가상각비 불러오기 메뉴를 이용하여 불러올 수 있다. 해당 자료와 조회 자료를 비교하여 틀린 금액은 수정한 후 [결산반영]을 한다.

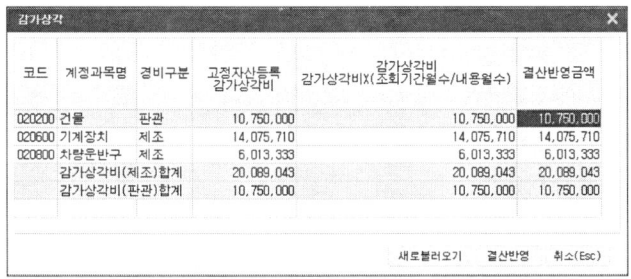

(4) 대손상각비의 입력

화면 상단의 [F8대손상각]메뉴를 이용하여 불러올 수 있다. 해당 자료와 조회 자료를 비교하여 틀린 금액은 수정한 후 [결산반영]을 한다. 미수금과 같은 채권의 경우 추가설정액(결산반영)에서 「스페이스바」를 이용하여 삭제한 후 결산반영을 클릭한다.

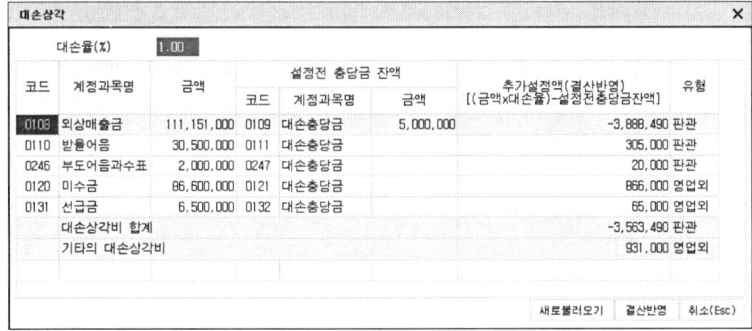

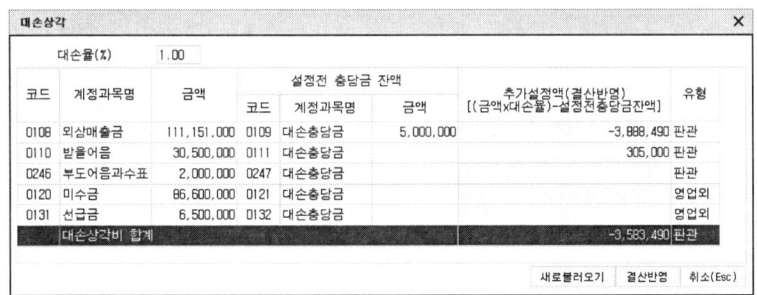

(5) 법인세계상액 입력

법인세계상액의 입력방법은 2가지의 방법이 있다. 하지만 본 프로그램에서는 자동결산기능을 이용하여 입력하는 방법 한 가지만 설명하도록 한다.

1) 자동결산 기능을 이용하는 방법

① [9.법인세 등]의 선납세금에 있는 금액을 바로 옆 칸에 그대로 옮겨 입력한다.
② 추가계상액란에 당기법인세 추산액 10,000,000원에서 선납세금을 차감한 잔액 1,500,000원을 입력한다.

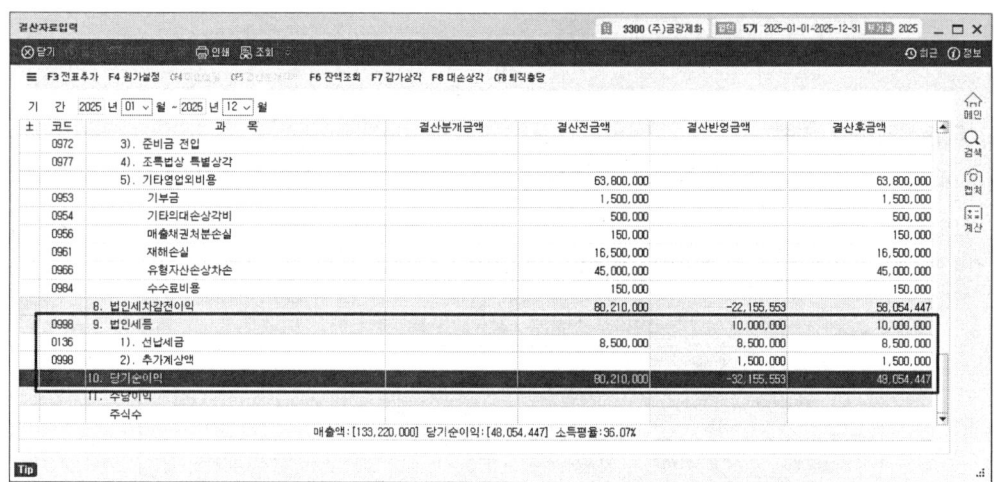

2) 일반전표에 분개하는 방법

(3)	12월 31일											
분개	(차)	법	인	세	등	10,000,000	(대)	선 납 세 금 미 지 급 세 금				8,500,000 1,500,000
구분		계정과목				거래처		적요		차변		대변
3.차변	133	법	인	세	등					10,000,000		
4.대변	136	선	납	세	금							8,500,000
4.대변	261	미	지	급	세 금							1,500,000

Chapter 3 결산 관리

(6) 결산분개 전표추가 입력

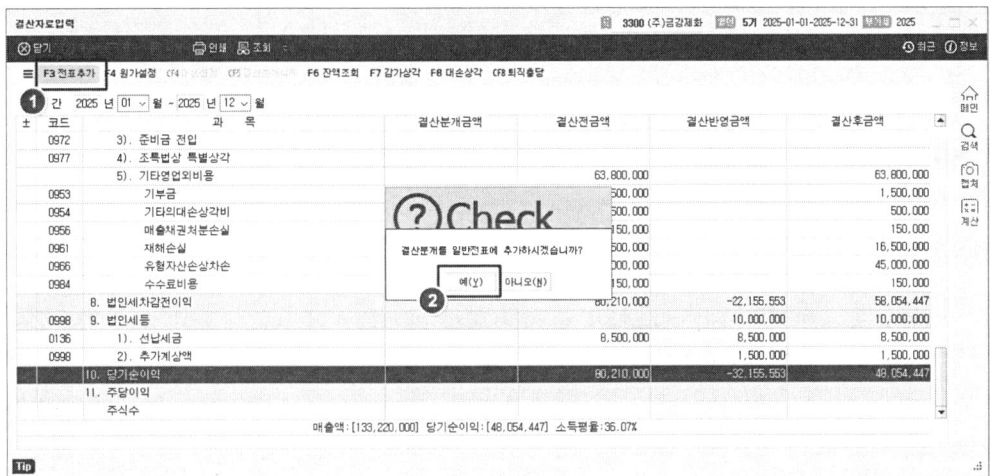

PART 4 회계정보시스템

제3절 재무제표작성 및 조회 ∷ NCS능력단위(0203020104_20v4.3)

1 재무제표의 작성

(1) 제조원가명세서

원가명세서는 손익계산서의 매출원가 중 제조업의 제품매출원가에 대하여 당기제품제조원가를 반영하기 위하여 작성되는 손익계산서의 부속명세서이다.

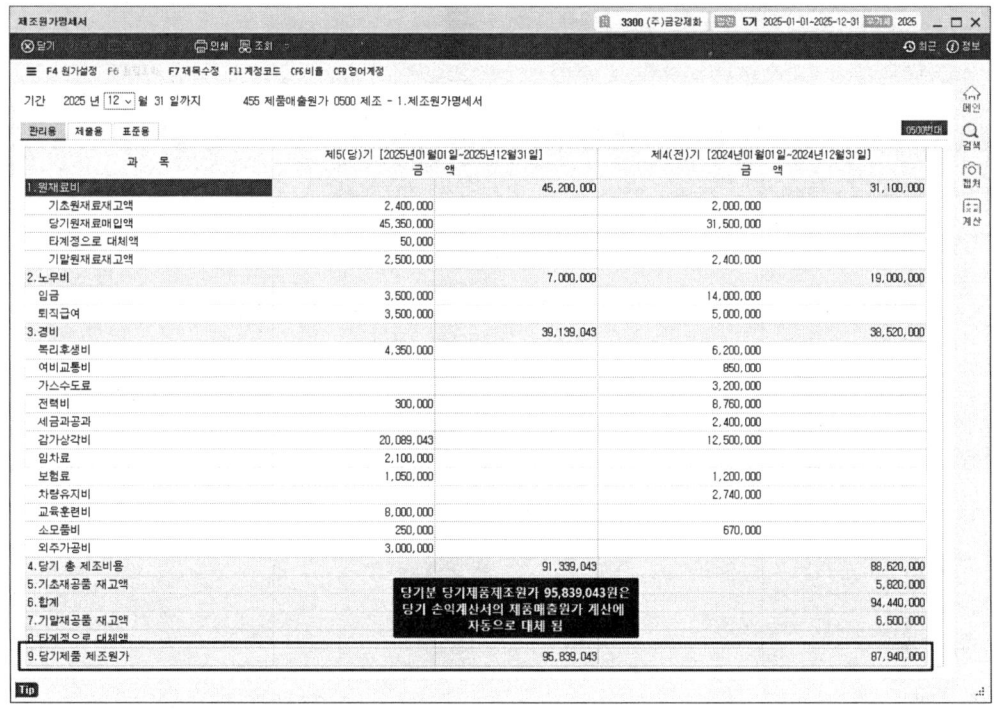

(2) 손익계산서

손익계산서란 일정기간 동안의 경영성과를 나타내는 보고서로 제조기업의 경우 제조원가명세서의 당기제품제조원가를 이월 받아서 작성되며, 영업이익, 당기순이익 등을 계산하여 경영성과를 평가받게 된다.

Chapter 3 결산 관리

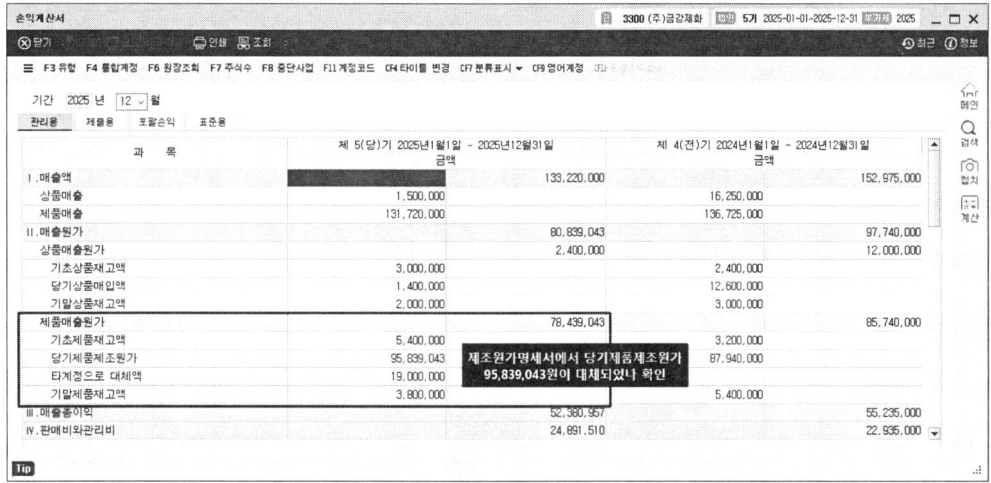

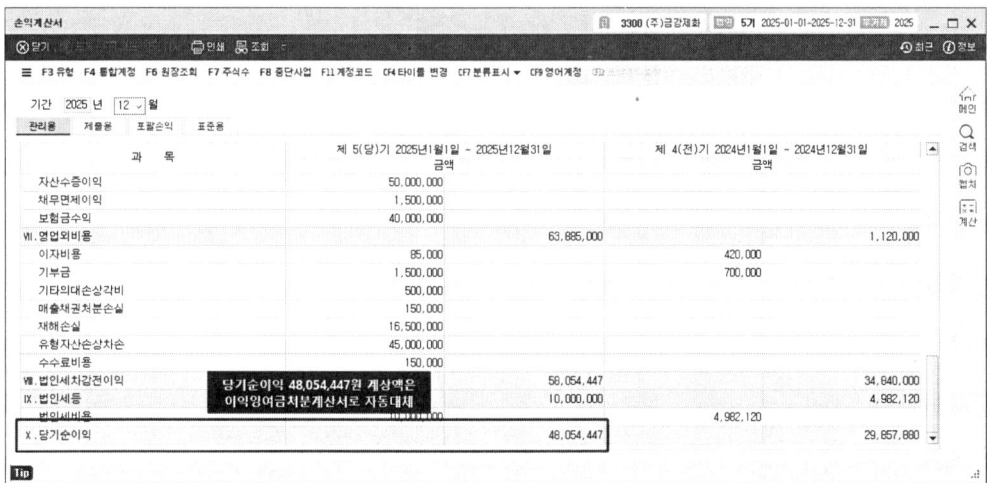

PART 4 회계정보시스템

(3) 이익잉여금처분계산서

이익잉여금처분계산서는 전기에서 이월된 「**이익잉여금**」과 「**당기순이익**」을 이사회에서 의결된 처분내용을 주주총회에서 의결하여 처분이 확정된다. 이러한 처분내역을 보고하기 위하여 작성되는 재무보고서이다. 결산일에는 미처분이익잉여금으로 처리한 후 주주총회에서 처분내역이 확정되면 「**처분일자**」를 입력하여 전표를 추가한다.

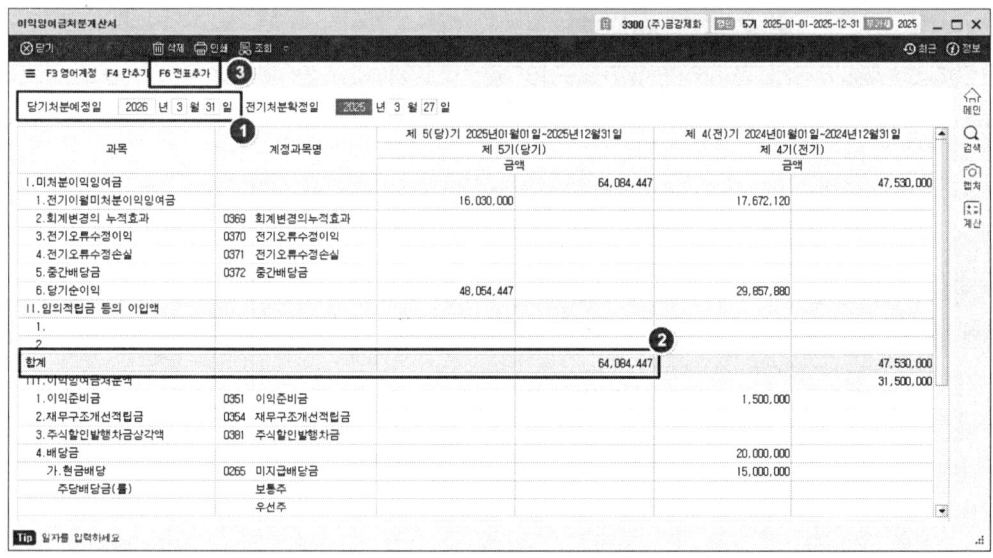

(4) 재무상태표

재무상태표는 일정한 시점의 기업의 재무상태를 보고하는 재무보고서로 결산시 제일 마지막으로 작성되는 서식이다.

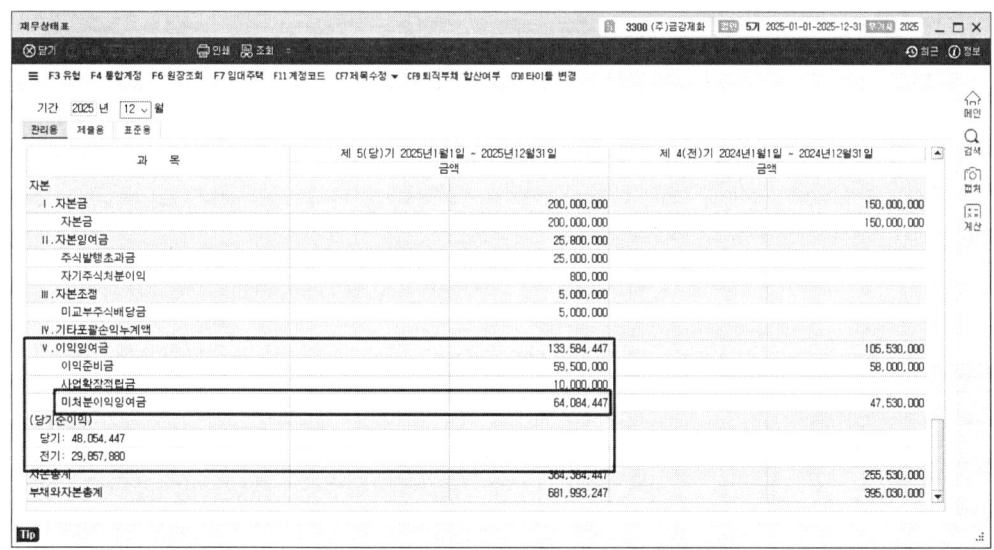

PART 4 회계정보시스템

2 장부조회(장부관리)

1 거래처원장

기업에서 「**매출채권·매입채무 등**」 채권·채무관리를 하기 위하여 거래처별로 장부를 만들어 사용한다. 거래처원장은 각 계정과목별(통제계정) 일정기간의 거래처별 잔액이나 거래 내용을 기록한 「**보조원장**」으로 회계자료를 입력하면서 [거래처 코드]를 선택하는 경우 자동으로 반영되며 출력된다.

> [기출 사례]
> ① 12월말 현재 외상매출금 잔액이 가장 많은 거래처와 금액은 얼마인가?
>   ⇨ [거래처원장]조회 : 기간 1/1~12/31조회, [계정과목] 외상매출금
>   ⇨ 1136.미국 맨허턴상사 29,400,000원
> ② 12월 31일 현재 거래처 ㈜한성구두의 외상매출금 잔액은 얼마인가?
>   ⇨ [거래처원장]조회 : 기간 1/1~12/31조회, [계정과목] 외상매출금
>   ⇨ 1101.㈜한성구두 : 2,020,000원

2 현금출납장

현금출납장은 현금의 수입과 지출의 내용을 자세하게 기록하고 계산하는 보조기입장으로 현금의 입금 및 출금내역을 자세하게 조회할 수 있다.

Chapter 3 결산 관리

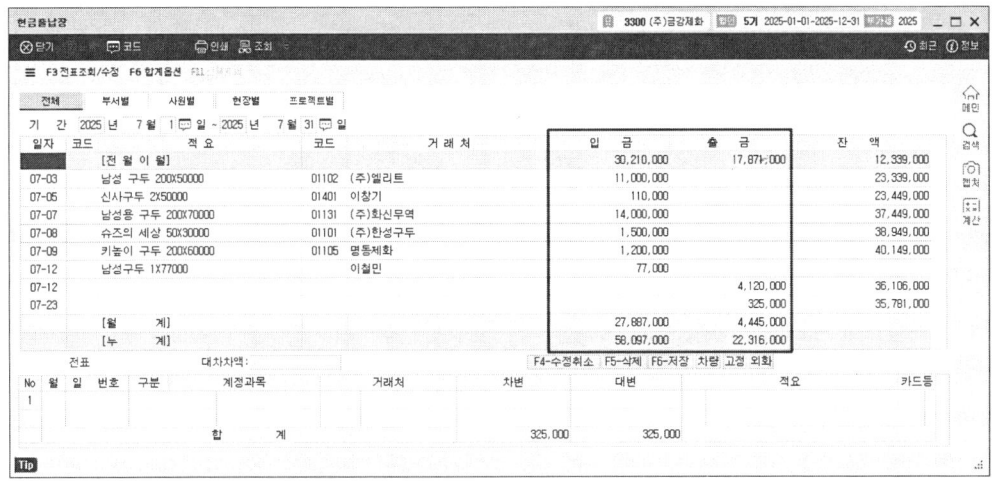

[기출문제 사례]

① 7월 31일 현금잔액은 얼마인가?
  ⇨ [현금출납장]조회 : 기간 7/31~7/31조회
  ⇨ [잔액] 확인 35,781,000원

② 7월에 지출된 현금은 총 얼마인가?
  ⇨ [현금출납장]조회 : 기간 7/1~7/31조회
  ⇨ [출금의 월계] 확인 4,445,000원

③ 일/월계표

일계표(월계표)란 매일의 거래내역의 분개를 계정과목별로 집계한 전표집계표이다. 월계표는 일계표를 한 달단위로 집계한 집계표이다.

(1) 일계표

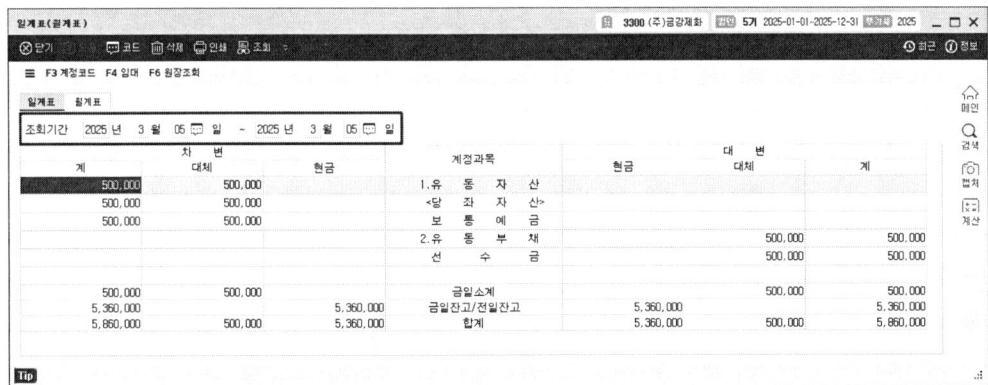

2025 전산회계 1급 447

PART 4 회계정보시스템

[기출문제 사례]

① 7월 5일 제품을 매출하고 현금으로 받은 금액은 얼마인가?

⇨ [일계표]조회 : 기간 7/05~7/05 조회

⇨ [대변 현금]확인 100,000원

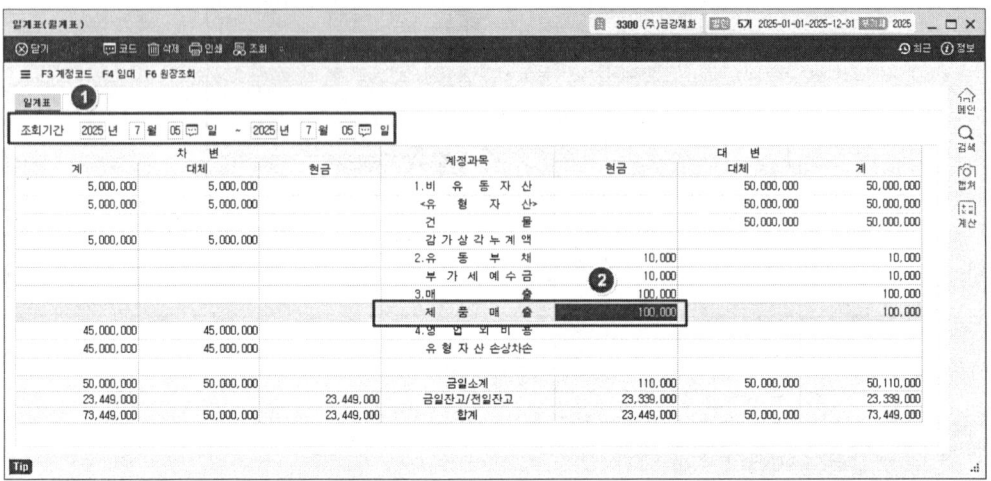

(2) 월계표

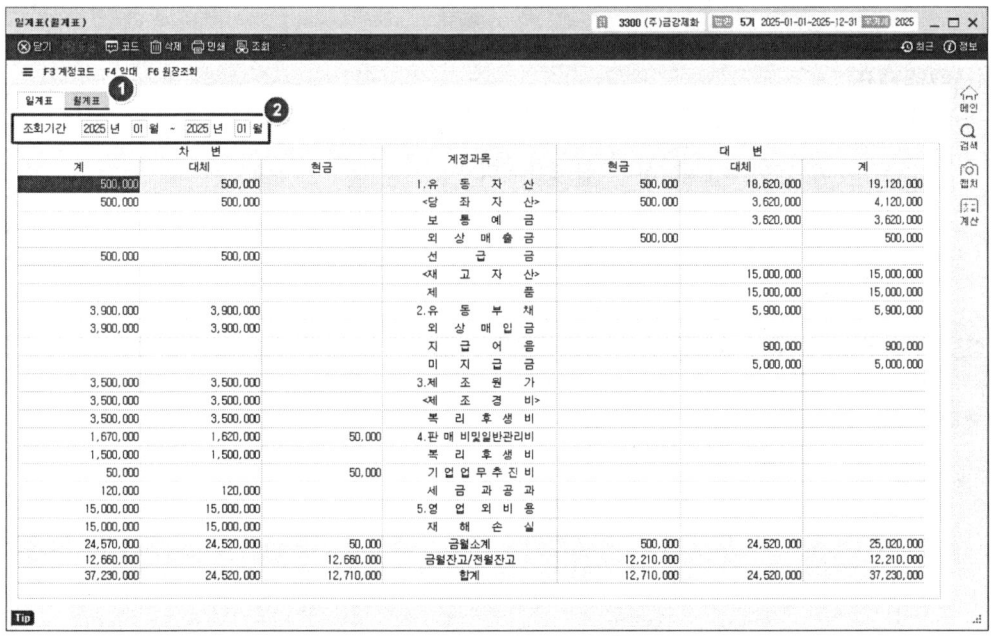

Chapter 3 결산 관리

[기출문제 사례]

① 2월의 판매비와 관리비 중 현금으로 지출된 계정과목은 무엇인가?
➪ [월계표]조회 : 기간 2월 ~ 2월조회
➪ [차변 현금]확인 세금과공과금 200,000원

② 2월의 대체거래 중 매출채권처분손실은 총 얼마인가?
➪ [월계표]조회 : 기간 2월 ~ 2월조회
➪ [차변 대체]확인 매출채권처분손실 150,000원

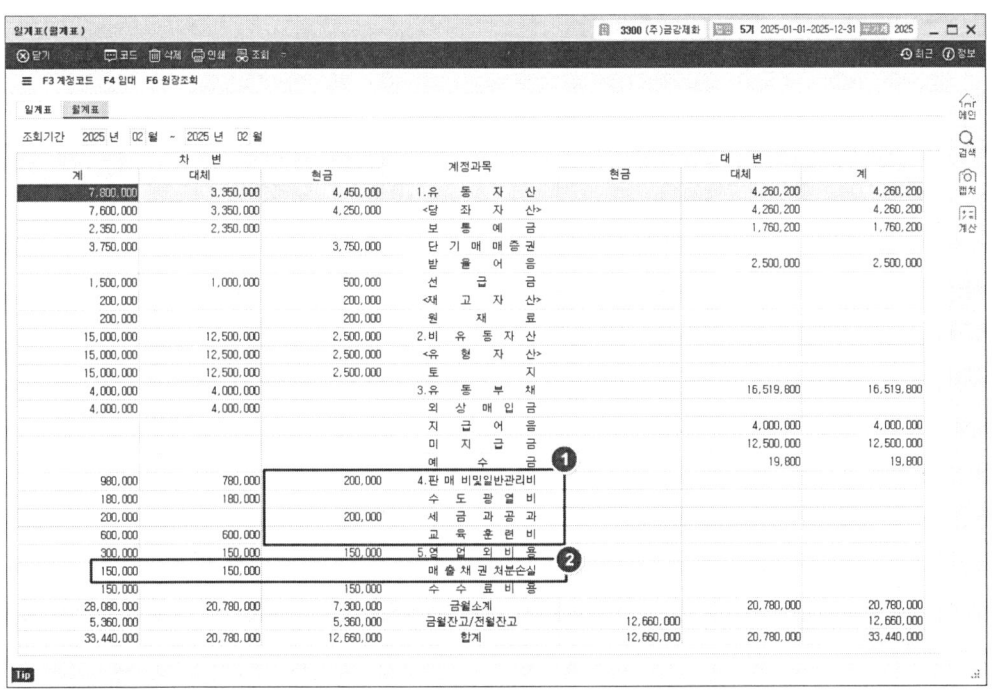

PART 4 회계정보시스템

4 총계정원장

총계정원장은 결산의 기초가 되는 주요부로서 그 기업에서 사용되는 모든 계정과목의 일일 [대·차합계], [잔액 현황]이 집계되어 기록되는 집계장부이다.

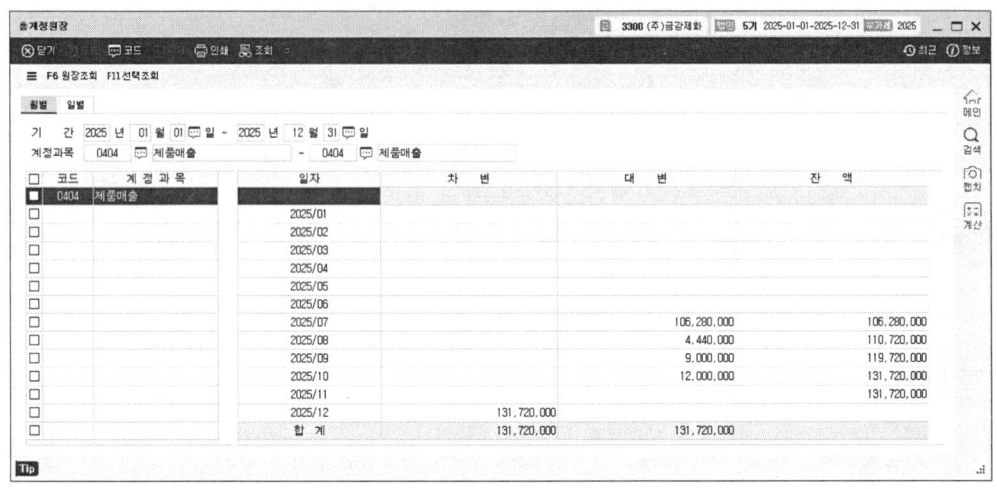

[기출문제 사례]

① 하반기 제품매출이 가장 많은 달은 몇월이며, 금액은 얼마인가?
   ⇨ [총계정원장]조회 : 기간 7/1 ~ 12/31
   ⇨ [대변] 확인 7월 106,280,000원

② 7월부터 12월의 제품매출이 발생한 달 중 가장 많은 달과 적은달의 차이는 얼마인가?
   ⇨ [총계정원장]조회 : 기간 7/1 ~ 12/31
   ⇨ [대변] 확인 7월 106,280,000원 - 8월 4,440,000원 = 101,840,000원

5 부가가치세 신고서

부가가치세 신고서는 과세기간 단위별로 조회하여 신고하는 서식을 말한다.

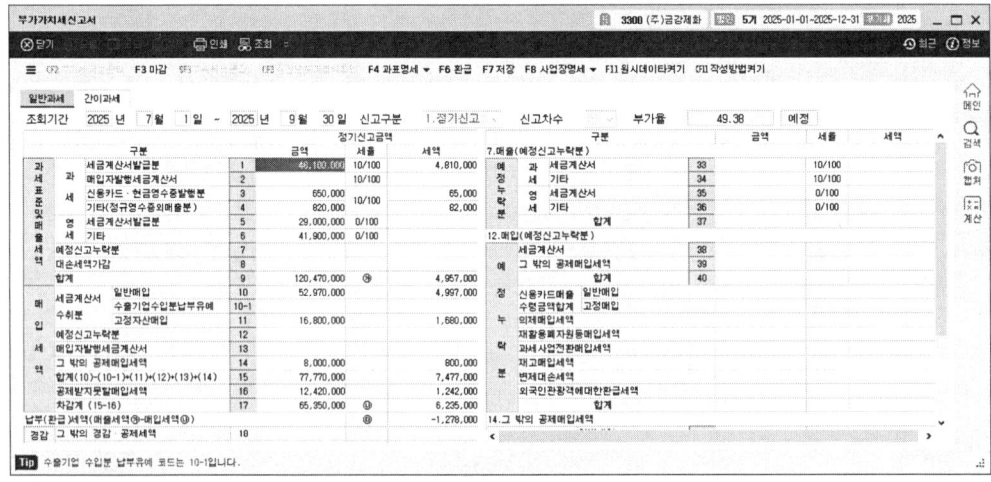

Chapter 3 결산 관리

6 세금계산서합계표

부가가치세 신고서상에 세금계산서가 발급되는 과세매출 거래와 과세사업자 명의로 된 매입세금계산서 거래를 과세기간 단위별로 조회하여 신고하는 서식을 말한다.

> [기출문제 사례]
> ① 2025년 제2기 부가가치세 예정신고서(2025.07.01.~2025.09.30.)의 매출액 중 세금계산서 발급분 공급가액의 합계액은 얼마인가?
> ⇨ [부가가치세 모듈] ⇨ [세금계산서합계표]조회 : 조회기간 7/1 ~ 9/30
> ⇨ [매출 탭] 확인 ⇨ 77,000,000원
> ② 2025년 제2기 부가가치세 확정신고기간(7월~9월)의 공제받지못할매입세액은 얼마인가?
> ⇨ [부가가치세 모듈] ⇨ [부가가치세신고서] : 조회기간 7/1 ~ 9/30
> ⇨ [매입세액] ⇨ 공제받지 못할 매입세액 1,242,000원

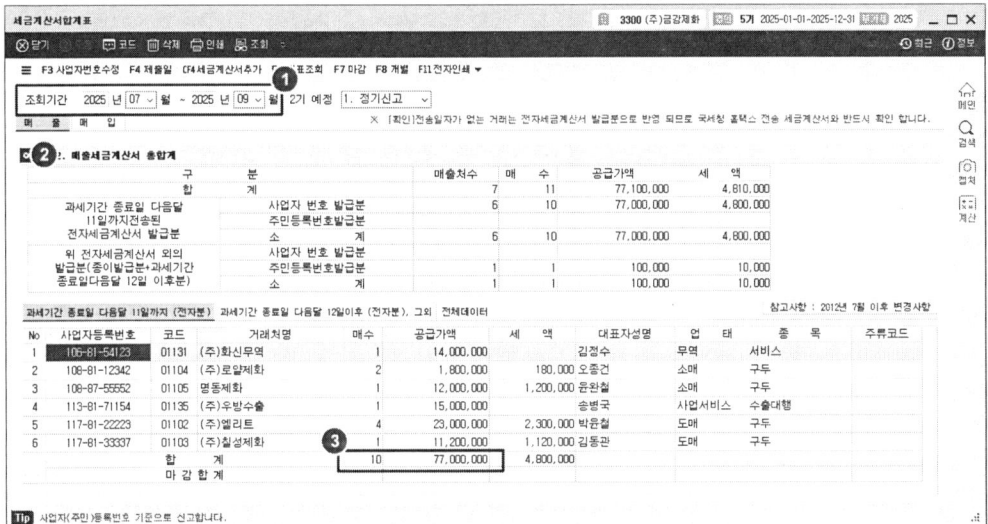

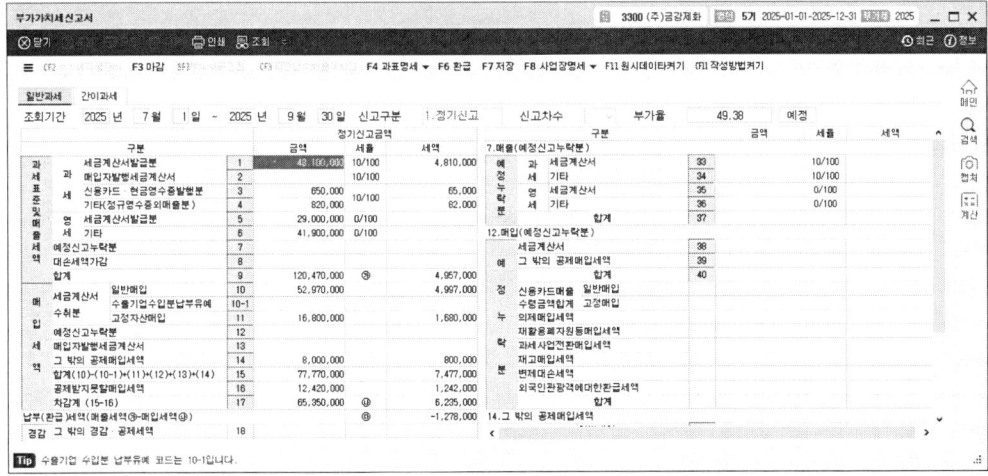

PART 05

최신 기출문제 연습

제106회 기출문제
제107회 기출문제
제108회 기출문제
제109회 기출문제
제110회 기출문제
제111회 기출문제
제112회 기출문제
제113회 기출문제
제114회 기출문제
제115회 기출문제
제116회 기출문제
제117회 기출문제

이론 시험

다음 문제를 보고 알맞은 것을 골라 **이론문제 답안작성** 메뉴에 입력하시오.(객관식 문항당 2점)

> **기본 전제**
> 문제에서 한국채택국제회계기준을 적용하도록 하는 전제조건이 없는 경우, 일반기업회계기준을 적용한다.

01. 다음 중 회계정보의 질적특성과 관련된 설명으로 잘못된 것은?

① 유형자산을 역사적 원가로 평가하면 측정의 신뢰성은 저하되나 목적적합성은 제고된다.
② 회계정보는 기간별 비교가 가능해야 하고, 기업실체간 비교가능성도 있어야 한다.
③ 회계정보의 질적특성은 회계정보의 유용성을 판단하는 기준이 된다.
④ 회계정보가 갖추어야 할 가장 중요한 질적특성은 목적적합성과 신뢰성이다.

02. 다음 중 재무상태표가 제공할 수 있는 재무정보로 올바르지 않은 것은?

① 타인자본에 대한 정보
② 자기자본에 대한 정보
③ 자산총액에 대한 정보
④ 경영성과에 관한 정보

03. 다음 중 유형자산의 취득원가에 포함하지 않는 것은?

① 토지의 취득세
② 새로운 상품과 서비스를 소개하는데 소요되는 원가
③ 유형자산의 취득과 관련하여 불가피하게 매입한 국공채의 매입금액과 현재가치와의 차액
④ 설계와 관련하여 전문가에게 지급하는 수수료

04. 다음 중 유가증권과 관련 한 내용으로 가장 옳은 것은?

① 만기보유증권은 유가증권 형태상 주식 및 채권에 적용된다.
② 매도가능증권은 만기가 1년 이상인 경우에 투자자산으로 분류하며 주식 형태만 가능하다.
③ 단기매매증권은 주식 및 채권에 적용되며 당좌자산으로 분류한다.
④ 만기보유증권은 주식에만 적용되며 투자자산으로 분류한다.

05. 다음 중 자본조정항목으로 분류할 수 없는 계정과목은?

① 감자차익   ② 주식할인발행차금   ③ 자기주식   ④ 자기주식처분손실

06. 다음 중 수익의 측정에 대한 설명으로 옳지 않은 것은?

① 로열티수익은 관련된 계약의 경제적 실질을 반영하여 발생기준에 따라 인식한다.
② 이자수익은 원칙적으로 유효이자율을 적용하여 발생기준에 따라 인식한다.
③ 배당금수익은 배당금을 받을 권리와 금액이 확정되는 시점에 인식한다.
④ 수익은 권리의무확정주의에 따라 합리적으로 인식한다.

07. 다음 중 자본조정항목으로 분류할 수 없는 계정과목은?

기초상품재고액	500,000원	기말상품재고액	1,500,000원
매입에누리	750,000원	총매입액	8,000,000원
타계정대체금액	300,000원	판매대행수수료	1,100,000원

① 7,050,000원   ② 6,950,000원   ③ 6,250,000원   ④ 5,950,000원

08. ㈜연무는 2025년 12월 26일 거래처에 상품을 인도하였으나 상품 판매대금 전액이 2026년 1월 5일에 입금되어 동일자에 전액 수익으로 인식하였다. 위 회계처리가 2025년도의 재무제표에 미치는 영향으로 올바른 것은?(단, 매출원가에 대해서는 고려하지 않는다.)

① 자산의 과소계상   ② 비용의 과대계상   ③ 부채의 과소계상   ④ 수익의 과대계상

09. 아래의 자료에서 설명하는 원가행태에 해당하는 것은?

| 조업도의 변동과 관계없이 총원가가 일정한 고정원가와 조업도의 변동에 비례하여 총원가가 변동하는 변동원가가 혼합된 원가 |

① 전화요금   ② 직접재료원가
③ 감가상각비   ④ 화재보험료

10. 다음 중 개별원가계산에 대한 설명으로 옳지 않은 것은?

① 단일 종류의 제품을 연속생산, 대량생산하는 업종에 적합한 원가계산 방법이다.
② 조선업, 건설업이 개별원가계산에 적합한 업종에 해당한다.
③ 직접원가와 제조간접원가의 구분이 중요하며, 제조간접원가의 배부가 핵심과제이다.
④ 각 제조지시서별로 원가계산을 해야 하므로 많은 시간과 비용이 발생한다.

11. 다음 중 비정상 공손수량은 몇 개인가?

기 초 재 공 품	400개	기 말 재 공 품	200개
당 기 착 수 량	1,000개	공 손 수 량	200개
정상공손은 완성품 수량의 5%로 한다.				

① 50개　　② 100개　　③ 150개　　④ 200개

12. 다음 자료를 이용하여 당기 총제조원가를 구하면 얼마인가?

기초재공품원가	100,000원	직 접 재 료 원 가	180,000원
기말재공품원가	80,000원	직 접 노 무 원 가	320,000원
공 장 전 력 비	50,000원	공 장 임 차 료	200,000원

① 500,000원　　② 600,000원　　③ 730,000원　　④ 750,000원

13. 다음 중 부가가치세법상 과세 대상으로 볼 수 없는 것은?

① 재화의 공급　　② 용역의 공급　　③ 재화의 수입　　④ 용역의 수입

14. 다음 중 부가가치세법상 사업자등록에 관한 설명으로 잘못된 것은?

① 사업자는 사업장마다 사업개시일부터 20일 이내에 사업자등록을 신청해야 한다.
② 사업자는 사업자등록의 신청을 사업장 관할 세무서장에게만 할 수 있다.
③ 신규로 사업을 시작하려는 자는 사업개시일 이전이라도 사업자등록을 신청할 수 있다.
④ 사업자는 등록사항이 변경되면 지체 없이 사업장 관할 세무서장에게 신고하여야 한다

15. 다음 중 부가가치세법상 간이과세에 대한 설명으로 가장 옳지 않은 것은?

① 직전 1역년의 재화·용역의 공급대가의 합계액이 1억 4백만원 미만인 개인사업자가 간이과세자에 해당한다.
② 해당 과세기간의 공급대가의 합계액이 4천800만원 미만인 경우에는 납부세액의 납부의무가 면제된다.
③ 직전연도의 공급대가의 합계액이 4천800만원 미만인 간이과세자는 세금계산서를 발급할 수 없다.
④ 매출세액보다 매입세액이 클 경우 환급을 받을 수 있다.

PART 5 최신 기출문제 연습

실무 시험

남다른패션㈜(회사코드:1063)은 스포츠의류 등의 제조업 및 도소매업을 영위하는 중소기업으로 당기(제7기) 회계기간은 2025.1.1.~2025.12.31.이다. 전산세무회계 수험용 프로그램을 이용하여 다음 물음에 답하시오.

> **기본 전제**
> - 문제에서 한국채택국제회계기준을 적용하도록 하는 전제조건이 없는 경우, 일반기업회계기준을 적용한다.
> - 문제의 풀이와 답안작성은 제시된 문제의 순서대로 진행한다.

문제 1 다음은 [기초정보관리]및 [전기분 재무제표]에 대한 자료이다. 각각의 요구사항에 대하여 답하시오.(10점)

(1) 아래의 자료를 바탕으로 다음 계정과목에 대한 적요를 추가 등록하시오. (3점)

- 코드 : 0511
- 계정과목 : 복리후생비
- 현금적요 : 9.생산직원 독감 예방접종비 지급
- 대체적요 : 3. 직원 휴가비 보통예금 인출

(2) 다음 자료를 보고 [거래처등록] 메뉴에서 신규 거래처를 등록하시오. (3점)

- 거래처구분 : 일반거래처
- 거래처코드 : 00450
- 대표자명 : 박대박
- 업태 : 제조
- 사업장 주소 : 경상북도 칠곡군 지천면 달서원길 16 (※주소 입력 시 우편번호 입력은 생략해도 무방함)
- 유형 : 동시
- 거래처명 : ㈜대박
- 사업자등록번호 : 403-81-51065
- 종목 : 원단

(3) 전기분 손익계산서를 검토한 결과 다음과 같은 오류가 발견되었다. 전기분 손익계산서, 전기분 잉여금처분계산서, 전기분 재무상태표 중 관련된 부분을 수정하시오. (4점)

계정과목	틀린 금액	올바른 금액
광고선전비	3,800,000원	5,300,000원

문제 2 다음 거래자료를 일반전표입력 메뉴에 추가 입력하시오.(일반전표의 모든 거래는 부가가치세를 고려하지 말 것)(18점)

> **입력시 유의사항**
> - 일반적인 적요의 입력은 생략하지만, 타계정 대체거래는 적요번호를 선택하여 입력한다.
> - 채권·채무와 관련된 거래는 별도의 요구가 없는 한 반드시 기 등록되어 있는 거래처코드를 선택하는 방법으로 거래처명을 입력한다.
> - 제조경비는 500번대 계정코드를, 판매비와관리비는 800번대 계정코드를 사용한다.
> - 회계처리시 계정과목은 별도제시가 없는 한 등록되어 있는 계정과목 중 가장 적절한 과목으로 한다.

(1) 07월 18일 ㈜괴안공구에 지급할 외상매입금 33,000,000원 중 일부는 아래의 전자어음을 발행하고 나머지는 보통예금 계좌에서 지급하였다. (3점)

```
                        전 자 어 음

        ㈜괴안공구  귀하              0052023070912345****

        금 이천삼백만원정(₩23,000,000)

              위의 금액을 귀하 또는 귀하의 지시인에게 지급하겠습니다.

        지급기일  2025년 8월 30일    발 행 일  2025년 7월 18일
        지 급 지  하나은행 신중동역지점  발 행 지  세종특별자치시 가름로 232
                                      주   소
                                      발 행 인  남다른패션㈜      전자서명
```

(2) 07월 30일 매출거래처인 ㈜지수포장의 파산으로 인해 외상매출금 1,800,000원이 회수 불가능할 것으로 판단하여 대손 처리하였다. 대손 발생일 직전 외상매출금에 대한 대손충당금 잔액은 320,000원이다. (3점)

(3) 08월 30일 사무실 이전을 위하여 형제상사와 체결한 건물 임대차계약의 잔금 지급일이 도래하여 임차보증금 5,000,000원 중 계약금 1,500,000원을 제외한 금액을 보통예금 계좌에서 지급하였다. (3점)

(4) 10월 18일 대표이사로부터 차입한 잔액 19,500,000원에 대하여 채무를 면제받았다.(해당 차입금은 단기차입금으로 계상되어 있다) (3점)

(5) 10월 25일 시장조사를 위해 호주로 출장을 다녀온 영업부 사원 누리호에게 10월 4일에 지급하였던 출장비 3,000,000원(가지급금으로 처리함) 중 실제 여비교통비로 지출한 2,850,000원에 대한 영수증과 잔액 150,000원을 현금으로 수령하였다.(단, 거래처를 입력할 것) (3점)

(6) 11월 04일 확정기여형(DC형) 퇴직연금 불입액 5,000,000원(영업부 2,000,000원, 생산부 3,000,000원)이 보통예금 계좌에서 이체되었다. (3점)

PART 5 최신 기출문제 연습

문제 3 다음 거래자료를 매입매출전표입력 메뉴에 입력하시오.(18점)

> **입력시 유의사항**
> - 일반적인 적요의 입력은 생략하지만, 타계정 대체거래는 적요번호를 선택하여 입력한다.
> - 별도의 요구가 없는 한 반드시 기 등록되어 있는 거래처코드를 선택하는 방법으로 거래처명을 입력한다.
> - 제조경비는 500번대 계정코드를, 판매비와관리비는 800번대 계정코드를 사용한다.
> - 회계처리시 계정과목은 별도제시가 없는 한 등록되어 있는 계정과목 중 가장 적절한 과목으로 한다.
> - 입력화면 하단의 분개까지 처리하고, 전자세금계산서는 전자입력으로 반영한다.

(1) 07월 14일 미국에 소재한 HK사에 제품(공급가액 50,000,000원)을 직수출하고, 6월 30일에 수령한 계약금 10,000,000원을 제외한 대금은 외상으로 하였다. (3점)

(2) 08월 05일 ㈜동도유통에 제품을 판매하고 다음과 같이 전자세금계산서를 발급하였다. 대금 중 10,000,000원은 ㈜서도상사가 발행한 어음을 배서양도 받고, 나머지는 다음 달에 받기로 하였다. (3점)

전자세금계산서					승인번호	20250805-15454645-58811886		
공급자	등록번호	320-87-12226	종사업장 번호		공급받는자	등록번호	115-81-19867	종사업장 번호	
	상호(법인명)	남다른패션㈜	성명	고길동		상호(법인명)	㈜동도유통	성명	남길도
	사업장 주소	세종특별자치시 가름로 232				사업장 주소	서울시 서초구 강남대로 291		
	업태	제조,도소매,무역	종목	스포츠의류		업태	도소매	종목	의류
	이메일					이메일			
작성일자	공급가액		세액		수정사유		비 고	
2025-08-05	10,000,000원		1,000,000원		해당 없음			
월	일	품목	규격	수량	단가	공급가액	세액	비고
08	05	의류				10,000,000원	1,000,000원	
합계금액		현금		수표		어음	외상미수금	위 금액을 (청구) 함
11,000,000원						10,000,000원	1,000,000	

(3) 08월 20일 일반과세자인 함안전자로부터 영업부 직원들에게 지급할 업무용 휴대전화(유형자산) 3대를 4,840,000원(부가가치세 포함)에 구입하고, 법인 명의의 국민카드로 결제하였다. (3점)

(4) 11월 11일 ㈜더람에 의뢰한 마케팅전략특강 교육을 본사 영업부 직원(10명)들을 대상으로 실시하고, 교육훈련비 5,000,000원에 대한 전자계산서를 발급받았다. 교육훈련비는 11월 1일 지급한 계약금을 제외한 나머지를 보통예금 계좌에서 지급하였다(단, 관련 계정을 조회하여 전표 입력할 것). (3점)

(5) 11월 26일 ㈜미래상사로부터 기술연구소의 연구개발에 사용하기 위한 연구용 재료를 10,000,000원(부가가치세 별도)에 구입하면서 전자세금계산서를 발급받고, 대금은 보통예금 계좌에서 지급하였다(단, 연구용 재료와 관련하여 직접 지출한 금액은 무형자산으로 처리할 것). (3점)

(6) 12월 04일 생산부가 사용하는 업무용승용차(2,000㏄)의 엔진오일과 타이어를 차차카센터에서 교환하고 전자세금계산서를 발급받았다. 교환비용 825,000원(부가가치세 포함)은 전액 보통예금 계좌에서 이체하였다.(단, 교환비용은 차량유지비(제조원가)로 처리할 것) (3점)

문제 4 [일반전표입력] 및 [매입매출전표]입력 메뉴에 입력된 내용 중 다음과 같은 오류가 발견되었다. 입력된 내용을 확인하여 정정하시오.(6점)

(1) 08월 02일 보통예금 계좌에서 지급한 800,000원은 외상으로 매입하여 영업부에서 업무용으로 사용 중인 컴퓨터(거래처 : 온누리)에 대한 대금 지급액으로 확인되었다. 잘못된 항목을 올바르게 수정하시오. (3점)

(2) 11월 19일 차차운송에 현금으로 지급한 운송비 330,000원(부가가치세 포함)은 원재료를 매입하면서 지급한 것으로 회계팀 신입사원의 실수로 일반전표에 입력하였다. 운송 관련하여 별도의 전자세금계산서를 발급받았다. (3점)

문제 5 결산정리사항은 다음과 같다. 해당메뉴에 입력하시오.(9점)

(1) 결산일 현재 재고자산을 실사하던 중 도난, 파손의 사유로 수량 부족이 발생한 제품의 원가는 2,000,000원으로 확인되었다(단, 수량 부족의 원인은 비정상적으로 발생한 것이다). (3점)

(2) 홍보용 계산기를 구매하고 전액 광고선전비(판매비와관리비)로 비용처리하였다. 결산 시 미사용한 2,500,000원에 대해 올바른 회계처리를 하시오.(단, 소모품 계정을 사용하며 음수로 입력하지 말 것) (3점)

(3) 당기의 법인세등으로 계상할 금액은 10,750,000원이다.(법인세 중간예납세액은 선납세금으로 계상되어 있으며, 이를 조회하여 회계처리할 것)(3점)

문제 6 다음 사항을 조회하여 답안을 이론문제 답안작성 메뉴에 입력하시오.

(1) 6월 말 현재 외상매입금 잔액이 가장 큰 거래처명과 그 금액은 얼마인가? (3점)

(2) 부가가치세 제1기 확정신고 기간(4월~6월)의 차가감하여 납부할 부가가치세액은 얼마인가? (3점)

(3) 2분기(4월~6월) 중 판매비와관리비 항목의 광고선전비 지출액이 가장 많이 발생한 월과 그 금액은 얼마인가? (3점)

최신 기출문제 연습

2023년 4월 12일 시행
제107회 전산세무회계자격시험

A형

종목 및 등급 : **전산회계 1급** -제한시간:60분

이론 시험

다음 문제를 보고 알맞은 것을 골라 **이론문제 답안작성** 메뉴에 입력하시오.(객관식 문항당 2점)

> **기본 전제**
> 문제에서 한국채택국제회계기준을 적용하도록 하는 전제조건이 없는 경우, 일반기업회계기준을 적용한다.

01. 다음 중 재무제표에 대한 설명으로 가장 올바른 것은?

① 자산은 현재 사건의 결과로 기업이 통제하고 있고 미래경제적효익이 기업에 유입될 것으로 기대되는 자원이다.
② 부채는 과거 사건에 의하여 발생하였으며, 경제적효익이 기업으로부터 유출됨으로써 이행될 것으로 기대되는 미래의무이다.
③ 수익은 자산의 유입 또는 부채의 감소에 따라 자본의 증가를 초래하는 특정 회계기간 동안에 발생한 경제적효익의 증가로서 지분참여자에 대한 출연과 관련된 것은 제외한다.
④ 비용은 자산의 유출 또는 부채의 증가에 따라 자본의 감소를 초래하는 특정 회계기간 동안에 발생한 경제적효익의 감소로서 지분참여자에 대한 분배를 제외하며, 정상영업활동의 일환이나 그 이외의 활동에서 발생할 수 있는 차손은 포함하지 않는다.

02. 다음 중 기말재고자산의 수량 결정 방법으로 옳은 것을 모두 고른 것은?

| 가. 총평균법 | 나. 계속기록법 | 다. 선입선출법 |
| 라. 후입선출법 | 마. 실지재고조사법 | |

① 가, 다   ② 나, 마   ③ 가, 나, 다   ④ 다, 라, 마

03. 기업이 보유하고 있는 수표 중 현금및현금성자산으로 분류되지 아니하는 것은?

① 선일자수표   ② 당좌수표   ③ 타인발행수표   ④ 자기앞수표

04. 다음 중 유형자산에 대한 설명으로 옳은 것은?

① 기업이 보유하고 있는 토지는 기업의 보유목적에 상관없이 모두 유형자산으로 분류된다.
② 유형자산의 취득 시 발생한 부대비용은 취득원가로 처리한다.
③ 유형자산을 취득한 후에 발생하는 모든 지출은 발생 시 당기 비용으로 처리한다.
④ 모든 유형자산은 감가상각을 한다.

05. 다음은 ㈜한국의 단기매매증권 관련 자료이다. ㈜한국의 당기 손익계산서에 반영되는 영업외손익의 금액은 얼마인가?

- A사 주식의 취득원가는 500,000원이고, 기말공정가액은 700,000원이다.
- B사 주식의 취득원가는 300,000원이고, 기말공정가액은 200,000원이다.
- 당기 중 A사로부터 현금배당금 50,000원을 받았다.
- 당기 초 250,000원에 취득한 C사 주식을 당기 중 300,000원에 처분하였다.

① 200,000원   ② 250,000원   ③ 300,000원   ④ 400,000원

06. 다음 중 사채의 발행과 관련한 내용으로 옳은 것은?

① 사채를 할인발행한 경우 매년 액면이자는 동일하다.
② 사채를 할증발행한 경우 매년 유효이자(시장이자)는 증가한다.
③ 사채발행 시 발행가액에서 사채발행비를 차감하지 않고 사채의 차감계정으로 처리한다.
④ 사채의 할인발행 또는 할증발행 시 발행차금의 상각액 또는 환입액은 매년 감소한다.

07. 다음 중 계정과목과 자본 항목의 분류가 올바르게 연결된 것은?

① 주식발행초과금 : 이익잉여금
② 자기주식처분손실 : 자본조정
③ 자기주식 : 자본잉여금
④ 매도가능증권평가손익 : 자본조정

08. 유형자산의 자본적지출을 수익적지출로 잘못 처리했을 경우, 당기의 당기순이익과 차기의 당기순이익에 미치는 영향으로 올바른 것은?

	당기 당기순이익	차기당기순이익		당기 당기순이익	차기당기순이익
①	과대	과소	②	과소	과소
③	과소	과대	④	과대	과대

09. 다음 중 매몰원가에 해당하지 않는 것은?

① 전기승용차 구입 결정을 함에 있어 사용하던 승용차 처분 시 기존 승용차의 취득원가
② 과거 의사결정으로 발생한 원가로 향후 의사결정을 통해 회수할 수 없는 취득원가
③ 사용하고 있던 기계장치의 폐기 여부를 결정할 때, 해당 기계장치의 취득원가
④ 공장의 원재료 운반용 화물차를 판매 제품의 배송용으로 전환하여 사용할지 여부를 결정할 때, 새로운 화물차의 취득가능금액

10. 다음 중 제조원가에 관한 설명으로 옳지 않은 것은?

① 간접원가는 제조과정에서 발생하는 원가이지만 특정 제품 또는 특정 부문에 직접 추적할 수 없는 원가를 의미한다.
② 조업도의 증감에 따라 총원가가 증감하는 원가를 변동원가라 하며, 직접재료원가와 직접노무원가가 여기에 속한다.
③ 고정원가는 관련범위 내에서 조업도가 증가할수록 단위당 고정원가가 감소한다.
④ 변동원가는 관련범위 내에서 조업도가 증가할수록 단위당 변동원가가 증가한다.

11. ㈜대한은 평균법에 의한 종합원가계산을 채택하고 있다. 재료원가는 공정 초기에 모두 투입되며, 가공원가는 공정 전반에 걸쳐 고르게 투입되는 경우 완성품환산량으로 맞는 것은?

| 기초재공품 : 100개(완성도 50%) | 당기착수수량 : 2,000개 |
| 당기완성수량 : 1,800개 | 기말재공품 : 300개(완성도 70%) |

	재료원가 완성품 환산량	가공원가 완성품 환산량		재료원가 완성품 환산량	가공원가 완성품 환산량
①	2,100개	2,010개	②	2,100개	2,100개
③	2,100개	1,960개	④	2,100개	1,950개

12. 다음은 제조기업의 원가 관련 자료이다. 매출원가 금액으로 옳은 것은?

당기총제조원가	1,500,000원	기초재공품재고액	500,000원
기초제품재고액	800,000원	기말재공품재고액	1,300,000원
기말제품재고액	300,000원	직접재료원가	700,000원

① 700,000원 ② 800,000원 ③ 1,200,000원 ④ 2,000,000원

13. 다음 중 부가가치세법상 면세에 해당하지 않는 것은?

① 도서대여 용역
② 여성용 생리 처리 위생용품
③ 주무관청에 신고된 학원의 교육 용역
④ 개인택시운송사업의 여객운송 용역

14. 다음 중 부가가치세 신고와 납부에 대한 설명으로 옳지 않은 것은?

① 간이과세를 포기하는 경우 포기신고일이 속하는 달의 마지막 날로부터 25일 이내에 신고, 납부하여야 한다.
② 확정신고를 하는 경우 예정신고 시 신고한 과세표준은 제외하고 신고하여야 한다.
③ 신규로 사업을 시작하는 경우 사업개시일이 속하는 과세기간의 종료일로부터 25일 이내에 신고, 납부하여야 한다.
④ 폐업하는 경우 폐업일로부터 25일 이내에 신고, 납부하여야 한다.

15. 다음 중 부가가치세법상 법인사업자의 사업자등록 정정 사유가 아닌 것은?

① 사업의 종류에 변경이 있을 때
② 상호를 변경하는 때
③ 주주가 변동되었을 때
④ 사업장을 이전할 때

실무 시험

세무사랑㈜(회사코드:1073)은 부동산임대업 및 전자제품의 제조·도소매업을 영위하는 중소기업으로 당기(제9기) 회계기간은 2025.1.1.~2025.12.31.이다. 전산세무회계 수험용 프로그램을 이용하여 다음 물음에 답하시오.

> **기본 전제**
> - 문제에서 한국채택국제회계기준을 적용하도록 하는 전제조건이 없는 경우, 일반기업회계기준을 적용한다.
> - 문제의 풀이와 답안작성은 제시된 문제의 순서대로 진행한다.

문제 1 다음은 [기초정보관리]및 [전기분 재무제표]에 대한 자료이다. 각각의 요구사항에 대하여 답하시오.(10점)

(1) 다음 자료를 이용하여 [계정과목 및 적요등록] 메뉴에서 견본비(판매비및일반관리비) 계정과목의 현금적요를 추가로 등록하시오. (3점)

- 코　　드 : 842
- 현금적요 : 2. 전자제품 샘플 제작비 지급
- 계정과목 : 견본비

(2) 세무사랑㈜의 기초 채권 및 채무의 올바른 잔액은 다음과 같다. 주어진 자료를 검토하여 잘못된 부분은 오류를 정정하고, 누락된 부분은 추가하여 입력하시오. (3점)

구 분	거 래 처	올바른 금액(원)
외 상 매 출 금	㈜ 홍 금 전 기	30,000,000원
	㈜ 금 강 기 업	10,000,000원
외 상 매 입 금	삼 신 산 업	30,000,000원
	하 나 무 역	26,000,000원
받 을 어 음	㈜ 대 호 전 자	25,000,000원

(3) 전기분 재무제표 중 아래의 계정과목에서 다음과 같은 오류를 발견하였다. 관련 재무제표를 적절하게 수정하시오. (4점)

계정과목	관련부서	수정 전 잔액	수정 후 잔액
전력비	생산부	2,000,000원	4,200,000원
수도광열비	영업부	3,000,000원	1,100,000원

PART 5 최신 기출문제 연습

문제 2 다음 거래자료를 일반전표입력 메뉴에 추가 입력하시오.(일반전표의 모든 거래는 부가가치세를 고려하지 말 것)(18점)

> 입력시 유의사항
> ■ 일반적인 적요의 입력은 생략하지만, 타계정 대체거래는 적요번호를 선택하여 입력한다.
> ■ 채권·채무와 관련된 거래는 별도의 요구가 없는 한 반드시 기 등록되어 있는 거래처코드를 선택하는 방법으로 거래처명을 입력한다.
> ■ 제조경비는 500번대 계정코드를, 판매비와관리비는 800번대 계정코드를 사용한다.
> ■ 회계처리시 계정과목은 별도제시가 없는 한 등록되어 있는 계정과목 중 가장 적절한 과목으로 한다.

(1) 07월 03일 영업부 사무실로 사용하기 위하여 세무빌딩과 사무실 임대차계약을 체결하고, 보증금 6,000,000원 중 계약금 600,000원을 보통예금(우리은행)계좌에서 이체하여 지급하였다. 잔금은 다음 달에 지급하기로 하였다. (3점)

(2) 08월 01일 하나카드의 7월분 매출대금 3,500,000원에서 가맹점수수료 2%를 차감한 금액이 당사의 보통예금 계좌로 입금되었다.(단, 신용카드 매출대금은 외상매출금으로 처리하고 있다) (3점)

(3) 08월 16일 영업부 직원의 퇴직으로 인해 발생한 퇴직금은 8,800,000원이다. 당사는 모든 직원에 대해 전액 확정급여형(DB형) 퇴직연금에 가입하고 있으며, 현재 퇴직연금운용자산의 잔액은 52,000,000원이다. 단, 퇴직급여충당부채와 퇴직연금충당부채는 설정하지 않았다. (3점)

(4) 08월 23일 나라은행으로부터 차입한 대출금 20,000,000원을 조기 상환하기로 하고, 이자 200,000원과 함께 보통예금 계좌에서 이체하여 지급하다.(대출기간: 2023.01.01.~2026.12.31.) (3점)

(5) 11월 05일 ㈜다원의 제품매출 외상대금 4,000,000원 중 3,000,000원은 동점 발행 약속어음으로 받고, 1,000,000원은 금전소비대차계약(1년 대여)으로 전환하였다. (3점)

(6) 11월 20일 사업용 중고트럭 취득과 관련된 취득세 400,000원을 현금으로 납부하였다. (3점)

문제 3 다음 거래자료를 매입매출전표입력 메뉴에 입력하시오.(18점)

> **입력시 유의사항**
> - 일반적인 적요의 입력은 생략하지만, 타계정 대체거래는 적요번호를 선택하여 입력한다.
> - 별도의 요구가 없는 한 반드시 기 등록되어 있는 거래처코드를 선택하는 방법으로 거래처명을 입력한다.
> - 제조경비는 500번대 계정코드를, 판매비와관리비는 800번대 계정코드를 사용한다.
> - 회계처리시 계정과목은 별도제시가 없는 한 등록되어 있는 계정과목 중 가장 적절한 과목으로 한다.
> - 입력화면 하단의 분개까지 처리하고, 전자세금계산서는 전자입력으로 반영한다.

(1) 08월 17일 구매확인서에 의해 수출용 제품의 원재료를 ㈜직지상사로부터 매입하고 영세율전자세금계산서를 발급받았다. 매입대금 중 10,000,000원은 외상으로 하고, 나머지 금액은 당사가 발행한 3개월 만기 약속어음으로 지급하였다. (3점)

영세율전자세금계산서				승인번호	20250817-15454645-58811574		
공급자	등록번호	136-81-29187	종사업장번호	공급받는자	등록번호	123-81-95681	종사업장번호	
	상호(법인명)	㈜직지상사	성명	나인세		상호(법인명)	세무사랑㈜	성명	이진우
	사업장주소	서울특별시 동작구 여의대방로 35			사업장주소	울산광역시 중구 종가로 405-3
	업태	도소매	종목	전자제품		업태	제조 외	종목	전자제품 외
	이메일				이메일	
작성일자	공급가액		세액		수정사유		비고
2025-08-17	15,000,000원		0원		해당 없음		
월	일	품목	규격	수량	단가	공급가액	세액	비고
08	17	원재료				15,000,000원	0원	
합계금액	현금	수표	어음	외상미수금	위 금액을 (청구) 함
15,000,000원			5,000,000원	10,000,000원	

(2) 08월 28일 제조부 직원들에게 지급할 작업복을 이진컴퍼니로부터 공급가액 1,000,000원(부가가치세 별도)에 외상으로 구입하고 종이세금계산서를 발급받았다. (3점)

(3) 09월 15일 우리카센타에서 공장용 화물트럭을 수리하고 수리대금 242,000원(부가가치세 포함)은 현금으로 결제하면서 지출증빙용 현금영수증을 받았다(단, 수리대금은 차량유지비로 처리할 것). (3점)

(4) 09월 27일 인사부가 사용할 직무역량 강화용 책을 ㈜대한도서에서 구입하면서 전자계산서를 수취하고 대금은 외상으로 하다. (3점)

전자계산서					승인번호	20250927-15454645-58811886		
공급자	등록번호	120-81-32052	종사업장번호		공급받는자	등록번호	123-81-95681	종사업장번호	
	상호(법인명)	㈜대한도서	성명	박대한		상호(법인명)	세무사랑㈜	성명	이진우
	사업장주소	인천시 남동구 서해 2길				사업장주소	울산광역시 중구 종가로 405-3		
	업태	도소매	종목	도서		업태	제조	종목	전자제품
	이메일					이메일			
작성일자		공급가액			수정사유		비고	
2025-09-27		200,000			해당 없음			
월	일	품목	규격	수량	단가	공급가액	비고
09	27	도서(직장생활 노하우 외)			200,000원	200,000원	
합계금액	현금	수표	어음	외상미수금	위 금액을 (청구) 함
200,000원				200,000원	

(5) 09월 30일 ㈜세무렌트로부터 영업부에서 거래처 방문용으로 사용하는 승용차(배기량 2,000cc, 5인승)의 당월분 임차료에 대한 전자세금계산서를 수취하였다. 당월분 임차료는 다음 달에 결제될 예정이다. (3점)

전자세금계산서					승인번호	20250930-15454645-58811886		
공급자	등록번호	105-81-23608	종사업장번호		공급받는자	등록번호	123-81-95681	종사업장번호	
	상호(법인명)	㈜세무렌트	성명	왕임차		상호(법인명)	세무사랑㈜	성명	이진우
	사업장주소	서울시 강남구 강남대로 8				사업장주소	울산광역시 중구 종가로 405-3		
	업태	서비스	종목	임대		업태	제조	종목	전자제품
	이메일					이메일			
작성일자	공급가액		세액		수정사유		비고	
2025-09-30	700,000원		70,000원		해당 없음			
월	일	품목	규격	수량	단가	공급가액	세액	비고
09	30	차량렌트대금(5인승)	2,000cc	1	700,000원	700,000원	70,000원	
합계금액	현금	수표	어음	외상미수금	위 금액을 (청구) 함
770,000원				770,000원	

(6) 10월 15일 우리자동차㈜에 공급한 제품 중 일부가 불량으로 판정되어 반품 처리되었으며, 수정전자세금계산서를 발행하였다. 대금은 해당 매출 관련 외상매출금과 상계하여 처리하기로 하였다(단, 음수(-)로 회계처리할 것). (3점)

전자세금계산서						승인번호	20251015-58754645-58811367		
공급자	등록번호	123-81-95681	종사업장 번호		공급받는자	등록번호	130-86-55834	종사업장 번호	
	상호(법인명)	세무사랑㈜	성명	이진우		상호(법인명)	우리자동차㈜	성명	신방자
	사업장 주소	울산광역시 중구 종가로 405-3				사업장 주소	서울특별시 강남구 논현로 340		
	업태	제조	종목	전자제품		업태	제조	종목	자동차(완성차)
	이메일					이메일			
작성일자	공급가액		세액		수정사유		비 고		
2025-10-15	-10,000,000원		-1,000,000원		일부 반품		품질불량으로 인한 반품		
월	일	품목	규격	수량	단가	공급가액	세액	비고	
10	15	제품				-10,000,000원	-1,000,000원		
합계금액	현금		수표		어음	외상미수금	위 금액을 (청구) 함		
-11,000,000원						-11,000,000원			

문제 4 [일반전표입력] 및 [매입매출전표]입력 메뉴에 입력된 내용 중 다음과 같은 오류가 발견되었다. 입력된 내용을 확인하여 정정하시오.(6점)

(1) 07월 06일 ㈜상문의 외상매입금 3,000,000원을 보통예금 계좌에서 이체한 것이 아니라 제품을 판매하고 받은 상명상사 발행 약속어음 3,000,000원을 배서하여 지급한 것으로 밝혀졌다. (3점)

(2) 12월 13일 영업부 사무실의 전기요금 121,000원(공급대가)을 현금 지급한 것으로 일반전표에 회계처리 하였으나, 이는 제조공장에서 발생한 전기요금으로 한국전력공사로부터 전자세금계산서를 수취한 것으로 확인되었다. (3점)

문제 5 결산정리사항은 다음과 같다. 해당메뉴에 입력하시오.(9점)

(1) 결산일을 기준으로 대한은행의 장기차입금 50,000,000원에 대한 상환기일이 1년 이내에 도래할 것으로 확인되었다. (3점)

(2) 무형자산인 특허권(내용연수 5년, 정액법)의 전기 말 상각 후 잔액은 24,000,000원이다. 특허권은 2024년 1월 10일에 취득하였으며, 매년 법정 상각범위액까지 무형자산상각비로 인식하고 있다. 특허권에 대한 당기 분 무형자산상각비(판)를 계상하시오. (3점)

(3) 당기 법인세비용은 13,500,000원으로 산출되었다.(단, 법인세 중간예납세액은 선납세금을 조회하여 처리할 것) (3점)

문제 6 다음 사항을 조회하여 답안을 이론문제 답안작성 메뉴에 입력하시오.

(1) 6월 30일 현재 현금및현금성자산의 전기말 현금및현금성자산 대비 증감액은 얼마인가? 단, 감소한 경우에도 음의 부호(-)를 제외하고 양수로만 입력하시오. (3점)

(2) 2025년 제1기 부가가치세 확정신고기간(2025.04.01.~2025.06.30.)의 매출액 중 세금계산서발급분 공급가액의 합계액은 얼마인가? (3점)

(3) 6월(6월 1일~6월 30일) 중 지예상사에 대한 외상매입금 결제액은 얼마인가? (3점)

최신 기출문제 연습

2023년 6월 3일 시행
제108회 전산세무회계자격시험   **A형**

종목 및 등급: **전산회계 1급**   -제한시간:60분

이론 시험

다음 문제를 보고 알맞은 것을 골라 **이론문제 답안작성** 메뉴에 입력하시오. (객관식 문항당 2점)

> **기본 전제**
> 문제에서 한국채택국제회계기준을 적용하도록 하는 전제조건이 없는 경우, 일반기업회계기준을 적용한다.

01. 자기주식을 취득가액보다 낮은 금액으로 처분한 경우, 다음 중 재무제표상 자기주식의 취득가액과 처분가액의 차액이 표기되는 항목으로 옳은 것은?

① 영업외비용
② 자본잉여금
③ 기타포괄손익누계액
④ 자본조정

02. ㈜전주는 ㈜천안에 제품을 판매하기로 약정하고, 계약금으로 제3자인 ㈜철원이 발행한 당좌수표 100,000원을 받았다. 다음 중 회계처리로 옳은 것은?

	과목	금액	과목	금액
①	(차) 현 금	100,000원	(대) 선 수 금	100,000원
②	(차) 당 좌 예 금	100,000원	(대) 선 수 금	100,000원
③	(차) 현 금	100,000원	(대) 제 품 매 출	100,000원
④	(차) 당 좌 예 금	100,000원	(대) 제 품 매 출	100,000원

03. 다음 중 기말재고자산을 실제보다 과대 계상한 경우 재무제표에 미치는 영향으로 잘못된 것은?

① 자산이 실제보다 과대계상된다.
② 자본총계가 실제보다 과소계상된다.
③ 매출총이익이 실제보다 과대계상된다.
④ 매출원가가 실제보다 과소계상된다.

PART 5 최신 기출문제 연습

04. 다음 중 일반기업회계기준상 무형자산의 상각에 관한 내용으로 옳지 않은 것은?

① 무형자산의 상각방법은 정액법, 체감잔액법 등 합리적인 방법을 적용할 수 있으며, 합리적인 방법을 정할 수 없는 경우에는 정액법을 적용한다.
② 내부적으로 창출한 영업권은 원가의 신뢰성 문제로 인하여 자산으로 인정되지 않는다.
③ 무형자산의 상각기간은 독점적·배타적인 권리를 부여하고 있는 관계 법령이나 계약에 정해진 경우에도 20년을 초과할 수 없다.
④ 무형자산의 잔존가치는 없는 것을 원칙으로 하나, 예외도 존재한다.

05. 다음 자료를 이용하여 단기투자자산의 합계액을 계산한 것으로 옳은 것은?

현　　　　금	5,000,000원	1년만기 정기예금	3,000,000원
단 기 매 매 증 권	4,000,000원	당 좌 예 금	3,000,000원
우 편 환 증 서	50,000원	외 상 매 출 금	7,000,000원

① 7,000,000원　　② 8,000,000원
③ 10,000,000원　　④ 11,050,000원

06. 다음 중 비유동부채에 해당하는 것은 모두 몇 개인가?

| 가. 사채 | 나. 퇴직급여충당부채 |
| 다. 유동성장기부채 | 라. 선수금 |

① 1개　　② 2개　　③ 3개　　④ 4개

07. 일반기업회계기준에 근거하여 다음의 재고자산을 평가하는 경우 재고자산평가손익은 얼마인가?

상품명	기말재고수량	취득원가	추정판매가격 (순실현가능가치)
비누	100개	75,000개	65,000원
세제	200개	50,000개	70,000원

① 재고자산평가이익 : 3,000,000원　　② 재고자산평가이익 : 4,000,000원
③ 재고자산평가손실 : 3,000,000원　　④ 재고자산평가손실 : 1,000,000원

08. 다음 중 수익의 인식에 대한 설명으로 가장 옳은 것은?

① 시용판매의 경우 수익의 인식은 구매자의 구매의사 표시일이다.
② 예약판매계약의 경우 수익의 인식은 자산의 건설이 완료되어 소비자에게 인도한 시점이다.
③ 할부판매의 경우 수익의 인식은 항상 소비자로부터 대금을 회수하는 시점이다.
④ 위탁판매의 경우 수익의 인식은 위탁자가 수탁자에게 제품을 인도한 시점이다.

09. 당기의 원재료 매입액은 20억원이고, 기말 원재료 재고액이 기초 원재료 재고액보다 3억원이 감소한 경우, 당기의 원재료원가는 얼마인가?

① 17억원　　② 20억원　　③ 23억원　　④ 25억원

10. 다음 중 제조원가명세서의 구성요소로 옳은 것을 모두 고른 것은?

가. 기초재공품재고액	나. 기말원재료재고액	다. 기말제품재고액
라. 당기제품제조원가	마. 당기총제조비용	

① 가, 나
② 가, 나, 라
③ 가, 나, 다, 라
④ 가, 나, 라, 마

11. 당사는 직접노무시간을 기준으로 제조간접원가를 배부하고 있다. 당기의 제조간접원가 실제발생액은 500,000원이고, 예정배부율은 200원/직접노무시간이다. 당기의 실제 직접노무시간이 3,000시간일 경우, 다음 중 제조간접원가 배부차이로 옳은 것은?

① 100,000원 과대배부
② 100,000원 과소배부
③ 200,000원 과대배부
④ 200,000원 과소배부

12. 다음 중 종합원가계산에 대한 설명으로 옳지 않은 것은?

① 각 공정별로 원가가 집계되므로 원가에 대한 책임소재가 명확하다.
② 일반적으로 원가를 재료원가와 가공원가로 구분하여 원가계산을 한다.
③ 기말재공품이 존재하지 않는 경우 평균법과 선입선출법의 당기완성품원가는 일치한다.
④ 모든 제품 단위가 완성되는 시점을 별도로 파악하기가 어려우므로 인위적인 기간을 정하여 원가를 산정한다.

13. 다음 중 세금계산서 발급 의무가 면제되는 경우로 틀린 것은?

① 간주임대료
② 사업상 증여
③ 구매확인서에 의하여 공급하는 재화
④ 폐업시 잔존재화

14. 다음 중 부가가치세법상 업종별 사업장의 범위로 맞지 않는 것은?

① 제조업은 최종제품을 완성하는 장소
② 사업장을 설치하지 않은 경우 사업자의 주소 또는 거소
③ 운수업은 개인인 경우 사업에 관한 업무를 총괄하는 장소
④ 부동산매매업은 법인의 경우 부동산의 등기부상 소재지

15. 다음 중 부가가치세에 대한 설명으로 옳지 않은 것은?

① 법률상 면세 대상으로 열거된 것을 제외한 모든 재화나 용역의 소비행위에 대하여 과세한다.
② 납세의무자는 개인사업자나 영리법인으로 한정되어 있다.
③ 매출세액에서 매입세액을 차감하여 납부(환급)세액을 계산한다.
④ 납세의무자는 재화 또는 용역을 공급하는 사업자이지만, 담세자는 최종소비자가 된다.

실무 시험

고성상사㈜(회사코드:1083)는 가방 등의 제조·도소매업 및 부동산임대업을 영위하는 중소기업으로 당기(제8기) 회계기간은 2025.1.1.~2025.12.31.이다. 전산세무회계 수험용 프로그램을 이용하여 다음 물음에 답하시오.

> **기본 전제**
> - 문제에서 한국채택국제회계기준을 적용하도록 하는 전제조건이 없는 경우, 일반기업회계기준을 적용한다.
> - 문제의 풀이와 답안작성은 제시된 문제의 순서대로 진행한다.

문제 1 다음은 [기초정보관리]및 [전기분 재무제표]에 대한 자료이다. 각각의 요구사항에 대하여 답하시오.(10점)

(1) [거래처등록] 메뉴를 이용하여 다음의 신규 거래처를 추가로 등록하시오. (3점)

> - 거래처코드 : 3000
> - 거래처명 : ㈜나우전자
> - 대표자 : 김나우
> - 사업자등록번호 : 108-81-13579
> - 업태 : 제조
> - 종목 : 전자제품
> - 유형 : 동시
> - 사업장주소 : 서울특별시 서초구 명달로 104(서초동)
> ※ 주소 입력시 우편번호 입력은 생략해도 무방함

(2) 다음 자료를 이용하여 [계정과목및적요등록]을 하시오. (3점)

> - 계정과목 : 퇴직연금운용자산
> - 대체적요 : 1. 제조 관련 임직원 확정급여형 퇴직연금부담금 납입

(3) 전기분 재무상태표 작성 시, 기업은행의 단기차입금 20,000,000원을 신한은행의 장기차입금으로 잘못 분류하였다. [전기분재무상태표] 및 [거래처별초기이월]을 수정, 삭제 또는 추가입력하시오. (4점)

문제 2 다음 거래자료를 일반전표입력 메뉴에 추가 입력하시오.(일반전표의 모든 거래는 부가가치세를 고려하지 말 것)(18점)

> **입력시 유의사항**
> - 일반적인 적요의 입력은 생략하지만, 타계정 대체거래는 적요번호를 선택하여 입력한다.
> - 채권·채무와 관련된 거래는 별도의 요구가 없는 한 반드시 기 등록되어 있는 거래처코드를 선택하는 방법으로 거래처명을 입력한다.
> - 제조경비는 500번대 계정코드를, 판매비와관리비는 800번대 계정코드를 사용한다.
> - 회계처리시 계정과목은 별도제시가 없는 한 등록되어 있는 계정과목 중 가장 적절한 과목으로 한다.

(1) 08월 01일 미국은행으로부터 2024년 10월 31일에 차입한 외화장기차입금 중 $30,000를 상환하기 위하여 보통예금 계좌에서 39,000,000원을 이체하여 지급하였다. 일자별 적용환율은 아래와 같다. (3점)

2024.10.31. (차입일)	2024.12.31. (직전연도 종료일)	2025.08.01. (상환일)
1,210/$	1,250/$	1,300/$

(2) 08월 12일 금융기관으로부터 매출거래처인 ㈜모모가방이 발행한 어음 50,000,000원이 부도처리되었다는 통보를 받았다. (3점)

(3) 08월 23일 임시주주총회에서 6월 29일 결의하고 미지급한 중간배당금 10,000,000원에 대하여 원천징수세액 1,540,000원을 제외한 금액을 보통예금 계좌에서 지급하였다. (3점)

(4) 08월 31일 제품의 제조공장에서 사용할 기계장치(공정가치 5,500,000원)를 대주주로부터 무상으로 증여받았다. (3점)

(5) 09월 11일 단기매매차익을 목적으로 주권상장법인인 ㈜대호전자의 주식 2,000주를 1주당 2,000원(1주당 액면금액 1,000원)에 취득하고, 증권거래수수료 10,000원을 포함한 대금을 모두 보통예금 계좌에서 지급하였다. (3점)

(6) 09월 13일 ㈜다원의 외상매출금 4,000,000원 중 1,000,000원은 현금으로 받고, 나머지 잔액은 ㈜다원이 발행한 약속어음으로 받았다. (3점)

문제 3 다음 거래자료를 매입매출전표입력 메뉴에 입력하시오.(18점)

입력시 유의사항
- 일반적인 적요의 입력은 생략하지만, 타계정 대체거래는 적요번호를 선택하여 입력한다.
- 별도의 요구가 없는 한 반드시 기 등록되어 있는 거래처코드를 선택하는 방법으로 거래처명을 입력한다.
- 제조경비는 500번대 계정코드를, 판매비와관리비는 800번대 계정코드를 사용한다.
- 회계처리시 계정과목은 별도제시가 없는 한 등록되어 있는 계정과목 중 가장 적절한 과목으로 한다.
- 입력화면 하단의 분개까지 처리하고, 전자세금계산서는 전자입력으로 반영한다.

(1) 07월 13일 ㈜남양가방에 제품을 판매하고, 대금은 신용카드(비씨카드)로 결제받았다(단, 신용카드 판매액은 매출채권으로 처리할 것). (3점)

신용카드 매출전표

결제정보

카드종류	비씨카드	카드번호	1234-5050-4646-8525
거래종류	신용구매	거래일시	2025-07-13
할부개월	0	승인번호	98465213

구매정보

주문번호	511-B	과세금액	5,000,000원
구매자명	㈜남양가방	비과세금액	0원
상품명	크로스백	부가세	500,000원
		합계금액	5,500,000원

이용상점정보

판매자상호	㈜남양가방
판매자 사업자등록번호	105-81-23608
판매자 주소	서울특별시 동작구 여의대방로 28

(2) 09월 05일 특별주문제작하여 매입한 기계장치가 완성되어 특수운송전문업체인 쾌속운송을 통해 기계장치를 인도받았다. 운송비 550,000원(부가가치세 포함)을 보통예금 계좌에서 이체하여 지급하고 쾌속운송으로부터 전자세금계산서를 수취하였다. (3점)

(3) 09월 06일 정도정밀로부터 제품임가공계약에 따른 제품을 납품받고 전자세금계산서를 수취하였다. 제품임가공비용은 10,000,000원(부가가치세 별도)이며, 전액 보통예금 계좌에서 이체하여 지급하였다.(단, 제품의 임가공비용은 외주가공비 계정으로 처리할 것) (3점)

(4) 09월 25일 제조공장 인근 육군부대에 3D프린터기를 외상으로 구입하여 기증하였고, 아래와 같은 전자세금계산서를 발급받았다. (3점)

전자세금계산서				승인번호	20250925-15454645-58811889		
공급자	등록번호	220-81-55976	종사업장번호		등록번호	128-81-32658	종사업장번호	
	상호(법인명)	㈜목포전자	성명	정찬호	상호(법인명)	고성상사㈜	성명	현정민
	사업장주소	서울특별시 서초구 명달로 101			사업장주소	서울시 중구 창경궁로5다길 13-4		
	업태	도소매	종목	전자제품	업태	제조/도소매	종목	가방 등
	이메일				이메일			
작성일자	공급가액		세액		수정사유		비 고	
2025-09-25	3,500,000원		350,000원		해당 없음			
월	일	품목	규격	수량	단가	공급가액	세액	비고
09	25	3D 프린터		1	3,500,000	3,500,000원	350,000원	
합계금액	현금		수표		어음	외상미수금	위 금액을 (청구) 함	
3,850,000원						3,850,000원		

(5) 10월 06일 본사 영업부에서 사용할 복합기를 구입하고, 대금은 하나카드로 결제하였다. (3점)

매출전표			
단말기번호 A-1000		전표번호 56421454	
회원번호(CARD NO) 3152-3155-****-****			
카드종류	유효기간		거래일자
하나카드	12/25		2025.10.06.
거래유형		취소시 원 거래일자	
신용구매			
결제방법	판 매 금 액		1,500,000원
일시불	부 가 가 치 세		150,000원
매입처	봉 사 료		
매입사제출	합계(TOTAL)		1,650,000원
전표매입사		승인번호(APPROVAL NO)	
하나카드		35745842	
가맹점명		가맹점번호	
㈜ok사무		5864112	
대표자명		사업자번호	
김사무		204-81-76697	
주소			
경기도 화성시 동탄대로 537, 101호			
		서명(SIGNATURE) 고성상사(주)	

(6) 12월 01일 ㈜국민가죽으로부터 고급핸드백 가방 제품의 원재료인 양가죽을 매입하고, 아래의 전자세금계산서를 수취하였다. 부가가치세는 현금으로 지급하였으며, 나머지는 외상거래이다. (3점)

전자세금계산서				승인번호	20251201-15454645-58811886		
공급자	등록번호	204-81-35774	종사업장번호	공급받는자	등록번호	128-81-32658	종사업장번호
	상호(법인명)	㈜국민가죽	성명	김국민	상호(법인명)	고성상사㈜	성명	현정민
	사업장주소	경기도 안산시 단원구 석수로 555			사업장주소	서울시 중구 창경궁로5다길 13-4		
	업태	도소매	종목	가죽	업태	제조/도소매	종목	가방 등
	이메일				이메일			
작성일자	공급가액		세액		수정사유		비고	
2025-12-01	2,500,000원		250,000원		해당 없음			
월	일	품목	규격	수량	단가	공급가액	세액	비고
12	01	양가죽			2,500,000원	2,500,000원	250,000원	
합계금액	현금		수표		어음		외상미수금	위 금액을 (청구) 함
2,750,000원	250,000						2,500,000원	

문제 4 [일반전표입력] 및 [매입매출전표]입력 메뉴에 입력된 내용 중 다음과 같은 오류가 발견되었다. 입력된 내용을 확인하여 정정하시오.(6점)

(1) 07월 22일 제일자동차로부터 영업부의 업무용승용차(공급가액 15,000,000원, 부가가치세 별도)를 구입하여 대금은 전액 보통예금 계좌에서 지급하고 전자세금계산서를 받았다. 해당 업무용승용차의 배기량은 1,990cc이나 회계담당자는 990cc로 판단하여 부가가치세를 공제받는 것으로 회계처리 하였다. (3점)

(2) 09월 15일 매출거래처 ㈜댕댕오디오의 파산선고로 인하여 외상매출금 3,000,000원을 회수불능으로 판단하고 전액 대손상각비로 대손처리하였으나, 9월 15일 파산선고 당시 외상매출금에 관한 대손충당금 잔액 1,500,000원이 남아있던 것으로 확인되었다. (3점)

문제 5 결산정리사항은 다음과 같다. 해당메뉴에 입력하시오.(9점)

(1) 2025년 9월 16일에 지급된 2,550,000원은 그 원인을 알 수 없어 가지급금으로 처리하였던바, 결산일인 12월 31일에 2,500,000원은 하나무역의 외상매입금을 상환한 것으로 확인되었으며 나머지 금액은 그 원인을 알 수 없어 당기 비용(영업외비용)으로 처리하기로 하였다. (3점)

(2) 결산일 현재 필립전자에 대한 외화 단기대여금($30,000)의 잔액은 60,000,000원이다. 결산일 현재 기준환율은 $1당 2,200원이다.(단, 외화 단기대여금도 단기대여금 계정과목을 사용할 것) (3점)

(3) 대손충당금은 결산일 현재 미수금(기타 채권은 제외)에 대하여만 1%를 설정한다. 보충법에 의하여 대손충당금 설정 회계처리를 하시오.(단, 대손충당금 설정에 필요한 정보는 관련 데이터를 조회하여 사용할 것) (3점)

문제 6 다음 사항을 조회하여 답안을 이론문제 답안작성 메뉴에 입력하시오.

(1) 당해연도 제1기 부가가치세 예정신고기간(1월~3월) 중 카드과세매출의 공급대가 합계액은 얼마인가? (3점)

(2) 2025년 6월의 영업외비용 총지출액은 얼마인가? (3점)

(3) 2025년 제1기 부가가치세 확정신고기간의 공제받지 못할 매입세액은 얼마인가? (3점)

PART 5 최신 기출문제 연습

2023년 8월 5일 시행
제109회 전산세무회계자격시험

A형

종목 및 등급 : **전산회계 1급** —제한시간:60분

이론 시험

다음 문제를 보고 알맞은 것을 골라 **이론문제 답안작성** 메뉴에 입력하시오.(객관식 문항당 2점)

기본 전제
문제에서 한국채택국제회계기준을 적용하도록 하는 전제조건이 없는 경우, 일반기업회계기준을 적용한다.

01. 회계분야 중 재무회계에 대한 설명으로 적절한 것은?

① 관리자에게 경영활동에 필요한 재무정보를 제공한다.
② 국세청 등의 과세관청을 대상으로 회계정보를 작성한다.
③ 법인세, 소득세, 부가가치세 등의 세무 보고서 작성을 목적으로 한다.
④ 일반적으로 인정된 회계원칙에 따라 작성하며 주주, 투자자 등이 주된 정보이용자이다.

02. 유가증권 중 단기매매증권에 대한 설명으로 옳지 않은 것은?

① 시장성이 있어야 하고, 단기시세차익을 목적으로 하여야 한다.
② 단기매매증권은 당좌자산으로 분류된다.
③ 기말평가방법은 공정가액법이다.
④ 단기매매증권은 투자자산으로 분류된다.

03. 다음 중 재고자산의 평가에 대한 설명으로 옳지 않은 것은?

① 성격이 상이한 재고자산을 일괄 구입하는 경우에는 공정가치 비율에 따라 안분하여 취득원가를 결정한다.
② 재고자산의 취득원가에는 취득과정에서 발생한 할인, 에누리는 반영하지 않는다.
③ 저가법을 적용할 경우 시가가 취득원가보다 낮아지면 시가를 장부금액으로 한다.
④ 저가법을 적용할 경우 발생한 차액은 전부 매출원가로 회계처리한다.

최신 기출문제 연습

04. 다음 중 유형자산의 자본적지출을 수익적지출로 잘못 처리했을 경우 당기의 자산과 자본에 미치는 영향으로 올바른 것은?

	자 산	자 본		자 산	자 본
①	과 대	과 소	②	과 소	과 소
③	과 소	과 대	④	과 대	과 대

05. ㈜재무는 자기주식 200주(1주당 액면가액 5,000원)를 1주당 7,000원에 매입하여 소각하였다. 소각일 현재 자본잉여금에 감차차익 200,000원을 계상하고 있는 경우 주식소각 후 재무상태표상에 계상되는 감자차손익은 얼마인가?

① 감자차손 200,000원　　② 감자차손 400,000원
③ 감자차익 200,000원　　④ 감자차익 400,000원

06. 다음 중 손익계산서에 대한 설명으로 옳지 않은 것은?

① 매출원가는 제품, 상품 등의 매출액에 대응되는 원가로서 판매된 제품이나 상품 등에 대한 제조원가 또는 매입원가이다.
② 영업외비용은 기업의 주된 영업활동이 아닌 활동으로부터 발생한 비용과 차손으로서 기부금, 잡손실 등이 이에 해당한다.
③ 손익계산서는 일정 기간의 기업의 경영성과에 대한 유용한 정보를 제공한다.
④ 수익과 비용은 각각 순액으로 보고하는 것을 원칙으로 한다.

07. ㈜서울은 ㈜제주와 제품 판매계약을 맺고 ㈜제주가 발행한 당좌수표 500,000원을 계약금으로 받아 아래와 같이 회계처리하였다. 다음 중 ㈜서울의 재무제표에 나타난 영향으로 옳은 것은?

(차) 당좌예금　500,000원　　(대) 제품매출　500,000원

① 당좌자산 과소계상　　② 당좌자산 과대계상
③ 유동부채 과소계상　　④ 당기순이익 과소계상

08. ㈜한국상사의 2025년 1월 1일 자본금은 50,000,000원(발행주식 수 10,000주, 1주당 액면금액 5,000원)이다. 2025년 10월 1일 1주당 6,000원에 2,000주를 유상증자하였을 경우, 2025년 기말 자본금은 얼마인가?

① 12,000,000원　　② 50,000,000원
③ 60,000,000원　　④ 62,000,000원

09. 원가 및 비용의 분류항목 중 제조원가에 해당하는 것은 무엇인가?
   ① 생산공장의 전기요금
   ② 영업용 사무실의 전기요금
   ③ 마케팅부의 교육연수비
   ④ 생산공장 기계장치의 처분손실

10. 다음 중 보조부문 상호간의 용역수수관계를 고려하여 보조부문원가를 제조부문과 보조부문에 배분함으로써 보조부문간의 상호 서비스 제공을 완전히 반영하는 방법으로 옳은 것은?
   ① 직접배분법
   ② 단계배분법
   ③ 상호배분법
   ④ 총배분법

11. 다음의 자료에 의한 당기직접재료원가는 얼마인가?

기 초 원 재 료	1,200,000원	기 초 재 공 품	200,000원
당 기 원 재 료 매 입 액	900,000원	기 말 재 공 품	300,000원
기 말 원 재 료	850,000원	기 초 제 품	400,000원
기 말 제 품	500,000원	직 접 노 무 원 가	500,000원

   ① 1,150,000원 ② 1,250,000원 ③ 1,350,000원 ④ 1,650,000원

12. ㈜성진은 직접원가를 기준으로 제조간접원가를 배부한다. 다음 자료에 의하여 계산한 제조지시서 no.1의 제조간접원가 배부액은 얼마인가?

공장전체 발생원가	제조지시서 #1
· 총생산수량 : 10,000개	· 총생산수량 : 5,200개
· 기계시간 : 24시간	· 기계시간 : 15시간
· 직접재료원가 : 800,000원	· 직접재료원가 : 400,000원
· 직접노무원가 : 200,000원	· 직접노무원가 : 150,000원
· 제조간접원가 : 500,000원	· 제조간접원가 : (?)원

   ① 250,000원 ② 260,000원 ③ 275,000원 ④ 312,500원

13. 다음 중 부가가치세법상 과세기간에 대한 설명으로 옳지 않은 것은?
   ① 간이과세자의 과세기간은 1월 1일부터 12월 31일까지이다.
   ② 사업자가 폐업하는 경우의 과세기간은 폐업일이 속하는 과세기간의 개시일부터 폐업일까지로 한다.
   ③ 일반과세자가 간이과세자로 변경되는 경우에 그 변경되는 해의 간이과세자 과세기간은 7월 1일부터 12월 31일까지이다.
   ④ 간이과세자가 일반과세자로 변경되는 경우에 그 변경되는 해의 간이과세자 과세기간은 1월 1일부터 12월 31일까지이다.

14. 다음 중 세금계산서의 필요적 기재사항에 해당하지 않는 것은?

   ① 공급연월일
   ② 공급하는 사업자의 등록번호와 성명 또는 명칭
   ③ 공급받는자의 등록번호
   ④ 공급가액과 부가가치세액

15. 다음 중 부가가치세법에 따른 재화 또는 용역의 공급시기에 대한 설명으로 적절하지 않은 것은?

   ① 위탁판매의 경우 수탁자가 공급한 때이다.
   ② 상품권의 경우 상품권이 판매되는 때이다.
   ③ 장기할부판매의 경우 대가의 각 부분을 받기로 한 때이다.
   ④ 내국물품을 외국으로 반출하는 경우 수출재화를 선적하는 때이다.

PART 5 최신 기출문제 연습

실무 시험

정민상사㈜(회사코드:1093)는 전자제품의 제조 및 도·소매업을 영위하는 중소기업으로 당기(제9기)의 회계기간은 2025.1.1.~2025.12.31.이다. 전산세무회계 수험용 프로그램을 이용하여 다음 물음에 답하시오.

> **기본 전제**
> ■ 문제에서 한국채택국제회계기준을 적용하도록 하는 전제조건이 없는 경우, 일반기업회계기준을 적용한다.
> ■ 문제의 풀이와 답안작성은 제시된 문제의 순서대로 진행한다.

문제 1 다음은 [기초정보관리] 및 [전기분 재무제표]에 대한 자료이다. 각각의 요구사항에 대하여 답하시오.(10점)

(1) 다음 자료를 보고 [거래처등록]메뉴에서 등록하시오.(3점)

> ■ 거래처코드 : 01230   ■ 거래처명 : 태형상사   ■ 대표자 : 김상수
> ■ 사업자등록번호 : 107-36-25785   ■ 업태 : 도소매
> ■ 종목 : 사무기기   ■ 유형 : 동시
> ■ 사업장주소 : 서울시 동작구 여의대방로10가길 1(신대방동)
> ※ 주소 입력시 우편번호 입력은 생략해도 무방함

(2) 정민상사㈜의 전기말 거래처별 채권 및 채무의 올바른 잔액은 다음과 같다. 주어진 자료를 검토하여 잘못된 부분은 오류를 정정하고, 누락된 부분은 추가하여 입력하시오.(3점)

구 분	거 래 처	금액(원)
받을어음	㈜원수	15,000,000원
	㈜케스터	2,000,000원
단기차입금	㈜이태백	10,000,000원
	㈜빛날통신	13,000,000원
	Champ사	12,000,000원

(3) 전기분손익계산서를 검토한 결과 다음과 같은 오류가 발견되었다. 전기분재무제표 메뉴에서 관련된 부분을 모두 수정하시오.(4점)

계정과목	오류내용
보험료	제조원가 1,000,000원을 판매비와관리비로 회계처리

최신 기출문제 연습

문제 2 다음 거래자료를 일반전표입력 메뉴에 추가 입력하시오.(일반전표의 모든 거래는 부가가치세를 고려하지 말 것)(18점)

> **입력시 유의사항**
> - 일반적인 적요의 입력은 생략하지만, 타계정 대체거래는 적요번호를 선택하여 입력한다.
> - 채권·채무와 관련된 거래는 별도의 요구가 없는 한 반드시 기 등록되어 있는 거래처코드를 선택하는 방법으로 거래처명을 입력한다.
> - 제조경비는 500번대 계정코드를, 판매비와관리비는 800번대 계정코드를 사용한다.
> - 회계처리시 계정과목은 별도제시가 없는 한 등록되어 있는 계정과목 중 가장 적절한 과목으로 한다.

(1) 08월 20일 인근 주민센터에 판매용 제품(원가 2,000,000원, 시가 3,500,000원)을 기부하였다. (3점)

(2) 09월 02일 대주주인 전마나 씨로부터 차입한 단기차입금 20,000,000원 중 15,000,000원은 보통예금 계좌에서 이체하여 상환하고, 나머지 금액은 면제받기로 하였다. (3점)

(3) 10월 19일 ㈜용인의 외상매입금 2,500,000원에 대해 타인이 발행한 당좌수표 1,500,000원과 ㈜수원에 제품을 판매하고 받은 ㈜수원 발행 약속어음 1,000,000원을 배서하여 지급한다. (3점)

(4) 11월 06일 전월분 고용보험료를 다음과 같이 현금으로 납부하다(단, 하나의 전표로 처리하고, 회사부담금은 보험료로 처리할 것). (3점)

고용보험 납부내역				
사원명	소속	직원부담금	회사부담금	합계
김정직	제조부	180,000원	221,000원	401,000원
이성실	마케팅부	90,000원	110,500원	200,500원
합 계		270,000원	331,500원	601,500원

(5) 11월 11일 영업부 직원에 대한 확정기여형(DC) 퇴직연금 7,000,000원을 하나은행 보통예금 계좌에서 이체하여 납입하였다. 이 금액에는 연금운용에 대한 수수료 200,000원이 포함되어 있다. (3점)

(6) 12월 03일 일시보유목적으로 취득하였던 시장성 있는 ㈜세무의 주식 500주(1주당 장부금액 8,000원, 1주당 액면금액 5,000원, 1주당 처분금액 10,000원)를 처분하고 수수료 250,000원을 제외한 금액을 보통예금 계좌로 이체받았다. (3점)

PART 5 최신 기출문제 연습

문제 3 다음 거래자료를 매입매출전표입력 메뉴에 입력하시오.(18점)

> **입력시 유의사항**
> - 일반적인 적요의 입력은 생략하지만, 타계정 대체거래는 적요번호를 선택하여 입력한다.
> - 별도의 요구가 없는 한 반드시 기 등록되어 있는 거래처코드를 선택하는 방법으로 거래처명을 입력한다.
> - 제조경비는 500번대 계정코드를, 판매비와관리비는 800번대 계정코드를 사용한다.
> - 회계처리시 계정과목은 별도제시가 없는 한 등록되어 있는 계정과목 중 가장 적절한 과목으로 한다.
> - 입력화면 하단의 분개까지 처리하고, 전자세금계산서는 전자입력으로 반영한다.

(1) 07월 28일 총무부 직원들의 야식으로 저팔계산업(일반과세자)에서 도시락을 주문하고, 하나카드로 결제하였다. (3점)

```
           신용카드매출전표
가 맹 점 명 : 저팔계산업
사업자번호 : 127-10-12343
대 표 자 명 : 김돈육
주      소 : 서울 마포구 상암동 332
롯 데 카 드 : 신용승인
거 래 일 시 : 2025-07-28 20:08:54
카 드 번 호 : 3256-6455-****-1324
유 효 기 간 : 12/26
가맹점번호 : 123412341
매  입  사 : 하나카드(전자서명전표)
      상품명              금액
      도시락세트          220,000
공 급 가 액 :  200,000
부 가 세 액 :   20,000
합      계 :  220,000
```

(2) 09월 03일 공장에서 사용하던 기계장치(취득가액 50,000,000원, 처분 시점까지의 감가상각누계액 38,000,000원)를 보람테크㈜에 처분하고 아래의 전자세금계산서를 발급하였다.(당기의 감가상각비는 고려하지 말고 하나의 전표로 입력할 것) (3점)

전자세금계산서						승인번호	20250903-145654645-58811657		
공급자	등록번호	680-81-32549		종사업장 번호		공급받는자	등록번호	110-81-02129		종사업장 번호	
	상호(법인명)	정민상사㈜	성명	최정민		상호(법인명)	보람테크㈜	성명	김종대
	사업장 주소	경기도 수원시 권선구 평동로79번길 45				사업장 주소	경기도 안산시 단원구 광덕서로 100		
	업태	제조, 도소매	종목	전자제품		업태	제조	종목	반도체
	이메일					이메일			
작성일자	공급가액		세액		수정사유		비 고	
2025.09.03.	13,500,000원		1,350,000원		해당 없음			
월	일	품목	규격	수량	단가	공급가액	세액	비고
09	03	기계장치 매각				13,500,000원	1,350,000원	
합계금액	현금	수표	어음	외상미수금	위 금액을 (청구) 함
14,850,000원	4,850,000원			10,000,000원	

(3) 09월 22일 마산상사로부터 원재료 5,500,000원(부가가치세 포함)을 구입하고 전자세금계산서를 발급받았다. 대금은 ㈜서울에 제품을 판매하고 받은 ㈜서울 발행 약속어음 2,000,000원을 배서하여 지급하고, 잔액은 외상으로 하다.(3점)

(4) 10월 31일 NICE Co.,Ltd의 해외수출을 위한 구매확인서에 따라 전자제품 100개(@700,000원)를 납품하고 영세율전자세금계산서를 발행하였다. 대금 중 50%는 보통예금 계좌로 입금받고 잔액은 1개월 후에 받기로 하다. (3점)

(5) 11월 04일 영업부 거래처의 직원에게 선물할 목적으로 선물세트를 외상으로 구입하고 아래와 같은 전자세금계산서를 발급받았다. (3점)

전자세금계산서						승인번호	20251104-15454645-58811889		
공급자	등록번호	113-18-77299		종사업장 번호		공급받는자	등록번호	680-81-32549		종사업장 번호	
	상호(법인명)	손오공상사	성명	황범식		상호(법인명)	정민상사㈜	성명	최정민
	사업장 주소	서울특별시 서초구 명달로 102				사업장 주소	경기도 수원시 권선구 평동로791번길 45		
	업태	도매	종목	잡화류		업태	제조,도소매	종목	전자제품
	이메일					이메일			
작성일자	공급가액		세액		수정사유		비 고	
2025.11.04.	1,500,000원		150,000원		해당 없음			
월	일	품목	규격	수량	단가	공급가액	세액	비고
11	04	선물세트		1	1,500,000원	1,500,000원	150,000원	
합계금액	현금	수표	어음	외상미수금	위 금액을 (청구) 함
1,650,000원				1,650,000원	

(6) 12월 05일 공장 신축 목적으로 취득한 토지의 토지정지 등을 위한 토목공사를 하고 ㈜만듬건설로부터 아래의 전자세금계산서를 발급받았다. 대금 지급은 기지급한 계약금 5,500,000원을 제외하고 외상으로 하였다. (3점)

전자세금계산서					승인번호	20251205-15454645-58811886		
공급자	등록번호	105-81-23608	종사업장 번호		공급받는자	등록번호	680-81-32549	종사업장 번호	
	상호 (법인명)	㈜만듬건설	성명	다만듬		상호 (법인명)	정민상사㈜	성명	최정민
	사업장 주소	서울특별시 동작구 여의대방로 24가길 28				사업장 주소	경기도 수원시 권선구 평동로79번길 45		
	업태	건설	종목	토목공사		업태	제조,도소매	종목	전자제품
	이메일					이메일			
작성일자		공급가액		세액		수정사유		비 고	
2025.12.05.		50,000,000원		5,000,000원		해당 없음			
월	일	품목	규격	수량	단가	공급가액	세액	비고
12	05	공장토지 토지정지 등				50,000,000원	5,000,000원	
합계금액		현금		수표		어음	외상미수금	위 금액을 (청구) 함
55,000,000원				5,500,000원			49,500,000원	

문제 4 [일반전표입력] 및 [매입매출전표]입력 메뉴에 입력된 내용 중 다음과 같은 오류가 발견되었다. 입력된 내용을 확인하여 정정하시오.(6점)

(1) 11월 10일 공장 에어컨 수리비로 가나상사에 보통예금 계좌에서 송금한 880,000원을 수선비로 회계처리 하였으나, 해당 수선비는 10월 10일 미지급금으로 회계처리한 것을 결제한 것이다. (3점)

(2) 12월 15일 당초 제품을 $10,000에 직수출하고 선적일 당시 환율 1,000원/$을 적용하여 제품매출 10,000,000원을 외상판매한 것으로 회계처리하였으나, 수출 관련 서류 검토 결과 직수출이 아니라 내국신용장에 의한 공급으로 ㈜강서기술에 전자영세율세금계산서를 발급한 외상매출인 것으로 확인되었다. (3점)

문제 5 결산정리사항은 다음과 같다. 해당메뉴에 입력하시오.(9점)

(1) 거래처 ㈜태명에 4월 1일 대여한 50,000,000원(상환회수일 2026년 3월 31일, 연 이자율 6%)에 대한 기간경과분 이자를 계상하다. 단, 이자는 월할 계산하고, 매년 3월 31일에 받기로 약정하였다. (3점)

(2) 제조공장의 창고 임차기간은 2025.04.01.~2026.03.31.으로 임차개시일에 임차료 3,600,000원을 전액 지급하고 즉시 당기 비용으로 처리하였다. 결산정리분개를 하시오. (3점)

(3) 당기 중 단기간 시세차익을 목적으로 시장성이 있는 유가증권을 75,000,000원에 취득하였다. 당기말 해당 유가증권의 시가는 73,000,000원이다. (3점)

문제 6 다음 사항을 조회하여 답안을 이론문제 답안작성 메뉴에 입력하시오.

(1) 2025년 상반기(1월~6월) 중 판매비및관리비의 급여 발생액이 가장 많은 월(月)과 가장 적은 월(月)의 차액은 얼마인가? (단, 양수로만 기재할 것) (3점)

(2) 일천상사에 대한 제품매출액은 3월 대비 4월에 얼마나 감소하였는가? (단, 음수로 입력하지 말 것) (3점)

(3) 2025년 제1기 예정신고기간(1월~3월) 중 ㈜서산상사에 발행한 세금계산서의 총발행매수와 공급가액은 얼마인가? (3점)

PART 5 최신 기출문제 연습

2023년 10월 12일 시행
제110회 전산세무회계자격시험

A형

종목 및 등급: **전산회계 1급** －제한시간:60분

이론 시험

다음 문제를 보고 알맞은 것을 골라 이론문제 답안작성 메뉴에 입력하시오.(객관식 문항당 2점)

> **기본 전제**
> 문제에서 한국채택국제회계기준을 적용하도록 하는 전제조건이 없는 경우, 일반기업회계기준을 적용한다.

01. 다음 중 재무상태표에 관한 설명으로 가장 옳은 것은?

① 일정 시점의 현재 기업이 보유하고 있는 자산과 부채 및 자본에 대한 정보를 제공하는 재무보고서이다.
② 일정 기간 동안의 기업의 수익과 비용에 대해 보고하는 보고서이다.
③ 일정 기간 동안의 현금의 유입과 유출에 대한 정보를 제공하는 보고서이다.
④ 기업의 자본변동에 관한 정보를 제공하는 재무보고서이다.

02. 다음 중 유동부채에 포함되지 않는 것은 무엇인가?

① 매입채무　　② 단기차입금　　③ 유동성장기부채　　④ 임대보증금

03. 다음 중 무형자산과 관련된 설명으로 옳지 않은 것은?

① 연구프로젝트에서 발생한 지출이 연구단계와 개발단계로 구분할 수 없는 경우에는 모두 연구단계에서 발생한 것으로 본다.
② 내부적으로 창출한 브랜드, 고객목록과 같은 항목은 무형자산으로 인식할 수 있다.
③ 무형자산은 회사가 사용할 목적으로 보유하는 물리적 실체가 없는 자산이다.
④ 무형자산의 소비되는 행태를 신뢰성 있게 결정할 수 없을 경우 정액법으로 상각한다.

04. 다음 중 일반기업회계기준에 의한 수익 인식 시점에 대한 설명으로 옳지 않은 것은?

① 위탁판매의 경우에는 수탁자가 위탁품을 소비자에게 판매한 시점에 수익을 인식한다.
② 시용판매의 경우에는 상품 인도 시점에 수익을 인식한다.
③ 광고 제작 수수료의 경우에는 광고 제작의 진행률에 따라 수익을 인식한다.
④ 수강료의 경우에는 강의 시간에 걸쳐 수익으로 인식한다.

05. 재고자산의 단가 결정 방법 중 매출 시점에서 해당 재고자산의 실제 취득원가를 기록하여 매출원가로 대응시킴으로써 가장 정확하게 원가 흐름을 파악할 수 있는 재고자산의 단가 결정 방법은 무엇인가?

① 개별법　　　② 선입선출법　　　③ 후입선출법　　　④ 총평균법

06. 다음 중 영업이익에 영향을 주는 거래로 옳은 것은?

① 거래처에 대한 대여금의 전기분 이자를 받았다.
② 창고에 보관하고 있던 상품이 화재로 인해 소실되었다.
③ 차입금에 대한 전기분 이자를 지급하였다.
④ 일용직 직원에 대한 수당을 지급하였다.

07. 다음의 거래를 적절하게 회계처리 하였을 경우, 당기순이익의 증감액은 얼마인가? 단, 주어진 자료 외의 거래는 없다고 가정한다.

- 매도가능증권 : 장부금액 5,000,000원, 결산일 공정가치 4,500,000원
- 단기매매증권 : 장부금액 3,000,000원, 결산일 공정가치 3,300,000원
- 투자부동산 : 장부금액 9,000,000원, 처분금액 8,800,000원

① 100,000원 감소　　　② 100,000원 증가
③ 400,000원 감소　　　④ 400,000원 증가

08. 다음의 거래를 적절하게 회계처리 하였을 경우, 당기순이익의 증감액은 얼마인가? 단, 주어진 자료 외의 거래는 없다고 가정한다.

기초		기말		당기 중 추가출자	이익 배당액	총수익	총비용
자산	부채	부채	자본				
900,000원	500,000원	750,000원	( )	100,000원	50,000원	1,100,000원	900,000원

① 500,000원　　　② 550,000원
③ 600,000원　　　④ 650,000원

09. 다음 중 원가회계에 대한 설명이 아닌 것은?
   ① 외부의 정보이용자들에게 유용한 정보를 제공하기 위한 정보이다.
   ② 원가통제에 필요한 정보를 제공하기 위함이다.
   ③ 제품원가계산을 위한 원가정보를 제공한다.
   ④ 경영계획수립과 통제를 위한 원가정보를 제공한다.

10. 다음 중 원가행태에 따라 변동원가와 고정원가로 분류할 때 이에 대한 설명으로 올바른 것은?
   ① 변동원가는 조업도가 증가할수록 총원가도 증가한다.
   ② 변동원가는 조업도가 증가할수록 단위당 원가도 증가한다.
   ③ 고정원가는 조업도가 증가할수록 총원가도 증가한다.
   ④ 고정원가는 조업도가 증가할수록 단위당 원가도 증가한다.

11. 다음 중 보조부문의 원가 배분에 대한 설명으로 옳지 않은 것은?
   ① 보조부문의 원가 배분방법으로는 직접배분법, 단계배분법 및 상호배분법이 있으며, 어떤 방법을 사용하더라도 전체 보조부문의 원가는 차이가 없다.
   ② 상호배분법을 사용할 경우, 부문간 상호수수를 고려하여 계산하기 때문에 어떤 배분방법보다 정확성이 높다고 할 수 있다.
   ③ 단계배분법을 사용할 경우, 배분순서를 어떻게 하더라도 각 보조부문에 배분되는 금액은 차이가 없다.
   ④ 직접배분법을 사용할 경우, 보조부문 원가 배분액의 계산은 쉬우나 부문간 상호수수에 대해서는 전혀 고려하지 않는다.

12. 다음 중 개별원가계산과 종합원가계산에 대한 설명으로 옳지 않은 것은?
   ① 개별원가계산은 작업지시서에 의한 원가계산을 한다.
   ② 개별원가계산은 주문형 소량 생산 방식에 적합하다.
   ③ 종합원가계산은 공정별 대량 생산 방식에 적합하다.
   ④ 종합원가계산은 여러 공정에 걸쳐 생산하는 경우 적용할 수 없다.

13. 다음 중 부가가치세법상 사업자등록 정정 사유가 아닌 것은?

   ① 상호를 변경하는 경우
   ② 사업장을 이전하는 경우
   ③ 사업의 종류에 변동이 있는 경우
   ④ 증여로 인하여 사업자의 명의가 변경되는 경우

14. 다음 중 부가가치세법상 영세율에 대한 설명으로 가장 옳지 않은 것은?

   ① 수출하는 재화에 대해서는 영세율이 적용된다.
   ② 영세율은 수출산업을 지원하는 효과가 있다.
   ③ 영세율을 적용하더라도 완전면세를 기대할 수 없다.
   ④ 영세율은 소비지국과세원칙이 구현되는 제도이다.

15. 다음 중 영수증 발급 대상 사업자가 될 수 없는 업종에 해당하는 것은?

   ① 소매업
   ② 도매업
   ③ 목욕, 이발, 미용업
   ④ 입장권을 발행하여 영위하는 사업

PART 5 최신 기출문제 연습

실무 시험

오영상사㈜(회사코드:1103)는 가방 등의 제조·도소매업 및 부동산임대업을 영위하는 중소기업으로 당기(제9기) 회계기간은 2025.1.1.~2025.12.31.이다. 전산세무회계 수험용 프로그램을 이용하여 다음 물음에 답하시오.

> **기본 전제**
> - 문제에서 한국채택국제회계기준을 적용하도록 하는 전제조건이 없는 경우, 일반기업회계기준을 적용한다.
> - 문제의 풀이와 답안작성은 제시된 문제의 순서대로 진행한다.

문제 1 다음은 [기초정보관리]및 [전기분 재무제표]에 대한 자료이다. 각각의 요구사항에 대하여 답하시오.(10점)

(1) 다음 자료를 이용하여 거래처등록의 [신용카드] 탭에 추가로 입력하시오. (3점)

| · 코드 : 99850 | · 거래처명 : 하나카드 | · 카드종류 : 사업용카드 |
| · 유형 : 매입 | · 카드번호 : 5531-8440-0622-2804 | |

(2) [계정과목및적요등록] 메뉴에서 여비교통비(판매비및일반관리비) 계정에 아래의 적요를 추가로 등록하시오. (3점)

> · 현금적요 6번 : 야근 시 퇴근택시비 지급
> · 대체적요 3번 : 야근 시 퇴근택시비 정산 인출

(3) 전기분 손익계산서를 검토한 결과 다음과 같은 오류가 발견되었다. 해당 오류와 연관된 재무제표를 모두 올바르게 정정하시오. (4점)

> 공장 생산직 사원들에게 지급한 명절 선물 세트 1,000,000원이 회계 담당 직원의 실수로 인하여 본사 사무직 사원들에게 지급한 것으로 회계처리 되어 있음을 확인한다.

문제 2 다음 거래자료를 일반전표입력 메뉴에 추가 입력하시오.(일반전표의 모든 거래는 부가가치세를 고려하지 말 것)(18점)

> **입력시 유의사항**
> - 일반적인 적요의 입력은 생략하지만, 타계정 대체거래는 적요번호를 선택하여 입력한다.
> - 채권·채무와 관련된 거래는 별도의 요구가 없는 한 반드시 기 등록되어 있는 거래처코드를 선택하는 방법으로 거래처명을 입력한다.
> - 제조경비는 500번대 계정코드를, 판매비와관리비는 800번대 계정코드를 사용한다.
> - 회계처리시 계정과목은 별도제시가 없는 한 등록되어 있는 계정과목 중 가장 적절한 과목으로 한다.

(1) 07월 04일 나노컴퓨터에 지급하여야 할 외상매입금 5,000,000원과 나노컴퓨터로부터 수취하여야 할 외상매출금 3,000,000원을 상계하여 처리하고, 잔액은 당좌수표를 발행하여 지급하였다. (3점)

(2) 09월 15일 투자 목적으로 보유 중인 단기매매증권(보통주 1,000주, 1주당 액면가액 5,000원, 1주당 장부가액 9,000원)에 대하여 1주당 1,000원씩의 현금배당이 보통예금 계좌로 입금되었으며, 주식배당 20주를 수령하였다. (3점)

(3) 10월 05일 제품을 판매하고 ㈜영춘으로부터 받은 받을어음 5,000,000원을 만기 이전에 주거래은행인 토스뱅크에 할인하고, 할인료 55,000원을 차감한 나머지 금액을 보통예금 계좌로 입금받았다. 단, 어음의 할인은 매각거래에 해당한다. (3점)

(4) 10월 30일 영업부에서 대한상공회의소 회비 500,000원을 보통예금 계좌에서 지급하고 납부영수증을 수취하였다. (3점)

(5) 12월 12일 자금 조달을 위하여 발행하였던 사채(액면금액 10,000,000원, 장부가액 10,000,000원)를 9,800,000원에 조기 상환하면서 보통예금 계좌에서 지급하였다. (3점)

(6) 12월 21일 보통예금 계좌를 확인한 결과, 결산이자 500,000원에서 원천징수세액 77,000원을 차감한 금액이 입금되었음을 확인하였다(단, 원천징수세액은 자산으로 처리할 것). (3점)

문제 3   다음 거래자료를 매입매출전표입력 메뉴에 입력하시오.(18점)

입력시 유의사항
- 일반적인 적요의 입력은 생략하지만, 타계정 대체거래는 적요번호를 선택하여 입력한다.
- 별도의 요구가 없는 한 반드시 기 등록되어 있는 거래처코드를 선택하는 방법으로 거래처명을 입력한다.
- 제조경비는 500번대 계정코드를, 판매비와관리비는 800번대 계정코드를 사용한다.
- 회계처리시 계정과목은 별도제시가 없는 한 등록되어 있는 계정과목 중 가장 적절한 과목으로 한다.
- 입력화면 하단의 분개까지 처리하고, 전자세금계산서는 전자입력으로 반영한다.

(1) 07월 11일 성심상사에 제품을 판매하고 아래의 전자세금계산서를 발급하였다. (3점)

전자세금계산서					승인번호	20250711-1000000-00009329		
공급자	등록번호	124-87-05224	종사업장 번호		공급받는자	등록번호	134-86-81692	종사업장 번호	
	상호 (법인명)	오영상사㈜	성명	김하현		상호 (법인명)	성심상사	성명	황성심
	사업장 주소	경기도 성남시 분당구 서판교로6번길 24				사업장 주소	경기도 화성시 송산면 마도북로40		
	업태	제조.도소매	종목	가방		업태	제조	종목	자동차특장
	이메일					이메일			
작성일자	공급가액		세액		수정사유		비고		
2025/07/11	3,000,000원		300,000원		해당 없음				
월	일	품목	규격	수량	단가	공급가액	세액	비고
07	11	제품				3,000,000원	300,000원	
합계금액	현금		수표		어음	외상미수금	위 금액을 (청구) 함	
3,300,000원	1,000,000원					2,300,000원		

(2) 08월 25일 본사 사무실로 사용하기 위하여 ㈜대관령으로부터 상가를 취득하고, 대금은 다음과 같이 지급하였다(단, 하나의 전표로 입력할 것). (3점)

- 총매매대금은 370,000,000원으로 토지분 매매가액 150,000,000원과 건물분 매매가액 220,000,000원(부가가치세 포함)이다.
- 총매매대금 중 계약금 37,000,000원은 계약일인 7월 25일에 미리 지급하였으며, 잔금은 8월 25일에 보통예금 계좌에서 이체하여 지급하였다.
- 건물분에 대하여 전자세금계산서를 잔금 지급일에 수취하였으며, 토지분에 대하여는 별도의 계산서를 발급받지 않았다.

(3) 09월 15일 총무부가 사용하기 위한 소모품을 골드팜㈜으로부터 총 385,000원에 구매하고 보통예금 계좌에서 이체하였으며, 지출증빙용 현금영수증을 발급받았다. 단, 소모품은 구입 즉시 비용으로 처리한다. (3점)

(4) 09월 30일 경하자동차㈜로부터 본사에서 업무용으로 사용할 승용차(5인승, 배기량 998cc, 개별소비세 과세 대상 아님)를 구입하고 아래의 전자세금계산서를 발급받았다. (3점)

전자세금계산서					승인번호	20250930-145982301203467		
공급자	등록번호	610-81-51299	종사업장번호		공급받는자	등록번호	124-87-05224	종사업장번호	
	상호(법인명)	경하자동차㈜	성명	정선달		상호(법인명)	오영상사㈜	성명	김하현
	사업장주소	울산 중구 태화동 150				사업장주소	경기도 성남시 분당구 서판교로6번길 24		
	업태	제조, 도소매	종목	자동차		업태	제조/도소매	종목	가방
	이메일					이메일			
작성일자	공급가액		세액		수정사유		비 고	
2025/09/30	15,000,000원		1,500,000원		해당 없음			
월	일	품목	규격	수량	단가	공급가액	세액	비고
09	30	승용차(배기량 998cc)		1		15,000,000원	1,500,000원	
합계금액	현금		수표		어음	외상미수금	위 금액을 (청구) 함	
16,500,000원						16,500,000원		

(5) 10월 17일 미국에 소재한 MIRACLE사에서 원재료 8,000,000원(부가가치세 별도)을 수입하면서 인천세관으로부터 수입전자세금계산서를 발급받고 부가가치세는 보통예금 계좌에서 지급하였다(단, 재고자산에 대한 회계처리는 생략할 것). (3점)

(6) 10월 20일 개인 소비자에게 제품을 판매하고 현금 99,000원(부가가치세 포함)을 받았다. 단, 판매와 관련하여 어떠한 증빙도 발급하지 않았다. (3점)

문제 4 [일반전표입력] 및 [매입매출전표]입력 메뉴에 입력된 내용 중 다음과 같은 오류가 발견되었다. 입력된 내용을 확인하여 정정하시오.(6점)

(1) 08월 31일 운영자금 조달을 위해 개인으로부터 차입한 부채에 대한 이자비용 362,500원을 보통예금 계좌에서 이체하고 회계처리하였으나 해당 거래는 이자비용 500,000원에서 원천징수세액 137,500원을 차감하고 지급한 것으로 이에 대한 회계처리가 누락되었다(단, 원천징수세액은 부채로 처리하고, 하나의 전표로 입력할 것). (3점)

(2) 11월 30일 제품생산공장 출입문의 잠금장치를 수리하고 영포상회에 지급한 770,000원(부가가치세 포함)을 자본적지출로 회계처리하였으나 수익적지출로 처리하는 것이 옳은 것으로 판명되었다. (3점)

문제 5 결산정리사항은 다음과 같다. 해당메뉴에 입력하시오.(9점)

(1) 2월 11일에 소모품 3,000,000원을 구입하고 모두 자산으로 처리하였으며, 12월 31일 현재 창고에 남은 소모품은 500,000원으로 조사되었다. 부서별 소모품 사용 비율은 영업부 25%, 생산부 75%이며, 그 사용 비율에 따라 배부한다. (3점)

(2) 기중에 현금시재 잔액이 장부금액보다 부족한 것을 발견하고 현금과부족으로 계상하였던 235,000원 중 150,000원은 영업부 업무용 자동차의 유류대금을 지급한 것으로 확인되었으나 나머지는 결산일까지 그 원인이 파악되지 않아 당기의 비용으로 대체하다. (3점)

(3) 12월 31일 결산일 현재 재고자산의 기말재고액은 다음과 같다. (3점)

원재료	재공품	제품
• 장부수량 10,000개(단가 1,000원) • 실제수량 9,500개(단가 1,000원) • 단, 수량차이는 모두 정상적으로 발생한 것이다.	8,500,000원	13,450,000원

문제 6 다음 사항을 조회하여 답안을 이론문제 답안작성 메뉴에 입력하시오.

(1) 2025년 5월 말 외상매출금과 외상매입금의 차액은 얼마인가? (단, 양수로 기재할 것) (3점)

(2) 제1기 부가가치세 확정신고기간(4월~6월)의 영세율 적용 대상 매출액은 모두 얼마인가? (3점)

(3) 6월에 발생한 판매비와일반관리비 중 발생액이 가장 적은 계정과목과 그 금액은 얼마인가? (3점)

최신 기출문제 연습

2023년 12월 12일 시행
제111회 전산세무회계자격시험

A형

종목 및 등급: **전산회계 1급** —제한시간:60분

이론 시험

다음 문제를 보고 알맞은 것을 골라 **이론문제 답안작성** 메뉴에 입력하시오.(객관식 문항당 2점)

> **기본 전제**
> 문제에서 한국채택국제회계기준을 적용하도록 하는 전제조건이 없는 경우, 일반기업회계기준을 적용한다.

01. 다음 중 아래의 자료에서 설명하고 있는 재무정보의 질적특성에 해당하지 않는 것은?

> 재무정보가 정보이용자의 의사결정에 유용하게 활용되기 위해서는 그 정보가 의사결정의 목적과 관련이 있어야 한다.

① 예측가치   ② 피드백가치   ③ 적시성   ④ 중립성

02. 다음 중 일반기업회계기준에 따른 재무상태표의 표시에 관한 설명으로 가장 적절하지 않은 것은?

① 비유동자산은 당좌자산, 유형자산, 무형자산으로 구분된다.
② 단기차입금은 유동부채로 분류된다.
③ 자산과 부채는 유동성배열법에 따라 작성된다.
④ 재고자산은 유동자산에 포함된다.

03. 다음은 재고자산 단가 결정방법에 대한 설명이다. 어느 방법에 대한 설명인가?

> • 실제의 물량 흐름에 대한 원가흐름의 가정이 대체로 유사하다.
> • 현재의 수익과 과거의 원가가 대응하여 수익·비용 대응의 원칙에 부적합하다.
> • 물가 상승 시 이익이 과대 계상된다.

① 개별법   ② 선입선출법   ③ 후입선출법   ④ 총평균법

04. 다음 중 현금및현금성자산에 해당하는 항목의 총합계액은 얼마인가?

| 선 일 자 수 표 | 500,000원 | 배당금지급통지서 | 500,000원 |
| 타인발행수표 | 500,000원 | 만기6개월 양도성예금증서 | 300,000원 |

① 1,000,000원 ② 1,300,000원
③ 1,500,000원 ④ 1,800,000원

05. 다음 중 자본에 대한 설명으로 옳지 않은 것은?

① 자본금은 발행주식수에 액면가액을 곱한 금액이다.
② 주식발행초과금과 감자차익은 자본잉여금이다
③ 자본조정에는 주식할인발행차금, 감자차손 등이 있다.
④ 주식배당과 무상증자는 순자산의 증가가 발생한다.

06. 다음 중 손익계산서에 나타나는 계정과목으로만 짝지어진 것은?

| 가. 대손상각비 | 나. 현금 | 다. 기부금 |
| 라. 퇴직급여 | 마. 이자수익 | 바. 외상매출금 |

① 가, 나 ② 가, 다 ③ 나, 바 ④ 다, 바

07. 다음은 12월 말 결산법인인 ㈜한국의 기계장치 관련 자료이다. ㈜한국이 2025년 12월 31일에 계상할 감가상각비는 얼마인가? (단, 월할 상각할 것)

| · 취득일 : 2024년 7월 1일 | · 상각방법 : 정률법 | · 내용연수 : 5년 |
| · 상각률 : 45% | · 취득원가 : 10,000,000원 | · 잔존가치 : 500,000원 |

① 4,500,000원   ② 3,487,500원   ③ 2,475,000원   ④ 2,250,000원

08. 다음 중 손익계산서상 표시되는 매출원가를 증가시키는 영향을 주지 않는 것은?

① 판매 이외 목적으로 사용된 재고자산의 타계정대체액
② 재고자산의 시가가 장부금액 이하로 하락하여 발생한 재고자산평가손실
③ 정상적으로 발생한 재고자산감모손실
④ 원재료 구입 시 지급한 운반비

09. 다음 중 원가에 대한 설명으로 가장 옳지 않은 것은?

① 기초원가이면서 가공원가에 해당하는 원가는 직접노무원가이다.
② 직접원가란 특정 제품의 생산에 직접적으로 사용되어 명확하게 추적할 수 있는 원가이다.
③ 변동원가는 생산량이 증가할 때마다 단위당 원가도 증가하는 원가이다.
④ 매몰원가는 과거에 발생하여 현재 의사결정에 영향을 미치지 않는 원가를 말한다.

10. 다음 중 개별원가계산의 적용이 가능한 업종은 무엇인가?

① 제분업　　② 정유업　　③ 건설업　　④ 식품가공업

11. 다음 중 공손 등에 대한 설명으로 옳지 않은 것은?

① 공손은 생산과정에서 발생하는 원재료의 찌꺼기를 말한다.
② 정상공손은 효율적인 생산과정에서 발생하는 공손을 말한다.
③ 비정상공손원가는 영업외비용으로 처리한다.
④ 정상공손은 원가에 포함한다.

12. ㈜서울은 직접노무시간을 기준으로 제조간접원가를 배부하고 있다. 당해연도 초의 예상 직접노무시간은 50,000시간이고, 제조간접원가 예상액은 2,500,000원이었다. 6월의 제조간접원가 실제 발생액은 300,000원이고, 실제 직접노무시간이 5,000시간인 경우, 6월의 제조간접원가 배부차이는 얼마인가?

① 과대배부 40,000원　② 과소배부 40,000원　③ 과대배부 50,000원　④ 과소배부 50,000원

13. 다음 중 부가가치세법상 세부담의 역진성을 완화하기 위한 목적으로 도입한 제도는 무엇인가?

① 영세율제도　　② 사업자단위과세제도　　③ 면세제도　　④ 대손세액공제제도

14. 다음 중 부가가치세법상 '재화의 공급으로 보지 않는 특례'에 해당하지 않는 것은?

① 담보의 제공　　② 제품의 외상판매　　③ 조세의 물납　　④ 법률에 따른 수용

15. 다음 중 부가가치세법상 과세표준에 포함하지 않는 것은?

① 할부판매 시의 이자상당액
② 개별소비세
③ 매출할인액
④ 대가의 일부로 받는 운송비

PART 5 최신 기출문제 연습

실무 시험

예은상사㈜(회사코드 : 1113)는 사무용가구의 제조·도소매업 및 부동산임대업을 영위하는 중소기업으로 당기(제14기) 회계기간은 2025.1.1.~2025.12.31.이다. 전산세무회계 수험용 프로그램을 이용하여 다음 물음에 답하시오.

> **기본 전제**
> - 문제에서 한국채택국제회계기준을 적용하도록 하는 전제조건이 없는 경우, 일반기업회계기준을 적용한다.
> - 문제의 풀이와 답안작성은 제시된 문제의 순서대로 진행한다.

문제 1 다음은 [기초정보관리] 및 [전기분 재무제표]에 대한 자료이다. 각각의 요구사항에 대하여 답하시오.(10점)

(1) 다음 자료를 이용하여 아래의 계정과목에 대한 적요를 추가로 등록하시오. (3점)

> · 계정과목 : 831. 수수료비용   · 현금적요 : (적요NO. 8) 결제 대행 수수료

(2) 당사는 여유자금 활용을 위하여 아래와 같이 신규 계좌를 개설하였다. [거래처등록] 메뉴를 이용하여 해당 사항을 추가로 입력하시오. (3점)

> 코드번호 : 98005   거래처명 : 수협은행
> 계좌번호 : 110-146-980558   유형 : 정기적금

(3) 다음의 자료를 토대로 각 계정과목의 거래처별 초기이월 금액을 올바르게 정정하시오. (4점)

계정과목	거래처명	수정 전 금액	수정 후 금액
지급어음	천일상사	9,300,000원	6,500,000원
	모닝상사	5,900,000원	8,700,000원
미지급금	대명㈜	8,000,000원	4,500,000원
	㈜한울	4,400,000원	7,900,000원

문제 2 다음 거래자료를 일반전표입력 메뉴에 추가 입력하시오.(일반전표의 모든 거래는 부가가치세를 고려하지 말 것)(18점)

> **입력시 유의사항**
> - 일반적인 적요의 입력은 생략하지만, 타계정 대체거래는 적요번호를 선택하여 입력한다.
> - 채권·채무와 관련된 거래는 별도의 요구가 없는 한 반드시 기 등록되어 있는 거래처코드를 선택하는 방법으로 거래처명을 입력한다.
> - 제조경비는 500번대 계정코드를, 판매비와관리비는 800번대 계정코드를 사용한다.
> - 회계처리시 계정과목은 별도제시가 없는 한 등록되어 있는 계정과목 중 가장 적절한 과목으로 한다.

(1) 07월 10일 회사는 6월에 관리부 직원의 급여를 지급하면서 원천징수한 근로소득세 20,000원과 지방소득세 2,000원을 보통예금 계좌에서 이체하여 납부하였다. (3점)

(2) 07월 16일 ㈜홍명으로부터 원재료를 구입하기로 계약하고, 계약금 1,000,000원은 당좌수표를 발행하여 지급하였다. (3점)

(3) 08월 10일 비씨카드 7월분 결제대금 2,000,000원이 보통예금 계좌에서 인출되었다. 단, 회사는 신용카드 사용대금을 미지급금으로 처리하고 있다. (3점)

(4) 08월 20일 영업부 김시성 과장이 대구세계가구박람회 참가를 위한 출장에서 복귀하여 아래의 지출결의서와 출장비 600,000원(출장비 인출 시 전도금으로 회계처리함) 중 잔액을 현금으로 반납하였다. (3점)

지출결의서	
• 왕복항공권 350,000원	• 식대 30,000원

(5) 09월 12일 제조공장의 기계장치를 우리기계에 처분하고 매각대금으로 받은 약속어음 8,000,000원의 만기가 도래하여 우리기계가 발행한 당좌수표로 회수하였다. (3점)

(6) 10월 28일 중국의 'lailai co. ltd'에 대한 제품 수출 외상매출금 30,000달러(선적일 기준환율 : ₩1,300/$)를 회수하여 즉시 원화 보통예금 계좌로 입금하였다(단, 입금일의 기준환율은 ₩1,380/$이다). (3점)

문제 3 다음 거래자료를 매입매출전표입력 메뉴에 입력하시오.(18점)

> **입력시 유의사항**
> - 일반적인 적요의 입력은 생략하지만, 타계정 대체거래는 적요번호를 선택하여 입력한다.
> - 별도의 요구가 없는 한 반드시 기 등록되어 있는 거래처코드를 선택하는 방법으로 거래처명을 입력한다.
> - 제조경비는 500번대 계정코드를, 판매비와관리비는 800번대 계정코드를 사용한다.
> - 회계처리시 계정과목은 별도제시가 없는 한 등록되어 있는 계정과목 중 가장 적절한 과목으로 한다.
> - 입력화면 하단의 분개까지 처리하고, 전자세금계산서는 전자입력으로 반영한다.

(1) 07월 06일 ㈜아이닉스에 제품을 판매하고 다음과 같이 전자세금계산서를 발급하였으며, 대금은 한 달 뒤에 받기로 하였다. (3점)

전자세금계산서					승인번호		20250706-121221589148	
공급자	등록번호	142-81-05759	종사업장 번호		공급받는자	등록번호	214-87-00556	종사업장 번호	
	상호 (법인명)	예은상사㈜	성명	한태양		상호 (법인명)	㈜아이닉스	성명	이소방
	사업장 주소	경기도 고양시 덕양구 통일로 101				사업장 주소	서울시 용산구 한남대로 12		
	업태	제조/도소매	종목	사무용가구		업태	도매 외	종목	의약외품 외
	이메일					이메일			
작성일자		공급가액		세액		수정사유		비 고	
2025/07/06		23,000,000원		2,300,000원		해당 없음			
월	일	품목	규격	수량	단가	공급가액		세액	비고
07	06	사무용책상 등		1,000	23,000원	23,000,000원		2,300,000원	
합계금액		현금		수표	어음	외상미수금		위 금액을 (청구) 함	
25,300,000원						25,300,000원			

(2) 08월 10일 원재료 매입 거래처에 접대목적으로 당사의 제품(원가 300,000원)을 무상으로 제공하였다. 단, 해당 제품의 시가는 500,000원이다. (3점)

(3) 09월 16일 팔팔물산에 제품을 9,000,000원(부가가치세 별도)에 판매하고 전자세금계산서를 발급하였으며, 대금으로 팔팔물산이 발행한 당좌수표를 받았다. (3점)

(4) 09월 26일 회사 건물에 부착할 간판을 잘나가광고에서 주문 제작하였다. 대금 5,500,000원(부가가치세 포함)은 보통예금 계좌에서 송금하고 전자세금계산서를 발급받았다(단, 비품으로 처리할 것). (3점)

(5) 10월 15일 메타가구에서 원재료(50단위, @50,000원, 부가가치세 별도)를 매입하고 아래의 전자세금계산서를 발급받았다. 대금 중 1,000,000원은 ㈜은성가구로부터 제품 판매대금으로 받아 보관 중인 ㈜은성가구 발행 약속어음을 배서양도하고 잔액은 1개월 뒤에 지급하기로 하였다.(3점)

전자세금계산서						승인번호		20251015-154215452154	
공급자	등록번호	305-81-13428	종사업장 번호		공급받는자	등록번호	142-81-05759	종사업장 번호	
	상호 (법인명)	메타가구	성명	윤은영		상호 (법인명)	예은상사㈜	성명	한태양
	사업장 주소	전북 김제시 금산면 청도7길 9				사업장 주소	경기도 고양시 덕양구 통일로 101		
	업태	제조	종목	가구		업태	제조/도소매	종목	사무용가구
	이메일					이메일			
작성일자		공급가액		세액		수정사유		비고	
2025/10/15		2,500,000원		250,000원		해당 없음			
월	일	품목	규격	수량	단가	공급가액	세액	비고	
10	15	원재료	PC-5	50	50,000	2,500,000원	250,000원		
합계금액		현금		수표		어음	외상미수금	위 금액을 (청구) 함	
2,750,000원						1,000,000원	1,750,000원		

(6) 12월 20일 대표이사 한태양은 본인 자녀의 대학교 입학 축하 선물로 니캉전자에서 디지털카메라를 3,800,000원(부가가치세 별도)에 구매하면서 당사 명의로 전자세금계산서를 발급받고, 대금은 보통예금 계좌에서 지급하였다(단, 대표이사 한태양의 가지급금으로 회계처리할 것). (3점)

문제 4 [일반전표입력] 및 [매입매출전표]입력 메뉴에 입력된 내용 중 다음과 같은 오류가 발견되었다. 입력된 내용을 확인하여 정정하시오.(6점)

(1) 08월 17일 사거리주유소에서 영업부가 사용하는 비영업용 소형승용차(800㏄, 매입세액공제 가능 차량)에 경유를 주유하고 유류대 44,000원를 비씨카드(법인카드)로 결제한 건에 대하여 회계담당자는 매입세액을 공제받지 못하는 것으로 판단하였으며, 이를 매입매출전표에 카드면세로 입력하였다. (3점)

(2) 11월 12일 매출거래처 직원의 결혼 축하금으로 현금 500,000원을 지급한 것으로 회계처리하였으나, 이는 당사의 공장 제조부 직원의 결혼축하금인 것으로 밝혀졌다. (3점)

문제 5 결산정리사항은 다음과 같다. 해당메뉴에 입력하시오.(9점)

(1) 제2기 부가가치세 확정신고기간에 대한 부가세예수금은 49,387,500원, 부가세대급금은 34,046,000원이다. 부가가치세를 정리하는 회계처리를 하시오(단, 불러온 자료는 무시하고, 납부세액은 미지급세금, 환급세액은 미수금으로 회계처리할 것). (3점)

(2) 2025년 7월 1일 제조부 공장의 화재보험료 1년분(2025년 7월 1일~2026년 6월 30일) 7,200,000원을 전액 납부하고 즉시 비용으로 회계처리하였다. 이에 대한 기간 미경과분 보험료를 월할계산하여 결산정리분개를 하시오. (3점)

(3) 다음은 2025년 4월 15일 제조부에서 사용하기 위하여 취득한 화물차에 대한 자료이다. 아래 주어진 자료에 대해서만 감가상각을 하시오. (3점)

취득일	취득원가	자산코드/명	잔존가치	내용연수	상각방법
2025.04.15.	30,000,000원	[101]/포터	0원	5	정액법

문제 6 다음 사항을 조회하여 답안을 이론문제 답안작성 메뉴에 입력하시오.

(1) 4월(4월 1일~4월 30일)의 외상매출금 회수액은 얼마인가? (3점)

(2) 상반기(1월~6월) 중 제품매출액이 가장 많은 월(月)과 가장 작은 월(月)의 차액은 얼마인가? 단, 양수로 표시할 것) (3점)

(3) 2025년 제1기 부가가치세 확정신고기간(4월~6월)에 세금계산서를 받은 고정자산매입세액은 얼마인가? (3점)

제112회 전산세무회계자격시험 (2024년 2월 4일 시행) A형

종목 및 등급: 전산회계 1급 - 제한시간: 60분

이론 시험

다음 문제를 보고 알맞은 것을 골라 [이론문제 답안작성] 메뉴에 입력하시오. (객관식 문항당 2점)

> **기본 전제**
> 문제에서 한국채택국제회계기준을 적용하도록 하는 전제조건이 없는 경우, 일반기업회계기준을 적용한다.

01. 다음 중 일반기업회계기준에 따른 재무제표의 종류에 해당하지 않는 것은?

① 현금흐름표　② 주석　③ 제조원가명세서　④ 재무상태표

02. 다음 중 정액법으로 감가상각을 계산할 때 관련이 없는 것은?

① 잔존가치　② 취득원가　③ 내용연수　④ 생산량

03. 다음 중 이익잉여금처분계산서에 나타나지 않는 항목은?

① 이익준비금　② 자기주식　③ 현금배당　④ 주식배당

04. 다음 중 수익인식기준에 대한 설명으로 잘못된 것은?

① 위탁매출은 위탁자가 수탁자로부터 판매대금을 지급받는 때에 수익을 인식한다.
② 상품권매출은 물품 등을 제공하거나 판매하면서 상품권을 회수하는 때에 수익을 인식한다.
③ 단기할부매출은 상품 등을 판매(인도)한 날에 수익을 인식한다.
④ 용역매출은 진행기준에 따라 수익을 인식한다.

05. 다음 중 계정과목의 분류가 나머지 계정과목과 다른 하나는 무엇인가?

① 임차보증금　② 산업재산권　③ 프랜차이즈　④ 소프트웨어

PART 5 최신 기출문제 연습

06. 다음 중 자본의 분류 항목의 성격이 다른 것은?

① 자기주식 ② 주식할인발행차금 ③ 자기주식처분이익 ④ 감자차손

07. 실제 기말재고자산의 가액은 50,000,000원이지만 장부상 기말재고자산의 가액이 45,000,000원으로 기재된 경우, 해당 오류가 재무제표에 미치는 영향으로 다음 중 옳지 않은 것은?

① 당기순이익이 실제보다 5,000,000원 감소한다.
② 매출원가가 실제보다 5,000,000원 증가한다.
③ 자산총계가 실제보다 5,000,000원 감소한다.
④ 자본총계가 실제보다 5,000,000원 증가한다.

08. 다음의 거래를 회계처리할 경우에 사용되는 계정과목으로 옳은 것은?

> 7월 1일 투자 목적으로 영업활동에 사용할 예정이 없는 토지를 5,000,000원에 취득하고 대금은 3개월 후에 지급하기로 하다. 단, 중개수수료 200,000원은 타인이 발행한 당좌수표로 지급하다.

① 외상매입금 ② 당좌예금 ③ 수수료비용 ④ 투자부동산

09. 다음 중 원가 개념에 관한 설명으로 옳지 않은 것은?

① 관련 범위 밖에서 총고정원가는 일정하다.
② 매몰원가는 의사결정에 영향을 주지 않는다.
③ 관련 범위 내에서 단위당 변동원가는 일정하다.
④ 관련원가는 대안 간에 차이가 나는 미래원가로서 의사결정에 영향을 준다.

10. 다음 중 제조원가명세서에서 제공하는 정보가 아닌 것은?

① 기말재공품재고액 ② 당기제품제조원가 ③ 당기총제조원가 ④ 매출원가

11. 다음 중 보조부문 원가의 배부기준으로 적합하지 않은 것은?

	보조부문원가	배부기준
①	건물관리부문	점유 면적
②	공장인사관리부문	급여 총액
③	전력 부문	전력 사용량
④	수선 부문	수선 횟수

12. 다음 중 보조부문 원가의 배부기준으로 적합하지 않은 것은?

   - 기초재공품 5,000개(완성도 70%)   당기착수수량 35,000개
   - 기말재공품 10,000개(완성도 30%)   당기완성품량 30,000개
   재료는 공정초기에 전량투입되며, 가공원가는 공정 전반에 걸쳐 균등하게 발생한다.

	직접재료원가	가공원가		직접재료원가	가공원가
①	35,000개	29,500개	②	35,000개	34,500개
③	40,000개	34,500개	④	45,000개	29,500개

13. 다음 중 우리나라 부가가치세법의 특징으로 옳지 않은 것은?

   ① 소비지국과세원칙   ② 생산지국과세원칙   ③ 전단계세액공제법   ④ 간접세

14. 다음 중 부가가치세법상 과세기간 등에 대한 설명으로 옳지 않은 것은?

   ① 사업개시일 이전에 사업자등록을 신청한 경우에 최초의 과세기간은 그 신청한 날부터 그 신청일이 속하는 과세기간의 종료일까지로 한다.
   ② 사업자가 폐업하는 경우의 과세기간은 폐업일이 속하는 과세기간의 개시일부터 폐업일까지로 한다.
   ③ 폐업자의 경우 폐업일이 속하는 과세기간 종료일부터 25일 이내에 확정신고를 하여야 한다.
   ④ 간이과세자의 과세기간은 1월 1일부터 12월 31일까지로 한다.

15. 다음 중 부가가치세법상 매입세액공제가 가능한 것은?

   ① 사업과 관련하여 접대용 물품을 구매하고 발급받은 신용카드매출전표상의 매입세액
   ② 제조업을 영위하는 법인이 업무용 소형승용차(1,998cc)의 유지비용을 지출하고 발급받은 현금영수증상의 매입세액
   ③ 제조부서의 화물차 수리를 위해 지출하고 발급받은 세금계산서상의 매입세액
   ④ 회계부서에서 사용할 물품을 구매하고 발급받은 간이영수증에 포함되어 있는 매입세액

PART 5 최신 기출문제 연습

실무 시험

㈜유미기계(회사코드:1123)는 기계부품 등의 제조·도소매업 및 부동산임대업을 영위하는 중소기업으로 당기(제8기) 회계기간은 2025.1.1.~2025.12.31.이다. 전산세무회계 수험용 프로그램을 이용하여 다음 물음에 답하시오.

> **기본 전제**
> - 문제에서 한국채택국제회계기준을 적용하도록 하는 전제조건이 없는 경우, 일반기업회계기준을 적용한다.
> - 문제의 풀이와 답안작성은 제시된 문제의 순서대로 진행한다.

문제 1 다음은 [기초정보관리]및 [전기분 재무제표]에 대한 자료이다. 각각의 요구사항에 대하여 답하시오.(10점)

(1) 다음의 신규 거래처를 [거래처등록] 메뉴를 이용하여 추가로 등록하시오. (3점)

- 거래처코드 : 5230
- 거래처명 : ㈜대영토이
- 사업자등록번호 : 108-86-13574
- 업태 : 제조
- 유형 : 코드
- 대표자 : 박완구
- 종목 : 완구제조
- 사업장주소 : 경기도 광주시 오포읍 왕림로 139
  ※ 주소입력시 우편번호 입력은 생략해도 무방함

(2) ㈜유미기계의 기초 채권 및 채무의 올바른 잔액은 다음과 같다. [거래처별초기이월] 자료를 검토하여 잘못된 부분은 오류를 정정하고, 누락된 부분은 추가하여 입력하시오. (3점)

계정과목	거래처	금액
외상매출금	알뜰소모품	5,000,000원
	튼튼사무기	3,800,000원
받을어음	㈜클래식상사	7,200,000원
	㈜강림상사	2,000,000원
외상매입금	㈜해원상사	4,600,000원

(3) 전기분 재무상태표를 검토한 결과 기말 재고자산에서 다음과 같은 오류가 발견되었다. 관련된 [전기분 재무제표]를 모두 수정하시오. (4점)

계정과목	틀린 금액	올바른 금액	내용
원재료(0153)	73,600,000원	75,600,000원	입력 오류

문제 2
다음 거래자료를 일반전표입력 메뉴에 추가 입력하시오.(일반전표의 모든 거래는 부가가치세를 고려하지 말 것)(18점)

> **입력시 유의사항**
> - 일반적인 적요의 입력은 생략하지만, 타계정 대체거래는 적요번호를 선택하여 입력한다.
> - 채권·채무와 관련된 거래는 별도의 요구가 없는 한 반드시 기 등록되어 있는 거래처코드를 선택하는 방법으로 거래처명을 입력한다.
> - 제조경비는 500번대 계정코드를, 판매비와관리비는 800번대 계정코드를 사용한다.
> - 회계처리시 계정과목은 별도제시가 없는 한 등록되어 있는 계정과목 중 가장 적절한 과목으로 한다.

(1) 08월 10일 제조부서의 7월분 건강보험료 680,000원을 보통예금으로 납부하였다. 납부한 건강보험료 중 50%는 회사부담분이며, 회사부담분 건강보험료는 복리후생비로 처리한다. (3점)

(2) 08월 23일 ㈜애플전자로부터 받아 보관하던 받을어음 3,500,000원의 만기가 되어 지급제시하였으나, 잔고 부족으로 지급이 거절되어 부도처리하였다(단, 부도난 어음은 부도어음과수표 계정으로 관리하고 있다). (3점)

(3) 09월 14일 영업부서에서 고용한 일용직 직원들의 일당 420,000원을 현금으로 지급하였다(단, 일용직에 대한 고용보험료 등의 원천징수액은 발생하지 않는 것으로 가정한다). (3점)

(4) 09월 26일 영업부서의 사원이 퇴직하여 퇴직연금 5,000,000원을 확정급여형(DB) 퇴직연금에서 지급하였다(단, 퇴직급여충당부채 감소로 회계처리하기로 한다). (3점)

(5) 10월 16일 단기 시세 차익을 목적으로 2025년 5월 3일 취득하였던 ㈜더푸른컴퓨터의 주식 전부를 37,000,000원에 처분하고 대금은 보통예금 계좌로 입금받았다. 단, 취득 당시 관련 내용은 아래와 같다. (3점)

| · 취득 수량 : 5,000주 · 1주당 취득가액 : 7,000원 · 취득 시 거래수수료 : 35,000원 |

(6) 11월 29일 액면금액 50,000,000원의 사채(만기 3년)를 49,000,000원에 발행하였다. 대금은 보통예금 계좌로 입금되었다. (3점)

PART 5 최신 기출문제 연습

문제 3 다음 거래자료를 매입매출전표입력 메뉴에 입력하시오.(18점)

> **입력시 유의사항**
> - 일반적인 적요의 입력은 생략하지만, 타계정 대체거래는 적요번호를 선택하여 입력한다.
> - 별도의 요구가 없는 한 반드시 기 등록되어 있는 거래처코드를 선택하는 방법으로 거래처명을 입력한다.
> - 제조경비는 500번대 계정코드를, 판매비와관리비는 800번대 계정코드를 사용한다.
> - 회계처리시 계정과목은 별도제시가 없는 한 등록되어 있는 계정과목 중 가장 적절한 과목으로 한다.
> - 입력화면 하단의 분개까지 처리하고, 전자세금계산서는 전자입력으로 반영한다.

(1) 09월 02일 ㈜신도기전에 제품을 판매하고 다음의 전자세금계산서를 발급하였다. 대금 중 어음은 ㈜신도기전이 발행한 것이다. (3점)

전자세금계산서				승인번호	2025090214652823-1603488		
공급자	등록번호	138-81-61276	종사업장번호		등록번호	130-81-95054	종사업장번호	
	상호(법인명)	㈜유미기계	성명	정현욱	상호(법인명)	㈜신도기전	성명	윤현진
	사업장주소	서울특별시 강남구 압구정로 347			사업장주소	울산시 중구 태화로 150		
	업태	제조/도소매	종목	기계부품	업태	제조	종목	전자제품 외
	이메일				이메일			
작성일자	공급가액		세액		수정사유		비 고	
2025-09-02	10,000,000		1,000,000		해당 없음			
월	일	품목	규격	수량	단가	공급가액	세액	비고
09	02	제품		2	5,000,000	10,000,000원	1,000,000원	
합계금액		현금		수표		어음	외상미수금	위 금액을 (청구) 함
11,000,000						8,000,000	3,000,000	

(2) 09월 12일 제조부서의 생산직 직원들에게 제공할 작업복 10벌을 인천상회로부터 구입하고, 우리카드(법인)로 결제하였다.(단, 회사는 작업복 구입 시 즉시 전액 비용으로 처리한다.)

```
우리 마음속 첫 번째 금융,              우리카드
2025.09.12.(화) 14:03:54

495,000원
정상승인 | 일시불

결제 정보
카드                              우리카드(법인)
회원번호              2245-1223-****-1534
승인번호                           76993452
이용구분                               일시불

결제 금액                          495,000원
공급가액                            450,000원
부가세                               45,000원
봉사료                                    0원

가맹점 정보
가맹점명                             인천상회
사업자등록번호               126-86-21617
대표자명                              김연서

위 거래 사실을 확인합니다.
```

(3) 10월 05일 미국의 PYBIN사에 제품 100개(1개당 판매금액 $1,000)를 직접 수출하고 대금은 보통예금 계좌로 송금받았다(단, 선적일인 10월 05일의 기준환율은 1,000원/$이며, 수출신고번호의 입력은 생략한다). (3점)

(4) 10월 22일 영업부서 직원들의 직무역량 강화를 위한 도서를 영건서점에서 현금으로 구매하고 전자계산서를 발급받았다. (3점)

	전자계산서					승인번호	20251022-15454645-58811886		
공급자	등록번호	112-60-61264	종사업장번호		공급받는자	등록번호	138-81-61276	종사업장번호	
	상호(법인명)	영건서점	성명	김종인		상호(법인명)	㈜유미기계	성명	정현욱
	사업장주소	인천시 남동구 남동대로 8				사업장주소	서울특별시 강남구 압구정로 347		
	업태	소매	종목	도서		업태	제조/도소매	종목	기계부품
	이메일					이메일			
작성일자		공급가액			수정사유		비 고		
2025-10-22		1,375,000			해당 없음				
월	일	품목	규격	수량	단가	공급가액	비고		
10	22	도서(슬기로운 직장생활)				1,375,000원			
합계금액		현금	수표		어음	외상미수금	위 금액을 (영수) 함		
1,375,000		1375,000							

(5) 11월 02일 개인소비자에게 제품을 8,800,000원(부가가치세 포함)에 판매하고 현금영수증(소득공제용)을 발급하였다. 판매대금은 보통예금 계좌로 받았다. (3점)

(6) 12월 19일 매출거래처에 보낼 연말 선물로 홍성백화점에서 생활용품세트를 구입하고 아래 전자세금계산서를 발급받았으며, 대금은 국민카드(법인카드)로 결제 하였다. (3점)

전자세금계산서					승인번호		20251219-451542154-542124512		
공급자	등록번호	124-86-09276	종사업장 번호		공급받는자	등록번호	138-81-61276	종사업장 번호	
	상호 (법인명)	홍성백화점	성명	조재광		상호 (법인명)	㈜유미기계	성명	정현욱
	사업장 주소	서울시 강남구 테헤란로 101				사업장 주소	서울특별시 강남구 압구정로 347		
	업태	도소매	종목	잡화		업태	제조/도소매	종목	기계부품
	이메일					이메일			
작성일자	공급가액		세액		수정사유		비고		
2025-12-19	500,000원		50,000원		해당 없음				
월	일	품목	규격	수량	단가	공급가액	세액	비고	
12	19	생활용품세트		10	50,000	500,000원	50,000원		
합계금액		현금		수표		어음	외상미수금	위 금액을 (청구) 함	
550,000원							550,000원		

문제 4 [일반전표입력] 및 [매입매출전표]입력 메뉴에 입력된 내용 중 다음과 같은 오류가 발견되었다. 입력된 내용을 확인하여 정정하시오.(6점)

(1) 07월 31일 경영관리부서 직원을 위하여 확정급여형(DB형) 퇴직연금에 가입하고 보통예금 계좌에서 14,000,000원을 이체하였으나, 회계담당자는 확정기여형(DC형) 퇴직연금에 가입한 것으로 알고 회계처리를 하였다. (3점)

(2) 10월 28일 영업부서의 매출거래처에 선물하기 위하여 다다마트에서 현금으로 구입한 선물 세트 5,000,000원(부가가치세 별도, 전자세금계산서 수취)을 복리후생비로 회계처리를 하였다. (3점)

문제 5 결산정리사항은 다음과 같다. 해당메뉴에 입력하시오.(9점)

(1) 7월 1일에 가입한 토스은행의 정기예금 5,000,000원(만기 1년, 연 이자율 6%)에 대하여 기간 경과분 이자를 계상하다. 단, 이자 계산은 월할 계산하며, 원천징수는 없다고 가정한다. (3점)

(2) 외상매입금 계정에는 중국에 소재한 거래처 상하이에 대한 외상매입금 2,000,000원($2,000)이 포함되어 있다(결산일 현재 기준환율 : 1,040원/$). (3점)

(3) 매출채권 잔액에 대하여만 1%의 대손충당금을 보충법으로 설정한다(단, 기중의 충당금에 대한 회계처리는 무시하고 아래 주어진 자료에 의해서만 처리한다). (3점)

구 분	기말채권 잔액	기말충당금 잔액	추가설정(△환입)액
외상매출금	15,000,000원	70,000원	80,000원
받을어음	12,000,000원	150,000원	△30,000원

문제 6 다음 사항을 조회하여 답안을 이론문제 답안작성 메뉴에 입력하시오.

(1) 제1기 부가가치세 예정신고에 반영된 자료 중 현금영수증이 발행된 과세매출의 공급가액은 얼마인가? (3점)

(2) 6월 한 달 동안 발생한 제조원가 중 현금으로 지급한 금액은 얼마인가? (3점)

(3) 6월 30일 현재 외상매입금 잔액이 가장 작은 거래처명과 외상매입금 잔액은 얼마인가? (3점)

PART 5 최신 기출문제 연습

2024년 4월 6일 시행
제113회 전산세무회계자격시험   **A형**

종목 및 등급 : **전산회계 1급**   —제한시간:60분

이론 시험

다음 문제를 보고 알맞은 것을 골라 **이론문제 답안작성** 메뉴에 입력하시오.(객관식 문항당 2점)

> **기본 전제**
> 문제에서 한국채택국제회계기준을 적용하도록 하는 전제조건이 없는 경우, 일반기업회계기준을 적용한다.

01. 다음 중 회계의 기본가정과 특징이 아닌 것은?
① 기업의 관점에서 경제활동에 대한 정보를 측정·보고한다.
② 기업이 예상가능한 기간동안 영업을 계속할 것이라 가정한다.
③ 기업은 수익과 비용을 인식하는 시점을 현금이 유입·유출될 때로 본다.
④ 기업의 존속기간을 일정한 기간단위로 분할하여 각 기간 단위별로 정보를 측정·보고한다.

02. 다음 중 상품의 매출원가 계산 시 총매입액에서 차감해야 할 항목은 무엇인가?
① 기초재고액　　　　　　　　　　② 매입수수료
③ 매입환출 및 에누리　　　　　　④ 매입시 운반비

03. 건물 취득 시에 발생한 금액들이 다음과 같을 때, 건물의 취득원가는 얼마인가?

건물의 매입금액	3,000,000,000원	자본화대상 차입원가	150,000,000원
건물의 취득세	300,000,000원	관리비 및 일반간접원가	16,000,000원

① 21억 5,000만원　　　　　　　　② 22억원
③ 23억 5,000만원　　　　　　　　④ 23억 6,600만원

04. 다음 중 무형자산에 대한 설명으로 틀린 것은?

① 물리적인 실체는 없지만 식별이 가능한 비화폐성 자산이다.
② 무형자산을 통해 발생하는 미래 경제적 효익을 기업이 통제할 수 있어야 한다.
③ 무형자산은 자산의 정의를 충족하면서 다른 자산들과 분리하여 거래를 할 수 있거나 계약상 또는 법적 권리로부터 발생하여야 한다.
④ 일반기업회계기준은 무형자산의 회계처리와 관련하여 영업권을 포함한 무형자산의 내용연수를 원칙적으로 40년을 초과하지 않도록 한정하고 있다.

05. 다음 중 재무제표에 해당하지 않는 것은?

① 기업의 계정별 합계와 잔액을 나타내는 시산표
② 일정 시점 현재 기업의 재무상태(자산, 부채, 자본)을 나타내는 보고서
③ 기업의 자본에 관하여 일정기간 동안의 변동 흐름을 파악하기 위해 작성하는 보고서
④ 재무제표의 과목이나 금액에 기호를 붙여 해당 항목에 대한 추가 정보를 나타내는 별지

06. 다음 중 유동부채와 비유동부채의 분류가 적절하지 않은 것은?

	유동부채	비유동부채		유동부채	비유동부채
①	단기차입금	사채	②	외상매입금	유동성장기부채
③	미지급비용	장기차입금	④	지급어음	퇴직급여충당부채

07. 다음의 자본 항목 중 포괄손익계산서에 영향을 미치는 항목은 무엇인가?

① 감자차손
② 주식발행초과금
③ 자기주식처분이익
④ 매도가능증권평가이익

08. 다음 자료 중 빈 칸 (A)에 들어갈 금액으로 적당한 것은?

기초상품재고액	매입액	기말상품재고액	매출원가	매출액	매출총이익	판매비와 관리비	당기순손익
219,000원	350,000원	110,000원		290,000원		191,000원	(A)

① 당기순손실 360,000원
② 당기순손실 169,000원
③ 당기순이익 290,000원
④ 당기순이익 459,000원

PART 5 최신 기출문제 연습

09. 다음 중 원가행태에 따라 변동원가와 고정원가로 분류할 때 이에 대한 설명으로 틀린 것은?

① 고정원가는 조업도가 증가할수록 단위당 원가도 증가한다.
② 고정원가는 조업도가 증가하여도 총원가는 일정하다.
③ 변동원가는 조업도가 증가하여도 단위당 원가는 일정하다.
④ 변동원가는 조업도가 증가할수록 총원가도 증가한다.

10. 다음 중 보조부문원가를 배분하는 방법 중 옳지 않은 것은?

① 상호배분법은 보조부문 상호 간의 용역수수관계를 완전히 반영하는 방법이다.
② 단계배분법은 보조부문 상호 간의 용역수수관계를 전혀 반영하지 않는 방법이다.
③ 직접배분법은 보조부문 상호 간의 용역수수관계를 전혀 반영하지 않는 방법이다.
④ 상호배분법, 단계배분법, 직접배분법 어떤 방법을 사용하더라도 보조부문의 총원가는 제조부문에 모두 배분된다.

11. 다음 자료에 의한 당기총제조원가는 얼마인가? 단, 노무원가는 발생주의에 따라 계산한다.

기 초 원 재 료	300,000원	당 기 지 급 임 금 액	350,000원
기 말 원 재 료	450,000원	당 기 원 재 료 매 입 액	1,300,000원
전 기 미 지 급 임 금	150,000원	제 조 간 접 원 가	700,000원
당 기 미 지 급 임 금	250,000원	기 초 재 공 품	200,000원

① 2,100,000원 ② 2,300,000원 ③ 2,450,000원 ④ 2,500,000원

12. 다음 중 종합원가계산에 대한 설명으로 옳지 않은 것은?

① 소품종 대량 생산하는 업종에 적용하기에 적합하다.
② 공정 과정에서 발생하는 공손 중 정상공손은 제품의 원가에 가산한다.
③ 평균법을 적용하는 경우 기초재공품원가를 당기에 투입한 것으로 가정한다.
④ 제조원가 중 제조간접원가는 실제 조업도에 예정배부율을 반영하여 계산한다.

13. 다음 중 부가가치세법상 세금계산서를 발급할 수 있는 자는?

① 면세사업자로 등록한 자
② 사업자등록을 하지 않은 자
③ 사업자등록을 한 일반과세자
④ 간이과세자 중 직전 사업연도 공급대가가 4,800만원 미만인 자

14. 다음 중 부가가치세법상 대손사유에 해당하지 않는 것은?

① 소멸시효가 완성된 어음·수표

② 특수관계인과의 거래로 인해 발생한 중소기업의 외상매출금으로서 회수기일이 2년 이상 지난 외상매출금

③ 채무자의 파산, 강제집행, 형의 집행, 사업의 폐지, 사망, 실종, 행방불명으로 인하여 회수할 수 없는 채권

④ 부도발생일부터 6개월 이상 지난 외상매출금(중소기업의 외상매출금으로서 부도발생일 이전의 것에 한정한다)

15. 다음 중 부가가치세법상 공급시기로 옳지 않은 것은?

① 폐업 시 잔존재화의 경우 : 폐업하는 때

② 내국물품을 외국으로 수출하는 경우 : 수출재화의 선적일

③ 무인판매기로 재화를 공급하는 경우 : 무인판매기에서 현금을 인취하는 때

④ 위탁판매의 경우(위탁자 또는 본인을 알 수 있는 경우) : 위탁자가 판매를 위탁한 때

PART 5 최신 기출문제 연습

실무 시험

㈜혜송상사(회사코드:1133)는 자동차부품 등의 제조 및 도소매업을 영위하는 중소기업으로 당기(제13기) 회계기간은 2025.1.1.~2025.12.31.이다. 전산세무회계수험용프로그램을 이용하여 다음 물음에 답하시오.

> **기본 전제**
> - 문제에서 한국채택국제회계기준을 적용하도록 하는 전제조건이 없는 경우, 일반기업회계기준을 적용한다.
> - 문제의 풀이와 답안작성은 제시된 문제의 순서대로 진행한다.

문제 1 다음은 [기초정보관리]및 [전기분 재무제표]에 대한 자료이다. 각각의 요구사항에 대하여 답하시오.(10점)

(1) 다음의 자료를 이용하여 [거래처등록] 메뉴에서 신규거래처를 추가로 등록하시오. (3점)

> - 거래처코드 : 00777
> - 거래처명 : 슬기로운㈜
> - 사업자등록번호 : 253-81-13578
> - 업 태 : 도매
> - 유 형 : 동시
> - 대표자 : 김슬기
> - 종 목 : 금속
> - 사업장주소 : 부산광역시 부산진구 중앙대로 663(부전동)
>   ※ 주소입력시 우편번호 입력은 생략해도 무방함

(2) 다음 자료를 이용하여 [계정과목및적요등록] 메뉴에서 대체적요를 등록하시오.(3점)

> - 코드 : 134
> - 계정과목 : 가지급금
> - 대체적요 : 8.출장비 가지급금 정산

(3) 전기분 손익계산서를 검토한 결과 다음과 같은 오류가 발견되었다. 해당 오류와 관련된 [전기분원가명세서] 및 [전기분손익계산서]를 수정하시오. (4점)

> 공장 일부 직원의 임금 2,200,000원이 판매비 및 일반관리비 항목의 급여(801)로 반영되어 있다.

문제 2 다음 거래자료를 일반전표입력 메뉴에 추가 입력하시오.(일반전표의 모든 거래는 부가가치세를 고려하지 말 것)(18점)

> **입력시 유의사항**
> - 일반적인 적요의 입력은 생략하지만, 타계정 대체거래는 적요번호를 선택하여 입력한다.
> - 채권·채무와 관련된 거래는 별도의 요구가 없는 한 반드시 기 등록되어 있는 거래처코드를 선택하는 방법으로 거래처명을 입력한다.
> - 제조경비는 500번대 계정코드를, 판매비와관리비는 800번대 계정코드를 사용한다.
> - 회계처리시 계정과목은 별도제시가 없는 한 등록되어 있는 계정과목 중 가장 적절한 과목으로 한다.

(1) 07월 15일 ㈜상수로부터 원재료를 구입하기로 계약하고, 당좌수표를 발행하여 계약금 3,000,000원을 지급하였다. (3점)

(2) 08월 05일 사옥 취득을 위한 자금 900,000,000원(만기 6개월)을 우리은행으로부터 차입하고, 선이자 36,000,000원(이자율 연 8%)을 제외한 나머지 금액을 보통예금 계좌로 입금받았다(단, 하나의 전표로 입력하고, 선이자지급액은 선급비용으로 회계처리할 것). (3점)

(3) 09월 10일 창고 임차보증금 10,000,000원(거래처 : ㈜대운) 중에서 미지급금으로 계상되어 있는 작년분 창고 임차료 1,000,000원을 차감하고 나머지 임차보증금만 보통예금으로 돌려받았다. (3점)

(4) 10월 20일 ㈜영광상사에 대한 외상매출금 2,530,000원 중 1,300,000원이 보통예금 계좌로 입금되었다. (3점)

(5) 11월 29일 장기투자 목적으로 ㈜콘프상사의 보통주 2,000주를 1주당 10,000원(1주당 액면가액 5,000원)에 취득하고 대금은 매입수수료 240,000원과 함께 보통예금 계좌에서 이체하여 지급하였다. (3점)

(6) 12월 08일 수입한 상품에 부과된 관세 7,560,000원을 보통예금 계좌에서 이체하여 납부하였다. (3점)

납부영수증서[납부자용]				File No : 사업자과세 B/L No. : 45241542434	
사업자번호 : 312-86-12548					
회계구분	관세청소관 일반회계			납부기한	2025년 12월 08일
회계연도	2025			발행일자	2025년 12월 02일
수입징수관 계좌번호	110288	납부자 번호	0127 040-11-17-6-178461-8	납기내금액	7,560,000
※수납기관에서는 위의 굵은 선 안의 내용을 즉시 전산입력하여 수입징수관에 EDI방식으로 통지될 수 있도록 하시기 바랍니다.				납기후금액	
수입신고번호	41209-17-B11221W		수입징수서	인천세관	
납부자	성명	황동규	상호	㈜혜송상사	
	주소	경기도 용인시 기흥구 갈곡로 6(구갈동)			
2025년 12월 2일 수입징수관 인천세관					

문제 3 다음 거래자료를 매입매출전표입력 메뉴에 입력하시오.(18점)

> **입력시 유의사항**
> - 일반적인 적요의 입력은 생략하지만, 타계정 대체거래는 적요번호를 선택하여 입력한다.
> - 별도의 요구가 없는 한 반드시 기 등록되어 있는 거래처코드를 선택하는 방법으로 거래처명을 입력한다.
> - 제조경비는 500번대 계정코드를, 판매비와관리비는 800번대 계정코드를 사용한다.
> - 회계처리시 계정과목은 별도제시가 없는 한 등록되어 있는 계정과목 중 가장 적절한 과목으로 한다.
> - 입력화면 하단의 분개까지 처리하고, 전자세금계산서는 전자입력으로 반영한다.

(1) 08월 10일 ㈜산양산업으로부터 영업부에서 사용할 소모품(공급가액 950,000원, 부가가치세 별도)을 현금으로 구입하고 전자세금계산서를 발급받았다. 단, 소모품은 자산으로 처리한다. (3점)

(2) 08월 22일 내국신용장으로 수출용 제품의 원재료 34,000,000원을 ㈜로띠상사에서 매입하고 아래의 영세율전자세금계산서를 발급받았다. 대금은 당사가 발행한 3개월 만기 약속어음으로 지급하였다. (3점)

영세율전자세금계산서					승인번호	20250822-14258645-58811657		
공급자	등록번호	124-86-15012	종사업장번호		공급받는자	등록번호	312-86-12548	종사업장번호	
	상호(법인명)	㈜로띠상사	성명	이로운		상호(법인명)	㈜혜송상사	성명	황동규
	사업장주소	대전광역시 대덕구 대전로1019번길 28-10				사업장주소	경기도 용인시 기흥구 갈곡로 6		
	업태	제조	종목	부품		업태	제조/도소매	종목	자동차부품
	이메일					이메일	hyesong@hscorp.co.kr		
작성일자		공급가액		세액		수정사유		비고
2025-08-22		34,000,000		영세율		해당 없음		
월	일	품목	규격	수량	단가	공급가액	세액	비고
08	22	부품 kt_01234				34,000,000	영세율	
합계금액		현금		수표		어음	외상미수금	위 금액을 (청구) 함
34,000,000						34,000,000		

(3) 08월 25일 송강수산으로부터 영업부 직원선물로 마른멸치세트 500,000원, 영업부 거래처선물로 마른멸치세트 300,000원을 구매하였다. 대금은 보통예금 계좌에서 이체하여 지급하고 아래의 전자계산서를 발급받았다(단, 하나의 거래로 작성할 것). (3점)

전자계산서					승인번호	20250825-1832324-1635032		
공급자	등록번호	850-91-13586	종사업장번호		공급받는자	등록번호	312-86-12548	종사업장번호	
	상호(법인명)	송강수산	성명	송강		상호(법인명)	㈜혜송상사	성명	황동규
	사업장주소	경상남도 남해군 남해읍 남해대로 2751				사업장주소	경기도 용인시 기흥구 갈곡로 6		
	업태	도소매	종목	건어물		업태	제조/도소매	종목	자동차부품
	이메일					이메일	hyesong@hscorp.co.kr		
작성일자		공급가액			수정사유		비 고	
2025-08-25		800,000원			해당 없음			
월	일	품목	규격	수량	단가	공급가액	비고	
08	25	마른멸치세트		5	100,000	500,000원		
	25	마른멸치세트		3	100,000	300,000원		
합계금액		현금		수표	어음	외상미수금	위 금액을 (영수) 함	
800,000원		800,000원						

(4) 10월 16일 업무와 관련없이 대표이사 황동규가 개인적으로 사용하기 위하여 상해전자㈜에서 노트북 1대를 2,100,000원(부가가치세 별도)에 외상으로 구매하고 아래의 전자세금계산서를 발급받았다(단, 가지급금 계정을 사용하고, 거래처를 입력할 것). (3점)

전자세금계산서					승인번호	20251016-15454645-58811886		
공급자	등록번호	501-81-12347	종사업장번호		공급받는자	등록번호	312-86-12548	종사업장번호	
	상호(법인명)	상해전자㈜	성명	김은지		상호(법인명)	㈜혜송상사	성명	황동규
	사업장주소	서울특별시 동작구 여의대방로 28				사업장주소	경기도 용인시 기흥구 갈곡로6		
	업태	도소매	종목	전자제품		업태	제조/도소매	종목	자동차부품
	이메일					이메일	hyesong@hscorp.co.kr		
작성일자		공급가액		세액	수정사유		비 고	
2025-10-16		2,100,000원		210,000원	해당 없음			
월	일	품목	규격	수량	단가	공급가액	세액	비고
10	16	노트북		1	2,100,000	2,100,000원	210,000원	
합계금액		현금		수표	어음	외상미수금	위 금액을 (청구) 함	
2,310,000						2,310,000		

(5) 11월 04일 개인소비자 김은우에게 제품을 770,000원(부가가치세 포함)에 판매하고, 대금은 김은우의 신한카드로 수취하였다(단, 신용카드 결제대금은 외상매출금으로 회계처리할 것). (3점)

(6) 12월 04일 개인소비자 김은우에게 제품을 770,000원(부가가치세 포함)에 판매하고, 대금은 김은우의 신한카드로 수취하였다(단, 신용카드 결제대금은 외상매출금으로 회계처리할 것). (3점)

```
            하나카드 승인전표
카드번호        4140-0202-3245-9959
거래유형        국내일반
결제방법        일시불
거래일시        2025.12.04.15:35:45
취소일시
승인번호        98421149
공급가액                           800,000원
부가세                              80,000원
봉사료
승인금액                           880,000원
가맹점명        ㈜뚝딱수선
가맹점번호      00990218110
가맹점 전화번호  031-828-8624
가맹점 주소      경기도 성남시 수정구 성남대로 1169
사업자등록번호  204-81-76697
대표자명        이은샘
                                  하나카드
```

문제 4 [일반전표입력] 및 [매입매출전표]입력 메뉴에 입력된 내용 중 다음과 같은 오류가 발견되었다. 입력된 내용을 확인하여 정정하시오.(6점)

(1) 09월 09일 ㈜초록산업으로부터 5,000,000원을 차입하고 이를 모두 장기차입금으로 회계처리하였으나, 그중 2,000,000원의 상환기일은 2025년 12월 8일로 확인되었다. (3점)

(2) 10월 15일 바로카센터에서 영업부의 영업용 화물차량을 점검 및 수리하고 차량유지비 250,000원(부가세 별도)을 현금으로 지급하였으며, 전자세금계산서를 발급받았다. 그러나 회계 담당 직원의 실수로 이를 일반전표에 입력하였다. (3점)

문제 5 결산정리사항은 다음과 같다. 해당메뉴에 입력하시오.(9점)

(1) 결산일 현재 외상매입금 잔액은 2025년 1월 2일 미국에 소재한 원재료 공급거래처 NOVONO로부터 원재료 $5,500를 외상으로 매입하고 미지급한 잔액 $2,000가 포함되어 있다(단, 매입 시 기준환율은 1,100원/$, 결산 시 기준환율은 1,200원/$이다). (3점)

(2) 12월 31일 결산일 현재 단기 매매 목적으로 보유 중인 지분증권에 대한 자료는 다음과 같다. 적절한 결산 분개를 하시오. (3점)

종목	취득원가	결산일 공정가치	비고
㈜가은	56,000,000원	54,000,000원	단기 매매 목적

(3) 2025년 5월 1일 제조부 공장의 1년치 화재보험료(2025년 5월 1일~2026년 4월 30일) 3,600,000원을 보통예금 계좌에서 이체하여 납부하고 전액 보험료(제조경비)로 회계처리하였다(단, 보험료는 월할 계산하고, 거래처입력은 생략할 것). (3점)

문제 6 다음 사항을 조회하여 답안을 이론문제 답안작성 메뉴에 입력하시오.

(1) 2025년 제1기 부가가치세 확정신고(2025.04.01.~2025.06.30.)에 반영된 예정신고누락분 매출의 공급가액과 매출세액은 각각 얼마인가? (3점)

(2) 2분기(4월~6월) 중 제조원가 항목의 복리후생비 지출액이 가장 많이 발생한 월(月)과 그 금액을 각각 기재하시오. (3점)

(3) 4월 말 현재 미지급금 잔액이 가장 큰 거래처명과 그 금액은 얼마인가? (3점)

PART 5 최신 기출문제 연습

2024년 6월 12일 시행
제114회 전산세무회계자격시험

종목 및 등급 : **전산회계 1급** -제한시간:60분

이론 시험

다음 문제를 보고 알맞은 것을 골라 이론문제 답안작성 메뉴에 입력하시오.(객관식 문항당 2점)

기본 전제
문제에서 한국채택국제회계기준을 적용하도록 하는 전제조건이 없는 경우, 일반기업회계기준을 적용한다.

01. 다음 중 거래내용에 대한 거래요소의 결합관계를 바르게 표시한 것은?

	거래요소의 결합관계	거 래 내 용
①	자산의 증가 : 자산의 증가	외상매출금 4,650,000원을 보통예금으로 수령하다.
②	자산의 증가 : 부채의 증가	기계장치를 27,500,000원에 구입하고 구입대금은 미지급하다.
③	비용의 발생 : 자산의 증가	보유 중인 건물을 임대하여 임대료 1,650,000원을 보통예금으로 수령하다.
④	부채의 감소 : 자산의 감소	장기차입금에 대한 이자 3,000,000원을 보통예금에서 이체하는 방식으로 지급하다.

02. 다음 중 재고자산이 아닌 것은?

① 약국의 일반의약품 및 전문의약품
② 제조업 공장의 생산 완제품
③ 부동산매매업을 주업으로 하는 기업의 판매 목적 토지
④ 병원 사업장소재지의 토지 및 건물

03. 다음은 ㈜한국이 신규 취득한 기계장치 관련 자료이다. 아래의 기계장치를 연수합계법으로 감가상각할 경우, ㈜한국의 당기(회계연도 : 매년 1월 1일~12월 31일) 말 현재 기계장치의 장부금액은 얼마인가?

기계장치 취득원가	3,000,000원	취득일	2025.01.01.
잔존가치	300,000원	내용연수	5년

① 2,000,000원 ② 2,100,000원 ③ 2,400,000원 ④ 2,460,000원

04. 다음은 ㈜서울의 당기 지출 내역 중 일부이다. 아래의 자료에서 무형자산으로 기록할 수 있는 금액은 모두 얼마인가?

- 신제품 특허권 취득 비용 30,000,000원
- 신제품의 연구단계에서 발생한 재료 구입 비용 1,500,000원
- A기업이 가지고 있는 상표권 구입 비용 22,000,000원

① 22,000,000원　　② 30,000,000원　　③ 52,000,000원　　④ 53,500,000원

05. 다음 중 매도가능증권에 대한 설명으로 옳지 않은 것은?

① 기말 평가손익은 기타포괄손익누계액에 반영한다.
② 취득 시 발생한 수수료는 당기 비용으로 처리한다.
③ 처분 시 발생한 처분손익은 당기손익에 반영한다.
④ 보유 목적에 따라 당좌자산 또는 투자자산으로 분류한다.

06. 다음 중 채권 관련 계정의 차감적 평가항목으로 옳은 것은?

① 감가상각누계액　　② 재고자산평가충당금
③ 사채할인발행차금　　④ 대손충당금

07. 다음 중 자본잉여금 항목에 포함되는 것을 모두 고른 것은?

| 가. 주식발행초과금 | 나. 자기주식처분손실 |
| 다. 주식할인발행차금 | 라. 감자차익 |

① 가, 라　　② 나, 다　　③ 가, 나, 다　　④ 가, 다, 라

08. 다음은 현금배당에 관한 회계처리이다. 아래의 괄호 안에 각각 들어갈 회계처리 일자로 옳은 것은?

(가)	(차)	이월이익잉여금	×××	(대)	이익준비금	×××
					미지급배당금	×××
(나)	(차)	미지급배당금	×××	(대)	보통예금	×××

	(가)	(나)		(가)	(나)
①	회계종료일	배당결의일	②	회계종료일	배당지급일
③	배당결의일	배당지급일	④	배당결의일	회계종료일

09. 원가의 분류 중 원가행태(行態)에 따른 분류에 해당하는 것은?

① 변동원가　　　② 기회원가　　　③ 관련원가　　　④ 매몰원가

10. 다음은 제조업을 영위하는 ㈜인천의 당기 원가 관련 자료이다. ㈜인천의 당기총제조원가는 얼마인가? 단, 기초재고자산은 없다고 가정한다.

기말재공품재고액	300,000원	기말제품재고액	500,000원
매출원가	2,000,000원	기말원재료재고액	700,000원
제조간접원가	600,000원	직접재료원가	1,200,000원

① 1,900,000원　　② 2,200,000원　　③ 2,500,000원　　④ 2,800,000원

11. 평균법에 따른 종합원가계산을 채택하고 있는 ㈜대전의 당기 물량 흐름은 다음과 같다. 재료원가는 공정 초기에 전량 투입되며, 가공원가는 공정 전반에 걸쳐 균등하게 발생한다. 아래의 자료를 이용하여 재료원가 완성품환산량을 계산하면 몇 개인가?

| 기초재공품 수량 : 1,000개(완성도 20%) | 당기완성품 수량 : 8,000개 |
| 당기착수량 : 10,000개 | 기말재공품 수량 : 3,000개(완성도 60%) |

① 8,000개　　② 9,000개　　③ 9,800개　　④ 11,000개

12. 다음 중 개별원가계산에 대한 설명으로 옳지 않은 것은?

① 항공기 제조업은 종합원가계산보다는 개별원가계산이 더 적합하다.
② 제품원가를 제조공정별로 집계한 후 이를 생산량으로 나누어 단위당 원가를 계산한다.
③ 직접원가와 제조간접원가의 구분이 중요하다.
④ 단일 종류의 제품을 대량으로 생산하는 업종에는 적합하지 않은 방법이다.

13. 다음 중 우리나라 부가가치세법의 특징으로 틀린 것은?

① 국세　　　② 인세(人稅)　　　③ 전단계세액공제법　　　④ 다단계거래세

14. 다음 중 부가가치세법상 주된 사업에 부수되는 재화·용역의 공급으로서 면세 대상이 아닌 것은?

① 은행업을 영위하는 면세사업자가 매각한 사업용 부동산인 건물
② 약국을 양수도하는 경우로서 해당 영업권 중 면세 매출에 해당하는 비율의 영업권
③ 가구제조업을 영위하는 사업자가 매각한 사업용 부동산 중 토지
④ 부동산임대업자가 매각한 부동산임대 사업용 부동산 중 상가 건물

15. 다음 중 부가가치세법상 아래의 괄호 안에 공통으로 들어갈 내용으로 옳은 것은?

> 가. 부가가치세 매출세액은 (   )에 세율을 곱하여 계산한 금액이다.
> 나. 재화 또는 용역의 공급에 대한 부가가치세의 (   )(은)는 해당 과세기간에 공급한 재화 또는 용역의 공급가액을 합한 금액으로 한다.
> 다. 재화의 수입에 대한 부가가치세의 (   )(은)는 그 재화에 대한 관세의 과세가격과 관세, 개별소비세, 주세, 교육세, 농어촌특별세 및 교통·에너지·환경세를 합한 금액으로 한다.

① 공급대가　　　② 간주공급　　　③ 과세표준　　　④ 납부세액

PART 5 최신 기출문제 연습

실무 시험

㈜하나전자(회사코드:1143)는 전자부품의 제조 및 도소매업을 영위하는 중소기업으로 당기(제9기) 회계기간은 2025.1.1.~2025.12.31.이다. 전산세무회계 수험용 프로그램을 이용하여 다음 물음에 답하시오.

> **기본 전제**
> - 문제에서 한국채택국제회계기준을 적용하도록 하는 전제조건이 없는 경우, 일반기업회계기준을 적용한다.
> - 문제의 풀이와 답안작성은 제시된 문제의 순서대로 진행한다.

문제 1 다음은 [기초정보관리]및 [전기분 재무제표]에 대한 자료이다. 각각의 요구사항에 대하여 답하시오.(10점)

(1) 다음의 자료를 이용하여 [거래처등록] 메뉴에서 신규거래처를 추가로 등록하시오. (3점)

- 거래처코드 : 00500
- 거래처명 : 한국개발
- 사업자등록번호 : 134-24-91004
- 업 태 : 정보통신업
- 거래처구분 : 일반거래처
- 유 형 : 동시
- 대표자 : 김한국
- 종 목 : 소프트웨어개발
  - 사업장주소 : 경기도 성남시 분당구 판교역로 192번길 12(삼평동)
  ※ 주소입력시 우편번호 입력은 생략해도 무방함

사 업 자 등 록 증
(일반과세자)
등록번호 : 134-24-91004

상　　　호 : 한국개발
성　　　명 : 김한국　　생 년 월 일 : 1985 년 03 월 02 일

개 업 연 월 일 : 2022　07 월 25 일
사 업 장 소 재 지 : 경기도 성남시 분당구 판교역로192번길 12 (삼평동)

사 업 의 종 류　업태 정보통신업　종목 소프트웨어개발

발 급 사 유 : 사업장 소재지 정정
공 동 사 업 자 :

사업자 단위 과세 적용사업자 여부 : 여( )　부(∨)
전자세금계산서 전용 전자우편주소 :

2025 년 01 월 20 일
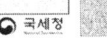 **분 당 세 무 서 장**

(2) 다음 자료를 이용하여 [계정과목및적요등록]에 반영하시오. (3점)

- 코드 : 862
- 계정과목 : 행사지원비
- 성격 : 경비
- 현금적요 1번 : 행사지원비 현금 지급
- 대체적요 1번 : 행사지원비 어음 발행

(3) 전기분 원가명세서를 검토한 결과 다음과 같은 오류가 발견되었다. 이와 관련된 전기분 재무제표(재무상태표, 손익계산서, 원가명세서, 잉여금처분계산서)를 모두 적절하게 수정하시오. (4점)

해당 연도(2024년)에 외상으로 매입한 부재료비 3,000,000원이 누락된 것으로 확인된다.

문제 2 다음 거래자료를 일반전표입력 메뉴에 추가 입력하시오.(일반전표의 모든 거래는 부가가치세를 고려하지 말 것)(18점)

입력시 유의사항
- 일반적인 적요의 입력은 생략하지만, 타계정 대체거래는 적요번호를 선택하여 입력한다.
- 채권·채무와 관련된 거래는 별도의 요구가 없는 한 반드시 기 등록되어 있는 거래처코드를 선택하는 방법으로 거래처명을 입력한다.
- 제조경비는 500번대 계정코드를, 판매비와관리비는 800번대 계정코드를 사용한다.
- 회계처리시 계정과목은 별도제시가 없는 한 등록되어 있는 계정과목 중 가장 적절한 과목으로 한다.

(1) 07월 05일 영업팀 직원들에 대한 확정기여형(DC형) 퇴직연금 납입액 1,400,000원을 보통예금 계좌에서 이체하여 납입하였다. (3점)

(2) 07월 25일 ㈜고운상사의 외상매출금 중 5,500,000원은 약속어음으로 받고, 나머지 4,400,000원은 보통예금 계좌로 입금받았다. (3점)

(3) 08월 30일 자금 부족으로 인하여 ㈜재원에 대한 받을어음 50,000,000원을 만기일 전에 은행에서 할인받고, 할인료 5,000,000원을 차감한 잔액이 보통예금 계좌로 입금되었다(단, 본 거래는 매각거래이다). (3점)

(4) 10월 03일 단기 투자 목적으로 보유하고 있는 ㈜미학건설의 주식으로부터 배당금 2,300,000원이 확정되어 즉시 보통예금 계좌로 입금되었다. (3점)

(5) 10월 31일 재무팀 강가연 팀장의 10월분 급여를 농협 보통예금 계좌에서 이체하여 지급하였다(단, 공제합계액은 하나의 계정과목으로 회계처리할 것). (3점)

2025년 10월 급여명세서			
이름	강가연	지급일	2025년 10월 31일
기 본 급	4,500,000원	소 득 세	123,000원
식 대	200,000원	지 방 소 득 세	12,300원
자가운전보조금	200,000원	국 민 연 금	90,500원
		건 강 보 험	55,280원
		고 용 보 험	100,000원
급 여 계	4,900,000원	공 제 합 계	381,080원
		지 급 총 액	4,518,920원

(6) 12월 21일 자금 조달을 위하여 사채(액면금액 8,000,000원, 3년 만기)를 8,450,000원에 발행하고, 납입금은 당좌예금 계좌로 입금하였다. (3점)

문제 3 다음 거래자료를 매입매출전표입력 메뉴에 입력하시오.(18점)

> **입력시 유의사항**
> - 일반적인 적요의 입력은 생략하지만, 타계정 대체거래는 적요번호를 선택하여 입력한다.
> - 별도의 요구가 없는 한 반드시 기 등록되어 있는 거래처코드를 선택하는 방법으로 거래처명을 입력한다.
> - 제조경비는 500번대 계정코드를, 판매비와관리비는 800번대 계정코드를 사용한다.
> - 회계처리시 계정과목은 별도제시가 없는 한 등록되어 있는 계정과목 중 가장 적절한 과목으로 한다.
> - 입력화면 하단의 분개까지 처리하고, 전자세금계산서는 전자입력으로 반영한다.

(1) 07월 20일 미국 소재법인 NDVIDIA에 직수출하는 제품의 선적을 완료하였으며, 수출대금 $5,000는 차후에 받기로 하였다. 제품수출계약은 7월 1일에 체결하였으며, 일자별 기준환율은 아래와 같다(단, 수출신고번호 입력은 생략할 것). (3점)

일자	계약일 2025.07.01.	선적일 2025.07.20.
기준환율	1,100원/$	1,200원/$

(2) 07월 23일 당사가 사업용으로 사용하던 토지(취득원가 62,000,000원)를 돌상상회에 65,000,000원에 매각하기로 계약하면서 동시에 전자계산서를 발급하였다. 대금 중 30,000,000원은 계약 당일 보통예금 계좌로 입금받았으며, 나머지는 다음 달에 받기로 약정하였다. (3점)

(3) 08월 10일 영업팀에서 회사 제품을 홍보하기 위해 광고닷컴에서 홍보용 수첩을 제작하고 현대카드로 결제하였다. (3점)

	카드번호 (9876-****-****-1230)	
	승인번호	28516480
	거래일자	2025년08월10일15:29:44
	결제방법	일시불
	가맹점명	광고닷컴
	가맹점번호	23721275
	대표자명	김광고
	사업자등록번호	305-35-65424
	전화번호	02-651-1212
	주소	서울특별시 서초구 명달로 100
	공급가액	4,000,000원
	부가세액	400,000원
	승인금액	4,400,000원
	고객센터(1577-8398)	www.hyundaicard.com
	Hyundai Card 현대카드	

(4) 08월 17일 제품 생산에 필요한 원재료를 구입하고, 아래의 전자세금계산서를 발급받았다. (3점)

	전자세금계산서					승인번호	20250817-15454645-58811889		
공급자	등록번호	139-81-54313		종사업장 번호		공급받는자	등록번호	125-86-65247	종사업장 번호	
	상호(법인명)	㈜고철상사	성명	황영민		상호(법인명)	㈜하나전자	성명	김영순
	사업장 주소	서울특별시 서초구 명달로 3				사업장 주소	경기도 남양주시 덕릉로 1067		
	업태	도소매	종목	전자부품		업태	제조/도소매	종목	전자부품
	이메일					이메일			
작성일자		공급가액		세액		수정사유		비 고	
2025-08-17		12,000,000		1,2000,000		해당 없음			
월	일	품목	규격	수량	단가	공급가액		세액	비고
08	17	k-312 벨브		200	60,000	12,000,000		1,200,000	
	합계금액	현금		수표	어음	외상미수금		위 금액을 (청구) 함	
	13,200,000				5,000,000	8,200,000			

(5) 08월 28일 ㈜와마트에서 업무용으로 사용하는 냉장고를 5,500,000원(부가가치세 포함)에 현금으로 구입하고, 현금영수증(지출증빙용)을 수취하였다(단, 자산으로 처리할 것). (3점)

	㈜와마트		
133-81-05134			류예린
서울특별시 구로구 구로동로 10		TEL : 02-117-2727	
홈페이지 http://www.kacpta.or.kr			
현금영수증(지출증빙용)			
구매 2025/08/28/17:27		거래번호 : 0031-0027	
상품명	수량	단가	금액
냉장고	1	5,500,000원	5,500,000원
		과세물품가액	5,000,000원
		부가가치세액	500,000원
		합 계	5,500,000원
		받은금액	5,500,000원

(6) 11월 08일 대표이사 김영순(거래처코드 : 375)의 호텔 결혼식장 대관료(업무관련성 없음)를 당사의 보통예금 계좌에서 이체하여 지급하고, 아래의 전자세금계산서를 수취하였다. (3점)

전자세금계산서					승인번호	20251108-27620200-4651260		
공급자	등록번호	511-81-53215	종사업장 번호		공급받는자	등록번호	125-86-65247	종사업장 번호	
	상호(법인명)	대박호텔㈜	성명	김대박		상호(법인명)	㈜하나전자	성명	김영순
	사업장 주소	서울특별시 강남구 도산대로 104				사업장 주소	경기도 남양주시 덕릉로 1067		
	업태	숙박,서비스	종목	호텔/장소대여		업태	제조/도소매	종목	전자부품
	이메일					이메일			
작성일자	공급가액		세액		수정사유		비고	
2025-11-08	25,000,000		2,500,000		해당 없음			
월	일	품목	규격	수량	단가	공급가액	세액	비고
11	08	파라다이스 홀 대관				25,000,000원	2,500,000원	
합계금액	현금		수표		어음	외상미수금	위 금액을 (영수) 함	
27,500,000	27,500,000							

문제 4 [일반전표입력] 및 [매입매출전표]입력 메뉴에 입력된 내용 중 다음과 같은 오류가 발견되었다. 입력된 내용을 확인하여 정정하시오.(6점)

(1) 11월 12일 호호꽃집에서 영업부 사무실에 비치할 목적으로 구입한 공기정화식물(소모품비)의 대금 100,000원을 보통예금 계좌에서 송금하고 전자계산서를 받았으나 전자세금계산서로 처리하였다. (3점)

(2) 12월 12일 본사 건물에 엘리베이터를 설치하고 ㈜베스트디자인에 지급한 88,000,000원(부가가치세 포함)을 비용으로 처리하였으나, 건물의 자본적지출로 처리하는 것이 옳은 것으로 판명되었다. (3점)

문제 5 결산정리사항은 다음과 같다. 해당메뉴에 입력하시오.(9점)

(1) 당기 중 단기시세차익을 목적으로 ㈜눈사람의 주식 100주(1주당 액면금액 100원)를 10,000,000원에 취득하였으나, 기말 현재 시장가격은 12,500,000원이다(단, ㈜눈사람의 주식은 시장성이 있다). (3점)

(2) 기말 현재 미국 GODS사에 대한 장기대여금 $2,000가 계상되어 있다. 장부금액은 2,100,000원이며, 결산일 현재 기준환율은 1,120원/$이다. (3점)

(3) 기말 현재 당기분 법인세(지방소득세 포함)는 15,000,000원으로 산출되었다. 관련된 결산회계처리를 하시오(단, 당기분 법인세 중간예납세액 5,700,000원과 이자소득 원천징수세액 1,300,000원은 선납세금으로 계상되어 있다). (3점)

문제 6 다음 사항을 조회하여 답안을 이론문제 답안작성 메뉴에 입력하시오.

(1) 3월에 발생한 판매비와일반관리비 중 발생액이 가장 적은 계정과목과 그 금액은 얼마인가? (3점)

(2) 2025년 2월 말 현재 미수금과 미지급금의 차액은 얼마인가? (단, 반드시 양수로 기재할 것) (3점)

(3) 2025년 제1기 부가가치세 확정신고기간(4월~6월)의 공제받지못할매입세액은 얼마인가? (3점)

PART 5 최신 기출문제 연습

2024년 8월 3일 시행
제115회 전산세무회계자격시험

A형

종목 및 등급 : **전산회계 1급**   -제한시간:60분

이론 시험

다음 문제를 보고 알맞은 것을 골라 이론문제 답안작성 메뉴에 입력하시오.(객관식 문항당 2점)

기본 전제
문제에서 한국채택국제회계기준을 적용하도록 하는 전제조건이 없는 경우, 일반기업회계기준을 적용한다.

01. 다음 중 회계순환과정에 있어 기말결산정리의 근거가 되는 가정으로 적절한 것은?

① 발생주의 회계   ② 기업실체의 가정   ③ 계속기업의 가정   ④ 기간별 보고의 가정

02. 다음 중 당좌자산에 포함되지 않는 것은 무엇인가?

① 선급비용   ② 미수금   ③ 미수수익   ④ 선수수익

03. 다음에서 설명하는 재고자산 단가 결정방법으로 옳은 것은?

실제 물량 흐름과 원가 흐름의 가정이 유사하다는 장점이 있으나, 수익·비용 대응의 원칙에 부적합하고, 물가 상승 시 이익이 과대 계상되는 단점이 있다.

① 개별법   ② 선입선출법   ③ 후입선출법   ④ 총평균법

04. 다음 중 유형자산에 대한 추가적인 지출이 발생했을 경우 발생한 기간의 비용으로 처리하는 거래로 옳은 것은?

① 건물의 피난시설을 설치하기 위한 지출   ② 내용연수를 연장시키는 지출
③ 건물 내부 조명기구를 교체하는 지출   ④ 상당한 품질향상을 가져오는 지출

최신 기출문제 연습

05. 다음 중 무형자산에 대한 설명으로 가장 옳지 않은 것은?

① 무형자산은 상각완료 후 잔존가치로 1,000원을 반드시 남겨둔다.
② 무형자산의 상각방법은 정액법, 정률법 둘 다 사용 가능하다.
③ 무형자산을 상각하는 회계처리를 할 때는 일반적으로 직접법으로 처리하고 있다.
④ 무형자산 중 내부에서 창출한 영업권은 무형자산으로 인정되지 않는다.

06. 다음 중 일반기업회계기준에 따른 부채가 아닌 것은 무엇인가?

① 임차보증금　　② 퇴직급여충당부채　　③ 선수금　　④ 미지급배당금

07. 다음의 자본 항목 중 성격이 다른 하나는 무엇인가?

① 자기주식처분이익　② 감자차익　③ 자기주식　④ 주식발행초과금

08. 다음의 자료를 이용하여 영업이익을 구하시오(기초재고는 50,000원, 기말재고는 '0'으로 가정한다).

총매출액	500,000원	매출할인	10,000원	당기총매입액	300,000원
매입에누리	20,000원	이자비용	30,000원	급여	20,000원
통신비	5,000원	감가상각비	10,000원	배당금수익	20,000원
임차료	25,000원	유형자산처분손실	30,000원		

① 60,000원　　② 70,000원　　③ 100,000원　　④ 130,000원

09. 다음 중 보조부문의 원가 배분에 대한 설명으로 옳지 않은 것은

① 보조부문의 원가 배분방법으로는 직접배분법, 단계배분법 및 상호배분법이 있으며, 이들 배분 방법에 따라 전체 보조부문의 원가에 일부 차이가 있을 수 있다.
② 상호배분법은 부문간 상호수수를 고려하여 계산하기 때문에 다른 배분방법보다 계산이 복잡한 방법이라 할 수 있다.
③ 단계배분법은 보조부문간 배분순서에 따라 각 보조부문에 배분되는 금액에 차이가 있을 수 있다.
④ 직접배분법은 보조부문 원가 배분액의 계산이 상대적으로 간편한 방법이라 할 수 있다.

10. 다음의 원가 분류 중 분류 기준이 같은 것으로만 짝지어진 것은?

| 가. 변동원가 | 나. 관련원가 | 다. 직접원가 | 라. 고정원가 | 마. 매몰원가 | 바. 간접원가 |

① 가, 나　　② 나, 다　　③ 나, 마　　④ 라, 바

11. 다음 자료를 참고하여 2025년 제조작업지시서 #200에 대한 제조간접원가 예정배부율과 예정배부액을 계산하면 각각 얼마인가?

> 가. 2024년 연간 제조간접원가 4,200,000원, 총기계작업시간은 100,000시간인 것으로 파악되었다.
> 나. 2025년 연간 예정제조간접원가 3,800,000원, 총예정기계작업시간은 80,000시간으로 예상하고 있다.
> 다. 2025년 제조작업지시서별 실제기계작업시간은 다음과 같다.
>   · 제조작업지시서 #200 : 11,000시간
>   · 제조작업지시서 #300 : 20,000시간

	제조간접원가 예정배부율	제조간접원가 예정배부액
①	42원/기계작업시간	462,000원
②	52.5/기계작업시간	577,500원
③	47.5/기계작업시간	522,500원
④	46원/기계작업시간	506,000원

12. 다음 중 종합원가계산을 적용할 경우 평균법과 선입선출법에 의한 완성품 환산량의 차이를 발생시키는 주요 원인은 무엇인가?

① 기초재공품 차이   ② 기초제품 차이   ③ 기말제품 차이   ④ 기말재공품 차이

13. 다음 중 부가가치세법상 납세의무자에 대한 설명으로 가장 옳지 않은 것은?

① 부가가치세법상 사업자는 일반과세자와 간이과세자이다.
② 국가·지방자치단체도 납세의무자가 될 수 있다.
③ 사업자단위과세사업자는 모든 사업장의 부가가치세를 총괄하여 신고만 할 수 있다.
④ 영세율을 적용받는 사업자도 부가가치세법상의 사업자등록의무가 있다.

14. 다음 중 부가가치세법상 매입세액공제가 가능한 경우는?

① 면세사업에 관련된 매입세액
② 비영업용 소형승용자동차의 유지와 관련된 매입세액
③ 토지의 형질변경과 관련된 매입세액
④ 제조업을 영위하는 사업자가 농민으로부터 구입한 면세 농산물의 의제매입세액

15. 다음 중 부가가치세법상 세금계산서 발급 의무가 면제되지 않는 경우는?

   ① 택시운송사업자가 공급하는 재화 또는 용역
   ② 미용업자가 공급하는 재화 또는 용역
   ③ 제조업자가 구매확인서에 의하여 공급하는 재화
   ④ 부동산임대업자의 부동산임대용역 중 간주임대료

PART 5 최신 기출문제 연습

실무 시험

다산컴퓨터㈜(회사코드:1153)는 컴퓨터 등의 제조 및 도소매업을 영위하는 중소기업으로 당기(제10기) 회계기간은 2025.1.1.~ 2025.12.31.이다. 전산세무회계 수험용 프로그램을 이용하여 다음 물음에 답하시오.

> **기본 전제**
> - 문제에서 한국채택국제회계기준을 적용하도록 하는 전제조건이 없는 경우, 일반기업회계기준을 적용한다.
> - 문제의 풀이와 답안작성은 제시된 문제의 순서대로 진행한다.

문제 1 다음은 [기초정보관리]및 [전기분 재무제표]에 대한 자료이다. 각각의 요구사항에 대하여 답하시오.(10점)

(1) 다음의 자료를 이용하여 [거래처등록] 메뉴에서 신규거래처를 추가로 등록하시오. (단, 주어진 자료 외의 다른 항목은 입력할 필요 없음) (3점)

- 거래처코드 : 02411
- 거래처명 : ㈜구동컴퓨터
- 사업자등록번호 : 189-86-70759
- 업   태 : 제조
- 사업장주소 : 울산광역시 울주군 온산읍 종동길 102
- 거래처구분 : 일반거래처
- 유   형 : 동시
- 대표자 : 이주연
- 종   목 : 컴퓨터 및 주변장치

(2) 기초정보관리의 [계정과목및적요등록] 메뉴에서 821.보험료 계정과목에 아래의 적요를 추가로 등록하시오. (3점)

- 현금적요 7번 : 경영인 정기보험료 납부
- 대체적요 5번 : 경영인 정기보험료 미지급
- 대체적요 6번 : 경영인 정기보험료 상계

(2) 다음은 다산컴퓨터㈜의 올바른 선급금, 선수금의 전체 기초잔액이다. [거래처별초기이월] 메뉴의 자료를 검토하여 오류가 있으면 올바르게 삭제 또는 수정, 추가 입력을 하시오. (4점)

계정과목	거래처명	금액
선급금	해원전자㈜	2,320,000원
	공상㈜	1,873,000원
선수금	㈜유수전자	2,100,000원
	㈜신곡상사	500,000원

문제 2
다음 거래자료를 일반전표입력 메뉴에 추가 입력하시오.(일반전표의 모든 거래는 부가가치세를 고려하지 말 것)(18점)

> **입력시 유의사항**
> - 일반적인 적요의 입력은 생략하지만, 타계정 대체거래는 적요번호를 선택하여 입력한다.
> - 채권·채무와 관련된 거래는 별도의 요구가 없는 한 반드시 기 등록되어 있는 거래처코드를 선택하는 방법으로 거래처명을 입력한다.
> - 제조경비는 500번대 계정코드를, 판매비와관리비는 800번대 계정코드를 사용한다.
> - 회계처리시 계정과목은 별도제시가 없는 한 등록되어 있는 계정과목 중 가장 적절한 과목으로 한다.

(1) 07월 28일 거래처 ㈜경재전자의 외상매입금 2,300,000원 중 2,000,000원은 당사에서 어음을 발행하여 지급하고 나머지는 면제받았다. (3점)

(2) 09월 03일 하나은행에서 차입한 단기차입금 82,000,000원과 이에 대한 이자 2,460,000원을 보통예금계좌에서 이체하여 지급하였다. (3점)

(3) 09월 12일 중국의 DOKY사에 대한 제품 수출 외상매출금 10,000$(선적일 기준환율 : 1,400원/$)를 회수하여 즉시 원화 보통예금 계좌로 입금하였다(단, 입금일의 기준환율은 1,380원/$이다). (3점)

(4) 10월 07일 주당 액면가액이 5,000원인 보통주 1,000주를 주당 7,000원에 발행하였고, 발행가액 전액이 보통예금 계좌로 입금되었다(단, 하나의 전표로 처리하며 신주 발행 전 주식할인발행차금 잔액은 1,000,000원이고 신주발행비용은 없다고 가정한다). (3점)

(5) 10월 28일 당기분 DC형 퇴직연금 불입액 12,000,000원이 자동이체 방식으로 보통예금 계좌에서 출금되었다. 불입액 12,000,000원 중 4,000,000원은 영업부에서 근무하는 직원들에 대한 금액이고 나머지는 생산부에서 근무하는 직원들에 대한 금액이다. (3점)

(6) 11월 12일 전기에 회수불능으로 일부 대손처리한 ㈜은상전기의 외상매출금이 회수되었으며, 대금은 하나은행 보통예금 계좌로 입금되었다. (3점)

[보통예금(하나)] 거래 내용

행	연월일	내용	찾으신 금액	맡기신 금액	잔액	거래점
			계좌번호 120-99-80481321			
1	2025-11-12	㈜은상전기		₩2,500,000	******	1111

PART 5 최신 기출문제 연습

문제 3   다음 거래자료를 매입매출전표입력 메뉴에 입력하시오.(18점)

> **입력시 유의사항**
> - 일반적인 적요의 입력은 생략하지만, 타계정 대체거래는 적요번호를 선택하여 입력한다.
> - 별도의 요구가 없는 한 반드시 기 등록되어 있는 거래처코드를 선택하는 방법으로 거래처명을 입력한다.
> - 제조경비는 500번대 계정코드를, 판매비와관리비는 800번대 계정코드를 사용한다.
> - 회계처리시 계정과목은 별도제시가 없는 한 등록되어 있는 계정과목 중 가장 적절한 과목으로 한다.
> - 입력화면 하단의 분개까지 처리하고, 전자세금계산서는 전자입력으로 반영한다.

(1) 07월 03일 회사 영업부 야유회를 위해 도시락 10개를 구입하고 현대카드로 결제하였다. (3점)

```
          신용카드매출전표
가 맹 점 명 : 맛나도시락
사 업 자 번 호 : 127-10-12343
대 표 자 명 : 김도식
주      소 : 서울 마포구 마포대로 2
롯 데 카 드 : 신용승인
거 래 일 시 : 2025-07-03 11:08:54
카 드 번 호 : 3256-6455-****-1329
유 효 기 간 : 12/26
가 맹 점 번 호 : 123412341
매    입   사 : 현대카드(전자서명전표)
     상품명              금액
   한식도시락세트         330,000
공 급 가 액 :    300,000
부 가 세 액 :     30,000
합      계 :    330,000
```

(2) 08월 06일 제품을 만들고 난 후 나온 철 스크랩을 비사업자인 최한솔에게 판매하고, 판매대금 1,320,000원(부가가치세 포함)을 수취하였다. 대금은 현금으로 받고, 해당 거래에 대한 증빙은 아무것도 발급하지 않았다(계정과목은 잡이익으로 하고, 거래처를 조회하여 입력할 것). (3점)

(3) 08월 29일 ㈜선월재에게 내국신용장에 의해 제품을 판매하고 전자세금계산서를 발급하였다. 대금 중 500,000원은 현금으로 받고 나머지는 외상으로 하였다(단, 서류번호입력은 생략할 것). (3점)

영세율 전자세금계산서

승인번호	20250829-100028100-484650

공급자	등록번호	129-81-50101	종사업장번호			공급받는자	등록번호	601-81-25803	종사업장번호	
	상호(법인명)	다산컴퓨터㈜	성명	박새은			상호(법인명)	㈜선월재	성명	정일원
	사업장주소	경기도 남양주시 가운로 3-28					사업장주소	경상남도 사천시 사천대로 11		
	업태	제조/도소매	종목	컴퓨터			업태	도소매	종목	컴퓨터 및 기기장치
	이메일						이메일			

작성일자	공급가액	세액	수정사유	비 고
2025-08-29	5,200,000	영세율	해당 없음	

월	일	품목	규격	수량	단가	공급가액	세액	비고
08	29	제품 A		1	5,200,000	5,200,000	영세율	

합계금액	현금	수표	어음	외상미수금	위 금액을 (청구) 함
5,200,000	500,000			4,700,000	

(4) 10월 15일 ㈜우성유통에 제품을 판매하고 다음과 같이 전자세금계산서를 발급하였다. 대금 중 8,000,000원은 하움공업이 발행한 어음을 배서양도 받고, 나머지는 다음 달에 받기로 하였다. (3점)

전자세금계산서

승인번호	20251015-100028100-484650

공급자	등록번호	129-81-50101	종사업장번호			공급받는자	등록번호	105-86-50416	종사업장번호	
	상호(법인명)	다산컴퓨터㈜	성명	박새은			상호(법인명)	㈜우성유통	성명	김성길
	사업장주소	경기도 남양주시 가운로 3-28					사업장주소	서울시 강남구 강남대로 292		
	업태	제조/도소매	종목	컴퓨터			업태	도소매	종목	기기장치
	이메일						이메일			

작성일자	공급가액	세액	수정사유	비 고
2025.10.15.	10,000,000	1,000,000	해당 없음	

월	일	품목	규격	수량	단가	공급가액	세액	비고
10	15	컴퓨터				10,000,000	1,000,000	

합계금액	현금	수표	어음	외상미수금	위 금액을 (청구) 함
11,000,000			8,000,000	3,000,000	

(5) 10월 30일 미국의 MARK사로부터 수입한 업무용 컴퓨터(공급가액 6,000,000원)와 관련하여 인천세관장으로부터 수입세금계산서를 발급받고, 해당 부가가치세를 당좌예금 계좌에서 이체하여 납부하였다(단, 부가가치세 회계처리만 할 것). (3점)

(6) 12월 02일 공장 직원들의 휴게공간에 간식을 비치하기 위해 두나과일로부터 샤인머스캣 등을 구매하면서 구매대금 275,000원을 현금으로 지급하고, 지출증빙용 현금영수증을 발급받았다. (3점)

현금영수증

● 거래정보

거래일시	2025.12.02.
승인번호	G12458265
거래구분	승인거래
거래용도	지출증빙
발급수단번호	129-81-50101

● 거래금액

공급가액	부가세	봉사료	총 거래금액
275,000	-	-	275,000

● 가맹점 정보

상호	두나과일
사업자번호	221-90-43529
대표자명	이두나
주소	경북 고령군 대가야읍 왕릉로 35

● 익일 홈택스에서 현금영수증 발급 여부를 반드시 확인하시기 바랍니다.
● 홈페이지 (http : //www.hometax.go.kr)
  - 조회/발급 > 현금영수증 조회 > 사용내역(소득공제) 조회
                              > 매입내역(지출증빙) 조회
● 관련문의는 국세상담센터(☎126 - 1 - 1)

문제 4 [일반전표입력] 및 [매입매출전표]입력 메뉴에 입력된 내용 중 다음과 같은 오류가 발견되었다. 입력된 내용을 확인하여 정정하시오.(6점)

(1) 11월 01일 ㈜호수의 주식 1,000주를 단기간 차익을 목적으로 1주당 12,000원(1주당 액면가 5,000원)에 현금으로 취득하고 발생한 수수료 120,000원을 취득원가에 포함하였다. (3점)

(2) 11월 26일 원재료 매입 거래처의 워크숍을 지원하기 위해 ㈜산들바람으로부터 현금으로 구매한 선물세트 800,000원(부가가치세 별도, 종이세금계산서 수취)을 소모품비로 회계처리하였다. (3점)

문제 5 결산정리사항은 다음과 같다. 해당메뉴에 입력하시오.(9점)

(1) 12월 31일 제2기 부가가치세 확정신고기간의 부가가치세 매출세액은 14,630,000원, 매입세액은 22,860,000원, 환급세액은 8,230,000원이다. 관련된 결산 회계처리를 하시오(단, 환급세액은 미수금으로 처리한다). (3점)

(2) 10월 1일에 로배전자에 30,000,000원(상환기일 2026년 9월 30일)을 대여하고, 연 7%의 이자를 상환일에 원금과 함께 수취하기로 약정하였다. 결산 정리분개를 하시오(이자는 월할계산할 것). (3점)

(3) 12월 31일 현재 신한은행의 장기차입금 중 일부인 13,000,000원의 만기상환기일이 1년 이내에 도래할 것으로 예상되었다. (3점)

문제 6 다음 사항을 조회하여 답안을 이론문제 답안작성 메뉴에 입력하시오.

(1) 6월 말 현재 외상매입금 잔액이 가장 많은 거래처명과 그 금액은 얼마인가? (3점)

(2) 1분기(1월~3월) 중 판매비와관리비 항목의 소모품비 지출액이 가장 적게 발생한 월과 그 금액은 얼마인가? (3점)

(3) 2025년 제1기 확정신고기간(4월~6월) 중 ㈜하이일렉으로부터 발급받은 세금계산서의 총 매수와 매입세액은 얼마인가? (3점)

PART 5 최신 기출문제 연습

2024년 10월 6일 시행
제116회 전산세무회계자격시험

A형

종목 및 등급 : **전산회계 1급** －제한시간:60분

  이론 시험

다음 문제를 보고 알맞은 것을 골라 이론문제 답안작성 메뉴에 입력하시오.(객관식 문항당 2점)

> **기본 전제**
> 문제에서 한국채택국제회계기준을 적용하도록 하는 전제조건이 없는 경우, 일반기업회계기준을 적용한다.

01. 다음 중 일반기업회계기준에 따른 재무제표에 대한 설명으로 가장 옳지 않은 것은?

① 재무상태표는 일정 시점 현재 기업실체가 보유하고 있는 경제적 자원인 자산과 경제적 의무인 부채, 그리고 자본에 대한 정보를 제공하는 재무보고서이다.
② 손익계산서는 일정 시점 현재 기업실체의 경영성과에 대한 정보를 제공하는 재무보고서이다.
③ 현금흐름표는 일정 기간 동안 기업실체에 대한 현금유입과 현금유출에 대한 정보를 제공하는 재무보고서이다.
④ 자본변동표는 기업실체에 대한 자본의 크기와 그 변동에 관한 정보를 제공하는 재무보고서이다.

02. 다음 중 단기매매증권 취득 시 발생한 비용을 취득원가에 가산할 경우 재무제표에 미치는 영향으로 옳은 것은?

① 자산의 과소계상 ② 부채의 과대계상
③ 자본의 과소계상 ④ 당기순이익의 과대계상

03. ㈜회계는 2024년 1월 1일 10,000,000원에 유형자산(기계장치)을 취득하여 사용하다가 2025년 6월 30일 4,000,000원에 처분하였다. 해당 기계장치의 처분 시 발생한 유형자산처분손실을 계산하면 얼마인가? 단, 내용연수 5년, 잔존가액 1,000,000원, 정액법(월할상각)의 조건으로 2025년 6월까지 감가상각이 완료되었다고 가정한다.

① 2,400,000원 ② 3,300,000원
③ 5,100,000원 ④ 6,000,000원

04. 다음의 자료를 바탕으로 2025년 12월 31일 현재 현금및현금성자산과 단기금융상품의 잔액을 계산한 것으로 옳은 것은?

• 현금시재액 200,000원	• 당좌예금 500,000원
• 정기예금 1,500,000원(만기 2026년 12월 31일)	
• 선일자수표 150,000원	• 외상매입금 2,000,000원

① 현금및현금성자산 : 700,000원
② 현금및현금성자산 : 2,500,000원
③ 단기금융상품 : 1,650,000원
④ 단기금융상품 : 2,000,000원

05. 다음 중 대손충당금에 대한 설명으로 가장 옳지 않은 것은?

① 대손충당금은 유형자산의 차감적 평가계정이다.
② 회수가 불확실한 채권은 합리적이고 객관적인 기준에 따라 산출한 대손 추산액을 대손충당금으로 설정한다.
③ 미수금도 대손충당금을 설정할 수 있다.
④ 매출 활동과 관련되지 않은 대여금에 대한 대손상각비는 영업외비용에 속한다.

06. 다음 중 자본에 영향을 미치지 않는 항목은 무엇인가?

① 당기순이익
② 현금배당
③ 주식배당
④ 유상증자

07. 다음 중 일반기업회계기준에 따른 수익 인식 시점에 대한 설명으로 옳지 않은 것은?

① 위탁판매의 경우 수탁자가 위탁품을 소비자에게 판매한 시점에 수익을 인식한다.
② 배당금수익은 배당금을 받을 권리와 금액이 확정되는 시점에 수익을 인식한다.
③ 대가가 분할되어 수취되는 할부판매의 경우 대가를 나누어 받을 때마다 수익으로 인식한다.
④ 설치수수료 수익은 재화가 판매되는 시점에 수익을 인식하는 재화의 판매에 부수되는 설치의 경우를 제외하고는 설치의 진행률에 따라 수익으로 인식한다.

08. 다음 중 재고자산에 대한 설명으로 옳지 않은 것은?

① 기업이 생산과정에 사용하거나 판매를 목적으로 보유한 자산이다.
② 취득원가에 매입부대비용은 포함되지 않는다.
③ 기말 평가방법에 따라 기말 재고자산 금액이 다를 수 있다.
④ 수입 시 발생한 관세는 취득원가에 가산하여 재고자산에 포함된다.

09. 다음 중 원가에 대한 설명으로 옳지 않은 것은?

① 원가의 발생형태에 따라 재료원가, 노무원가, 제조경비로 분류한다.
② 특정 제품에 대한 직접 추적가능성에 따라 직접원가, 간접원가로 분류한다.
③ 조업도 증감에 따른 원가의 행태로서 변동원가, 고정원가로 분류한다.
④ 기회비용은 과거의 의사결정으로 인해 이미 발생한 원가이며, 대안 간의 차이가 발생하지 않는 원가를 말한다.

10. 부문별 원가계산에서 보조부문의 원가를 제조부문에 배분하는 방법 중 보조부문의 배분 순서에 따라 제조간접원가의 배분액이 달라지는 방법은?

① 직접배분법 ② 단계배분법
③ 상호배분법 ④ 총배분법

11. 다음 중 제조원가명세서에서 제공하는 정보는 무엇인가?

① 기부금 ② 이자비용
③ 당기총제조원가 ④ 매출원가

12. 다음의 자료를 이용하여 평균법에 의한 가공원가 완성품환산량을 구하시오(단, 재료는 공정 초기에 전량 투입되고 가공원가는 공정 전반에 걸쳐 균등하게 발생한다).

| • 당기완성품 | 40,000개 | • 당기착수량 | 60,000개 |
| • 기초재공품 | 10,000개(완성도 30%) | • 기말재공품 | 30,000개(완성도 60%) |

① 52,000개 ② 54,000개
③ 56,000개 ④ 58,000개

13. 다음 중 부가가치세법상 납세의무자에 대한 설명으로 틀린 것은?

① 사업의 영리 목적 여부에 관계없이 사업상 독립적으로 재화 및 용역을 공급하는 사업자이다.
② 영세율을 적용받는 사업자는 납세의무자에 해당하지 않는다.
③ 간이과세자도 납세의무자에 포함된다.
④ 재화를 수입하는 자는 그 재화의 수입에 대한 부가가치세를 납부할 의무가 있다.

14. 다음 중 부가가치세법상 사업장에 대한 설명으로 옳지 않은 것은?

① 사업장은 사업자가 사업을 하기 위하여 거래의 전부 또는 일부를 하는 고정된 장소로 한다.

② 사업장을 설치하지 않고 사업자등록도 하지 않은 경우에는 과세표준 및 세액을 결정하거나 경정할 당시의 사업자의 주소 또는 거소를 사업장으로 한다.

③ 제조업의 경우 따로 제품 포장만을 하거나 용기에 충전만 하는 장소도 사업장에 포함될 수 있다.

④ 부동산상의 권리만 대여하는 경우에는 그 사업에 관한 업무를 총괄하는 장소를 사업장으로 한다.

15. 부가가치세법상 법인사업자가 전자세금계산서를 발급하는 경우 전자세금계산서 발급 명세를 언제까지 국세청장에게 전송해야 하는가?

① 전자세금계산서 발급일의 다음 날

② 전자세금계산서 발급일로부터 1주일 이내

③ 전자세금계산서 발급일이 속하는 달의 다음 달 10일 이내

④ 전자세금계산서 발급일이 속하는 달의 다음 달 25일 이내

PART 5 최신 기출문제 연습

실무 시험

㈜태림상사(회사코드:1163)는 자동차부품의 제조 및 도소매업을 영위하는 중소기업으로 당기(제10기) 회계기간은 2025.1.1.~2025.12.31.이다. 전산세무회계 수험용 프로그램을 이용하여 다음 물음에 답하시오.

> **기본 전제**
> - 문제에서 한국채택국제회계기준을 적용하도록 하는 전제조건이 없는 경우, 일반기업회계기준을 적용한다.
> - 문제의 풀이와 답안작성은 제시된 문제의 순서대로 진행한다.

문제 1 다음은 [기초정보관리] 및 [전기분 재무제표]에 대한 자료이다. 각각의 요구사항에 대하여 답하시오.(10점)

(1) 다음의 자료를 이용하여 [거래처등록] 메뉴에서 신규거래처를 추가로 등록하시오. (3점)

> - 거래처코드 : 00500
> - 거래처명 : ㈜대신전자
> - 사업자등록번호 : 108-81-13579
> - 업 태 : 제조
> - 거래처구분 : 일반거래처
> - 유 형 : 매출
> - 대표자 : 김영일
> - 종 목 : 전자제품
> - 사업장주소 : 경기도 시흥시 정왕대로 56(정왕동)
> ※ 주소입력시 우편번호 입력은 생략해도 무방함

(2) ㈜태림상사의 기초 채권 및 채무의 올바른 잔액은 아래와 같다. [거래처별초기이월] 메뉴의 자료를 검토하여 오류가 있으면 올바르게 삭제 또는 수정, 추가 입력을 하시오. (3점)

계정과목	거래처	금 액
외상매출금	㈜동명상사	6,000,000원
받을어음	㈜남북	1,000,000원
지급어음	㈜동서	1,500,000원

(3) 전기분 손익계산서를 검토한 결과 다음과 같은 오류를 발견하였다. 해당 오류사항과 관련된 [전기분원가명세서] 및 [전기분손익계산서]를 수정 및 삭제하시오. (4점)

> · 공장 건물에 대한 재산세 3,500,000원이 판매비와관리비의 세금과공과금으로 반영되어 있다.

문제 2 다음 거래자료를 일반전표입력 메뉴에 추가 입력하시오.(일반전표의 모든 거래는 부가가치세를 고려하지 말 것)(18점)

> **입력시 유의사항**
> - 일반적인 적요의 입력은 생략하지만, 타계정 대체거래는 적요번호를 선택하여 입력한다.
> - 채권·채무와 관련된 거래는 별도의 요구가 없는 한 반드시 기 등록되어 있는 거래처코드를 선택하는 방법으로 거래처명을 입력한다.
> - 제조경비는 500번대 계정코드를, 판매비와관리비는 800번대 계정코드를 사용한다.
> - 회계처리시 계정과목은 별도제시가 없는 한 등록되어 있는 계정과목 중 가장 적절한 과목으로 한다.

(1) 08월 05일 회사는 운영자금 문제를 해결하기 위해서, 보유 중인 ㈜기경상사의 받을어음 1,000,000원을 한국은행에 할인하였으며 할인료 260,000원을 공제하고 보통예금 계좌로 입금받았다(단, 매각거래로 간주한다). (3점)

(2) 08월 10일 본사관리부 직원의 국민연금 800,000원과 카드결제수수료 8,000원을 법인카드(하나카드)로 결제하여 일괄 납부하였다. 납부한 국민연금 중 50%는 회사부담분, 50%는 원천징수한 금액으로 회사부담분은 세금과공과로 처리한다. (3점)

(3) 08월 22일 공장에서 사용할 비품(공정가치 5,000,000원)을 대주주로부터 무상으로 받았다. (3점)

(4) 09월 04일 ㈜경기로부터 원재료를 구입하기로 계약하고, 계약금 1,000,000원을 보통예금 계좌에서 이체하여 지급하였다. (3점)

(5) 10월 28일 영업부에서 사용할 소모품을 현금으로 구입하고 아래의 간이영수증을 수취하였다(단, 당기 비용으로 처리할 것). (3점)

영 수 증 (공급받는자용)				
No.		㈜태림상사 귀하		
공급자	사업자등록번호	314-36-87448		
	상 호	솔잎문구	성 명	김솔잎 (인)
	사업장소재지	경기도 양주시 남방동 25		
	업 태	도소매	종 목	문구점
작성년월일		공급대가 총액		비고
2025.10.28.		70,000원		
위 금액을 정히 영수(청구)함.				
월일	품목	수량	단가	공급가(금액)
10.28.	A4	2	35,000원	70,000원
합계		70,000원		
부가가치세법시행규칙 제25조의 규정에 의한 (영수증)으로 개정				

(5) 12월 01일 단기시세차익을 목적으로 ㈜ABC(시장성 있는 주권상장법인에 해당)의 주식 100주를 주당 25,000원에 취득하였다. 이와 별도로 발생한 취득 시 수수료 50,000원과 함께 대금은 모두 보통예금 계좌에서 이체하여 지급하였다. (3점)

PART 5 최신 기출문제 연습

문제 3 다음 거래자료를 매입매출전표입력 메뉴에 입력하시오.(18점)

> **입력시 유의사항**
> - 일반적인 적요의 입력은 생략하지만, 타계정 대체거래는 적요번호를 선택하여 입력한다.
> - 별도의 요구가 없는 한 반드시 기 등록되어 있는 거래처코드를 선택하는 방법으로 거래처명을 입력한다.
> - 제조경비는 500번대 계정코드를, 판매비와관리비는 800번대 계정코드를 사용한다.
> - 회계처리시 계정과목은 별도제시가 없는 한 등록되어 있는 계정과목 중 가장 적절한 과목으로 한다.
> - 입력화면 하단의 분개까지 처리하고, 전자세금계산서는 전자입력으로 반영한다.

(1) 07월 05일 제일상사에게 제품을 판매하고 신용카드(삼성카드)로 결제받고 발행한 매출전표는 아래와 같다. (3점)

```
          카드매출전표
----------------------------
카드종류 : 삼성카드
회원번호 : 951-3578-654
거래일시 : 2025.07.05. 11:20:22
거래유형 : 신용승인
매   출 : 800,000원
부 가 세 : 80,000원
합   계 : 880,000원
결제방법 : 일시불
승인번호 : 2025070580001
은행확인 : 삼성카드사
============================
         - 이 하 생 략 -
```

(2) 07월 11일 ㈜연분홍상사에게 다음과 같은 제품을 판매하고 1,000,000원은 현금으로, 15,000,000원은 어음으로 받고 나머지는 외상으로 하였다. (3점)

전자세금계산서						승인번호	20250711-1000000-00009329		
공급자	등록번호	215-81-69876		종사업장번호		공급받는자	등록번호	134-86-81692	종사업장번호	
	상호(법인명)	㈜태림상사	성명	정대우			상호(법인명)	㈜연분홍상사	성명	이연홍
	사업장주소	경기도 양주시 양주산성로 85-7					사업장주소	경기도 화성시 송산면 마도북로 40		
	업태	제조/도소매	종목	자동차부품 외			업태	제조	종목	자동차특장
	이메일						이메일			
작성일자	공급가액		세액		수정사유		비고			
2025-07-11	30,000,000		3,000,000		해당 없음					
월	일	품목	규격	수량	단가	공급가액	세액	비고		
07	11	제품				30,000,000	3,000,000			
합계금액	현금		수표		어음	외상미수금	위 금액을 (청구) 함			
33,000,000	1,000,000				15,000,000	17,000,000				

(3) 10월 01일 제조공장 직원들의 야근 식사를 위해 대형마트에서 국내산 쌀(면세)을 1,100,000원에 구입하고 대금은 보통예금 계좌에서 이체하였으며, 지출증빙용 현금영수증을 발급받았다. (3점)

현금영수증		
승인번호	구매자 발행번호	발행방법
G54782245	215-81-69876	지출증빙
신청구분	발행일자	취소일자
사업자번호	2025.10.01	-
상품명		
쌀		
구분	주문번호	상품주문번호
일반상품	20251001054897	2025100185414
판매자 정보		
판매자상호		대표자명
대형마트		김대인
사업자등록번호		판매자전화번호
201-17-45670		02-788-8888
판매자사업장주소		
서울특별시 종로구 종로동 2-1		
금액		
공급가액		1 1 0 0 0 0 0
부가세액		
봉사료		
승인금액		1 1 0 0 0 0 0

(4) 10월 30일 미국의 Nice Planet에 $50,000(수출신고일 10월 25일, 선적일 10월 30일)의 제품을 직수출하였다. 수출대금 중 $20,000는 10월 30일에 보통예금 계좌로 입금받았으며, 나머지 잔액은 11월 3일에 받기로 하였다. 일자별 기준환율은 다음과 같다(단, 수출신고필증은 정상적으로 발급받았으며, 수출신고번호는 고려하지 말 것). (3점)

일자	10월 25일	10월 30일	11월 03일
기준환율	1,380원/$	1,400원/$	1,410원/$

(5) 11월 30일 ㈜제니빌딩으로부터 영업부 임차료에 대한 공급가액 3,000,000원(부가가치세 별도)의 전자세금계산서를 수취하고 대금은 다음 달에 지급하기로 한다. 단, 미지급금으로 회계처리 하시오. (3점)

(6) 12월 10일 건축물이 있는 토지를 취득하여 그 건축물을 철거하고 토지만 사용하고자 한다. 건물 철거비용에 대하여 ㈜시온건설로부터 아래의 전자세금계산서를 발급받았다. 대금은 ㈜선유자동차로부터 제품 판매대금으로 받아 보관 중인 ㈜선유자동차 발행 약속어음으로 전액 지급하였다. (3점)

전자세금계산서					승인번호		20251210-12595557-12569886	
공급자	등록번호	105-81-23608	종사업장 번호		공급받는자	등록번호	215-81-69876	종사업장 번호	
	상호 (법인명)	㈜시온건설	성명	정상임		상호 (법인명)	㈜태림상사	성명	정대우
	사업장 주소	서울특별시 강남구 도산대로 42				사업장 주소	경기도 양주시 양주산성로 85-7		
	업태	건설	종목	토목공사		업태	제조/도소매	종목	자동차부품 외
	이메일					이메일			
작성일자	공급가액		세액		수정사유		비고	
2025/12/10	60,000,000원		6,000,000원		해당 없음			
월	일	품목	규격	수량	단가	공급가액	세액	비고
12	10	철거비용				60,000,000원	6,000,000원	
합계금액		현금		수표		어음	외상미수금	위 금액을 (청구) 함
66,000,000						66,000,000		

문제 4 [일반전표입력] 및 [매입매출전표]입력 메뉴에 입력된 내용 중 다음과 같은 오류가 발견되었다. 입력된 내용을 확인하여 정정하시오.(6점)

(1) 09월 01일 ㈜가득주유소에서 주유 후 대금은 당일에 현금으로 결제했으며 현금영수증을 수취한 것으로 일반전표에 입력하였다. 그러나 해당 주유 차량은 제조공장의 운반용트럭(배기량 2,500cc)인 것으로 확인되었다. (3점)

(2) 11월 12일 경영관리부서 직원들을 대상으로 확정기여형(DC형) 퇴직연금에 가입하고 보통예금 계좌에서 당기분 퇴직급여 17,000,000원을 이체하였으나, 회계 담당자는 확정급여형(DB형) 퇴직연금에 가입한 것으로 알고 회계처리를 하였다(단, 납입 당시 퇴직급여충당부채 잔액은 없는 것으로 가정한다). (3점)

문제 5 결산정리사항은 다음과 같다. 해당메뉴에 입력하시오.(9점)

(1) 7월 1일에 가입한 하나은행의 정기예금 10,000,000원(만기 1년, 연 이자율 4.5%)에 대하여 기간 경과분 이자를 계상하였다(단, 이자 계산은 월할 계산하며, 원천징수는 없다고 가정한다). (3점)

(2) 경남은행으로부터 차입한 장기차입금 중 50,000,000원은 2026년 11월 30일에 상환기일이 도래한다. (3점)

(3) 2025년 제2기 부가가치세 확정신고 기간에 대한 부가세예수금은 52,346,500원, 부가세대급금은 52,749,000원일 때 부가가치세를 정리하는 회계처리를 하시오(단, 납부세액(또는 환급세액)은 미지급세금(또는 미수금)으로 회계처리하고, 불러온 자료는 무시한다). (3점)

문제 6 다음 사항을 조회하여 답안을 이론문제 답안작성 메뉴에 입력하시오.

(1) 3월 말 현재 외상매출금 잔액이 가장 큰 거래처명과 그 금액은 얼마인가? (3점)

(2) 2025년 중 실제로 배당금을 수령한 달은 몇 월인가? (3점)

(3) 2025년 제1기 부가가치세 확정신고서(2025.04.01.~2025.06.30.)의 매출액 중 세금계산서 발급분 공급가액의 합계액은 얼마인가? (3점)

PART 5 최신 기출문제 연습

2024년 12월 7일 시행
제117회 전산세무회계자격시험

A형

종목 및 등급 : **전산회계 1급** -제한시간:60분

이론 시험

다음 문제를 보고 알맞은 것을 골라 [이론문제 답안작성] 메뉴에 입력하시오.(객관식 문항당 2점)

> **기본 전제**
> 문제에서 한국채택국제회계기준을 적용하도록 하는 전제조건이 없는 경우, 일반기업회계기준을 적용한다.

01 다음 중 재무상태표에 기재되지 않는 것은?

① 개발비(무형자산의 인식요건을 충족함)
② 영업권(기업인수에 따른 평가금액)
③ 연구비(연구단계에서 발생한 지출)
④ 선급비용

02 다음 중 당좌자산에 해당하지 않는 것은?

① 외상매출금
② 받을어음
③ 현금 및 현금성자산
④ 단기차입금

03 다음 중 무형자산에 대한 설명으로 옳지 않은 것은?

① 무형자산의 소비되는 행태를 신뢰성 있게 결정할 수 없을 경우 정률법으로 상각한다.
② 무형자산을 취득하는 경우 수익·비용 대응의 원칙에 따라 합리적인 방법을 이용하여 상각한다.
③ 영업권, 산업재산권, 개발비 등이 무형자산에 해당한다.
④ 영업권 중에서도 내부적으로 창출된 영업권은 무형자산으로 인식할 수 없으나 외부에서 구입한 영업권은 재무상태표에 계상할 수 있다.

04 기말에 창고의 재고금액을 실사한 결과 300,000원이었고 추가로 아래의 항목을 발견하였다. 아래의 항목을 고려하여 적절히 수정할 경우 정확한 기말재고자산 금액은 얼마인가?

· 도착지(목적지)인도조건으로 판매하여 기말현재 운송 중인 재고 : 20,000원
· 위탁자로부터 받아 창고에 보관 중인 수탁품 : 30,000원

① 290,000원
② 300,000원
③ 320,000원
④ 350,000원

558 도서출판 다음 www.daumbook.net

05 다음 중 단기매매증권에 대한 설명으로 가장 옳지 않은 것은?

① 단기매매증권은 당좌자산으로 분류된다.
② 단기매매증권은 주로 단기간 내의 매매차익을 목적으로 취득한 유가증권으로서 매수와 매도가 적극적이고 빈번하게 이루어지는 것을 말한다.
③ 단기매매증권의 취득과 직접 관련된 거래원가는 최초 인식하는 공정가치에 가산한다.
④ 단기매매증권에 대한 미실현보유손익은 당기손익항목으로 처리한다.

06 다음의 회계처리로 인한 부채의 증가액은 얼마인가?

회사는 현금배당을 하기로 하였으며, 아래와 같이 회계처리하였다.
(차) 이익잉여금   220,000원   (대) 미지급배당금   200,000원   법정적립금   20,000원

① 부채 220,000원 증가   ② 부채 200,000원 증가
③ 부채 90,000원 증가   ④ 부채 100,000원 증가

07 다음 중 자본에 대한 설명으로 옳지 않은 것은?

① 이익잉여금을 자본 전입하는 주식배당 시, 자본금은 증가하고 이익잉여금은 감소한다.
② 주식발행초과금은 주식의 발행가액이 액면가액을 초과하는 경우 그 초과금액을 말한다.
③ 기말 재무상태표상 미처분이익잉여금은 당기 이익잉여금의 처분사항이 반영되기 전의 금액이다.
④ 주식배당과 무상증자 시 순자산의 증가가 발생한다.

08 다음 중 영업외수익에 해당하지 않는 것은?

① 외환차익   ② 자산수증이익   ③ 채무면제이익   ④ 매출액

09 ㈜삼척은 직접노무시간을 기준으로 제조간접원가를 배부하고 있다. 당해연도 초의 예상 직접노무시간은 50,000시간이고, 제조간접원가 예상액은 3,000,000원이었다. 6월의 제조간접원가 실제 발생액은 500,000원 이고, 실제 직접노무시간이 3,000시간인 경우 6월의 제조간접원가 배부차이는 얼마인가?

① 과소배부 320,000원   ② 과대배부 320,000원
③ 과소배부 180,000원   ④ 과대배부 180,000원

10 다음의 항목을 원가행태에 따라 분류할 경우 성격이 가장 다른 하나는 무엇인가?

① 제품의 제조에 사용하는 원재료
② 매월 일정하게 발생하는 임차료
③ 시간당 지급하기로 한 노무비
④ 사용량(kw)에 따라 발생하는 전기료(단, 기본요금은 없음)

11 다음의 자료를 이용하여 가공원가를 계산하면 얼마인가?

구 분	금액
직접재료원가	1,000,000원
직접노무원가	2,500,000원
제조간접원가	1,800,000원

① 2,500,000원 ② 2,800,000원 ③ 3,500,000원 ④ 4,300,000원

12 다음 중 원가배분에 대한 설명으로 옳지 않은 것은?

① 직접배분법은 보조부문 상호간의 용역수수관계를 전혀 고려하지 않는 방법이다.
② 직접배분법은 보조부문 상호간의 용역수수관계가 밀접한 경우 정확한 원가배분이 가능하다.
③ 단계배분법은 보조부문간의 일정한 배분 순서를 정한 다음 그 배분 순서에 따라 보조부문비를 배분하는 방법이다.
④ 단계배분법은 용역수수관계를 완전히 반영하지 못하기 때문에 원가계산의 부정확성이 존재한다.

13 다음 중 부가가치세법상 면세 대상이 아닌 것은?

① 수돗물   ② 일반의약품   ③ 미가공식료품   ④ 도서

14 다음 중 부가가치세법상 재화의 공급시기가 잘못 연결된 것은?

① 할부판매 : 재화가 인도되거나 이용가능한 때
② 반환조건부판매 : 조건이 성취되거나 기한이 지나 판매가 확정되는 때
③ 장기할부판매 : 대가의 각 부분을 수령한 때
④ 폐업 시 잔존재화 : 폐업하는 때

15 다음 중 부가가치세법상 수출을 지원하는 효과가 있는 제도는 무엇인가?

① 영세율제도   ② 사업자단위과세제도   ③ 면세제도   ④ 대손세액공제제도

실무 시험

㈜원효상사(회사코드 : 1173)는 자동차부품의 제조 및 도소매업을 영위하는 중소기업으로 당기 (제9기) 회계기간은 2025.1.1.~2025.12.31.이다. 전산세무회계 수험용 프로그램을 이용하여 다음 물음에 답하시오.

> **기본 전제**
> - 문제에서 한국채택국제회계기준을 적용하도록 하는 전제조건이 없는 경우, 일반기업회계기준을 적용한다.
> - 문제의 풀이와 답안작성은 제시된 문제의 순서대로 진행한다.

문제 1 다음은 [기초정보관리] 및 [전기분 재무제표]에 대한 자료이다. 각각의 요구사항에 대하여 답하시오.(10점)

(1) 다음 자료를 이용하여 [계정과목및적요등록] 메뉴에서 대체적요를 등록하시오. (3점)

> ·코드 : 812   ·계정과목 : 여비교통비   ·대체적요 : 3. 교통비 가지급금 정산

(2) ㈜원효상사의 기초 채권 및 채무의 올바른 잔액은 다음과 같다. 주어진 자료를 검토하여 잘못된 부분은 오류를 정정하고, 누락된 부분은 추가하여 입력하시오. (3점)

계정과목	거래처명	금액
외상매출금	㈜장전전자	20,000,000원
	㈜부곡무역	10,000,000원
외상매입금	구서기업	30,000,000원
	㈜온천전기	26,000,000원
받을어음	데모산업	20,000,000원

(3) 전기분 재무제표를 검토한 결과 다음과 같은 오류를 확인하였다. 이와 관련된 전기분 재무제표를 적절히 수정하시오. (4점)

> 운반비(제조원가에 속함) 5,500,000원이 누락 된 것으로 확인되었다.

문제 2 다음 거래자료를 일반전표입력 메뉴에 추가 입력하시오.(일반전표의 모든 거래는 부가가치세를 고려하지 말 것)(18점)

> **입력시 유의사항**
> - 일반적인 적요의 입력은 생략하지만, 타계정 대체거래는 적요번호를 선택하여 입력한다.
> - 채권·채무와 관련된 거래는 별도의 요구가 없는 한 반드시 기 등록되어 있는 거래처코드를 선택하는 방법으로 거래처명을 입력한다.
> - 제조경비는 500번대 계정코드를, 판매비와관리비는 800번대 계정코드를 사용한다.
> - 회계처리시 계정과목은 별도제시가 없는 한 등록되어 있는 계정과목 중 가장 적절한 과목으로 한다.

(1) 07월 20일 파주시청에 판매용 제품(원가 20,000,000원, 시가 35,000,000원)을 기부하였다. (3점)

(2) 08월 28일 ㈜나른물산에 제품을 5,000,000원에 판매하기로 계약하고, 판매대금 중 30%를 당좌예금 계좌로 송금받았다. (3점)

(3) 10월 01일 ㈜부곡무역의 외상매출금 중 2,000,000원은 대손요건을 충족하였다(단, 대손발생일 현재 회사의 대손충당금 잔액은 없다). (3점)

(4) 11월 11일 장기투자 목적으로 ㈜부산상사의 보통주 4,000주를 1주당 10,000원(1주당 액면가 5,000원)에 취득하고, 대금은 매입수수료 115,000원과 함께 보통예금 계좌에서 이체하여 지급하였다. (3점)

(5) 12월 04일 외부전문가를 초빙하여 생산부서 직원의 교육을 실시하였다. 강사료는 2,500,000원이고 원천 징수금액을 차감한 2,280,000원을 보통예금 계좌에서 이체하여 지급하였다. (3점)

(6) 12월 28일 ㈜온천전기에 대한 외상매출금 6,900,000원을 ㈜온천전기에 대한 외상매입금과 상계하기로 하였다. (3점)

문제 3 다음 거래자료를 매입매출전표입력 메뉴에 입력하시오.(18점)

> **입력시 유의사항**
> - 일반적인 적요의 입력은 생략하지만, 타계정 대체거래는 적요번호를 선택하여 입력한다.
> - 별도의 요구가 없는 한 반드시 기 등록되어 있는 거래처코드를 선택하는 방법으로 거래처명을 입력한다.
> - 제조경비는 500번대 계정코드를, 판매비와관리비는 800번대 계정코드를 사용한다.
> - 회계처리시 계정과목은 별도제시가 없는 한 등록되어 있는 계정과목 중 가장 적절한 과목으로 한다.
> - 입력화면 하단의 분개까지 처리하고, 전자세금계산서는 전자입력으로 반영한다.

(1) 07월 11일 내국신용장에 의하여 ㈜전남에 제품을 16,500,000원에 판매하고, 영세율 전자세금계산서를 발급하였다. 판매대금 중 계약금을 제외한 잔금은 ㈜전남이 발행한 약속어음(만기 3개월) 으로 수령하였으며, 계약금 5,000,000원은 작년 말에 현금으로 받았다(단, 서류번호 입력은 생략할 것). (3점)

(2) 08월 25일 회사 건물에 부착할 간판 제작대금 5,500,000원(부가가치세 포함) 중 500,000원은 현금으로 빛나는간판에 지급하였다. 나머지는 다음 달에 지급하기로 하고 전자세금계산서를 수취 하였다(단, 자산으로 처리할 것). (3점)

전자세금계산서						승인번호	20240825-1000000-00009329		
공급자	등록번호	731-25-82303	종사업장번호			공급받는자	등록번호	519-85-00312	종사업장번호	
	상호(법인명)	빛나는간판	성명	최찬희		상호(법인명)	㈜원효상사	성명	김효원
	사업장주소	부산광역시 해운대구 센텀중앙로 145				사업장주소	부산광역시 해운대구 해운대로 777		
	업태	제조업	종목	간판		업태	제조/도소매	종목	자동차부품
	이메일					이메일			
작성일자		공급가액		세액		수정사유			
2025.08.25.		5,000,000원		500,000원		해당 없음			
비고									
월	일	품목	규격	수량	단가	공급가액	세액	비고	
08	25	간판				5,000,000원	500,000원		
합계금액		현금		수표		어음	외상미수금	위 금액을 (청구) 함	
5,500,000원		500,000원					5,000,000원		

(3) 09월 17일 한수상사에 제품을 5,500,000원에 판매하고 전자세금계산서를 발급하였다. 보통예금으로 2,000,000원을 입금받고 나머지는 이달 말 입금 받을 예정이다. (3점)

전자세금계산서						승인번호	20240917-1000000-00008463		
공급자	등록번호	519-85-00312	종사업장번호			공급받는자	등록번호	154-36-61695	종사업장번호	
	상호(법인명)	㈜원효상사	성명	김효원		상호(법인명)	한수상사	성명	김한수
	사업장주소	부산광역시 해운대구 해운대로 777				사업장주소	부산 남구 대연동 125		
	업태	제조/도소매	종목	자동차부품		업태	제조	종목	자동차특장
	이메일					이메일			
작성일자		공급가액		세액		수정사유			
2025.09.17.		5,000,000원		500,000원		해당 없음			
비고									
월	일	품목	규격	수량	단가	공급가액	세액	비고	
09	17	제품				5,000,000원	500,000원		
합계금액		현금		수표		어음	외상미수금	위 금액을 (청구) 함	
5,500,000원		2,000,000원					3,500,000원		

(4) 10월 02일 비사업자인 나누리에게 제품을 1,100,000원(부가가치세 포함)에 판매하였다. 대금은 현금으로 받고 현금영수증을 발행하였다(단, 공급처명을 입력할 것).(3점)

현금영수증

● 거래정보

거래일시	2025.10.02.
승인번호	G54782245
거래구분	승인거래
거래용도	소득공제
발급수단번호	101-****-1234

● 거래금액

공급가액	부가세	봉사료	총 거래금액
1,000,000	100,000	-	1,100,000

● 가맹점 정보

상호	㈜원효상사
사업자번호	519-85-00312
대표자명	김효원
주소	부산광역시 해운대구 해운대로 777

● 익일 홈택스에서 현금영수증 발급 여부를 반드시 확인하시기 바랍니다.
● 홈페이지 (http : //www.hometax.go.kr)
   - 조회/발급 > 현금영수증 조회 > 사용내역(소득공제) 조회
                                    > 매입내역(지출증빙) 조회
● 관련문의는 국세상담센터(☎126-1-1)

(5) 11월 19일 해외거래처인 Winstom으로부터 제품 생산에 필요한 원재료를 수입하면서 부산세관으로부터 아래의 수입전자세금계산서를 발급받고, 부가가치세는 현금으로 납부하였다(단, 재고 자산에 대한 회계처리는 생략할 것). (3점)

수입전자세금계산서

				승인번호	20241119-11324560-11134348		
공급자	등록번호	601-83-00048	종사업장 번호		공급받는자	등록번호	519-85-00312	종사업장 번호	
	상호(법인명)	부산세관	성명	김부산		상호(법인명)	㈜원효상사	성명	김효원
	사업장 주소	부산광역시 남구 용당동 121				사업장 주소	부산광역시 해운대구 해운대로 777		
	수입신고 번호					업태	제조/도소매	종목	자동차부품
	이메일					이메일			

작성일자	공급가액	세액	수정사유
2025.11.19.	2,600,000원	260,000원	해당 없음

비고

월	일	품목	규격	수량	단가	공급가액	세액	비고
11	19	수입신고필증 참조				2,600,000원	260,000원	

※과세표준은 관세의 과세가격과 개별소비세, 주세, 교통세 및 농어촌특별세의 합계액으로 한다.

(6) 12월 01일 본사 관리팀에서 회사 이미지 개선을 위해 광고대행사에 광고를 의뢰하고, 우리카드(법인 카드)로 결제하고 아래와 같이 카드영수증을 수취하였다. (3점)

```
                    카드매출전표
        2025.12.01.  14:03:54
        정상승인 : 일 시 불
        결제정보
            카드                   우리카드(법인)
            회원번호            2245-1223-****-1537
            승인번호                    76993452
            이용구분                       일시불
        결제 금액                      3,300,000원
            공급가액                   3,000,000원
            부가세                       300,000원
            봉사료                             0원
        가맹점 정보
            가맹점명                    ㈜광고나라
            사업자등록번호           126-8621617
            대표자명                       김 사 라
              위 거래 사실을 확인합니다.
```

문제 4 [일반전표입력] 및 [매입매출전표]입력 메뉴에 입력된 내용 중 다음과 같은 오류가 발견되었다. 입력된 내용을 확인하여 정정하시오.(6점)

(1) 7월 13일 ㈜정모상사로부터 12,000,000원을 차입하고 이를 모두 장기차입금으로 회계처리하였으나, 그 중 2,000,000원의 상환기일은 2025년 12월 15일로 확인되었다(단, 하나의 전표로 처리할 것). (3점)

(2) 11월 10일 공장건물에 운반 목적의 엘리베이터를 설치하고 대금 11,000,000원(부가가치세 포함)을 다온 테크㈜의 보통예금 계좌로 이체하여 지급하였다. 해당 엘리베이터 설치는 건물의 자본적 지출에 해당하지만 착오로 인해 수익적 지출(수선비)로 처리하였다. (3점)

문제 5 결산정리사항은 다음과 같다. 해당메뉴에 입력하시오.(9점)

(1) 12월 11일에 실제 현금보유액이 장부상 현금보다 670,000원이 많아서 현금과부족으로 처리하였던 금액 중 340,000원은 결산일에 선수금(㈜은비상사)으로 밝혀졌으나, 330,000원은 그 원인을 알 수 없다. (3점)

(2) 2024년 7월 1일에 제품 생산공장의 1년분(2025년 7월 1일~2026년 6월 30일) 임차료 1,200,000원을 지불하고 전액 비용으로 일반전표에 회계처리 하였다. 이에 대한 기간 미경과분 임차료를 월할계산하여 결산정리분개를 하시오. (3점)

(3) 회계연도 말 현재 퇴직금 추계액은 다음과 같다. 회사는 확정기여형(DC형) 퇴직연금에 올해 처음 가입하였고, 회계연도 말(12월 31일) 당기분 퇴직연금을 보통예금 계좌에서 전액 이체하여 납입하였다. (단, 납입일 현재 퇴직급여충당부채 잔액은 없다). (3점)

근무부서	회계연도 말 현재 퇴직금 추계액
생산부서	22,000,000원
판매관리부서	18,000,000원
합 계	40,000,000원

문제 6 다음 사항을 조회하여 답안을 [이론문제 답안작성] 메뉴에 입력하시오.(9점)

(1) 2025년 제1기 예정신고기간(1월~3월) 중 ㈜행복에 발급한 전자세금계산서의 총발행매수와 공급대가는 얼마인가? (3점)

(2) 2025년 6월 한 달 동안 발생한 영업외비용 중 발생액이 가장 많은 계정과목과 가장 적은 계정과목의 차액은 얼마인가? (3점)

(3) 4월 중 거래처 리제상사로부터 회수한 외상매출금은 얼마인가? (3점)

PART 06
최신 기출문제 해답

제106회 전산세무회계자격시험
2023년 2월 12일 시행 | A형

종목 및 등급: **전산회계1급** -제한시간:60분-

이론 시험

1	2	3	4	5	6	7	8	9	10	11	12	13	14	15
①	④	②	③	①	④	④	①	①	①	③	④	④	②	④

번호	답안해설
1	유형자산을 역사적 원가로 평가하면 일반적으로 검증가능성이 높으므로 측정의 신뢰성은 제고되나 목적적합성은 저하될 수 있다.
2	손익계산서는 일정기간 동안 기업의 경영성과에 대한 정보를 제공하는 보고서이다. 손익계산서는 당해 회계기간의 경영성과를 나타낼 뿐만 아니라 기업의 미래현금흐름과 수익창출능력 등의 예측에 유용한 정보를 제공한다.
3	새로운 상품과 서비스를 제공하는데 소요되는 원가는 취득원가에 포함하지 않는다.
4	만기보유증권은 채권에만 적용되며, 매도가능증권은 주식, 채권에 적용 가능하다.
5	• 감자차익은 자본잉여금 항목이며, 주식할인발행차금·자기주식·자기주식처분손실은 자본조정 항목이다.
6	재화의 판매, 용역의 제공, 이자, 배당금, 로열티로 분류할 수 없는 기타의 수익은 다음 조건을 모두 충족할 때 발생기준에 따라 합리적인 방법으로 인식한다. (1) 수익가득과정이 완료되었거나 실질적으로 거의 완료되었다. (2) 수익금액을 신뢰성 있게 측정할 수 있다. (3) 경제적 효익의 유입 가능성이 매우 높다.
7	• 매출원가 : 5,950,000원 = 기초상품재고액 500,000원 + 당기순매입액 7,250,000원 - 타계정대체금액 300,000원 - 기말상품재고액 1,500,000원 • 순매입액 : 총매입액 8,000,000원 - 매입에누리금액 750,000원 = 7,250,000원
8	• 자산 과소계상 및 수익 과소계상 • 다음의 올바른 회계처리가 누락되어 자산(외상매출금)과 수익(상품매출)이 과소계상된다. 　　　2025.12.26. (차) 외상매출금　　(대) 상품매출
9	자료에서 설명하는 원가는 준변동원가를 의미하며, 기본요금 및 사용량에 따른 요금이 부과되는 전화요금이 이에 해당한다. 　· 변동원가 : 직접재료원가, 직접노무원가 　· 고정원가 : 감가상각비, 화재보험료 등 　· 준변동원가 : 전력비, 전화요금, 가스요금 등 　· 준고정원가 : 생산관리자의 급여, 생산량에 따른 설비자산의 임차료 등
10	단일 종류의 제품을 연속생산, 대량생산하는 업종에 적합한 원가계산 방법은 종합원가계산이다. 개별원가계산은 다품종 소량생산, 주문생산하는 업종에 적합하다.
11	• 150개 = 공손수량 200개 - 정상공손수량 50개 · 당기 완성품 수량 : 　　기초재공품 400개 + 당기착수량 1,000개 - 기말재공품 200개 - 공손수량 200개 = 1,000개 · 정상공손수량 : 당기 완성품 수량 1,000개 × 5% = 50개 · 영업외비용으로 처리할 공손은 비정상공손을 말한다.
12	· 당기총제조원가 : 　750,000원 = 직접재료원가 180,000원 + 직접노무원가 320,000원 + 제조간접원가 250,000원 · 제조간접원가 : 공장 전력비 50,000원 + 공장 임차료 200,000원 = 250,000원

PART 6 최신 기출문제 해답

13	부가가치세법 제4조, 부가가치세는 다음 각호의 거래에 대하여 과세한다. 1. 사업자가 행하는 재화 또는 용역의 공급 2. 재화의 수입
14	부가가치세법 제8조 제2항, 사업자는 제1항에 따른 사업자등록의 신청을 사업장 관할 세무서장이 아닌 다른 세무서장에게도 할 수 있다. 이 경우 사업장 관할 세무서장에게 사업자등록을 신청한 것으로 본다.
15	부가가치세법 제63조 제5항, 간이과세자의 경우 제3항(매입세금계산서 등 수취세액공제) 및 제46조 제1항 (신용카드매출전표 등 발행세액공제)에 따른 금액의 합계액이 각 과세기간의 납부세액을 초과하는 경우에는 그 초과하는 부분은 없는 것으로 본다.

실무 시험

문제 1 기초정보 및 전기분 재무제표의 수정

(1)	**[계정과목 및 적요등록]** ① 계정과목 및 적요등록 메뉴 클릭 ① 511.복리후생비 계정 선택 ② 현금적요 : 9번 선택 후 생산직원 독감 예방접종비 지급 입력 ③ 대체적요 : 3번 선택 후 직원 휴가비 보통예금 인출 입력
(2)	**[거래처별 초기이월]** ① 거래처등록메뉴 클릭 : 일반거래처 클릭 ① 거래처명 : ㈜대박 ② 유형 : 3.동시 ③ 사업자등록번호 : 403-81-51065 ④ 대표자 : 박대박 ⑤ 업태 : 제조 ⑥ 종목 : 원단 ⑦ 사업장주소 : 경상북도 칠곡군 지천면 달서원길 16 입력
(3)	**[전기분 재무제표의 수정]** ① 전기분손익계산서 클릭 ① 광고선전비(판) 3,800,000원을 5,300,000원으로 수정 ② 당기순이익 88,020,000원이 86,520,000원으로 변경 된 부분 확인 ② 전기분 잉여금처분계산서 클릭 ① 6.당기순이익 88,020,000원을 86,520,000원으로 수정(F6불러오기) ② Ⅰ.미처분이익잉여금 164,900,000원이 163,400,000원으로 수정된 부분 확인 ③ 전기분 재무상태표 클릭 ① 이월이익잉여금 164,900,000원을 163,400,000원으로 수정 ② 대차차액 "0"원 확인

문제 2 일반전표의 입력

(1) **7월 18일**

	계정과목	(거래처)	금액		대변	(거래처)	금액
(차)	외상매입금	㈜괴안공구	33,000,000	(대)	지급어음 보통예금	㈜괴안공구	23,000,000 10,000,000

(2) **7월 30일**

	계정과목	(거래처)	금액		대변	(거래처)	금액
(차)	대손충당금(외상) 대손상각비(판)		320,000 1,480,000	(대)	외상매출금	㈜지수포장	1,800,000

최신 기출문제 해답

(3)	8월 30일						
	계정과목	(거래처)	금액		대변	(거래처)	금액
(차)	임 차 보 증 금	형제상사	5,000,000	(대)	선 급 금 보 통 예 금	형제상사	1,500,000 3,500,000

(4)	10월 18일						
	계정과목	(거래처)	금액		대변	(거래처)	금액
(차)	단 기 차 입 금	대표이사	19,500,000	(대)	채 무 면 제 이 익		19,500,000

(5)	10월 25일						
	계정과목	(거래처)	금액		대변	(거래처)	금액
(차)	여 비 교 통 비(판) 현 금		2,850,000 150,000	(대)	가 지 급 금	누리호	3,000,000

(6)	11월 4일						
	계정과목	(거래처)	금액		대변	(거래처)	금액
(차)	퇴 직 급 여(판) 퇴 직 급 여(제)		2,000,000 3,000,000	(대)	보 통 예 금		5,000,000

문제 3 매입매출 전표의 입력

(1)	7월 14일					
	거래유형	공급가액	부가가치세	공급처명	전자	분개
	16.수출	50,000,000원	0원	HK사	-	혼합
	영세율 구분	①직접수출(대행수출 포함)		불공제사유		
	차변	(거래처)	금액	대변	(거래처)	금액
	선 수 금 외 상 매 출 금		10,000,000 40,000,000	제 품 매 출		50,000,000

(2)	08월 05일					
	거래유형	공급가액	부가가치세	공급처명	전자	분개
	11.과세	10,000,000원	1,000,000원	㈜동도유통	1.여	혼합
	영세율 구분			불공제사유		
	차변	(거래처)	금액	대변	(거래처)	금액
	받 을 어 음 외 상 매 출 금	㈜서도상사 ㈜동도유통	10,000,000 1,000,000	부 가 세 예 수 금 제 품 매 출		1,000,000 10,000,000

(3)	08월 20일					
	거래유형	공급가액	부가가치세	공급처명	전자	분개
	57.카과	4,400,000원	440,000원	함안전자	-	혼합 또는 카드
	신용카드사	국민카드		불공제사유		
	차변	(거래처)	금액	대변	(거래처)	금액
	부 가 세 대 급 금 비 품		440,000 4,400,000	미 지 급 금	국민카드	4,840,000

PART 6 최신 기출문제 해답

(4) 11월 11일

거래유형	공급가액	부가가치세	공급처명	전자	분개
53.면세	5,000,000원	0원	㈜더람	1.여	혼합
영세율 구분			불공제사유		
차변	(거래처)	금액	대변	(거래처)	금액
교육훈련비(판)		5,000,000	선 급 금	㈜더람	1,000,000
			보 통 예 금		4,000,000

(5) 11월 26일

거래유형	공급가액	부가가치세	공급처명	전자	분개
51.과세	10,000,000원	1,000,000원	㈜미래상사	1.여	혼합
영세율 구분			불공제사유		
차변	(거래처)	금액	대변	(거래처)	금액
부가세대급금		1,000,000	보 통 예 금		11,000,000
개 발 비		10,000,000			

(6) 12월 04일

거래유형	공급가액	부가가치세	공급처명	전자	분개
54.불공	750,000원	75,000원	차차카센터	1.여	혼합
영세율 구분			불공제사유	③ 비영업용 소형승용차 구입유지	
차변	(거래처)	금액	대변	(거래처)	금액
차량유지비(제)		825,000	보 통 예 금		825,000

문제 4 전표의 추가 입력 및 수정

(1) 08월 02일 — 수정 전 전표

계정과목	(거래처)	금액	대변	(거래처)	금액
(차) 외상매입금	온누리	800,000	(대) 보 통 예 금		800,000

(1) 08월 02일 — 수정 후 전표

계정과목	(거래처)	금액	대변	(거래처)	금액
(차) 미 지 급 금	온누리	800,000	(대) 보 통 예 금		800,000

(2) 11월 19일 — 일반전표 삭제

계정과목	(거래처)	금액	대변	(거래처)	금액
(차) 운 반 비(판)		330,000	(대) 현 금		330,000

(2) 11월 19일 — 매입매출전표에 추가입력

거래유형	공급가액	부가가치세	공급처명	전자	분개
51.과세	300,000원	30,000원	차차운송	1.여	현금 및 혼합
영세율 구분			불공제사유		
차변	(거래처)	금액	대변	(거래처)	금액
부가세대급금		30,000	현 금		330,000
원 재 료		300,000			

문제 5 기말정리사항의 분개 및 자동결산

(1) 12월 31일

계정과목	(거래처)	금액		대변	(거래처)	금액
(차) 재고자산감모손실		2,000,000	(대)	제 품 (8.타계정으로 대체)		2,000,000

(2) 12월 31일

계정과목	(거래처)	금액		대변	(거래처)	금액
(차) 소 모 품		2,500,000	(대)	광고선전비(판)		2,500,000

(3) 12월 31일

계정과목	(거래처)	금액		대변	(거래처)	금액
(차) 법 인 세 등		10,750,000	(대)	선 납 세 금 미 지 급 세 금		6,500,000 4,250,000

[결산자료입력]을 이용하는 방법
(1) 기간 : 1월 ~ 12월 입력
(2) 9.법인세등 선택 :
   ① 선납세금 결산반영금액 6,500,000원을 대체입력
   ② 추가계상액 결산반영금액 4,250,000원 입력 후 F3전표추가 클릭

문제 6 장부조회 및 부가가치세 자료조회

(1) 〈거래처원장〉 조회
① 기간 : 1월 1일 ~ 6월 30일
② 계정과목 : 외상매입금(251) 조회
③ 다솜상사 : 63,000,000원 확인

(2) 〈부가가치세 신고서〉 조회
① 기간 : 4월 1일 ~ 6월 30일
② 차가감 납부세액(환급받을 세액) 확인 : 11,250,700원

(3) 〈총계정원장〉 조회
① 기간 : 4월 1일 ~ 6월 30일
② 계정과목 : 광고선전비(833) 조회
③ 6월 5,000,000원 확인

PART 6 최신 기출문제 해답

2023년 4월 9일 시행
제107회 전산세무회계자격시험
A형

종목 및 등급: **전산회계1급** -제한시간:60분

이론 시험

1	2	3	4	5	6	7	8	9	10	11	12	13	14	15
③	②	①	②	①	①	②	③	④	④	①	③	④	④	③

번호	답안해설
1	• 자산 : 자산은 과거의 거래나 사건의 결과로서 현재 기업실체에 의해 지배되고 미래에 경제적 효익을 창출할 것으로 기대되는 자원이다. • 부채 : 부채는 과거의 거래나 사건의 결과로 현재 기업실체가 부담하고 있고 미래에 자원의 유출 또는 사용이 예상되는 의무이며, 기업실체가 현재 시점에서 부담하는 경제적 의무이다. • 비용 : 비용은 차손을 포함한다.
2	• 계속기록법과 실지재고조사법을 통해 기말재고자산의 수량을 결정한다.
3	• 선일자수표는 받을어음으로 처리한다.
4	• 기업이 보유하고 있는 토지는 보유목적에 따라 재고자산, 투자자산, 유형자산으로 분류될 수 있다. • 유형자산을 취득한 후에 발생하는 비용은 성격에 따라 당기 비용 또는 자산의 취득원가에 포함된다. • 토지와 건설중인자산은 감가상각을 하지 않는다.
5	• 200,000원 = 단기매매증권평가이익 200,000원 - 단기매매증권평가손실 100,000원 + 배당금수익 50,000원 + 단기매매증권처분이익 50,000원 • 단기매매증권평가이익 : A주식 기말공정가액 700,000원 - 취득원가 500,000원 = 200,000원 • 단기매매증권평가손실 : B주식 취득원가 300,000원 - 기말공정가액 200,000원 = 100,000원 • 단기매매증권처분이익 : C주식 처분가액 300,000원 - 취득원가 250,000원 = 50,000원
6	• 사채의 액면발행, 할인발행, 할증발행 여부와 관계없이 액면이자는 매년 동일하다. • 할증발행 시 유효이자는 매년 감소한다. • 사채발행비는 사채발행가액에서 차감한다. • 할인발행 또는 할증발행 시 발행차금의 상각액 및 환입액은 매년 증가한다.
7	• 주식발행초과금 : 자본잉여금 • 자기주식 : 자본조정 • 매도가능증권평가손익 : 기타포괄손익누계액
8	• 자본적지출을 수익적지출로 잘못 처리했을 경우 당기 비용은 과대계상되어 당기의 당기순이익은 과소계상되고, 차기의 당기순이익은 과대계상된다.
9	• 자산을 다른 용도로 사용하는 것은 기회원가에 해당한다. • 대체 자산 취득 시 기존 자산의 취득원가는 의사결정에 영향을 주지 않는 경우 매몰원가에 해당한다.
10	• 변동원가는 관련범위 내에서 조업도가 증가하면 변동원가 총액이 증가하고, 단위당 변동원가는 일정하다.
11	• 재료원가 : 당기완성 1,800개 + 기말재공품 300개 = 2,100개 • 가공원가 : 당기완성 1,800개 + 기말재공품 300개 × 70% = 2,010개
12	• 1,200,000원 = 기초제품 800,000원 + 당기제품제조원가 700,000원 - 기말제품 300,000원 • 당기제품제조원가 : 기초재공품 500,000원 + 당기총제조원가 1,500,000원 - 기말재공품 1,300,000원 = 700,000원

13	• 부가가치세법 제26조 제1항, 다음 각 호의 재화 또는 용역의 공급에 대하여는 부가가치세를 면제한다.
	   7. 여객운송 용역. 다만, 다음 각 목의 어느 하나에 해당하는 여객운송 용역으로서 대통령령으로 정하는 것은 제외한다.
	      가. 항공기, 고속버스, 전세버스, 택시, 특수자동차, 특종선박 또는 고속철도에 의한 여객운송 용역

14	・부가가치세법 제49조 제1항, 사업자는 각 과세기간에 대한 과세표준과 납부세액 또는 환급세액을 그 과세기간이 끝난 후 25일(폐업하는 경우 제5조 제3항에 따른 폐업일이 속한 달의 다음 달 25일) 이내에 대통령령으로 정하는 바에 따라 납세지 관할 세무서장에게 신고하여야 한다.
15	・법인사업자의 주주가 변동된 것은 사업자등록 정정 사유가 아니다.

실무 시험

문제 1 기초정보 및 전기분 재무제표의 수정

(1)	[계정과목 및 적요등록] ① 계정과목 및 적요등록 메뉴 　① 842.견본비 선택 ② 현금적요 : 2번 선택, 전자제품 샘플 제작비 지급 입력
(2)	[거래처별 초기이월] ① 거래처별 초기이월 메뉴 　① 외상매출금 조회 : ㈜홍금전기 3,000,000원을 30,000,000원으로 수정 　② 외상매입금 조회 : 하나무역 12,000,000원을 26,000,000원으로 수정 　③ 받을어음 조회 : ㈜대호전자 25,000,000원 추가 입력
(3)	[전기분 재무제표의 수정] ① 전기분 원가명세서 　① 전력비 금액 : 2,000,000원을 4,200,000원으로 수정 　② 당기제품제조원가 : 94,300,000원을 96,500,000원으로 수정 ② 전기분 손익계산서 　① 제품매출원가선택 ⇨ 당기제품제조원가 94,300,000원을 96,500,000원으로 수정 　② 제품매출원가 금액 변경 확인 : 121,650,000원이 123,850,000원으로 수정 　③ 수도광열비(판) : 3,000,000원을 1,100,000원으로 수정 　④ 당기순이익의 변경 : 88,200,000원이 87,900,000원으로 변경 ③ 전기분잉여금처분계산서 　① F6(불러오기) : 당기순이익 87,900,000원으로 변경 확인 　② Ⅰ.미처분이익잉여금 : 합계액 134,800,000원이 134,500,000원을 수정 ④ 전기분재무상태표 　① 이월이익잉여금 확인 : 134,800,000원을 134,500,000원으로 수정 　② 대차차액 확인 : "0"으로 차액이 없어야 함.

문제 2 일반전표의 입력

(1) 07월 03일

차변	(거래처)	금액	대변	(거래처)	금액
선　급　금	세무빌딩	600,000	보　통　예　금		600,000

(2) 08월 01일

차변	(거래처)	금액	대변	(거래처)	금액
보　통　예　금 수 수 료 비 용 (판)		3,430,000 70,000	외 상 매 출 금		3,500,000

(3) 08월 16일

차변	(거래처)	금액	대변	(거래처)	금액
퇴 직 급 여 (판)		8,800,000	퇴직연금운용자산		8,800,000

(4) 08월 23일

차변	(거래처)	금액	대변	(거래처)	금액
장 기 차 입 금	나라은행	20,000,000	보 통 예 금		20,200,000
이 자 비 용		200,000			

(5) 11월 05일

차변	(거래처)	금액	대변	(거래처)	금액
받 을 어 음	㈜다원	3,000,000	외 상 매 출 금	㈜다원	4,000,000
단 기 대 여 금	㈜다원	1,000,000			

(6) 11월 20일

차변	(거래처)	금액	대변	(거래처)	금액
차량운반구		400,000	현 금		400,000

문제 3 매입매출 전표의 입력

(1) 08월 17일

거래유형	공급가액	부가가치세	공급처명	전자	분개
52.영세	15,000,000	영세율	㈜직지상사	1.여	혼합
영세율 구분			불공제사유		

차변	(거래처)	금액	대변	(거래처)	금액
원 재 료		15,000,000	지 급 어 음	㈜직지상사	5,000,000
			외 상 매 입 금	㈜직지상사	10,000,000

(2) 08월 28일

거래유형	공급가액	부가가치세	공급처명	전자	분개
51.과세	1,000,000	100,000	이진컴퍼니	-	혼합
영세율 구분			불공제사유		

차변	(거래처)	금액	대변	(거래처)	금액
부 가 세 대 급 금		100,000	미 지 급 금	이진컴퍼니	1,100,000
복 리 후 생 비 (제)		1,000,000			

(3) 09월 15일

거래유형	공급가액	부가가치세	공급처명	전자	분개
61.현과	220,000	22,000	우리카센터	-	현금 또는 혼합
영세율 구분			불공제사유		

차변	(거래처)	금액	대변	(거래처)	금액
부 가 세 대 급 금		22,000	현 금		242,000
차 량 유 지 비 (제)		220,000			

(4) 09월 27일

거래유형	공급가액	부가가치세	공급처명	전자	분개
53.면세	200,000	-	㈜대한도서	1.여	혼합
영세율 구분			불공제사유		

차변	(거래처)	금액	대변	(거래처)	금액
도 서 인 쇄 비 (판) (교 육 훈 련 비)		200,000	미 지 급 금	㈜대한도서	200,000

(5) 09월 30일

거래유형	공급가액	부가가치세	공급처명	전자	분개
54.불공	700,000	70,000	㈜세무렌트	1.여	혼합
영세율 구분			불공제사유	③비영업용 소형승용차 구입·유지	

차변	(거래처)	금액	대변	(거래처)	금액
임 차 료 (판)		770,000	미 지 급 금	㈜세무렌트	770,000

(6) 10월 15일

거래유형	공급가액	부가가치세	공급처명	전자	분개
11.과세	-10,000,000	-1,000,000	우리자동차㈜	1.여	외상 또는 혼합
영세율 구분			불공제사유		

차변	(거래처)	금액	대변	(거래처)	금액
외 상 매 출 금	우리자동차㈜	-11,000,000	부 가 세 예 수 금 제 품 매 출		-1,000,000 -10,000,000

문제 4 전표의 추가 입력 및 수정

(1) 07월 06일 수정 전 일반전표

차변	(거래처)	금액	대변	(거래처)	금액
외 상 매 입 금	㈜상문	3,000,000	보 통 예 금		3,000,000

(1) 07월 06일 수정 후 일반전표

차변	(거래처)	금액	대변	(거래처)	금액
외 상 매 입 금	㈜상문	3,000,000	받 을 어 음	상명상사	3,000,000

(2) 12월 13일 수정 전 일반전표

차변	(거래처)	금액	대변	(거래처)	금액
수 도 광 열 비 (판)		121,000	현 금		121,000

(2) 12월 13일 수정 후 매입매출전표

거래유형	공급가액	부가가치세	공급처명	전자	분개
51.과세	110,000	11,000	한국전력공사	1.여	현금 또는 혼합
영세율 구분			불공제사유		

차변	(거래처)	금액	대변	(거래처)	금액
부 가 세 대 급 금 전 력 비 (제)		11,000 110,000	현 금		121,000

문제 5 기말정리사항의 분개 및 자동결산

(1) 12월 31일

차변	(거래처)	금액	대변	(거래처)	금액
장 기 차 입 금	대한은행	50,000,000	유동성장기부채	대한은행	50,000,000

(2) 12월 31일

차변	(거래처)	금액	대변	(거래처)	금액
무형자산상각비 (판)		6,000,000	특 허 권		6,000,000

PART 6 최신 기출문제 해답

(3) 12월 31일

차변	(거래처)	금액	대변	(거래처)	금액
법 인 세 등		13,500,000	선 납 세 금 미 지 급 세 금		6,800,000 6,700,000

[결산자료입력]을 이용하는 방법
 (1) 기간 : 1월 ~ 12월 입력
 (2) 9.법인세 등 선택 :
  ① 선납세금 : 결산반영금액 6,800,000원을 대체입력
  ② 추가계상액 : 결산반영금액 6,700,000원 입력 후 F3전표추가 클릭

문제 6 장부조회 및 부가가치세 자료조회

(1)	〈결산 및 재무제표〉 조회 ① 기간 : 6월 30 ② 현금 및 현금성자산 : (당기)284,609,000원 - (전기)92,823,000원 ③ 차액 : 191,786,000원
(2)	〈부가가치세 신고서〉 조회 ① 기간 : 4월 1일 ~ 6월 30일 ② 과세 세금계산서 발급분 공급가액 351,730,000원 + 영세율 세금계산서발급분 공급가액 38,450,000원 ③ 합계 390,180,000원
(3)	〈거래처원장〉 조회 ① 기간 : 6월 1일 ~ 6월 30일 ② 계정과목 : 외상매입금(251)조회 : 지예상사 차변 금액 ③ 40,000,000원 확인

578 도서출판 다음 www.daumbook.net

제108회 전산세무회계자격시험
2023년 6월 3일 시행
종목 및 등급: **전산회계1급** A형 -제한시간:60분

이론 시험

1	2	3	4	5	6	7	8	9	10	11	12	13	14	15
④	①	②	③	①	②	④	①	③	④	①	③	③	④	②

번호	답안해설
1	· 자기주식처분손실은 자본조정 항목이다.
2	· 계약금은 선수금으로 회계처리하고, 타인이 발행한 당좌수표를 수취한 경우에는 현금으로 회계처리한다.
3	· 기말재고자산을 실제보다 과대계상한 경우, 매출원가가 실제보다 과소계상되고, 매출총이익 및 당기순이익은 과대계상되어 자본총계도 과대계상된다.
4	· 무형자산의 상각기간은 독점적·배타적인 권리를 부여하고 있는 관계 법령이나 계약에 정해진 경우를 제외하고는 20년을 초과할 수 없다.
5	· 7,000,000원 = 1년 만기 정기예금 3,000,000원 + 단기매매증권 4,000,000원 · 현금및현금성자산 : 현금, 당좌예금, 우편환증서 · 매출채권 : 외상매출금 + 받을어음
6	· 비유동부채 : 사채, 퇴직급여충당부채 · 유동부채 : 유동성장기부채, 선수금
7	· 재고자산평가손실 1,000,000원 = 비누(취득원가 75,000원 - 순실현가능가치 65,000원)×100개 · 세제의 경우 평가이익에 해당하나 최초의 취득가액을 초과하는 이익은 저가법상 인식하지 않는다.
8	· 예약판매계약 : 공사결과를 신뢰성 있게 추정할 수 있을 때에 진행기준을 적용하여 공사수익을 인식한다. · 할부판매 : 이자부분을 제외한 판매가격에 해당하는 수익을 판매시점에 인식한다. 이자부분은 유효이자율법을 사용하여 가득하는 시점에 수익으로 인식한다. · 위탁판매 : 위탁자는 수탁자가 해당 재화를 제3자에게 판매한 시점에 수익을 인식한다.
9	· 23억원 = 당기 원재료 매입액 20억원 + 원재료 재고 감소액 3억원 · 당기원재료비 : 기초 원재료 재고액 A + 당기 원재료 매입액 20억원 - 기말 원재료 재고액 B
10	· 기말제품재고액은 재무상태표와 손익계산서에서 확인할 수 있다. · 기초재공품재고액, 기말원재료재고액, 당기제품제조원가, 당기총제조비용은 제조원가명세서에서 확인할 수 있다.
11	· 100,000원 과대배부 = 제조간접원가 예정배부액 600,000원 - 실제 제조간접가 발생액 500,000원 · 제조간접원가 예정배부액 : 실제 직접노무시간 3,000시간 × 예정배부율 200원 = 600,000원
12	· 기초재공품이 존재하지 않는 경우에 평균법과 선입선출법의 당기완성품원가와 기말재공품원가가 일치한다.
13	· 구매확인서에 의하여 공급하는 재화는 영세율 적용 대상 거래이지만 세금계산서 발급의무가 있다.
14	· 부가가치세법 시행령 제8조 제1항, 부동산매매업은 법인의 경우 법인의 등기부상 소재지
15	· 부가가치세법 제3조 제1항, 사업자 또는 재화를 수입하는 자 중 어느 하나에 해당하는 자로서 개인, 법인(국가·지방자치단체와 지방자치단체조합을 포함한다), 법인격이 없는 사단·재단 또는 그 밖의 단체는 이 법에 따라 부가가치세를 납부할 의무가 있다.

PART 6 최신 기출문제 해답

실무 시험

문제 1 기초정보 및 전기분 재무제표의 수정

(1)	**[거래처 등록]** ① 거래처등록메뉴 클릭 : 일반거래처 클릭 　① 거래처코드 : 3000번 등록　② 거래처명 : ㈜나우전자　③ 유형 : 3.동시 　④ 사업자등록번호 : 108-81-13579 　⑤ 대표자 : 김나우　⑥ 업태 : 제조　⑦ 종목 : 전자제품 　⑧ 사업장주소 : 서울특별시 서초구 명달로 104(서초동)
(2)	**[계정과목 및 적요등록]** ① 계정과목 및 적요등록 메뉴 클릭 　① 186.퇴직연금운용자산 　② 대체적요 : 1번 선택 후 제조관련 임직원 확정급여형 퇴직연금부담금 납입
(3)	**[전기분 재무제표의 수정]** ① 전기분 재무상태표 클릭 　① 260.단기차입금 추가 후 20,000,000원 입력 　② 장기차입금 20,000,000원을 0원으로 수정 ② 거래처별 초기이월 클릭 　① 260.단기차입금 : 기업은행 20,000,000원 추가입력 　② 장기차입금 : 신한은행 20,000,000원 삭제

문제 2 일반전표의 입력

(1) 08월 01일

차변	(거래처)	금액	대변	(거래처)	금액
외화장기차입금 외 환 차 손	미국은행	37,500,000 1,500,000	보 통 예 금		39,000,000

(2) 08월 12일

차변	(거래처)	금액	대변	(거래처)	금액
부도어음과수표	㈜모모가방	50,000,000	받 을 어 음	㈜모모가방	50,000,000

(3) 08월 23일

차변	(거래처)	금액	대변	(거래처)	금액
미 지 급 배 당		10,000,000	보 통 예 금 예 수 금		8,460,000 1,540,000

(4) 08월 31일

차변	(거래처)	금액	대변	(거래처)	금액
기 계 장 치		5,500,000	자산수증이익		5,500,000

(5) 09월 11일

차변	(거래처)	금액	대변	(거래처)	금액
단기매매증권 수수료비용(영)		4,000,000 100,000	보 통 예 금		4,100,000

(6) 09월 13일

차변	(거래처)	금액	대변	(거래처)	금액
현 금		1,000,000	외상매출금	㈜다원	4,000,000
받을어음	㈜다원	3,000,000			

문제 3 매입매출 전표의 입력

(1) 07월 13일

거래유형	공급가액	부가가치세	공급처명	전자	분개
17.카과	5,000,000	500,000	㈜남양가방	-	카드 또는 혼합
신용카드사	비씨카드		불공제사유		

차변	(거래처)	금액	대변	(거래처)	금액
외상매출금	비씨카드	5,500,000	부가세예수금		500,000
			제품매출		5,000,000

(2) 09월 05일

거래유형	공급가액	부가가치세	공급처명	전자	분개
51.과세	500,000	50,000	쾌속운송	1.여	혼합
영세율 구분			불공제사유		

차변	(거래처)	금액	대변	(거래처)	금액
부가세예수금		50,000	보통예금		550,000
기계장치		500,000			

(3) 09월 06일

거래유형	공급가액	부가가치세	공급처명	전자	분개
51.과세	10,000,000	1,000,000	정도정밀	1.여	혼합
영세율 구분			불공제사유		

차변	(거래처)	금액	대변	(거래처)	금액
부가세대급금		1,000,000	보통예금		11,000,000
외주가공비(제)		10,000,000			

(4) 09월 25일

거래유형	공급가액	부가가치세	공급처명	전자	분개
54.불공	3,500,000	350,000	㈜목포전자	1.여	혼합
영세율 구분			불공제사유	②사업과 직접 관련 없는 지출	

차변	(거래처)	금액	대변	(거래처)	금액
기부금		3,850,000	미지급금	㈜목포전자	3,850,000

(5) 10월 06일

거래유형	공급가액	부가가치세	공급처명	전자	분개
57.카과	1,500,000	150,000	㈜OK사무	-	카드 또는 혼합
신용카드사	하나카드		불공제사유		

차변	(거래처)	금액	대변	(거래처)	금액
부가세대급금		150,000	미지급금	하나카드	1,650,000
비품		1,500,000			

PART 6 최신 기출문제 해답

(6) 12월 01일

거래유형	공급가액	부가가치세	공급처명	전자	분개
51.과세	2,500,000	250,000	㈜국민가죽	1.여	혼합
영세율 구분			불공제사유		

차변	(거래처)	금액	대변	(거래처)	금액
부가세대급금		250,000	현금		250,000
원재료		2,500,000	외상매입금		2,500,000

문제 4 전표의 추가 입력 및 수정

(1) 07월 22일 수정 전 매입매출전표

거래유형	공급가액	부가가치세	공급처명	전자	분개
51.과세	15,000,000	1,500,000	제일자동차	1.여	혼합
영세율 구분			불공제사유		

차변	(거래처)	금액	대변	(거래처)	금액
부가세대급금		1,500,000	보통예금		16,500,000
차량운반구		15,000,000			

(1) 07월 22일 수정 후 매입매출전표

거래유형	공급가액	부가가치세	공급처명	전자	분개
54.불공	15,000,000	1,500,000	제일자동차	1.여	혼합
영세율 구분			불공제사유	③비영업용소형승용차의 구입·임차	

차변	(거래처)	금액	대변	(거래처)	금액
차량운반구		16,500,000	보통예금		16,500,000

(2) 09월 15일 수정 전 일반전표

차변	(거래처)	금액	대변	(거래처)	금액
대손상각비(판)		3,000,000	외상매출금	㈜댕댕오디오	3,000,000

(2) 09월 15일 수정 후 일반전표

차변	(거래처)	금액	대변	(거래처)	금액
대손충당금		1,500,000	외상매출금	㈜댕댕오디오	3,000,000
대손상각비(판)		1,500,000			

문제 5 기말정리사항의 분개 및 자동결산

(1) 12월 31일

차변	(거래처)	금액	대변	(거래처)	금액
외상매입금	하나무역	2,500,000	가지급금		2,550,000
잡손실		50,000			

(2) 12월 31일

차변	(거래처)	금액	대변	(거래처)	금액
단기대여금	필립전자	6,000,000	외화환산이익		6,000,000

· 대여일 기준환율 : 60,000,000 ÷ $30,000 = ₩2,000/$
· 외화환산이익 : $30,000×(결산일 기준환율 − 대여일 기준환율) = 6,000,000원

(3) 12월 31일

차변	(거래처)	금액	대변	(거래처)	금액
기타의대손상각비		300,000	대손충당금(121)		300,000

※ 미수금 잔액 40,000,000 × 1% - 대손충당금(121) 100,000 = 300,000

또는 [결산자료] 입력
① F8대손상각 : 대손율(%) : 1.00 입력
② 미수금 외 채권 : [스페이스바]로 삭제
③ 결산반영 : F3전표추가

문제 6 장부조회 및 부가가치세 자료조회

(1)
[회계관리 모듈] 〈매입매출장〉 조회
① 기간 : 1월 1일 ~ 03월 31일
② 구분 : 2.매출 ⇨ 유형 : 17.카과 ⇨분기계 합계금액 확인
③ 금액 :1,330,000원

(2)
〈일계표/월계표〉 조회
① 기간 : 6월 입력
② 6월분 월계표 조회 : 8.영업외비용 차변 합계 확인
③ 합계 131,000원

(3)
〈부가가치세 신고서〉 조회
① 기간 : 4월 1일 ~ 6월 30일
② 16.공제받지 못할 매입세액 금액 확인 : 3,060,000원

PART 6 최신 기출문제 해답

2023년 8월 5일 시행
제109회 전산세무회계자격시험 A형
종목 및 등급: 전산회계1급 —제한시간:60분

이론 시험

1	2	3	4	5	6	7	8	9	10	11	12	13	14	15
④	④	②	②	①	④	③	③	①	③	②	③	④	①	②

번호	답안해설
1	① 원가관리회계의 목적이다. ② 세무회계의 정보이용자에 해당한다. ③ 세무회계의 목적이다. ④ 일반목적의 재무제표 작성을 목적으로 하며 주주, 투자자, 채권자 등이 회계정보이용자이다.
2	• 단기매매증권은 유동자산 중 당좌자산으로 분류된다.
3	• 재고자산의 매입원가는 매입금액에 매입운임, 하역료 및 보험료 등 취득과정에서 정상적으로 발생한 부대비용을 가산한 금액이다. 매입과 관련된 할인, 에누리 및 기타 유사한 항목은 매입원가에서 차감한다.
4	• 자본적지출을 수익적지출로 잘못 처리하게 되면, 자산은 과소계상, 비용은 과대계상되므로 자본은 과소계상하게 된다.
5	• 감자차손 200,000원 = 200주 × (취득가액 7,000원 - 액면가액 5,000원) - 감자차익 200,000원 • 기인식된 감자차익 200,000원을 상계하고 감자차손은 200,000원만 인식한다.
6	• 수익과 비용은 각각 총액으로 보고하는 것을 원칙으로 한다.
7	• 선수금을 제품매출로 인식함에 따라 유동부채가 과소계상된다. 　올바른 회계처리 : (차) 현금 500,000원　(대) 선수금 500,000원 • 당좌자산의 금액은 차이가 없으나, 영업수익(제품매출)은 과대계상 하였으므로 당기순이익도 과대계상된다.
8	• 60,000,000원 = 기초 자본금 50,000,000원 + (2,000주 × 액면금액 5,000원)
9	• 판매비와관리비 : 영업용 사무실의 전기요금, 마케팅부의 교육연수비 • 영업외손익 : 유형자산의 처분으로 인한 손익
10	• 상호배분법
11	• 1,250,000원 = 기초원재료 1,200,000원 + 당기원재료매입액 900,000원 - 기말원재료 850,000원
12	• 275,000원 = (직접재료원가 400,000원 + 직접노무원가 150,000원) × 배부율 0.5원 • 제조간접원가 배부율 : 　제조간접원가 500,000원 ÷ (직접재료원가 800,000원 + 직접노무원가 200,000원) = 0.5원/직접원가당
13	• 부가가치세법 제5조, 간이과세자가 일반과세자로 변경되는 경우 : 그 변경되는 해의 1월 1일부터 6월 30일까지
14	• 공급연월일은 임의적 기재사항이며, 작성연월일이 필요적 기재사항이다.
15	• 상품권이 현물과 교환되어 재화가 실제로 인도되는 때를 공급시기로 본다.

최신 기출문제 해답

실무 시험

문제 1 기초정보 및 전기분 재무제표의 수정

(1)	**[거래처 등록]** ① 거래처등록메뉴 클릭 : 일반거래처 클릭 　① 거래처코드 : 01230번 등록　　② 거래처명 : 태형상사　　③ 유형 : 3.동시 　④ 사업자등록번호 : 107-36-25785 　⑤ 대표자 : 김상수　　　　　　　⑥ 업태 : 도소매　　　　　　⑦ 종목 : 사무기기 　⑧ 사업장주소 : 서울특별시 동작구 여의대방로10가길 1(신대방동)
(2)	**[거래처별 초기이월]** ① 거래처별 초기이월 메뉴 　① 받을어음 조회 : ㈜원수 10,000,000원을 15,000,000원으로 수정 　② 단기차입금 조회 : ㈜이태백 10,000,000원 추가 입력 　③ 단기차입금 조회 : ㈜빛날통신 조회 : 3,000,000원을 13,000,000원으로 수정
(3)	**[전기분 재무제표의 수정]** ① 전기분 원가명세서 클릭 　① 521.보험료 1,000,000원 추가 입력 　② 당기제품제조원가 93,000,000원이 94,000,000원으로 수정 된 부분 확인 ② 전기분손익계산서 클릭 　① 제품매출원가 조회 : 당기제품제조원가 94,000,000원으로 수정 입력 　② 제품매출원가 120,350,000원에서 121,350,000원으로 수정 확인 　③ 821.보험료 3,000,000원을 2,000,000원으로 수정 입력 　④ 당기순이익 356,150,000원 확인(당기순이익은 변동 없음) ③ 전기분잉여금처분계산서 및 전기분재무상태표 전체금액에 영향이 없음

문제 2 일반전표의 입력

(1) 08월 20일

차변	(거래처)	금액	대변	(거래처)	금액
기　부　금		2,000,000	제　　　품 (타계정으로대체)		2,000,000

(2) 09월 02일

차변	(거래처)	금액	대변	(거래처)	금액
단 기 차 입 금	전마나	20,000,000	보 통 예 금 채 무 면 제 이 익		15,000,000 5,000,000

(3) 10월 19일

차변	(거래처)	금액	대변	(거래처)	금액
외 상 매 입 금	㈜용인	2,500,000	현　　　금 받 을 어 음	 ㈜수원	1,500,000 1,000,000

(4) 11월 06일

차변	(거래처)	금액	대변	(거래처)	금액
예　수　금 보 험 료 (제) 보 험 료 (판)		270,000 221,000 110,500	현　　　금		601,500

PART 6 최신 기출문제 해답

(5) 11월 11일

차변	(거래처)	금액	대변	(거래처)	금액
퇴 직 연 금 (판)		6,800,000	보 통 예 금		7,000,000
수 수 료 비 용 (판)		200,000			

(6) 12월 03일

차변	(거래처)	금액	대변	(거래처)	금액
보 통 예 금		4,750,000	단 기 매 매 증 권		4,000,000
			단기매매증권처분이익		750,000

- 처분금액 : 10,000원×500주-처분수수료 250,000=4,750,000원
- 장부금액 : 8,000원×500주=4,000,000원
- 처분손익 : 4,750,000원-4,000,000원=750,000원

문제 3 매입매출 전표의 입력

(1) 07월 28일

거래유형	공급가액	부가가치세	공급처명	전자	분개
57.카과	200,000	20,000	저팔계산업	-	카드 또는 혼합
신용카드사	하나카드		불공제사유		

차변	(거래처)	금액	대변	(거래처)	금액
부 가 세 대 급 금		20,000	미 지 급 금	하나카드	220,000
복 리 후 생 비 (판)		200,000			

(2) 09월 03일

거래유형	공급가액	부가가치세	공급처명	전자	분개
11.과세	13,500,000	1,350,000	보람테크㈜	1.여	혼합
영세율 구분			불공제사유		

차변	(거래처)	금액	대변	(거래처)	금액
감 가 상 각 누 계 액		38,000,000	부 가 세 예 수 금		1,350,000
현 금		4,850,000	기 계 장 치		50,000,000
미 수 금		10,000,000	유형자산처분이익		1,500,000

(3) 09월 22일

거래유형	공급가액	부가가치세	공급처명	전자	분개
51.과세	5,000,000	500,000	마산상사	1.여	혼합
영세율 구분			불공제사유		

차변	(거래처)	금액	대변	(거래처)	금액
부 가 세 대 급 금		500,000	받 을 어 음	㈜서울	2,000,000
원 재 료		5,000,000	외 상 매 입 금		3,500,000

(4) 10월 31일

거래유형	공급가액	부가가치세	공급처명	전자	분개
12.영세	70,000,000	영세율	NICE Co.Ltd	1.여	혼합
영세율 구분	③내국신용장·구매확인서에 의한 공급		불공제사유		

차변	(거래처)	금액	대변	(거래처)	금액
외 상 매 출 금		35,000,000	제 품 매 출		70,000,000
보 통 예 금		35,000,000			

최신 기출문제 해답

(5) 11월 04일

거래유형	공급가액	부가가치세	공급처명	전자	분개
54.불공	1,500,000	150,000	손오공상사	1.여	혼합
영세율 구분			불공제사유	④접대비 및 이와 유사한 비용관련	
차변	(거래처)	금액	대변	(거래처)	금액
기업업무추진비 (판)		1,650,000	미 지 급 금		1,650,000

(6) 12월 05일

거래유형	공급가액	부가가치세	공급처명	전자	분개
54.불공	50,000,000	5,000,000	㈜만듬건설	1.여	혼합
영세율 구분			불공제사유	⑥토지의 자본적지출 관련	
차변	(거래처)	금액	대변	(거래처)	금액
토 지		55,000,000	선 급 금 미 지 급 금		5,500,000 49,500,000

문제 4 전표의 추가 입력 및 수정

(1) 11월 10일 수정 전 일반전표

차변	(거래처)	금액	대변	(거래처)	금액
수 선 비 (제)		880,000	보 통 예 금		880,000

(1) 11월 10일 수정 후 일반전표

차변	(거래처)	금액	대변	(거래처)	금액
미 지 급 금	가나상사	880,000	보 통 예 금		880,000

(2) 12월 15일 수정 전 매입매출전표

거래유형	공급가액	부가가치세	공급처명	전자	분개
16.수출	10,000,000	영세율	㈜강서기술	-	혼합
영세율 구분	①직수출(대행수출 포함)		불공제사유		
차변	(거래처)	금액	대변	(거래처)	금액
외 상 매 출 금		10,000,000	제 품 매 출		10,000,000

(1) 12월 15일 수정 후 매입매출전표

거래유형	공급가액	부가가치세	공급처명	전자	분개
12.영세	10,000,000	영세율	㈜강서기술	1.여	혼합
영세율 구분	③내국신용장·구매확인서에 의한 공급		불공제사유		
차변	(거래처)	금액	대변	(거래처)	금액
외 상 매 출 금		10,000,000	제 품 매 출		10,000,000

문제 5 기말정리사항의 분개 및 자동결산

(1) 12월 31일

차변	(거래처)	금액	대변	(거래처)	금액
미 수 수 익		2,250,000	이 자 수 익		2,250,000
이자수익 : 50,000,000×6%×9/12=2,250,000					

PART 6 최신 기출문제 해답

(2) 12월 31일

차변	(거래처)	금액	대변	(거래처)	금액
선 급 비 용		900,000	임 차 료 (제)		900,000

(3) 12월 31일

차변	(거래처)	금액	대변	(거래처)	금액
단기매매증권평가손실		2,000,000	단 기 매 매 증 권		2,000,000

문제 6 장부조회 및 부가가치세 자료조회

(1)	[회계관리 모듈] 〈총계정원장〉 조회 ① 기간 : 1월 1일 ~ 06월 30일 ② 계정과목 : 801.급여 조회 3월 8,400,000원 - 1월 5,400,000원 = 3,000,000원 ③ 금액 : 3,000,000원
(2)	〈거래처원장〉 조회 ① 기간 : 3월 1일 ~ 3월 31일 ② 계정과목 : 404.제품매출 ⇨ 거래처 : 일천상사 조회 : 대변합계 ③ 기간 : 4월 1일 ~ 4월 30일 ④ 계정과목 : 404.제품매출 ⇨ 거래처 : 일천상사 조회 : 대변합계 ⑤ 3월 13,000,000 - 4월 4,860,000 = 8,140,000원
(3)	[부가가치세 모듈]〈세금계산서 합계표〉조회 ① 기간 : 1월 ~ 3월 ② 매출 세금계산서 합계표 : 6매 10,320,000원

제110회 전산세무회계자격시험 (A형)

2023년 10월 8일 시행

종목 및 등급: **전산회계1급** - 제한시간: 60분

이론 시험

1	2	3	4	5	6	7	8	9	10	11	12	13	14	15
①	④	②	②	①	④	②	④	①	①	③	④	④	③	②

번호	답안해설
1	• 재무상태표는 일정 시점 현재 기업이 보유하고 있는 자산과 부채, 그리고 자본에 대한 정보를 제공하는 재무보고서이다. • 일정 기간 동안의 기업의 수익과 비용에 대해 보고하는 보고서는 손익계산서이다. • 일정 기간 동안의 현금의 유입과 유출의 정보를 제공하는 보고서는 현금흐름표이다. • 기업의 자본변동에 관한 정보를 제공하는 재무보고서는 자본변동표이다.
2	• 임대보증금은 비유동부채에 포함된다.
3	• 내부적으로 창출한 브랜드, 고객목록과 같은 항목은 무형자산으로 인식할 수 없다.
4	• 시용판매의 경우에는 소비자가 매입의사를 표시하는 시점에 수익을 인식한다.
5	• 매출 시점에 실제 취득원가를 기록하여 매출원가로 대응시켜 원가 흐름을 가장 정확하게 파악할 수 있는 재고자산의 단가 결정 방법은 개별법이다.
6	• 일용직 직원에 대한 수당은 잡급(판)으로 처리한다. 이자수익은 영업외수익으로, 재해손실과 이자비용은 영업외비용으로 처리한다.
7	• 100,000원 증가 = 단기매매증권평가이익 300,000원 - 투자자산처분손실 200,000원 • 결산일에 매도가능증권을 공정가치로 평가하여 발생하는 손익은 기타포괄손익누계액(자본)으로 회계처리하도록 규정하고 있다. • 단기매매증권평가이익 : 공정가치 3,300,000원 - 장부금액 3,000,000원 = 300,000원 • 투자자산처분손실 : 처분금액 8,800,000원 - 장부금액 9,000,000원 = △200,000원
8	• 650,000원 = 기초자본 400,000원 + 추가출자 100,000원 - 이익배당액 50,000원 + 당기순이익 200,000원 • 기초자본 : 기초자산 900,000원 - 기초부채 500,000원 = 400,000원 • 당기순이익 : 총수익 1,100,000원 - 총비용 900,000원 = 200,000원
9	• 외부의 정보이용자들에게 유용한 정보를 제공하는 것은 재무회계의 목적이다.
10	• 변동원가는 조업도가 증가할수록 총원가는 증가하지만 단위당 원가는 변동이 없다. 고정원가는 조업도가 증가할 때 총원가는 일정하며 단위당 원가는 감소한다.
11	• 단계배분법을 사용할 경우, 배부순서에 따라 각 보조부문에 배분되는 금액은 차이가 발생한다.
12	• 공정별 원가계산에 적합한 것이 종합원가계산이다.
13	• 증여로 인하여 사업자의 명의가 변경되는 경우 • 증여로 인하여 사업자의 명의가 변경되는 경우는 폐업 사유에 해당한다. 증여자는 폐업, 수증자는 신규 사업자등록 사유이다.
14	• 영세율은 완전면세제도이다.
15	• 도매업

PART 6 최신 기출문제 해답

실무 시험

문제 1 기초정보 및 전기분 재무제표의 수정

(1)	**[거래처 등록]**
	① 거래처등록메뉴 클릭 : [신용카드]거래처 클릭
	  ① 거래처코드 : 99850 등록 ② 거래처명 : 하나카드 ③ 유형 : 2.매입
	  ④ 카드번호 : 5531-8440-0622-2804 ⑤ 카드종류 :3.사업용카드

(2)	**[계정과목 및 적요등록]**
	① 계정과목 및 적요등록 메뉴 클릭
	  ① 812.여비교통비 :
	  ② 현금적요 : 6번 선택 후, 야근 시 퇴근택시비 지급
	  ③ 대체적요 : 3번 선택 후, 야근 시 퇴근택시비 정산 인출

(3)	**[전기분 재무제표의 수정]**
	① 전기분 원가명세서 클릭
	  ① 511.복리후생비 9,000,000원을 10,000,000원으로 수정입력
	  ② 당기제품제조원가 94,2000,000원이 95,200,000원으로 수정 된 부분 확인
	② 전기분손익계산서 클릭
	  ① 제품매출원가 조회 : 당기제품제조원가 95,200,000원으로 수정 입력
	  ② 455.제품매출가 131,550,000원에서 132,550,000원으로 수정 된 부분 확인
	  ③ 811.복리후생비 30,000,000원을 29,000,000원으로 수정 입력
	  ④ 당기순이익 61,390,000원 확인(당기순이익은 변동 없음)
	③ 전기분잉여금처분계산서 및 전기분재무상태표 전체금액에 영향이 없음

문제 2 일반전표의 입력

(1) 07월 04일

차변	(거래처)	금액	대변	(거래처)	금액
외 상 매 입 금	나노컴퓨터	5,000,000	외 상 매 출 금 당 좌 예 금		3,000,000 2,000,000

(2) 09월 15일

차변	(거래처)	금액	대변	(거래처)	금액
보 통 예 금		1,000,000	배 당 금 수 익		1,000,000

(3) 10월 05일

차변	(거래처)	금액	대변	(거래처)	금액
보 통 예 금 매 출 채 권 처 분 손 실		4,945,000 55,000	받 을 어 음	㈜영춘	5,000,000

(4) 10월 30일

차변	(거래처)	금액	대변	(거래처)	금액
세 금 과 공 과 (판)		500,000	보 통 예 금		500,000

(5) 12월 12일

차변	(거래처)	금액	대변	(거래처)	금액
사 채		10,000,000	보 통 예 금		9,800,000
			사채상환이익		200,000

(6) 12월 21일

차변	(거래처)	금액	대변	(거래처)	금액
보 통 예 금		423,000	이 자 수 익		500,000
선 납 세 금		77,000			

문제 3 매입매출 전표의 입력

(1) 07월 11일

거래유형	공급가액	부가가치세	공급처명	전자	분개
11.과세	3,000,000	300,000	성심상사	1.여	혼합
영세율 구분			불공제사유		

차변	(거래처)	금액	대변	(거래처)	금액
외 상 매 출 금	성심상사	2,300,000	부 가 세 예 수 금		300,000
현 금		1,000,000	제 품 매 출		3,000,000

(2) 08월 25일

거래유형	공급가액	부가가치세	공급처명	전자	분개
51.과세	200,000,000	20,000,000	㈜대관령	1.여	혼합
영세율 구분			불공제사유		

차변	(거래처)	금액	대변	(거래처)	금액
부 가 세 대 급 금		20,000,000	선 급 금	㈜대관령	37,000,000
토 지		150,000,000	보 통 예 금		333,000,000
건 물		200,000,000			

(3) 09월 15일

거래유형	공급가액	부가가치세	공급처명	전자	분개
61.현과	350,000	35,000	골드팜㈜	-	혼합
영세율 구분			불공제사유		

차변	(거래처)	금액	대변	(거래처)	금액
부 가 세 대 급 금		35,000	보 통 예 금		385,000
소 모 품 비 (판)		350,000			

(4) 09월 30일

거래유형	공급가액	부가가치세	공급처명	전자	분개
51.과세	15,000,000	1,500,000	경하자동차㈜	1.여	혼합
영세율 구분			불공제사유		

차변	(거래처)	금액	대변	(거래처)	금액
부 가 세 대 급 금		1,500,000	미 지 급 금		16,500,000
차 량 운 반 구		15,000,000			

개별소비세 과세 대상이 아닌 승용차는 매입세액 공제대상이 아님에 유의할 것

PART 6 최신 기출문제 해답

<table>
<tr><td rowspan="4">(5)</td><td colspan="6">10월 17일</td></tr>
<tr><td>거래유형</td><td>공급가액</td><td>부가가치세</td><td>공급처명</td><td>전자</td><td>분개</td></tr>
<tr><td>55.수입</td><td>8,000,000</td><td>800,000</td><td>인천세관</td><td>1.여</td><td>혼합</td></tr>
<tr><td>영세율 구분</td><td></td><td></td><td>불공제사유</td><td></td><td></td></tr>
</table>

차변	(거래처)	금액	대변	(거래처)	금액
부 가 가 치 세		800,000	보 통 예 금		800,000

<table>
<tr><td rowspan="4">(6)</td><td colspan="6">10월 20일</td></tr>
<tr><td>거래유형</td><td>공급가액</td><td>부가가치세</td><td>공급처명</td><td>전자</td><td>분개</td></tr>
<tr><td>14.건별</td><td>90,000</td><td>9,000</td><td>-</td><td>-</td><td>현금 또는 혼합</td></tr>
<tr><td>영세율 구분</td><td></td><td></td><td>불공제사유</td><td></td><td></td></tr>
</table>

차변	(거래처)	금액	대변	(거래처)	금액
현 금		99,000	부 가 세 예 수 금 제 품 매 출		9,000 90,000

문제 4 전표의 추가 입력 및 수정

(1)	08월 31일			수정 전 일반전표		
	차변	(거래처)	금액	대변	(거래처)	금액
	이 자 비 용		362,500	보 통 예 금		362,500

(1)	08월 31일			수정 후 일반전표		
	차변	(거래처)	금액	대변	(거래처)	금액
	이 자 비 용		500,000	보 통 예 금 예 수 금		362,500 137,500

<table>
<tr><td rowspan="4">(2)</td><td colspan="6">11월 30일   수정 전 매입매출전표</td></tr>
<tr><td>거래유형</td><td>공급가액</td><td>부가가치세</td><td>공급처명</td><td>전자</td><td>분개</td></tr>
<tr><td>51.과세</td><td>700,000</td><td>70,000</td><td>영포상회</td><td>1.여</td><td>혼합</td></tr>
<tr><td>영세율 구분</td><td></td><td></td><td>불공제사유</td><td></td><td></td></tr>
</table>

차변	(거래처)	금액	대변	(거래처)	금액
부 가 세 대 급 금 건 물		70,000 700,000	보 통 예 금		770,000

<table>
<tr><td rowspan="4">(2)</td><td colspan="6">11월 30일   수정 후 매입매출전표</td></tr>
<tr><td>거래유형</td><td>공급가액</td><td>부가가치세</td><td>공급처명</td><td>전자</td><td>분개</td></tr>
<tr><td>51.과세</td><td>700,000</td><td>70,000</td><td>영포상회</td><td>1.여</td><td>혼합</td></tr>
<tr><td>영세율 구분</td><td></td><td></td><td>불공제사유</td><td></td><td></td></tr>
</table>

차변	(거래처)	금액	대변	(거래처)	금액
부 가 세 대 급 금 수 선 비 (제)		70,000 700,000	보 통 예 금		770,000

문제 5 기말정리사항의 분개 및 자동결산

(1)	12월 31일					
	차변	(거래처)	금액	대변	(거래처)	금액
	소 모 품 비 (제) 소 모 품 비 (판)		1,875,000 625,000	소 모 품		2,500,000

(2) 12월 31일

차변	(거래처)	금액	대변	(거래처)	금액
차 량 유 지 비 (판)		150,000	현 금 과 부 족		235,000
잡 손 실		85,000			

(3) 12월 31일

차변	(거래처)	금액	대변	(거래처)	금액

[결산자료입력]
① 기간 : 1월 ~ 12월 입력
② 원재료 9,500,000원   ③ 재공품 8,500,000원   ④제품 13,450,000원 (F3전표추가)
원재료 : 9,500개×1,000원=9,500,000원(정상적인 감모손실은 원가에 포함)

문제 6 장부조회 및 부가가치세 자료조회

(1)	[회계관리 모듈] 〈재무상태표〉 조회 ① 기간 : 2025년 5월 조회 ② 계정과목 : 외상매출금 107,700,000원-외상매입금 67,235,000원 ③ 금액 : 40,465,000원
(2)	[부가가치세 모듈] 〈부가가치세 신고서〉 조회 ① 기간 : 4월 1일 ~ 6월 30일 ② 과세표준 및 매출세액 : 영세율 조회 ③ 세금계산서발급분 38,450,000원 기타 10,000,000원 : 총 48,450,000원
(3)	[회계관리 모듈]〈일/월계표〉 조회 ① 기간 : 6월 ~ 6월 ② 도서인쇄비 10,000원

PART 6 최신 기출문제 해답

2023년 12월 2일 시행 제111회 전산세무회계자격시험

종목 및 등급: 전산회계1급 A형 —제한시간:60분

이론 시험

1	2	3	4	5	6	7	8	9	10	11	12	13	14	15
④	①	②	①	④	②	②	①	③	③	①	④	③	②	③

번호	답안해설
1	• 회계정보의 질적 특성 중 목적 적합성에 관련된 설명이며, 예측가치, 피드백가치, 적시성이 이에 해당한다. 중립성은 표현의 충실성, 검증가능성과 함께 신뢰성에 해당하는 질적 특성이다. • 재무정보가 정보이용자의 의사결정에 유용하기 위해서는 그 정보가 의사결정 목적과 관련되어야 한다. 즉, 목적적합성 있는 정보는 정보이용자가 기업실체의 과거, 현재 또는 미래 사건의 결과에 대한 예측을 하는 데 도움이 되거나 또는 그 사건의 결과에 대한 정보이용자의 당초 기대치(예측치)를 확인 또는 수정할 수 있게 함으로써 의사결정에 차이를 가져올 수 있는 정보를 말한다. 여기서 사건이란 기업실체의 재무상태와 경영성과 등에 영향을 미치는 거래와 외부적 요인을 의미한다. 이러한 목적적합성은 재무정보가 의사결정 시점에 이용가능하도록 적시에 제공될 때 유효하게 확보될 수 있다.
2	• 당좌자산은 유동자산으로 구분된다.
3	• 원가흐름 가정 중 선입선출법은 먼저 입고된 자산이 먼저 출고된 것으로 가정하여 입고 일자가 빠른 원가를 출고 수량에 먼저 적용한다. 선입선출법은 실제 물량 흐름에 대한 원가흐름의 가정이 유사하다는 장점이 있으나, 수익·비용 대응의 원칙에 부적합하고, 물가 상승 시 이익이 과대 계상되는 단점이 있다.
4	• 1,000,000원 = 배당금지급통지서 500,000원 + 타인발행수표 500,000원 • 현금성자산에 해당하는 것은 배당금지급통지서, 타인발행수표이다.
5	• 주식배당과 무상증자는 순자산의 증가가 발생하지 않는다.
6	• 대손상각비, 기부금, 퇴직급여, 이자수익이 손익계산서에 나타나는 계정과목이다. 현금, 외상매출금은 재무상태표에 나타나는 자산 계정과목이다.
7	• 3,487,500원 = (취득원가 10,000,000 - 감가상각누계액 2,250,000원) × 45% • 2024년 12월 31일 감가상각비 : 취득원가 10,000,000원 × 45% × 6/12 = 2,250,000원
8	• 기업의 정상적인 영업활동의 결과로써 재고자산은 제조와 판매를 통해 매출원가로 대체된다. 그러나 재고자산이 외부 판매 이외의 용도로 사용될 경우 '타계정대체'라 하며 이때는 매출원가가 증가하지 않는다.
9	• 변동원가는 생산량이 증가할 경우 총원가는 증가하지만, 단위당 원가는 일정하다.
10	• 정유업, 제분업, 식품가공업은 종합원가계산의 적용이 가능한 업종으로 개별원가계산은 적합하지 않다.
11	• 생산과정에서 나오는 원재료의 찌꺼기는 작업폐물이다.
12	• 과소배부 50,000원 = 실제발생액 300,000원 - 예정배부액 250,000원 • 예정배부율 : 제조간접원가 예상액 2,500,000원/예상 직접노무시간 50,000시간 = 50원/시간 • 예정배부액 : 6월 실제 직접노무시간 5,000시간 × 예정배부율 50원/시간 = 250,000원 　　　　　　(제조간접원가 장부계상액)
13	• 면세제도
14	• 제품의 외상판매는 재화의 공급에 해당한다. • 재화의 공급으로 보지 않는 특례 - 사업의 양도(사업양수 시 양수자 대리납부의 경우 재화의 공급으로 인정) 　- 담보의 제공·조세의 물납·법률에 따른 공매·경매 　- 법률에 따른 수용·신탁재산의 이전
15	• 매출할인액은 과세표준에서 제외한다.

594 도서출판 다음 www.daumbook.net

실무 시험

문제 1 기초정보 및 전기분 재무제표의 수정

	[계정과목 및 적요등록]
(1)	① 계정과목 및 적요등록 메뉴 클릭 　① 831.수수료비용 선택 　② 현금적요 : 8번 선택 후, 결제 대행 수수료

	[거래처 등록]
(1)	① 거래처등록메뉴 클릭 : [금융기관] 거래처 탭 클릭 　① 거래처코드 : 98005 등록　② 거래처명 : 수협은행　③ 유형 : 3.정기적금 　④ 계좌번호 : 110-146-980558

	[거래처별 초기이월]
(3)	① 거래처별 초기이월 메뉴 　① 지급어음 조회 : 천일상사 9,300,000원을 6,500,000원으로 수정 　② 지급어음 조회 : 모닝상사 5,900,000원을 8,700,000원으로 수정 　③ 미지급금 조회 : 대명㈜ 8,000,000원을 4,500,000원으로 수정 　④ 미지급금 조회 : ㈜한울 4,400,000원을 7,900,000원으로 수정

문제 2 일반전표의 입력

(1) 07월 10일

차변	(거래처)	금액	대변	(거래처)	금액
예 수 금		22,000	보 통 예 금		22,000

(2) 07월 16일

차변	(거래처)	금액	대변	(거래처)	금액
선 급 금	㈜홍명	1,000,000	당 좌 예 금		1,000,000

(3) 08월 10일

차변	(거래처)	금액	대변	(거래처)	금액
미 지 급 금	비씨카드	2,000,000	보 통 예 금		2,000,000

(4) 08월 20일

차변	(거래처)	금액	대변	(거래처)	금액
여 비 교 통 비 (판)		380,000	전 도 금		600,000
현　　　금		220,000			

(5) 09월 12일

차변	(거래처)	금액	대변	(거래처)	금액
현　　　금		8,000,000	미 수 금	우리기계	8,000,000

(6) 10월 28일

차변	(거래처)	금액	대변	(거래처)	금액
보 통 예 금		41,400,000	외 상 매 출 금	lailai co. ltd	39,000,000
			외 환 차 익		2,400,000

문제 3 매입매출 전표의 입력

(1) 07월 06일

거래유형	공급가액	부가가치세	공급처명	전자	분개
11.과세	23,000,000	2,300,000	㈜아이닉스	1.여	외상 또는 혼합
영세율 구분			불공제사유		

차변	(거래처)	금액	대변	(거래처)	금액
외 상 매 출 금		25,300,000	부 가 세 예 수 금 제 품 매 출		2,300,000 23,000,000

(2) 08월 10일

거래유형	공급가액	부가가치세	공급처명	전자	분개
14.건별	500,000	50,000	-	-	혼합
영세율 구분			불공제사유		

차변	(거래처)	금액	대변	(거래처)	금액
기업업무추진비(제)		350,000	부 가 세 예 수 금 제 품 (타계정대체액)		50,000 300,000

(3) 09월 16일

거래유형	공급가액	부가가치세	공급처명	전자	분개
11.과세	9,000,000	900,000	팔팔물산	1.여	현금 또는 혼합
영세율 구분			불공제사유		

차변	(거래처)	금액	대변	(거래처)	금액
현 금		9,900,000	부 가 세 예 수 금 제 품 매 출		900,000 9,000,000

(4) 09월 26일

거래유형	공급가액	부가가치세	공급처명	전자	분개
51.과세	5,000,000	500,000	잘나가광고	1.여	혼합
영세율 구분			불공제사유		

차변	(거래처)	금액	대변	(거래처)	금액
부 가 세 대 급 금 비 품		500,000 5,000,000	보 통 예 금		5,500,000

(5) 10월 15일

거래유형	공급가액	부가가치세	공급처명	전자	분개
51.과세	2,500,000	250,000	메타가구	1.여	혼합
영세율 구분			불공제사유		

차변	(거래처)	금액	대변	(거래처)	금액
부 가 세 대 급 금 원 재 료		250,000 2,500,000	받 을 어 음 외 상 매 입 금	㈜은성가구 메타가구	1,000,000 1,750,000

(6)	12월 20일					
	거래유형	공급가액	부가가치세	공급처명	전자	분개
	54.불공	3,800,000	380,000	니캉전자	1.여	혼합
	영세율 구분			불공제사유	②사업과 직접 관련 없는 지출	
	차변	(거래처)	금액	대변	(거래처)	금액
	가 지 급 금	한태양	4,180,000	보 통 예 금		4,180,000

문제 4 전표의 추가 입력 및 수정

(1)	08월 17일			수정 전 매입매출전표		
	거래유형	공급가액	부가가치세	공급처명	전자	분개
	58.카면	44,000	-	사거리주유소	-	카드 또는 혼합
	신용카드사	비씨카드		불공제사유		
	차변	(거래처)	금액	대변	(거래처)	금액
	차량유지비(판)		44,000	미 지 급 금	비씨카드	44,000

(1)	08월 17일			수정 후 매입매출전표		
	거래유형	공급가액	부가가치세	공급처명	전자	분개
	57.카과	40,000	4,000	사거리주유소	-	카드 또는 혼합
	신용카드사	비씨카드		불공제사유		
	차변	(거래처)	금액	대변	(거래처)	금액
	부가세대급금		4,000	미 지 급 금	비씨카드	44,000
	차량유지비(판)		40,000			

(2)	11월 12일			수정 전 일반전표		
	차변	(거래처)	금액	대변	(거래처)	금액
	기업업무추진비(판)		500,000	현 금		500,000

(2)	11월 12일			수정 후 일반전표		
	차변	(거래처)	금액	대변	(거래처)	금액
	복리후생비(제)		500,000	현 금		500,000

문제 5 기말정리사항의 분개 및 자동결산

(1)	12월 31일					
	차변	(거래처)	금액	대변	(거래처)	금액
	부가세예수금		49,387,500	부가세대급금		34,046,000
				미지급세금		15,341,500

(2)	12월 31일					
	차변	(거래처)	금액	대변	(거래처)	금액
	선 급 비 용		3,600,000	보 험 료(제)		3,600,000

(3) 12월 31일

차변	(거래처)	금액	대변	(거래처)	금액
감 가 상 각 비 (제)		4,500,000	차량감가상각누계액		4,500,000

또는 [결산자료] 입력
① F7감가상각 : 차량운반구(제조) 결산반영금액 입력 : F3전표추가
② 또는 [결산자료입력] : 2. 매출원가 ⇨ 일반감가상각비 ⇨ 차량운반구 결산반영금액 입력 : F3전표추가

문제 6 장부조회 및 부가가치세 자료조회

(1)	[회계관리 모듈] 〈계정별원장〉 조회 ① 기간 : 4월 1일 ~ 4월 30일 조회 ② 계정과목 : 외상매출금 조회 ⇨ 대변 월합계금액 확인 ③ 금액 : 40,000,000원
(2)	[회계관리 모듈] 〈총계정원장〉 조회 ① 기간 : 1월 1일 ~ 6월 30일 ② 계정과목 : 404.제품매출 조회 : 대변 금액 확인 ③ 6월 매출액 147,150,000원 - 2월 매출액 29,520,000원 = 117,630,000원
(3)	[부가가치세 모듈]〈부가가치세신고서〉 조회 ① 기간 : 4월 1일 ~ 6월 30일 ② 11.고정자산매입(세금계산서 수취분) 세액란 금액 확인 ③ 6,372,000원

2024년 2월 4일 시행
제112회 전산세무회계자격시험

A형

종목 및 등급: **전산회계1급** －제한시간:60분

이론 시험

1	2	3	4	5	6	7	8	9	10	11	12	13	14	15
③	④	②	①	①	③	④	④	①	④	②	①	②	③	③

번호	답안해설
1	• 재무제표는 재무상태표, 손익계산서, 현금흐름표, 자본변동표로 구성되며, 주석을 포함한다.
2	• 생산량은 생산량비례법을 계산할 때 필수요소이다.
3	• 자기주식은 이익잉여금처분계산서에 나타나지 않는다.
4	• 위탁매출은 수탁자가 해당 재화를 제3자에게 판매한 시점에 수익으로 인식한다.
5	• 임차보증금은 기타비유동자산으로 분류하고, 나머지는 무형자산으로 분류한다.
6	• 자기주식처분이익은 자본잉여금으로 분류되고, 자기주식, 주식할인발행차금, 감자차손은 자본조정으로 분류된다.
7	• 기말재고자산을 실제보다 낮게 계상한 경우, 매출원가가 과대계상되므로 그 결과 당기순이익과 자본은 과소계상된다.
8	• 회계처리 　(차) 투자부동산　5,200,000원　　(대) 미지급금　5,000,000원 　　　　　　　　　　　　　　　　　　　현　금　　　200,000원
9	• 총고정원가는 관련 범위 내에서 일정하고, 관련 범위 밖에는 일정하다고 할 수 없다.
10	• 매출원가는 손익계산서에서 제공되는 정보이다.
11	• 공장 인사 관리 부문의 원가는 종업원의 수를 배부기준으로 하는 것이 적합하다.
12	• 직접재료원가 완성품환산량: 완성품 30,000개 + 기말재공품 10,000개 - 기초재공품 5,000개 = 35,000개 • 가공원가 완성품환산량: 　완성품 30,000개 + 기말재공품 10,000개 × 30% - 기초재공품 5,000개 × 70% = 29,500개
13	• 우리나라 부가가치세법은 소비지국과세원칙을 채택하고 있다.
14	• 폐업자의 경우 폐업일이 속하는 달의 다음 달 25일까지 확정신고를 하여야 한다.
15	• 비영업용 소형승용차가 아니므로 매입세액공제 가능하다. • 접대비는 매입세액불공제 대상이다. • 비영업용소형승용차의 구입, 유지, 임차를 위한 비용은 매입세액을 불공제한다. • 세금계산서, 신용카드매출전표, 현금영수증에 기재된 매입세액은 공제가능하다.

PART 6 최신 기출문제 해답

실무 시험

문제 1 기초정보 및 전기분 재무제표의 수정

(1)	**[거래처 등록]**
	① 거래처등록메뉴 클릭 : 일반거래처 클릭
	  ① 거래처코드 : 5230번 등록 ② 거래처명 : ㈜대영토이 ③ 유형 : 3.동시
	  ④ 사업자등록번호 : 108-86-13574
	  ⑤ 대표자 : 박완구 ⑥ 업태 : 제조 ⑦ 종목 : 완구제조
	  ⑧ 사업장주소 : 경기도 광주시 오포읍 왕림로 139

(2)	**[거래처별 초기이월]**
	① 거래처별 초기이월 메뉴
	  ① 외상매출금 조회 : 튼튼사무기 8,300,000원을 3,800,000원으로 수정
	  ② 받을어음 조회 : ㈜강림상사 20,000,000원을 2,000,000원으로 수정
	  ③ 외상매입금 조회 : ㈜해원상사 4,600,000원 추가 입력

(3)	**[전기분 재무제표의 수정]**
	① 전기분 재무상태표 클릭
	  ① 153.원재료 73,600,000원을 75,600,000원으로 수정
	② 전기분 원가명세서 클릭
	  ① 원재료 탭 클릭 후 기말원재료 75,600,000원 확인
	  ② 당기제품제조원가 505,835,000원이 503,835,000으로 수정 확인
	③ 전기분 손익계산서 클릭
	  ① 제품매출원가 : 당기제품제조원가 503,835,000원으로 수정
	  ② 당기순이익 131,865,000원이 133,865,000원으로 수정 확인
	④ 전기분 잉여금처분계산서 클릭
	  ① 당기순이익 : 131,865,000원을 133,865,000원으로 수정입력
	  ② 미처분이익잉여금 169,765,000원이 171,765,000원으로 수정 확인
	⑤ 전기분 재무상태표 클릭
	  ① 이월이익잉여금을 171,765,000원으로 수정

문제 2 일반전표의 입력

(1) 08월 10일

차변	(거래처)	금액	대변	(거래처)	금액
예 수 금		340,000	보 통 예 금		680,000
복 리 후 생 비 (제)		340,000			

(2) 08월 23일

차변	(거래처)	금액	대변	(거래처)	금액
부도어음과수표	㈜애플전자	3,500,000	받 을 어 음	㈜애플전자	3,500,000

(3) 09월 14일

차변	(거래처)	금액	대변	(거래처)	금액
잡 급 (판)		420,000	현 금		420,000

(4) 09월 26일

차변	(거래처)	금액	대변	(거래처)	금액
퇴직급여충당부채		5,000,000	퇴직연금운용자산		5,000,000

(5) 10월 16일

차변	(거래처)	금액	대변	(거래처)	금액
보 통 예 금		37,000,000	단 기 매 매 증 권		35,000,000
			단기매매증권처분이익		2,000,000

단기매매증권의 취득과 관련된 거래원가(취득수수료)는 수수료비용(영업외비용)으로 처리한

(6) 11월 29일

차변	(거래처)	금액	대변	(거래처)	금액
보 통 예 금		49,000,000	사 채		50,000,000
사 채 할 인 발 행 차 금		1,000,000			

문제 3 매입매출 전표의 입력

(1) 09월 02일

거래유형	공급가액	부가가치세	공급처명	전자	분개
11.과세	10,000,000	1,000,000	㈜신도기전	1.여	혼합
영세율 구분			불공제사유		

차변	(거래처)	금액	대변	(거래처)	금액
받 을 어 음	㈜신도기전	8,000,000	부 가 세 예 수 금		1,000,000
외 상 매 출 금	㈜신도기전	3,000,000	제 품 매 출		10,000,000

(2) 09월 12일

거래유형	공급가액	부가가치세	공급처명	전자	분개
57.카과	450,000	45,000	인천상회	-	카드 또는 혼합
신용카드사	우리카드(법인)		불공제사유		

차변	(거래처)	금액	대변	(거래처)	금액
부 가 세 대 급 금		45,000	미 지 급 금	우리카드(법인)	495,000원
복 리 후 생 비 (제)		450,000			

(3) 10월 05일

거래유형	공급가액	부가가치세	공급처명	전자	분개
16.수출	100,000,000	0	PYBIN사	-	혼합
영세율 구분	①직접수출(대행수출 포함)		불공제사유		

차변	(거래처)	금액	대변	(거래처)	금액
보 통 예 금		100,000,000	제 품 매 출		100,000,000

(4) 10월 22일

거래유형	공급가액	부가가치세	공급처명	전자	분개
53.면세	1,375,000	-	영건서점	1.여	현금 또는 혼합
영세율 구분			불공제사유		

차변	(거래처)	금액	대변	(거래처)	금액
도 서 인 쇄 비 (판)		1,375,000	현 금		1,375,000

PART 6 최신 기출문제 해답

<table>
<tr><td rowspan="4">(5)</td><td colspan="2">11월 02일</td><td></td><td></td><td></td><td></td></tr>
<tr><td>거래유형</td><td>공급가액</td><td>부가가치세</td><td>공급처명</td><td>전자</td><td>분개</td></tr>
<tr><td>22.현과</td><td>8,000,000</td><td>800,000</td><td>-</td><td>-</td><td>혼합</td></tr>
<tr><td>영세율 구분</td><td></td><td></td><td>불공제사유</td><td></td><td></td></tr>
</table>

차변	(거래처)	금액	대변	(거래처)	금액
보 통 예 금		8,800,000	부가세예수금 제 품 매 출		800,000 8,000,000

<table>
<tr><td rowspan="4">(6)</td><td colspan="2">12월 19일</td><td></td><td></td><td></td><td></td></tr>
<tr><td>거래유형</td><td>공급가액</td><td>부가가치세</td><td>공급처명</td><td>전자</td><td>분개</td></tr>
<tr><td>54.불공</td><td>500,000</td><td>50,000</td><td>홍성백화점</td><td>1.여</td><td>카드 또는 혼합</td></tr>
<tr><td>영세율 구분</td><td></td><td></td><td>불공제사유</td><td colspan="2">④ 접대비 및 이와 유사한 비용관련</td></tr>
</table>

차변	(거래처)	금액	대변	(거래처)	금액
기업업무추진비 (판)		550,000	미 지 급 금	국민카드	550,000

문제 4 전표의 추가 입력 및 수정

(1)	07월 31일		수정 전 일반전표			
	차변	(거래처)	금액	대변	(거래처)	금액
	퇴 직 급 여 (판)		14,000,000	보 통 예 금		14,000,000

(1)	07월 31일		수정 후 일반전표			
	차변	(거래처)	금액	대변	(거래처)	금액
	퇴직연금운용자산		14,000,000	보 통 예 금		14,000,000

<table>
<tr><td rowspan="4">(2)</td><td colspan="2">10월 28일</td><td colspan="4">수정 전 매입매출전표</td></tr>
<tr><td>거래유형</td><td>공급가액</td><td>부가가치세</td><td>공급처명</td><td>전자</td><td>분개</td></tr>
<tr><td>51.과세</td><td>5,000,000</td><td>500,000</td><td>다다마트</td><td>1.여</td><td>현금</td></tr>
<tr><td>영세율 구분</td><td></td><td></td><td>불공제사유</td><td></td><td></td></tr>
</table>

차변	(거래처)	금액	대변	(거래처)	금액
부가세대급금 복리후생비 (판)		500,000 5,000,000	현 금		5,500,000

<table>
<tr><td rowspan="4">(2)</td><td colspan="2">10월 28일</td><td></td><td></td><td></td><td></td></tr>
<tr><td>거래유형</td><td>공급가액</td><td>부가가치세</td><td>공급처명</td><td>전자</td><td>분개</td></tr>
<tr><td>54.불공</td><td>5,000,000</td><td>500,000</td><td>다다마트</td><td>1.여</td><td>현금 또는 혼합</td></tr>
<tr><td>영세율 구분</td><td></td><td></td><td>불공제사유</td><td colspan="2">④접대비 및 이와 유사한 비용관련</td></tr>
</table>

차변	(거래처)	금액	대변	(거래처)	금액
기업업무추진비 (판)		5,500,000	현 금		5,500,000

문제 5 기말정리사항의 분개 및 자동결산

(1)	12월 31일					
	차변	(거래처)	금액	대변	(거래처)	금액
	미 수 수 익		150,000	이 자 수 익		150,000
			5,000,000×6%×6/12=150,000			

(2) 12월 31일

차변	(거래처)	금액	대변	(거래처)	금액
외 화 환 산 손 실		80,000	외 상 매 입 금	상하이	80,000
외화환산손실 : (결산일 기준환율 1,040원 × $2,000) - 2,000,000원 = 80,000원					

(3) 12월 31일

차변	(거래처)	금액	대변	(거래처)	금액
대 손 상 각 비 (판)		80,000	대손충당금(외상)		80,000
대 손 상 각 비 (판)		-30,000	대손충당금(어음)		-30,000
또는 [결산자료] 입력					
① 기간 : 1월 ~ 12월 : F8 대손상각비 : 외상매출금 30,000원 입력, 받을어음 -30,000원 입력 ⇨ 결산반영					
② 또는 [결산자료입력] : 4.판매비와 일반관리비 ⇨					
③ 대손상각 :외상매출금 80,000원 입력, 받을어음 -30,000원 입력 후 F3전표추가					

문제 6 장부조회 및 부가가치세 자료조회

(1)	[회계관리 모듈]〈매입매출장〉조회
	① 기간 : 2025년 01월 01일 ~ 2025년 03월 31일(조회)
	② 구분 : 2.매출
	③ 유형 : 22.현과
	③ 금액 : 700,000원

(2)	[회계관리 모듈]〈일/월계표〉조회
	① 조회기간 : 6월 1일부터 06월 30일
	② 5.제조원가 차변 현금액 확인 :3,162,300DNJS

(2)	[회계 모듈]〈거래처 원장〉조회
	① 조회기간 : 1월 1일 ~ 6월 30일
	② 계정과목 : 251.외상매입금 조회
	③ 전설유통 : 700,000원

PART 6 최신 기출문제 해답

2024년 4월 6일 시행	
제113회	전산세무회계자격시험

종목 및 등급 : **전산회계1급**   -제한시간:60분

이론 시험

1	2	3	4	5	6	7	8	9	10	11	12	13	14	15
③	③	③	④	①	②	④	①	①	②	②	④	③	②	④

번호	답안해설
1	• 수익과 비용은 당기에 사건이 발생한 것에 대하여 인식하는 기준을 발생주의라 한다. 기업회계기준에서는 발생주의를 우선으로 한다. • 회계의 기본가정으로 ① 기업실체의 가정, ② 계속기업의 가정, ④ 기간별보고의 가정이 있다.
2	• 상품의 매입환출 및 매입에누리는 매출원가 계산 시 총매입액에서 차감하는 항목이다.
3	• 23억5,000만원 = 매입금액 20억원+자본화차입원가 1억 5,000만원+취득세 2억원 • 관리 및 기타 일반간접원가는 판매비와관리비로서 당기 비용처리한다.
4	• 일반기업회계기준은 무형자산의 회계처리와 관련하여 영업권을 포함한 무형자산의 내용연수를 원칙적으로 20년을 초과하지 않도록 한정하고 있다.
5	• 합계잔액시산표에 관한 설명으로 합계잔액시산표는 재무제표에 해당하지 않는다. 재무제표는 재무상태표, 손익계산서, 현금흐름표 및 자본변동표와 주석으로 구성되어 있다.
6	• 유동성장기부채는 비유동부채였으나 보고기간 종료일 현재 만기가 1년 이내 도래하는 부채를 의미하므로 영업주기와 관계없이 유동부채로 분류한다.
7	• 매도가능증권평가이익은 기타포괄손익누계액에 포함되는 항목으로 매도가능증권평가이익의 증감은 포괄손익계산서상의 기타포괄손익에 영향을 미친다.
8	• 매출원가=(기초상품재고액+순매입액)-기말상품재고액 : (219,000+350,000)-110,000=459,000 • 매출총이익=순매출액-매출원가 : 290,000-459,000=△169,000 • 영업손익=매출총이익-판매비와관리비 : △169,000-191,000 =△360,000
9	• 고정원가는 조업도가 증가할수록 단위당 원가는 감소한다.
10	• 단계배분법은 보조부문 상호 간의 용역수수관계를 일부 인식하는 방법이다.
11	• 2,300,000원 = 직접재료원가 1,150,000원+직접노무원가 450,000원+제조간접원가 700,000원 • 당기총제조원가 : 직접재료원가+직접노무원가+제조간접원가 • 직접재료원가 =기초원재료 300,000원+당기원재료매입액 1,300,000원 - 기말원재료 450,000원 = 1,150,000원 • 직접노무원가 =당기지급임금액 350,000원+당기미지급임금액 250,000원 - 전기미지급임금액 150,000원 = 450,000원
12	• 개별원가계산에 대한 설명이다.
13	• 사업자등록을 한 일반과세자
14	• 중소기업의 외상매출금 및 미수금(이사 "외상매출금등"이라 한다)으로서 회수기일이 2년 이상 지난 외상매출금 등은 부가가치세법상 대손 사유에 해당한다. 다만, 특수관계인과의 거래로 인하여 발생한 외상매출금 등은 제외한다.
15	• 부가가치세법 시행령 제28조 제10항, 위탁판매의 경우 부가가치세법상 공급시기는 위탁받은 수탁자 또는 대리인이 실제로 판매한 때이다.

604 도서출판 다음 www.daumbook.net

최신 기출문제 해답

실무 시험

문제 1 기초정보 및 전기분 재무제표의 수정

(1)	**[거래처 등록]**
	① 거래처등록메뉴 클릭 : 일반거래처 클릭
	  ① 거래처코드 : 00777번 등록 ② 거래처명 : 슬기로운㈜ ③ 유형 : 3.동시
	  ④ 사업자등록번호 : 253-81-13578
	  ⑤ 대표자 : 김슬기 ⑥ 업태 : 도매 ⑦ 종목 : 금속
	  ⑧ 사업장주소 : 부산광역시 부산진구 중앙대로 663(부전동)

(2)	**[계정과목 및 적요등록]**
	① 계정과목 및 적요등록 메뉴 클릭
	  ① 134.가지급금 : 선택
	  ② 대체적요 : 8번 선택 후, 출장비 가지급금 정산

(3)	**[전기분 재무제표의 수정]**
	① 전기분 원가명세서 클릭
	  ① 임금 45,000,000원을 47,200,000원으로 수정
	  ② 당기제품제조원가 398,580,000원이 400,780,000원으로 수정된 부분 확인
	② 전기분 손익계산서 클릭
	  ① 제품매출원가 : 당기제품제조원가 400,780,000원으로 수정
	  ② 매출원가 : 391,580,000원이 393,780,000원으로 변경된 부분 확인
	  ③ 급여 86,500,000원이 84,300,000원으로 변경
	  ④ 당기순이익 74,960,000원으로 변경된 부분 확인
	④ 전기분 잉여금처분계산서 및 전기분 재무상태표 변동사항 없음

문제 2 일반전표의 입력

(1) 07월 15일

차변	(거래처)	금액	대변	(거래처)	금액
선 급 금	㈜상수	3,000,000	당 좌 예 금		3,000,000

(2) 08월 05일

차변	(거래처)	금액	대변	(거래처)	금액
보 통 예 금 선 급 비 용		864,000,000 36,000,000	단 기 차 입 금	우리은행	900,000,000

(3) 09월 10일

차변	(거래처)	금액	대변	(거래처)	금액
미 지 급 금 보 통 예 금	㈜대운	1,000,000 9,000,000	임 차 보 증 금	㈜대운	10,000,000

(4) 10월 20일

차변	(거래처)	금액	대변	(거래처)	금액
보 통 예 금		1,300,000	외 상 매 출 금	㈜영광상사	1,300,000

2025 전산회계 1급   **605**

(5) 11월 29일

차변	(거래처)	금액	대변	(거래처)	금액
매도가능증권(178)		20,240,000	보 통 예 금		20,240,000

(6) 12월 08일

차변	(거래처)	금액	대변	(거래처)	금액
상 품		7,560,000	보 통 예 금		7,560,000

문제 3 매입매출 전표의 입력

(1) 08월 10일

거래유형	공급가액	부가가치세	공급처명	전자	분개
51.과세	950,000	95,000	㈜산양산업	1.여	현금 또는 혼합
영세율 구분			불공제사유		

차변	(거래처)	금액	대변	(거래처)	금액
부 가 세 대 급 금		95,000	현 금		1,045,000
소 모 품		950,000			

(2) 08월 22일

거래유형	공급가액	부가가치세	공급처명	전자	분개
52.영세	34,000,000	영세율	㈜로띠상사	1.여	혼합
영세율 구분			불공제사유		

차변	(거래처)	금액	대변	(거래처)	금액
원 재 료		34,000,000	지 급 어 음		34,000,000

(3) 08월 25일

거래유형	공급가액	부가가치세	공급처명	전자	분개
53.면세	800,000	-	송강수산	1.여	혼합
영세율 구분			불공제사유		

차변	(거래처)	금액	대변	(거래처)	금액
복 리 후 생 비 (판)		500,000	보 통 예 금		800,000
기업업무추진비 (판)		300,000			

(4) 10월 16일

거래유형	공급가액	부가가치세	공급처명	전자	분개
54.불공	2,100,000	210,000	상해전자㈜	1.여	혼합
영세율 구분			불공제사유	②사업과 직접 관련 없는 지출	

차변	(거래처)	금액	대변	(거래처)	금액
가 지 급 금	황동규	2,310,000	미 지 급 금		2,310,000

(5) 11월 04일

거래유형	공급가액	부가가치세	공급처명	전자	분개
17.카과	700,000	70,000	김은우	-	카드 또는 혼합
신용카드사	신한카드		불공제사유		

차변	(거래처)	금액	대변	(거래처)	금액
외 상 매 출 금	신한카드	770,000	부 가 세 예 수 금		70,000
			제 품 매 출		700,000

(6)	12월 04일					
	거래유형	공급가액	부가가치세	공급처명	전자	분개
	57.카과	800,000	80,000	㈜뚝딱수선	-	카드 또는 혼합
	신용카드사	하나카드		불공제사유		
	차변	(거래처)	금액	대변	(거래처)	금액
	부 가 세 대 급 금 수 선 비 (제)		80,000원 800,000원	미 지 급 금	하나카드	880,000

문제 4 전표의 추가 입력 및 수정

(1)	09월 09일			수정 전 일반전표		
	차변	(거래처)	금액	대변	(거래처)	금액
	보 통 예 금		5,000,000	장 기 차 입 금	㈜초록산업	5,000,000

(1)	09월 09일			수정 후 일반전표		
	차변	(거래처)	금액	대변	(거래처)	금액
	보 통 예 금		5,000,000	장 기 차 입 금 단 기 차 입 금	㈜초록산업 ㈜초록산업	3,000,000 2,000,000

(2)	10월 15일			수정 전 일반전표(삭제)		
	차변	(거래처)	금액	대변	(거래처)	금액
	차 량 유 지 비 (판)		275,000	현 금		275,000

(2)	10월 15일			수정 후 매입매출전표		
	거래유형	공급가액	부가가치세	공급처명	전자	분개
	51.과세	250,000	25,000	바로카센터	1.여	현금 또는 혼합
	영세율 구분			불공제사유		
	차변	(거래처)	금액	대변	(거래처)	금액
	부 가 세 대 급 금 차 량 유 지 비 (판)		25,000 250,000	현 금		275,000

문제 5 기말정리사항의 분개 및 자동결산

(1)	12월 31일					
	차변	(거래처)	금액	대변	(거래처)	금액
	외 화 환 산 손 실		200,000	외 상 매 입 금	NOVONO	200,000

· 기말환산액 : $2,000×결산 시 기준환율 1,200원 = 2,400,000원
· 장부금액 : $2,000×매입 시 기준환율 1,100원 = 2,200,000원
· 외화환산손실 : 기말환산액 2,400,000원 - 장부금액 2,200,000원 = 200,000원, 외화부채이므로 외화환산손실로 처리한다.

(2)	12월 31일					
	차변	(거래처)	금액	대변	(거래처)	금액
	단기매매증권평가손실		2,000,000	단 기 매 매 증 권		2,000,000

(3)	12월 31일					
	차변	(거래처)	금액	대변	(거래처)	금액
	선 급 비 용		1,200,000	보 험 료 (제)		1,200,000

PART 6 최신 기출문제 해답

문제 6 장부조회 및 부가가치세 자료조회

(1)	[부가가치세 모듈] 〈부가가치세 신고서〉 조회
	① 조회기간 : 2025년 4월 1일부터 2025년 06월 30일 조회
	② 과세표준 및 매출세액란 : 예정신고누락분 금액 및 세액 확인
	③ 공급가액 5,100,000원, 세액 300,000원

(2)	[회계관리 모듈] 〈총계정원장〉 조회
	① 조회기간 : 4월 1일 ~ 6월 30일
	② 계정과목 : 511.복리후생비 조회
	③ 4월 416,000원

(3)	[회계관리 모듈]〈거래처원장〉 조회
	① 조회기간 : 2025년 1월 1일 ~ 2025년 4월 30일
	② 계정과목 : 253.미지급금 조회
	③ 세경상사 50,000,000원

최신 기출문제 해답

2025년 5월 1일 시행
제114회 전산세무회계자격시험 A형

종목 및 등급 : **전산회계1급** －제한시간:60분

이론 시험

1	2	3	4	5	6	7	8	9	10	11	12	13	14	15
②	④	②	③	②	④	①	③	①	④	④	②	②	④	③

번호	답안해설
1	(차) 기계장치 27,500,000(자산의 증가) (대) 미지급금 27,500,000(부채의 증가)
2	• 병원 사업장소재지의 토지 및 건물은 병원의 유형자산이다.
3	• 2,100,000원 = 취득원가 3,000,000원 - 감가상각누계액 900,000원 • 1차연도 감가상각비 : (취득원가 3,000,000원 - 잔존가치 300,000원) × 5/(5+4+3+2+1) = 900,000원
4	• 52,000,000원 = 신제품 특허권 구입 비용 30,000,000원 + A기업의 상표권 구입 비용 22,000,000원 • 연구단계에서 발생한 비용은 기간비용으로 처리한다.
5	• 매도가능증권을 취득하는 경우에 발생한 수수료는 취득원가에 가산한다.
6	• 대손충당금은 자산의 채권 관련 계정의 차감적 평가항목이다.
7	• 자본잉여금 : 주식발행초과금, 감자차익 • 자본조정 : 자기주식처분손실, 주식할인발행차금
8	• (가)는 배당결의일의 회계처리이고, (나)는 배당지급일의 회계처리이다.
9	• 원가행태에 따른 분류에는 변동원가, 고정원가, 혼합원가, 준고정원가가 있다.
10	• 2,800,000원 = 당기제품제조원가 2,500,000원 + 기말재공품 300,000원 - 기초재공품 0원 • 당기제품제조원가 : 기말제품 500,000원 + 매출원가 2,000,000원 - 기초제품 0원 = 2,500,000원
11	• 11,000개 = 당기완성품 수량 8,000개 + 기말재공품 완성품환산량 3,000개
12	• 종합원가계산에 대한 설명이다.
13	• 부가가치세법은 인적사항을 고려하지 않는 물세이다.
14	• 부동산임대업자가 해당 사업에 사용하던 건물을 매각하는 경우는 과세 대상이다.
15	• 과세표준

실무 시험

문제 1 기초정보 및 전기분 재무제표의 수정

	[거래처 등록]
(1)	① 거래처등록메뉴 클릭 : 일반거래처 클릭 ① 거래처코드 : 00500번 등록 ② 거래처명 : 한국개발 ③ 유형 : 3.동시 ④ 사업자등록번호 : 134-24-91004 ⑤ 대표자 : 김한국 ⑥ 업태 : 정보통신업 ⑦ 종목 : 소프트웨어개발 ⑧ 사업장주소 : 경기도 성남시 분당구 판교역로 192번길 12(삼평동)

(2)	[계정과목 및 적요등록]
	① 계정과목 및 적요등록 메뉴 클릭 ① 862.행사지원비 선택 ② 현금적요 : 1번 선택 후, 행사지원비 현금 지급 ③ 대체적요 : 1번 선택 후, 행사지원비 어음 발행

(3)	[전기분 재무제표의 수정]
	① 전기분 원가명세서 클릭 ① 부재료비 선택 후 당기부재료매입액 3,000,000원 추가입력 ② 당기제품제조원가 87,250,000원이 90,250,000원으로 수정된 부분 확인 ② 전기분 손익계산서 클릭 ① 제품매출원가 : 당기제품제조원가 90,250,000원으로 수정 ② 당기순이익 78,210,000원으로 변경된 부분 확인 ④ 전기분 잉여금처분계산서 클릭 ① F6불러오기 : 당기순이익 78,210,000원으로 변경확인 ② 미처분이익잉여금 93,940,000원이 90,940,000원으로 변경된 부분 확인 ⑤ 전기분 재무상태표 클릭 ① 이월이익잉여금 90,940,000원으로 수정 ② 외상매입금 90,000,000원으로 수정

문제 2 일반전표의 입력

(1) 07월 05일

차변	(거래처)	금액	대변	(거래처)	금액
퇴 직 급 여 (판)		1,400,000	보 통 예 금		1,400,000

(2) 07월 25일

차변	(거래처)	금액	대변	(거래처)	금액
보 통 예 금 받 을 어 음	㈜고운상사	4,400,000 5,500,000	외 상 매 출 금	㈜고운상사	9,900,000

(3) 08월 30일

차변	(거래처)	금액	대변	(거래처)	금액
보 통 예 금 매출채권처분손실		45,000,000 5,000,000	받 을 어 음	㈜재원	50,000,000

(4) 10월 03일

차변	(거래처)	금액	대변	(거래처)	금액
보 통 예 금		2,300,000	배 당 금 수 익		2,300,000

(5) 10월 31일

차변	(거래처)	금액	대변	(거래처)	금액
급 여 (판)		4,900,000	예 수 금 보 통 예 금		381,080 4,518,920

(6) 12월 21일

차변	(거래처)	금액	대변	(거래처)	금액
당 좌 예 금		8,450,000	사 채 사채할인발행차금		8,000,000 450,000

문제 3 매입매출 전표의 입력

(1) 07월 20일

거래유형	공급가액	부가가치세	공급처명	전자	분개
16.수출	6,000,000	영세율	NDVIDIA	-	외상 또는 혼합
영세율 구분			불공제사유	①직접수출(대행수출 포함)	

차변	(거래처)	금액	대변	(거래처)	금액
외 상 매 출 금	NDVIDIA	6,000,000	제 품 매 출		6,000,000

(2) 07월 23일

거래유형	공급가액	부가가치세	공급처명	전자	분개
13.면세	65,000,000	-	돌상상회	1.여	혼합
영세율 구분			불공제사유		

차변	(거래처)	금액	대변	(거래처)	금액
보 통 예 금		30,000,000	토　　　　지		62,000,000
미 　 수 　 금	돌상상회	35,000,000	유형자산처분이익		3,000,000

(3) 08월 10일

거래유형	공급가액	부가가치세	공급처명	전자	분개
57.카과	4,000,000	400,000	광고닷컴	-	카드 또는 혼합
신용카드사	현대카드		불공제사유		

차변	(거래처)	금액	대변	(거래처)	금액
부 가 세 대 급 금		400,000	미 지 급 금	현대카드	4,400,000
광 고 선 전 비 (판)		4,000,000			

(4) 08월 17일

거래유형	공급가액	부가가치세	공급처명	전자	분개
51.과세	12,000,000	1,200,000	㈜고철상사	1.여	혼합
영세율 구분			불공제사유		

차변	(거래처)	금액	대변	(거래처)	금액
원 　 재 　 료		12,000,000	지 급 어 음		5,000,000
부 가 세 대 급 금		1,200,000	외 상 매 입 금		8,200,000

(5) 08월 28일

거래유형	공급가액	부가가치세	공급처명	전자	분개
61.현과	5,000,000	500,000	㈜와마트	-	현금 또는 혼합
영세율 구분			불공제사유		

차변	(거래처)	금액	대변	(거래처)	금액
비 　 품		5,000,000	현 　 　 금		5,500,000
부 가 세 대 급 금		500,000			

(6) 11월 08일

거래유형	공급가액	부가가치세	공급처명	전자	분개
54.불공	25,000,000	2,500,000	대박호텔㈜	1.여	혼합
영세율 구분			불공제사유	②사업과 직접 관련 없는 지출	

차변	(거래처)	금액	대변	(거래처)	금액
가 　 지 　 급 　 금	김영순	27,500,000	보 통 예 금		27,500,000

문제 4 전표의 추가 입력 및 수정

(1) 11월 12일 — 수정 전 매입매출전표

거래유형	공급가액	부가가치세	공급처명	전자	분개
51.과세	90,909	9,091	호호꽃집	1.여	혼합
영세율 구분			불공제사유		

차변	(거래처)	금액	대변	(거래처)	금액
부가세대급금		9,091	보통예금		100,000
소모품비(판)		90,909			

(1) 11월 12일 — 수정 후 매입매출전표

거래유형	공급가액	부가가치세	공급처명	전자	분개
53.면세	100,000	-	호호꽃집	1.여	혼합
영세율 구분			불공제사유		

차변	(거래처)	금액	대변	(거래처)	금액
소모품비(판)		100,000	보통예금		100,000

(2) 12월 12일 — 수정 전 매입매출전표

거래유형	공급가액	부가가치세	공급처명	전자	분개
51.과세	80,000,000	8,000,000	㈜베스트디자인	1.여	혼합
영세율 구분			불공제사유		

차변	(거래처)	금액	대변	(거래처)	금액
수선비(판)		80,000,000	보통예금		88,000,000
부가세대급금		8,000,000			

(2) 12월 12일 — 수정 후 매입매출전표

거래유형	공급가액	부가가치세	공급처명	전자	분개
51.과세	80,000,000	-	㈜베스트디자인	1.여	혼합
영세율 구분			불공제사유		

차변	(거래처)	금액	대변	(거래처)	금액
건물		80,000,000	보통예금		88,000,000
부가세대급금		8,000,000			

문제 5 기말정리사항의 분개 및 자동결산

(1) 12월 31일

차변	(거래처)	금액	대변	(거래처)	금액
단기매매증권		2,500,000	단기매매증권평가이익		2,500,000

(2) 12월 31일

차변	(거래처)	금액	대변	(거래처)	금액
장기대여금	미국 GODS사	140,000	외화환산이익		140,000

(3) 12월 31일

차변	(거래처)	금액	대변	(거래처)	금액
법인세등		15,000,000	선납세금		7,000,000
			미지급세금		8,000,000

문제 6 장부조회 및 부가가치세 자료조회

(1)	**[회계관리 모듈] 〈일계표/월계표〉 조회**
	① 기간 : 2025년 03월~2025년 03월 조회
	② 계정과목 : 기업업무추진비
	③ 금액 : 50,000원

(2)	**[회계관리 모듈] 〈재무상태표〉 조회**
	① 기간 : 2025년 02월 조회
	② 미수금 22,530,000원 - 미지급금 16,800,000원 = 5,730,000원

(3)	**[부가가치세 모듈] 〈부가가치세 신고서〉 조회**
	① 조회기간 : 4월 1일 ~ 6월 30일
	② 공제받지 못할 매입세액(16)란의 세액 확인 : 3,060,000원

PART 6 최신 기출문제 해답

2024년 8월 3일 시행
제115회 전산세무회계자격시험
A형

종목 및 등급: **전산회계1급** －제한시간:60분

이론 시험

1	2	3	4	5	6	7	8	9	10	11	12	13	14	15
④	④	②	③	①	③	③	③	①	③	③	①	③	④	③

번호	답 안 해 설
1	• 재무제표의 기본가정 중 기간별 보고의 가정이 기말결산정리의 근거가 되는 가정이다.
2	• 선수수익은 유동부채 항목이다.
3	• 원가 흐름의 가정 중 선입선출법은 먼저 입고된 자산이 먼저 출고된 것으로 가정하여 입고 일자가 빠른 원가를 출고 수량에 먼저 적용한다. 선입선출법은 실제 물량 흐름과 원가 흐름의 가정이 유사하다는 장점이 있으나, 수익·비용 대응의 원칙에 부적합하고, 물가 상승 시 이익이 과대 계상되는 단점이 있다.
4	• 건물 내부의 조명기구를 교체하는 지출은 수선유지를 위한 지출에 해당하며, 이는 자본적 지출에 해당하지 않으므로 발생한 기간의 비용으로 인식한다.
5	• 무형자산의 잔존가치는 원칙적으로 '0'인 것으로 본다.
6	• 임차보증금은 기타비유동자산으로서 자산계정에 해당한다.
7	• 자기주식은 자본조정 항목이고, 자기주식처분이익과 감자차익, 주식발행초과금은 자본잉여금 항목이다.
8	• 순매출액 : 총매출액 500,000원 - 매출할인 10,000원 = 490,000원 • 매출원가 : 기초재고 50,000원 + (당기총매입액 300,000원 - 매입에누리 20,000원) = 330,000원 • 판매비와관리비 : 급여 20,000원 + 통신비 5,000원 + 감가상각비 10,000원 + 임차료 25,000원 = 60,000원 • 영업이익 : 순매출액 490,000원 - 매출원가 330,000원 - 판매비와관리비 60,000원 = 100,000원 • 이자비용과 유형자산처분손실은 영업외비용, 배당금수익은 영업외수익이다.
9	• 보조부문의 원가 배분방법으로는 직접배분법, 단계배분법 및 상호배분법이 있으며, 이들 배분 방법에 관계없이 전체 보조부문의 원가는 동일하다.
10	• 가, 라 : 원가행태에 따른 분류 • 나, 마 : 의사결정과의 관련성에 따른 분류 • 다, 바 : 원가 추적가능성에 따른 분류
11	• 제조간접원가 예정배부율 : 3,800,000원/80,000시간 = 47.5원/기계작업시간 • 제조간접원가 예정배부액 : 11,000시간(#200 실제기계작업시간) × 47.5원/기계작업시간 = 522,500원
12	• 평균법과 선입선출법에 의한 완성품 환산량의 차이는 기초재공품의 차이에서 발생한다.
13	• 사업자단위과세사업자는 모든 사업장의 부가가치세를 총괄하여 신고 및 납부할 수 있다.
14	• 부가가치세법 제42조, 사업자가 부가가치세를 면제받아 공급받거나 수입한 농·축·수산물 또는 임산물을 원재료로 하여 제조·가공한 재화 또는 창출한 용역의 공급에 대하여 부가가치세가 과세되는 경우 면세 농산물 등에 매입세액이 있는 것으로 보아 매입세액을 공제할 수 있다.
15	• 부가가치세법 제33조 제1항 및 시행령 제71조 제1항, 내국신용장 또는 구매확인서에 의하여 공급하는 재화는 세금계산서 발급 의무가 있다.

실무 시험

문제 1 기초정보 및 전기분 재무제표의 수정

(1)	**[거래처 등록]** ① 거래처등록메뉴 클릭 : 일반거래처 클릭 　① 거래처코드 : 02411번 등록　② 거래처명 : ㈜구동컴퓨터　③ 유형 : 3.동시 　④ 사업자등록번호 : 189-86-70759　⑤ 대표자 : 이주연　⑥ 업태 : 제조 　⑦ 종목 : 컴퓨터 및 주변장치 　⑧ 사업장주소 : 울산광역시 울주군 온산읍 종동길 102
(3)	**[거래처별 초기이월]** ① 거래처별 초기이월 메뉴 　① 선급금 : 공상㈜ 1,873,000원 입력 　② 해원전자㈜ 1,320,000원을 2,320,000원으로 수정 　③ 선수금 : ㈜유수전자 210,000원을 2,100,000원으로 수정 　④ 대회전자 500,000원 삭제

문제 2 일반전표의 입력

(1) 07월 28일

차변	(거래처)	금액	대변	(거래처)	금액
외 상 매 입 금	㈜경재전자	2,300,000	지 급 어 음 채 무 면 제 이 익	㈜경재전자	2,000,000 300,000

(2) 09월 03일

차변	(거래처)	금액	대변	(거래처)	금액
단 기 차 입 금 이 자 비 용	하나은행	82,000,000 2,460,000	보 통 예 금		84,460,000

(3) 09월 12일

차변	(거래처)	금액	대변	(거래처)	금액
보 통 예 금 외 환 차 손		13,800,000 200,000	외 상 매 출 금	DOKY사	14,000,000

(4) 10월 07일

차변	(거래처)	금액	대변	(거래처)	금액
보 통 예 금		7,000,000	자 본 금 주식할인발행차금 주식발행초과금		5,000,000 1,000,000 1,000,000

(5) 10월 28일

차변	(거래처)	금액	대변	(거래처)	금액
퇴 직 급 여 (제) 퇴 직 급 여 (판)		8,000,000 4,000,000	보 통 예 금		12,000,000

(6) 11월 12일

차변	(거래처)	금액	대변	(거래처)	금액
보 통 예 금		2,500,000	대손충당금(외상)		2,500,000

문제 3 매입매출 전표의 입력

(1) 07월 03일

거래유형	공급가액	부가가치세	공급처명	전자	분개
57.카과	300,000	30,000	맛나도시락	-	카드 또는 혼합
신용카드사	현대카드		불공제사유		

차변	(거래처)	금액	대변	(거래처)	금액
부가세대급금		30,000	미지급금	현대카드	330,000
복리후생비(판)		300,000			

(2) 08월 06일

거래유형	공급가액	부가가치세	공급처명	전자	분개
14.건별	1,200,000	120,000	최한솔	-	현금 또는 혼합
영세율 구분			불공제사유		

차변	(거래처)	금액	대변	(거래처)	금액
현금		1,320,000	부가세예수금		120,000
			잡이익		1,200,000

(3) 08월 29일

거래유형	공급가액	부가가치세	공급처명	전자	분개
12.영세	5,200,000	영세율	㈜선월재	1.여	혼합
영세율 구분	③내국신용장·구매확인서에 의한 공급		불공제사유		

차변	(거래처)	금액	대변	(거래처)	금액
현금		500,000	제품매출		5,200,000
외상매출금		4,700,000			

(4) 10월 15일

거래유형	공급가액	부가가치세	공급처명	전자	분개
11.과세	10,000,000	1,000,000	㈜우성유통	1.여	혼합
영세율 구분			불공제사유		

차변	(거래처)	금액	대변	(거래처)	금액
받을어음	하움공업	8,000,000	부가세예수금		1,000,000
외상매출금	㈜우성유통	3,000,000	제품매출		10,000,000

(5) 10월 30일

거래유형	공급가액	부가가치세	공급처명	전자	분개
55.수입	6,000,000	600,000	인천세관	1.여	혼합
영세율 구분			불공제사유		

차변	(거래처)	금액	대변	(거래처)	금액
부가세대급금		600,000	당좌예금		600,000

문제 4 전표의 추가 입력 및 수정

(6) 12월 02일

거래유형	공급가액	부가가치세	공급처명	전자	분개
62.현면	275,000	-	두나과일	-	현금 및 혼합
영세율 구분			불공제사유		
차변	(거래처)	금액	대변	(거래처)	금액
복리후생비(제)		275,000	현 금		275,000

(1) 11월 01일 수정 전 일반전표

차변	(거래처)	금액	대변	(거래처)	금액
단기매매증권		12,120,000	현 금		12,120,000

(1) 11월 01일 수정 후 일반전표

차변	(거래처)	금액	대변	(거래처)	금액
단기매매증권		12,000,000	현 금		12,120,000
수수료비용(영)		120,000			

(2) 11월 26일 수정 전 매입매출전표

거래유형	공급가액	부가가치세	공급처명	전자	분개
51.과세	800,000	80,000	㈜산들바람	-	혼합
영세율 구분			불공제사유		
차변	(거래처)	금액	대변	(거래처)	금액
부가세대급금		80,000	현 금		880,000
소모품비(제)		800,000			

(2) 11월 26일 수정 후 매입매출전표

거래유형	공급가액	부가가치세	공급처명	전자	분개
54.불공	800,000	80,000	㈜산들바람	-	혼합
영세율 구분			불공제사유	④기업업무추진비 및 이와 유사한 비용	
차변	(거래처)	금액	대변	(거래처)	금액
기업업무추진비(제)		880,000	현 금		880,000

문제 5 기말정리사항의 분개 및 자동결산

(1) 12월 31일

차변	(거래처)	금액	대변	(거래처)	금액
부가세예수금		14,630,000	부가세대급금		22,860,000
미수금		8,230,000			

(2) 12월 31일

차변	(거래처)	금액	대변	(거래처)	금액
미수수익		525,000	이자수익		525,000

$30,000,000 \times 7\% \times 3/12 = 525,000$

(3)	12월 31일					
차변	(거래처)	금액	대변	(거래처)	금액
장 기 차 입 금	신한은행	13,000,000	유동성장기부채	신한은행	13,000,000

문제 6 장부조회 및 부가가치세 자료조회

(1)	[회계관리 모듈] 〈거래처원장〉 조회 ① 조회기간 : 1월 1일~6월 30일 조회 ② 계정과목 : 외상매입금 조회 ③ 금액 : 민선전자 36,603,000원
(2)	[회계관리 모듈] 〈총계정원장〉 조회 ① 조회기간 : 1월 1일~ 3월 31일 조회 ② 계정과목 : 소모품비(830) 조회 : 2월, 800,000원
(2)	[부가가치세 모듈] 〈세금계산서 합계표〉 조회 ① 조회기간 : 4월~ 6월 조회 ② 매입 탭 : ㈜하이일렉의 매수와 세액확인 ③ 2매 440,000원

최신 기출문제 해답

제116회 2024년 10월 6일 시행
전산세무회계자격시험

A형

종목 및 등급: **전산회계1급** -제한시간:60분

이론 시험

1	2	3	4	5	6	7	8	9	10	11	12	13	14	15
②	④	②	①	①	③	③	②	④	②	③	④	②	③	①

번호	답 안 해 설
1	• 손익계산서는 일정 기간 동안 기업실체의 경영성과에 대한 정보를 제공하는 재무보고서이다.
2	• 단기매매증권 취득 시 발생한 거래원가는 당기비용으로 처리한다. 만약 이를 자산으로 계상 시 자산의 과대계상으로 이어지고 이는 자본 및 당기순이익의 과대계상을 초래한다.
3	• 2024년 감가상각비 : (10,000,000원 - 1,000,000원)/5년 = 1,800,000원 • 2025년 감가상각비 : (10,000,000원 - 1,000,000원)/5년 × 6/12 = 900,000원 • 처분손실 : (10,000,000 - 1,800,000원 - 900,000원) - 4,000,000원 = 3,300,000원
4	• 현금및현금성자산 : 현금시재액 200,000원 + 당좌예금 500,000원 = 700,000원 • 단기금융상품 : 정기예금 1,500,000원(보고기간 종료일로부터 1년 이내에 만기가 도래)
5	• 대손충당금은 채권의 차감적 평가계정이다.
6	① 미처분이익잉여금을 증가시킴(자본증가) ② 미처분이익잉여금을 감소시킴(자본감소) ③ 미처분이익잉여금을 감소시킴과 동시에 자본금을 증가시킴(영향 없음) ④ 자본금 및 자본잉여금을 증가시킴(자본증가)
7	[일반기업회계기준 문단 16. 사례8] 대가가 분할되어 수취되는 할부판매의 경우에는 이자부분을 제외한 판매가격에 해당하는 수익을 판매시점에 인식한다. 판매가격은 대가의 현재가치로서 수취할 할부금액을 내재이자율로 할인한 금액이다.
8	• 취득원가에 매입부대비용은 포함된다.
9	• 매몰비용(매몰원가)에 대한 설명이다.
10	• 단계배분법은 보조부문원가의 배분순서를 정하여 그 순서에 따라 보조부문원가를 다른 보조부문과 제조부문에 단계적으로 배분하는 방법이다.
11	• 나머지는 손익계산서에서 제공하는 정보이다.
12	• 가공원가 완성품환산량 : 당기완성품 40,000개 + 기말재공품 30,000개 × 60%(완성도) = 58,000개
13	• 부가가치세법 제3조 제1항 제1호 및 제2호, 영세율을 적용받는 사업자도 납세의무자에 해당한다.
14	• 제조업의 경우 따로 제품 포장만을 하거나 용기에 충전만 하는 장소는 사업장에서 제외한다.
15	• 전자세금계산서는 발급일의 익일(다음날)까지 국세청장에게 전송하여야 한다.

PART 6 최신 기출문제 해답

실무 시험

문제 1 기초정보 및 전기분 재무제표의 수정

(1)	**[거래처 등록]**
	① 거래처등록메뉴 클릭 : 일반거래처 클릭
	  ① 거래처코드 : 05000번 등록 ② 거래처명 : ㈜대신전자 ③ 유형 : 1.매출
	  ④ 사업자등록번호 : 108-81-13579 ⑤ 대표자 : 김영일 ⑥ 업태 : 제조
	  ⑦ 종목 : 전자제품
	  ⑧ 사업장주소 : 경기도 시흥시 정왕대로 56(정왕동)

(3)	**[거래처별 초기이월]**
	① 거래처별 초기이월 메뉴
	  ① 외상매출금 : ㈜동명상사 5,000,000원을 6,000,000원으로 수정
	  ② 받을어음 : ㈜남북 2,500,000원을 1,000,000원으로 수정
	  ③ 지급어음 : ㈜동서 1,500,000원 추가 입력

(3)	**[전기분 재무제표의 수정]**
	① 전기분 원가명세서 클릭
	  ① 세금과공과금 3,500,000원 추가입력
	  ② 당기제품제조원가 107,650,000원으로 수정된 부분 확인
	② 전기분 손익계산서 클릭
	  ① 제품매출원가 : 당기제품제조원가 107,650,000원으로 수정
	  ② 판매비와관리비 : 세금과공과금 3,500,000원 삭제
	  ② 당기순이익은 세금과공과금의 제조원가로 이동하고 삭제 함에 따라 당기순이익의 변동은 발생하지 아니한다.

문제 2 일반전표의 입력

(1) 08월 05일

차변	(거래처)	금액	대변	(거래처)	금액
보 통 예 금 매출채권처분손실		740,000 260,000	받 을 어 음	㈜경기상사	1,000,000

(2) 08월 10일

차변	(거래처)	금액	대변	(거래처)	금액
세금과공과 (판) 수 수 료 비 용 (판) 예 수 금		400,000 8,000 400,000	미 지 급 금	하나카드	808,000

(3) 08월 22일

차변	(거래처)	금액	대변	(거래처)	금액
비 품		5,000,000	자 산 수 증 이 익		5,000,000

(4) 09월 04일

차변	(거래처)	금액	대변	(거래처)	금액
선 급 금	㈜경기	1,000,000	보 통 예 금		1,000,000

최신 기출문제 해답

(5) 10월 28일

차변	(거래처)	금액	대변	(거래처)	금액
소 모 품 비 (판)		70,000	현 　 　 금		70,000

(6) 12월 01일

차변	(거래처)	금액	대변	(거래처)	금액
단 기 매 매 증 권		2,500,000	보 통 예 금		2,550,000
수 수 료 비 용 (영)		50,000			

문제 3 매입매출 전표의 입력

(1) 07월 05일

거래유형	공급가액	부가가치세	공급처명	전자	분개
17.카과	800,000	80,000	제일상사	-	카드 또는 혼합
신용카드사	삼성카드		불공제사유		

차변	(거래처)	금액	대변	(거래처)	금액
외 상 매 출 금	삼성카드	880,000	제 품 매 출		800,000
			부 가 세 예 수 금		80,000

(2) 07월 11일

거래유형	공급가액	부가가치세	공급처명	전자	분개
11.과세	30,000,000	3,000,000	㈜연분홍상사	1.여	혼합
영세율 구분			불공제사유		

차변	(거래처)	금액	대변	(거래처)	금액
외 상 매 출 금		17,000,000	제 품 매 출		30,000,000
받 을 어 음		15,000,000	부 가 세 예 수 금		3,000,000
현 　 　 금		1,000,000			

(3) 10월 01일

거래유형	공급가액	부가가치세	공급처명	전자	분개
62.현면	1,100,000	0	대형마트	-	혼합
영세율 구분			불공제사유		

차변	(거래처)	금액	대변	(거래처)	금액
복 리 후 생 비 (제)		1,100,000	보 통 예 금		1,100,000

(4) 10월 30일

거래유형	공급가액	부가가치세	공급처명	전자	분개
16.수출	70,000,000	영세율	Nice Planet	-	혼합
영세율 구분	①직접수출(대행수출 포함)		불공제사유		

차변	(거래처)	금액	대변	(거래처)	금액
보 통 예 금		28,000,000	제 품 매 출		70,000,000
외 상 매 출 금		42,000,000			

(5) 11월 30일

거래유형	공급가액	부가가치세	공급처명	전자	분개
51.과세	3,000,000	300,000	㈜제니빌딩	1.여	혼합
영세율 구분			불공제사유		

차변	(거래처)	금액	대변	(거래처)	금액
임 차 료 (판)		3,000,000	미 지 급 금		3,300,000
부 가 세 대 급 금		300,000			

PART 6 최신 기출문제 해답

(6)

12월 10일					
거래유형	공급가액	부가가치세	공급처명	전자	분개
54.불공	60,000,000	6,000,000	㈜시온건설	1.여	혼합
영세율 구분			불공제사유	⑥토지의 자본적지출 관련	
차변	(거래처)	금액	대변	(거래처)	금액
토 지		66,000,000	받 을 어 음	㈜선유자동차	66,000,000

문제 4 전표의 추가 입력 및 수정

(1) 09월 01일 — 수정 전 일반전표(삭제)

차변	(거래처)	금액	대변	(거래처)	금액
차 량 유 지 비 (판)		110,000	현 금		110,000

(1) 09월 01일 — 수정 후 매입매출전표

거래유형	공급가액	부가가치세	공급처명	전자	분개
61.현과	100,000	10,000	㈜가득주유소	-	현금 또는 혼합
영세율 구분			불공제사유		
차변	(거래처)	금액	대변	(거래처)	금액
차 량 유 지 비 (판)		100,000	현 금		110,000
부 가 세 대 급 금		10,000			

(2) 11월 12일 — 수정 전 일반전표(삭제)

차변	(거래처)	금액	대변	(거래처)	금액
퇴직연금운용자산		17,000,000	보 통 예 금		17,000,000

(2) 11월 12일 — 수정 후 일반전표

차변	(거래처)	금액	대변	(거래처)	금액
퇴 직 급 여 (판)		17,000,000	보 통 예 금		17,000,000

문제 5 기말정리사항의 분개 및 자동결산

(1) 12월 31일

차변	(거래처)	금액	대변	(거래처)	금액
미 수 수 익		225,000	이 자 수 익		225,000

(2) 12월 31일

차변	(거래처)	금액	대변	(거래처)	금액
장 기 차 입 금	경남은행	50,000,000	유동성장기부채	경남은행	50,000,000

(3) 12월 31일

차변	(거래처)	금액	대변	(거래처)	금액
부 가 세 예 수 금		52,346,500	부 가 세 대 급 금		52,749,000
미 수 금		402,500			

문제 6 장부조회 및 부가가치세 자료조회

(1)	**[회계관리 모듈] 〈거래처원장〉 조회** ① 기간 : 2025년 1월 1일 ~ 2025년 3월 31일 조회 ② 계정과목 : 외상매출금 잔액 조회 ③ 금액 : 50,000,000원
(2)	**[회계관리 모듈] 〈계정별원장〉 조회** ① 배당금 수익계정 조회 ② 4월
(2)	**[부가가치세 모듈] 〈부가가치세 신고서〉 조회** ① 기간 : 4월 1일 ~ 6월 30일 ② 과세표준 및 매출세액 : 세금계산서 발급분 공급가액 + 영세 세금계산서 발급분 공급가액 ③ 390,395,000 + 5,000,000 = 295,395,000원

PART 6 최신 기출문제 해답

2024년 12월 7일 시행
제117회 전산세무회계자격시험

A형

종목 및 등급 : **전산회계1급** －제한시간:60분

이론 시험

1	2	3	4	5	6	7	8	9	10	11	12	13	14	15
③	④	①	①	③	②	④	④	①	②	④	②	②	③	①

번호	답안해설
1	· 연구단계에서 발생한 지출은 당기 비용으로 처리한다.
2	· 단기차입금은 유동부채에 해당한다.
3	· 무형자산의 소비되는 행태를 신뢰성 있게 결정할 수 없을 경우 정액법으로 상각한다.
4	· 300,000원(실사금액) + 20,000원^(주1) - 30,000원^(주2) = 290,000원 ^(주1) 일반기업회계기준 실7.5(문단7.3)의 (1)미착상품 : 목적지 인도조건인 경우에는 상품이 목적지에 도착하여 매입자가 인수한 시점에 소유권이 매입자에게 이전되기 때문에 매입자의 재고자산에 포함하지 않는다. ^(주2) 일반기업회계기준 실7.5(문단7.3)의 (3)적송품 : 적송품은 수탁자가 제3자에게 판매하기 전까지는 위탁자의 재고자산에 포함한다.
5	· [일반기업회계기준 문단 6.12] 최초 인식 이후 공정가치로 측정하고 공정가치의 변동을 당기손익 으로 인식하는 금융자산, 즉, 단기매매증권 등의 취득과 직접 관련된 거래원가는 당기비용으로 처리한다.
6	· 이익잉여금(자본), 미지급배당금(부채), 법정적립금(이익잉여금)
7	· 주식배당과 무상증자는 순자산의 증가가 발생하지 않는다.
8	· 기업의 주된 영업활동에서 발생하는 매출액은 영업수익이다.
9	· 과소배부 : 실제 발생액 500,000원 - 예정 배부액 180,000원 = 320,000원 · 예정배부율 : 예상액 3,000,000원/50,000시간 = 60원/시간 · 예정배부액 : 실제 직접노무시간 3,000시간 × 예정배부율 60원/시간 = 180,000원
10	· 고정원가에 해당한다. 나머지는 변동원가에 해당한다.
11	· 가공원가 : 직접노무원가 2,500,000원 + 제조간접원가 1,800,000원 = 4,300,000원
12	· 직접배분법은 보조부문 상호간의 용역수수관계가 밀접한 경우 부정확한 원가배분을 초래하는 단점이 있다.
13	· 약사의 조제의약품은 면세 대상이나, 일반의약품은 과세 대상이다.
14	· 부가가치세법 시행령 제28조 제1항, 장기할부판매는 대가의 각 부분을 받기로 한 때를 공급시기로 한다.
15	· 영세율제도 : 주로 수출하는 기업에 영세율을 적용하여 부가가치세가 환급되므로 수출을 지원하는 효과가 있다.

실무 시험

문제 1 기초정보 및 전기분 재무제표의 수정

	[계정과목 및 적요등록] 메뉴
(1)	· 812.여비교통비>대체적요란>적요NO.3 : 교통비 가지급금 정산

(2)	[거래처별 초기이월] · 외상매출금 > ㈜장전전자 2,000,000원 → 20,000,000원으로 수정 · 외상매입금 > 구서기업 23,000,000원 → 30,000,000원으로 수정 · 받을어음 > 데모산업 20,000,000원 추가 입력
(3)	[전기분 재무제표의 수정] ① [전기분원가명세서] 　> 운반비 5,500,000원 추가 입력 > 당기제품제조원가 74,650,000원→80,150,000원으로 수정 확인 ② [전기분손익계산서] 　> 제품매출원가 > 당기제품제조원가 74,650,000원 → 80,150,000원으로 수정 　> 당기순이익 24,030,000원 → 18,530,000원으로 수정 확인 ③ [전기분잉여금처분계산서] 　> 불러오기 > 당기순이익 24,030,000원 → 18,530,000원으로 수정 확인 　> 미처분이익잉여금 42,260,000원 → 36,760,000원으로 수정 확인 ④ [전기분재무상태표] 　> 이월이익잉여금 42,260,000원 → 36,760,000원으로 수정 　> 대차차액 0원 확인

문제 2 일반전표의 입력

(1) 07월 20일

차변	(거래처)	금액	대변	(거래처)	금액
기　부　금		20,000,000원	제　　품 (적요변경 : 8. 타계정으로 대체액)		20,000,000

· 제품을 파주시청(지방자치단체)에 기부하였을 경우 해당 비용은 원가의 금액으로 하며, 적요는 8.타계정 으로 대체 처리한다.

(2) 08월 28일

차변	(거래처)	금액	대변	(거래처)	금액
당　좌　예　금		1,500,000원	선　수　금	㈜나른물산	1,500,000원

(3) 10월 01일

차변	(거래처)	금액	대변	(거래처)	금액
대 손 상 각 비 (판)		2,000,000원	외 상 매 출 금	㈜부곡무역	2,000,000원

(4) 11월 11일

차변	(거래처)	금액	대변	(거래처)	금액
매도가능증권(178)		40,115,000원	보　통　예　금		40,115,000원

(5) 12월 04일

차변	(거래처)	금액	대변	(거래처)	금액
교 육 훈 련 비 (제)		2,500,000원	예　수　금 보　통　예　금		220,000원 2,280,000원

(6) 12월 28일

차변	(거래처)	금액	대변	(거래처)	금액
외 상 매 입 금	㈜온천전기	6,900,000원	외 상 매 출 금	㈜온천전기	6,900,000원

문제 3 매입매출 전표의 입력

(1) 07월 11일

거래유형	공급가액	부가가치세	공급처명	전자	분개
12.영세	16,500,000원	0원	㈜전남	1.여	혼합
영세율 구분	3.내국신용장·구매확인서에 의한 공급		불공제사유		

차변	(거래처)	금액	대변	(거래처)	금액
선 수 금	㈜전남	5,000,000원	제 품 매 출		16,500,000원
받 을 어 음	㈜전남	11,500,000원			

(2) 08월 25일

거래유형	공급가액	부가가치세	공급처명	전자	분개
51.과세	5,000,000원	500,000원	빛나는간판	1.여	혼합
영세율 구분			불공제사유		

차변	(거래처)	금액	대변	(거래처)	금액
비 품		5,000,000원	현 금		500,000원
부 가 세 대 급 금		500,000원	미 지 급 금	빛나는간판	5,000,000원

(3) 09월 17일

거래유형	공급가액	부가가치세	공급처명	전자	분개
11.과세	5,000,000원	500,000원	한수상사	1.여	혼합
영세율 구분			불공제사유		

차변	(거래처)	금액	대변	(거래처)	금액
외 상 매 출 금	한수상사	3,500,000원	부 가 세 예 수 금		500,000원
보 통 예 금		2,000,000원	제 품 매 출		5,000,000원

(4) 10월 02일

거래유형	공급가액	부가가치세	공급처명	전자	분개
22.현과	1,000,000원	100,000원	나누리	-	현금 또는 혼합
영세율 구분			불공제사유		

차변	(거래처)	금액	대변	(거래처)	금액
현 금		1,100,000원	제 품 매 출		1,000,000원
			부 가 세 예 수 금		100,000원

(5) 11월 19일

거래유형	공급가액	부가가치세	공급처명	전자	분개
55.수입	2,600,000원	260,000원	부산세관	1.여	현금 또는 혼합
영세율 구분			불공제사유		

차변	(거래처)	금액	대변	(거래처)	금액
부 가 세 대 급 금		260,000원	현 금		260,000원

(6)	12월 01일					
	거래유형	공급가액	부가가치세	공급처명	전자	분개
	57.카과	3,000,000원	300,000원	㈜광고나라	-	카드 또는 혼합
	신용카드사	우리카드(법인)		불공제사유		
	차변	(거래처)	금액	대변	(거래처)	금액
	부가세대급금 광고선전비(판)		300,000원 3,000,000원	미 지 급 금	우리카드(법인)	3,300,000원

문제 4 전표의 추가 입력 및 수정

(1)	07월 13일			[수정 전 일반전표]		
	차변	(거래처)	금액	대변	(거래처)	금액
	보 통 예 금		12,000,000원	장 기 차 입 금	㈜정모상사	12,000,000원
				[수정 후 일반전표]		
	차변	(거래처)	금액	대변	(거래처)	금액
	보 통 예 금		12,000,000원	장 기 차 입 금 단 기 차 입 금	㈜정모상사 ㈜정모상사	10,000,000원 2,000,000원

	11월 10일			[수정 전 매입매출전표]		
(2)	거래유형	공급가액	부가가치세	공급처명	전자	분개
	51.과세	10,000,000원	1,000,000원	다온테크㈜	1.여	혼합
	영세율 구분			불공제사유		
	차변	(거래처)	금액	대변	(거래처)	금액
	부가세대급금 수 선 비(제)		1,000,000원 10,000,000원	보 통 예 금		11,000,000원
				[수정 후 매입매출전표]		
(2)	거래유형	공급가액	부가가치세	공급처명	전자	분개
	51.과세	10,000,000원	1,000,000원	다온테크㈜	1.여	혼합
	영세율 구분			불공제사유		
	차변	(거래처)	금액	대변	(거래처)	금액
	부가세대급금 건 물		1,000,000원 10,000,000원	보 통 예 금		11,000,000원

문제 5 기말정리사항의 분개 및 자동결산

(1)	12월 31일					
	차변	(거래처)	금액	대변	(거래처)	금액
	현 금 과 부 족		670,000원	선 수 금 잡 이 익	㈜은비상사	340,000원 330,000원

(2)	12월 31일			선급비용 : 1,200,000원×6개월/12개월 = 600,000원		
	차변	(거래처)	금액	대변	(거래처)	금액
	선 급 비 용		600,000원	임 차 료(제)		600,000원

(3)	12월 31일					
	차변	(거래처)	금액	대변	(거래처)	금액
	퇴 직 급 여(제) 퇴 직 급 여(판)		22,000,000원 18,000,000원	보 통 예 금		40,000,000원

문제 6 장부조회 및 부가가치세 자료조회

(1)	[부가가치세 모듈] 〈세금계산서합계표〉 조회 ① 기간 : 1월~ 3월 조회 ② 9매 : 72,050,000원
(2)	[회계관리 모듈]〈일/월계표〉 조회 ① 기간 : 6월 조회 ② 가장 많은 계정과목 : 이자비용 1,460,000원 ③ 가장 적은 계정과목 : 기부금 500,000원 ④ 차액 : 1,460,000원 - 500,000원 = 960,000원
(2)	[회계관리 모듈]〈거래처 원장〉 조회 ① 기간 : 4월 1일 ~ 4월 30일 ② 계정과목 : 108.외상매출금 조회 ③ 거래처 : 리제상사 ➡ 대변합계 금액확인 ④ 금액 : 16,300,000원

이 대 우

[약력]
- 경일대학교 대학원 경영학박사 (세무회계전공)
- 영남대학교 경영대학원 석사 (회계학전공)
- 2012년 고용노동부 직업훈련 우수교원 국무총리상 수상
- 2013년 고용노동부 스타훈련교사
- 2020년 고용노동부장관 표창
- (전) 대구시 공무원 연수원 전산세무회계 연수강사
  대구지방세무사회 개정회계기준서 연수강사
  육서당 고시학원 7,9급 공무원 회계학, 세법
  영남대 사회교육원 경영학과 외래교수
  경일대 세무회계학과 겸임교수
- (현) 대구미래경영교육원장(회계학,세법,전산세무회계)
  한국기술교육대학교 능력개발원 NCS강사
  한국기술교육대학교 능력개발원 HRD강사
  한국능률협회 경영분석, 재무회계 강사

[저서]
- 마스터 전산세무 1급(도서출판 다음)
- 마스터 전산세무 2급(도사출판 다음)
- 마스터 전산회계 1급(도서출판 다음)
- 마스터 전산회계 2급(도서출판 다음)
- 마스터 전산회계합본(도서출판 다음)

정 종 구

[약력]
- 가천대학교 대학원 세무학박사
- 숭실대학교 경영대학원 회계세무학과(경영학석사)
- (전) 서울 구로·동대문·서초여성인력개발센터
  한양여자대학교 경영학과 강사
  epasskorea 전산세무 인터넷강사
  조세일보 재경관리사 강사
  웅지세무대학교 세무정보학과 겸임교수
  더존 E&H 평생교육원 법인세 교수
- (현) 인천 명문직업전문학교 교장
  한국능률협회 외부교수(재무 및 경영분석과정)
  가천대학교 경영학과 겸임교수

[저서]
실전재무회계와 원가계산(공저) 경영과회계
정통 전산세무 및 회계시리즈 도서출판다음
All Pass 전산세무회계시리즈 영화조세통람사
패스원 전산세무 & 회계시리즈 에이티패스원
마스터 전산세무회계 시리즈 도서출판다음

전 희

[약력]
- (전) ㈜정우 경리과장
  오산대학교 사회교육원 회계학 강사
  경기대학교 사회교육원 회계학 강사
  국세청 회계학 강사
  사단법인 한국능률협회 경영분석, 국제회계기준,
  수출입회계, 원가회계 전문위원
  더존비즈스쿨 평생교육원 강사
  웅지세무대학교 겸임교수
  더조은컴퓨터학원
  이젠컴퓨터아카데미학원
- (현) 서초여성인력개발센터
  다올컴퓨터아카데미평생교육원

[저서]
정통 전산세무 및 회계시리즈 도서출판다음
ALL PASS 전산세무1,2급(영화조세통람)
ALL PASS 전산회계1급(영화조세통람)
마스터 전산세무회계 시리즈 도서출판다음

윤경옥	[약 력]		[저 서]
	· 숭실대학교 대학원 회계학박사		a-t 전산세무회계시리즈 회계와세무
	· 숭실대학교 경영대학원 회계세무학과(경영학석사)		패스원 전산세무 & 회계시리즈 에이티패스원
	· (전) 한양능력개발원		마스터 전산세무회계 시리즈 도서출판다음
	코스코 인재개발원		
	홀익직업전문학교		
	이지홍세무회계사무소		
	송승옥세무회계사무소		
	· (현) 서일대학교 세무학과 강사		
	한국공학대학교 강사		
	연성대학교 경영학과 강사		

2025년 NCS기반 개정판 <KcLep>
올뉴 Master 전산회계 1급

2007년 1월 3일 초판 찍음
2025년 1월 15일 개정19판 1쇄 찍음

저　　자	이대우, 정종구, 전희, 윤경옥 공저
발 행 인	신 은 정
총괄기획	노 승 후/구 교 필
발 행 처	도서출판 다음/(주)더존테크윌
주　　소	서울특별시 광진구 자양로 126, 성지하이츠 503호 (교재반품은 아래 물류창고로 보내주세요.) 일산 서구 가좌동 545, 책과일터 031-923-3357
등록번호	제2005-52호
전　　화	02-453-2382(대표) / kukyopil@hanmail.net
홈페이지	www.daumbook.net
I S B N	979-11-5527-019-6

저자와의
협의하에
인지생략

정　　가　　24,000원

* 파본은 구입하신 서점이나 출판사에서 교환해 드립니다.
* 이 책을 무단복사, 복제, 전재하는 것은 저작권법에 저촉됩니다.